Pinochet

Biografía militar y política

Pinochet

Biografía militar y política

Mario Amorós

Penguin
Random House
Grupo Editorial

Índice

SEGUNDA PARTE
LA «GUERRA» DE PINOCHET

TERCERA PARTE
LA SOMBRA DEL DICTADOR

Porque los soldados somos distintos, somos gente de pocas palabras. Los civiles nunca nos han entendido. Pero ahora será la historia la que tendrá que juzgarme.

Augusto Pinochet

Presentación

El «retorno» de Pinochet

Las cenizas de Augusto Pinochet Ugarte reposan en la capilla de su parcela de Los Boldos, en el litoral central de Chile, bajo una lápida de mármol que tiene inscritos los principales títulos que conserva hasta el día de hoy: Capitán General y Presidente de la República. Si el recuerdo de sus miles de víctimas está presente en el espacio público a través de construcciones memoriales a lo largo de la geografía nacional —desde Calama, Pisagua y Tocopilla en el Norte Grande hasta Coyhaique y Punta Arenas en los confines australes—, este viejo oficial del arma de Infantería decidió atrincherarse para siempre en una de las dos casas donde penó sus últimos años. Falleció el 10 de diciembre de 2006, en el día internacional de los Derechos Humanos, procesado y sometido a arresto domiciliario debido a su responsabilidad directa en varios crímenes de la dictadura cívico-militar que encabezó y también, en el marco del caso Riggs, por declaración maliciosa de impuestos y uso de pasaportes falsos. Tal y como él mismo anticipó en julio de 1989: «Ahora será la historia la que tendrá que juzgarme».[1]

Augusto Pinochet forma parte de la historia del siglo XX principalmente por tres motivos. En primer lugar, por el golpe de Estado del 11 de septiembre de 1973 que derrocó al presidente Salvador Allende. Cuando ya despuntaban las primeras luces del ocaso sobre su larga carrera militar, en el último momento (a treinta y seis horas de la sublevación) decidió sumarse a la conjura fraguada por otros altos oficiales de las Fuerzas Armadas, después de que la derecha, la dirección de la Democracia Cristiana, las organizaciones empresariales y el gobierno de Nixon y Kissinger hubieran situado al país al borde del abismo.

En el *Siglo de la Revolución*, según la caracterización del maestro Josep Fontana,[2] Pinochet simbolizó, como nadie, la imagen del fascismo en América Latina.[3] La destrucción de la democracia chilena conmovió a la humanidad: para toda una generación fue «un momento formativo, de toma de conciencia moral», ha escrito el profesor Steve J. Stern.[4] La derrota militar de la Unidad Popular y de su proyecto de socialismo democrático y revolucionario, el bombardeo de La Moneda, la inmolación del presidente Allende (y su último discurso transmitido por Radio Magallanes), los asesinatos y fusilamientos, la detención de decenas de miles de personas en campos de concentración, la clausura del Congreso Nacional y el fin de las libertades, el exilio y la acción criminal de la DINA transformaron a Pinochet en un paradigma universal: el arquetipo del villano, un personaje detestado universalmente,[5] cuyo régimen fue condenado, año tras año, por las Naciones Unidas.

En segundo lugar, convirtió Chile, un país sitiado militarmente, en el laboratorio del neoliberalismo. Desde abril de 1975, cedió el timón económico a un grupo de jóvenes profesionales formados principalmente en la Universidad de Chicago que aplicaron las recetas de Milton Friedman y Arnold Harberger con la contundencia de un tratamiento de shock. Fue una contrarrevolución capitalista que imprimió un viraje radical a casi cuatro décadas de desarrollo económico. El «milagro chileno» de los Chicago Boys, tan exaltado por determinados sectores, supuso que, tras su derrota en el plebiscito de 1988, el 11 de marzo de 1990 Pinochet entregara un país que tenía al 40 % de su población en la pobreza más absoluta. Y, hasta el día de hoy, significa unas pensiones miserables, una atención sanitaria adecuada solo para quienes pueden pagarla, la enseñanza superior más cara de América Latina y una brecha social de las más acusadas del mundo. El modelo neoliberal, concentrador de los ingresos y depredador de la naturaleza, y la Constitución de 1980, todavía vigente, trazan la sombra de Pinochet sobre el Chile actual.

En tercer lugar, su viaje caprichoso a Londres en septiembre de 1998 propició que fuera detenido por agentes de Scotland Yard la noche del 16 de octubre a petición del juez Baltasar Garzón, bajo la acusación de crímenes contra la humanidad, un proceso sin parangón desde los juicios contra los criminales nazis en Nuremberg (1945-1946). Empezó entonces una batalla jurídica y política apasionante, que duraría quinientos tres días, en la que los tribunales de justicia británicos terminaron por aprobar su extradición a España, hasta que finalmente la confabulación de los gobiernos de Eduardo Frei, José María Aznar y Tony Blair lo rescató. Pero Londres se convirtió en su Waterloo.

«Soy un soldado. Para mí, lo que es blanco es blanco y lo que es negro es negro», señaló Pinochet el 7 de septiembre de 1984 a *The New York Times*. De personalidad dogmática e intolerante, desde luego no brilló por su inteligencia, si bien una revisión anticipada del índice de sus obras en el capítulo de bibliografía induciría a error acerca de sus capacidades.[6] Formado en un Ejército marcado por una disciplina absoluta y una rígida verticalidad de mando (herencia de la influencia prusiana), el debate, el consenso, la discrepancia o la oposición, actitudes indisolubles de la democracia, fueron para él sinónimos de rendición, ineficacia o derrota. Careció de apego o intereses en otras materias que no fueran las militares, más allá de coleccionar varias decenas de miles de libros en una suntuosa biblioteca privada. «¿Quiere que le diga una cosa?», le espetó a la periodista Margarita Serrano en 1989. «¡Odio las poesías! Ni leerlas, ni escucharlas, ni escribirlas, ni nada...»[7] Sí leyó a Sun Tzu y Clausewitz y ciertamente tomó nota de sus lecciones.

Fue un oficial de ideas básicas y nítidas, con capacidad de mando, simulador, taimado, paciente, astuto, tenaz, implacable, desconfiado y supersticioso. Sí gustaba de ponerse gorras militares visiblemente más altas y —como hacía su padre— adornar la corbata con una perla, en el dedo anular de su mano izquierda portó siempre, como un fetiche, un grueso anillo de oro con un rubí cuadrado y su signo zodiacal inscrito, Sagitario: «Signo de dominio. De condiciones de mando», proclamó con orgullo en 1991.[8] No pocas veces cayó en actitudes próximas a la paranoia, como sus reacciones tras la abrupta suspensión del viaje a Fiji y Filipinas en marzo de 1980 o después del ataque que el 7 de septiembre de 1986 sufrió en el Cajón del Maipo y que casi le costó la vida. En ambas ocasiones inicialmente creyó que se trataba de un golpe gestado desde las mismas entrañas del régimen.

Fue, además, un político hábil, que supo encaramarse en la cúspide del Estado y postergar a un lugar secundario a los otros tres miembros de la Junta militar, así como marginar a los generales de su generación. De este modo, pudo conducir, con mano de hierro y el puño de acero de la DINA, el Estado y el Ejército, con el apoyo de todos los sectores de la derecha y de los grandes grupos económicos nacidos o reforzados con las sucesivas oleadas de privatizaciones de las empresas públicas. Como ha subrayado Bawden, «demostró una notable capacidad para superar a los enemigos políticos y convertir aparentes derrotas en victorias personales».[9] El respaldo de las Fuerzas Armadas le permitió superar el potente ciclo de movilizaciones de las Protestas Nacionales (mayo de 1983-julio de 1986) y obligar a las fuerzas democráticas a asumir las reglas impuestas por la Constitución de 1980, que condujeron al plebiscito del 5 de octubre de 1988, en el que, como señaló la magistral portada del diario *Fortín Mapocho*, «corrió solo y llegó segundo».

Y fue, sobre todo, un dictador despiadado que demostró una insaciable ambición de poder:[10] desde la ceremonia de constitución de la Junta militar la noche del 11 de septiembre de 1973 hasta la madrugada del 6 de octubre de 1988, cuando maniobró para desconocer su derrota, estuvo empeñado en perpetuarse al frente de Chile hasta el fin de sus días, como su admirado Francisco Franco.[11] Es el hombre que más años ha permanecido en activo en el Ejército chileno y el que más tiempo ha estado al frente del país, incluso si se considera a los gobernadores de la época colonial,[12] con un control tan absoluto que en varias ocasiones le indujo a advertir: «En Chile no se mueve una hoja sin que yo lo sepa».[13]

Como parte de la ola reaccionaria que recorre el planeta, hoy su figura es reivindicada dentro y fuera de Chile a partir de la actualización de los viejos mitos que, día tras día, martilló en sus discursos, entrevistas y libros, bajo potentes destellos de mesianismo: el 11 de septiembre de 1973, la «intervención» de las Fuerzas Armadas, que respondía a un «clamor nacional», salvó a Chile del «comunismo»; la izquierda preparaba un autogolpe para instaurar una dictadura o bien desencadenar una guerra civil con la ayuda de miles de guerrilleros extranjeros; el modelo económico implantado a partir de 1975 fue exitoso, se adelantó a los tiempos de la historia y convirtió a Chile en el ejemplo para América Latina; Pinochet no fue un dictador, sino un gobernante autoritario que, a través de la Constitución de 1980, se puso límites, terminó por entregar el poder pacíficamente en 1990 y abrió paso a una transición ejemplar. No han faltado los libros que en los últimos años han intentado revivir esta añeja propaganda.[14]

El «fantasma» de Pinochet vuelve a agitar Chile. En mayo de 2018, la ministra de las Culturas, las Artes y el Patrimonio, Alejandra Pérez, tuvo que pedir la renuncia del director del Museo Histórico Nacional ante las críticas porque su nombre, una fotografía y una de sus citas clásicas («la gesta del 11 de septiembre incorporó a Chile a la heroica lucha contra la dictadura marxista de los pueblos amantes de su libertad») aparecieran, junto a mandatarios elegidos democráticamente (Salvador Allende, Michelle Bachelet, Patricio Aylwin), en la exposición *Hijos de la libertad: 200 años de independencia*, que finalmente fue clausurada.[15]

En agosto, su sucesor en el ministerio, Mauricio Rojas (militante del MIR en su juventud y exiliado en Suecia), dimitió a los cuatro días de su designación por el presidente Sebastián Piñera después de la tormenta política desatada tras recordarse sus afirmaciones en el libro *Diálogo de conversos*, que publicara en 2015 junto con el anterior titular de la cartera de Relaciones Exteriores, Roberto Ampuero. Entonces, Rojas calificó al Museo de la Memoria y los Derechos Humanos como «un montaje», cuyo fin es «impactar al espectador, dejarlo atónito, impedirle razonar». «Es una manipulación de la historia», sentenció.[16] Tras la masiva movilización del movimiento de derechos humanos, de artistas e intelectuales y de la izquierda, un diario tituló en referencia a su renuncia: «Derribado por el peso de la memoria».[17]

Un mes después de aquella controversia, en su discurso con motivo de los 45 años del golpe de Estado, Piñera señaló, tras lamentar las violaciones de los derechos humanos ocurridas durante el «régimen militar»: «Sin embargo, es bueno y necesario recordar que nuestra democracia no terminó por muerte súbita ese 11 de septiembre de 1973. Venía gravemente enferma desde muchos años antes y por distintas razones...». «Todos, o casi todos, hemos aprendido de nuestra historia. La izquierda ha aprendido a condenar toda violencia en política y a respetar la democracia. La derecha ha aprendido a condenar todo atentado a los derechos humanos y a respetar nuestra democracia.»[18] Su propuesta de erigir un «Museo de la Democracia», como alternativa frente al Museo de la Memoria y los Derechos Humanos, apunta en esta misma dirección discursiva. Piñera, quien en 2013 cerró el Penal Cordillera[19] y señaló la responsabilidad de los «cómplices pasivos» de la dictadura, recurrió a la socorrida argumentación que reparte las responsabilidades históricas y, sobre todo, asumió el mito, llevado al extremo por el pinochetismo, de que el gobierno de la Unidad Popular violentaba la democracia.

El 5 de octubre, en sus palabras ante el trigésimo aniversario del decisivo plebiscito de 1988, el presidente chileno volvió a exponer su balance de la dictadura: «Más allá de las meritorias modernizaciones realizadas, restringió severamente las libertades y cometió graves, sistemáticos e inaceptables atropellos a los derechos humanos». No obstante, destacó que aquella noche «el régimen militar honró su compromiso y reconoció el veredicto que había dado de forma clara un grupo amplio de chilenos».[20] Ni una palabra sobre las oscuras maniobras del dictador para hacer justamente lo contrario...

Pero la gran protagonista de los últimos meses del pasado año fue la joven diputada derechista Camila Flores, quien se prodigó en una auténtica catarata de elogios hacia el dictador y se definió orgullosamente como «pinochetista». «Pinochet fue absolutamente necesario», señaló en la entrevista que concedió al canal de televisión Vía X. Incluso, fue ovacionada en una reunión de la dirección de su partido, Renovación Nacional (RN), el más importante de la derecha junto con la Unión Demócrata Independiente (UDI). Mientras tanto, la diputada comunista Carmen Hertz presentó un proyecto de ley para establecer como delito el negacionismo de las violaciones de los derechos humanos cometidas durante la dictadura cívico-militar y la exaltación del régimen de Pinochet, como sucede en Alemania, Francia, Suiza o Bélgica con el nazismo. Y, en el momento de escribir las últimas líneas de esta biografía, se ha conocido el anuncio de un «homenaje» masivo a su viuda, Lucía Hiriart, en junio de 2019 por parte de un grupúsculo denominado Fuerza Nacional.

La reivindicación de Pinochet ha llegado también a Brasil, cuyo presidente, Jair Bolsonaro, excapitán de Ejército y defensor a ultranza de la dictadura militar brasileña (1964-1985), es un declarado admirador suyo y, como hiciera este, ha encomendado la dirección de su política económica a un ultraliberal formado en la Universidad de Chicago, Paulo Guedes. «En el periodo de Pinochet, Chile tuvo que vivir un baño de sangre. Triste, la sangre lavó las calles de Chile, pero las bases macroeconómicas fijadas en aquel gobierno

continuaron», ha afirmado en marzo de 2019 Onyx Loren-
zoni, jefe de gabinete de Bolsonaro.[21]

En Estados Unidos, seguidores de Donald Trump han
escogido su nombre para ilustrar una camiseta con un lema
desafiante, *«Pinochet did nothing wrong!»* («¡Pinochet no
hizo nada malo!»), en cuya parte posterior aparece un helicóptero que lanza personas al vacío, señaladas como comunistas.[22] Por supuesto, los sectores más extremistas del
pinochetismo criollo no tardaron en replicarla.

En España, el partido neofascista Vox, que ya tiene una
amplia representación en las instituciones democráticas, ha
establecido contacto con José Antonio Kast, líder de la ul-
traderecha chilena y defensor del golpe de Estado y la dictadura, quien en las elecciones presidenciales de 2017 rozó el
8 % de los votos y quedó en una sorpresiva cuarta posición.

Parece, pues, el momento oportuno para contribuir a
fijar la imagen de Augusto Pinochet en la historia. Esta es
su primera biografía fundamentada en una amplísima documentación primaria consultada en más de treinta archivos y bibliotecas de cuatro países, una bibliografía superior
a los cuatrocientos títulos y un repertorio de ciento treinta
y ocho medios de comunicación citados de dieciséis países.
Documentos de archivos; discursos, entrevistas, artículos y
libros de su autoría; testimonios de sus víctimas y opiniones de sus familiares y colaboradores... están presentes a lo
largo de estas páginas.

Por primera vez, a partir de la documentación del Ministerio de Educación y del archivo de la Escuela Militar,
se reconstruye su trayectoria escolar y sus cuatro años de
formación como oficial con datos sólidamente contrastados
y ciertamente novedosos. La consulta de su densa hoja de
vida, hasta ahora inédita, en el Archivo General del Ejército

de Chile ha permitido relatar su trayectoria militar al detalle y analizar su paciente recorrido, peldaño a peldaño, por todos los grados de la institución hasta coronar la cima el 23 de agosto de 1973, cuando el presidente Salvador Allende, a propuesta del general Carlos Prats, le designó comandante en jefe. Igualmente, ha sido posible por fin esclarecer su etapa como miembro de la masonería —a la que jamás se refirió— a partir de una fuente hasta ahora inexplorada para este personaje: la documentación del archivo de la Gran Logia de Chile.

Su periodo como dictador (1973-1990) se examina a partir del análisis de cientos de discursos públicos, entrevistas y noticias de prensa, así como de la documentación de repositorios como el archivo personal del cardenal Raúl Silva Henríquez (explorado por primera vez en una investigación histórica), el del expresidente Eduardo Frei, el archivo paraguayo donde se conservan los papeles de la Operación Cóndor, los documentos desclasificados por Estados Unidos a lo largo de las últimas dos décadas o la revisión de las miles de páginas que ocupan las actas de las casi cuatrocientas reuniones secretas de la Junta militar hasta marzo de 1981, cuando dejó de pertenecer a este órgano colegiado por iniciar su periodo como «presidente constitucional».[23]

También nos dirigimos a la Fundación Nacional Francisco Franco (misión especialmente ingrata para un nieto de preso político del franquismo), en cuyos archivos se conserva una carta dirigida por Pinochet al dictador español el 12 de septiembre de 1973. Además, por primera vez, se citan y examinan los documentos de la diplomacia chilena relativos al periodo de su detención en Londres, que iluminan las maniobras encubiertas del gobierno para librarle de la extradición a España.

Al mismo tiempo, a lo largo de los dos últimos años nos hemos puesto en contacto con la Fundación Presidente Augusto Pinochet Ugarte para solicitar la consulta de su biblioteca. Pero en reiteradas ocasiones han respondido que esta documentación se encuentra embalada a la espera de disponer de unas nuevas dependencias.

En octubre de 1973, solo cinco semanas después del golpe de Estado, el general Pinochet respondió en estos términos a la pregunta de cómo le gustaría que la historia le recordase. «Me bastaría con la calificación de hombre justo y patriota.»[24] Que los lectores y lectoras de esta obra juzguen si será así...

Notas

1. Correa, Raquel y Subercaseaux, Elizabeth, *Ego sum Pinochet*, Santiago de Chile, Zig-Zag, 1989, pp. 156-157.
2. Fontana, Josep, *El Siglo de la Revolución. Una historia del mundo desde 1914*, Barcelona, Crítica, 2017.
3. «Fascismo de mercado», término que en su tiempo le otorgara Paul Samuelson, Premio Nobel de Economía, según ha recordado el historiador Alfredo Riquelme. Ivonne Toro, «Alfredo Riquelme, historiador: "Chile cuenta con recursos que pueden frustrar los deseos de un aspirante a Bolsonaro"», *La Tercera*, Santiago de Chile, 7 de enero de 2019, en Latercera.com, <https://www.latercera. com/la-tercera-pm/noticia/alfredo-riquelme-historiador-chile-cuen ta-con-recursos-que-pueden-frustrar-los-deseos-de-un-aspiran te-a-bolsonaro/470754/>.
4. Stern, Steve J., *Recordando el Chile de Pinochet. En vísperas de Londres 1998*, Santiago de Chile, Ediciones de la Universidad Diego Portales, 2009, p. 28. El bombardeo de La Moneda y el último discurso de Salvador Allende, el Informe Rettig, los memoriales de Lonquén y Paine o el Informe Valech son algunos de los hitos relacionados con la dictadura de Pinochet que forman parte de la memoria universal. Véase al respecto este monumental trabajo: Vinyes, Ricard, *Dicciona- rio de la memoria colectiva*, Barcelona, Gedisa, 2018.
5. Véase, por ejemplo, Gárate Chateau, Manuel, «El nacimiento de un monstruo. El golpe de Estado en Chile y la imagen de Augusto Pinochet a través de las caricaturas de la prensa escrita francesa (1973- 1990)», *Cahiers du Monde Hispanique et Luso-Brésilien*, n.º 104, Tou- louse, 2014, pp. 87-114.
6. Véase esta aproximación psicohistórica: Souza, María Dolores y Silva, Germán, *Auge y ocaso de Augusto Pinochet*, Santiago de Chile, Las Ediciones del Ornitorrinco, 1988. Y para un análisis de su retórica, véase: Munizaga, Giselle, *El discurso público de Pinochet. Un análisis semiológico*, Santiago de Chile, CESOC-CENECA, 1988.

7.   *Mundo Diners Club,* Santiago de Chile, agosto de 1989, pp. 88-93. Esta afirmación debiera considerarse «antipatriótica», puesto que, gracias a Alonso de Ercilla y su obra *La Araucana* (de la que poseía dos ejemplares de 1733 y 1776 en su inmensa biblioteca privada), Chile, la patria de Gabriela Mistral y Pablo Neruda, es el único país americano cuyo nacimiento fue cantado épicamente en verso. Uribe, Armando, *El fantasma Pinochet*, Barcelona, Galaxia Gutenberg, 2005, p. 15.

8.   Correa, Raquel, *Preguntas que hacen historia. 40 años entrevistando*, Santiago de Chile, Catalonia, 2010, p. 163.

9.   Bawden, John R., *The Pinochet generation. The chilean military in the twentieth century*, Tuscaloosa (Alabama), The University of Alabama Press, 2016, p. 3.

10. Véase la reflexión del periodista Ascanio Cavallo en Díaz S., Jorge y Devés V., Eduardo, *100 chilenos y Pinochet*, Santiago de Chile, Zig-Zag, 1989, p. 52.

11. Cuando en 1977 le preguntaron por los gobernantes contemporáneos por quienes sentía una mayor admiración, quiso referirse solo a los que ya habían fallecido y destacó a De Gaulle, Eisenhower, Churchill y Franco. *Ercilla*, Santiago de Chile, 18 de mayo de 1977, pp. 20-25. El 14 de julio de 2012, la Fundación Nacional Francisco Franco le designó Caballero de Honor, mención póstuma que fue recogida en Madrid por su nieto Augusto Pinochet Molina. Fuente: Fundación Nacional Francisco Franco, en Fnff.es, <https://fnff.es/caballeros-y-damas-de-la-fnff/43395238/augusto-pinochet.html>.

12. Huneeus, Carlos, *Chile, un país dividido. La actualidad del pasado*, Santiago de Chile, Catalonia, 2003, p. 59.

13. Véase, por ejemplo, esta entrevista de Blanca Arthur en *El Mercurio,* Santiago de Chile, 25 de julio de 1982, Cuerpo D, p. 1.

14. La editorial Maye (fundada en 2004 por Alfonso Márquez de la Plata, exministro de Pinochet) ha publicado un conjunto de libros sin ningún rigor histórico para reforzar casi medio siglo de propaganda. En 2006, lanzó *Pinochet. Las «incómodas» verdades* (con más de seiscientas páginas), de Mario Spataro, cuya primera edición en italiano había visto la luz en 2003. En 2007, poco después de su aparición en Francia, publicó *Pinochet. La otra verdad*, de Philippe Chesnay. En 2009, lanzó *Augusto Pinochet. Un soldado de la paz*, de Mauricio Schiappacasse. En 2010, surgió otra obra de este autor, junto con Francisco Sánchez Urra, titulada *Augusto Pinochet. El reconstructor de Chile* («Pinochet será conocido por las generaciones venideras como el general que, al respaldar el Pronunciamiento Militar de 1973, evitó una guerra civil y salvó a Chile del comunismo», señalan). En 2012,

Schiappacasse y Sánchez Urra, acompañados por Ernesto Medalla Mesa, publicaron *Allende y Pinochet. Las verdades olvidadas*, un trabajo de más de quinientas páginas. En este esfuerzo por rescatar la «verdad histórica» no podía faltar el periodista y abogado Hermógenes Pérez de Arce, quien en 2018 presentó *Historia de la Revolución Militar Chilena. 1973-1990* (Editorial El Roble, 644 páginas), cuyo prólogo concluye así: «La Revolución Militar Chilena objetivamente alcanzó, entonces, una trascendencia histórica tan importante como la Francesa en su tiempo o la Rusa en el suyo; y por eso el establecimiento de la verdad en torno a ella no solo es un objetivo que debe interesar a los chilenos sino a todos los estudiosos de la realidad contemporánea». Lejos queda ya la obra en dos tomos del historiador Gonzalo Rojas Sánchez: *Chile escoge la libertad* (Zig-Zag, Santiago de Chile, 2000).

15. «Chile retira una exposición sobre la libertad que incluía a Augusto Pinochet», *El País*, Madrid, 10 de mayo de 2018, en Elpaís.com, <https://elpais.com/internacional/2018/05/10/mundo_global/1525951599_254545.html>.

16. *La Tercera*, Santiago de Chile, 13 de agosto de 2018, p. 6.

17. *La Segunda*, Santiago de Chile, 13 de agosto de 2018, p. 1.

18. *El Mercurio*, Santiago de Chile, 12 de septiembre de 2018, Cuerpo A, p. 2.

19. En este centro penitenciario, oficiales de las Fuerzas Armadas condenados por violaciones de los derechos humanos durante la dictadura permanecían detenidos en condiciones de absoluto privilegio.

20. Javier Sáez Leal, «Tres décadas del primer grito de democracia en Chile contra Augusto Pinochet», *El País*, Madrid, 6 de octubre de 2018, en Elpaís.com, <https://elpais.com/internacional/2018/10/05/america/1538766961_468841.html>.

21. Vera, Diego, «Jefe de gabinete de Bolsonaro destaca política económica de Pinochet pese al "baño de sangre"», *Radio BioBío*, 21 de marzo de 2019, en Biobiochile.cl, <https://www.biobiochile.cl/noticias/internacional/america-latina/2019/03/21/jefe-de-gabinete-de-bolsonaro-destaca-politica-economica-de-pinochet-pese-al-bano-de-sangre.shtml>.

22. Rivas, Sebastián, ««Pinochet did nothing wrong!»: Polémicas poleras reaparecen en actos de la extrema derecha estadounidense», *La Tercera*, 6 de agosto de 2018, en Latercera.cl, <https://www.latercera.com/la-tercera-pm/noticia/pinochet-did-nothing-wrong-polemicas-poleras-reaparecen-en-actos-de-la-extrema-derecha-estadounidense/271242/>.

23. Todas las actas de la Junta militar pueden leerse en línea en el Centro de Documentación del Museo de la Memoria y los Derechos

Humanos, en Cedocmuseodelamemoria.cl, <http://www.cedocmu seodelamemoria.cl/catalogo/sesiones_junta/files/assets/basic-html/ toc.html>.

24. *Ercilla*, Santiago de Chile, 17 de octubre de 1973, p. 9.

Un militar chileno en el siglo XX

El arte de la guerra se basa en el engaño (...)
Ataca al enemigo cuando no está preparado
y aparece cuando no te espera...

SUN TZU,
El arte de la guerra

1

Una vocación temprana

Augusto Pinochet nació en 1915 en Valparaíso, en el seno de una familia de clase media de raíces francesas y españolas. Fue inscrito en diferentes colegios católicos y fracasó de manera tan estrepitosa en los estudios que debió repetir hasta tres cursos en la enseñanza media en el colegio de los Sagrados Corazones. Su vocación militar se forjó en una edad muy temprana, debido a la fuerte influencia de su madre, una mujer de acusada personalidad («era *miliquera* por construcción», afirmó en 1989), la lectura de obras históricas y también los relatos de su padrino, quien combatió en la Primera Guerra Mundial con el Ejército galo. En marzo de 1933, después de dos intentos fallidos en años anteriores, fue admitido como cadete en la Escuela Militar, justo cuando Chile clausuraba casi una década de intervención de los uniformados en la política nacional y el prestigio social de las Fuerzas Armadas estaba en su cota más baja. Durante cuatro años se formó en una institución profundamente imbuida de la doctrina militar prusiana y a fines de diciembre de 1936 se graduó como oficial. Entonces inició una carrera militar que, de manera inopinada, duró más de sesenta años.

Infancia en Valparaíso

El primer Pinochet que llegó a la Capitanía General de Chile, de nombre Guillaume, nació en Saint-Malo (Francia) a fines del siglo XVII. Procedía de la aldea de Gouray, en el departamento de Côtes-d'Armor, en la región atlántica de Bretaña.[1] Se instaló en la villa de Concepción que Pedro de Valdivia fundara en 1550 en la costa de Penco, muy cerca del indómito territorio mapuche. Hacia 1726, con su esposa Úrsula de la Vega y sus cuatro hijos, se estableció en la zona sur del Maule, en Chanco. En esta localidad costera nacieron todos sus antepasados por la rama paterna, incluido su progenitor, Augusto Pinochet Vera, en 1891.[2] «Adoro Francia. La historia de Francia, sobre todo. Mi personaje preferido es Luis XIV. Por lo demás, soy de origen francés...», explicó en marzo de 1986 al periodista de *L'Express* Jacques Esperandieu.[3]

En opinión de su primer biógrafo, Gonzalo Vial, quien lo conoció de cerca puesto que fue su ministro de Educación entre diciembre de 1978 y diciembre de 1979, en su personalidad influyó sobremanera «la impronta maulina y huasa» que heredó por vía paterna: «El auténtico ancestro de Augusto Pinochet Ugarte es la especialísima clase terrateniente de Chanco y Cauquenes... una pequeña aristocracia local, aislada por la geografía y cerrada por su inconmovible sentido de superioridad; orgullosa; dominante, aún avanzado el siglo que recién pasó y ya empobrecida a raíz del agotamiento de la tierra agrícola. Y huasa, con todos los rasgos de este arquetipo nacional, entre ellos el orgullo, la cortesía, la reserva, la desconfianza, la astucia, la sobriedad, la dureza».[4]

Augusto Pinochet Vera llegó a Valparaíso en su adolescencia con la pretensión de buscar nuevos horizontes tras la temprana muerte de su padre. Fue incapaz de completar los estudios medios y pronto se empleó como *junior* en la importante compañía británica Williamson Balfour, entre cuyos múltiples negocios estaba la explotación ganadera de Rapa Nui, a casi cuatro mil kilómetros de distancia, en la inmensidad del océano Pacífico. Posteriormente, se ocupó en una empresa que trabajaba en el puerto, en el despacho de las mercancías importadas, y con el tiempo llegó a ser agente general de aduana. Fue voluntario de la Décima Compañía de Bomberos y hacia 1911 cumplió el servicio militar en el Regimiento de Infantería n.º 2 Maipo, en Valparaíso.

El 24 de octubre de 1914 contrajo matrimonio con Avelina Ugarte Martínez, una joven de raíces vascas, emparentada por vía paterna con Mateo de Toro Zambrano y Ureta, conde de la Conquista y presidente de la primera Junta Nacional de Gobierno formada el 18 de septiembre de 1810. Avelina Ugarte pertenecía a una familia mejor situada económicamente y había estado interna en un colegio de religiosas de Santiago, en el que obtuvo el bachillerato. Además, tocaba el piano y cantaba: era toda una dama de su época. De carácter autoritario, influyó poderosamente en la personalidad de su primogénito y fue quien marcó los límites en el hogar, como Pinochet ilustró en varias ocasiones con diversas anécdotas: «Ella manejaba las cosas de la casa. Nosotros le teníamos pánico cuando se enojaba, pues era lógico: con seis hijos alguien tenía que imponer la disciplina. Yo era el regalón de ella y también de mi abuela materna, la que vivió con nosotros algunos años. Como yo era el hijo mayor, tenía todos los honores».[5] También recordó algunas zurras que le propinó para mitigar su carácter caprichoso. «Nos manejó a todos nosotros. Mientras más vivo, más me doy cuenta de lo muy inteligente que era.»[6]

En febrero de 2001, en una entrevista que concedió al periodista estadounidense James R. Whelan, quien preparaba una biografía que no llegó a ver la luz, respondió que la persona más importante de su vida había sido su madre: «Siempre la he admirado. (...) Era la que mandaba en la casa, la que sacó adelante a la familia. Me influenció mucho, incluso cuando yo ya era Presidente. Ella era una mujer muy inteligente. Mi padre, aunque también era bastante inteligente, era más apagado».[7]

Augusto Pinochet Vera falleció en Arica en noviembre de 1944, a los 53 años, después de una breve estancia en Bolivia, donde sufrió una intoxicación («fue el dolor más grande de mi vida», declaró Pinochet en 1981, «era mi mejor amigo»);[8] en cambio, Avelina Ugarte alcanzó a vivir 91 años, hasta el 12 de abril de 1986, y asistió, sumamente complacida, a la progresión de su carrera militar, al golpe de Estado y a su fulgurante entronización en la cúspide de la dictadura. Hasta el fin de sus días portó en el pecho un medallón con las iniciales de su primogénito y en su interior una fotografía de este junto a una estampa de la Virgen del Carmen, patrona de Chile.[9]

Augusto José Ramón Pinochet Ugarte nació a las siete y media de la mañana del jueves 25 de noviembre de 1915 en Valparaíso, en la casa familiar, situada en «la calle Colón o cerca de ella», según relató en sus memorias.[10] Vivió sus primeros meses en el barrio de El Almendral, uno de los núcleos que impulsaron el desarrollo de la ciudad desde los inicios del siglo XIX. Enclavado entre la plaza Victoria y el cerro Barón, había sido destruido por el devastador seísmo del 16 de agosto de 1906.[11]

En 1915, Chile tenía apenas tres millones y medio de habitantes, de los que alrededor de medio millón vivían en

Santiago y cerca de doscientos mil en Valparaíso. El puerto aún era la capital económica del país, ya que concentraba gran parte del comercio exterior, acogía las sedes de los principales bancos y allí se firmaban los negocios del salitre, la gran riqueza natural que miles de trabajadores extraían en condiciones durísimas en la pampa, en el extremo septentrional de la angosta geografía chilena.

A lo largo de su infancia, Pinochet fue testigo de los trabajos de construcción de la infraestructura del puerto, que culminaron en 1930: el molo de abrigo, los malecones, las terminales de atraque, el espigón y el Muelle Barón. No obstante, la apertura del canal de Panamá en 1914 clausuró la edad de oro de la «joya del Pacífico», el prolongado periodo en que fue escala ineludible en los viajes transoceánicos. En aquel tiempo, la Gran Guerra sacudía el planeta y tenía repercusiones directas en la vida cotidiana de su familia: la contienda, en la que Chile fue neutral, había menguado el tráfico comercial internacional y su padre, empleado de la aduana, vio disminuidos sus ingresos, el único sostén de una familia de clase media.

De su casa natal, a unas seis cuadras del puerto, la familia se mudó a un departamento en la plaza O'Higgins, frente al Teatro Municipal, en un edificio que se elevaba en los terrenos donde, por disposición de su régimen, en 1987 se inició la construcción del enorme edificio que desde 1990 acoge el Congreso Nacional, que pareciera concebido para dañar una ciudad singularmente bella, declarada Patrimonio de la Humanidad en 2003.

«Éramos una familia muy unida; los días domingo salíamos en la mañana con mi padre a caminar a la orilla del mar y veíamos ahí cómo se estaba construyendo el puerto de Valparaíso, con relleno de demoliciones y tierra de los cerros, lo que permitió correr la estación del puerto que antes se encontraba frente al monumento de Prat hacia donde se ubica ahora, ganándole con ello como cinco cuadras al mar. La nuestra era una vida sencilla», rememoró en el invierno de su existencia.[12] La plaza de la Victoria, la avenida Pedro Montt, el agitado barrio del puerto, la calle Condell y sus tiendas, Playa Ancha o las residencias burguesas del Cerro Alegre fueron el paisaje de su infancia.

En los años sucesivos nacieron sus hermanos, Gerardo, María Avelina, Inés, Arturo y, la más pequeña, María Teresa, con quien estuvo muy unido. Era conocido familiarmente como Tito y, aunque solo convivió de manera cotidiana con ellos hasta principios de 1933, cuando fue admitido como cadete en la Escuela Militar, mientras pudo ejerció una severa tutela, sobre todo respecto a sus hermanas. «Era muy celoso de las personas que nos visitaban», señaló María Avelina Pinochet. «Se fijaba en todos nuestros amigos y amigas. No nos llevaba nunca a fiestas. Era muy estricto.»[13]

Una de sus entretenciones preferidas era jugar a la guerra con una colección de soldados de plomo que le regalaron. «Cuando niño vivía jugando con sus tambores y trompetas», indicó su hermana María Avelina.[14] Por su parte, él también mencionó la lectura entre sus primeras aficiones, singularmente las novelas de Emilio Salgari, como *Sandokán, El corsario rojo, El corsario negro*... «Mi madre me retaba porque me quedaba hasta las doce de la noche o más leyendo; me gustaba más leer que estudiar.»[15] En octubre de 1973 señaló que los libros que más habían influido en su formación habían sido la Biblia, *Don Quijote de la Mancha* y algunas obras de historia chilena y universal.[16]

Otra persona importante en sus primeros años fue Francisco Valette, el segundo esposo de su abuela materna, Inés

Rosa Martínez. Este ciudadano francés fue su padrino en el rito católico del bautismo y al poco tiempo desapareció misteriosamente porque fue uno de los casi mil franco-chilenos que combatieron con el Ejército galo en la Primera Guerra Mundial.[17] Regresó en 1921 y durante los veranos en su casa de Curimón, en el valle del río Aconcagua, le relataba sus experiencias bélicas y le narraba, seguramente en tono épico, aquellas campañas militares de Napoleón que llevaron a la Grande Armée hasta los pies de las pirámides egipcias, las estepas rusas, el valle del Guadalquivir y también Waterloo... Como militar, Pinochet siempre manifestó su devoción por el emperador francés, al igual que por Alejandro Magno, Julio César o el general del III Reich Erwin Rommel.

Pero su infancia estuvo marcada, sobre todo, por un accidente que sufrió cuando tenía unos 5 o 6 años. Durante un paseo por la plaza O'Higgins con su nana, María, fue atropellado por un coche tirado por caballos. Aunque los médicos indicaron que tan solo sufrió algunos moratones, unos meses después empezó a padecer un intenso dolor en la rodilla izquierda. Los profesionales del Hospital Alemán aconsejaron la amputación de esta pierna porque dijeron que sufría tuberculosis y, de no hacerlo, pronosticaban que el mal se extendería por todo su cuerpo hasta acabar con su vida en no más de tres años.[18] Ya entonces soñaba con ser militar, fascinado con los relatos de su abuelo Francisco y de su tío abuelo Alejandro Ugarte, quien combatió en la sierra peruana durante la guerra del Pacífico (1879-1883). Su anhelo parecía frustrarse irremisiblemente, hasta que la llegada desde Buenos Aires, en el ferrocarril transandino, de un afamado cirujano germano le devolvió la esperanza. Este médico corrigió el diagnóstico: señaló que padecía hidroartrosis debido a un golpe mal cuidado y tan solo recomendó baños de sol. Le llevaron al terreno rural que su familia poseía en Curimón y después de tres meses las molestias desaparecieron completamente.[19]

Estudiante reprobado

Hasta su ingreso en 1933 en la Escuela Militar, Augusto Pinochet cursó sus estudios primarios y secundarios en colegios privados, singularmente en establecimientos católicos, debido a la devoción religiosa de su madre. Su etapa escolar se inició en el *kindergarten* Sara Vives (ubicado en la calle Condell) antes de cumplir los 6 años y, en 1925, ingresó junto con su hermano Gerardo en régimen de internado en el Seminario San Rafael, puesto que su familia se había trasladado a vivir a la ciudad de Quillota, a unos cincuenta kilómetros de Valparaíso.[20] En este centro, fundado en 1869, está documentado que aquel año completó el primer curso de Preparatoria, previsto para niños de 6 años, cuando él ya había cumplido los 9.[21] «Era un colegio muy disciplinado. Se castigaban las faltas dejando sin salir el domingo. No es que se usaran reglas para pegarnos —como en otros colegios—, pero no salir era una sanción fuerte», recordó en 1989.[22] Su comportamiento fue pésimo, «molestaba mucho» según sus propias palabras,[23] y logró que le expulsaran para así volver junto con su familia.

En Quillota vivían muy cerca del centro de la ciudad. En 1926 se matriculó en el instituto propiedad de los Hermanos Maristas (al igual que sus hermanos Gerardo y Arturo) y, como a lo largo de toda su trayectoria académica —incluidos sus años en la Escuela Militar—, sus calificaciones fueron mediocres, con algún brillo puntual en materias como Historia y dificultades casi crónicas en Ciencias o Matemáticas.[24] Como lo indican de manera fehaciente los certificados de calificaciones escolares que se conservan en el Archivo Nacional de Chile, en 1927 cursó allí el primer curso de las Humanidades o enseñanza media, después de haberse «saltado» algunos años de Preparatoria, hecho que seguramente contribuye a explicar sus dificultades evidentes en la etapa secundaria, ya que aquel año fue reprobado.[25] No obstante, en diversas ocasiones se refirió a su paso por aquel colegio principalmente para evocar a unos alumnos que, según relató, faltaban al respeto a los profesores.[26]

A partir del curso siguiente, sus padres le inscribieron en el establecimiento de los Sagrados Corazones de Valparaíso, fundado en 1837 por los religiosos de esta congregación nacida en París tras la Revolución. Fue el primer colegio creado por una orden no española en las antiguas colonias hispanas de América y desde esta ciudad «los padres franceses» asumieron entonces el encargo del Vaticano de expandir el catolicismo por las islas de la Polinesia.[27] Sin embargo, pese a estudiar durante cinco años en sus aulas, jamás logró dominar el idioma de sus antepasados.

El colegio, exclusivamente masculino entonces, estaba ubicado en la céntrica calle Independencia y ofrecía los seis cursos de Preparatoria y los seis de Humanidades. Fue todo un sacrificio económico para su familia, puesto que en 1933 un año en la enseñanza media costaba sesenta pesos mensuales, sin incluir el pago del almuerzo ni de la merienda. En marzo de 1928, ingresó como alumno repetidor del primer curso de Humanidades en este colegio, con los 12 años ya cumplidos, edad límite para ser admitido según las normas de la época. Durante los primeros meses, cada día se desplazaba junto con su padre desde Quillota en el tren que partía a las siete de la mañana para llegar antes del inicio de las clases a las ocho y cuarto. En aquellos viajes entabló amistad con otro alumno, Ismael Huerta, quien posteriormente ingresaría en la Armada y sería el primer ministro de Relaciones Exteriores de la dictadura cívico-militar.[28]

No solo las clases de religión eran obligatorias en los Sagrados Corazones, sino que a partir del cuarto curso de Preparatoria todos los alumnos que vivían en la ciudad debían asistir a misa en la capilla del colegio cada domingo y día festivo a un cuarto para las nueve de la mañana. Y eran causas de expulsión atentar contra la religión católica y la «moralidad», los actos de grave insubordinación, así como «la desaplicación habitual».[29]

«En este plantel educacional, Augusto destacará por su responsabilidad y puntualidad», leemos en *Alma de soldado*, el texto biográfico que el Ejército le regaló en 1998, cuando pasó a retiro.[30] «Sus profesores lo recuerdan como un muchacho aplicado y responsable», escribió su hagiógrafo Eulogio Bustamante,[31] en la senda de la escueta semblanza difundida por su régimen en 1974: «Se destaca como alumno líder e inquieto, con gran afición a las Matemáticas y a la Historia. Entre los deportes practicó boxeo y tiene preferencia por la equitación».[32] Desde luego, las conclusiones que se infieren de sus calificaciones escolares son radicalmente diferentes a lo expuesto en estos textos laudatorios. Y como el colegio las enviaba a las familias cada 31 de diciembre, resulta verosímil pensar que Pinochet amargó a su familia más de un fin de año.

En 1928 sí superó el primer año de Humanidades. Sus mejores calificaciones las obtuvo en Matemáticas, Ciencias, Religión y Gimnasia.[33] Un año después, aprobó el segundo curso, aunque con preocupantes resultados en Castellano, Historia y Geografía, Inglés, Francés y Ciencias. En diciembre de 1930, en tercero, fue reprobado de manera estrepitosa y, a diferencia de algunos compañeros suyos, no tuvo la posibilidad de recuperar en marzo las materias suspendidas (Castellano, Inglés, Francés, Matemáticas) para poder así avanzar. En 1931 sí pasó, pero en 1932, con 17 años cumplidos, volvió a fracasar en cuarto de Humanidades: naufragó en Inglés, Francés, Castellano, Matemáticas, Ciencias, Física, Química e incluso en Dibujo.

Desde 1907, los colegios de los Sagrados Corazones de Santiago, Viña del Mar, Concepción y Valparaíso editaban de manera conjunta una publicación, *La Revista Escolar*, cuyo último número de cada año, bajo el lema «Honor al Mérito», destacaba la nómina de mejores alumnos por curso y sede entre los que, obviamente, jamás figuró. Durante aquel lustro, Augusto Pinochet solo vio su nombre inscrito en aquellas páginas en una ocasión, en 1928, y por razones meramente burocráticas: le incluyeron en la relación de nuevos alumnos del establecimiento de Valparaíso.[34]

A mediados de 1932 se publicó un número especial con motivo del vigésimo quinto aniversario de la revista,[35] en el que Nemesio Antúnez, alumno del cuarto año de Humanidades del colegio de Santiago —y futuro gran pintor y grabador—, publicó el artículo titulado «El incendio de la Compañía», acerca de la destrucción de la iglesia que estaba ubicada donde hoy lucen los jardines del antiguo Congreso Nacional en Santiago. Y Carlos Elton, estudiante de cuarto curso de Valparaíso, escribió acerca de la batalla de Chorrillos, acaecida en 1881 en la guerra del Pacífico. En cambio, Pinochet no publicó ningún artículo en la revista, ni un poema, ni siquiera un chiste (había un pequeño espacio reservado para el humor en sus páginas). Nada. Sus inquietudes «literarias» tardarían aún dos décadas en asomar.

Entre sus profesores estuvieron los sacerdotes Santiago Urenda o Augusto Salinas, quien en enero de 1943 oficiaría su matrimonio con Lucía Hiriart y en 1981 declaró acerca de su antiguo pupilo: «Tenía todas las condiciones para la milicia: sentido del deber, disciplina, amor por la patria». «Es cierto que yo le encontraba buenas condiciones para la milicia, pero en esa época, en que tenía unos 14 años, no se mostraba tan enérgico. Por el contrario. Por ejemplo, jamás peleaba con sus compañeros y esto es muy corriente en los muchachos de esa edad. Era un buen joven, sencillo, muy estudioso, buen compañero, bonachón, muy risueño. Hasta el día de hoy. También conserva la religiosidad. Es un hombre con mucha fe y muy generoso».[36] Salinas fue, junto con Emilio Tagle, uno de los pocos obispos que apoyó abiertamente el golpe de Estado.

El 25 de diciembre de 1973, con motivo de la fiesta anual de graduados, el colegio de los Sagrados Corazones de Valparaíso concedió una distinción en forma de medalla a los tres exalumnos que tenían un papel destacado en el nuevo régimen: el general Pinochet, el vicealmirante Ismael Huerta y el contraalmirante Hugo Castro, ministro de Educación.[37] Por su parte, el dictador otorgó a Santiago Urenda, rector del centro a sus 76 años, la condecoración Bernardo O'Higgins —a pesar de que está prevista solo para extranjeros— por su vida consagrada al magisterio.[38]

En julio de 1999, durante su detención en Londres, dos periodistas de *El Mercurio de Valparaíso* le entrevistaron en su residencia de Virginia Waters y le preguntaron, en el momento más duro de su vida, si volvería a optar por su profesión si hubiera podido imaginar todo lo que le pasó desde que ingresó en el Ejército. «No me cabe ninguna duda», señaló, «porque en mi caso he sentido siempre la presencia de un llamado como natural a todo lo que significa la carrera militar...».[39]

Pinochet siempre situó el nacimiento de esta inclinación en su infancia. «Jamás pensé en estudiar otra cosa que no fuera mi vocación de servicio que tengo desde niño. Porque uno entra a la Escuela Militar para servir a la Patria. No se entra pensando en la guerra. La gente se equivoca cuando piensa que a los militares solo nos gusta la guerra y la violencia. O cuando piensa que somos fácilmente violentables», aseveró en 1989.[40] La atribuyó a su interés por el pasado nacional, los relatos acerca de los conquistadores españoles y la resistencia del pueblo mapuche. «Es posible que narraciones heroicas y otros temas semejantes y luego la lectura de la historia de Chile fueran dejando en mi espíritu un surco muy profundo sobre el valor del servicio de las armas. En todo caso, desde la niñez tuve la idea de que la meta de mi existencia debía ser llegar a oficial de Ejército y dedicar mi vida a la carrera de las armas. En mi hogar no todos compartían esta vocación, produciéndose diferentes reacciones cuando se tocaba el tema», relató en 1979.[41]

El apoyo materno a su aspiración fue determinante, ya que, a pesar de sus pésimas calificaciones escolares, su padre le instaba a que estudiara Medicina; de hecho, en alguna ocasión aseguró que, de haber seguido el consejo paterno, hubiera elegido la especialidad de pediatría. Otra vez, en septiembre de 1974, declaró que, de no haber sido militar, hubiera querido ser juez.[42] Pero se impusieron el deseo de su madre y sus propios anhelos: «A mi mamá le encantaban los militares... Y solía tocar una canción que decía así: "El militar sabe apreciar a la mujer que siempre adora y el amor así atesora...". Ella cantaba y nosotros la escuchábamos».[43] Influyó también la amistad de su familia con los hermanos Alfredo y Edgardo Portales, ambos oficiales del Ejército, a quienes Pinochet bombardeaba con preguntas sobre la profesión de las armas cuando les visitaban y cuyos uniformes le deslumbraban.[44]

En su infancia también le gustaba acercarse hasta el Regimiento de Infantería n.º 2 Maipo, en Playa Ancha, en el extremo sur de la bahía de Valparaíso, para contemplar las formaciones de una de las unidades más antiguas del Ejército chileno, fundada en 1851. «Admiraba la carrera, me entusiasmaba la marcialidad de los soldados, la forma como se trataba a la gente, los grados. Siempre me imaginaba tener lo mismo: uniforme y marcialidad.»[45]

En cambio, aparentemente la Armada no le sedujo, a pesar de la importancia de esta institución en la vida social de Valparaíso y de las imágenes cotidianas de los buques fondeados en la bahía, de sus oficiales uniformados en las calles, de sus majestuosos edificios institucionales... También resultó estéril la insistencia en esta dirección de su abuela Inés Rosa Martínez. No existe constancia de que presentara su solicitud de admisión en la Escuela Naval, que en la época funcionaba en el imponente edificio del cerro Artillería que hoy ocupa el Museo Marítimo Nacional, con una perspectiva privilegiada sobre la bahía.[46]

El 2 de septiembre de 1991, Pinochet impartió una clase magistral en la Escuela Militar bajo el título «La noble profesión de las armas». Cuando ya llevaba cincuenta y ocho años en la institución, se permitió aleccionar a los jóvenes cadetes: «La vocación es un llamado. La de las armas es un llamado de la Patria. La vocación militar es un servicio. El acto de servir es uno de los deberes más característicos de la carrera. Es un compromiso ético con el Estado y la Patria. (...) La entrega militar es una consagración de la persona a algo superior, equivalente a la del sacerdocio. Por eso compromete profundamente sus fibras más nobles».[47]

Tuvo que postular en tres ocasiones a la Escuela Militar, hasta que fue admitido en 1933. Allí partió en marzo de aquel año para emprender una nueva vida; atrás quedaron sus familiares y sus amigos del colegio Marcelo Malharé, Gerardo Pérez, Rolando Garay, Fabio Vío, Óscar Cristi y Julio Iversen.[48]

Augusto Pinochet se formó como oficial en un Ejército profundamente transformado durante el medio siglo anterior de acuerdo con el rígido modelo prusiano. La «prusianización» fue el proceso de modernización y profesionalización del Ejército chileno, la mayor transformación en sus dos siglos de historia. A esta influencia se atribuyen los rasgos característicos de la institución en la que sirvió y a la que dirigió durante casi veinticinco años: la verticalidad de mando, la dureza, la rigidez y la obediencia absoluta a las órdenes de los superiores. Una disciplina severa regía la relación entre los sucesivos eslabones a partir de la máxima prusiana de «orden y ejecución».

Un Ejército «prusiano» en América

A pesar del triunfo en la guerra del Pacífico, los mandos del Ejército creyeron imprescindible emprender una reforma profunda a fin de prepararse ante un posible nuevo conflicto —principalmente con Argentina o Perú—[49] de un país que tenía un territorio ciertamente difícil de defender, con cuatro mil kilómetros de litoral, salpicado de accidentes físicos y sometido a los climas más adversos.[50]

En 1885, por orden del gobierno del presidente Domingo Santa María, el general Emilio Sotomayor, director de la Escuela Militar, contrató al capitán de artillería germano Emil Körner con la misión de renovar «la estructura orgánica y combativa del Ejército».[51] Se desterró la influencia militar francesa, notoria en las décadas centrales del siglo XIX, y el modelo elegido fue el de Prusia, que en 1871 había sido el eje de la unificación de Alemania bajo la batuta del canciller Otto von Bismarck y en aquel momento, tras las fulgurantes victorias sobre el Imperio austrohúngaro y Napoleón III, exhibía un prestigio sin parangón en el mundo. En la mentalidad militar prusiana, la guerra se concebía como una ciencia que exigía la aportación de todo el potencial humano y material de la nación.[52]

El ejército permanente y profesional es una creación de la época contemporánea, fruto del ascenso de la burguesía como clase social. Con su aparición, se privó a la aristocracia feudal del acaparamiento del cuerpo de oficiales y se fijó la promoción por mérito, antigüedad y calificación.[53] Desde la Revolución francesa y la emblemática batalla de Valmy (1792) entraron en escena una nueva forma de guerra y un nuevo tipo de ejército; se trataba de conflictos nacionales en los que pugnaban ya no cuerpos mercenarios, sino tropas integradas por los ciudadanos movilizados en defensa de su nación.[54] Esto permitió asegurar la profesionalización de la función militar ejercida por oficiales y suboficiales, así como su preparación e instrucción constante en escuelas propias y especializadas.[55] Por esta razón, en 1886 se fundó la Academia de Guerra del Ejército de Chile, la primera de su tipo en América Latina, creada a imagen y semejanza de la institución homónima de Berlín (*Kriegsakademie*, inaugurada en 1810), que permitió que, por primera vez, la oficialidad recibiera una formación sistemática a partir de un plan de estudios definido.[56] Desde entonces, en sus aulas se forman los oficiales del Estado Mayor, la élite de la institución.[57]

En la Guerra Civil de 1891, Emil Körner se alineó junto con la oligarquía y la Armada y como jefe de las fuerzas sublevadas se enfrentó al Ejército y al presidente José Manuel Balmaceda. Después de la batalla de Placilla, y ya ascendido a general de la República de Chile, comunicó a la Cancillería alemana que las fuerzas militares victoriosas habían entrado en Santiago «marchando al estilo prusiano».[58] A partir de entonces empezó la etapa más intensa de la «prusianización»,[59] que se hizo sobre la base de la milicia constituida en defensa de los intereses oligárquicos y del capital británico y tras la depuración de más de cien oficiales medios y superiores leales a Balmaceda. En 1893 llegaron treinta instructores alemanes, se renovó el funcionamiento de los centros de adiestramiento (Academia de Guerra, Escuela Militar, Escuela de Suboficiales, Escuela de Caballería y Escuela de Tiro y Gimnasia) y se introdujo una variedad de estudios y disciplinas desconocidas en el país, impartidos con manuales traídos de Alemania: Táctica, Historia Militar, Servicio de Estado Mayor, Juegos de Guerra... Además, entre 1891 y 1913, ciento cincuenta oficiales chilenos se formaron en Alemania.[60]

La transformación también llevó aparejados elementos especialmente vistosos. En 1899, los cadetes de la Escuela Militar vistieron por primera vez el uniforme prusiano (la guerrera azul y el pantalón negro); al año siguiente, se introdujo en algunas unidades su casco de punta (*Pickelhaube*) y ya en 1904 todos los miembros del Ejército, desde el soldado raso hasta el comandante en jefe, lucían la indumentaria y el casco prusianos, además de incorporar elementos como el yelmo y el monóculo e incluso formas de comportamiento como la cortesía militar alemana. Asimismo, adoptaron el característico paso del Ejército germano y desde 1896 hasta el día de hoy la *Marcha Radetzky* marca el ritmo de parada de la Escuela Militar.[61]

En 1900, por la Ley 1362 se implantó el servicio militar obligatorio, como en Alemania, con una duración de nueve meses para todos los varones de 20 años,[62] una medida que en los años siguientes permitió elevar los efectivos del Ejército hasta estabilizarlos en torno a unos diez mil hombres, frente a los casi seis mil de fines del siglo XIX.[63] Al mismo tiempo, desde principios del siglo XX el Ejército chileno envió misiones a otros países americanos para reorganizar sus instituciones armadas, exportando así de manera indirecta el modelo prusiano. Sus oficiales sirvieron en Ecuador (1899), El Salvador (1903), Colombia (1907), Guatemala y Honduras (1911-1912), y Venezuela (1914-1915).[64]

Si el Reglamento de régimen interno dictado en 1902 ya era una copia del alemán de 1899, en mayo de 1906 se aprobó la reforma más profunda, cuando se otorgó al Ejército, sobre todo a sus escalas superiores, una organización y una estructura inspiradas en el Ejército imperial germano.[65] A partir de entonces los diferentes regimientos se diseminaron por las capitales provinciales y otras ciudades de menor rango. «Desde el punto de vista de la defensa nacional era inexplicable tan gran dispersión y hasta perjudicial», escribió el historiador Hernán Ramírez Necochea. «Parece entonces fundado pensar que la reorganización (...) se hizo fundamentalmente considerando asuntos de política interna y más precisamente la necesidad de asegurar la presencia de fuerzas "protectoras del orden" a través de todo el territorio, fijándose especial atención en aquellos lugares en los que existía cierto grado de concentración proletaria.»[66]

De manera paralela, se forjó una verdadera «mitología del vencedor», según la definición de Quiroga y Maldonado, justificada por las sucesivas victorias militares del siglo XIX y condensada en el lema del Ejército de Chile: «Siempre vencedor, jamás vencido». Esta ideología incluía la tendencia hacia un Estado autoritario y un profundo rechazo de las ideas socialistas. De hecho, en el breve interregno de la República Parlamentaria (1891-1924), el Ejército asumió funciones de «policía interior» y fue el responsable de la represión de las movilizaciones y demandas del movimiento obrero, causando miles de víctimas. Solo entre 1903 y 1925, durante los gobiernos de los presidentes Germán Riesco, Pedro Montt, Juan Luis Sanfuentes y Arturo Alessandri, perpetró dieciséis masacres. Sus víctimas en la Escuela Santa María de Iquique, en las oficinas salitreras de San Gregorio o La Coruña y en otros puntos del país, fueron obreros del salitre y del carbón, trabajadores industriales y portuarios, desempleados y mujeres de las clases subalternas.[67]

La época dorada de la «prusianización» concluyó con el inicio de la Primera Guerra Mundial, cuando los instructores regresaron a su país, y la derrota final de Alemania, forzada por la Paz de Versalles a poner fin a las misiones militares en el exterior. Este proceso de transformaciones dejó una profunda huella que, en opinión de Quiroga y Maldonado, impidió la construcción de «un Ejército eminentemente nacional y autónomo»; «... más importante», subrayan, «hubiese sido la formación ideológico-política de los militares en función de ideales de convivencia democrática y de valorización del sistema democrático representativo».[68]

Fueron oficiales formados en la tradición militar prusiana los que condicionaron la evolución política de Chile entre 1924 y 1932, un periodo tumultuoso marcado sobre todo por las personalidades de un político, el presidente Arturo Alessandri, y un militar, Carlos Ibáñez del Campo. La nueva elección de Alessandri en octubre de 1932 clausuró ocho años de inestabilidad política e inauguró el largo periodo de cuatro décadas en el que se desarrolló la carrera militar de Pinochet hasta alcanzar la jefatura del Ejército el 23 de agosto de 1973.

Entre Alessandri e Ibáñez

El 11 de septiembre de 1924, un golpe de Estado militar interrumpió la primera Administración del presidente Arturo Alessandri, quien había sido electo en 1920. Rechazaron su renuncia, pero le concedieron un permiso constitucional para que se ausentara del país, por lo que viajó a Europa junto con su familia. Antes de disponer la clausura del Congreso Nacional, las Fuerzas Armadas ordenaron la promulgación de un amplio conjunto de leyes sociales y laborales con contenido progresista. El 23 de enero de 1925, otro movimiento militar instó a reasumir su cargo a Alessandri, quien regresó el 20 de marzo. Con el Parlamento cerrado, se promovieron varias reformas y principalmente la elaboración de una nueva Constitución, que sustituyó a la de 1833 tras ser aprobada en plebiscito el 30 de agosto y solemnemente promulgada el 18 de septiembre.

La nueva Carta Magna restauró el régimen presidencialista y dictaminó la separación de la Iglesia católica del Estado, proclamando la libertad religiosa y de conciencia. En cuanto a las Fuerzas Armadas, su artículo 22 consagró: «La fuerza pública es esencialmente obediente. Ningún cuerpo armado puede deliberar». Y el artículo 72 incluía entre las atribuciones reservadas al presidente de la República otorgar, con acuerdo previo del Senado, y revocar, con la disposición del pase a retiro, los grados de coronel, capitán de navío y demás nombramientos de los puestos superiores del Ejército y la Armada. Como jefe de Estado, en tiempo de guerra el presidente asumiría el título de generalísimo de las Fuerzas Armadas.[69]

El coronel Carlos Ibáñez del Campo, militar formado en la tradición prusiana que ascendería a general en 1930, fue ministro de Alessandri y el nuevo presidente elegido a fines de 1925, Emiliano Figueroa, lo mantuvo en su gabinete. Las presiones de Ibáñez forzaron la dimisión de Figueroa el 4 de mayo de 1927 y en los comicios celebrados dieciocho días después venció con el 98 % de los votos. Con poderes omnímodos y procedimientos arbitrarios, que incluyeron el exilio, el destierro, la prisión política, la tortura e incluso el asesinato, Ibáñez dirigió una dictadura que se prolongó durante cuatro años, y transformó la estructura del Estado con la creación de la Contraloría General de la República, el cuerpo de Carabineros y la Fuerza Aérea de Chile (FACh).[70]

El efecto devastador de la Gran Depresión empezó a percibirse desde fines de 1930 y en medio de protestas sociales Ibáñez renunció el 26 de julio de 1931. No obstante, la efervescencia política no declinó, todo lo contrario. En septiembre de aquel año se produjo la sublevación de la escuadra en Coquimbo, que originó «réplicas» en varios puntos del país (Talcahuano, Copiapó, Vallenar, Ovalle) y que llegó a contar con el apoyo de la Federación Obrera y del Partido Comunista (PC), evocando lo sucedido en Rusia en 1905 con el acorazado *Potemkin*. En junio de 1932 tuvo lugar el episodio de la República Socialista, liderada por el oficial de la Fuerza Aérea Marmaduque Grove, que apenas duró doce días, pero mostró por primera vez a miembros de las Fuerzas Armadas comprometidos con una opción revolucionaria.

Finalmente, la victoria de Arturo Alessandri en las elecciones presidenciales del 30 de octubre de 1932 cerró ocho años de intervencionismo militar en la esfera política. Hasta el 11 de septiembre de 1973, y con solo tres excepciones —el Ariostazo en agosto de 1939, el Tacnazo en octubre de 1969 y el Tanquetazo en junio de 1973—, los militares vivieron enclaustrados en sus cuarteles y apegados a sus obligaciones constitucionales. E inicialmente lo hicieron ante el visible desprecio y la notoria hostilidad de la sociedad civil.[71]

La desconfianza de Alessandri hacia las pulsiones golpistas de los militares y la alargada sombra de Ibáñez le llevaron incluso a amparar las Milicias Republicanas, grupos armados que contaron con hasta cincuenta mil hombres, reclutados entre las capas altas y conservadoras de la sociedad.[72] Se disolvieron en julio de 1936, aunque de sus «cenizas» surgieron varios movimientos políticos que heredaron su anticomunismo.[73]

El alejamiento de los militares de la contingencia política y su dedicación exclusiva a las tareas profesionales alimentó tanto el mito de la excepcionalidad de las Fuerzas Armadas chilenas en el contexto latinoamericano que la trascendencia histórica de sus irrupciones (1891, 1924) fue cayendo en el olvido. «Se evita decir que el Ejército de Chile tiene por tradición intervenir cada treinta o cuarenta años», escribió en 1970 el sociólogo francés Alain Joxe.[74]

No obstante, aquellos convulsos años protagonizados por la figura de Ibáñez —quien continuó siendo un actor central de la política nacional durante un cuarto de siglo más—, dejaron un marcado poso ideológico en las Fuerzas Armadas, que convivió con la imposición de la Doctrina de Seguridad Nacional durante la Guerra Fría y no fue desterrado hasta la alianza tejida por Pinochet con los economistas neoliberales desde abril de 1975. La historiadora Verónica Valdivia caracteriza este «ibañismo militar» como «la añoranza por un Gobierno fuerte y eficiente, que despreciaba a los políticos y prefería a los tecnócratas, que valorizaba la función social y económica del Estado, proclive a una integración controlada y despolitizada de los sectores subalternos y que esperaba recuperar el estatus y la valorización social de la época del general Ibáñez».[75]

El ingreso de Augusto Pinochet en la Escuela Militar en marzo de 1933 coincidió con un cambio de época en la política nacional. Solo un mes después, el 19 de abril, se fundó el Partido Socialista (PS) —con Salvador Allende como uno de sus impulsores en Valparaíso— y cinco más tarde, los jóvenes socialcristianos de la rama juvenil del Partido Conservador crearon la Falange Nacional, primer antecedente del Partido Demócrata Cristiano (PDC). Junto con los partidos Radical, Liberal y Comunista, quedó configurado el universo político sobre el que pivotaron y pugnaron las aspiraciones y deseos de la sociedad chilena hasta el 11 de septiembre de 1973. Los procesos de industrialización protegida, de urbanización y de modernización social del país durante las décadas centrales del siglo XX se desarrollaron en el marco de un sistema plenamente democrático a partir de 1958[76] y no bajo regímenes autoritarios regidos por las Fuerzas Armadas ni hegemonizados por populismos de corte corporativista, como en gran parte de América Latina.[77]

El cadete 197

En diciembre de 1932, Pinochet fue reprobado en el cuarto curso de Humanidades del colegio de los Sagrados Corazones de Valparaíso. Estudiante mediocre, con un horizonte profesional sombrío ante sí cumplidos ya los 17 años, aprovechó su última oportunidad para postular a la Escuela Militar y entonces sí fue admitido.[78] En diversas ocasiones relató que lo consiguió en su tercer intento, aunque no siempre dijo la verdad, puesto que, en el primer volumen de sus memorias, aseguró que en 1931 fue rechazado «por mi poca edad»; no obstante, aquel mismo año ingresó Carlos Prats, nacido como él en 1915. Solicitó de nuevo plaza para 1932, pero señaló que fue defenestrado solo por razones físicas: «Estaba muy débil a consecuencia de mi etapa de crecimiento».[79] En enero de 1933 volvió a presentarse a las pruebas de conocimiento de los candidatos en Lengua, Matemáticas e idiomas, y a someterse a los exámenes médicos exigidos. A mediados de febrero recibió un telegrama que le confirmó que por fin había sido aceptado.[80]

En 1931, tras la caída de la dictadura del general Carlos Ibáñez y en medio del durísimo impacto de la crisis económica internacional, el Ejército vio menguados sensiblemente sus recursos y por esa razón llegó a plantearse el cierre temporal de la Escuela Militar, como ya había sucedido entre 1876 y 1878. Sin embargo, la opción escogida fue transformarla en un internado de enseñanza secundaria. De este modo, pasó a ofrecer también los tres últimos años de Humanidades, que permitían obtener la licencia que franqueaba el acceso a la universidad, además del Curso Militar, que preparaba a los futuros oficiales y, en el caso de no seguir esta carrera, al menos acreditaba que el alumno ya había cumplido la Ley del Servicio Militar Obligatorio.

En 1933, Pinochet repitió en la Escuela Militar el cuarto año de Humanidades en calidad de estudiante pensionado. Su familia debió abonar 1.300 pesos para atender los gastos de alimentación, vestuario, lavandería y peluquería durante el curso y, por otra parte, adquirir los libros y el material escolar.[81] El 2 de marzo viajó en tren desde Valparaíso con su madre, quien al día siguiente le acompañó hasta la entrada del imponente alcázar ubicado frente al parque Cousiño, hoy denominado parque O'Higgins.[82] «Cuando ingresé como cadete a la Escuela Militar, a ese vetusto edificio de la calle Blanco Encalada donde se inculcaban el amor a la Patria y el cumplimiento del deber, fue uno de los momentos más felices de mi vida. (...) La alegría me embargaba totalmente, pues con ello se cumplía mi gran aspiración.»[83]

En aquel momento recibió el *Manual del Cadete*, un detallado documento de ciento dieciséis páginas que definía sus deberes y obligaciones para todos y cada uno de los momentos y tareas del día y del año.[84] Asimismo, incluía un relato de diez páginas acerca de la historia de la Escuela Militar desde su fundación el 16 de marzo de 1817 con la denominación de Academia Militar, mediante un decreto firmado por Bernardo O'Higgins y el ministro de Guerra, José Ignacio Zenteno. Se creó en el mismo momento de la organización del Ejército nacional, con la función de formar a los oficiales y suboficiales en las especialidades de Caballería e Infantería. El bautismo de fuego de sus primeros alumnos tuvo lugar en la batalla de Maipú, en abril de 1818, que selló la victoria de las tropas chilenas y el nacimiento de la nueva República, cuando sendas compañías, denominadas

Las Cien Águilas, combatieron bajo el mando del coronel Manuel Labarca y del mayor Manuel Silva.[85]

No hubo transición entre la vida civil de un joven chileno de 17 años y un cadete de la Escuela Militar. De inmediato, a sus compañeros y a él les hicieron formar y les condujeron al almacén de vestuario, donde les entregaron prendas de loneta blanca, ancha, dura, y pantalones cortos amplios y se instalaron en el dormitorio del segundo piso que les asignaron. Al día siguiente les repartieron los botines militares y la ropa de cama y aseo, que debían marcar con el mismo número hasta finalizar las Humanidades. A Pinochet le correspondió el 197. Pronto llegó también el corte de cabello inequívocamente castrense y un primer mes de aislamiento e inmersión en la dura instrucción militar, periodo marcado además por la añoranza de la familia y los amigos y también por las novatadas de los veteranos.

Tampoco fue sencilla la adaptación al rigor de la disciplina prusiana. Por ejemplo, si al segundo día no habían aprendido a hacer la cama perfectamente, les obligaban a cargar el colchón y correr por los corredores y, además, les castigaban sin casino. Para él era una tarea completamente desconocida. «Nos daban solo diez minutos desde que nos tirábamos de la cama para pasar al baño, hasta que salíamos al patio a trotar y hacer gimnasia, debía estar la cama lista también...» «Yo estaba acostumbrado a un hogar donde se preocupaban de mí. Me atendían, podía acostarme a la hora que deseaba. Todas aquellas actividades libres. Pero llegué a la institución y cambió mi vida. Pasé a ser un hombre que debió ajustarse a procedimientos rígidos. Un hombre que sabe con un día de anticipación todo lo que hará al día siguiente, minuto a minuto. Allí se funciona de manera tal que uno sabe qué va a pasarle desde la diana hasta la retreta. Se va encasillando. Se va acostumbrando a ser metódico y ordenado», recordó en 1989.[86]

Después del mes de instrucción militar, los cincuenta y cinco alumnos de cuarto de Humanidades de aquel año (veinte menos de las plazas disponibles), divididos en tres grupos, iniciaron las clases y el régimen de vida ordinario que, salvo excepciones, contemplaba salidas de la Escuela los domingos entre las nueve y media de la mañana y las diez de la noche. Para Pinochet y sus compañeros el día empezaba a las seis, cuando escuchaban el timbre. Por delante tenían quince horas de actividad, hasta que se retiraban a descansar a las nueve de la noche. De inmediato, se dirigían a las duchas de agua fría, realizaban su aseo personal y volvían a los dormitorios para vestirse. Tras el desayuno, dedicaban veinte minutos a ejercicios de gimnasia en el patio central o en los corredores. A las siete en punto, y vigilados siempre por la mirada atenta de un oficial, debían hacer la cama y disponían de un tiempo de estudio antes del inicio, a las ocho de la mañana, de las clases, que se prolongaban hasta las doce. Entonces, se procedía a leer la Orden del Día en el patio y llegaba el momento del almuerzo.

Por las tardes, realizaban la instrucción en el vecino parque Cousiño a través de diferentes ejercicios: prácticas sin armas, formación en distintos tipos de hilera, marcha individual y en grupo con y sin compás, giros, altos... Asimismo, ensayaban una y otra vez los honores (saludos individuales en movimiento o no) y hacían gimnasia. Durante las primeras semanas, la instrucción teórica se centraba en explicarles las normas de la Escuela Militar y cómo debía ser la conducta de los cadetes dentro y fuera de ella.[87] Para aquellos jóvenes revestía una especial emoción la primera salida con el uniforme de cadete, tras el mes inicial de intensa y dura instrucción.[88]

Pinochet solo viajaba a Valparaíso a visitar a sus padres y hermanos cuando disponía al menos de dos días libres seguidos, así es que, por lo general, los domingos almorzaba en el hogar de su apoderado, primero el general Alfredo Portales y después su hermano Edgardo, capitán del Ejército.[89] Según la abogada Mónica Madariaga —prima segunda de Pinochet y su principal asesora jurídica desde las primeras semanas de la dictadura—, el general Alfredo Portales siempre recomendaba a los jóvenes oficiales: «Nunca destaques en la carrera, porque serás objeto de envidias; tampoco seas el último. Para llegar a la cúspide, mantente en el justo medio, dentro del montón».[90] Un consejo que siguió a pies juntillas, al igual que la sentencia del almirante alemán Friedrich von Ingenohl que subrayó en un libro que conservó en su biblioteca personal hasta el fin de sus días, según ha relatado el periodista Juan Cristóbal Peña: «Resulta difícil adivinar su pensamiento íntimo, pues no descubría jamás sus planes a los ojos de los demás de manera abierta».[91] A ese empeño contribuyeron las lentes oscuras que desde sus tiempos de capitán empezó a utilizar y que ocultaban sus gestos y reacciones más espontáneas.

En su primer año en la Escuela Militar estuvo bajo la tutela del teniente instructor José Estrada y del comandante de la Compañía, el capitán Óscar Zagal. El 21 de mayo de 1933, participó en su primera formación para rendirle honores al presidente de la República, Arturo Alessandri, con motivo de la ceremonia de lectura del mensaje anual del jefe de Estado en el Congreso Nacional. Tuvo que permanecer de pie durante cuatro horas soportando el peso del casco con penacho, así que muy pronto aprendió que el cumplimiento de las formas militares era una exigencia ineludible inspirada en las añejas tradiciones castrenses. «La excelente presentación, un buen manejo, un toque vibrante, la apostura marcial, eran gestos que no podían desatenderse porque eran parte del ser militar y del alma del soldado», leemos en la biografía que el Ejército le obsequió en 1998.[92]

En aquel tiempo, los límites urbanos de Santiago terminaban por el oriente en el canal San Carlos. Los cadetes solían completar la instrucción, una vez al mes, con caminatas que duraban todo un fin de semana hasta Peñalolén, donde realizaban ejercicios de artillería disparando hacia la cordillera; en la actual zona de la calle Pedro de Valdivia norte, en la comuna de Providencia, hacían prácticas de caballería. Además, participaban en las grandes maniobras de la II División del Ejército.

Aquel primer año aprobó por fin todas las asignaturas del cuarto curso de Humanidades, aunque con escaso brillo académico salvo en materias como Física y Gimnasia.[93] Como al resto de los cadetes, en diciembre le correspondió asistir a la ceremonia de graduación de los alumnos del Curso Militar, en presencia del presidente Alessandri y el cuerpo diplomático, y entonar en su honor el himno de la Escuela Militar, de acordes viriles y marciales como corresponde, cuya última estrofa dice: «En los tiempos heroicos salieron / de tu alcázar, en vuelo triunfal, / las cien águilas bravas que hicieron / grande a Chile en la América austral».[94] La primera antigüedad de aquella promoción de 1933, a la que Pinochet rindió honores, correspondió a un joven brillante: Carlos Prats.[95]

El 26 de diciembre, una compañía formada por setenta y siete cadetes, once profesores y nueve oficiales, encabezada por el director de la Escuela Militar, el coronel Eduardo Ilabaca, partió en ferrocarril hacia Puerto Montt para realizar diferentes tareas de instrucción. Posteriormente, en las primeras semanas de 1934 pudo disfrutar de las vacaciones estivales con su familia y reencontrarse con sus amigos de Valparaíso.

En el quinto curso de Humanidades, debió repetir el examen final de Filosofía, mientras que logró sus mejores calificaciones en Conducta y en Historia y Geografía. En diciembre de 1935, a la edad de 20 años, concluyó la enseñanza secundaria al aprobar el sexto año.[96] Uno de sus profesores fue Alejandro Ríos Valdivia, quien impartió Historia y Geografía en la Escuela Militar entre 1925 y 1945. Militante del Partido Radical (PR), desde noviembre de 1970 fue el primer ministro de Defensa de Salvador Allende y junto con el presidente firmaría el ascenso de Pinochet a general de división. En 1985, le recordaba en estos términos como alumno de la Escuela Militar: «Era del montón. Los profesores siempre nos acordamos de los muy brillantes o de los muy malos». «Era un cadete normal. De muy buena conducta. Serio.»[97]

Por el régimen de vida tan estricto y el aislamiento casi monacal respecto a sus familias y la sociedad civil, los vínculos entre los cadetes solían perdurar durante décadas. De hecho, entre las primeras actividades sociales que dispuso tras ser designado comandante en jefe por el presidente Allende, Pinochet invitó a un almuerzo a sus compañeros de curso.[98] Y a partir del 11 de septiembre de 1973 designó a algunos de ellos, ya marginados del Ejército, en puestos relevantes de la Administración. Por ejemplo, al coronel retirado Jaime Ferrer le nombró para varios cargos, entre ellos, el de rector delegado de la Universidad Austral entre 1980 y 1986. Y en 1981, el director de Correos y Telégrafos era Patricio Délano y el presidente de la Polla Chilena de la Beneficencia (la Lotería) era Carlos Elbo.

Si bien no brilló por sus calificaciones académicas, sí demostró pronto su «espíritu militar», que le hizo merecedor de la confianza de sus superiores, que en 1934 le nombraron «cadete instructor», en 1935 subrigadier de una compañía de cadetes y a fines de aquel año brigadier, por lo que tuvo que acompañar a las promociones más jóvenes en su iniciación en la vida militar. Orlando Urbina, compañero suyo de curso, recordó que Pinochet «era de mucho espíritu militar, de mucha exterioridad en lo militar». «En esos años, había que hablar fuerte, gritar. Había que ser muy enérgico cuando se estaba haciendo algo y él lo hacía muy bien. Se destacaba por sus formas militares. Era muy preocupado de su vestuario, de su presentación personal, cualidad que aún sigue manteniendo.»[99]

El Curso Militar

El 18 de enero de 1936 fue nombrado subalférez porque la dirección de la Escuela Militar había aprobado su ingreso a partir de marzo en el Curso Militar, que iniciaba la preparación de los futuros oficiales de armas y de servicios del Ejército. Desde entonces, los gastos de alimentación, uniforme y equipo de los alumnos ya eran costeados completamente por el Estado. El comandante del Curso Militar de 1936 fue el capitán Ramón Salinas, quien seleccionó a Mario Pooley y a Pinochet como escoltas de la bandera nacional. Fue entonces cuando se le abrió una hoja de vida en la que año tras año quedó constancia de la evaluación que sus superiores hacían de su desempeño —con las distinciones y las faltas, estas últimas referidas también a la vida privada—, que era determinante para progresar en los ascensos y las destinaciones sucesivas.[100]

La preparación mínima que debían terminar de adquirir a lo largo de aquel año para graduarse y convertirse en alféreces era la cultura general correspondiente a un licenciado en educación secundaria, con nociones generales sobre psicología y pedagogía y capacidad de trato social. En cuanto a la cultura militar, tenían que adquirir ideas generales sobre la guerra, la política, la estrategia y la táctica; la organización y la legislación militar; y la historia de las guerras nacionales, así como conocimiento acerca de la forma de combate de las diferentes armas. Respecto a la preparación militar, debían lograr una formación teórica y práctica como instructores en su especialidad o arma y adiestrarse en el mando y la conducción en el combate. En lo referido a la preparación física, tenían que demostrar condiciones para la correcta práctica de los deportes militares y facultades para montar a caballo y hacer ejercicios de esgrima con el sable.[101]

«Lo que más interés despertaba en mí eran las clases de táctica, estrategia e historia militar, inclinación con la que he seguido en toda mi carrera y lo que me ha otorgado muchas satisfacciones. Con gran interés estudié las campañas de la Independencia, la Expedición Libertadora, la Guerra contra la Confederación Perú-Boliviana y la Guerra del Pacífico», escribió en sus memorias.[102] En especial le interesó tempranamente este último conflicto y por esa razón a partir de los años cuarenta, cuando la Dirección de Personal del Ejército le preguntaba a qué guarnición deseaba ser destinado, siempre expresó su preferencia por el norte. De este modo, en diferentes etapas sirvió en Iquique, Arica y Antofagasta.

La primera parte del Curso Militar, entre abril y mediados de agosto, se centraba en los conocimientos necesarios para ser instructor en las cuatro armas (Infantería, Caballería, Artillería e Ingenieros) con un especial énfasis en la enseñanza de las técnicas de mando y los métodos de la instrucción, y además empezaban las prácticas de equitación. Posteriormente, hasta diciembre, los subalféreces iniciaban una etapa de especialización con preparación de todas las armas y una revista final de su capacidad como instructor. No existían los exámenes y la calificación final se fijaba a partir de las notas parciales logradas a lo largo del año.[103]

Augusto Pinochet obtuvo el undécimo lugar entre los cincuenta y cinco alumnos del Curso Militar de 1936, la undécima antigüedad, un jalón determinante para su carrera. Obtuvo 7, la máxima calificación, en Conducta, Espíritu Militar y Condiciones de Mando; 6,25 en Administración Militar; 6 en Historia Militar y en Servicio Práctico. Sus notas más bajas fueron en Matemáticas (3), Topografía (4) y Química Experimental (4,25), mientras que en Redacción Militar logró 4,66.

En su evaluación, el comandante del Curso Militar, capitán Ramón Salinas, señaló que su conducta profesional había sido «excelente»: «De honradez profesional desarrollada, muy puntual, entusiasta, trabajador, disciplinado y exigente con sus subalternos». En cuanto a su conducta privada, anotó que era un joven «de maneras cultas, muy caballeroso en su trato, gusta de las buenas relaciones, camarada sobresaliente, franco, leal y sincero». En lo referido a sus condiciones intelectuales, valoró que eran «satisfactorias», aunque señaló que debía mejorar su dicción. Sobre sus condiciones físicas, escribió: «Satisfactorias. Debe desarrollar la confianza en su propia capacidad física, especialmente para ejercicios que requieren arrojo y resolución». Y, por último, respecto a sus cualidades como futuro oficial instructor, indicó: «Posee excelentes formas militares, es enérgico en sus acciones, se ha demostrado como buen instructor. Mejorando en preparación profesional y adquiriendo mayor experiencia llegará a ser un excelente oficial instructor». En el espacio reservado a la opinión del director de la Escuela Militar, el coronel Eduardo Ilabaca se limitó a anotar: «Conforme a la opinión del Comandante del Curso Militar».[104]

En diciembre, participaron en las maniobras anuales organizadas por la II División del Ejército, que tuvieron lugar en el sector de los Llanos del Machete. «Por primera vez como alumnos conocimos el significado que tienen los esfuerzos mancomunados de las armas, que ejecutan largos desplazamientos y en donde actúa gran cantidad de tropa, que debe ser coordinada por el alto mando», recordó en 1990.[105]

La última ceremonia en la que participó como alumno de la Escuela Militar tuvo lugar el 29 de diciembre de 1936, con la entrega de premios y la jura de la bandera de su promoción.[106] En aquel acto, al que asistieron el ministro de Relaciones Exteriores de Brasil, acompañado por su homólogo chileno y el ministro de Defensa Nacional, así como altos oficiales del Ejército y también algunos veteranos de 1879, con su uniforme de pantalón y quepis rojos y guerrera azul, se concedió una decena de premios. Ninguno de ellos recayó en Pinochet. El cuadro de honor lo encabezaron, en este orden, Jaime Ferrer, José Larraín, Mario Delgado, Tulio Espinoza y Luis Solari. Sin embargo, solo uno de estos (Tulio Espinoza) alcanzaría el generalato, como también lo hicieron, además de Pinochet, otros tres miembros de aquella promoción: Orlando Urbina, Galvarino Mandujano y Roberto Viaux.

Después de cuatro años, Pinochet abandonó el alcázar de la calle Blanco Encalada. Seguramente, sus superiores se sintieron como él mismo en diciembre de 1952, cuando ya era capitán y director de la revista *Cien Águilas*, en cuyas páginas escribió entonces para despedir a los nuevos oficiales: «Así esta Escuela, cumpliendo la sagrada misión de formar oficiales que irán a completar las filas de la Institución más antigua de la República, despide hoy a los nuevos "aguiluchos", jóvenes que vistiendo el sagrado uniforme de la Patria dejan esta vieja casona para ir a cubrir aquellos puestos de honor, que de uno a otro extremo de la República requieren sus servicios. Y allí irán con fe, pletóricos de ilusiones y plenos de esperanzas (...). Junto con decirles hasta pronto, les recordamos que las herramientas para el triunfo en la vida del Oficial se encuentran en la sobriedad, en la observancia de las austeras normas de la disciplina y en el estudio y meditación de los documentos y principios reglamentarios; que la profesión de las armas impone hoy un constante perfeccionamiento intelectual, físico y moral».[107]

Notas

1. Pinochet de la Barra, Óscar, *Los Pinochet en Chile*, Santiago de Chile, Editorial del Pacífico, 1979, pp. 13-16.
2. Valladares Campos, Jorge, «Antepasados maulinos del Presidente de la República general don Augusto Pinochet Ugarte», *Revista de Estudios Históricos*, n.º 26, Santiago de Chile, 1981, pp. 7-48.
3. Entrevista reproducida en *Cambio 16*, Madrid, 14 de abril de 1986, pp. 100-101.
4. Vial, Gonzalo, *Pinochet. La biografía. Tomo I*, Santiago de Chile, El Mercurio-Aguilar, 2002, pp. 22-23.
5. Correa y Subercaseaux, pp. 20-21.
6. Oyarzún, María Eugenia, *Augusto Pinochet: Diálogos con su historia*, Santiago de Chile, Sudamericana, 1999, pp. 26 y 30.
7. Aquella entrevista se publicó dos años y medio después en: *La Tercera*, Santiago de Chile, 14 de septiembre de 2003, *Reportajes*, pp. 4-7.
8. *Qué Pasa*, Santiago de Chile, 10 de septiembre de 1981, p. 13.
9. Azócar, Pablo, «Augusto Pinochet. Rasgos psíquicos del general», *Apsi*, Santiago de Chile, 24 de febrero de 1986, pp. 8-11.
10. Pinochet Ugarte, Augusto, *Camino recorrido. Memorias de un soldado. Tomo I*, Santiago de Chile, Instituto Geográfico Militar, 1990, p. 13.
11. Martland, Samuel J., *Construir Valparaíso: Tecnología, municipalidad y Estado. 1820-1920*, Santiago de Chile, DIBAM y Centro de Investigaciones Diego Barros Arana, 2017, p. 199.
12. Oyarzún (1999), p. 20.
13. Azócar, Pablo, «Augusto Pinochet. Rasgos psíquicos del general», *Apsi*, Santiago de Chile, 24 de febrero de 1986, pp. 8-11.
14. *Qué Pasa*, Santiago de Chile, 10 de septiembre de 1981, p. 8.
15. Oyarzún (1999), p. 204.
16. *Ercilla*, Santiago de Chile, 17 de octubre de 1973, p. 9.
17. *El Mercurio*, Santiago de Chile, 15 de julio de 2018, *Artes y Letras*, p. 2.

18. Correa y Subercaseaux, p. 16.

19. Pinochet Ugarte (1990), pp. 13-25.

20. Marambio Espinosa, Luis Adriano, *Breve historia del Seminario de San Rafael de Valparaíso desde su fundación (1869) hasta 1940*, Valparaíso, Editorial La Unión, 1940. No está paginado.

21. Hola Chamy, Constanza, «Chile: los años menos conocidos de Augusto Pinochet», *BBC Mundo*, 25 de noviembre de 2015, en Bbc.com, <https://www.bbc.com/mundo/noticias/2015/11/151124_chile_centenario_pinochet_ch>.

22. Correa y Subercaseaux, p. 23.

23. Oyarzún (1999), p. 29.

24. Silva Bijit, Roberto, *Historia del Instituto Rafael Ariztía. Cien años de presencia marista en Quillota, 1914-2014*, Quillota, Editorial El Observador, 2014, p. 113.

25. Archivo Nacional de Chile, Ministerio de Educación, División de Educación General, Departamento de Exámenes y Colegios Particulares, vol. 566.

26. Correa y Subercaseaux, pp. 23-24. En noviembre de 1982, el Instituto Rafael Ariztía de Quillota —denominación actual del colegio— le otorgó una medalla como homenaje a un «distinguido» exalumno. *Medallas y condecoraciones entregadas a la Escuela Militar por S. E. el Presidente de la República Capitán General Augusto Pinochet Ugarte*, Santiago de Chile, Instituto Geográfico Militar de Chile, s. f. p. 79.

27. Amorós, Mario, *Rapa Nui. Una herida en el océano*, Santiago de Chile, Ediciones B, 2018, pp. 70-72.

28. En sus memorias, Huerta eludió mencionar que fue compañero de estudios de Pinochet. Huerta Díaz, Ismael, *Volvería a ser marino. Tomo I*, Santiago de Chile, Andrés Bello, 1988, pp. 16-18.

29. *Colegio de los Sagrados Corazones de Valparaíso*, Valparaíso, 1933. No está paginado.

30. *Alma de soldado*, Biblioteca del Oficial del Ejército de Chile, Santiago de Chile, Instituto Geográfico Militar, 1998, p. 13. Véase también su breve perfil biográfico en: *Al servicio de Chile. Comandantes en jefe del Ejército. 1813-2002*, Santiago de Chile, Ejército de Chile, 2002, pp. 285-288.

31. Bustamante, Eulogio, *Perfiles de honor (Biografía sucinta de cuatro adalides)*, Santiago de Chile, Editorial Manuel A. Araya Villegas, 1981, pp. 183-184.

32. Departamento de Educación Extraescolar del Ministerio de Educación Pública de Chile, *Biografía de los miembros de la Junta de Gobierno*, Santiago de Chile, 1974, p. 5.

33. Véanse sus calificaciones escolares de 1928-1932 en Archivo Nacional de Chile, Ministerio de Educación, División de Educación General, Departamento de Exámenes y Colegios Particulares, vols. 603, 633, 677, 715 y 751.

34. *La Revista Escolar*, n.º 230, Santiago de Chile, abril de 1928, p. 19.

35. *La Revista Escolar*, n.º 269-270, Santiago de Chile, junio-julio de 1932.

36. *Qué Pasa*, Santiago de Chile, 10 de septiembre de 1981, p. 8.

37. *La Patria*, Santiago de Chile, 26 de diciembre de 1973, p. 16.

38. *La Tercera*, Santiago de Chile, 3 de febrero de 1974, *Revista del Domingo*, pp. 6-7. En septiembre de 1974, Pinochet regresó al colegio acompañado de su esposa, y allí les recibió Santiago Urenda. Este hizo recurrentes recuerdos e incluso chistes sobre su exalumno, aunque ciertamente su memoria ya flaqueaba, puesto que afirmó que había sido «bueno para las Matemáticas, aunque nunca creí que iba a ser Presidente de Chile». Aún no lo era, en aquel momento se había asignado el título de Jefe Supremo de la Nación. *La Tercera*, Santiago de Chile, 22 de septiembre de 1974, p. 4.

39. Entrevista reproducida en *El Mercurio*, Santiago de Chile, 18 de julio de 1999, Cuerpo C, p. 2.

40. Correa y Subercaseaux, pp. 34-35.

41. Pinochet Ugarte, Augusto, *El día decisivo. 11 de septiembre de 1973*, Santiago de Chile, Andrés Bello, 1979, p. 17.

42. *La Tercera*, Santiago de Chile, 11 de septiembre de 1974, pp. 29-31.

43. Correa y Subercaseaux, pp. 20 y 25.

44. Sierra, Malú, «Los Pinochet», *Paula*, Santiago de Chile, septiembre de 1974, pp. 52-59.

45. Oyarzún (1999), p. 43.

46. En la Escuela Naval solo se conserva información acerca de los jóvenes aceptados, no de todos los postulantes. En su biografía (p. 36), Gonzalo Vial señaló que «según una tradición» la Escuela Naval habría rechazado su ingreso.

47. Pinochet Ugarte, Augusto, *Discursos principales. 1990-1994*, Santiago de Chile, Geniart, 1995, pp. 21-35.

48. Oyarzún (1999), p. 33.

49. Sater, William F. y Herwig, Holger H., *The grand illusion. The prussianization of the Chilean Army*, Lincoln (Nebraska, Estados Unidos), University of Nebraska Press, 1999, p. 203.

50. Ponencia de Alfonso Néspolo en: Pedro Milos, ed., *Chile 1972. Desde «El Arrayán» hasta el «paro de octubre»*, Santiago de Chile, Ediciones Universidad Alberto Hurtado, 2013, pp. 121-133.

51. Quiroga, Patricio y Maldonado, Carlos, *El prusianismo en las Fuerzas Armadas chilenas. Un estudio histórico. 1885-1945*, Santiago de Chile, Ediciones Documentas, 1988, p. 37.

52. Arancibia Clavel, Patricia, ed., *El Ejército de los chilenos. 1540-1920*, Santiago de Chile, Editorial Biblioteca Americana, 2007, pp. 201-203.

53. Arriagada, Genaro, *El pensamiento político de los militares*, Santiago de Chile, Aconcagua, 1986, p. 48.

54. Rolle, Claudio, «Los militares como agentes de la Revolución», en Ricardo Krebs y Cristián Gazmuri, eds., *La Revolución Francesa y Chile*, Santiago de Chile, Editorial Universitaria, 1990, pp. 277-301.

55. Brahm García, Enrique, *Preparados para la guerra. Pensamiento militar chileno bajo influencia alemana. 1885-1930*, Santiago de Chile, Ediciones Universidad Católica de Chile, 2002, pp. 9-10.

56. Piuzzi Cabrera, José Miguel, *Los militares en la sociedad chilena. 1891-1970. Relaciones civiles-militares e integración social*, Madrid, Universidad Pontificia de Salamanca, 1994, p. 61.

57. Arriagada (1986), p. 25.

58. Quiroga y Maldonado, p. 60.

59. San Francisco, Alejandro, *La guerra civil de 1891. Chile. Un país, dos Ejércitos, miles de muertos*, tomo 2, Santiago de Chile, Centro de Estudios Bicentenario, 2008, p. 256.

60. Fischer, Ferenc, «La expansión (1885-1918) del modelo militar alemán y su pervivencia (1919-1933) en América Latina», *Revista del CESLA*, n.º 11, Varsovia, 2008, pp. 135-160.

61. La *Marcha Radetzky* fue compuesta por Johann Strauss padre como homenaje a la victoria que el Ejército imperial austriaco, comandado por el mariscal Radetzky, obtuvo en 1848 en la batalla de Custozza, en el norte de Italia. El emperador Guillermo I de Alemania la instituyó como marcha de parada del Regimiento de Guardia de Berlín. *Cien Águilas*, Santiago de Chile, 1989, p. 44.

62. Chile fue el primer país latinoamericano en hacerlo. Después lo imitaron Argentina (1901), Ecuador (1905), Bolivia (1907), Brasil (1908) y Perú (1912). Fischer, Ferenc, «La expansión indirecta de la ciencia militar alemana en América del Sur: la cooperación militar entre Alemania y Chile y las misiones militares germanófilas chilenas en los países latinoamericanos (1885-1914)», en Bernd Schroter y Karin Schüller, eds., *Tordesillas y sus consecuencias. La política de las grandes potencias europeas respecto a América Latina (1494-1898)*, Madrid, Iberoamericana, 1995, pp. 243-260.

63. Joxe, Alain, *Las Fuerzas Armadas en el sistema político chileno*, Santiago de Chile, Editorial Universitaria, 1970, p. 53.

64. Fischer (2008), pp. 135-160.
65. *Escuela Militar. 190 años de historia. 1817-2007*, Santiago de Chile, Instituto Geográfico Militar, 2007, p. 107.
66. Citado en Fischer, Ferenc, *El modelo militar prusiano y las Fuerzas Armadas de Chile. 1885-1945*, Pécs (Hungría), University Press, 1999, p. 119.
67. Ljubetic Vargas, Iván, «Obreros y militares en la historia de Chile», *Punto Final*, n.º 550, Santiago de Chile, 15 de agosto de 2003, p. 7.
68. Quiroga y Maldonado, pp. 175 y 178.
69. Ramírez Necochea, Hernán, «Las Fuerzas Armadas y la política en Chile (1810-1970)», en Hernán Ramírez Necochea, *Obras escogidas. Volumen II*, Santiago de Chile, LOM Ediciones, 2007, p. 521.
70. De Ramón, Armando, *Historia de Chile. Desde la invasión incaica hasta nuestros días (1500-2000)*, Santiago de Chile, Catalonia, 2004, pp. 125-127.
71. Pinochet Ugarte (1990), p. 41.
72. Quiroga y Maldonado, p. 141.
73. Valdivia, Verónica, *La Milicia Republicana. Los civiles en armas. 1932-1936*, Santiago de Chile, Editorial América en Movimiento, 2016, pp. 130-131.
74. Joxe, pp. 42-43.
75. Valdivia, Verónica, «Del "ibañismo" al "pinochetismo": las Fuerzas Armadas chilenas entre 1932 y 1973», en Francisco Zapata, comp., *Frágiles suturas. Chile a treinta años del gobierno de Salvador Allende*, Santiago de Chile, Fondo de Cultura Económica, 2006, pp. 157-196.
76. Tras la aprobación del voto femenino en 1949, en 1958 se derogó la legislación que proscribía al Partido Comunista y se aprobó una trascendental reforma electoral que instauró la cédula única electoral, que resultó determinante para desterrar las viejas prácticas del cohecho y la compra de votos por parte de la derecha, principalmente en los sectores rurales.
77. Ulianova, Olga, «Las claves del periodo», en Olga Ulianova, coord., *Chile. Mirando hacia adentro. 1930-1960*, Madrid, Taurus y Fundación Mapfre, 2015, pp. 13-19.
78. De acuerdo con el reglamento de la Escuela Militar vigente entonces, aprobado en 1931, aquella fue la última oportunidad que Augusto Pinochet tuvo para cumplir su aspiración de formarse como oficial del Ejército. Entre los requisitos exigidos para el ingreso, además de ser chileno, gozar de un buen estado de salud y acreditar una positiva conducta escolar previa y «condiciones de honorabilidad», su artículo 50 estipulaba que para ingresar en el cuarto año de Humanidades, su caso, no se podía tener menos de 15 ni más de 17 años, edad que

ya había cumplido. Por otra parte, con las normas vigentes una década después, su solicitud de ingreso hubiera sido rechazada, ya que desde 1942 no se aceptaban alumnos que debían repetir un curso de Humanidades. *Cien Águilas*, n.º 2, Santiago de Chile, 16 de junio de 1942, p. 33.

79. Pinochet Ugarte (1990), p. 35. En cambio, en 1999 explicó que intentó ingresar en la Escuela Militar ya en 1929, antes de cumplir los 14 años, y también en 1932. Oyarzún (1999), p. 37.

80. *Alma de soldado*, p. 31.

81. *Reglamento de organización y funcionamiento de la Escuela Militar*, Santiago de Chile, Imprenta del Ministerio de Guerra, 1931, pp. 1 y 7-13.

82. Desde 1901 y hasta su traslado en 1958 al actual emplazamiento en Las Condes, la Escuela Militar funcionó en este edificio, que hoy acoge al Museo Histórico y Militar de Chile. En la misma entrada que franqueó aquel 3 de marzo de 1933, hoy figura una placa de mármol que recuerda que el museo fue inaugurado «siendo comandante en jefe del Ejército CGL don Augusto Pinochet Ugarte» el 25 de noviembre de 1997, día que cumplió 82 años.

83. Pinochet Ugarte (1990), p. 36.

84. *Manual del Cadete de la Escuela Militar de Chile*, Santiago de Chile, Imprenta Balcells, 1926.

85. *Escuela Militar. 190 años de historia, 1817-2007*, pp. 20-21 y 29.

86. Correa y Subercaseaux, pp. 34-35.

87. *Alma de soldado*, pp. 35-36.

88. Así se lo inculcaban, como puede apreciarse en un número de 1945 de la publicación institucional: «Salir del recinto de la Escuela, vistiendo el uniforme de cadete militar, significa asumir la custodia de un tesoro incalculable: el honor y prestigio del establecimiento que, durante más de una centuria, ha sido el santuario de la grandeza moral del Ejército. (...) La responsabilidad, que bien comprenden, se amalgama con el sentimiento de profunda satisfacción que representa sentirse acreedor a lucir un uniforme que es privilegio de una juventud selecta, a la que no se exige, como dijera O'Higgins, "más pruebas de nobleza que las verdaderas que constituyen el mérito, la virtud y el patriotismo"». *Cien Águilas*, Santiago de Chile, abril de 1945, p. 11. En uno de los muros del patio principal de la Escuela Militar se esculpen hoy estas palabras de O'Higgins: «En esta Academia Militar está basado el porvenir del Ejército y sobre este Ejército, la grandeza de Chile».

89. Oyarzún (1999), pp. 38-39.

90. Marras, Sergio, *Confesiones*, Santiago de Chile, Las Ediciones del Ornitorrinco, 1988, pp. 64-65.

91. Peña, Juan Cristóbal, *La secreta vida literaria de Augusto Pinochet*, Santiago de Chile, Debolsillo, 2015, p. 70.

92. *Alma de soldado*, p. 34.

93. Archivo de la Escuela Militar, Actas de exámenes de 1933.

94. Himno compuesto en 1917 con motivo del centenario de la creación de la Escuela Militar, con música del compositor Próspero Bisquertt y letra de Samuel Lillo Figueroa, profesor durante muchos años de la institución y Premio Nacional de Literatura en 1947. *Escuela Militar del Libertador General Bernardo O'Higgins*, Santiago de Chile, DIBAM, 1985, p. 146.

95. La antigüedad es el puesto en el escalafón que un oficial tiene con respecto a sus compañeros de promoción de la Escuela Militar. A lo largo de la carrera influye de manera determinante en los ascensos, los destinos y otros privilegios y oportunidades. Cavalla Rojas, Antonio, *Organización y estructura de las Fuerzas Armadas*, México DF, Casa de Chile en México, 1978, p. 52.

96. Archivo de la Escuela Militar, Actas de exámenes de 1934 y 1935.

97. Entrevista de Juan Jorge Faundes a Alejandro Ríos Valdivia. *Cauce*, Santiago de Chile, 22 de octubre de 1985, p. 24.

98. *Qué Pasa*, Santiago de Chile, 10 de septiembre de 1981, p. 8.

99. *Alma de soldado*, p. 43.

100. Cavalla Rojas (1978, *Organización y...*), pp. 52-53. En Chile, cuando un coronel asciende a general ya no se amplía su hoja de vida, porque tiene la confianza del comandante en jefe del Ejército y del presidente de la República. En su caso, fue en enero de 1969.

101. *Reglamento de organización y funcionamiento de la Escuela Militar*, p. 28.

102. Pinochet Ugarte (1990), p. 44.

103. Para culminar con éxito el Curso Militar y lograr el grado de alférez se requería haber obtenido notas iguales o superiores a 3 en los ramos civiles, a 4 en los ramos militares y a 5 en Conducta, Espíritu Militar, Servicio Práctico y Condiciones de Mando; haber asistido a más del 80 % de las clases e instrucciones prácticas y lograr una buena evaluación final de la dirección de la Escuela Militar. *Alma de soldado*, p. 43.

104. Documento consultado en el Archivo de la Escuela Militar. Puede compararse con los conceptos que el mayor Guillermo Toro, comandante del Curso Militar de 1932, anotó en la Hoja de Calificación de René Schneider, quien pertenecería también al arma de infantería y alcanzaría la jefatura máxima del Ejército cuatro años antes que Pinochet, en 1969. Schneider ingresó en la Escuela Militar en 1929 y egresó en 1932 con la novena antigüedad de su promoción: «El subalférez Schneider fue un estudiante distinguido y un soldado modelo,

de conducta intachable. Es inteligente y muy trabajador. Tiene buen criterio y asimila con facilidad. Es buen compañero, muy apreciado por sus superiores y de verdadera vocación por su carrera militar. Se perfila un oficial de verdaderos méritos. (...) Posee condiciones especiales, físicas, intelectuales y morales, para alcanzar puestos de primera fila en el Ejército, siempre que se dirijan en buena forma sus primeros pasos en la vida libre». Schneider Arce, Víctor, *General Schneider. Un hombre de honor. Un crimen impune*, Santiago de Chile, Ocho Libros, 2010, p. 32.

105. Pinochet Ugarte (1990), p. 45.
106. *El Mercurio*, Santiago de Chile, 30 de diciembre de 1936, p. 17.
107. *Cien Águilas*, n.º 43, Santiago de Chile, diciembre de 1952, p. 3.

2

Oficial de Infantería

Pinochet recorrió pacientemente todos los peldaños de la carrera militar, con una buena evaluación de sus superiores año tras año, lustro tras lustro, década tras década, como refleja su voluminosa y exhaustiva hoja de vida. Inicialmente, estuvo destinado en San Bernardo, donde conoció a Lucía Hiriart, con quien contrajo matrimonio en enero de 1943, y en regimientos de Concepción y Valparaíso, así como en la Escuela Militar. Su personalidad encajó como un guante en una institución tan piramidal y rígidamente jerarquizada como el Ejército chileno. De la mano de su superior en la Escuela de Infantería, el coronel Guillermo Barrios, incluso formó parte de la masonería durante un año y medio, un pasaje de su biografía que siempre mantuvo oculto. Y, en los inicios de la Guerra Fría, participó en la represión del Partido Comunista entre 1947 y 1949, tanto en el campo de concentración de Pisagua como en la cuenca carbonífera del golfo de Arauco. Posteriormente, se formó durante tres años como oficial de Estado Mayor en la Academia de Guerra, en el tiempo en que las Fuerzas Armadas chilenas quedaron subordinadas a Estados Unidos en doctrina, equipamiento y entrenamiento.

Alférez en San Bernardo

El 30 de diciembre de 1936, Augusto Pinochet y el resto de los nuevos oficiales fueron convocados a una ceremonia solemne en el Club Militar, situado entonces en el corazón del barrio cívico de Santiago, frente al Teatro Municipal, donde les agasajaron con un cóctel y les entregaron la insignia que les acreditaba como socios. El 1 de enero de 1937, al cursarse su nombramiento como oficial del Ejército con el grado de alférez, empezó su carrera, que se prolongaría hasta el 10 de marzo de 1998.[1]

El 2 de enero, el comandante en jefe del Ejército, el general Óscar Novoa, les recibió en su despacho y en el transcurso de una conversación distendida les ofreció varios consejos y recomendaciones. Posteriormente, se reunieron con el comandante general de Armas. Pinochet quedó encuadrado en la de Infantería, especialidad descrita en un documento de la época como aquella que, protegida por la artillería, la aviación y los carros de combate, «conquista, organiza y conserva el terreno». Debía ser un arma fácil de movilizar, equipar, instruir, alojar y alimentar y, por la diversidad de su armamento, se preveía que cumpliera todo tipo de misiones en el campo de batalla, en cualquier terreno.[2] Si en los áridos documentos oficiales no quedaba expuesto con la suficiente claridad, el himno de la Escuela de Infantería proclamaba en uno de sus versos: «Del Ejército somos el nervio y corazón...».[3] En tiempo de paz, el arma se organizaba en regimientos, que se dividían en batallones (la agrupación de combate), compañías (la unidad fundamental) y secciones o pelotones.[4]

Pinochet ocupó las primeras semanas de 1937 en resolver distintos trámites. Por ejemplo, se inscribió como socio de la Cooperativa Militar, donde encargó la confección de otro uniforme. En Valparaíso, su padre le regaló dos trajes de civil y le acompañó a comprarse ropa de paisano en diversas tiendas de la calle Condell. Durante aquellos días del verano también tuvo la oportunidad de visitarle en varias ocasiones en su oficina y compartir un tiempo muy grato, como caminar juntos hacia la casa familiar al terminar su jornada laboral. «Él aprovechaba esos momentos para aconsejarme disimuladamente. Me conversaba sobre la manera de vivir, la sencillez, la sobriedad, la preocupación por mi madre y mis hermanos, el cumplimiento del deber y otros temas. Estos consejos, que no parecían tales, expresados con un tono muy amistoso, me dejaron enseñanzas que con el correr del tiempo me ayudarían ante muchas situaciones que me iba a presentar la vida.»[5] También en aquellos días se dirigió con su madre a la basílica de Nuestra Señora del Perpetuo Socorro, en Santiago, donde puso una placa que bajo sus iniciales rezaba: «Gracias, Madre Mía, ayúdame siempre».[6]

El 1 de febrero tuvo que presentarse en la Escuela de Infantería, ubicada entonces en la Plaza de Armas de San Bernardo, a unos veinte kilómetros al sur de Santiago, donde estaba previsto que permaneciera durante un año como alumno del curso de alféreces.[7] Dirigida desde 1936 por el teniente coronel Guillermo Barrios, impartía también programas de instrucción para tenientes, suboficiales y clases y soldados aspirantes a cabos; cursos de especialización —táctica, enlaces y transmisiones, armas pesadas de Infantería, tiro, gimnasia y esgrima— y de aplicación para capitanes de todas las armas y oficiales que eran alumnos de la Academia de Guerra.

«Recién en los primeros meses del curso de la Escuela de Infantería comenzamos a comprender las características de la carrera que habíamos abrazado», escribió en 1979. «No solo se nos exigían condiciones físicas, sino conocimientos y capacidad para aplicar la teoría a la práctica. Recuerdo que en las noches era normal quedarse estudiando el reglamento de armas combinadas o el de Infantería, dibujando formaciones o imaginando situaciones de combate, o adiestrándonos en el conocimiento de las armas. En realidad, la profesión militar no era simple, como sostenían personas que había conocido en algunos hogares de Santiago. Por el contrario, era extremadamente compleja, pero ejercía una atracción que hacía quererla cada día más.»[8]

Durante su primera destinación en la Escuela de Infantería quedó bajo el mando del mayor Carlos Casanova, quien le asignó a la primera compañía de fusileros, cuyo jefe era el capitán Alfonso Poblete. Y en el cercano cerro Chena, el lugar de instrucción habitual, recibió su «bautismo de fuego», una práctica con fuego real en la que los alféreces se refugiaban en el interior de una trinchera, mientras disparaban a discreción por encima de ellos para estimular el «espíritu militar».[9]

El 15 de abril de 1937 llegaron los jóvenes que aquel año cumplirían el servicio militar. Como alférez, hasta el mes de julio le correspondió ocuparse de la instrucción de una parte del contingente de conscriptos y de prepararlos para la minuciosa y severa revista de reclutas, que superó con éxito. Posteriormente, como otra tarea, tuvo que realizar una exposición sobre la guerra franco-prusiana de 1870 y sobre los libros *La rebelión de las masas*, de José Ortega y Gasset, y *La guerra de las Galias*, de Julio César (con comentarios de Napoleón), ante el resto de los oficiales y someterse a sus preguntas y observaciones. El 9 de julio, como todos los nuevos oficiales del arma, prestó, de manera individual, el juramento a la bandera en la Plaza de Armas de San Bernardo.[10]

Asimismo, empezó a sumergirse en la endogámica vida social del Ejército. La convivencia cotidiana con el resto de los oficiales, con los suboficiales y la tropa se regía por las severas normas reglamentarias. En el tiempo de asueto, en el casino conversaban sobre la actividad profesional en sus distintas facetas y sobre todo intercambiaban opiniones y conocimientos de historia militar y acerca de los hechos internacionales más candentes, principalmente entonces la convulsa situación en Europa y la Guerra Civil en España, que también movilizó y dividió a la sociedad chilena.

El 6 de septiembre de 1937, el comandante en jefe del Ejército, el general Óscar Novoa, firmó la resolución que destinó al alférez Augusto Pinochet al Regimiento de Infantería n.º 6 Chacabuco de Concepción, adscrito a la III División del Ejército,[11] junto con su compañero de promoción el alférez Juan Costa. Después de cuatro años y medio se separó de su amigo Carlos Elbo (enviado al Regimiento n.º 4 Rancagua de Arica) y también de Jaime Ferrer y Orlando Urbina (asignados al Regimiento n.º 3 Lautaro de Los Ángeles).[12] El Regimiento de Infantería n.º 6 Chacabuco fue su «unidad cuna», denominación del primer regimiento donde un oficial empezaba realmente su carrera profesional tras el periodo previo en la escuela de su arma. Pero a fines de octubre enfermó de hepatitis y, al recibir el alta, el comandante del Regimiento le permitió adelantar las vacaciones y marcharse a casa de sus padres en Valparaíso para reponerse completamente. El 1 de enero de 1938 ascendió a subteniente.

Desde su destino en Concepción asistió a la larga y reñida campaña electoral para las elecciones presidenciales, cuyo preámbulo dramático fue la masacre del Seguro Obrero, en Santiago, donde cincuenta y nueve militantes del Movimiento Nacional Socialista fueron acribillados después del fracaso de su asonada golpista, amparada por Carlos Ibáñez.[13] Como consignó en sus memorias, dos de aquellos jóvenes de extrema derecha habían sido sus compañeros en los Sagrados Corazones de Valparaíso: Marcos y Eugenio Magasich Huerta.[14]

En la elección presidencial del 25 de octubre de 1938, Pedro Aguirre Cerda, candidato del Frente Popular —encabezado por los partidos Radical, Comunista y Socialista—, derrotó al derechista Gustavo Ross por un margen inferior a cuatro mil votos.[15] Por primera vez en ciento veinte años de historia republicana, las fuerzas progresistas alcanzaban La Moneda. El diputado Salvador Allende, jefe de la campaña del Frente Popular en Valparaíso, y el poeta Pablo Neruda, cuyo último libro publicado era *España en el corazón. Himno a las glorias del pueblo en la guerra*, tuvieron un papel relevante en aquella batalla electoral. De manera impecable, el comandante en jefe del Ejército y el general director de Carabineros, Humberto Arriagada, remitieron cartas idénticas al presidente Alessandri y a Aguirre Cerda reconociendo la legitimidad del triunfo del Frente Popular: «Desconocerlo sería no solo atropellar la voluntad soberana que la nación ha manifestado, sino precipitar al país en una revuelta sangrienta...».[16]

Terminaba el año y el teniente coronel Domingo López, comandante del Regimiento n.º 6 Chacabuco, valoró en términos elogiosos el desempeño de Pinochet a lo largo de 1938 en su hoja de vida: «Conducta muy buena. Es escrupuloso en el cumplimiento de sus deberes. Disciplinado y disciplinario; recibió una felicitación del comandante en jefe del Ejército por su actitud en un acto de insubordinación de un cabo del Regimiento». Sobre sus condiciones de administrador, anotó que había organizado el rancho de oficiales durante un semestre con buenos resultados y que ofreció a la tropa una conferencia sobre la batalla de Maipú. En cuanto a su actuación en los juegos de guerra, señaló que había demostrado un buen criterio táctico en sus apreciaciones, temperamento en sus decisiones y desenvolvimiento en el cumplimiento de las misiones encomendadas. Respecto a sus condiciones morales y profesionales para el mando las calificó de «excelentes»: «Tiene cariño por la profesión. Es entusiasta en todas las actividades del servicio práctico e interno de la unidad. Sobresale en el trabajo táctico y en el terreno. Estudioso, se mantiene al día en todo lo que se refiere a su profesión». «El subteniente Pinochet es un excelente oficial.»[17]

A fines de aquel año, solicitó su traslado por los conductos regulares y el 2 de enero de 1939 se presentó en el Regimiento n.º 2 Maipo de Valparaíso, en el que su padre hiciera el servicio militar casi tres décadas antes. No obstante, el 22 de enero regresó a Concepción en el tren nocturno para recoger sus pertenencias y la noche del 24 de enero fue testigo del terremoto que devastó varias provincias. Permaneció allí hasta fines de febrero, integrado desde muy pronto en el Maipo, que se trasladó a la zona de la catástrofe para participar en las labores de auxilio.

El 25 de agosto tuvo lugar la sublevación del general Ariosto Herrera, pasado a retiro el día anterior, desde el Regimiento Tacna de Santiago y la Escuela de Infantería. El gobierno fue apoyado por manifestaciones populares y la mayoría de las unidades del Ejército se negaron a respaldar la sedición. La firmeza del presidente Aguirre Cerda —acompañado, entre otros, por Salvador Allende—, quien manifestó que de ningún modo abandonaría La Moneda, terminó por doblegar la actitud de Herrera. Alejados del «ruido de sables» de Santiago, nada interrumpió la normal actividad cotidiana en el Regimiento n.º 2 Maipo de Valparaíso, a excepción de la llegada de un coronel que les informó de lo sucedido.[18]

Una semana después, atracó en Valparaíso el *Winnipeg*, el carguero francés que llevaba a más de dos mil refugiados republicanos, una iniciativa solidaria del gobierno del Frente Popular y del gobierno de la II República Española en el exilio dirigida por el cónsul Pablo Neruda. Y en aquellos mismos días, tras la invasión de Polonia por la Alemania nazi, estalló la Segunda Guerra Mundial. El 8 de septiembre, como el resto de las naciones americanas, el gobierno del Frente Popular declaró la neutralidad de Chile, posición que no se modificó hasta la ruptura de las relaciones diplomáticas con las potencias del Eje a principios de 1943.[19]

El conflicto tuvo una honda repercusión en el país y fue seguido con gran interés por Pinochet. La influencia prusiana y la persistente e incisiva propaganda nazi favorecían una corriente de simpatía hacia Alemania en el Ejército. En sus memorias, relató que iba conociendo la evolución de las operaciones a través de la revista *Semana Internacional*, que se editaba en Valparaíso y mostraba sus simpatías por el III Reich.[20] «Durante la Segunda Guerra Mundial, estudié y analicé detenidamente las batallas efectuadas.» «Al principio estuve con los alemanes, porque nosotros ignorábamos muchas cosas», explicó en 1989. Seguían las batallas en un tablero mural donde marcaban los frentes con chinches de cabezas de distintos colores que representaban las diferentes tropas y unidades y las movían según los nuevos antecedentes que conocían. «Nosotros no mirábamos la ideología. En esos momentos solo nos preocupaba la parte profesional. Era como si un médico tiene al frente suyo a un paciente con un tumor, lo que estudia es el tumor y no la ideología del paciente. Nosotros mirábamos la guerra lisa y llanamente como un problema relacionado con nuestra profesión.»[21]

Además, Augusto Pinochet admitió que fue lector de una revista mensual editada en español desde Berlín, *Ejército-Marina-Aviación*, cuyo propósito era la difusión de propaganda hacia los ejércitos latinoamericanos. Era una publicación que combinaba los aspectos militares como técnicas, tipos de armas, estrategias de combate, relato de campañas célebres, información acerca del desarrollo militar de naciones como la Unión Soviética, Estados Unidos o Japón, con la política nacionalsocialista y que tuvo una buena recepción en las Fuerzas Armadas chilenas.[22] En su número de octubre de 1939, por ejemplo, Adolf Hitler ocupa la portada mirando por unos prismáticos y acompañado por este breve texto: «El *Führer* observa las últimas acciones delante de Varsovia».[23] En 1939, le correspondió exponer sobre las tropas paracaidistas en el Regimiento n.º 2 Maipo. «Basé mi tema en lo que había leído en revistas francesas y en la revista *Ejército, Marina y Aviación* (sic), publicación alemana que nos traía las novedades en estas materias», confesó en su autobiografía.[24]

Hermano en la Logia Victoria n.º 15

El 18 de marzo de 1940, el subteniente Pinochet volvió a ser destinado a la Escuela de Infantería de San Bernardo, donde permaneció hasta que el 15 de febrero de 1942 fue enviado como instructor a la Escuela Militar. Pronto, animado por el director de la Escuela de Infantería, el coronel Guillermo Barrios,[25] solicitó su ingreso en la Logia Victoria n.º 15, que funcionaba en esta ciudad y de la que Barrios había sido su Venerable Maestro en 1939, así como miembro del consejo de la Gran Logia de Chile. A la masonería pertenecieron grandes personalidades chilenas del siglo XIX, como Bernardo O'Higgins, Ramón Freire, Manuel Blanco Encalada, Eduardo de la Barra, José Victorino Lastarria o Francisco Bilbao, y adscribían entonces los principales líderes políticos nacionales (Arturo Alessandri, Carlos Ibáñez, Marmaduque Grove, Pedro Aguirre Cerda o el joven ministro de Salubridad, Salvador Allende), así como oficiales muy destacados del Ejército.[26]

Obligado a mantener un estricto apoliticismo y un apego absoluto a la disciplina en la vida militar, durante un año y medio Pinochet pudo encontrar en la masonería —institución inspirada en los valores de la libertad, la igualdad y la fraternidad— un espacio de autonomía de pensamiento, opinión y conciencia. Sin embargo, su pertenencia a esta institución fue efímera y reflejó su personalidad taimada y sumisa ante sus superiores. Desde luego no deja de sorprender su incorporación a esta sociedad secreta —enfrentada tradicionalmente a la Iglesia— por su supuesta devoción católica, de la que tanto alardearía tras el golpe de Estado.

Para desvelar esta etapa de su vida hasta ahora completamente desconocida citamos, por primera vez, la documentación que se conserva sobre él en el archivo de la Gran Logia de Chile. Así, el acta de la sexta *tenida* (reunión) de 1941 en la Logia Victoria n.º 15, que tuvo lugar el 9 de abril, a la que asistió el Hermano Guillermo Barrios, recoge que fue aquel día cuando se aceptó el ingreso de los profanos Jorge Méndez y Augusto Pinochet. En el acta de la novena *tenida*, celebrada el 7 de mayo, el Venerable Maestro

Raúl Gajardo informó que los informes sobre Méndez y Pinochet habían sido aprobados[27] y que su iniciación tendría lugar tres semanas después en Santiago; para contribuir a que aquella ceremonia se efectuara de la mejor manera posible convocó a la oficialidad del Taller (la unidad básica de la masonería) a una reunión el 14 de mayo.

Efectivamente, el 28 de mayo se llevó a cabo la undécima *tenida*, cuyo objeto, según resume el acta, fue afiliar a tres Queridos Hermanos, así como proceder a la iniciación de los profanos Jorge Méndez y Augusto Pinochet, quienes ya adquirieron la condición de Hermanos en esta Logia. Guillermo Barrios, quien desde 1928 pertenecía a esta Logia, excusó su asistencia por motivos de enfermedad, pero envió su fraternal saludo a los nuevos miembros recientemente iniciados.[28]

Durante los primeros meses su asistencia a las *tenidas* ya fue irregular: participó en las celebradas el 14 y el 18 de junio, pero justificó su ausencia en las del 11 de junio y 16 de julio. En esta última se informó de la necesidad de que los integrantes de la Logia colaboraran con una organización recién fundada en la ciudad, la Asociación Infantil de Deportes, y el Venerable Maestro propuso que el Hermano Augusto Pinochet se integrara en la misma debido al «entusiasmo» que profesaba por las actividades deportivas.

Asistió también a la vigésima *tenida*, celebrada el 13 de agosto, en la que se comunicó la invitación de la Logia Unión Fraternal n.º 1 para el viernes 22 de agosto a una reunión especial para conmemorar los cuarenta años de vida masónica de algunos de sus miembros. Se acordó que el Hermano Guillermo Barrios encabezaría una comisión, en representación del Venerable Maestro, que estaría integrada por cinco Hermanos, entre ellos Pinochet. Asimismo, se retomó el debate planteado por el Hermano Juan B. Henríquez en el trabajo que expuso sobre «el Apoyo Mutuo», inspirado en una obra del anarquista ruso Piotr Kropotkin, presentado en la reunión del 16 de julio. Es la única vez que consta en el acta una opinión de Pinochet en un debate con un profundo contenido ideológico.

Henríquez se refirió a la importancia del concepto de «Apoyo Mutuo» en las relaciones sociales y repudió la actuación de los grupos monopólicos que, en su opinión, solo perseguían lucrarse a costa de la miseria y el hambre de millones de seres humanos. Se refirió también a las guerras que enfrentaban a ciudadanos de países diferentes por orden de sus gobernantes. E hizo balance de las diferentes formas de gobierno conocidas, señaló el fracaso de todas ellas y remarcó que, para remediar aquellas situaciones, debían anularse las fronteras y las diferencias entre las distintas etnias para establecer así una sociedad libertaria. Un debate muy extenso siguió a la exposición de sus planteamientos. Guillermo Barrios disertó sobre el papel histórico de la masonería desde los años de la Revolución francesa y su situación entonces en diferentes países. Asimismo, expresó al expositor principal que no sintiera temor a plantear sus ideas, ya que la masonería, por sus principios de tolerancia, respetaba las de todas las personas y argumentó que debía proseguirse la discusión en las próximas reuniones.

En la línea de su superior en la Escuela de Infantería, el Hermano Augusto Pinochet señaló que sería conveniente continuar el «interesante» debate propiciado por Henríquez en otra ocasión... Justo en ese momento, el Venerable Maestro Gajardo le solicitó que llevara sus consideraciones por escrito a la siguiente *tenida*. Si llegó a preparar dicho documento, lamentablemente no se ha conservado.

La última acta relacionada con Pinochet que se conserva es la de la primera *tenida* de 1942, celebrada el 21 de enero. Entonces, el nuevo Venerable Maestro Miguel González se explayó sobre la labor que se había propuesto emprender. En el orden interno, deseaba terminar el templo, llevar a cabo la instrucción masónica en sus tres grados y organizar conferencias y charlas sobre temas libres y trabajos sobre simbolismo. Y, en cuanto a su relación con la sociedad local, expresó que mantendrían la ayuda a varias instituciones, como la Biblioteca Arturo Dagnino, la Liga Protectora de Estudiantes Pobres o la Asociación de Deportes. A fin de lograr la finalización del templo a tiempo para la próxima conmemoración del vigésimo quinto aniversario de la Logia, anunció que se había acordado elevar la cuota mensual de quince a veinte pesos y recordó a los morosos que debían aportar, además, cien pesos al fondo de construcción.

Tras su traslado a la Escuela Militar, donde inició sus labores como instructor en marzo de 1942, Pinochet dejó de participar en la Logia Victoria n.º 15. El 24 de octubre de aquel año fue excluido de la masonería de manera definitiva, puesto que se le entregó una carta de retiro obligatorio —término fronterizo con la expulsión— por la reiterada inasistencia y la falta de pago de las cuotas.

Augusto Pinochet jamás mencionó públicamente que había pertenecido durante casi un año y medio de su vida a esta sociedad secreta. No lo hizo siquiera en la carta que el 24 de junio de 1974 dirigió, como presidente de la Junta militar y comandante en jefe del Ejército, a Horacio González para felicitarle por su reciente elección como Serenísimo Gran Maestre de la Gran Logia de Chile.[29] Tampoco lo señaló cuando en julio de 1975 recibió a los principales responsables de la masonería de Uruguay, Paraguay, Bolivia,

Brasil, Argentina, Perú y Chile, que habían participado en Santiago en la Sexta Conferencia Masónica Interamericana.[30] Ni se lo preguntaron jamás en ninguna de las incontables entrevistas que concedió a partir del 11 de septiembre de 1973.

Una joven llamada Lucía Hiriart

Augusto Pinochet Ugarte y Lucía Hiriart Rodríguez (Antofagasta, 10 de diciembre de 1922) se conocieron en San Bernardo en 1940. Desde 1937 su padre, el abogado Osvaldo Hiriart, militante del Partido Radical y masón, era senador por las provincias de Antofagasta y Tarapacá. Era una personalidad en el Chile de la época: el 1 de septiembre de 1943, el presidente Juan Antonio Ríos le designaría ministro del Interior, responsabilidad que ocupó hasta el 6 de octubre de 1944. En 1940, Osvaldo Hiriart y su familia vivían en una casa quinta muy próxima al Paradero 30 de la Gran Avenida, en Santiago, pero su hija Lucía, de 17 años, acudía a clases en el Liceo de San Bernardo. «Un día a la salida me lo presentaron. Era un viejo para mí, pero así y todo perseveró», recordó ella cuando ya saboreaba un título, «Primera Dama de la Nación», que superaba todas sus expectativas y empezaba a conceder, muy complacida, entrevistas a la prensa nacional e internacional.[31]

Aquel día recorría las calles de San Bernardo junto con la hija del teniente coronel Guillermo Barrios y otras muchachas. «Estaba colaborando en una colecta con mi amiga *Nena* Barrios. En eso se acercó el papá de ella, don Guillermo, comandante de la Escuela de Infantería, acompañado de un oficial joven al que no conocía. Me acerqué a ellos y recuerdo que don Guillermo me dio cinco pesos "por los dos"... Mis amigas me interrogaron por el recién llegado; yo no sabía el nombre —me cotizaron tan poco que ni me lo presentaron— y tuve que explicarles por qué le había prendido la escarapela de la colecta pese a no haber dado un aporte. Lo cierto es que le había encontrado cara de pobre.» Poco tiempo después, coincidieron en una reunión social en la casa de Galvarino Ponce, gobernador de San Bernardo. «Ahí tuvimos oportunidad de conversar. Pololeamos un par de años y nos casamos.»[32]

En un reportaje en la intimidad de su hogar publicado justo un año después del golpe de Estado, Lucía Hiriart amplió sus recuerdos: «Él me vio siempre como su futura esposa. Claro que me dejó crecer un poco. El primer año no pololeamos. Yo era demasiado niña...». El noviazgo estuvo sujeto a las estrictas convenciones de entonces. «Era un pololeo a la antigua. Siempre con una hermana o un hermano al lado», relató a Elizabeth Subercaseaux en 1979.[33]

Y confesó que hubiera preferido casarse más tarde: «Me habría gustado seguir una carrera universitaria, pero me enamoré. Augusto me convenció de que no había ninguna necesidad de seguir una carrera, sobre todo en esa época. Que esperara más adelante».[34]

La versión que Pinochet entregó en distintas ocasiones señala que en 1939, cuando estaba destinado en el Regimiento n.º 2 Maipo de Valparaíso, atendió una llamada telefónica y por primera vez escuchó la voz de aquella joven, que preguntaba por un teniente. Después, en su segunda estancia en la Escuela de Infantería, desde marzo de 1940, relató que efectivamente salió a dar un paseo con Barrios y que al cruzar la Plaza de Armas una joven del Liceo se aproximó a ellos y les colocó una insignia de la colecta que estaban realizando. «Yo no tenía dinero, porque me había cambiado de uniforme. El coronel dio cinco pesos en un billete y dijo: "Por los dos". Así conocí a la que después sería mi esposa.» «Era una niña de colegio que me encantó. Después, el gobernador don Galvarino Ponce me dijo que me la iba a presentar. Dos días más tarde me invitó a tomar el té a su casa y ahí la conocí, yo entonces pololeaba con una niña de San Bernardo, pero luego rompí con ella.»[35]

Aquel noviazgo se prolongó unos dos años e inicialmente se limitaban a dar los consabidos paseos por las calles principales de la ciudad. Por la notoria diferencia de edad, siete años, tuvo que enfrentar las bromas de los otros oficiales de la Escuela de Infantería, quienes le calificaban amistosamente de «infanticida», y también la hostilidad de la directora del Liceo, contraria a aquella relación.

En el verano de 1942, los futuros suegros le invitaron durante diez días a su finca El Trapiche, situada entre las ciudades de Talca y Constitución, en la ribera norte del río Maule, a unos 370 kilómetros al sur de Santiago. Fue una estancia muy grata, aunque para agradar a su futura suegra y a su novia —militantes incondicionales de la Liga Antialcohólica— tuvo que rechazar el vino y decantarse por la leche, a pesar de que la detestaba. De regreso en Santiago, solicitó a Osvaldo Hiriart la mano de su hija. El senador le gastó alguna broma hasta que finalmente le dio un abrazo y le expresó su alegría por el futuro enlace, aunque también deslizó una advertencia: «Me dijo que estaba contento de que su hija me eligiera a mí como esposo, pero que yo lo pensara muy bien».[36]

Acompañado por sus padres, vestido de etiqueta, el teniente cumplió con los formalismos de la época y obsequió a su novia el anillo de compromiso. El 23 de abril de 1942, una de las revistas más influyentes del país anunció el futuro enlace, bajo una gran fotografía de la joven: «Señorita Lucía Hiriart Rodríguez cuyo matrimonio con el teniente de Ejército don Augusto Pinochet Ugarte ha quedado recientemente concertado. Hicieron la visita de estilo el señor Augusto Pinochet Vera y la señora Avelina Ugarte de Pinochet».[37]

Además, como exigían las normas de su institución, tuvo que solicitar autorización al comandante en jefe, que le fue concedida el 21 de enero de 1943.[38] Ciertamente, era este un trámite engorroso que se iniciaba con una carta firmada por el comandante del regimiento al que el oficial estaba asignado, junto con su solicitud, el certificado de nacimiento de la novia, el consentimiento de los padres de la contrayente firmado ante notario, un escrito que acreditaba la «honorabilidad» de la joven expedido por la autoridad militar, un documento del jefe del regimiento sobre la situación económica y las «condiciones morales» del solicitante, los exámenes de sangre de los novios y hasta un sobre cerrado con una estampilla de impuesto de cinco pesos para el decreto, que se publicaría en el *Boletín Oficial del Ejército*. En el Archivo Nacional de Chile, en los volúmenes del Ministerio de Guerra de la época, se conservan numerosas peticiones similares a la que formuló Pinochet en aquellas mismas fechas, pero, curiosamente, no la suya.[39]

El 28 de enero de 1943 sus compañeros de la Escuela Militar le brindaron la acostumbrada despedida de soltero en el casino. Al día siguiente, contrajeron matrimonio por el Registro Civil, con sus respectivos padres como testigos, así como también el general de división Alfredo Portales. Y el 30 de enero celebraron la ceremonia religiosa en la iglesia de los Sagrados Corazones de Santiago, ubicada en la Alameda, que fue oficiada por el obispo auxiliar Augusto Salinas, quien fuera uno de sus profesores en el colegio de Valparaíso.

Pinochet, con uniforme militar de gala, y Lucía Hiriart, con un vestido blanco de larga cola, pasaron bajo una formación de sables desenvainados. «Lo que más recuerdo de mi boda es que no oí nada... Estaba emocionada y todo fue muy bonito, fue muy lindo todo el matrimonio, con muchos parientes. (...) Los invitados en mi casa eran más de trescientos y eran pura familia, hubo poquitos amigos de Augusto», recordó muchos años después.[40] Como justo en aquel momento Chile rompió relaciones diplomáticas con las potencias del Eje, el Ejército decretó la cancelación de todas las salidas de sus efectivos fuera del país y por esa razón, en lugar de viajar a Buenos Aires, disfrutaron la luna de miel en un chalé arrendado en Quilpué, en el departamento de los padres de Pinochet en Viña del Mar y en Tanhuao, cerca de Talca.[41]

Fue el inicio de casi sesenta y cuatro años de matrimonio. Como el tiempo y las circunstancias terminaron por demostrar, desde luego Augusto Pinochet y Lucía Hiriart estaban hechos el uno para el otro... aunque ella le señaló claramente los límites desde el principio, como ha recordado uno de sus nietos, Augusto Pinochet Molina. Este ha relatado que en las reuniones familiares Lucía Hiriart solía evocar recuerdos del periodo inicial de su matrimonio. Una de estas pequeñas historias se remonta a mediados o finales de los años cuarenta, a un día que caminaba junto a su esposo, quien de manera poco precavida se giró a mirar a otra mujer. Ella no lo soportó y le golpeó en el estómago y, al agacharse por el dolor, le propinó con furia un rodillazo en el ojo...[42]

En los inicios de su matrimonio, Lucía Hiriart —seguramente acostumbrada a relaciones sociales privilegiadas por el rol político de su padre— instó a Pinochet a que en su carrera militar aspirara a alcanzar las cotas más elevadas, según explicó en 1998 a Jon Lee Anderson: «Cuando hablábamos de su futuro, repetía que le gustaría ser algún día comandante en jefe. Yo le decía que podía llegar a ministro de Defensa». Pinochet le anticipó que solo podía garantizarle llegar a coronel. «Todo lo que había por encima dependía de la suerte», añadió Hiriart en 1998.[43]

Mientras tanto, ella cumpliría el papel de abnegada esposa de oficial, puesto que, por su visión retrógrada del rol de la mujer,[44] Pinochet se opuso a que continuara estudiando, como ella evocó en 2003: «Un matrimonio bien avenido tiene que tener una comunicación, pero han exagerado mucho mi influencia. Hablan cada lesera, como que yo sacaba y ponía ministros y generales. Eso es una estupidez. Y eso de que yo tenía un grado militar más que Augusto en mi casa, es un chiste muy antiguo que circula entre todas las señoras de generales. Augusto tiene hasta hoy una personalidad muy fuerte. Tan fuerte que cuando era jovencita me coartó: yo quería estudiar Leyes y no pude».[45] Sin embargo, como ha remarcado la periodista Alejandra Matus, sus calificaciones de la enseñanza media fueron realmente mediocres y se retiró del Liceo de San Bernardo antes de cursar el último año de las Humanidades.[46]

Instructor en la Escuela Militar

El 1 de enero de 1942, cuando aún estaba destinado en San Bernardo, Pinochet ascendió a teniente y el 15 de febrero de aquel año fue enviado como instructor a la Escuela Militar, una de las plazas predilectas de la oficialidad. Permaneció allí durante cuatro años, periodo durante el que se casó e inició su vida matrimonial, hasta que en 1946 fue trasladado al Regimiento de Infantería n.º 5 Carampangue, con asiento en Iquique. Desde luego, seis años después el regreso al alcázar fue muy emotivo: «Cada rincón de ese vetusto edificio y cada recodo guardaba para mí un cúmulo de recuerdos de los años pasados en esa institución».[47] Se reencontró también con profesores de su época, Alejandro Ríos Valdivia, entre otros, y oficiales de su promoción, como Juan Costa o Roberto Viaux.

En 1942, le correspondió ser el instructor de los cadetes más jóvenes, los del grupo B del cuarto año de Humanidades, que curiosamente ocupaban la misma aula en la que él había estudiado entre 1933 y 1935. Sus obligaciones cotidianas le imponían un régimen similar al de los muchachos que adiestraba: diana a las seis de la mañana, desayuno a las seis y veinte y clases desde las siete menos cinco hasta las once y veinticinco y desde las dos hasta las siete y media de la tarde. Compartía con ellos incluso el rancho y en algunos casos tenía que enseñar los buenos modales en la mesa.[48] Como cada oficial debía preparar e impartir una conferencia a los cadetes y a los alumnos del Curso Militar acerca de algún hecho significativo de la historia patria, eligió la batalla de Tacna, una de las más cruentas de la guerra del Pacífico, acaecida el 26 de mayo de 1880 y en la que el Ejército chileno dirigido por el general Manuel Baquedano logró la victoria.

En marzo de 1942, ingresó en el sexto curso de Humanidades Julio Canessa, quien llegaría a ser vicecomandante en jefe del Ejército entre 1982 y 1985, miembro de la Junta militar y uno de los últimos senadores designados

(1998-2006). Sus maestros de armas fueron el capitán René Schneider en Infantería y el teniente Roberto Viaux en Artillería. Aunque en aquel tiempo tuvo poca relación con Pinochet, le quedó la imagen de un instructor muy enérgico. «No era el teniente de mi sección, por lo que no lo conocí mucho, pero cuando estaba de oficial de semana, su presencia se notaba. Yo lo encontraba algo gritón, tenía muy buena facha, lucía impecable y por su seriedad parecía bastante mayor...»[49]

Otro cadete de la época, José Domingo Ramos, quien el 11 de septiembre de 1973 era coronel y jefe del Estado Mayor del Comando de Institutos Militares y se negó a participar en el golpe de Estado, ha recordado: «A su sección de la compañía teutona la llamábamos sección de hierro, pues cuando hacía alto —de vuelta de la instrucción doctrinal— lo hacía estruendosamente, ante la expectación de los que descansábamos en el patio principal, en los alrededores de la escala de piedra. (...) Pinochet era el oficial de servicio, con formas militares de excepción. Nunca se vio nada tan lucido en brillo de botas, botones y metales del uniforme militar. Sus enérgicas voces de mando se dejaban oír a todo lo largo y ancho entre los muros que circundaban el patio grande del vetusto edificio».[50]

En marzo de 1943, tras contraer matrimonio, dejó su dormitorio en la Escuela Militar. Inicialmente, vivieron en casa de sus suegros y tenía que levantarse a las cuatro de la mañana para tomar el tranvía que partía a las cinco, llegar a la esquina de la Alameda con la calle Dieciocho a las cinco y media y caminar para llegar quince minutos antes de la diana; por las tardes, salía a las siete para llegar a la casa a las ocho y media. Esta rutina mejoró de manera sensible en junio de aquel año, cuando adquirieron un pequeño departamento en la calle Las Heras, casi esquina de la calle Dieciocho, donde se mudaron.

Allí nacieron sus dos primeros hijos, Lucía en diciembre de 1943 y en septiembre de 1945 Augusto, quien ingresaría en la Escuela Militar y se retiró del Ejército en los años setenta, cuando era capitán. En diversas ocasiones admitió que había sido «demasiado» estricto con sus hijos mayores. «Después me di cuenta de que eso era negativo. Uno no puede aplicar en el hogar la severidad que aplica en el cuartel», reconoció en 1974. «A los menores, a pesar de la gran diferencia de edad con ellos, trato de comprenderlos en su sicología de adolescentes, pero también soy ahora gran amigo de mis hijos mayores, de mi nuera y yernos.»[51]

A lo largo de aquellos años, sus superiores anotaron una buena evaluación en su hoja de vida. En 1943, señalaron que había demostrado un buen criterio en los juegos de guerra, las excursiones y los viajes tácticos: «Muy buen comandante de tropa, tranquilo y dinámico en el mando». Además, aquel año el coronel Arnaldo Carrasco, director de la Escuela Militar, escribió: «Reúne excelentes condiciones para el grado superior y será un espléndido capitán». Y también elogió sus capacidades militares: «De gran vocación profesional por su carrera. Oficial distinguido que no tiene jamás inconveniente para cumplir en la mejor forma con sus deberes y las órdenes de sus jefes. Gran espíritu de trabajo y profundo sentido de sus responsabilidades».

En 1944, cumplió su labor como ayudante del comandante del Curso Militar, el mayor Horacio Arce. El teniente coronel Héctor Sagüés, director de la Escuela Militar, le definió como «un oficial leal, capaz y de sobresalientes condiciones de soldado» y alabó «sus sobresalientes condiciones morales y profesionales». Aquel año fue distinguido para ser portaestandarte de la Escuela Militar, un encargo muy valorado por los oficiales jóvenes, y como tal desfiló en la tradicional Parada Militar del 19 de septiembre. En lo relativo a 1945, su hoja de vida informa que continuó como ayudante del Curso Militar, bajo las órdenes del mayor Urbano Barrientos, y representó a la Escuela Militar en la conmemoración del día de las Glorias Navales, el 21 de mayo en Valparaíso. En el año en que concluyó la Segunda Guerra Mundial, le correspondió impartir una conferencia sobre la batalla de Stalingrado... Seguramente no le quedó más remedio que hacer alguna alusión al heroísmo del Ejército Rojo, decisivo en la derrota del fascismo.

A fines de aquel año, se produjo el relevo del director y del subdirector de la Escuela Militar y varios de los oficiales fueron enviados a distintos regimientos del país. Según explicó, por razones de lealtad con sus superiores, tomó la decisión de solicitar un cambio de destino y eligió la guarnición de Iquique, en la que sería la primera de sus cuatro etapas en el norte.[52] El 7 enero de 1946, fue destinado al Regimiento de Infantería n.º 5 Carampangue, en la VI División del Ejército (con asiento en Iquique).

Después de seis años entre San Bernardo y Santiago, inició un cuarto de siglo de peregrinaje por distintas guarniciones del país (Iquique, la cuenca del carbón en el golfo de Arauco, Arica, Antofagasta y de nuevo Iquique, con dos periodos de cuatro años cn Santiago), además de los tres años en Ecuador. Era una peculiar y característica forma de vida, que imponía, entre otras cosas, armar y desarmar casas cada cierto tiempo, buscar colegio para los hijos, instalarse en una nueva ciudad, en función de las necesidades de la institución.[53] Además, los oficiales del Ejército vivían en un ecosistema propio, separado de la sociedad civil, puesto que, junto con sus instituciones educativas para preparar a los oficiales, suboficiales y clases, tenían sus propios clubes sociales, hospitales, centros de abastecimiento, conjuntos habitacionales... «Todo eso, sin contar con anacrónicos fueros judiciales, abundancia de ceremonias, frecuente otorgamiento de medallas y distinciones por años de servicio, por actos sobresalientes... y también algunas granjerías de escasa monta pero significativas», escribió el historiador Hernán Ramírez Necochea.[54]

Capitán en Pisagua

El 22 de marzo de 1946, el *Boletín Oficial del Ejército* publicó su ascenso a capitán, al igual que el de otros compañeros de promoción como Mario Delgado, Tulio Espinoza, Galvarino Mandujano o Roberto Viaux.[55] En la notificación se comunicó que continuaría prestando sus servicios en el Regimiento de Infantería n.º 5 Carampangue y como alumno del Curso de Tenientes de la Escuela de Infantería, aunque, tras apenas un mes y medio en San Bernardo, se las arregló para que se lo dieran por cumplido.

Viajó solo a Iquique en el buque *Toltén*, que tardaba ocho días en llegar desde Valparaíso, ya que dejó a su esposa y dos hijos en Santiago hasta encontrar una casa en arriendo, ocupación que en aquella ocasión fue especialmente compleja. Llevó consigo a su caballo, *Rex*, y nada más llegar saludó a un amigo de su suegro. En su primer día en el Regimiento el teniente coronel Víctor Beltramí le designó comandante de la sexta compañía de fusileros. Tenía 31 años y se sentía en plenitud. «Siempre se ha considerado que uno de los grados más hermosos de la carrera de las armas es el de capitán, porque el oficial llega con un buen acervo de conocimientos militares y de cultura general a una edad de juventud plena y con la capacidad de asumir con toda responsabilidad los aspectos disciplinarios, administrativos, de justicia y bienestar de su gente.»[56]

El 4 de septiembre de 1946, Gabriel González Videla venció en las elecciones presidenciales con el apoyo del Partido Liberal y del Partido Comunista, que prolongaba así su alianza de una década con el Partido Radical. «No habrá fuerza humana ni divina que me aparte del pueblo. Sin el concurso del Partido Comunista, yo no sería Presidente de la República», declaró González Videla, quien, por primera vez en América, designó a tres ministros comunistas.[57]

Con el trasfondo de las presiones del gobierno de Harry S. Truman —documentadas por Joan Garcés en los archivos estadounidenses—,[58] todo empezó a cambiar con el excelente resultado comunista en las elecciones municipales de abril de 1947 y la caída de la votación del Partido Radical. Pronto, González Videla excluyó al Partido Comunista de su gabinete —como sucedía también entonces en Francia, Italia o Bélgica— e inventó un complot de este partido contra la economía nacional y, en definitiva, contra la democracia.[59] El 1 de agosto, designó como ministro de Defensa al comandante en jefe del Ejército, Guillermo Barrios, y como ministro del Interior al vicealmirante retirado Inmanuel Holger. Días después, logró la aprobación en el Congreso Nacional de la Ley de Facultades Extraordinarias, la primera batería de sus medidas de «guerra» —como las denominó— contra el comunismo. Y en las semanas siguientes su gobierno rompió las relaciones diplomáticas con la URSS, Checoslovaquia y Yugoslavia e incluso llegó a amenazar con la expulsión de los republicanos españoles.

En función de las atribuciones concedidas al Ejecutivo por la Ley de Facultades Extraordinarias, el 23 de octubre de 1947 se decretó la Zona de Emergencia en la provincia de Tarapacá. Hacia las nueve de la noche, el comandante del Regimiento n.º 5 Carampangue reunió a los oficiales, entre ellos el capitán Pinochet, y les ordenó alistar a las compañías que mandaban para enfrentar una situación «muy grave». «Cerca de las tres de la mañana quedaron organizadas las columnas motorizadas con la totalidad del personal combatiente», remarcó en sus memorias. Y partieron a diferentes lugares del desierto de Atacama, principalmente a las oficinas salitreras. Su unidad de infantería recibió la orden de desplazarse hasta Humberstone, en la pampa del Tamarugal, y detener a numerosos dirigentes y militantes comunistas, cuyos nombres figuraban en un listado preparado por la Policía de Investigaciones. Los prisioneros fueron llevados en camiones militares a Pisagua, adonde llegaron cuando despuntaban las primeras luces del día.[60]

Esta caleta situada entre Iquique y Arica, aislada por el desierto y el océano, concentró el mayor número de prisioneros políticos de todo el país, con más de setecientos a fines de 1947, la mayoría mineros del salitre y del cobre del Norte Grande y obreros del carbón de Arauco trasladados en barco.[61] Con poco más de cien habitantes autóctonos, era un «puerto fantasma» que mostraba las ruinas del pasado esplendor del salitre: hoteles desvencijados, casas en precario estado, almacenes derruidos...

En enero de 1948, Pinochet fue destinado allí como jefe militar del campo de concentración, junto con sesenta hombres de su compañía y dos oficiales. La misión no le entusiasmó porque estaba preparado para iniciar sus estudios en la Academia de Guerra. El 23 de agosto de 1947 había realizado los exámenes para el ingreso[62] y el 27 de noviembre de aquel año fue aceptado para iniciar sus estudios desde marzo de 1948. Además, quería reunirse en Santiago con su esposa, quien volvía a estar embarazada, esta vez, de su hija María Verónica.

En Pisagua se encontró con varios militantes comunistas que ya conocía, como el alcalde de Calama, Ernesto Meza, el exintendente y exdiputado Ángel Veas, quien falleció allí, o un sastre de Iquique apellidado Pinto. En los primeros días de 1948, llegaron presos dos jóvenes, Víctor Díaz y Óscar Ramos, quienes serían víctimas de la Dirección Nacional de Inteligencia (DINA) en 1976.[63] Carmen Vivanco, la esposa de Óscar Ramos, estuvo detenida durante cien días en el Regimiento Esmeralda de Antofagasta junto con otros sesenta y cuatro militantes comunistas y posteriormente fue relegada a Chillán.[64]

Aquellas semanas transcurrieron con tranquilidad, aunque en sus memorias Pinochet relató con desprecio cómo vivían y se organizaban los prisioneros comunistas. Precisamente entonces se produjo la llegada de un grupo de parlamentarios de izquierda, con el senador Salvador Allende a la cabeza, interesados en conocer la situación de los presos políticos. Según alardeó Pinochet en varios de sus libros, les prohibió el paso de manera tajante.[65]

En aquellos días, cuarenta prisioneros —entre ellos varios dirigentes sindicales, dos exdiputados y ocho alcaldes— enviaron un escrito de protesta al ministro del Interior, Inmanuel Holger, para exponerle las «duras condiciones» que padecían en aquel puerto, que carecía de «los medios elementales para mantener la vida con dignidad y consideraciones humanas». «Vivimos amontonados en viviendas antihigiénicas, carecemos de medios económicos para renovar el vestuario y adquirir otros elementos indispensables, como calzado, jabón, velas...» Tampoco tenían atención médica y sufrían una grave escasez de agua potable, así como una pésima alimentación.[66]

El 14 de febrero, Pinochet abandonó Pisagua y en marzo inició las clases como alumno de primer año del Curso Regular de Estado Mayor. Sin embargo, al mes siguiente, el director de la Academia de Guerra, el coronel Vicente Martínez, le comunicó que la superioridad había decidido designarle como delegado del jefe de la Zona de Emergencia en la compañía Schwager, que explotaba las minas de carbón de Lota y Coronel, en el golfo de Arauco. Le prometieron que le guardarían la plaza para el curso siguiente. De nuevo le correspondió ser parte de la represión contra el Partido Comunista y tanto en sus memorias como en *El día decisivo*, dedicó varias páginas a esculpir su imagen como cruzado anticomunista de primera hora.

Durante el siglo XX, Lota y Coronel fueron dos de los bastiones del Partido Comunista, cuyos militantes dirigían las combativas organizaciones sindicales y también conquistaron, elección tras elección, ambas alcaldías.[67] La región del carbón había sido declarada Zona de Emergencia y sometida a control militar en agosto de 1947, situación que permaneció hasta 1949.[68] El 4 de octubre de 1947, casi veinte mil mineros detuvieron sus faenas y la huelga se prolongó durante trece días.[69] Entonces, el gobierno de González Videla ordenó el despliegue del Ejército, la Armada y la Fuerza Aérea, con un total de cuatro mil quinientos efectivos, con la intención de obligar a los mineros a trabajar. Además, se les sometió al sistema disciplinario militar como si fueran conscriptos —con la amenaza de penas de cárcel por desobedecer las órdenes— y se ilegalizaron sus organizaciones sindicales, cuyos bienes fueron incautados.[70] En septiembre de 1948, con la promulgación de la Ley de Defensa Permanente de la Democracia, que estuvo vigente hasta 1958, el Partido Comunista fue declarado ilegal y sus militantes privados de sus derechos políticos y excluidos de los registros electorales.[71] Sus parlamentarios debieron abandonar el Congreso Nacional cuando expiraron sus mandatos, los funcionarios públicos que militaban en sus filas fueron despedidos y se arrebató al Partido Comunista sus bienes inmuebles.

Como consta en su hoja de vida, en aquel tiempo Pinochet permaneció adscrito formalmente al Regimiento n.º 9 Chillán como comandante de la primera compañía mixta desde el 22 de abril de 1948, y desde el 30 de agosto hasta el 15 de marzo de 1949 estuvo destacado en las minas de la compañía Schwager como delegado del Interventor Militar, así que tuvo que garantizar este régimen disciplinario durísimo.[72] Por su desempeño recibió una felicitación del presidente González Videla a través del ministro de Trabajo. El teniente coronel Julio Figueroa le evaluó como un oficial «sobresaliente» y recomendó que continuara el Curso Regular de la Academia de Guerra «suspendido por situaciones de emergencia».

El viento de la Guerra Fría

A partir de 1947, como el conjunto de América Latina, Chile quedó ligado al «sistema político-militar interamericano», parte esencial de su encuadramiento con Estados Unidos durante la Guerra Fría.[73] El 2 de septiembre de aquel año, junto con otras dieciocho naciones americanas suscribió en Río de Janeiro el Tratado Interamericano de Asistencia Recíproca (TIAR), que establece, hasta el día de hoy, la obligación de ayuda militar mutua en caso de agresión externa. Este tratado institucionalizó el sistema continental definido por Estados Unidos desde la década anterior y afirmó su hegemonía en la región en el inicio de la Guerra Fría, periodo de cuatro décadas caracterizado por la pugna global entre los bloques militares, políticos, ideológicos y económicos liderados por Estados Unidos y la Unión Soviética.[74]

Otro paso más en la política de contención de la «amenaza comunista» fue la fundación, el 30 de abril de 1948 en Bogotá, de la Organización de Estados Americanos (OEA), cuya carta fundacional, firmada por Chile, auspicia dos objetivos: promover una solución pacífica a los conflictos regionales y garantizar la «seguridad colectiva». En tanto, el eslabón definitivo de la subordinación militar de las naciones latinoamericanas a Estados Unidos fue el Programa de Ayuda Militar (PAM) que se suscribió, de manera bilateral, en 1952. En el caso de Chile, que se formalizó el 9 de abril de aquel año, fue ratificado por el Congreso Nacional y publicado en el *Diario Oficial* el 21 de julio. Si hasta la Primera Guerra Mundial este país había adquirido el armamento en Alemania (infantería), Francia (artillería de montaña), Estados Unidos (tanques) y el Reino Unido (navíos), a partir de 1952 Estados Unidos fue su proveedor casi exclusivo.[75]

En el marco de este programa, desde 1951 se estableció en Washington una misión militar chilena que empezó a seleccionar el material más apropiado y la reglamentación precisa para adaptar las normas vigentes en el Ejército a la doctrina elaborada por Estados Unidos tras su participación en la Segunda Guerra Mundial. Como contrapartida, desde

1956 una misión militar estadounidense se instaló en Chile, integrada por oficiales y personal del ejército de tierra, que se radicaron en el séptimo piso del Ministerio de Defensa (frente al palacio de La Moneda), la armada (en Valparaíso) y la aviación (en la base aérea de El Bosque, en Santiago). Su responsable era un oficial con el grado de coronel y actuaba como asesor de la jefatura del Ejército chileno, si bien dependía de la embajada de su país. Sus miembros se distribuían por las escuelas de armas como profesores e instructores a fin de capacitar al personal de las Fuerzas Armadas chilenas en el manejo del nuevo armamento. Además, esta misión militar recomendaba los cursos que los oficiales y suboficiales chilenos debían seguir tanto en Estados Unidos como en la Escuela de las Américas, situada en el lado atlántico de la Zona del Canal de Panamá que este país administró entre 1903 y 1979.[76]

El historiador húngaro Ferenc Fischer ha señalado las condiciones «humillantes» que estos programas incluían para Chile y el resto de las naciones latinoamericanas, porque debían suministrar las materias primas estratégicas a Estados Unidos y romper las relaciones comerciales con los países socialistas; solo podían suscribir contratos con las misiones militares norteamericanas; a requerimiento de Washington tenían que devolver las armas prestadas o recibidas como donación y en ningún caso podían entregarlas a un tercer país; y correspondía al gobierno estadounidense decidir a qué país latinoamericano, en qué momento y circunstancias y para qué fines concedían las armas. Solo entre 1951 y 1960, el Pentágono entregó a sus aliados de América Latina arsenales bélicos por valor de unos quinientos millones de dólares; la mayor parte de estos equipos —incluían destructores, submarinos, aviones de reconocimiento— ya estaba obsoleta... para Estados Unidos,[77] pero ciertamente motivó un profundo cambio en el caso del Ejército chileno en cuanto a la instrucción y el entrenamiento de las tropas.[78]

La «ayuda» militar estadounidense a Chile entre 1953 y 1974 ascendió a 192,9 millones de dólares; de ellos, 33 millones correspondieron a los años 1970-1973.[79] Para el periodo 1953-1966, supuso el 9,7 % del gasto nacional en Defensa, un porcentaje similar a los de Brasil (9,1 %) y Colombia (10,8 %) y lejano a los de Argentina (2,1 %) y México (0,5 %), pero también a los de Ecuador (19,4 %) y Perú (18,9 %).[80]

Otro de los pilares de esta subordinación fueron los programas de entrenamiento.[81] En el caso de Chile, entre 1950 y 1973, 5.679 oficiales de las tres ramas de las Fuerzas Armadas recibieron entrenamiento en bases militares estadounidenses,[82] lo que tuvo una honda repercusión y produjo cambios trascendentales, como ha expuesto el general de división retirado Alberto González,[83] y que ya puntualizó en 1963 —tras la derrota humillante en Playa Girón (Cuba) y ante la escalada bélica en Vietnam—, el secretario de Defensa de Estados Unidos, Robert McNamara: «Probablemente, el mayor retorno de nuestras inversiones de asistencia militar venga del entrenamiento de oficiales seleccionados y especialistas claves en nuestras escuelas militares y centros de entrenamiento en los EE.UU. y en el extranjero. Estos estudiantes son elegidos por sus países para convertirse en instructores cuando vuelvan a casa. Ellos son los futuros líderes, los hombres que tendrán el conocimiento y lo impartirán a sus fuerzas. No necesito extenderme sobre el valor de tener en posiciones de liderazgo a hombres que tienen conocimientos de primera mano de cómo los americanos hacen las cosas y de cómo piensan».[84] Augusto

Pinochet no fue seleccionado para estos programas, pero desde 1957 hasta septiembre de 1972 visitó en varias ocasiones tanto Estados Unidos como la Zona del Canal de Panamá.

El adiestramiento en las bases estadounidenses no se interrumpió tras la llegada de Salvador Allende a la presidencia de la República. En 1972, los últimos 136 oficiales que se habían graduado en la Escuela Militar realizaron un «curso intensivo de entrenamiento» durante cinco semanas en la Escuela de las Américas.[85] Entre 1970 y 1975, Chile envió allí más oficiales que ningún otro país latinoamericano en toda la década, 1.560, más de la mitad de ellos en 1974 y 1975.[86]

Oficial de Estado Mayor

Después de haber estado destinado durante tres años en regimientos del norte y de la cuenca carbonífera de Arauco, en marzo de 1949 Augusto Pinochet pudo iniciar de nuevo los estudios en la Academia de Guerra para obtener la condición de oficial de Estado Mayor y optar a los escalones superiores de su carrera.[87] Hasta diciembre de 1951 se dedicó en exclusiva al estudio en las aulas del vetusto edificio del número 2577 de la Alameda, junto con un reducido número de oficiales de su generación, en un ambiente de camaradería y al mismo tiempo también de competitividad por lograr un puesto destacado en la promoción. Como ya le había sucedido en la Escuela Militar, el año que empezó definitivamente sus estudios en la Academia de Guerra, Carlos Prats se graduó con el primer lugar de su curso, seguido de René Schneider.

En aquel momento, el plan de estudios estaba formado por materias que se impartían durante los tres años, como Táctica General, Servicio de Estado Mayor, Historia Militar, Geografía Militar e idiomas; otras solo en el primer curso, por ejemplo, Guerra Aérea y Servicio de Ingenieros; tres en segundo: Organización Militar, Transportes y Transmisiones; y Guerra Marítima solo en tercero. Entonces ya se había incorporado la explicación de las innovaciones experimentadas en la Guerra Civil española y en los teatros de operaciones de la Segunda Guerra Mundial, como la aparición de la aviación militar, los bombardeos contra la población civil o la importancia de los carros blindados, y se estudiaron las operaciones que en aquel mismo momento se desarrollaban en la península de Corea.[88]

Los oficiales que eran promovidos de curso realizaban un viaje por distintas regiones para conocer mejor la realidad nacional. A su promoción le correspondió desplazarse en una ocasión a Curicó y Pucón —en la planicie del volcán y del lago Villarrica—, y en otra hasta Coyhaique y Punta Arenas, frente al estrecho de Magallanes.

Para ser propuesto como oficial de Estado Mayor se requería un buen expediente académico y, además, ser recomendado por el Consejo de Estudios de la Academia de Guerra. A fines de 1951, Pinochet se graduó con el undécimo puesto entre diecisiete alumnos y una nota media de 5,864 puntos sobre 7. Obtuvo sus mejores promedios en Movilización Militar y Geopolítica y el más bajo en Estrategia. Como consta en su hoja de vida, el teniente coronel Óscar Villegas, subdirector de la Academia de Guerra, le valoró en términos muy elogiosos: «Excelente interés por el estudio»; «muy buena capacidad de expresión, de redacción y de asimilación»; «excelente compañero»; «sobresaliente espíritu de investigación». El coronel René Álvarez, director de la institución, rubricó su conformidad con estas calificaciones y agregó: «Alumno muy esforzado, evidenció un proceso de constante superación a lo largo de todo el Curso Regular». El 31 de octubre, Álvarez ya había anotado: «Oficial tesonero, perseverante y acucioso, muy esforzado (...) honrado y digno de la mayor confianza; de gran rendimiento profesional. Realiza honrada, puntual y escrupulosamente sus funciones; de un alto grado de devoción por la carrera; puede confiársele cualquier misión por esforzada que parezca...».

El primer lugar de su promoción lo logró el capitán Gustavo Dupuis —sexta antigüedad de su curso en la Escuela Militar—, seguido por el capitán Enrique Garín y el tercero correspondió al mayor Alfonso Canut.[89] Pinochet obtuvo el premio que se otorgaba al alumno que había demostrado una mayor progresión en el estudio.[90]

Notas

1. Según un documento oficial de su institución, Pinochet sirvió durante sesenta y cinco años y diez días, desde su ingreso en la Escuela Militar el 1 de marzo de 1933 hasta el 10 de marzo de 1998. Estado Mayor General del Ejército de Chile, *Datos biográficos del Capitán General Augusto José Ramón Pinochet Ugarte*, Santiago de Chile, s. f., p. 1. Consultado en el Archivo General del Ejército de Chile.
2. Comando en Jefe del Cuartel General del Ejército, *Reglamento de Instrucción para la Infantería. Cuaderno I. Principios generales e instrucción hasta la Escuadra*, Santiago de Chile, Instituto Geográfico Militar, 1938, pp. 1-2.
3. *Reglamento de régimen interno de la Escuela de Infantería*, Santiago de Chile, Instituto Geográfico Militar, 1937, p. 11.
4. Polloni R., Alberto, *Las Fuerzas Armadas de Chile en la vida nacional. Compendio cívico-militar*, Santiago de Chile, Andrés Bello, 1972, p. 279.
5. Pinochet Ugarte (1990), pp. 55-56.
6. Oyarzún, María Eugenia *et al.*, *Augusto Pinochet. Una visión del hombre*, Santiago de Chile, Bauhaus Editorial, 1995, p. 11.
7. La Escuela de Infantería del General San Martín fue creada como Escuela de Clases el 31 de mayo de 1887 por un decreto supremo del presidente Balmaceda. En los primeros años del siglo XX permaneció clausurada, pero en 1908 el presidente Pedro Montt dictó su reapertura como Escuela de Suboficiales y desde entonces se fijó como guarnición la ciudad de San Bernardo. Fue en 1924, durante la presidencia de Alessandri Palma, cuando se expidió el decreto que la transformó en la Escuela de Infantería, con el objetivo de implantar los nuevos métodos y procedimientos de combate probados durante la Primera Guerra Mundial. La organización vigente desde 1933 la dejó reducida a dos compañías de fusileros, una compañía de ametralladoras, la sección de comunicaciones y la de cañones. *Patria*, n.º 341, Santiago de Chile, agosto-septiembre de 1950, p. 25.

8. Pinochet Ugarte (1979), p. 18.
9. *Alma de soldado*, p. 70.
10. Pinochet Ugarte (1990), pp. 59-60.
11. En aquellas décadas, el Ejército estaba estructurado en seis divisiones que se repartían el territorio nacional desde Arica a Punta Arenas. La I tenía su jefatura en Antofagasta, la II en Santiago, la III en Concepción, la IV en Valdivia, la V en Punta Arenas y la VI en Iquique. Cada división tenía su cuartel general, con su comandante en jefe y su Estado Mayor, y la integraban diversos regimientos y dependencias de cada una de las armas y servicios. Sohr, Raúl, *Para entender a los militares*, Santiago de Chile, Melquiades, 1989, p. 107.
12. Archivo Nacional de Chile, Ministerio de Guerra, vol. 6.282.
13. Valenzuela C., Emiliano, *La generación fusilada. Memorias del nacismo chileno (1932-1938)*, Santiago de Chile, Editorial Universitaria, 2017, pp. 452-462.
14. Pinochet Ugarte (1990), p. 69.
15. Milos, Pedro, *Frente Popular en Chile. Su configuración: 1935-1938*, Santiago de Chile, LOM Ediciones, 2008, p. 308.
16. Ramírez Necochea, p. 531.
17. Hoja de vida de Augusto Pinochet Ugarte. Archivo General del Ejército de Chile. Todas las citas posteriores de este voluminoso documento proceden de su consulta en este archivo.
18. Pinochet Ugarte (1990), p. 76.
19. Nocera, Raffaele, «Ruptura con el Eje y alineamiento con Estados Unidos. Chile durante la II Guerra Mundial», *Historia*, n.º 38, vol. 2, Santiago de Chile, julio-diciembre de 2005, pp. 397-444.
20. Pinochet Ugarte (1990), p. 77.
21. Correa y Subercaseaux, pp. 38-39.
22. Farías, Víctor, *Los nazis en Chile*, Hong Kong, Editorial Wide Chance, 2015, pp. 518-521.
23. Este número se abría con «La proclama del *Führer* a los soldados», fechada en Berlín el 1 de septiembre de 1939, que empezaba así: «El Estado polaco ha rechazado mis esfuerzos para obtener un arreglo pacífico en nuestras relaciones de vecino y, en cambio, ha apelado a las armas». En las páginas siguientes, incluía los partes oficiales de guerra del Comando Supremo de las Fuerzas Armadas alemanas entre el 1 y el 20 de septiembre. En octubre de 1939 publicaron un número especial titulado «La campaña de los 18 días en Polonia».
24. Pinochet Ugarte (1990), p. 75.
25. Así nos lo confirmó Luis Fanjul, Venerable Gran Maestro de la Logia Victoria n.º 15 de San Bernardo, el 19 de noviembre de 2016 en conversación telefónica.

26. En 1916, el ministro de Guerra y Marina, el general Jorge Boonen, fracasó en su intento de prohibir que los oficiales de las Fuerzas Armadas pertenecieran a la masonería. Entonces, el Congreso Nacional acogió ácidos debates sobre la materia, con encendidas críticas desde la bancada conservadora, pero los parlamentarios liberales y radicales derrotaron aquel intento y, finalmente, la Constitución de 1925 proclamó la libertad religiosa y de conciencia. Fischer (1999), p. 99.

27. Lamentablemente, en el caso de Pinochet no se conserva este documento. Sí existe el de Salvador Allende, quien el 18 de julio de 1935 solicitó su ingreso en la Logia Progreso n.º 4 de Valparaíso. Los candidatos suscribían una declaración en la que con estricta formalidad se ofrecían para integrar la masonería y a continuación el Venerable Maestro de la Logia encargaba un informe a otros miembros de la misma constituidos en una comisión. En este escrito se trazaba un bosquejo biográfico del candidato, con especial énfasis en sus estudios (¿qué dirían de Pinochet?), su actividad profesional y su opinión acerca del papel de la masonería. En la parte final, la comisión se pronunciaba acerca de su capacidad intelectual, honradez, carácter, reputación, forma de vida y amistades e indicaba qué personas podían ofrecer más referencias sobre él. Por su condición de documento de época, en el caso de Salvador Allende tiene un gran valor y ofrece datos desconocidos que ya expusimos con detalle. Amorós, Mario, *Allende. La biografía*, Barcelona, Ediciones B, 2013, pp. 544-547.

28. En el primer volumen de sus memorias inéditas, Guillermo Barrios explicó la importancia de esta institución en su vida: «La masonería fue una maestra porque me proporcionó los medios para alcanzar el perfeccionamiento y la tranquilidad necesaria para vivir en paz con la conciencia. Me enseñó a desechar lo superficial y a valorizar lo bello y lo puro».

29. Esta carta forma parte de la documentación sobre Pinochet que se conserva en el archivo de la Gran Logia de Chile.

30. *La Patria*, Santiago de Chile, 26 de julio de 1975, p. 32.

31. *Qué Pasa*, Santiago de Chile, 30 de noviembre de 1973, pp. 35-37.

32. *La Tercera*, Santiago de Chile, 3 de febrero de 1974, revista *Buen Domingo*, pp. 6-7.

33. *Cosas*, Santiago de Chile, 27 de septiembre de 1979, p. 12.

34. Sierra, Malú, «Los Pinochet», *Paula*, Santiago de Chile, septiembre de 1974, pp. 52-59.

35. Oyarzún (1999), pp. 47-48.

36. Pinochet Ugarte (1990), p. 90.

37. *Zig-Zag*, Santiago de Chile, 23 de abril de 1942, p. 64.

38. Estado Mayor General del Ejército de Chile, *Datos biográficos del Capitán General Augusto José Ramón Pinochet Ugarte*, Santiago de Chile, s. f., p. 2. Consultado en el Archivo General del Ejército de Chile.

39. Revisamos los volúmenes con las peticiones de matrimonio desde septiembre de 1941 a principios de 1943. Por ejemplo, el 8 de septiembre de 1941, el comandante en jefe del Ejército, general Óscar Escudero, firmó una resolución que señalaba que, vistos los antecedentes aportados y la reglamentación vigente, «concédese al capitán de Ejército don Juan Araneda V. el permiso que solicita para contraer matrimonio con doña Elsa Luisa S. D.». El 25 de agosto de 1941, el coronel Vargas Bernal había suscrito un certificado que acreditaba que el capitán Araneda V. «tiene buena situación económica y reúne las condiciones morales para contraer matrimonio». Dos días antes, el comandante de la guarnición de Santiago, el general Humberto Benedetti, había firmado un certificado que avalaba que la señorita Elsa S. D. «pertenecía a una honorable familia de esta ciudad y que por sus condiciones de moralidad es digna de ser esposa de un oficial de Ejército». Archivo Nacional de Chile, Ministerio de Guerra, vol. 6534.

40. Jouffé, André, *Primeras damas*, Santiago de Chile, Planeta, 1999, p. 136.

41. Pinochet Ugarte (1990), pp. 96-97.

42. Pozo Barceló, Andrés Alberto; Radich Radich, María Aurora y Rheinen Amenábar, Tania, *Lucía Hiriart. La capitán general. Una investigación periodística sobre la mujer más cercana a Augusto Pinochet Ugarte*. Tesis para optar al grado de licenciado en Comunicación Social, Escuela de Periodismo de la Facultad de Comunicación y Letras de la Universidad Diego Portales, Santiago de Chile, 2008, p. 24.

43. Véase el reportaje sobre Pinochet que publicó *The New Yorker* el 12 de octubre de 1998 en este libro: Anderson, Jon Lee, *El dictador, los demonios y otras crónicas*, Barcelona, Anagrama, 2009, pp. 83-115. Sobre la intrahistoria de aquel reportaje, que le llevó a sentarse en cinco ocasiones ante el exdictador, véase la siguiente entrevista a Anderson: Granovsky, Martín, «No me gusta fabular», *Página 12*, en Pagina12.com.ar, <https://www.pagina12.com.ar/72366-no-me-gusta-fabular>.

44. En 1974, Pinochet explicó las cualidades que admiraba en una mujer: «Que sea buena madre y buena esposa. No diré dócil porque tampoco estaría bien. Pero sí considero que la mujer debe ser un complemento del hombre. Que lo ayude, que sepa ser madre y —sobre todo— que mantenga un calor de hogar». Sierra, Malú, «Los Pinochet», *Paula*, Santiago de Chile, septiembre de 1974, pp. 52-59.

45. *El Mercurio*, Santiago de Chile, 5 de septiembre de 2003, Revista *El Sábado*, pp. 15-18.

46. Matus, Alejandra, *Doña Lucía. La biografía no autorizada*, Santiago de Chile, Ediciones B, 2013, pp. 35-41. Incluso, en su currículo oficial de 1980 se indicaba, sin más detalles, que había cursado «Estudios Superiores Especiales relacionados con Educación Parvularia y Administración de Empresa». *Datos biográficos de la Primera Dama de la Nación, Señora Lucía Hiriart de Pinochet*, Santiago de Chile, 1980, p. 2.

47. Pinochet Ugarte (1990), p. 93.

48. *Alma de soldado*, pp. 92-93.

49. Arancibia Clavel, Patricia y Balart Páez, Francisco, *Conversando con el general Julio Canessa Robert*, Santiago de Chile, Editorial Biblioteca Americana, 2006, pp. 32-34.

50. Ramos Albornoz, José Domingo, *Las cartas del coronel*, Santiago de Chile, Tierra Mía, 2001, pp. 107-108.

51. Sierra, Malú, «Los Pinochet», *Paula*, Santiago de Chile, septiembre de 1974, pp. 52-59.

52. Pinochet Ugarte (1979), p. 20.

53. Valdivia, Verónica, «La vida en el cuartel», en Rafael Sagredo y Cristián Gazmuri, eds., *Historia de la vida privada en Chile. El Chile contemporáneo. De 1925 a nuestros días*, Santiago de Chile, Taurus, 2007, pp. 199-227.

54. Ramírez Necochea, p. 551.

55. *Boletín Oficial del Ejército*, Año XXXVI, n.º 12, Santiago de Chile, 22 de marzo de 1946, p. 459.

56. Pinochet Ugarte (1990), pp. 107-111.

57. De Ramón, p. 151.

58. Garcés, Joan E., *Soberanos e intervenidos. Estrategias globales, americanos y españoles*, Madrid, Siglo XXI, 1996, pp. 105-110.

59. Riquelme Segovia, Alfredo, *Rojo atardecer. El comunismo chileno entre dictadura y democracia*, Santiago de Chile, Centro de Investigaciones Diego Barros Arana, 2009, pp. 68-69.

60. Pinochet Ugarte (1990), pp. 114-115.

61. Huneeus, Carlos, *La Guerra Fría chilena. Gabriel González Videla y la Ley Maldita*, Santiago de Chile, Debate, 2009, pp. 174-175.

62. Aquellas pruebas se referían a materias como Táctica (examen oral y escrito), Topografía, Fortificación y Servicio de Ingenieros, Geografía General de Chile y países limítrofes, Historia de Chile, Historia General y Dactilografía. *Reglamento orgánico de la Academia de Guerra*, Santiago de Chile, Instituto Geográfico Militar, 1942.

63. Villagrán, Fernando, *En el nombre del padre. Historia íntima de una búsqueda. Vida, clandestinidad y muerte de Víctor Díaz, líder obrero comunista*, Santiago de Chile, Catalonia, 2013, pp. 45-49.

64. Entrevista a Carmen Vivanco. Archivo del autor.

65. Pinochet Ugarte (1990), pp. 117-118.

66. *Ercilla*, Santiago de Chile, 9 de marzo de 1948, p. 5.

67. En las elecciones municipales de 1947, el Partido Comunista había logrado el 81,7 % de los votos en Lota y el 68,1 % en Coronel. Huneeus (2009), p. 265.

68. Barnard, Andrew, *El Partido Comunista de Chile. 1922-1947*, Santiago de Chile, Ariadna Ediciones, 2017, p. 240.

69. Venegas Valdebenito, Hernán, «Anticomunismo y control social en Chile. La experiencia de los trabajadores del carbón en Lota y Coronel a mediados del siglo XX», *Revista de Historia Social y de las Mentalidades*, vol. 16, n.º 2, Santiago de Chile, 2012, pp. 79-106.

70. Pérez Canales, Francisco y Villalobos González, Mauricio, «El movimiento obrero en la encrucijada: La huelga carbonífera de 1947 y el estado de sitio en Lota y Coronel (1947-1949)», *Bicentenario. Revista de Historia de Chile y América*, vol. 14, n.º 2, Santiago de Chile, 2015, pp. 87-109.

71. Sandoval Ambiado, Carlos y Figueroa Ortiz, Enrique, *Carbón: Cien años de historia (1848-1960)*, Santiago de Chile, CEDAL, 1987, p. 253.

72. No solo en sus memorias y en *El día decisivo* se refirió a su estadía en Pisagua y en el carbón y a sus recuerdos del contacto cotidiano con los comunistas. En un libro de 62 páginas que publicó en 1986 evocó de nuevo aquel periodo de su vida y volvió a señalar (por enésima vez) que el comunismo era «intrínsecamente perverso» y que la «democracia tradicional» era incapaz de enfrentarlo con éxito. Pinochet Ugarte, Augusto, *Repaso de la agresión comunista a Chile*, Santiago de Chile, Imprenta de *La Nación*, 1986, pp. 7-10.

73. Muñoz, Heraldo, *Una amistad esquiva. Las relaciones de Estados Unidos y Chile*, Santiago de Chile, Pehuén, 1987, p. 51.

74. Ulianova, Olga, «Algunas reflexiones sobre la Guerra Fría desde el fin del mundo», en Fernando Purcell y Alfredo Riquelme, eds., *Ampliando miradas. Chile y su historia en un tiempo global*, Santiago de Chile, Instituto de Historia de la Universidad Católica y Ril Editores, 2009, pp. 235-259.

75. El historiador Jorge Magasich ha subrayado que una evidencia de la «sumisión» de las Fuerzas Armadas chilenas a la ideología de la Guerra Fría fue la modificación del juramento que hacían sus miembros. El redactado en 1939 por el gobierno del Frente Popular proclamaba: «Orgulloso de ser chileno, prometo por mi honor de soldado, acatar la Constitución, las leyes y las autoridades de la República; juro, además, amar y defender con mi vida la Bandera de mi Patria, símbolo

de esta tierra nuestra y expresión de libertad, justicia y democracia». En cambio, el instaurado en 1952 por la Administración de González Videla suprimió el compromiso con la República y la democracia, introdujo la expresión confesional «por Dios» y minimizó la noción de sumisión a la ley para destacar la de obedecer órdenes. Este juramento, aún vigente, dice: «Yo juro por Dios y por esta Bandera servir fielmente a mi Patria ya sea en mar, en tierra o en cualquier lugar hasta rendir la vida si fuese necesario. Cumplir con mis deberes y obligaciones militares conforme a las leyes y reglamentos vigentes. Obedecer con prontitud y puntualidad las órdenes de mis superiores y poner todo mi empeño en ser un soldado valiente, honrado y amante de mi patria». Magasich, Jorge, *Allende, la UP y el Golpe*, Santiago de Chile, Editorial Aún creemos en los sueños, 2013, pp. 53-55.

76. *Historia del Ejército de Chile. Tomo IX. El Ejército después de la II Guerra Mundial (1940-1952)*, Estado Mayor General del Ejército de Chile, Santiago de Chile, 1985, pp. 85-86. Esta obra, integrada por diez volúmenes, fue elaborada tras una orden dictada por Pinochet en 1977 y empezó a publicarse en 1980.

77. Fischer (1999), pp. 254-255.

78. Reyes, Humberto Julio, *La formación de un militar en el siglo XX*, Santiago de Chile, Editorial Biblioteca Americana, 2008, p. 75.

79. Varas, Augusto *et al.*, *Chile. Democracia. Fuerzas Armadas*, Santiago de Chile, Flacso, 1980, pp. 89-90.

80. Joxe, p. 103.

81. Desde 1956, la Escuela de las Américas impartía solo cursos en español y por sus aulas pasaron entre 1961 y 1977 más de treinta y tres mil militares latinoamericanos. Garzón Real, Baltasar, dir., *Operación Cóndor. 40 años después*, Buenos Aires, Centro Internacional para la Promoción de los Derechos Humanos, Categoría II Unesco, 2016, pp. 31-32.

82. Varas *et al.* (1980), pp. 89-90.

83. «La inmensa cantidad de oficiales, suboficiales y empleados civiles que viajaron a especializarse con el Ejército de Estados Unidos produjo cambios trascendentales al interior del Ejército, ya que el hecho de estar en contacto directo con personas de este país, de visitar en terreno distintas unidades o instalaciones, de presenciar directamente maniobras y ejercicios o participar personalmente en periodos de instrucción y entrenamiento, se tradujo en una modificación en la forma de pensar y ejecutar las tareas propias de la actividad militar. A lo anterior, se deben sumar los efectos que tuvo en el personal la llegada de nuevo material de guerra a Chile, ya que en cantidad y calidad superaban largamente lo que poseía la institución, lo que permitió

incrementar el grado de motivación y conocimientos profesionales, al existir a partir de este hecho los medios materiales para ejercer plenamente la profesión de las armas». González Martín, Alberto, *La última influencia. Efectos de la ayuda militar norteamericana en el Ejército de Chile después de la II Guerra Mundial*, Biblioteca del Oficial del Ejército de Chile, Santiago de Chile, 2006, p. 153.

84.   Herrera, Luis, «Los militares como un eslabón en la cadena de dominación norteamericana en América Latina», *Chile-América*, n.º 28-30, Roma, febrero-abril de 1977, pp. 37-40.

85.   *Cien Águilas*, Santiago de Chile, 1972. Página no numerada.

86.   Gill, Lesley, *Escuela de las Américas. Entrenamiento militar, violencia política e impunidad en las Américas*, Santiago de Chile, LOM Ediciones, 2005, pp. 111-112.

87.   Pinochet fue alumno de la Academia de Guerra entre 1949 y 1951 y profesor en 1952, 1954, 1955 y desde el 2 de enero de 1964 hasta el 17 de enero de 1968. En 1986, en el prólogo al libro institucional elaborado con motivo de su centenario, escribió: «Imbuidos del genio de los conductores militares, disciplinados en el método y con gran dedicación al estudio, los oficiales especialistas de Estado Mayor han aportado al Ejército todo su acervo profesional sin otro lema que el de "ser, más que parecer", constituyéndose en el prototipo del soldado que está al servicio del más noble de los ideales. La vida centenaria del instituto de más alta excelencia académica en el Ejército, junto a su pléyade de insignes maestros, ha brindado y brinda al país la seguridad de que esta Institución pueda contar con un cuerpo de oficiales de Estado Mayor altamente capacitado e idóneo en las disciplinas del arte militar, cautelándose así la brillante tradición guerrera de un Ejército siempre vencedor y jamás vencido». Ejército de Chile, *Academia de Guerra. 1886-1986,* Santiago de Chile, 1986, p. 1.

88.   Pinochet Ugarte (1990), p. 124.

89.   En la promoción anterior (1948-1950) los capitanes Jaime Ferrer, Mario Delgado y Francisco Gorigoitía ocuparon los tres primeros puestos. En la promoción 1960-1962, el capitán Manuel Contreras logró el primer puesto. Ejército de Chile, *Historia de la Academia de Guerra. 1886-1996*, Santiago de Chile, Instituto Geográfico Militar, 1996, p. 140.

90.   *Alma de soldado*, p. 117.

3

El ascenso hacia la cima

Entre 1952 y 1967, Augusto Pinochet se dedicó esencialmente a la docencia militar. Primero estuvo destinado en
la Escuela Militar y, después de un año en el Regimiento
Rancagua de Arica, en 1954 y 1955 fue profesor de materias como Geopolítica, Geografía Militar y Logística en la
Academia de Guerra. En abril de 1956 viajó junto con otros
cinco oficiales a Ecuador como parte de la misión enviada
a la Academia de Guerra de ese país, que reanudaba sus
actividades. Fue también entonces cuando aparecieron sus
primeros artículos en las revistas del Ejército y sus libros
iniciales, trabajos de escaso valor y paupérrimo repertorio
bibliográfico. En los años siguientes, ascendió sucesivamente a teniente coronel (1960), coronel (1966) y general de
brigada (1969), en un tiempo histórico condicionado por
el endurecimiento de la Guerra Fría en América Latina, debido a la reacción de Estados Unidos ante la Revolución
cubana. Después de cuatro años como subdirector de la
Academia de Guerra, en septiembre de 1970, cuando Salvador Allende venció en las elecciones presidenciales, era
el comandante en jefe de la VI División del Ejército, con
asiento en Iquique.

Regreso al Norte Grande

Con fecha de 15 de enero de 1952, Augusto Pinochet fue nombrado oficial de Estado Mayor y ya pudo lucir en su uniforme la medalla Minerva, indicativa de haber terminado de manera satisfactoria el Curso Regular de la Academia de Guerra. En aquellos días, aceptó el ofrecimiento que le hizo el director de la Escuela Militar, el coronel Luis Jerez, de ocupar el puesto de comandante de los grupos del sexto año de Humanidades y de profesor del Curso Militar. Durante la última etapa de su carrera en que estuvo destinado en el alcázar de la calle Blanco Encalada, coincidió con oficiales como el mayor Aníbal Mancilla, los capitanes Jaime Ferrer y Sergio Arellano, así como el teniente Manuel Contreras.[1] En septiembre, además, fue designado profesor de las materias de Régimen Militar y Organización Militar y profesor auxiliar de Geografía Militar en la Academia de Guerra.

El escritor Germán Marín era entonces un cadete de 18 años y ha evocado aquel periodo en su novela *Las cien águilas*: «El capitán Pinochet no era mejor ni peor que cualquier otro oficial intermedio de la escuela, aunque se diferenciaba por exhibir uno o dos puntos más altos de inmisericordia cuando montaba en cólera. Mandar es mirar a los ojos, como decía Napoleón, aunque, como señala Borges, volviendo relativa la frase, quizá detrás del rostro que nos mira en verdad no hay nadie. En esa cara que siempre parecía afeitada del día anterior no asomaba nunca el reflejo del sentimiento, a pesar de lucir un fresco bigotillo de galán mexicano. Para medir las posibles reacciones cuando se estaba frente a él, había que observar el movimiento de sus manos tentaculares, abrigadas por unos guantes de reglamento de color marrón, que transmitían lo que sucedía en él antes de que llegara a su pensamiento. Cuando apretaba los puños con los brazos caídos en los flancos, solo cabía esperar el estallido de la voz quebradiza, cargada de gallos, que podía hacer de nosotros unos penitentes».[2]

A lo largo de aquel año, entre sus responsabilidades, también dirigió la revista *Cien Águilas* de la Escuela Militar. En su número de diciembre de 1952 escribió un artículo para despedir a los graduados de aquel año en «la institución más antigua de la República», no sin ofrecerles algunas recomendaciones: sobriedad, observancia de las normas disciplinarias, estudio de los principios reglamentarios... «La profesión de las armas impone hoy un constante perfeccionamiento intelectual, físico y moral, despertando una sed de conocimientos, acrecentada a medida que se alcanzan mayores grados y se comprende cuán complejo es el problema bélico.»[3]

La victoria del general retirado Carlos Ibáñez en las elecciones presidenciales de septiembre de 1952 supuso la salida de numerosos generales del Ejército, por lo que los distintos escalafones se movieron con más celeridad de la previsible y el 15 de abril de 1953 ascendió a mayor. Entonces, solicitó ser destinado al Regimiento de Infantería n.º 4 Rancagua, en Arica.[4] Fue aquel uno de los años más felices de su carrera: «Realizaba, en primer lugar, un trabajo profesional que me llenaba de contento y lo ejecutaba a satisfacción de mis superiores. Tenía tiempo para leer y estudiar y, en lo privado, llevamos con mi querida esposa un año de intensa vida familiar junto a mis tres hijos», señaló en 1979.[5]

El 7 de junio de 1953, en la planicie del emblemático morro de Arica, donde justo setenta y tres años antes se libró la batalla cuyo desenlace permitió la ocupación chilena, el mayor Pinochet pronunció un discurso de homenaje al «soldado desconocido»: «Nos hemos reunido en este escenario magnífico, mudo testigo de tanto valor, audacia y hazañas, para recordar en esta tierra santa los nombres de los héroes que con tanto amor y sacrificio rindieron sus vidas en homenaje a la patria y a su bandera. Pero nos hemos congregado también para que, junto a esos soldados legendarios, rindamos un homenaje al "Soldado Desconocido", al hombre anónimo que acudió presuroso al cuartel para defender con su vida el pendón que simboliza todo el destino de una nación. Ellos, héroes o mártires, estrecharon filas ante ese símbolo sagrado de la patria, sin temer que la causa imponía sudor, lágrimas y sangre. Así, en el silencio del anonimato, rindieron sus vidas en defensa del ideal y ante la admiración y respeto de sus conciudadanos. ¡Vaya para ellos el laurel de los héroes para que lo ciñan en sus inmortales sienes! ¡Honor a los caídos, porque ellos sacrificaron sus vidas en beneficio de su patria! ¡Honor a los héroes anónimos, porque ganaron para sí una tumba gloriosa! ¡Honor a esos hombres que dieron todo por su patria, porque su recuerdo vivirá siempre en la mente de sus conciudadanos! ¡Gloria a ellos, porque su memoria ha de servir de ejemplo hasta la eternidad!».[6]

A fines de 1953, recibió una comunicación que le anunció su inminente nombramiento de nuevo como profesor de la Academia de Guerra, labor que volvió a asumir en marzo de 1954 y ejerció durante dos años a cargo de las materias de Geopolítica, Geografía Militar y Logística.[7] Además, el 4 de octubre de 1954 fue designado ayudante del subsecretario de Guerra, el coronel Horacio Arce, puesto en el que siguió en 1955 cuando el coronel Humberto Zamorano le relevó.

En el último trimestre de 1954, rindió la prueba de bachillerato y la calificación que obtuvo le permitió matricularse en la escuela de Derecho de la Universidad de Chile al año siguiente, cuando coincidió en aquellas aulas con otro estudiante de primer año: Ricardo Lagos.[8] Apenas aprobó unas pocas asignaturas, pero en 1979 se permitió alardear de sus estudios jurídicos: «Creo que el mayor provecho de haber sido alumno de Derecho fue que me adentré en materias que yo solo había conocido tangencialmente. Con verdadero placer estudié Derecho Romano, Economía, Historia Constitucional, Derecho Constitucional».[9]

En la escuela de Derecho de la Universidad de Chile no se conserva documentación de su paso como alumno en 1955.[10] En cambio, en 1972, cuando era jefe del Estado Mayor General del Ejército, el jurista e historiador Fernando Campos Harriet publicó una reseña de su nuevo libro, *Guerra del Pacífico. 1979. Campaña de Tarapacá*, y señaló que había sido un alumno «sobresaliente» en su materia, Historia Constitucional de Chile. «A fin de año, la Comisión examinadora que presidía Belisario Prats e integraban Jaime Eyzaguirre y el suscrito aprobó con dos distinciones su interrogación verbal». Campos Harriet también destacó que el mayor Pinochet hizo una completa disertación sobre la guerra del Pacífico «con ordenado y lacónico lenguaje militar» antes de abordar en clase los aspectos jurídicos de aquella contienda. «Desplegó sobre las paredes mapas, croquis, apuntó en el pizarrón puntos esenciales y nos asombró con la profundidad de sus conocimientos históricos, geográficos y de ciencia militar».[11]

Tres años en Ecuador

En las décadas centrales del siglo XX, el Ejército chileno mantenía sus misiones en otros países latinoamericanos.

Por ejemplo, entre 1950 y 1955 numerosos oficiales contribuyeron a la creación de la Escuela de Comando y Estado Mayor del Ejército de El Salvador, durante el gobierno progresista del presidente Óscar Osorio.[12] En octubre de 1955, el gobierno ecuatoriano comunicó formalmente al chileno su deseo de contratar una misión militar, cuyos integrantes ejercerían como profesores en la Academia de Guerra, que desde su fundación a principios del siglo XX —por influencia de la primera delegación chilena en el país— había permanecido cerrada en distintos periodos y en 1956 iba a reanudar su funcionamiento regular.[13]

Las conversaciones bilaterales avanzaron durante las últimas semanas de 1955. El 11 de enero de 1956, el encargado de negocios de la embajada chilena, Alejandro Jara, informó a su ministro de Relaciones Exteriores que el gobierno ecuatoriano estaba estudiando la vía para que la llegada de los oficiales no irritara a la misión militar de Estados Unidos en este país, que, por otra parte, había sido incapaz de atender esta necesidad.[14] A fines de aquel mes, una amplia delegación del Ejército chileno, encabezada por su comandante en jefe, el general de división Raúl Araya, visitó Ecuador y fue recibida por el presidente Velasco Ibarra.[15]

El 28 de febrero, desde el Ministerio de Relaciones Exteriores remitieron al embajador en Quito, Luis Cubillos, los antecedentes profesionales de los seis oficiales de Estado Mayor elegidos: el teniente coronel Aníbal Mancilla —jefe de la misión—, profesor de Historia Militar en la Academia de Guerra y en la Escuela de Infantería; el teniente coronel Miguel Casals, profesor de Táctica en la Academia de Guerra y en la Academia de Guerra Naval; el mayor Carlos Matus Ugarte —primo de Pinochet—, profesor de Movilización y Organización Militar en la Academia de Guerra y

en la Escuela de Artillería, y jefe de la sección de Movilización del Estado Mayor del Ejército; el mayor Pablo Schaf-
fhausser, profesor de Táctica y Personal en la Academia de
Guerra, en la Escuela de Ingenieros y en la Escuela Militar;
el mayor Francisco Gorigoitía, profesor de Estrategia y Táctica General en la Academia de Guerra y en la Escuela de
Infantería; y el mayor Augusto Pinochet, profesor de Geografía Militar, Geopolítica y Logística en la Academia de
Guerra y profesor auxiliar en la Academia de Guerra Aérea.
También se citaban sus primeras publicaciones: *Síntesis geográfica de Chile, Argentina, Bolivia y Perú* y *Síntesis geográfica
de Chile*.[16]

El 22 de marzo, el embajador Cubillos suscribió el
acuerdo con el ministro de Relaciones Exteriores de Ecuador
y comunicó que en los próximos días firmaría el contrato
entre el ministro de Defensa de aquel país y los seis oficiales,
a quienes representaría en esa ocasión. El acuerdo inicial era
por dos años, aunque a fines de 1957 se prorrogó por doce
meses más a petición del gobierno ecuatoriano. Para evitar
las suspicacias estadounidenses, a efectos formales fueron
destinados por decreto supremo a la misión militar de Chile
en Washington y «desde allí» designados en comisión de servicio a Ecuador. La remuneración de los oficiales chilenos,
seiscientos dólares mensuales para los dos tenientes coroneles y quinientos dólares mensuales para los cuatro mayores,
fue abonada por el gobierno ecuatoriano. Aquella elevada
retribución permitió que el matrimonio Pinochet-Hiriart
viviera con cierta holgura económica; fue en Ecuador donde adquirieron su primer automóvil, aunque lo vendieron
en 1959, antes del regreso a Chile, para evitar pagar los elevados impuestos de importación.[17] Además, su salario en
dólares le permitió con los años ahorrar una buena cantidad

de dinero, como reflejó en la declaración de bienes que firmó el 21 de septiembre de 1973, cuando por este concepto indicó que disponía de 117.887,65 dólares.[18]

El 12 de abril, junto con el resto de los oficiales designados, Augusto Pinochet, Lucía Hiriart y sus tres hijos —Lucía, Augusto y María Verónica, quienes ya tenían 12, 10 y 8 años—, así como Avelina Ugarte se embarcaron en el buque *Marco Polo*, de la Sociedad Italiana de Navegación, con destino a Guayaquil. El 2 de mayo, Pinochet se incorporó a sus obligaciones en la Academia de Guerra, que reinició su actividad el 26 de junio con un total de diecisiete profesores, incluyendo a los seis chilenos. Tres días después, el presidente José María Velasco Ibarra inauguró las clases de la promoción 1956-1958, cuyos alumnos pertenecían a las tres ramas de las Fuerzas Armadas.

Los oficiales chilenos desarrollaron variadas funciones a lo largo de aquellos tres años. Recorrieron el país en jeep para conocer el territorio, elaboraron manuales para diferentes materias, participaron en los consejos docentes, prepararon juegos de guerra y evaluaron a los alumnos.[19] En el caso de Pinochet, se encargó de las asignaturas de Geopolítica, Geografía Militar e Informaciones y tuvo que escribir sendos textos de estudio durante su primer año en este país.[20] En 1997, el general retirado Rafael Rivas, uno de sus alumnos en aquel tiempo, relató a la periodista Javiera Moraga: «El mayor Pinochet no se caracterizó por ser un profesor blando. De hecho, los chilenos nos tenían esclavos de los estudios». Era estricto, pero demostraba cierto sentido del humor: «Cuando entregaba los exámenes, a quien tenía la mejor calificación lo llamaba adelante y le decía: "Señor, aquí tiene usted un Óscar". Eso nos causaba mucha risa».[21]

Además, a sus 41 años, Pinochet se inscribió para proseguir los estudios de Derecho en la Universidad Central de Quito en el curso 1956-1957. Cursó materias como Economía Política, Derecho Civil, Estadística, Sociología General y Derecho Romano, con un bajo nivel de asistencia y pésimas calificaciones, ya que solo aprobó esta última.[22] Ya no los retomaría jamás.

A principios de 1957, viajó con el resto de los oficiales chilenos y algunos profesores ecuatorianos a Estados Unidos. En su primera estancia profesional en este país recorrió varios fuertes militares del este y el centro de esta nación, donde les explicaron los programas de instrucción que implementaban y las características del armamento y material de guerra que empleaban. En Washington estuvieron durante toda una mañana en el Ministerio de Defensa, el Pentágono, y tuvieron la oportunidad de llegar hasta la frontera con México y conocer tanto El Paso como Ciudad Juárez.[23]

En Quito también frecuentó las recepciones del mundo diplomático como miembro de la misión militar chilena. Asistió a reuniones sociales y entabló amistad con familias ecuatorianas del mundo civil, como la del empresario Rafael Portilla. «En más de una ocasión bailamos cueca», explicó su esposa, Carolina, «y el mayor Pinochet, quien no solía bailar mucho, me enseñó algunos pasos». «Nunca faltaba el vino chileno, incluso me acuerdo de la marca: Concha y Toro. Era riquísimo y los chilenos lo tomaban como si fuera agua.»[24]

En el reportaje que Malú Sierra publicó en septiembre de 1974 les preguntó si nunca habían tenido «alguna crisis importante». Fue Lucía Hiriart quien respondió y lo hizo de manera tajante: «No. Si hubiéramos tenido una crisis muy seria no habríamos completado 31 años porque yo tengo un carácter muy especial. Ustedes me conocen poco...».[25] Pero fue precisamente durante aquellos tres años en «la mitad del mundo» cuando el matrimonio estuvo más cerca de saltar por los aires, puesto que ella descubrió la relación que Pinochet mantenía con una bella mujer ecuatoriana, de origen árabe, llamada Piedad Noé. Entonces, decidió regresar a Chile con sus tres hijos y embarazada de Marco Antonio, y ya no volvió a vivir en Ecuador de manera estable.[26] Finalmente, Pinochet no se atrevió a separarse, puesto que en la sociedad de la época hubiera significado también el ocaso de su carrera militar. Sin embargo, según han relatado Claudia Farfán y Fernando Vega, su amante ecuatoriana le visitó en Chile en junio de 1983 y mantuvieron correspondencia en secreto hasta que, a principios de la década de los noventa, ella falleció en Estados Unidos.[27] Incluso, varios periodistas han especulado con que Piedad Noé llegó a tener un hijo de Pinochet, aunque no se ha podido probar de manera fehaciente.[28]

En julio de 1959 se publicó un decreto firmado por el presidente Jorge Alessandri y su ministro de Defensa que señalaba que los seis oficiales destinados en Ecuador habían concluido su comisión de servicio y tenían nuevas destinaciones. A Pinochet le asignaron al cuartel general de la I División del Ejército, situado en Antofagasta.[29]

El 6 de agosto se celebró en el Círculo Militar de Quito la solemne ceremonia de graduación de los oficiales de los cursos de Estado Mayor y de Estado Mayor de Servicios de la Academia de Guerra, con la asistencia del presidente de la República, Camilo Ponce, y de las principales autoridades civiles y militares. El 18 de agosto, allí mismo, tuvo lugar la entrega de la condecoración Abdón Calderón de primera clase a los seis oficiales chilenos, que también recibieron el título de Oficial de Estado Mayor Honorario de las Fuerzas

Armadas del Ecuador, en una ceremonia presidida por el ministro de Defensa.[30]

El 7 de septiembre, Pinochet llegó a Santiago, a tiempo para estar presente en el nacimiento de su última hija, Jacqueline Marie. Dos semanas después, ya en Antofagasta, el comandante de la I División, el general Julio Vargas, le destinó al cuartel general de la Región Militar Norte, donde el capitán de fragata Daniel Orellana le cedió el mando de la sección de Inteligencia y Operaciones a principios de octubre. Por sus obligaciones profesionales, en aquel periodo tuvo que trabajar con oficiales de otras ramas de las Fuerzas Armadas y viajar con frecuencia entre Arica y Copiapó. En el plano de las relaciones sociales, para ellos fue grato compartir con las amistades de los Hiriart, que conocían a su esposa desde que viviera durante su infancia en Antofagasta. Además, por la vecindad con Bolivia, aprovechó para visitar a su hermana María Teresa y recorrer este país desde La Paz hasta el lago Titicaca.

El 23 de enero de 1960 fue ascendido a teniente coronel y asignado al cuartel general de la I División. El 11 de enero de 1961 fue nombrado por primera vez comandante de un regimiento, el de Infantería n.º 7 Esmeralda, en Antofagasta, cuyo mando le cedió un viejo conocido, el comandante Fernando Lezaeta, con quien había coincidido en la Escuela de Infantería en 1940 y posteriormente en la Escuela Militar.[31]

Desde que asumió el mando del Regimiento n.º 7 Esmeralda, dirigió el traslado de la unidad al nuevo cuartel que se estaba levantando en la zona sur de la ciudad, entre el Regimiento de Artillería y la Unidad de Caballería Exploradores, puesto que el añejo cuartel de la avenida Brasil había sido prácticamente destruido por un incendio en 1955. La instalación concluyó a fines de aquel año, después del largo periodo de obras que dirigió. En 1961, también asumió el puesto de director del Instituto Chileno de Cultura Hispánica de la ciudad y en tal condición le correspondió recibir al embajador de España.[32] Fueron años en los que recuperó la rutina de la vida militar después de la estancia en Ecuador: las maniobras de la División a fin de año, las labores como jefe de Fuerza en las elecciones parlamentarias de 1961 y municipales de 1963, en las que asumió la jefatura en la localidad de Pedro de Valdivia...

Y en su hoja de vida continuó recibiendo buenas evaluaciones. El 30 de septiembre de 1959, sus superiores resaltaron su «carácter firme», sus aptitudes de mando, su vocación militar e incluyeron en su personalidad militar cualidades como la sobriedad, la moderación, unas costumbres intachables e incluso una «gran delicadeza». Justo un año después, el coronel Abraham Figueroa, jefe del Estado Mayor de la I División del Ejército, anotó como autoridad calificadora superior: «Colaborador excepcionalmente eficiente. Trabajador incansable y dedicado intensamente a su profesión».

A fines de 1963 conoció su inminente designación como subdirector de la Academia de Guerra, un puesto de prestigio y que suponía el retorno a Santiago después de ocho años.

Subdirector de la Academia de Guerra

Entre el 2 de enero de 1964 y el 17 de enero de 1968, Pinochet ejerció como subdirector de la Academia de Guerra. Fue un periodo marcado por la durísima campaña presidencial de 1964 y posteriormente por las reformas desplegadas por la Democracia Cristiana. Ante el sostenido ascenso de la izquierda desde 1958 (cuando Salvador Allende se quedó a treinta y tres mil votos de La Moneda) y tras su inesperada victoria en la elección parcial para elegir un diputado por Curicó en marzo de 1964, la derecha brindó su apoyo al democratacristiano Eduardo Frei, quien contó además con una financiación millonaria desde Estados Unidos y Europa occidental para sostener una feroz y desembozada campaña de propaganda anticomunista contra Allende.[33]

El traslado a Santiago supuso la enésima mudanza familiar. En la capital, inicialmente no pudieron instalarse en la casa que habían adquirido en la calle Laura de Noves, en Las Condes, puesto que su construcción aún no había concluido, y tuvieron que vivir durante varias semanas en la que poseían en la avenida Ortúzar, en Ñuñoa, que arrendaban desde hacía años.

El director de la Academia de Guerra, el coronel Juan Forch, le brindó una cálida bienvenida y juntos recorrieron las instalaciones del instituto superior, que prácticamente estaba igual que cuando concluyó sus estudios en 1951. El subdirector saliente, el teniente coronel Manuel Torres, le hizo entrega de la oscura oficina que ocuparía desde entonces. Además de sus labores administrativas como subdirector —y como tal también de jefe de estudios—, en abril de 1964 fue designado profesor militar de dos materias, Geografía Militar y Geopolítica, que al año siguiente y a propuesta suya se fundieron en una sola, que él impartió hasta 1968. Y desde el 21 de agosto de 1967 fue nombrado también profesor militar de la asignatura Ética Profesional.[34]

En noviembre de 1964, con motivo de la ceremonia de transmisión del mando presidencial, conoció a diversas personalidades nacionales e internacionales y, como subdirector de la Academia de Guerra, asistió a la fiesta que el nuevo presidente, Eduardo Frei, ofreció en La Moneda. Con el cambio de gobierno y la llegada del final de año, numerosos altos oficiales, entre ellos el comandante en jefe Óscar Izurieta, pasaron a retiro.

En enero de 1965 encabezó el viaje de treinta días que el tercer curso de la Academia de Guerra realizó por el centro y este de Estados Unidos. «La experiencia que se obtuvo fue muy provechosa, no solo por el conocimiento del nuevo material bélico que había aparecido y su empleo, sino por las visitas que efectuamos a las diferentes ciudades. En esos días Estados Unidos luchaba intensamente en Vietnam. En muchas de mis intervenciones, con motivo de reuniones o comidas, hice presente el valor del soldado norteamericano, que combatía por la democracia.»[35] Vietnam era entonces el punto más caliente de la Guerra Fría y Pinochet tenía simpatía no por aquel pueblo heroico que resistía la agresión del imperialismo en defensa de su dignidad nacional, sino por el Ejército que masacraba con napalm a los campesinos de aquella parte de Indochina. Aquellos viajes de los alumnos de la Academia de Guerra se sucedieron en 1966, 1967, 1968, 1970 y 1971.[36]

A principios de 1965, el coronel Tulio Marambio fue designado nuevo director de la Academia de Guerra y, cuando en noviembre de aquel año el Consejo de Seguridad de Naciones Unidas lo nombró asesor militar del Grupo de Reconciliación para la India y Pakistán, Pinochet quedó como director subrogante. Bajo su mando se celebraron los actos de fin de año, entre ellos la graduación de los nuevos oficiales de Estado Mayor.

En marzo de 1966, el coronel Alfredo Mahn reemplazó a Tulio Marambio.[37] Su hija Liliana, quien encabezaría el Servicio Nacional de Turismo entre 1974 y 1979 —los años más oscuros de la dictadura—, le conoció en aquel tiempo. Con frecuencia, al terminar sus clases de Ciencias Políticas en la Universidad de Chile se dirigía a la Academia de Guerra para regresar junto con su padre a casa, en el otro extremo de la ciudad, y allí se encontraba con el subdirector Pinochet, esperando pacientemente que su superior firmara los documentos del día y le diera las últimas instrucciones. «Me acuerdo de un señor parco, pero afable, relativamente tímido, quizás algo introvertido, no sé si tímido será la palabra, pero una persona no muy extrovertida, no muy habladora y sumamente respetuosa con sus superiores», señaló en 1988. «Él se preocupaba de que estuviera bien, de que yo estuviera cómoda, me ofrecía tecito, me preguntaba cómo iban mis estudios y escuchaba con atención mis entusiastas relatos sobre doctrina política.»

Junto con Lucía Hiriart, Pinochet llegó a su casa tres o cuatro veces en aquel tiempo, principalmente como invitado a la celebración de los cumpleaños del coronel Mahn o de su esposa. «Iba con la señora Lucía, que llevaba flores y regalos para nosotros. En una ocasión me llamó la atención su actitud, mucho más suelta y espontánea que en la Academia. Hizo bromas y contó anécdotas con ese estilo campechano y cazurro que se le conoce hoy día.» En la entrevista que le realizó en 1988, Sergio Marras le preguntó por la impresión que le causó saber el 11 de septiembre de 1973 que Pinochet encabezaba el golpe de Estado: «¡No lo podía creer! Me parecía increíble que él, amigo de Schneider y de Prats, constitucionalista como ambos, fuera el líder de un golpe de Estado. Además, siempre había escuchado que Pinochet era un buen ejecutor, un señor empeñoso y responsable, pero nunca se hablaba de él como un intelectual ni como un conductor de masas. Esos roles se los adjudicaban a Prats, a Schneider o a

Mahn». «Yo me creí absolutamente lo que se difundió en los primeros bandos; ellos estarían ahí hasta restaurar a la brevedad posible la institucionalidad quebrantada. (...) Reconozco que se me olvidaron algunas condiciones que también se le atribuían: el ser muy tozudo, obcecado y ambicioso.»[38]

Desde principios de 1965, Pinochet aguardaba con impaciencia su nombramiento como coronel, que no terminaba de aprobarse porque faltaba el visto bueno del Senado, ya que le confundían con el coronel Manuel Pinochet, responsable de la represión en la mina El Salvador en marzo de aquel año, que terminó con ocho obreros asesinados y treinta y siete heridos. El 23 de enero de 1966 se produjo por fin su ascenso.

A lo largo de aquellos años siguió acumulando elogios en su hoja de vida. «Jefe sobresaliente, inteligente y culto y de una extraordinaria vocación militar. Estudioso, serio y responsable, es un colaborador en quien puede confiarse sin limitaciones», anotó el coronel Alfredo Mahn el 1 de septiembre de 1965. El 30 de agosto de 1966 añadió: «Su desempeño como subdirector del Instituto y subrogante del director mientras el infrascrito asistió al Curso de Alto Mando ha sido sobresaliente. De ejemplar abnegación y lealtad, dirige con particular acierto al cuerpo de profesores y alumnos de la Academia y orienta con inteligencia las actividades docentes y administrativas del Instituto». «Distinguido coronel que se destaca por sus relevantes condiciones de mando, aptitudes para la docencia y ejemplar colaboración», agregó cuatro días después. Igualmente, en abril de 1967 fue felicitado por sus superiores por su desempeño como jefe de Fuerza en la comuna santiaguina de Quinta Normal con motivo de las elecciones municipales. Y el general de división Tulio Marambio, director de Instrucción del Ejército, anotó en el apartado reservado a la opinión de la autoridad calificadora superior: «Distinguido coronel de sobresalientes cualidades para el alto mando».

En enero de 1968, cuando estaba a punto de culminar su etapa como subdirector de la Academia de Guerra, de nuevo encabezó la delegación, compuesta por 41 oficiales, que realizó un viaje de veinticinco días por Estados Unidos. Como en aquellas semanas se cumplía el vigésimo quinto aniversario de su matrimonio, invitó a su esposa.

A su regreso, supo que un miembro de su misma promoción de la Escuela Militar, el coronel Gustavo Dupuis, había sido designado director de la Academia de Guerra y por tanto su superior, lo que le molestó profundamente y llegó a plantearse solicitar el pase a retiro del Ejército.[39] Sin embargo, finalmente aceptó el ofrecimiento de Alfredo Mahn para ocupar el puesto de jefe del Estado Mayor del cuartel general de la II División, que comprendía desde La Serena hasta San Fernando, es decir, el centro geográfico, político y económico del país.

Con la mirada puesta en alcanzar la cima del generalato, entre el 27 de mayo y el 30 de agosto de aquel año realizó y aprobó el curso de Alto Mando en la Academia de Defensa Nacional. Organizado a través de una secuencia de seminarios, oficiales superiores de las tres ramas de las Fuerzas Armadas estudiaban varias materias relacionadas con la dirección de las instituciones armadas, las relaciones internacionales y aspectos generales de la defensa nacional. Personalidades del mundo académico, autoridades políticas y especialistas militares se encargaban de dictar las conferencias sobre los diferentes temas.[40] En los años anteriores él había impartido clases sobre Geopolítica en estos cursos, según consta en su hoja de vida.

El 31 de julio, el general de brigada René Schneider, comandante en jefe de la II División del Ejército en sustitución del general Mahn, quien había asumido la jefatura de la guarnición de Santiago, firmó la evaluación del coronel Pinochet. Calificó en términos excelentes sus cualidades personales y sus condiciones para el alto mando, sus atributos intelectuales y su eficiencia profesional. En su apreciación global, escribió: «Jefe de excelentes condiciones de mando. Colaborador de amplio y acertado criterio; sus opiniones son dignas de toda confianza». A mediados de 1968 el horizonte del generalato se abría ante él.

Geopolítica y Seguridad Nacional

Desde los años cincuenta y hasta la publicación de sus memorias cuatro décadas después, Augusto Pinochet se prodigó como escritor, al mismo tiempo que formaba una biblioteca personal que años después alcanzó proporciones inverosímiles, seguramente para paliar su complejo de mediocridad intelectual producto del estruendoso fracaso en los estudios.[41] Con un estilo muy elemental y fallas difícilmente justificables, solo publicó artículos o libros teóricos o colecciones de apuntes de sus clases, con un repertorio raquítico de citas, una escasa bibliografía y casi nula innovación en el conocimiento.

En 1950, cuando se formaba como oficial de Estado Mayor en la Academia de Guerra, el capitán Pinochet escribió para la *Revista de Infantería* —publicación oficial del arma a la que pertenecía— sendos artículos sobre la geografía de su país y de Perú.[42] Estos trabajos fueron el núcleo de sus primeros libros. En 1953 apareció *Síntesis geográfica de Chile,*

Argentina, Bolivia y Perú, obra que le mereció una felicitación del ministro de Defensa Nacional, Abdón Parra, y que tuvo reediciones en 1963 y 1964 a cargo del Instituto Geográfico Militar. En 1955 publicó *Síntesis geográfica de Chile*, que fue adoptado como texto oficial para los aspirantes a la Academia de Guerra, y que logró reseñas elogiosas en *La Nación* y *El Mercurio*, mientras el Ministerio de Educación lo recomendó como «material de lectura en los colegios del país».[43]

A partir de 1960, inició su colaboración con la principal revista de la institución y órgano oficial del Estado Mayor, *Memorial del Ejército de Chile*, en circulación desde 1906.[44] El primer artículo que publicó, titulado «Introducción al estudio de la Geografía Militar», resaltaba la relevancia de esta disciplina por la influencia del «escenario geográfico» en el caso de un conflicto bélico. Para su valoración, señaló que era «indispensable» la enseñanza de esta materia en todos los escalones del mando. En uno de los cinco ejemplos que expuso acerca de la influencia del factor geográfico en la guerra, explicó que, cuando Napoleón escogió Savona como base de operaciones y Carcare como objetivo en su campaña italiana de 1796, lo hizo por razones de índole geográfica y militar. Y, sin citar fuente histórica alguna, se explayó: «Tuvo sus razones, que son tanto de orden geográfico como de orden militar. Estratégicamente, se colocó entre los dos ejércitos que debía combatir. Quiso vencer separadamente a los austriacos de Beaulicu, que se encontraban en dirección a Sassello, y a los piamonteses de Colli, que estaban cerca de Ceva. Pero, geográficamente, tomó los pasos más bajos de la cadena de los Alpes, en particular la garganta de Cadivona, que no tiene más que 490 metros de altitud. Tanto la subida como la bajada de esta garganta son suaves y el terreno es fácilmente transitable, pues la nieve no lo cubre jamás...».[45]

En 1961, publicó *Sabotaje y contrasabotaje en la guerra*. «La historia de la Segunda Guerra Mundial enseña muchas lecciones respecto a las actividades de sabotaje ejecutadas por uno u otro bando», empezaba su trabajo, aunque no mencionó ningún ejemplo concreto. A continuación, remarcó que los actos de sabotaje tenían repercusiones en el plano militar, en el moral —«crean inquietud al no saberse desde dónde ni a dónde irá el próximo golpe»— y en el económico. Sus cinco conclusiones no son sino una peculiar suma de obviedades: «1. El sabotaje y el contrasabotaje deben ser planificados durante la paz y obedecer a una concepción general. 2. La selección de objetivos de sabotaje es un problema serio que debe resolver el Jefe de Sabotaje. 3. Los objetivos de sabotaje deben ser perfectamente estudiados y analizados desde tiempo de paz. 4. El sabotaje y contrasabotaje funcionan en estrecho contacto con el Servicio de Informaciones y Contrainformaciones. 5. El acto de sabotaje debe ser ejecutado por personal preparado especialmente para ello».[46]

Y en 1964 apareció su artículo «Significado militar de las relaciones espaciales», que, a pesar de lo que pudiera entenderse a priori, no se refiere a la pugna por la conquista del cosmos entre la Unión Soviética y Estados Unidos, entonces en su cénit, sino a un aspecto concreto de la Geografía Militar. «La moderna geografía reúne como primer grupo de factores geográficos el concepto que se ha denominado de "relaciones espaciales", el cual comprende la "situación geográfica", la "superficie" y la "forma" que presentan los estados y cuya combinación armónica y efectiva favorece o no su desarrollo y poderío.» «En el aspecto bélico los factores de las relaciones espaciales crean a su vez posibilidades de participar en un conflicto mundial, continental o en una guerra vecinal, por lo cual deben ser consideradas en el estudio de la Geografía Militar.»[47] Ni en aquellos años, ni después, escribió sobre alguno de los conflictos en curso en el mundo, a diferencia de otros oficiales del Ejército chileno.[48]

En 1967 publicó su libro *Geografía militar. Interpretación militar de los factores geográficos* (Instituto Geográfico Militar), de 185 páginas, de nuevo una obra de divulgación elaborada a partir de sus apuntes de clases.[49] Y un año después, el *Memorial del Ejército de Chile* dedicó de manera monográfica los números 340-341 a su trabajo *Geopolítica. Diferentes etapas para el estudio geopolítico de los Estados*. Se publicó como el volumen XXXIV de la Biblioteca del Oficial, con una tirada de 2.200 ejemplares. El general de brigada retirado René Álvarez escribió un extenso y riguroso prólogo, que fue suprimido en las ediciones posteriores. *Geopolítica* fue reeditado, ya como libro, en 1974 (con 5.000 ejemplares), 1977 y 1984 por la editorial chilena Andrés Bello y tuvo ediciones en México (1978) y Argentina (1983) con el título de *Geopolítica de Chile* e incluso en inglés en 1981 (*Introduction to geopolitics*), también a cargo de la Andrés Bello.

En el extenso perfil biográfico de Pinochet que el equipo periodístico de la revista *Apsi* publicó en 1988, en la víspera del plebiscito, se citó la opinión sobre este trabajo del general argentino retirado Andrés Fernández Cendoya, publicado en la revista militar *Estrategia*: «El libro de Pinochet llama la atención no solo por su simpleza y falta de profundidad, sino también por la falta de actualización conceptual». A pesar de publicarse en 1968, Fernández Cendoya subrayó que soslayaba asuntos tan importantes para la geopolítica como la revolución científico-técnica, las contiendas ideológicas, las luchas de liberación del Tercer

Mundo, el desarrollo de las armas nucleares y la aparición de instrumentos nuevos de integración y colaboración internacional. «Este libro es el resultado de una mentalidad política congelada y gravemente desactualizada en el momento en que el mismo es dado a conocer.»[50]

En 1984, la revista *Cauce* se hizo eco de las denuncias sobre el plagio que Pinochet cometió en esta obra de una conferencia dictada por el coronel Gregorio Rodríguez Tascón en 1949 en la Academia de Guerra, donde era profesor de Geopolítica, y publicada al año siguiente por el Instituto Geográfico Militar: «La geopolítica y sus teorías».[51] Recientemente, Juan Cristóbal Peña ha revelado de manera minuciosa la relación personal entre Pinochet y Rodríguez Tascón y ha ofrecido muchos más detalles de aquella copia tan clamorosa.[52] En cualquier caso, este libro farragoso y de lectura ingrata tiene una importancia singular, porque, como Quiroga y Maldonado han remarcado, el «pensamiento geopolítico» de Pinochet influyó de manera notoria en sus concepciones ideológicas y, por tanto, tuvo consecuencias trascendentales en la evolución de Chile a partir del 11 de septiembre de 1973.[53]

La geopolítica nació en Europa occidental y Estados Unidos a fines del siglo XIX, en la era del imperialismo, y alcanzó su esplendor durante el régimen nazi. Mezcla de nacionalismo, geografía y darwinismo social, apuntalaba el concepto de «espacio vital», que expresaba que un Estado —concebido como un ente biológico y geográfico— con aspiraciones hegemónicas requería tener control e influencia sobre espacios físicos y políticos más allá de sus fronteras. El término «geopolítica» fue desterrado del mundo científico durante décadas porque se responsabilizó a estos planteamientos de inspirar la agresiva expansión territorial y los crímenes del III Reich.[54] Así lo recogió, a su manera, Pinochet en su libro: «La Escuela alemana tuvo al final de la Segunda Guerra Mundial un franco repudio de los aliados; sin embargo, después de más de veinte años se observa que muchos de los estudios realizados se están cumpliendo».[55]

La geopolítica alemana interpretaba la lucha de clases como causa de muerte del Estado y, por tanto, el movimiento obrero y los partidos de izquierda debían ser tratados como enemigos. Tuvo un profundo impacto ideológico en el Ejército chileno —terreno abonado previamente por la «prusianización»—, como se aprecia en diversos artículos publicados entre 1937 y 1950 en el *Memorial del Ejército de Chile*. Este influjo contribuyó a asentar entre una parte significativa de las Fuerzas Armadas la concepción de que constituían una élite separada de la civilidad, encargada de custodiar los intereses «superiores y sagrados» de la patria. De manera paralela, en las décadas centrales del siglo XX se fue perfilando un pensamiento nacionalista de corte reaccionario, con penetración en sectores de las clases dominantes, que elaboró un mensaje dirigido a las élites militares. Estos ideólogos, con su crítica al modelo liberal y su identificación del «comunismo» como enemigo absoluto, propusieron un nuevo bloque de poder que ligara a las clases propietarias en torno a un orden «portaliano» de cariz corporativista.[56]

Además, la geopolítica de la que Pinochet aspiraba a ser el referente en su país y sobre todo en el Ejército, fue uno de los principales fundamentos de la Doctrina de Seguridad Nacional, difundida tras la Revolución cubana desde Estados Unidos, pero también desde la Escuela Superior de Guerra de Brasil, fundada en 1949.[57] En Brasil se elaboró la teoría de las «fronteras ideológicas», que dividía el planeta según la orientación ideológica de cada país y no en función de los límites geográficos y cuestionaba la «coexistencia pacífica» y la distensión para abogar por una beligerancia manifiesta o implícita frente al comunismo y sus «aliados conscientes o inconscientes».[58]

El triunfo de los guerrilleros de la Sierra Maestra tuvo un profundo impacto tanto en el Pentágono como en las Fuerzas Armadas latinoamericanas. En el centro del sistema interamericano, a cien millas de las costas de Florida, la insurgencia había derrotado a un ejército profesional y en un plazo muy breve el nuevo gobierno cubano había proclamado el carácter socialista de la Revolución y estrechado sus vínculos con la Unión Soviética. En 1962, en un discurso pronunciado en la academia militar de West Point, el presidente John F. Kennedy lo expresó así: «Cuando debemos hacer frente a este tipo de guerra estamos obligados a emplear una nueva estrategia, una fuerza militar diferente, lo que requiere una preparación y un adiestramiento militar nuevo y distinto».[59] Solo seis años después, el 76 % de la «ayuda» militar de la Secretaría de Defensa de Estados Unidos otorgada a América Latina se gastó en equipos y servicios relacionados con la contrainsurgencia. Y en aquella década Chile fue, solo después de Brasil, el país del continente que recibió más «ayuda» militar norteamericana en términos absolutos.[60]

La Doctrina de Seguridad Nacional concebía al «comunismo» como un «mal absoluto» que era imprescindible combatir de manera permanente y en todos los frentes hasta extirparlo.[61] Desde los presupuestos geopolíticos elaborados en Washington, todo el continente americano correspondería a un espacio de neta adscripción occidental bajo su liderazgo, y su defensa frente al enemigo «subversivo» debía plantearse de manera conjunta por todos los ejércitos. La «seguridad nacional» estaba inextricablemente unida a la «seguridad hemisférica».[62] Se trataba de una guerra total, a veces visible, a veces encubierta, de tipo militar, político, psicológico e incluso moral que incorporó también la doctrina francesa de la lucha contrainsurgente, elaborada en las guerras coloniales de Indochina y Argelia y que contemplaba la tortura como un instrumento habitual y sistemático.[63]

Con el precedente del derrocamiento del presidente Jacobo Árbenz en Guatemala en junio de 1954 —con el apoyo decisivo de Estados Unidos—, el golpe de Estado que el 31 de marzo de 1964 derrocó al presidente João Goulart en Brasil para «salvar al país del comunismo» —e instauró una dictadura que se prolongó hasta 1985—[64] fue el primero de un largo ciclo de doce años que instaló regímenes militares también en Bolivia, Uruguay, Chile y Argentina, además del de Stroessner en Paraguay y de la invasión de República Dominicana por los *marines* y la fuerza militar de la OEA en 1965. Fueron dictaduras inspiradas en la Doctrina de Seguridad Nacional y apoyadas por Estados Unidos, que cometieron de manera planificada y sistemática, masivas violaciones de los derechos humanos y que incluso se coordinaron para ello, a partir de 1975, con la Operación Cóndor, a propuesta de Pinochet.

La Doctrina de Seguridad Nacional llegó a Chile de dos maneras principalmente. Por una parte, a través de los miles de oficiales que recibieron adiestramiento en aquellos años en cuarteles estadounidenses, principalmente en la Zona del Canal de Panamá. Y, por otra, por la labor de propaganda de políticos, periodistas y escritores de extrema derecha, en especial durante la presidencia de Salvador Allende. Un ejemplo es el libro *Fuerzas Armadas y Seguridad Nacional*

(Ediciones Portada), publicado justo después del golpe de Estado por el Instituto de Estudios Generales, financiado por la CIA, y coordinado por Pablo Baraona, designado ministro de Economía por Pinochet en diciembre de 1975.[65]

Al mismo tiempo, como ha analizado el historiador estadounidense John R. Bawden, los oficiales chilenos también extrajeron sus propias conclusiones de los conflictos que en los años sesenta y principios de los setenta se desarrollaban en Oriente Medio, América Latina, el subcontinente indio y el sudeste asiático. Unas conclusiones que influyeron en la forma como derrocaron a Salvador Allende y en las características y la evolución de la dictadura de Augusto Pinochet.[66]

General en Tarapacá

En noviembre de 1968, el ministro de Defensa Tulio Marambio, anticipó a Pinochet que ascendería al generalato; de no haberlo logrado, su carrera militar hubiera concluido pronto. El nombramiento fue oficial con fecha de 19 de enero de 1969 a propuesta del comandante en jefe, el general Sergio Castillo, y tras el correspondiente acuerdo del Senado.[67] Como todos los nuevos generales, en una solemne ceremonia en La Moneda recibió la réplica de la espada de O'Higgins con la leyenda: «No me saques sin razón, no me envaines sin honor», y la condecoración Presidente de la República de manos del jefe de Estado, Eduardo Frei.

El 28 de enero asumió su nuevo destino, la comandancia en jefe de la VI División del Ejército, en Iquique, que estaba integrada por seis regimientos: dos de Infantería —Carampangue y Rancagua, en los que había estado destinado en

1946 y 1953—, el Regimiento de Telecomunicaciones n.º 6 Tarapacá, el Regimiento Blindado n.º 1 Granaderos, el Regimiento de Artillería n.º 6 Dolores y el Batallón Logístico n.º 6 Pisagua.[68] El general Kurt von Hagen le cedió el mando en un acto ritual realizado en el patio del Regimiento n.º 5 Carampangue y, a su conclusión, cuando Von Hagen se empezó a retirar, la banda militar entonó las notas de la marcha militar germana «Yo tenía un camarada».

Su llegada fue noticia en la prensa local. «Anteayer martes, en el cuartel del viejo y prestigioso Carampangue, se efectuó la ceremonia de cambio de mando en la Sexta División del Ejército, que cubre toda nuestra provincia de Tarapacá. El general Kurt von Hagen, que sirvió varios años en esta ciudad primero como jefe del Estado Mayor y enseguida como comandante en jefe divisionario, entregó su cargo al coronel don Augusto Pinochet Ugarte, que en unos días más recibirá las presillas atravesadas de pecho a espalda que lo acreditarán como general de la República.» En referencia a Pinochet, el autor del artículo, Santiago Polanco, quien había sido su profesor en la Academia de Guerra, añadió: «Cuidado con él. No lo miren por debajo del brazo, porque se van a equivocar».[69]

A lo largo de 1969, en diferentes momentos le correspondió asumir como intendente subrogante de Tarapacá —en sustitución del titular, Luis Jaspard—, es decir, como primera autoridad provincial, nombrado por el presidente Frei.[70] El 3 de abril, en el cumplimiento de estas funciones, intervino como mediador en el conflicto de los trabajadores de una empresa pesquera que ya llevaban tres semanas en huelga en demanda de mejoras salariales. Por la mañana llamó a su despacho a los propietarios de la compañía y por la tarde atendió a los dirigentes sindicales para intentar acordar una solución al conflicto laboral.[71] Y unos días después recibió a los presidentes de las cooperativas de la tercera etapa de Villa Playa Brava, quienes le solicitaron que volviera a interceder ante la compañía Endesa para que ejecutara las obras de electrificación de las doscientas sesenta nuevas viviendas de ese sector de Iquique.[72] Sus labores como sustituto del intendente se prolongaron unos meses más y el 12 de agosto mantuvo también una «cordial y provechosa» entrevista con la dirección provincial de la Central Única de Trabajadores (CUT), cuyos dirigentes, adscritos principalmente al Partido Comunista, quisieron plantearle diferentes problemas relacionados con el desempleo en la zona.[73]

En octubre de 1969, la asonada protagonizada por un compañero de curso de la Escuela Militar, el general Roberto Viaux, sacudió la política nacional. El denominado Tacnazo fue el episodio que expresó de manera más contundente la crisis institucional del Ejército a fines de los años sesenta. Desde fines de 1932, los principios de subordinación al presidente de la República, prescindencia política y no deliberación, respeto a la jerarquía y verticalidad de mando habían permanecido inconmovibles, pero a partir de 1966 la disciplina empezó a resquebrajarse.[74] La discusión sobre los asuntos políticos penetró en los cuarteles e incluso empezó a cuestionarse la línea del alto mando. El primer suceso especialmente grave tuvo lugar en abril de 1968, cuando ochenta oficiales que eran alumnos de la Academia de Guerra presentaron, de manera individual, su solicitud de retiro voluntario alegando que sus salarios les impedían mantener a sus familias. El episodio originó la sustitución del ministro de Defensa, Juan de Dios Carmona, por el general en retiro Tulio Marambio. Y el 18 de septiembre de aquel año se produjo otro hecho insólito cuando un destacamento del

Regimiento Yungay se presentó con evidente retraso a rendir honores al presidente de la República en el día que se conmemora la independencia nacional.[75]

Este clima se agravó a lo largo de 1969 y estalló en octubre. Al igual que Pinochet, Roberto Viaux había ascendido a general de brigada a principios de año y fue designado comandante en jefe de la I División.[76] Viaux, quien tenía una fuerte ascendencia en el Ejército, encabezó un movimiento de protesta por la situación económica de los oficiales. Sus reivindicaciones fueron desatendidas y en octubre la Junta Calificadora ordenó su pase a retiro y el de otros seis generales. Entonces, decidió ignorar los conductos regulares y dirigió una extensa carta al presidente Frei, publicada en *El Mercurio* el 4 de octubre; además, se negó a cursar su renuncia y recibió el respaldo público de setenta oficiales.

El 21 de octubre, Viaux protagonizó la primera sublevación militar en treinta años, cuando se acuarteló en el Regimiento Tacna, en Santiago, para exigir las renuncias del ministro de Defensa y del comandante en jefe del Ejército. Los principales dirigentes de la recién fundada coalición de la Unidad Popular, encabezados por Salvador Allende, los integrantes de la mesa del Senado y de la Cámara de Diputados, el presidente de la Corte Suprema, los rectores universitarios y los dirigentes de los colegios profesionales llegaron a La Moneda para expresar su respaldo al gobierno. Mientras tanto, la CUT convocó un paro nacional de cuarenta y ocho horas y llamó a los trabajadores a ocupar sus lugares de trabajo. Después de veinte horas de rebelión y una prolongada negociación, el 22 de octubre Viaux fue detenido y quienes le habían seguido fueron sometidos a la Justicia Militar. No obstante, tanto Tulio Marambio como el general Sergio Castillo fueron reemplazados y el Congreso

Nacional aprobó pronto una ley de mejora salarial para los miembros de las Fuerzas Armadas y Carabineros.[77] El general René Schneider fue designado al frente del Ejército y un total de seis generales —entre ellos Alfredo Mahn y Emilio Cheyre— pasaron a retiro.[78] Desde Iquique, Pinochet solo fue un espectador de todos estos acontecimientos que convulsionaron al país y a su institución.

La victoria de Salvador Allende

El 30 de diciembre de 1969, el nuevo jefe del Estado Mayor de la Defensa Nacional, general Carlos Prats, preparó para el nuevo ministro de Defensa, Sergio Ossa, y los tres comandantes en jefe de las Fuerzas Armadas un documento titulado «Análisis del momento político nacional, desde el punto de vista militar». En estas páginas señaló que el 80 % del personal de planta de las Fuerzas Armadas estaba formado por hombres de una tendencia política «centro-izquierdizante, no proclive al marxismo». En cuanto al contingente anual de muchachos que cumplía el servicio militar, el 90 % era juventud de extracción obrera y campesina y el 10 % restante, estudiantes de clase media. «En general, no hay conscriptos de la clase alta», añadió.

Según diversos estudios, en aquellos años el número total de miembros de las tres ramas de las Fuerzas Armadas oscilaba entre 46.000 y 60.000. Si se les sumaban los cerca de 30.000 efectivos de Carabineros, Chile era, después de Cuba —bloqueada económicamente y acosada por la potencia continental—, el país latinoamericano con mayor proporción de personal militar respecto a su población total.[79] En cuanto a la distribución porcentual del presupuesto nacional asignado a las Fuerzas Armadas, en sus memorias indicó que desde hacía una década un promedio del 44 % se entregaba a la Armada, un 34 % al Ejército y un 22 % a la Fuerza Aérea.[80]

Para el 13 de marzo, con el país ya inmerso en la campaña de las elecciones presidenciales con una estrecha competencia entre los tres candidatos —el expresidente Jorge Alessandri, representante de la derecha; el democratacristiano Radomiro Tomic y, por cuarta vez, el socialista Salvador Allende—, el general Schneider convocó su primera reunión del Consejo de Generales, a la que Pinochet asistió.[81] Entonces, el comandante en jefe del Ejército expuso de manera cristalina su visión de la situación del Ejército y las líneas de su desarrollo hacia el futuro. Sin dejar espacio a la especulación o la duda, Schneider remarcó que, ante un proceso electoral de resultado incierto, la institución debía asumir de manera incontestable la posición que la Constitución de 1925 le imponía: el respeto al proceso eleccionario y a su resultado, con el apoyo a quien fuera elegido presidente de la República, ya fuera en la votación del 4 de septiembre o por el Congreso Nacional si ningún candidato alcanzaba la mayoría absoluta en las urnas.[82]

En mayo reafirmó aquella posición en declaraciones a uno de los principales diarios. «Vamos a llegar a la elección manteniendo nuestra tradición de pleno respaldo a las decisiones del gobierno constitucional de la República, vamos a garantizar la normalidad del proceso eleccionario y a dar seguridad de que asuma el Poder Ejecutivo quien resulte electo.»[83] Y el 23 de julio, en otra reunión del Consejo de Generales, Schneider remarcó que en ningún caso las Fuerzas Armadas eran «una alternativa de poder»; todo lo contrario, estas instituciones habían recibido el monopolio

de las armas, contaban con mandos políticamente independientes y eran la garantía del funcionamiento del sistema
democrático. «En consecuencia, hacer uso de las armas para
asignarse una opción implica una traición al país», escribió
Prats en referencia a lo expuesto por su superior.[84] También
Pinochet escuchó aquellas palabras.

En la víspera de la jornada electoral, como comandante en jefe de la VI División del Ejército, recorrió todas las
unidades que debían velar por el correcto desarrollo de la
votación. El viernes 4 de septiembre se desempeñó como
jefe de Fuerza de la provincia de Tarapacá, a excepción del
departamento de Arica, y siguió los acontecimientos desde
su cuartel general en Iquique,[85] donde ya en la noche conocieron el resultado. Si a escala nacional Salvador Allende
había vencido con el 36,2 % y por menos de cuarenta mil
votos de ventaja sobre Alessandri, en Tarapacá —uno de
los bastiones tradicionales de la izquierda— sumó prácticamente los mismos votos (31.225) que sus dos rivales —Tomic logró 15.642 y Alessandri 16.069—.[86] Por primera
vez, un pueblo elegía en las urnas un programa político que
postulaba la construcción del socialismo. Aquel resultado
histórico era el fruto de décadas de organización, sacrificio
y lucha de la izquierda.

El comportamiento de Augusto Pinochet se ajustó a
sus obligaciones. Incluso, el sábado 5 de septiembre, apenas algunas horas después de la certificación del triunfo de
Allende, aceptó recibir la visita protocolar de los principales representantes de la Unidad Popular en Iquique, acompañados por el diputado Arturo Carvajal, según recogió la
prensa local: «Los dirigentes hicieron llegar al general su
felicitación por la corrección que durante su jefatura de la
Plaza se imprimió al acto eleccionario presidencial del

día 4. Hicieron presente su satisfacción por la eficiencia y espíritu de orden demostrado por las fuerzas encargadas de su mantenimiento y su alto sentido de responsabilidad en el proceso del sufragio. En forma especial, destacaron la disciplina y rectitud impuestos por el general Pinochet, su Comando, Ayudantía y Fiscalía Militar en la resolución de todos los detalles y problemas que se presentaron antes y durante la votación».[87]

Sin embargo, posteriormente Pinochet inventó una versión acorde con la magnitud de su traición al presidente de la República el 11 de septiembre de 1973. Así, en sus memorias relató que aquella noche del 4 de septiembre se había reunido con los oficiales y el personal de planta del cuartel general de la VI División y habría pronunciado toda una perorata anticomunista: «El pueblo de Chile no sabe el camino que ha tomado. Ha sido engañado, pues parece ignorar a dónde nos llevará el marxismo-leninismo. Señores oficiales, creo que será el fin de la vida independiente de nuestro amado Chile, que a la larga pasará a ser un satélite de la Rusia soviética. Existe una remota posibilidad de que el Congreso rechace al señor Allende o bien que este cambie de rumbo, lo que me parece difícil, porque ahora va a ser controlado muy de cerca por los comunistas para evitar que vaya a modificar su política». En unos instantes posteriores, ya solo ante los oficiales, les habría rogado: «Estoy al final de mi carrera. El problema de salvar a Chile quedará en vuestras manos. Que Dios ayude al destino de nuestra Patria».[88]

Efectivamente, en septiembre de 1970 el general de brigada Augusto Pinochet ya se encontraba en la recta final de su carrera militar. El 11 de diciembre de 1964 había recibido la medalla por treinta años de servicios, por lo que ya podía solicitar el retiro voluntario del Ejército. Además, en cualquier momento, el ascenso de un oficial con menor antigüedad que él a un puesto superior al suyo representaría de manera automática ese final. Y, en cualquier caso, el artículo 166 del Decreto con Fuerza de Ley n.º 1, del 6 de agosto de 1968, estipulaba que debían pasar a retiro absoluto todos los oficiales con treinta y ocho años de servicio cumplidos o cuarenta años efectivos computables para el retiro. En aquel momento, diciembre de 1974 marcaba el límite de su permanencia en la institución.

Fueron semanas de una enorme tensión política. Por una parte, la derecha, con apoyo de sectores vinculados a Eduardo Frei, maniobró para que el Congreso Nacional eligiera como nuevo presidente a Alessandri. Por otra, según reveló en 1975 el Informe Church del Senado de Estados Unidos, la estación de la CIA en Santiago contactó en más de veinte ocasiones con diferentes mandos de las Fuerzas Armadas para instigarles a dar un golpe de Estado y garantizarles en ese caso el apoyo del gobierno de Nixon, quien el 15 de septiembre —después de que el empresario Agustín Edwards se hubiera reunido con Henry Kissinger y el director de la CIA, Richard Helms, en Washington— ya había dado la orden de hacer todo lo posible para impedir que Salvador Allende llegara a La Moneda.[89] En sus memorias, Carlos Prats dejó constancia de que el 25 de septiembre un destacado dirigente del Partido Demócrata Cristiano le planteó sin ambages que, ante la actitud legalista del general Schneider, Frei aceptaría que él encabezara un movimiento militar que le derrocara y le enviara al extranjero para impedir así el acceso de «los comunistas» al poder político, y una vez «normalizada» la situación, volverían a convocarse elecciones.[90]

Todas aquellas oscuras conspiraciones para ignorar la voluntad democrática del pueblo de Chile y la tradición política nacional —el Congreso Pleno siempre había elegido al candidato más votado en las urnas— se estrellaron ante la firmeza del general René Schneider, quien en su mensaje a la institución con motivo del día de las Glorias del Ejército, el 19 de septiembre, reafirmó la doctrina constitucionalista.

El 6 de octubre, Schneider reunió de nuevo al Consejo de Generales y les informó del acuerdo que la Unidad Popular y el Partido Demócrata Cristiano habían alcanzado en torno al Estatuto de Garantías Democráticas. En la negociación con el PDC, Allende solo había rechazado una medida propuesta por este partido: renunciar a la facultad presidencial de designar y remover a los altos oficiales de las Fuerzas Armadas.

El último intento por torcer la voluntad democrática acaeció el 22 de octubre, cuando un grupo ultraderechista dirigido por Roberto Viaux intentó secuestrar al comandante en jefe del Ejército para responsabilizar de tal acción a la izquierda y forzar un golpe de Estado militar. Poco antes del cruce de las avenidas Martín de Zamora y Américo Vespucio, cerca de la Escuela Militar, interceptaron el vehículo de René Schneider, a quien dispararon y dejaron gravemente herido después de que intentara defenderse. Fue conducido al Hospital Militar, donde agonizó hasta su muerte el 25 de octubre, un día después de que el Congreso Nacional eligiera a Allende presidente de la República. Actuaron con armamento proporcionado por la CIA que les entregó el agregado militar de la embajada de Estados Unidos, coronel Paul Wimmert, y recibieron veinticinco mil dólares, aunque Viaux obtuvo, además, un cuarto de millón de dólares como seguro de vida.[91]

El 22 de octubre, el general Prats asumió el mando del Ejército de manera interina y ordenó su acuartelamiento a lo largo de todo el territorio nacional. Pinochet fue designado jefe de la Zona de Emergencia de Tarapacá y convocado al funeral de Schneider en Santiago.

Después de asumir el mando de la nación el 3 de noviembre, entre las primeras decisiones de Salvador Allende estuvo la designación del general César Ruiz al frente de la Fuerza Aérea y de José Sepúlveda como general director de Carabineros, además de confirmar al general Carlos Prats y al almirante Raúl Montero como comandantes en jefe del Ejército y de la Armada,[92] respectivamente.

Pronto Pinochet recibió una circular del nuevo comandante en jefe que fijó la posición de la institución ante el inicio del gobierno de la Unidad Popular. Con una claridad argumental y expositiva impecable, el general Prats recordó que la confianza del país en el Ejército descansaba en el apego a sus funciones profesionales y la renuncia a la deliberación política. Asimismo, subrayó que al Ejército tampoco le correspondía opinar o calificar aquellos actos de los poderes del Estado que pudieran resultar «conflictivos en el libre juego de una democracia». «Un Ejército sólidamente cohesionado, férreamente disciplinado, de alta eficiencia de combate y de elevada conciencia cívica es —junto a sus pares (Armada y Fuerza Aérea) y Carabineros— la garantía suprema de la paz social y de la realidad democrática, en lo interno, así como del respeto a nuestro legítimo derecho a la autodeterminación, en lo internacional. El Sr. Presidente de la República está consciente de la importancia prioritaria que tiene el Ejército en el ámbito de la Defensa Nacional y, en virtud de las legítimas atribuciones que le consigna la Carta Fundamental, ha definido claramente su política de seguridad nacional.»[93]

El 12 de noviembre, todos los generales —incluido Pinochet— entregaron a Carlos Prats sus solicitudes de retiro de la institución para dejarle libertad a fin de que decidiera quiénes debían abandonarla aquel año. El 5 de diciembre, Prats propuso a Salvador Allende y a su ministro de Defensa, Alejandro Ríos Valdivia, el retiro del general de división Francisco Gorigoitía y de los generales de brigada Eduardo Arriagada y José Larraín, a quienes se unía el del general de división Camilo Valenzuela, ya tramitado por su participación en el complot criminal contra Schneider. El presidente de la República le planteó que también debían concluir su carrera el general de división Manuel Pinochet y el general de brigada Alfredo Canales, este último «por sus notorios contactos derechistas». No obstante, después de un debate complejo, Allende aceptó la decisión del comandante en jefe y le indicó que tendría libertad absoluta para decidir los nombramientos y retiros, pero que sería el único responsable del mantenimiento de la conducta profesional del Ejército.[94]

En virtud de la confianza del general Prats y con las firmas del presidente Allende y del ministro Ríos Valdivia, con fecha de 16 de diciembre de 1970 se produjo el ascenso de Pinochet al grado de general de división.[95] La prensa iquiqueña se hizo eco de su promoción y destacó que en numerosas oportunidades había ejercido como intendente subrogante y también que existía un núcleo de viviendas que llevaba su nombre, formado por los exintegrantes del llamado Comité de los Sin Casa de la Población San Carlos, que habían logrado los terrenos gracias a sus gestiones.[96] Antes de regresar a Santiago, la municipalidad le nombró «Hijo Ilustre» de Iquique.

Notas

1. *Cien Águilas*, n.º 42, Santiago de Chile, julio de 1952, pp. 19-20.
2. Citado en: Azócar, Pablo, *Pinochet. Epitafio para un tirano*, Madrid, Popular, 1999, pp. 53-54.
3. *Cien Águilas*, n.º 43, Santiago de Chile, diciembre de 1952, p. 3.
4. Su nombramiento se publicó varios meses después: *Boletín Oficial del Ejército*, Santiago de Chile, 11 de mayo de 1953, Anexo, p. 840.
5. Pinochet Ugarte (1979), p. 39.
6. *La Gaceta*, Arica, 11 de junio de 1953, p. 3.
7. Ejército de Chile (1986), p. 103.
8. Lagos, Ricardo, *Mi vida. De la infancia a la lucha contra la dictadura*, Debate, Santiago de Chile, 2014, p. 87. En sus memorias, el expresidente Lagos no menciona aquella coincidencia. Tampoco Pinochet en su autobiografía.
9. Pinochet Ugarte (1979), p. 39.
10. Así nos lo informó en marzo de 2018 Ivana Peric, jefa de gabinete del decano, por correo electrónico. También nos indicó que una funcionaria de la secretaría de estudios de la facultad recuerda que hacia 1983 o 1984 Pinochet hizo un homenaje a Benjamín Cid, profesor de Derecho Romano en los años cincuenta.
11. *Boletín de la Academia Chilena de la Historia*, n.º 86, Santiago de Chile, 1972, pp. 188-190.
12. Ejército de Chile (1986), p. 106.
13. Arancibia Clavel, Roberto, *La influencia del Ejército chileno en América Latina. 1900-1950*, Santiago de Chile, CESIM, 2002, pp. 250-252.
14. Archivo General Histórico del Ministerio de Relaciones Exteriores de Chile, Fondo Histórico, vol. 4329.
15. Arancibia Clavel (2002), p. 252.
16. Antecedentes remitidos entonces por la Dirección de Personal del Ejército, Archivo General Histórico del Ministerio de Relaciones Exteriores de Chile, Fondo Histórico, vol. 4329.

17. *El Cronista*, Santiago de Chile, 19 de octubre de 1975, p. 32.

18. Farfán, Claudia y Vega, Fernando, *La familia*. *Historia privada de los Pinochet*, Santiago de Chile, Debate, 2009, p. 217.

19. Arancibia Clavel, Roberto (2002), pp. 254-258.

20. En numerosos currículos oficiales de Augusto Pinochet se cita como una de sus primeras obras publicadas una titulada *Manual de Informaciones*, *Servicio de Informaciones* o *El Servicio de Información*, en referencia a aquel texto que preparó en Quito. Sin embargo, no se conserva un libro de su autoría con este título —con depósito legal e inscripción de la propiedad intelectual— en ninguna biblioteca de Chile o de Ecuador, donde hicimos las consultas pertinentes a través del diplomático chileno Abraham Quezada. Tampoco en la Fundación Presidente Augusto Pinochet Ugarte, según nos informó el 26 de septiembre de 2017, por correo electrónico, su gerente, Roberto Mardones.

21. Moraga, Javiera, «La historia no oficial», *Qué Pasa*, Santiago de Chile, 29 de noviembre de 1997, pp. 16-22.

22. Farfán y Vega, p. 196.

23. Pinochet Ugarte (1990), pp. 158-159.

24. Moraga, Javiera, «La historia no oficial», *Qué Pasa*, Santiago de Chile, 29 de noviembre de 1997, pp. 16-22.

25. Sierra, Malú, «Los Pinochet», *Paula*, Santiago de Chile, septiembre de 1974, pp. 52-59.

26. Pozo Barceló *et al.*, pp. 32-35.

27. Farfán y Vega, pp. 206-208.

28. Véase, por ejemplo, el reportaje «El otro hijo de Pinochet», *La Nación*, Santiago de Chile, 24 de noviembre de 2007, en Lanacion.cl, <http://lanacion.cl/2007/11/24/el-otro-hijo-de-pinochet/>.

29. *Boletín Oficial del Ejército*, Santiago de Chile, 12 de julio de 1959, p. 1332.

30. Archivo General Histórico del Ministerio de Relaciones Exteriores de Chile, Fondo Histórico, vol. 5301.

31. *El Mercurio de Antofagasta*, Antofagasta, 3 de febrero de 1961, p. 1.

32. Pinochet Ugarte (1990), p. 165.

33. Véase este trabajo: Casals Araya, Marcelo, *La creación de la amenaza roja. Del surgimiento del anticomunismo en Chile a la «campaña del terror» de 1964*, Santiago de Chile, LOM Ediciones, 2016.

34. Estado Mayor General del Ejército de Chile, *Datos biográficos del Capitán General Augusto José Ramón Pinochet Ugarte*, p. 3. Consultado en el Archivo General del Ejército de Chile.

35. Pinochet Ugarte (1990), pp. 168-169.

36. Garay Vera, Cristián, «En un entorno difícil: la existencia de la Academia de Guerra entre 1947 y 1970», en Alejandro San Francisco,

ed., *La Academia de Guerra del Ejército de Chile 1886-2006. Ciento veinte años de historia*, Santiago de Chile, Centro de Estudios Bicentenario, 2006, pp. 143-169.

37. Pinochet Ugarte (1990), pp. 167-169.
38. Marras (1988), pp. 42-44.
39. Pinochet Ugarte (1990), p. 170.
40. Piuzzi Cabrera, José Miguel, *Los militares en la sociedad chilena. 1891-1970. Relaciones civiles-militares e integración social*, tesis doctoral, Universidad Pontificia de Salamanca, Madrid, 1994, p. 757. Consultada en la Sala de Criminología de la Biblioteca de la Facultad de Derecho de la Universidad Complutense de Madrid.
41. Pinochet marcó sus libros con un exlibris compuesto por su nombre y dos apellidos bajo la imagen de una mujer alada que sostiene una antorcha y se apoya en un escudo heráldico con sus iniciales (APU) y la efigie, más lejana, de un árbol.
42. Pinochet Ugarte, Augusto, «Síntesis geográfica de Chile», *Revista de Infantería*, n.º 222, San Bernardo, septiembre-octubre de 1950, pp. 93-133. Pinochet Ugarte, Augusto, «Síntesis geográfica de la República del Perú», *Revista de Infantería*, n.º 223, San Bernardo, noviembre-diciembre de 1950, pp. 67-90.
43. Peña (2015), pp. 71-73.
44. La colección casi completa de esta publicación puede consultarse en línea en el Centro de Estudios e Investigaciones Militares, en Cesim. cl, <http://www.cesim.cl/Publicaciones/Memorial.aspx>.
45. Pinochet Ugarte, Augusto, «Introducción al estudio de la Geografía Militar», *Memorial del Ejército de Chile*, n.º 297, Santiago de Chile, julio-agosto de 1960, pp. 57-72. En este artículo, a partir de las definiciones de varios autores y de la Academia de Guerra, construyó su propia explicación de la materia: «Geografía Militar es una rama de la Geografía General, especializada en el análisis geográfico militar de una zona, de un país o de un hecho geográfico (de ubicación en el espacio, físico, humano o económico) para deducir de él, con la debida antelación, cuáles serían las ventajas o los inconvenientes que presentan para una actividad bélica, ya sea para aprovecharlos, eludirlos o paliarlos».
46. Pinochet Ugarte, Augusto, «Sabotaje y contrasabotaje en la guerra», *Memorial del Ejército de Chile*, n.º 303, Santiago de Chile, julio-agosto de 1961, pp. 24-32.
47. Pinochet Ugarte, Augusto, «Significado militar de las relaciones espaciales», *Memorial del Ejército de Chile*, n.º 317, enero-febrero de 1964, pp. 31-53.
48. Por ejemplo, en 1968 el teniente coronel Agustín Toro y el mayor Manuel Contreras publicaron un artículo acerca de la rivalidad chino-

soviética y, sobre todo, del desarrollo de la guerra en Vietnam. Entre sus conclusiones sobre este último conflicto señalaron que los norteamericanos «han aprendido la lección al dejar de lado la política de tratar de ganar la buena voluntad y el corazón de la población del Vietnam». Y de manera muy significativa subrayaron: «La guerra de guerrillas se gana matando guerrilleros y conquistando a sangre y fuego sus guaridas, sometiendo a estricta vigilancia a la población que es la base de la cual la guerrilla vive y crece». Toro, Agustín y Contreras, Manuel, «Panorama político-estratégico del Asia Sur-oriental», *Memorial del Ejército de Chile*, n.º 344, Santiago de Chile, julio-agosto de 1968, pp. 45-67. Durante la dictadura, Agustín Toro ascendió a general de división y fue ministro de Minería en 1975 y rector delegado de la Universidad de Chile entre 1976 y 1979.

49. Peña (2015), p. 80.

50. *Apsi*, Santiago de Chile, 29 de agosto de 1988, pp. 10-15.

51. *Cauce*, Santiago de Chile, 9 de octubre de 1984, pp. 38-39.

52. Este libro aún es «materia de consulta» en el proceso de formación de los nuevos oficiales del Ejército de Chile. Peña (2015), pp. 61-68 y 81-91.

53. Quiroga y Maldonado, p. 150. Recomendamos también este análisis de su *Geopolítica*: Cavalla Rojas, Antonio, *La geopolítica y el fascismo dependiente*, México DF, Casa de Chile en México, 1978, pp. 76-85.

54. En 1936, el partido nazi definió la *Geopolitik* así: «Es la ciencia de los fundamentos territoriales y raciales que determinan el desarrollo de los pueblos y de los estados». El general Karl Haushofer, fundador del Instituto Geopolítico de Munich, fue juzgado por el Tribunal de Nuremberg, aunque fue absuelto. Cuéllar Laureano, Rubén, «Geopolítica. Origen del concepto y su evolución», *Revista de Relaciones Internacionales de la UNAM*, n.º 113, México DF, mayo-agosto de 2012, pp. 59-80.

55. Pinochet Ugarte, Augusto, *Geopolítica*, Santiago de Chile, Andrés Bello, 1974, p. 61.

56. Quiroga y Maldonado, pp. 143-152.

57. Roitman Rosenmann, Marcos, *Tiempos de oscuridad. Historia de los golpes de Estado en América Latina*, Madrid, Akal, 2013, p. 139.

58. Viera Gallo, José Antonio, «Esquema analítico de la ideología de la Junta militar chilena: Un fascismo dependiente», *Chile-América*, n.º 8-9, Roma, julio de 1975, pp. 33-41.

59. Fischer (1999), p. 256.

60. North, Liisa, «Los militares en la política chilena», *Revista Mexicana de Sociología*, vol. XXXVII, n.º 2, México DF, abril-junio de 1975, pp. 475-507.

61. Cavalla Rojas, Antonio, «La estrategia militar norteamericana durante la Guerra Fría», *Estudios Político Militares*, n.º 5, Centro de Estudios Estratégicos de la Universidad ARCIS, Santiago de Chile, primer semestre de 2003, pp. 5-36.

62. Rojas, Jaime y Viera-Gallo, José Antonio, «La Doctrina de Seguridad Nacional y la militarización de la política en la América Latina», *Chile-América*, n.º 28-30, Roma, febrero-abril de 1977, pp. 41-54.

63. García, Prudencio, *El drama de la autonomía militar. Argentina bajo las juntas militares*, Madrid, Alianza Editorial, 1995, pp. 39-40.

64. Westad, Odd Arne, *La Guerra Fría. Una historia mundial*, Barcelona, Galaxia Gutenberg, 2018, pp. 371-372.

65. Tapia Valdés, Jorge A., *El terrorismo de Estado: la Doctrina de Seguridad Nacional en el Cono Sur*, México DF, Editorial Nueva Imagen, 1980, pp. 125-130.

66. Bawden, John R., «Observadores atentos: el análisis militar chileno de conflictos periféricos, 1965-1971», *Revista del Centro de Estudios de las relaciones entre la Unión Europea y América Latina*, n.º 5, Bruselas, 2010, pp. 65-74, en Johnrbawden.files.wordpress.com, <https://johnrbawden.files.wordpress.com/2013/08/observadoresatentos.pdf>.

67. *Boletín Oficial del Ejército*, Santiago de Chile, 12 de mayo de 1969.

68. Pinochet Ugarte (1990), p. 191.

69. *El Tarapacá*, Iquique, 1 de febrero de 1969, p. 3.

70. *El Tarapacá*, Iquique, 2 de abril de 1969, p. 1.

71. *El Tarapacá*, Iquique, 4 de abril de 1969, p. 1.

72. *El Tarapacá*, Iquique, 13 de abril de 1969, p. 3.

73. *El Tarapacá*, Iquique, 13 de agosto de 1969, p. 1.

74. Valdivia (2006), pp. 157-196.

75. Arriagada, Genaro, *La política militar de Pinochet*, Santiago de Chile, Imprenta Salesianos, 1985, pp. 40-41.

76. Varas, Florencia, *Conversaciones con Viaux*, Santiago de Chile, Impresiones Eire, 1972, pp. 11-13.

77. Torres Dujisin, Isabel, *La crisis del sistema democrático: las elecciones presidenciales y los proyectos políticos excluyentes. Chile, 1958-1970*, Santiago de Chile, Editorial Universitaria, 2014, pp. 291-292.

78. Arriagada (1985) pp. 38-46.

79. North, pp. 475-507.

80. Prats González, Carlos, *Memorias. Testimonio de un soldado*, Santiago de Chile, Pehuén, 2014, pp. 124-125 y 169.

81. En sus memorias, el general Pinochet no ofreció ninguna información de lo tratado en este tipo de reuniones, todo lo contrario que Carlos Prats, cuya autobiografía —protegida tras su asesinato en

1974 y publicada de manera primorosa, con la editorial Pehuén, por sus hijas Sofía, María Angélica y Cecilia en marzo de 1985— tiene un valor incalculable para los historiadores.

82. Prats González, pp. 130-131.
83. *El Mercurio*, Santiago de Chile, 8 de mayo de 1970, p. 25.
84. Prats González, pp. 137-138.
85. Pinochet Ugarte (1990), p. 205.
86. Archivo del Servicio Electoral de la República de Chile. Amorós (2013), p. 533.
87. *El Tarapacá*, Iquique, 6 de septiembre de 1970, p. 1.
88. En sus memorias escribió también sobre aquellos hechos con su mesianismo característico: «Han pasado los años y al analizar hoy la elección del señor Allende con mente fría y tranquila parece evidente, una vez más, la mano misteriosa y sabia de la Divina Providencia que guía los destinos de los Estados como invisible timonel. Este aserto lo baso en que, si Allende no hubiera sido Presidente de la República el año 1970, es posible que el país no llegara a tener la experiencia de los sufrimientos que provoca el marxismo, dura prueba que lo hizo madurar y despertar en el curso de esos tres años; pero que lamentablemente se olvida». Pinochet Ugarte (1990), p. 205.
89. Amorós (2013), pp. 288-292.
90. Prats González, pp. 151-152.
91. Garcés (1996), p. 141.
92. «Me alegré que fuera él quien sucediera al general Schneider en el mando del Ejército. Era un hombre muy capaz; lo conocía desde tiempos mozos de la Escuela Militar y siempre le había guardado bastante afecto...», aseguró en sus memorias. Pinochet Ugarte (1990), p. 209.
93. Prats González, pp. 170-172.
94. Prats González, pp. 173-175.
95. *Boletín Oficial del Ejército*, Santiago de Chile, 11 de enero de 1971.
96. *El Tarapacá*, Iquique, 29 de diciembre de 1970, p. 1.

4

Comandante en jefe del Ejército

Durante los «mil días» de gobierno de la Unidad Popular, el general Augusto Pinochet recibió la confianza del comandante en jefe del Ejército, Carlos Prats, quien en enero de 1971 le designó jefe de la guarnición de Santiago y el 28 de diciembre de aquel año le ascendió a jefe del Estado Mayor General. En ambas responsabilidades, así como cuando en tres ocasiones le correspondió reemplazarle al frente del Ejército, Pinochet cumplió sus obligaciones profesionales, mientras la tensión política y social se agravaba producto de la estrategia sediciosa de la derecha, que logró involucrar al Partido Demócrata Cristiano. Hasta el invierno de 1973, todas las conspiraciones militares para forzar el derrocamiento del gobierno constitucional naufragaron ante la firmeza y los principios democráticos de Prats. Pero el 23 de agosto el largo asedio psicológico sostenido contra él logró forzar su renuncia. Entonces, avalado por la recomendación de Prats, el presidente Allende situó al frente del Ejército a Pinochet, quien en aquel momento solo inspiraba desconfianza entre los oficiales de las Fuerzas Armadas que ya preparaban el golpe de Estado. Aún no habían descubierto que su capacidad de traición y su ambición carecían de límites.

Al frente de la guarnición de Santiago

El 5 de enero de 1971, Carlos Prats nombró a Augusto Pinochet comandante general de la guarnición del Ejército en Santiago, una responsabilidad muy importante, más aún después de los sucesos que envolvieron la elección de Salvador Allende.[1] Aquel verano, después de pasar las vacaciones con su familia en Argentina —el verano anterior habían recorrido Perú—, se instalaron otra vez en la casa de la calle Laura de Noves[2] y el 3 de marzo asumió sus nuevas funciones profesionales. La transmisión del mando se produjo en las oficinas del Ministerio de Defensa Nacional y tomó el testigo del general Orlando Urbina, quien lo había ejercido de forma interina y entonces asumía como comandante en jefe de la II División. En sus breves declaraciones a los medios de comunicación, aseguró que estaba satisfecho por regresar a la capital y que su primer desafío sería garantizar el buen desarrollo de las elecciones municipales en la provincia de Santiago, que entonces alcanzaba hasta el puerto de San Antonio.[3]

Los comicios del 4 de abril transcurrieron con absoluta normalidad y otorgaron un triunfo rotundo a la Unidad Popular, que junto con la Unión Socialista Popular —una pequeña escisión del Partido Socialista— conquistó el 50 % de los votos y las principales alcaldías. En la víspera, el general Pinochet había expresado su compromiso de «mantener el orden y la seguridad de todos los chilenos»[4] y durante la jornada electoral, desde las nueve y media de la mañana, visitó diferentes lugares de votación en Ñuñoa, Las Condes o Providencia, además del Estadio Nacional, con una amplia repercusión en los medios de comunicación. «En todo momento he observado perfecto orden y entusiasmo entre los electores para emitir sus sufragios», declaró al mediodía como jefe de Plaza.[5] Y a las ocho de la tarde, en una conferencia de prensa, expresó su satisfacción por el clima de tranquilidad que había imperado: «Hoy es un día en que les puedo decir que siento orgullo de ser chileno al ver como todos cumplen sus deberes ciudadanos». También se felicitó por la buena labor desempeñada por el personal a su mando y firmó un comunicado de cinco puntos en el que terminó por expresar su confianza en que el civismo demostrado por todos los sectores se mantendría tras conocerse los resultados en cada comuna.[6]

El 14 de abril estuvo presente en la ceremonia celebrada en el Salón Rojo de La Moneda para la entrega de la condecoración Presidente de la República y de la réplica de las espadas de O'Higgins y Arturo Prat a los dieciséis oficiales del Ejército, la Fuerza Aérea y la Armada que acababan de alcanzar los grados de general de brigada, contraalmirante y general del aire. En su discurso, después de remarcar que en aquellas espadas estaba grabada la leyenda «No me saques sin razón, no me envaines sin honor», Salvador Allende exaltó su papel y les recordó sus funciones constitucionales: «Forman parte ustedes de la tradición de Chile enraizada en sus instituciones armadas, nacidas en los albores de la historia y mantenida a lo largo de nuestra vida como nación con dignidad, con independencia. Fuerzas Armadas profesionales, con valores permanentes, como lo dijera Schneider, de dignidad y de honor para ponerlos al superior servicio de Chile, en la defensa de su soberanía...».

Allende destacó los valores «permanentes» de las instituciones armadas, pero, al mismo tiempo, apeló a que comprendieran que Chile vivía una nueva etapa histórica «por voluntad del pueblo» y se había propuesto desarrollar «su propia revolución» por los cauces democráticos y legales, para llevar a cabo profundas transformaciones políticas, económicas, culturales y sociales, «con el respeto integral a la persona humana y a los derechos que el pueblo conquistó y que nadie le regaló». Y proclamó que no podían marginarse de aquel «gran esfuerzo colectivo». «No hay Fuerzas Armadas poderosas si hay pueblos diezmados por la enfermedad o castigados por la incultura. No hay Fuerzas Armadas poderosas en países dependientes en lo económico, lo cultural y, a veces, y con demasiada frecuencia, en lo político.» Desde el respeto a su profesionalismo y su independencia, Allende reclamó su participación en la construcción de «un Chile nuevo donde la justicia, el trabajo, la salud, el derecho al descanso y la recreación sean patrimonio de todos los chilenos».

A los nuevos generales y contraalmirantes —entre ellos Guillermo Pickering y Herman Brady, del Ejército; Sergio Huidobro y Hugo Cabezas, de la Armada; y Jorge Leigh Guzmán y Humberto Magliocchetti, de la Fuerza Aérea—, en concreto, les expresó su confianza en que, desde su posición de altos mandos, asumirían «el consciente acatamiento de la voluntad ciudadana, expresada en las urnas y escrita en la Constitución de la Patria».[7]

La política militar del gobierno de la Unidad Popular se sustentó en dos ejes principalmente. Por una parte, en el cumplimiento estricto de las obligaciones profesionales por parte de las Fuerzas Armadas, aún más claramente definidas tras la reforma del artículo 22 de la Constitución que había entrado en vigor el 9 de enero, con la Ley 17398, que las definió como «profesionales, disciplinadas, jerarquizadas, obedientes y no deliberantes». Y, por otra, a diferencia de todos los presidentes elegidos desde octubre de 1932, Salvador

Allende optó por incorporar a las Fuerzas Armadas al proceso de transformaciones económicas y sociales con la designación de altos oficiales en puestos relevantes de empresas públicas y organismos estatales.[8] Además, el gobierno de la UP aprobó un importante aumento del gasto militar nacional: de los 724,3 millones de dólares de 1970 se pasó a 785,6 en 1971; 1.006,4 en 1972 y 840,2 en 1973.[9]

En su mensaje al país el 21 de mayo de 1971, el presidente Allende delineó de manera cuidadosa las características de la «vía chilena al socialismo». Planteó, con las dimensiones de una epopeya, el desafío de una nueva forma de avanzar hacia una sociedad verdaderamente democrática y solidaria, con pleno respeto al pluralismo político, las libertades ciudadanas y los derechos humanos. «Chile es hoy la primera nación de la tierra llamada a conformar el segundo modelo de transición a la sociedad socialista», proclamó en tono solemne.[10] Al general Pinochet le correspondió, como jefe de la guarnición de Santiago, encabezar la presentación de honores del Ejército al presidente de la República en aquella jornada y ese día escoltó a caballo el vehículo desde donde, de pie y con la banda presidencial terciada, Allende saludaba a la ciudadanía en su recorrido desde La Moneda al Congreso Nacional.[11]

La Unidad Popular aspiraba a construir una sociedad socialista sin enfrentamiento violento entre las clases sociales. La nacionalización de la gran minería del cobre, la erradicación del latifundio y la profundización de la Reforma Agraria, la creación del Área de Propiedad Social, en la que se incluyeron los principales rubros de la economía nacional —el textil, la banca, la siderurgia, el cemento, la minería del carbón y del salitre...— tras su nacionalización, medidas sociales tan emblemáticas como el medio litro de leche diario para cada niño, los notables avances en educación y sanidad, la labor extraordinaria de la Editora Nacional Quimantú —con más de diez millones de libros publicados en solo dos años y medio—, la belleza y el compromiso de la Nueva Canción Chilena y del movimiento muralista o una política internacional ejemplar fueron las grandes transformaciones que logró poner en marcha, a pesar de la oposición intransigente de la derecha y del sector más conservador del PDC y de la guerra encubierta desencadenada por Nixon y Kissinger. Y todo ello con el protagonismo, la alegría y el compromiso de la clase obrera y las clases subalternas por primera vez en siglo y medio de historia republicana... y también el pánico de la burguesía, su temor cerval al socialismo, un aspecto imprescindible para entender lo sucedido en Chile antes y después del 11 de septiembre de 1973. «El miedo encierra una potencia de fuego superior a la de la esperanza», escribió Régis Debray poco después del golpe de Estado.[12]

La mañana del 8 de junio de 1971, tres miembros de la organización Vanguardia Organizada del Pueblo (VOP) asesinaron al destacado dirigente democratacristiano Edmundo Pérez Zujovic, quien había sido ministro del Interior en la Administración de Frei Montalva. Aquel crimen, repudiado por el gobierno, la UP y el Movimiento de Izquierda Revolucionaria (MIR), marcó un punto de inflexión en el escenario político, puesto que abrió un abismo entre la Unidad Popular y la Democracia Cristiana y favoreció la convergencia de las fuerzas opositoras, que se concretó ya en la elección del mes siguiente para elegir un diputado por Valparaíso.

De inmediato, el gobierno declaró el estado de emergencia en la provincia de Santiago en aplicación del artículo

31.2 de la Ley 12927 de Seguridad Interior del Estado y designó como jefe militar, con las facultades establecidas en sus artículos 33 y 34, al general Pinochet.[13] Esta medida implicaba la instauración del toque de queda y la necesidad de disponer de un salvoconducto para desplazarse por las vías públicas desde la una a las seis de la madrugada. En aquellos días, efectivos del Ejército al mando de Pinochet participaron en el operativo que permitió localizar a los miembros de la VOP. En la madrugada del domingo 13 de junio en un lugar cercano al Hipódromo Chile se produjo un enfrentamiento armado que duró cinco horas entre los hermanos Arturo y Ronald Rivera y otros integrantes de este grupúsculo contra casi doscientos efectivos de la Policía de Investigaciones y del Regimiento Buin. Pinochet llegó al lugar a las ocho y media de la mañana y felicitó efusivamente a Carlos Toro, militante comunista y subdirector de la Policía de Investigaciones.[14]

En declaraciones efectuadas a la prensa al día siguiente, explicó que el operativo contra la VOP no había concluido. Por esa razón, el toque de queda se mantuvo y se prorrogaba cada veinticuatro horas y el personal de las Fuerzas Armadas, Carabineros e Investigaciones seguía acuartelado. Pinochet informó también que 368 personas habían sido detenidas por Carabineros por transitar sin salvoconducto y justificó el cierre por un día de la Radio Balmaceda, propiedad del PDC, que había ordenado. Además, entregó a los periodistas un comunicado de seis puntos en el que dejó claro que la actuación de las tropas a su mando se había ajustado a las «instrucciones generales impartidas por el Supremo Gobierno».[15]

El diagnóstico de la CIA

El 8 de julio de 1971 a las once de la noche, un terremoto de magnitud 7,75 en la escala de Richter con epicentro en La Ligua sacudió la zona central del país y fue percibido entre Antofagasta y Valdivia. El informe oficial habló de 85 personas muertas y 451 heridas y miles de viviendas sufrieron daños irreparables. Sorprendido por el seísmo en La Moneda, el presidente Allende se dirigió al país por cadena nacional de radio para pedir calma a la población y decretar el estado de emergencia.[16] Allende designó como jefe de la misma en Santiago al general Pinochet, a quien le correspondió organizar y coordinar las medidas de ayuda necesarias.

El 29 de julio fue nombrado presidente del comité que estaba a cargo de la colecta nacional para erigir un monumento en memoria del general Schneider, después de que el 26 de junio Salvador Allende colocara la primera piedra del monumento —obra del escultor Carlos Ortúzar— en la rotonda de Vitacura, en presencia de su viuda, Elisa Arce, sus tres hijos, autoridades del país y los principales mandos de las Fuerzas Armadas.[17] Presidió dicho comité hasta el 7 de marzo de 1972, cuando fue relevado por el general de brigada Héctor Bravo, su sucesor al frente de la guarnición de Santiago.

La tarde del 5 de agosto, Pinochet se reunió con el presidente en La Moneda y por esa razón llegó atrasado a una cena a la que fue invitado junto con su esposa y que conocemos por un documento de la CIA (*Central Intelligence Agency*, Agencia Central de Inteligencia de Estados Unidos en español).[18] En aquella reunión social, según la información desclasificada de la agencia estadounidense, evitó exponer su opinión acerca de la situación política nacional, marcada entonces por la histórica nacionalización de la gran minería del cobre, aprobada de manera unánime por el Congreso Nacional y firmada por el jefe del Estado el 11 de julio. «Esto es totalmente consistente con su comportamiento usual: él es cauto y mantiene silencio respecto de temas políticos. No obstante, su esposa concordó con comentarios efectuados por otros invitados que opinaban que el gobierno se está metiendo en problemas con su actual orientación».

Los agentes de la CIA, tras descartar que simpatizara con el Partido Demócrata Cristiano, pusieron de relieve su relación con Luis Molina, militante derechista, ya que su hijo Augusto —entonces teniente de Ejército— había contraído matrimonio con María Verónica Molina en febrero de aquel año. «Molina es miembro del Partido Nacional y le contó en forma privada a (tachado) que si el Gobierno continúa con su actual línea, es posible que intente impulsar a Pinochet para que este consume un golpe. Aun cuando el comentario es presuntuoso, lo más probable es que no se habría hecho si pensara que Pinochet es leal al régimen». Y describieron la personalidad del general en términos elocuentes: «Pinochet parece un militar común, amistoso, de pocas luces, totalmente imbuido en el nuevo campo de seguridad, orden público y acontecer político y que claramente disfruta de sentirse importante». Incluso, recogieron una opinión que le señalaba como «una persona que posiblemente podría ser neutralizada por un grupo de conspiradores, pero no una persona que dirigiría un golpe».

Sin embargo, otro informe de la CIA, fechado el 31 de agosto de 1971, remarcaba que un confidente de la agencia, cuyo nombre permanece oculto, habría entregado una relación de los altos oficiales del Ejército que eran entonces claramente opuestos a la Unidad Popular y citaba a Pinochet, a Alfredo Canales y a Julio Canessa. El informante aseguró a los agentes estadounidenses que Pinochet sería partidario de un golpe de Estado «siempre que pudiera tener un control absoluto sobre los acontecimientos».[19]

En aquellos días, Pinochet estaba ya centrado en la preparación de la Parada Militar. Con motivo del día de las Glorias del Ejército, el presidente Allende dirigió un mensaje a esta institución titulado «Saludo a los herederos de una tradición gloriosa»: «Expreso el sentimiento de recuerdo y admiración de todos los chilenos; de recuerdo, porque en esta fecha evocamos cómo nuestros soldados construyeron, heroicamente, la emancipación, cómo han logrado un sólido prestigio, cimentado en el honor y el sacrificio, en permanente vocación patriótica. Admiración, porque en tiempos de paz, nada hay de nuestra vida nacional que no tenga el sello inconfundible de su presencia, fundida en la voluntad de la Patria que se levanta firmemente hacia mejores destinos». Y lo cerró con una cita del general Schneider, quien definió con estas palabras la doctrina que debía inspirar la labor de los militares: «Un Ejército esencialmente profesional, preparado para respaldar y defender la soberanía nacional cooperando en el desarrollo económico, político y social de nuestro Chile».[20]

En la mañana del 18 de septiembre, Pinochet acompañó al presidente Allende al tradicional tedeum con ocasión del aniversario de la independencia patria en su recorrido desde La Moneda a la catedral, mientras las tropas le rendían honores. A diferencia del 21 de mayo, no marchó a caballo, sino que por primera vez el recorrido del comandante de la guarnición de Santiago se realizó en vehículo.

Y el 19 de septiembre tuvo lugar la Parada Militar en el parque O'Higgins, a la que asistieron junto con el presidente de la República y su esposa, Hortensia Bussi, el gabinete de ministros, los comandantes en jefe de las tres ramas de las Fuerzas Armadas y el general director de Carabineros, el arzobispo de Santiago, los presidentes de la Cámara de Diputados, del Senado y de la Corte Suprema y el cuerpo diplomático acreditado. Casi a las cuatro de la tarde, el general Pinochet se acercó al palco presidencial para pedir al jefe del Estado la autorización para iniciar el desfile; después de la venia del presidente, Pinochet dio la orden y la Banda de Guerra de la Escuela Militar, dirigida por su director, el coronel Alberto Labbé, inició el desfile bajo los compases de la *Marcha Radetzky*.

Al concluir la Parada Militar, Pinochet regresó al palco presidencial para solicitar permiso para retirarse. «El señor Allende me llamó y dándome la mano me dijo: "La presentación de hace algunos instantes es la prueba más evidente de que el Ejército de Chile y la Fuerzas Armadas mantienen nuestra tradición; le ruego expresarle a cada uno de los jefes, oficiales y tropa que han participado la satisfacción, como Generalísimo, de ver cómo las Fuerzas Armadas han demostrado su capacidad"», escribió en sus memorias. Al final de la tarde, el Club Militar ofreció un cóctel a las autoridades. En aquel marco, el presidente Allende llamó a Pinochet, junto con su esposa, para saludarle y felicitarle de nuevo por la formación de las tropas, un gesto que este agradeció.[21]

Honores a Fidel Castro

El 10 de noviembre de 1971, Fidel Castro llegó a Santiago de Chile y fue aclamado por la multitud en su recorrido junto con el presidente Allende desde el aeropuerto de Pudahuel hasta La Moneda. En su primer viaje oficial a una nación latinoamericana, el comandante cubano aterrizó en un país sacudido por dos ácidas polémicas en aquel instante: el rechazo frontal de la oposición a que la Compañía Papelera fuera nacionalizada y el conflicto en la Universidad de Chile, con enfrentamientos violentos en las facultades de Derecho e Ingeniería. Durante aquellos veinticinco días, Fidel Castro, símbolo junto con Ernesto Guevara de la lucha armada revolucionaria en América Latina, fue muy respetuoso con la «vía chilena al socialismo» tanto en sus discursos, entrevistas de prensa y multitudinarias reuniones y debates, como en sus encuentros privados con los dirigentes de la izquierda.[22]

Como jefe de la guarnición de Santiago, al general Pinochet le correspondió acompañarle en tres ocasiones. El 11 de noviembre, cuando depositó una ofrenda floral al pie del monumento a Bernardo O'Higgins en la Alameda, tuvo que disponer que sus tropas le rindieran honores. Ríos Valdivia recordó en 1985 que en aquellos instantes la muchedumbre se abalanzó sobre el cordón policial con la intención de llegar a tocar al revolucionario cubano. En aquellos momentos «Pinochet no se preocupaba más que de defender a Fidel Castro...».[23] Además, debió escoltarle en su visita, el 29 de noviembre, al monumento al Che erigido en la comuna de San Miguel, en la zona sur de Santiago. Y coincidió con él en una recepción en La Moneda a la que el presidente de la República invitó a los principales mandos militares.[24]

Cuando aquella visita se aproximaba a su fin, el 1 de diciembre la oposición organizó la Marcha de las Cacerolas Vacías por el centro de Santiago. Esta manifestación estuvo protagonizada por unas cinco mil señoras que protestaban por el desabastecimiento de alimentos, que en realidad era parte de la estrategia de la oposición, con unas consignas llenas de odio contra Allende y la izquierda y con el apoyo de un cordón de seguridad de las brigadas de choque de Patria y Libertad,[25] que aquella noche tuvieron su bautismo de fuego.[26]

Según el balance ofrecido al día siguiente por el ministro del Interior, José Tohá, los manifestantes agredieron a efectivos del cuerpo de Carabineros, asaltaron locales del Partido Radical y de las Juventudes Comunistas, intentaron bloquear el Teatro Municipal, donde se celebraba un acto para conmemorar el primer centenario del Ministerio de Relaciones Exteriores con la asistencia del presidente y del cuerpo diplomático acreditado, y pretendieron incendiar el edificio en construcción que acogería en abril la Conferencia de la UNCTAD, así como atentar contra la residencia presidencial de Tomás Moro 200.[27]

Después de aquellos graves altercados, el 2 de diciembre el Consejo Superior de Seguridad Nacional declaró la provincia de Santiago en estado de emergencia,[28] a excepción de San Antonio. Aquel día, a las once de la mañana, el general Pinochet asumió de nuevo la jefatura de la Zona de Emergencia y a la una de la tarde convocó una conferencia de prensa en su despacho del Ministerio de Defensa. Entonces, entregó a los medios de comunicación el bando n.º 1, que incluía seis resoluciones: en primer lugar, prohibió cualquier tipo de manifestación pública; además, exigió la renuncia a difundir por los medios de comunicación cualquier artículo sobre los hechos acaecidos el día anterior que pudiera incitar a una alteración del orden público, bajo la amenaza de clausura temporal del medio infractor y de la presentación de una denuncia en los tribunales.

En tercer lugar, anunció que Carabineros e Investigaciones intensificarían el control del tránsito de personas en Santiago y en sus accesos; en cuarto lugar, prohibió a la población civil la utilización de cualquier arma de fuego; en quinto lugar, designó a seis oficiales como sus representantes en San Bernardo, Puente Alto, Melipilla, Maipo, Talagante y Presidente Aguirre Cerda. Y, por último, expuso estas recomendaciones: «La jefatura de la Zona de Emergencia espera de la ciudadanía el máximo de comprensión y colaboración con las delicadas funciones de las Fuerzas Armadas y policiales, que no tienen otro propósito que asegurar el orden y tranquilidad de las personas, sin distinción de credos e ideologías. (...) El suscrito y los medios a sus órdenes serán inflexibles en el uso de sus atribuciones legales para exigir el cumplimiento de las normas indicadas».[29]

Dos días después, el 4 de diciembre, Pinochet convocó a su despacho a los directores de diarios, revistas y medios de difusión de Santiago para comunicarles que había decidido presentar una querella contra el diario *Tribuna* por injuriar a las Fuerzas Armadas. El día anterior, este periódico que fungía como altavoz del Partido Nacional (PN), había publicado unos versos de homenaje a las mujeres de la Marcha de las Cacerolas Vacías: «Nuestra lucha recién comienza. / Las Fuerzas Armadas se entregaron / por un automóvil nuevo, / por una casa, / por un aumento de sueldo. / Los carabineros tienen miedo. Mujeres de Chile, chilenas / iniciemos nuestra marcha solas».

Al día siguiente, el diario izquierdista *Puro Chile* llevó sus declaraciones a primera página con este título: «En Chile no habrá golpe de Estado». Y este subtítulo: «Notificó el general Pinochet a *momios* sediciosos de la derecha». En aquella misma página el popular personaje «El enano maldito» exclamaba: «A su orden, mi general Pinochet: Ud. lo dijo clarito: "¡En Chile no habrá golpe de Estado!"». Además, este diario recogió las afirmaciones del jefe de la guarnición de Santiago respecto de los versos denigratorios: «Yo no me he vendido, señor». «Por favor, señores, bajen la presión (...). He pedido en todos los tonos que los diarios no titulen incitando a la violencia. Les solicito nuevamente que asuman sus serias responsabilidades con un mayor nivel de conciencia pública frente a los problemas que estamos viviendo. ¿Qué quieren? ¿Una guerra civil? Porque golpes de Estado no ocurren en Chile.»

Por su parte, el presidente Allende dio a conocer una declaración pública sobre los insultos de *Tribuna*, que incluyó una referencia a Pinochet: «Jamás hasta ahora una publicación política se atrevió a insultar de tal modo a nuestras Fuerzas Armadas y al Cuerpo de Carabineros y piénsese que, si tal tipo de ataques se vierten contra ellos, no hay ninguna barrera capaz de detener a ese sector social que en un momento llegó hasta sacrificar la noble vida del comandante en jefe del Ejército, general René Schneider». «La tradición histórica de nuestras Fuerzas Armadas no será manchada por insultos de una publicación o de un partido político, pero es indispensable que el país sepa que el Gobierno llevará ante la justicia a los responsables de esta indignidad, que es además una provocación, ya que fue hecha deliberadamente después que el jefe de la Zona de Emergencia, general de la República señor Augusto Pinochet, dio a conocer sus bandos a los medios de comunicación. Llamar mercenarios a nuestros soldados, marinos, aviadores y carabineros es insultar a Chile y a los chilenos.»[30]

Jefe del Estado Mayor General del Ejército

A fines de 1971, en la renovación de los cargos del alto mando del Ejército, los generales Manuel Pinochet, Pablo Schaffhauser, Raúl Poblete y Enrique Cea pasaron a retiro y el 28 de diciembre Prats designó a Pinochet como sustituto de Schaffhauser como jefe del Estado Mayor General del Ejército.[31] Por su eficaz desempeño a lo largo de aquel año en dos momentos tan complejos como el asesinato de Pérez Zujovic y la Marcha de las Cacerolas Vacías, Prats, quien tenía en su mano el futuro profesional de Pinochet, depositó en él su mayor confianza al otorgarle el segundo puesto más importante de la institución. El jefe del Estado Mayor General del Ejército no tenía atribuciones de mando directo, ya que todas sus instrucciones y el control de su cumplimiento pasaban por el conducto del comandante en jefe, pero le reemplazaba cuando se ausentaba o, en caso de fallecimiento, hasta la designación de su sustituto.[32]

En un texto anónimo publicado en 1974, cuya autoría atribuyó a Pinochet el periodista estadounidense James R. Whelan —impenitente defensor de la dictadura—,[33] señala: «Tan pronto asumió el mando más hermoso que hay en la vida profesional del soldado, llegar a ser el jefe del Estado Mayor General del Ejército, vio colmada su vida profesional, al reunir en este puesto todas las actividades esencialmente propias de la vida militar: planes, órdenes, adquisiciones... El cargo, que es el corazón y la mente de este cuerpo que da vida al Ejército, es el lugar donde todo se mueve dentro de una mística de trabajo que solo pueden apreciar los hombres de armas».[34]

A principios de 1972, el *Memorial del Ejército de Chile* dedicó de manera monográfica el número 365-366, con una tirada de 2.700 ejemplares, a su trabajo *Guerra del Pacífico. 1979. Campaña de Tarapacá*, que dedicó «a los hijos de las repúblicas de Chile, Perú y Bolivia caídos en defensa del honor de sus banderas». En el prefacio escribió que en sus destinaciones en el Norte Grande había conocido, a lo largo de innumerables ejercicios militares, la pampa del Tamarugal, escenario de aquellos hechos, donde perduraban los cementerios con los restos de los soldados que cayeron en la guerra, sin distinción de nacionalidad.

Su obra mereció un comentario elogioso de su exprofesor Fernando Campos Harriet: «El autor emplea para escribirla el método usual en todas las relaciones militares chilenas: divide la materia en grandes acápites y luego, cada uno de ellos, en pequeños párrafos que llevan una numeración escueta: 1, 2, 3, 4...». Autor de una obra de referencia, *Historia constitucional de Chile*, que incluye las citas y referencias al uso, Campos Harriet precisó que el trabajo de Pinochet solo contenía una cita bibliográfica, por lo que se preguntó: «Aparte de esta, no hay otra referencia de bibliografía histórica en la obra. ¿De dónde viene toda la rica información, cuáles son, en suma, las fuentes históricas de la obra del general Pinochet? (...). Por ello la omisión de las fuentes sería de desear que se subsanara en alguna nueva edición...».[35] No lo hizo así.

Otra reseña, sin firma, se publicó en el diario *Puro Chile* el 13 de octubre de 1972[36] y curiosamente también en *El Mercurio* el 4 de febrero de 1973.[37] «Su autor», dice el artículo, «el general de división Augusto Pinochet Ugarte, es un distinguido oficial de Estado Mayor y profesor de Academia que ha escrito varios libros muy interesantes y didácticos sobre temas castrenses, desde 1954 a la fecha, los cuales han interesado también a los lectores civiles, por el gran conocimiento y pedagogía con que desarrolla sus materias; por su lenguaje objetivo y claro; y porque siempre encuentran en ellos un gran fondo e interpretaciones trascendentes». En 1979, con motivo del centenario del comienzo de la guerra del Pacífico, la editorial Andrés Bello publicó la segunda edición, ya con el formato de libro, con una tirada de 3.000 ejemplares. Entonces fue saludada por la prensa afín a la dictadura como un gran acontecimiento literario.

En junio de 1972, Pinochet participó en los actos de conmemoración del 85.º aniversario de la fundación de la Escuela de Infantería de San Bernardo, donde estuviera destinado en 1937 y entre 1940 y 1942. El 6 de junio le correspondió presidir la ceremonia que tuvo lugar junto al monumento a Bernardo O'Higgins en la Alameda, en la que participaron delegaciones de las diferentes unidades y reparticiones de la guarnición de Santiago, así como de la Escuela Militar y de la Academia de Guerra. Al día siguiente, se celebró un ejercicio de combate en el cerro Chena, en San Bernardo, y un almuerzo de camaradería para cerca de mil personas en la Escuela de Infantería, con la asistencia del ministro de Defensa, José Tohá, el comandante en jefe del Ejército, Carlos Prats, los generales de la guarnición de Santiago y numerosos jefes y oficiales en servicio y de la reserva. En su discurso, Pinochet agradeció la asistencia del ministro Tohá y del subsecretario de Guerra y destacó que para la celebración del día de la Infantería se había elegido como fecha el aniversario del Asalto y Toma del morro de Arica. Por su parte, Tohá expuso el interés del gobierno por proporcionar a las Fuerzas Armadas todos los elementos materiales para cumplir debidamente sus funciones profesionales como baluarte de la seguridad de la nación.[38]

En agosto, el presidente Allende aceptó la invitación del gobierno de México para que una delegación del Ejército asistiera a la conmemoración del 162.º aniversario de la independencia. El 29 de agosto, Prats eligió al general Pinochet, quien el 8 de septiembre partió hacia el país azteca junto con su esposa y sus hijos Marco Antonio y Jacqueline, en un viaje que tuvo varias escalas. La más importante les llevó durante cuatro días a la Zona del Canal de Panamá, donde el comandante estadounidense, el general Underwood, le recibió en su cuartel general «con honores de jefe de Estado» y con quien conversó acerca de las posibilidades de compra de tanques para el Ejército chileno.[39] Además, y aunque lógicamente lo ocultó, también abordaron la situación política en Chile. Según uno de los más de dieciséis mil documentos de la CIA desclasificados en noviembre de 2000, fechado el 13 de noviembre de 1972, en aquel momento Pinochet ya consideraba que las «únicas alternativas» para Salvador Allende eran o su renuncia forzada a la presidencia o su «eliminación». El documento agregaba que durante su estancia en Panamá sus anfitriones le habían manifestado que Estados Unidos apoyaría un golpe de Estado contra Allende «con todos los medios necesarios».[40]

Después de Panamá, prosiguieron el viaje con escalas en Tegucigalpa y Managua. Durante su estancia en México participó en un almuerzo con cerca de trescientos generales de uniforme, algunos de bastante edad que habían llegado a ese grado por su condición de héroes de la Revolución de 1910. Asistió también al desfile militar y saludó al presidente Luis Echeverría, quien le transmitió palabras muy afectuosas para Salvador Allende. Durante los actos en el Palacio Nacional, Pinochet accedió a ofrecer una entrevista al reportero Fernando Alcalá, del informativo *24 Horas* del canal Televisa. «Hay ruido de sables en Chile», le comentó el periodista mexicano... «¡De ninguna manera! (...). No hay la mínima posibilidad. El Ejército chileno es institucional y respeta y apoya al Presidente, su jefe, sin considerar sus ideas políticas», señaló Pinochet. Junto con su esposa y sus dos hijos más pequeños, visitó algunos de los lugares más impresionantes de la capital azteca, como las pirámides de Teotihuacán o el Museo Nacional de Antropología, y disfrutaron de un paseo fluvial en Xochimilco. Antes de regresar a Chile, incluso viajaron a los parques de Disney en Florida.[41]

A su llegada a Santiago, el 24 de septiembre, Prats le informó que había dispuesto el retiro del general Canales, «un buen amigo y excelente general» para Pinochet,[42] por su implicación en planes conspirativos para derrocar al gobierno constitucional. Según un documento de la CIA fechado solo tres días después e igualmente desclasificado en noviembre de 2000, Pinochet estuvo involucrado entonces en la preparación de un golpe del general Alfredo Canales. Nadie lo supo entonces.

En octubre de 1972, la ofensiva insurreccional de la burguesía, materializada en el paro patronal desencadenado por los propietarios de camiones, agudizó aún más el conflicto político y acentuó el deterioro de la situación económica. El ingreso de tres oficiales en el gabinete —Carlos Prats como ministro del Interior, el contraalmirante Ismael Huerta a cargo de Obras Públicas y Transportes, y el general de brigada aérea Claudio Sepúlveda al frente de Minería— fue determinante para el fin de una huelga que, si bien presentó al gremialismo como el movimiento de masas de las clases medias antisocialistas, también halló en la movilización de los trabajadores y de las clases populares en todo el país la clave para la supervivencia del gobierno de la UP.[43]

En varias entrevistas, Prats subrayó la legitimidad del gobierno para aplicar su programa y los límites evidentes que la Constitución imponía a las Fuerzas Armadas: «Hay algunos chilenos, no muchos por suerte, que piensan que las soluciones deben ser de fuerza. (...) En Chile, esa es una solución sin destino. ¿A qué conduciría? A una dictadura. Tendría que ser implacablemente represiva. Para ello, las Fuerzas Armadas tendrían que transformarse en una policía especializada y refinada, y significaría convertir al pueblo en tupamaros (...). Nosotros los militares no acariciamos la idea de reemplazar al poder civil, ni es nuestra misión».[44]

El 2 de noviembre, en una ceremonia a la que asistieron todos los generales del Ejército, que se encontraban en Santiago para una reunión de trabajo institucional, Pinochet asumió como comandante en jefe subrogante, un periodo que se alargó casi cinco meses, hasta que el 27 de marzo de 1973 Prats abandonó el gabinete.[45] Cuatro días después, mantuvo un encuentro informal con los periodistas que cubrían la actualidad de Defensa, después de despedir a la dotación de doce miembros del Ejército que atendería durante el año siguiente la Base Antártica.[46] En aquella conversación en su despacho, que se prolongó solo durante veinte minutos, les explicó que llevaba en la institución desde 1933, y que cuando realizó el Curso Militar en 1936, había tenido como alférez mayor a Carlos Prats. «Ustedes tienen aquí las puertas abiertas, tal como siempre lo hemos hecho. Las dudas se aclaran conversando y por eso tengo las mejores relaciones con la prensa», indicó a los periodistas.[47] Uno de ellos le preguntó por la opinión de la tropa acerca de la incorporación de Prats al Ejecutivo, pero dio una respuesta evasiva, ya que recordó que los militares no se pronunciaban sobre la contingencia política.[48]

Entre el 30 de noviembre y el 14 de diciembre, el presidente Salvador Allende realizó la histórica gira por México, las Naciones Unidas, la Unión Soviética y Cuba. Al intervenir en el XXVII periodo de sesiones de la Asamblea General de la ONU, el 4 de diciembre de 1972, pronunció uno de los discursos más recordados y brillantes de su larga trayectoria política, que mereció, a su finalización, un impresionante aplauso del auditorio más importante del planeta.[49] Durante su ausencia, el general Prats asumió como vicepresidente de la República y como tal presidió el homenaje nacional a Pablo Neruda, en su retorno a Chile tras obtener el Premio Nobel de Literatura en 1971.

En su bellísimo discurso del 5 de diciembre de 1972, el poeta y embajador de Chile en Francia alertó del peligro que se cernía sobre su patria: «Me he dado cuenta de que hay algunos chilenos que quieren arrastrarnos a un enfrentamiento, hacia una guerra civil. Y aunque no es mi propósito, en este sitio y en esta ocasión, entrar a la arena de la política, tengo el deber poético, político y patriótico, de prevenir a Chile entero de este peligro. Mi papel de escritor y de ciudadano ha sido siempre el de unir a los chilenos. Pero ahora sufro el grave dolor de verles empeñados en herirse. Las heridas de Chile, del cuerpo de Chile, harían desangrarse mi poesía».[50] Posiblemente, el general Pinochet escuchó y aplaudió, desde la tribuna de honor del Estadio Nacional las palabras del chileno más universal.

En aquellos días, el general Prats celebró una recepción a la que invitó a todos los generales del Ejército, según ha recordado su hija Sofía: «Mi padre se sintió muy incómodo porque Pinochet le regaló una banda presidencial y se la puso. Este gesto, de apoyo, podía leerse desde muchas miradas, desde muchas visiones. Fue muy incómodo, porque era una cosa muy extraña; aunque las palabras decían que era porque se sentían orgullosos de que un General fuera Vicepresidente, era una situación muy ambigua y poco clara y muy difícil de definir. (...) Ese era el ambiente que se vivía, de poca claridad respecto de cómo se actuaba».[51]

El 29 de diciembre, Pinochet transmitió a todas las personas que integraban el Ejército su saludo de año nuevo como comandante en jefe subrogante. «La oportunidad es también adecuada para reafirmar nuestra convicción profunda de que solo la cohesión institucional, una sólida preparación profesional, el cultivo de las tradiciones militares y patrióticas y el cumplimiento irrestricto de nuestros deberes militares nos permitirán mantener y perfeccionar la eficiencia profesional, a la vez que nos permitirá cumplir la importante misión constitucional que al Ejército le corresponde, en la forma que hasta ahora se ha hecho, lo que ha significado mantener la confianza del Gobierno, el afecto de la ciudadanía y el respeto de la opinión internacional.»[52]

Dos días después, el diario oficialista *La Nación* publicó un artículo con las opiniones de varias personalidades acerca de los sucesos nacionales y mundiales que consideraban más relevantes del año que concluía. Entre otros, se pronunciaron el cardenal Raúl Silva Henríquez, la pintora Mireya Lafuente, el escritor Edgardo Garrido y el general de división Augusto Pinochet. Pinochet señaló que, a su juicio, los hechos más trascendentes en la esfera global habían sido la visita de Richard Nixon a la Unión Soviética y a China; el ingreso de la República Popular China en las Naciones Unidas; la guerra entre India y Pakistán y la creación del Estado de Bangladés; el conflicto entre Chile y la compañía transnacional minera Kennecott; el regreso de Perón a Argentina y el terremoto de Nicaragua. De estos seis hitos, se inclinó («como soldado que he estudiado la guerra») por el viaje del presidente estadounidense a Moscú y Pekín porque representaba «un positivo paso en beneficio de la paz mundial» y «un ejemplo» de que «tarde o temprano el diálogo abierto y franco se impone como el único camino que permite superar todo tipo de diferencias y da acceso a los beneficios recíprocos que es dable esperar de la positiva aplicación de la inteligencia del ser humano».

En cuanto a los sucesos más importantes acontecidos en Chile a lo largo de 1972, mencionó, entre otros, la gira internacional que Salvador Allende había realizado a principios de aquel mes; la Tercera Conferencia Mundial de Comercio y Desarrollo de las Naciones Unidas (UNCTAD III) —inaugurada el 13 de abril en Santiago por el secretario general de la ONU, Kurt Waldheim, y el presidente Allende—; el paro patronal de octubre y la aprobación de la Ley de Control de Armas —a propuesta del PDC—. Pero se decantó por el viaje de Salvador Allende como el hito más trascendente por varias razones que esgrimió de manera puntillosa. Con un discurso casi «tercermundista», subrayó: «Significó una reiteración de las aspiraciones de los países que luchan por su desarrollo a ser escuchados, comprendidos y apoyados por todas las naciones que por múltiples razones han alcanzado niveles que permiten a sus pueblos un bienestar anímico y material superior». Asimismo, señaló que su presencia en las Naciones Unidas probaba que el contacto directo de gobernantes, «sin importar ideologías», favorecía un entendimiento que beneficiaba a los ciudadanos de esos países. Y, por último, destacó que contribuyó a «una apreciable disminución de las tensiones internas que tanto daño causan al conjunto de los habitantes del país».[53]

Maíz y plumas

Las elecciones parlamentarias celebradas el 4 de marzo de 1973 ofrecieron un resultado inesperado en un país inmerso en una grave crisis política, social y económica. Por primera vez en dos décadas, en el ecuador de su gestión, el gobierno incrementó su apoyo electoral, ya que en la elección a diputados la Unidad Popular alcanzó el 43,4 % de los votos. La izquierda sumó seis diputados y dos senadores e impidió así la destitución del presidente de la República a través de los cauces previstos constitucionalmente, aunque la oposición conservó la mayoría en el Congreso Nacional.

Para los sectores más intransigentes de la oposición quedaba muy claro que solo un golpe de Estado podría impedir que Salvador Allende finalizara su mandato en 1976. Por esa razón, la campaña de acoso hacia las Fuerzas Armadas fue in crescendo. Tuvo una expresión casi cotidiana en los medios de comunicación, desde la prensa convencional hasta las publicaciones más extremistas. Por ejemplo, en abril, el general retirado Alfredo Canales publicó un artículo en un importante diario en el que expuso una visión verdaderamente catastrofista de la situación nacional y suspiraba no solo por una sublevación militar, sino también, desde los presupuestos de la guerra «antisubversiva», por el desencadenamiento de una represión sin cuartel contra la izquierda: «Los grupos armados se reclutan, se organizan y se instruyen bajo apariencias de campamentos de veraneo, brigadas de pintura, guardias privadas, campamentos en tránsito, poblaciones marginales (...). Han ingresado al país millares de extranjeros que realizan actividades sospechosas en nuestro territorio». «Las naciones que presentan un frente interno dividido como el nuestro deben modificar sus esquemas estratégicos para afrontar un conflicto. Ya no se puede considerar solo el enemigo externo, sino el que internamente existe en el país. Es preciso tener dos ejércitos: uno para actuar coercitivamente contra el adversario agresor y el otro para contrarrestar las acciones del enemigo interno, que tratará de entorpecer la acción defensiva del país.»[54]

Desde hacía meses las publicaciones más ultramontanas llamaban al golpismo. Por ejemplo, el 11 de mayo la revista *PEC* publicó un extenso artículo, firmado con seudónimo y titulado: «Los militares ¿árbitros o cómplices?», que en su parte final planteaba que las Fuerzas Armadas debían elegir «rápidamente» entre «cumplir su papel de árbitro para dirimir la dramática pugna en que se debate el país» o ser cómplices del gobierno de la Unidad Popular, responsable de «la criminal e implacable marejada de violencia, ilegalidades y totalitarismos» que estaba «poniendo en peligro la integridad, la soberanía y la independencia del país».[55]

Junto con este virulento discurso, bombardeado día tras día desde columnas y programas de radio y televisión, convivía el acoso diario de la derecha social a las Fuerzas Armadas, como recordó en 1989 Ernesto Baeza, quien en 1972 ascendió a general de división y el 11 de septiembre de 1973 era la cuarta antigüedad del Ejército: «A mí no se me olvida que todos los días al salir de mi casa encontraba un puñado de maíz en la puerta y eso le ocurría también a otros generales y almirantes. Nos decían gallinas, que no éramos capaces de hacerle presente al Presidente de la República lo que estaba ocurriendo o lo que iba a pasar en el futuro».[56] Incluso, las mujeres organizadas en los frentes antiallendistas acudían a los cuarteles y lanzaban maíz y plumas a los soldados, insinuando que eran unos cobardes, o les enviaban papelitos con una palabra de significado atroz en aquel contexto, «Yakarta», en alusión a la masacre de centenares de miles de comunistas perpetrada pocos años antes por las Fuerzas Armadas indonesias.[57]

A mediados de abril de 1973, después de una tumultuosa conferencia del ministro de Educación, Jorge Tapia Valdés, acerca del proyecto de la Escuela Nacional Unificada ante sesenta oficiales medios y superiores de las tres ramas de las Fuerzas Armadas —en presencia de los comandantes en jefe y del ministro Tohá—, que derivó en acusaciones durísimas al gobierno por parte de oficiales como el contraalmirante Ismael Huerta, el general Javier Palacios o el coronel Pedro Espinoza, el general Prats empezó a preparar su viaje por Norteamérica y Europa. Tenía previsto viajar a Estados Unidos, la URSS, Yugoslavia, España y Francia con el objetivo principal de adquirir materiales logísticos para la institución, aunque también estuvo en el Vaticano, donde el 26 de mayo Pablo VI le recibió durante cuarenta minutos, preocupado por la situación en Chile.

El 20 de abril, Prats invitó al presidente de la Sociedad de Fomento Fabril (SOFOFA), Orlando Sáenz, a almorzar en su residencia oficial como comandante en jefe, situada en la calle Presidente Errázuriz, en Las Condes. La SOFOFA, uno de los gremios patronales más activos contra la Unidad Popular, ya apostaba sin ambages por el golpe de Estado, como anotó en sus memorias: «Él aprecia que la situación política no tiene salida y que, tarde o temprano, la fuerza de las circunstancias obligaría a las Fuerzas Armadas a hacerse cargo del Gobierno. Le digo que no comparto su opinión, porque los políticos tenían el deber ineludible de velar por la vigencia de la democracia, ya que una intervención de las Fuerzas Armadas conduciría inexorablemente a una dictadura brutal que, para imponerse sobre el pueblo de Chile, exigiría un gran derramamiento de sangre».[58]

Según el relato de Orlando Sáenz, en aquella conversación Prats le pidió que, si durante su ausencia la situación del país caía a un extremo crítico, le avisara a través de una persona de su confianza. «Mi estupor fue mayúsculo cuando entró al salón Augusto Pinochet Ugarte», ha recordado recientemente. «Yo no conocía personalmente a Pinochet y las noticias que de él manejaba eran contradictorias. Como vicecomandante en jefe del Ejército, sabíamos que había sido muy duro con un general que en su zona debió reprimir una turba marxista que pretendía tomarse algunas instalaciones. Pero, por otra parte, estábamos enterados de que miembros de su familia habían tenido expresiones contrarias al régimen.» Pinochet le facilitó un número de teléfono directo que Sáenz utilizaría en una ocasión durante el mes de mayo, en ausencia de Prats, para advertirle que, supuestamente, el Partido Comunista preparaba la ocupación de varias empresas en la zona sur de Santiago. Pinochet le recibió en menos de treinta minutos y al finalizar este le preguntó si, a título personal, creía que esas tomas correspondían a un plan global o eran actos espontáneos. El presidente de la SOFOFA le manifestó que eran parte del programa de la UP y le pidió su opinión personal al respecto. «¿Usted quiere saber qué opina de esto el señor Augusto Pinochet? Pues bien: opina lo mismo que usted», respondió.[59]

El 26 de abril, en la ceremonia de cesión temporal del mando antes de emprender un viaje que le mantendría alejado hasta el 5 de junio, Prats expresó su convicción de que durante su ausencia Pinochet conduciría la institución «por la senda del cumplimiento imperturbable del deber militar».[60] No obstante, este tuvo un gesto público en aquellos días que llamó la atención de la prensa opositora, cuando el domingo 27 de mayo, por la noche, visitó a las mujeres de los mineros en huelga de El Teniente que mantenían tomada una radio en Rancagua.[61] Ante el eco que tuvo su presencia allí, ordenó que el departamento de relaciones públicas del Ejército difundiera un comunicado para desmentir que hubiera apoyado las reivindicaciones de los huelguistas.[62]

El 29 de junio, la revista *Chile Hoy* —dirigida por Marta Harnecker— publicó una entrevista al ministro de Defensa, José Tohá, amigo personal del presidente Allende y una de las personas de su mayor confianza. Tohá destacó que desde la victoria electoral de la Unidad Popular en septiembre de 1970, se había reafirmado «la fidelidad tradicional e invariable de las instituciones de la Defensa Nacional a la Constitución y a las funciones que la Carta Fundamental señala específicamente para ellas».[63] Y explicó las razones por las que el gobierno había designado a representantes de las Fuerzas Armadas en puestos de gran responsabilidad en la minería del cobre —la principal riqueza del país— o en la Secretaría Nacional de Distribución, que dirigía el general de aviación Alberto Bachelet en coordinación con las organizaciones de pobladores. Eran razones unidas a una concepción de la Seguridad Nacional inexorablemente vinculada al desarrollo económico y social del país: «Un Estado, para garantizar su supervivencia, para afianzar su soberanía y su integridad, debe fijarse metas muy claras y concretas en todos los campos y muy especialmente en la época en que vivimos, en el ámbito de su desarrollo. Una nación debe buscar terminar con la dependencia económica, debe procurar su desarrollo científico y tecnológico, desarrollar a cabalidad su potencial nacional, poder llevar a cabo una política de desarrollo económico que esté integrada y planificada con un claro sentido nacional». Tohá, militante del Partido Socialista desde hacía dos décadas, elogió las «altas dotes profesionales» y «la calidad humana» de los miembros de las Fuerzas Armadas, así como su eficiencia y lealtad.

El periodista de *Chile Hoy*, José Cayuela, le indicó que la relación entre la izquierda marxista y la oficialidad era «difícil» en América Latina y le preguntó si creía que en Chile se estaba corrigiendo este hecho. Entonces Tohá quiso remarcar la singularidad de «nuestras Fuerzas Armadas», que la diferenciaba de aquellas de otros países latinoamericanos acostumbradas a derrocar gobiernos civiles para asumir el poder político. También se refirió al próximo reconocimiento del derecho a voto de los suboficiales y del personal de planta a fin de otorgar un trato democrático e igualitario a todas las personas que integraban las Fuerzas Armadas.[64]

Palabras olvidadas

Hacia las nueve de la mañana del viernes 29 de junio de 1973 algunos tanques y efectivos del Regimiento Blindado n.º 2 de Santiago, al mando del coronel Roberto Souper, se sublevaron contra el gobierno y llegaron hasta La Moneda y el Ministerio de Defensa Nacional.[65] Este extraño movimiento militar fue sofocado en un margen de tres horas por las tropas de los regimientos Buin y Tacna, y de las escuelas de Infantería, de Suboficiales, de Telecomunicaciones y de Paracaidistas y Fuerzas Especiales, dirigidas por el general Carlos Prats, quien al mando de una unidad conminó a los insurrectos a deponer las armas. Por su parte, Pinochet se dirigió temprano al Regimiento Buin y encabezó desde un jeep la columna de vehículos militares que se puso en marcha hacia La Moneda.[66]

El episodio conocido como el Tanquetazo fue tan importante para la preparación del golpe de Estado que durante los primeros años de la dictadura cada 29 de junio Pinochet visitó esta unidad militar. Principalmente, aquella sublevación demostró que, a pesar de la escalada de denuncias de la oposición sobre el «ejército paralelo» que estaría formando, la izquierda carecía de una fuerza militar propia capaz de oponer resistencia a una intentona golpista y que la movilización de las clases populares tan solo podría reforzar la imprescindible actuación legalista de al menos un sector de las Fuerzas Armadas.

«¿Por qué vengo siempre en este día a saludar al Blindado?», se preguntó Pinochet en 1978 en presencia de los periodistas. Entonces subrayó que aquel levantamiento probó que en la institución se respetaba «la verticalidad del mando», una señal «de vital importancia para los acontecimientos posteriores». «En esos momentos se estaba organizando la revolución del 11. (...) El movimiento del Blindado fue un hecho aislado que no estaba considerado en la planificación. Pero fue un hecho aislado que permitió a todo el Ejército aclarar una duda enorme. (...) Y llegamos a la conclusión de que el Ejército estaba intacto en su contextura, en su verticalidad de mando, en su jerarquía. En consecuencia, lo que se estaba planificando se iba a cumplir tal cual lo teníamos previsto.»

En este reportaje de 1978 apareció una de las fotografías más recordadas de aquellas horas, la que le muestra caminando junto al ministro de Defensa, José Tohá, y el general Prats, en uniforme de combate —con casco y fusil al hombro— y sus gafas oscuras.[67] De nuevo, en aquella coyuntura comprometida exhibió una conducta ajustada a sus obligaciones profesionales y de lealtad hacia el principal mando de su institución y el gobierno constitucional.

Aquella fría noche invernal, en un discurso pronunciado desde los balcones de La Moneda ante centenares de militantes de la Unidad Popular, el presidente Allende elogió la actuación de la cúpula del Ejército y recordó que por la mañana había llegado al palacio cuando aún había francotiradores en las proximidades. «Y fui recibido en la puerta de La Moneda por el general Prats, el general director de Carabineros y el general Pinochet...»[68] Posteriormente, pidió a sus partidarios que «con el calor y la firmeza revolucionaria del pueblo» rindieran homenaje a las Fuerzas Armadas, Carabineros e Investigaciones, que habían aplastado la tentativa sediciosa. Uno a uno, los comandantes en jefe —el general Carlos Prats, el almirante Raúl Montero y el general César Ruiz Danyau— aparecieron y fueron saludados con el clamor de «¡Soldado amigo, el pueblo está contigo!».

No obstante, Allende tenía una visión realista de la situación. El 2 de julio en la reunión de su gabinete, según las notas que tomó el ministro de Minería, Sergio Bitar, expresó las dificultades y señaló que, ante el peligro de una sublevación militar de mayor proporción, el Ejército era la institución clave de las Fuerzas Armadas. Puso de relieve también el complejo escenario económico del país y lamentó el rechazo del Congreso Nacional a declarar el estado de sitio en todo el territorio nacional.[69] Expresó que, si no lograban una salida política a la crisis, habría enfrentamiento y que en ese caso la Unidad Popular sería derrotada.[70]

Por su parte, a lo largo de aquellos tres años Pinochet solo concedió una entrevista, justamente después del Tanquetazo, a un periodista de Inter Press Service, una agencia de noticias internacional de tendencia progresista fundada en 1964, cuyo contenido es muy revelador. Consultado por el papel de las instituciones armadas en el «periodo histórico» que vivía el país, respondió: «Las Fuerzas Armadas chilenas se proponen ser cada día más eficientes en el cumplimiento de sus funciones básicas, las de "brazo armado de la seguridad nacional". Paralelamente, en forma directa e indirecta, en esta década tendrán una creciente participación en el proceso de desarrollo nacional, sin perjudicar por ello su papel principal, que es el de fuerza de combate».

De inmediato, se le pidió exponer su principio de «seguridad nacional». «La seguridad nacional está unida al concepto de desarrollo nacional, el cual, orientado por la política nacional, lo guía armónicamente de acuerdo a las realidades que vive el país. Realidades múltiples y variadas, que exigen del político una visión científica y objetiva de ella, amplia y profunda, dinámica y persistente en el tiempo. Audaz y prudente. Todo un arte y como tal sujeto a las limitaciones del hombre.» Añadió también que las Fuerzas Armadas actuaban «fundamentalmente» según el «objetivo estratégico» que el gobierno le fijaba para alcanzar «sus objetivos políticos». «En esto, la política y la estrategia marchan unidas desde el principio hasta el fin. Los principios que iluminan la acción de las Fuerzas Armadas son de orden estratégico. Hay consenso en que son inmutables y permanecen en el tiempo. Su aplicación depende del comandante del escalón correspondiente. Su resultado depende de las variables en juego. Semejantes en algunos casos, pero nunca iguales. La guerra se gana o se pierde. Pero no debemos caer como profesionales en el error de prepararnos para la guerra pasada, sino para la que vendrá. Es en su exacta visualización donde debe estar la capacidad del oficial de Estado Mayor y de toda la orgánica del Estado. Indiscutiblemente que la verdadera sabiduría seguirá siendo el evitar la guerra y permitir la natural evolución del Estado en paz y prosperidad».

El periodista de Inter Press Service también requirió su opinión por la realidad de muchos países latinoamericanos donde la subordinación de las Fuerzas Armadas al Poder Ejecutivo era una quimera. Pinochet respondió desde la geopolítica: «Para dar respuesta al total del interrogante planteado, su pregunta puede contestarse en forma invertida. Es decir, creo que como cada Estado rige sus propios destinos de acuerdo a sus características geofísicas y geohumanas, la intervención de algunos ejércitos en los destinos de la nación puede justificarse en el caso particular de algunos países. Luego no es posible dar un juicio determinante en el aspecto general, sino para cada situación concreta». Interrogado entonces por la sublevación encabezada por el coronel Souper el 29 de junio, se limitó a responder: «Se trata de un jefe que se salió de los cánones profesionales y cuyo destino está en manos de la justicia militar, donde actualmente se instruye el proceso».

También le inquirió por la reciente y significativa rebaja de la pena de prisión —de treinta a dos años— al general retirado Roberto Viaux decretada por la Corte Suprema por su participación en el atentado contra Schneider en octubre de 1970. «Los dictámenes del Poder Judicial son definitivos y no merecen réplica ni observaciones por nuestra parte. Las materias de la Corte Suprema son de su imperio, de acuerdo a la Constitución. En cuanto a la muerte del general René Schneider, puedo decirle que el Ejército no olvidará nunca que su comandante en jefe fue asesinado en aras de la defensa de nuestra institucionalidad. Él dio su vida por defender un estilo de vida, por el desarrollo libre y democrático del Estado y por los principios constitucionalistas y legales que todos los hombres de armas han jurado respetar y obedecer.»

Por último, le pidió que se pronunciara acerca de la posibilidad de una guerra civil en Chile, un peligro denunciado de manera insistente por el presidente Allende y el Partido Comunista desde hacía meses. «Chile vive una aguda pugna ideológica interna. Creo que el buen sentido primará en los criterios políticos de la ciudadanía y de sus organismos, de manera que en ningún caso se deteriore o se exponga la seguridad nacional. En todo caso, el peligro existe siempre en un pueblo que virilmente enfrenta su futuro. Nuestra tradición democrática permite sí estimar que no llegaremos a tales extremos por el desastre que en todos los aspectos tendría un enfrentamiento de esta naturaleza para el desarrollo nacional. Una lucha interna sería una catástrofe por las condiciones militares del chileno. Creo que toda esta vitalidad debe descargarse en el trabajo productivo que derrote el subdesarrollo y nos permita ocupar el lugar que corresponde de acuerdo a la calidad de nuestro hombre y a la riqueza del país. Las posibilidades geoeconómicas del territorio son magníficas, no solo para el presente, sino para el futuro y ello es posible lograrlo con un gradual y pleno aprovechamiento de todos los recursos.»[71]

El 10 de julio de 1973, Augusto Pinochet y Lucía Hiriart tuvieron el detalle de enviar una nota personal a José Tohá, quien había abandonado el Ejecutivo cinco días antes, hecho que apesadumbró visiblemente a Pinochet[72] y a su esposa. Victoria Morales, conocida afectuosamente como Moy de Tohá, ha recordado que durante un año y medio Pinochet se había prodigado en todo tipo de amabilidades hacia ellos y construyó con su marido «una relación de cierta confianza, pero no de amistad», sobre todo cuando subrogó al general Prats en la jefatura del Ejército, que se materializó en innumerables visitas.[73] «Estuvo muchísimas veces sentado en nuestra mesa... ¡y siempre tan amable y sonriente! Él llegaba a nuestra casa, junto con su mujer, sin que mediara conducto regular alguno», explicó en 1984.[74]

«Aunque a muchos les podría resultar difícil de creer, Pinochet era una persona de comunicación fácil, aunque carente de toda sensualidad», le explicó al periodista Pablo Azócar. «No disfrutaba de nada que no tuviera relación con el Ejército y la milicia. (...) Era una especie de huaso chileno muy afectuoso. Muy seguro en materias militares, opinaba muy poco de otras materias, que no entendía. En general, opinaba de muy pocas cosas, pero, cuando lo hacía, a menudo era en forma iracunda, como cuando comentaba los intentos desestabilizadores contra el Gobierno de Allende de parte de la derecha.» Evocó también su marcada mentalidad autoritaria y su limitada capacidad intelectual. «Pinochet era hosco por su timidez, por su falta de iniciativa, por su lealtad de hombre obediente. Jamás lo escuché hablar de cine, de teatro, de algún libro que no tratara la cosa militar.»[75]

Su hija Carolina, quien entonces tenía 8 años, explica otros detalles de la relación que vinculaba entonces a su familia con el general: «En una ocasión Pinochet mandó un regalo para mi hermano en una caja tan pesada que hizo sospechar a quienes estaban a cargo de la seguridad de mi padre. La caja contenía unos soldaditos de plomo. Por este episodio Pinochet se retuvo en mi memoria. Meses después, cuando supimos que era él quien encabezaba el golpe de Estado y la Junta militar, fue una situación bastante desconcertante para mí, era como un mundo que se derrumbaba».[76]

La renuncia de Carlos Prats

El 10 de agosto, Carlos Prats volvió a designar a Pinochet comandante en jefe subrogante del Ejército, ya que el día anterior, en una nueva remodelación del Ejecutivo, había sido designado ministro de Defensa, mientras que el almirante Raúl Montero asumió Hacienda, el general César Ruiz, Obras Públicas y Transportes, y el general director de Carabineros, José Sepúlveda, Tierras y Colonización. Fue un gabinete efímero, puesto que el 17 de agosto el general Ruiz presentó su dimisión tras haber sido incapaz de solucionar el nuevo paro patronal de los camioneros. Allende le pidió también su renuncia al frente de la Fuerza Aérea y ofreció esta última responsabilidad al general Gustavo Leigh, quien —según Carlos Prats— se sintió profundamente conmovido y le aseguró que esperaba corresponder a su confianza.[77] Aquella misma noche, en casa del arzobispo de Santiago, el cardenal Raúl Silva Henríquez, Salvador Allende y el presidente del Partido Demócrata Cristiano, el senador Patricio Aylwin, mantuvieron el encuentro postrero que certificó el fracaso del diálogo entre la izquierda y el centro político para encauzar la grave crisis política y económica.[78] Financiado por la CIA desde hacía una década, el PDC apostaba por crear las condiciones políticas que favorecieran la intervención militar para derrocar al gobierno.

A partir del 21 de agosto, la situación se agravó aún más y terminó por precipitar el relevo en la jefatura del Ejército. El general Prats se hallaba postrado en cama, aquejado de una gripe, cuando poco después de las cinco de la tarde se despertó por el griterío que se había formado ante su residencia oficial. Cerca de dos mil personas, principalmente mujeres —entre ellas esposas de generales y de otros oficiales activos— y también niños y al menos tres oficiales de uniforme, le insultaban de manera muy grave («¡Traidor!»; «¡Milico maricón, asómate al balcón!»). Asimismo, entregaron una carta a su esposa, Sofía Cuthbert, quien quedó conmovida ante el odio que percibía entre amigas suyas de más de veinte años. El incesante asedio psicológico contra el general Prats por su inconmovible posición constitucionalista rendía sus frutos.

En aquellas horas, Pinochet —al igual que Salvador Allende, el ministro del Interior Orlando Letelier y el ministro secretario general de Gobierno Fernando Flores— visitó a Prats y —como ellos— fue pifiado e insultado por aquella jauría humana. «Lo fui a ver esa tarde, todavía había manifestantes en las afueras de su casa. Yo era su segundo y él estaba muy mal, quería que los generales le mostraran su adhesión ante lo que le había ocurrido. Pero los generales no se mostraron dispuestos a eso. Había mucho enojo en esos días, la situación se agravaba por momentos y existía mucha preocupación», recordó en 1999. «La carta de las señoras de generales le mostró, por lo demás, una realidad muy dura para él, pero al mismo tiempo le indicó el pensamiento y sentimiento institucionales. Pero eso fue la gota que colmó el vaso.»[79]

El 22 de agosto, Prats reunió a todos los generales del Ejército presentes en Santiago y les pidió que suscribieran una declaración de solidaridad. Por la noche, en la residencia de Tomás Moro, Salvador Allende y Orlando Letelier compartieron cena con once generales —Augusto Pinochet, Orlando Urbina, Herman Brady, Mario Sepúlveda, Guillermo Pickering, Augusto Lutz y César Benavides, entre otros— y, según relató Letelier a Joan Garcés en 1975, a lo largo de aquella velada Pinochet intentó demostrar la máxima lealtad hacia el presidente de la República y hacia su comandante en jefe, de cuya amistad personal alardeó.[80]

Al día siguiente, Pinochet informó temprano a Prats de la disconformidad de la mayor parte de los generales a apoyarle públicamente y agregó que quienes sí estaban dispuestos —los generales Mario Sepúlveda, jefe de la guarnición de Santiago, y Guillermo Pickering, comandante de Institutos Militares— le habían presentado su dimisión. Prats intentó persuadir a Sepúlveda y Pickering, oficiales de reconocido prestigio constitucionalista, de que rectificaran, pero le respondieron que su marcha le facilitaría la decisión de pasar a retiro a algunos de los generales más comprometidos con la sedición.

Al mediodía, Prats informó a Allende y al ministro Flores y pidió por escrito al presidente de la República que aceptara su renuncia como ministro de Defensa y comandante en jefe del Ejército. En sus memorias, escribió: «Lo convenzo cuando le manifiesto que, si continuara en mi cargo de titular, tendría que solicitarle que aplicara su facultad presidencial contra doce o quince generales y esa medida iba a precipitar la guerra civil. En tal caso, yo sería el culpable de la sangre que se derramara entre hermanos y él sería el cómplice principal. Le añado que, por mi parte, no estoy dispuesto a ensangrentarme las manos y, en cambio, si me sucedía el general Pinochet —que tantas pruebas de lealtad me había dado— quedaba una posibilidad de que la situación crítica general del país propendiera a distenderse. Esto le daba la chance de contar con más tiempo a él, como Presidente, para lograr el buscado entendimiento con la DC y, a su vez, le daba a Pinochet plena independencia para llamar a retiro a los dos o tres generales más conflictivos».[81]

Aquel mismo día, 23 de agosto de 1973, Salvador Allende designó comandante en jefe del Ejército al general Augusto Pinochet, quien mereció su confianza, como la de Prats, por la posición constitucionalista que había exhibido en numerosas ocasiones. «Mi nombramiento por parte de Allende lo tomé como un hito más en mi vida. Lógicamente me había preparado para el cargo como lo hace cualquier oficial que entienda la responsabilidad del mando», señaló en 1999.[82] En principio, no debía ser un mandato muy prolongado, puesto que en diciembre de 1974 pasaría a retiro, al cumplir treinta y ocho años de servicio activo como oficial de Ejército, aunque el presidente de la República tenía la facultad de mantenerle en esa responsabilidad durante un periodo adicional máximo de tres años.

Por la tarde tuvo lugar la primera reunión del Consejo de Seguridad Nacional (Cosena) a la que Gustavo Leigh y Pinochet acudieron como jefes de la Fuerza Aérea y del Ejército. En el transcurso de la misma, Allende informó a los oficiales más importantes del país sobre la ola de atentados de los últimos días y les aseguró que estaban al borde de una guerra civil.[83] Y el departamento de Relaciones Públicas del Ejército difundió un comunicado en el que anunció la dimisión de Prats como ministro de Defensa y comandante en jefe y comunicó quién le había sustituido al frente del Ejército.[84]

La entrega del mando de la institución se realizó de forma privada aquella noche en presencia de casi todos los integrantes del cuerpo de generales. Y el 24 de agosto, a las cinco de la tarde, en una ceremonia pública de carácter estrictamente militar celebrada en el despacho de la Comandancia en Jefe, asumió el mando institucional. El coronel Rigoberto Rubio, secretario general del Ejército, leyó el documento correspondiente y después Pinochet saludó a los generales situados a su alrededor, junto a su escritorio. De inmediato, visitó a la oficialidad de la Academia de Guerra y de la II División del Ejército y en las horas siguientes de aquel fin de semana recorrió el resto de las unidades de la capital.[85]

En los días posteriores, Pinochet no concedió ninguna entrevista a la prensa, ni hizo declaraciones acerca de su nueva responsabilidad.[86] En cambio, Carlos Prats sí quiso explicar públicamente las razones de su dimisión: «No he querido constituirme en un factor de quiebre de la disciplina institucional y de dislocación del Estado de Derecho, ni servir de pretexto a quienes buscan el derrocamiento del Gobierno constitucional y por ello mi anhelo fervoroso es que con la mayor urgencia los sectores democráticos del país logren definir las reglas del juego que garanticen la continuidad del Estado de Derecho, permitan superar los graves problemas económicos que confronta el país y diluyan el fatal clima de odio que divide a los chilenos», señaló al diario oficialista.[87] Y a la periodista Raquel Correa le manifestó: «Me vi en la disyuntiva: o echaba a los generales que me negaron su apoyo —la mayoría— o renunciaba. Pensé que si descabezaba al Ejército facilitaría el golpe de Estado que quería impedir. Preferí irme yo».[88]

Por su parte, el 24 de agosto, el presidente Salvador Allende ofreció una respuesta contundente a la declaración de la Cámara de Diputados aprobada por la oposición dos días antes, que había acusado al gobierno de pretender instaurar un régimen totalitario. Por si el mensaje no era lo suficientemente explícito, insistían en que el Ejecutivo amparaba la formación y desarrollo de «grupos armados» destinados a «enfrentarse contra las Fuerzas Armadas».[89] El entonces senador y presidente del Partido Nacional, Sergio Onofre Jarpa, ha reconocido que aquella declaración, que «fue consultada a algunos senadores, entre ellos Patricio Aylwin», era un aldabonazo en la puerta de los cuarteles.[90] En su réplica, Allende subrayó que carecía de validez jurídica, ya que el Congreso Nacional solo podía pronunciarse sobre la legalidad de la actuación del Ejecutivo con la aprobación, por una mayoría de dos tercios, de una acusación constitucional. Por ello, aseguró que su auténtica pretensión era exhortar a las Fuerzas Armadas a quebrantar sus deberes constitucionales.[91]

En infinidad de ocasiones, Pinochet mencionó aquella declaración del 22 de agosto de 1973, que incluyó en *El día decisivo*, como una de las fuentes de legitimidad del golpe de Estado.[92] Además, como han subrayado los juristas Ramón Briones y Hernán Bosselin, los golpistas se inspiraron en este acuerdo para redactar el bando n.º 5 de la Junta militar, que el 11 de septiembre intentó justificar el derrocamiento del gobierno de la Unidad Popular.[93]

Mientras tanto, desde su casa en Isla Negra, Pablo Neruda, quien había hecho un llamamiento a los escritores y artistas de América y el mundo a solidarizar con la defensa de la democracia en Chile, declaraba, en la que fue su última entrevista, que el peligro que se cernía sobre su patria era muy grave: «Se trata de instaurar un régimen fascista en Chile».[94] Tenía muy presente, siempre lo tuvo, la inmensa tragedia de la II República Española, que transformó su vida y su poesía.

Notas

1. *Boletín Oficial del Ejército*, 1 de febrero de 1971. Anexo al *Boletín Oficial del Ejército* n.º 5, p. 314. El coronel Herman Brady le relevó al frente de la VI División.
2. En 2006, Moy de Tohá describió así aquella vivienda: «Vivían en una casa precaria, muy chiquita, como todas las de los generales (...) estaba en un pasaje donde había puras casas de militares de rango coronel y general. Yo fui una vez, no recuerdo por qué. Tenía un pequeño vestíbulo con un arrimo de ónix con bronce. A mano izquierda estaba el *living*, decorado con terciopelo rojo. Lo recuerdo muy bien porque era un poco rojo todo. El comedor estaba separado por una cortina. En esa oportunidad la Lucía me hizo pasar al escritorio para entregarme cajitas con frasquitos. Tenía una mesa y un librero pequeño. El segundo piso no lo conocí, pero me imagino que estaba compuesto por tres dormitorios y un baño. No más que eso. Esa era su casa. Los militares tenían una vida muy sobria: sus casas eran muy de clase media chilena (...) como la de cualquier trabajador de la administración pública». *The Clinic*, Santiago de Chile, 14 de diciembre de 2006, pp. 14-15.
3. *Patria Nueva*, n.º 2, Santiago de Chile, marzo-abril de 1971. Dos páginas no numeradas. Desde enero de 1971 hasta agosto de 1973 circuló esta revista, autodefinida como «magazine con las más amplias y mejores informaciones y los gráficos de actualidad de las Fuerzas Armadas de Chile», que hizo un notable esfuerzo por transmitir a estas instituciones el programa y la acción del gobierno de la Unidad Popular.
4. Pinochet Ugarte (1990), p. 220.
5. *La Nación*, Santiago de Chile, 5 de abril de 1971, p. 5.
6. *El Siglo*, Santiago de Chile, 5 de abril de 1971, p. 4.
7. *Patria Nueva*, n.º 2, Santiago de Chile, marzo-abril de 1971. Cinco páginas sin numerar.

8. Valdivia, Verónica, «"Todos juntos seremos la historia: Venceremos". Unidad Popular y Fuerzas Armadas», en Julio Pinto Vallejos, coord., *Cuando hicimos historia. La experiencia de la Unidad Popular*, Santiago de Chile, LOM Ediciones, 2005, pp. 177-206.

9. Soto, Hernán, «El Gobierno de Allende y las Fuerzas Armadas», en Miguel Lawner *et al.*, eds., *Salvador Allende. Presencia en la ausencia*, Santiago de Chile, LOM Ediciones, 2008, pp. 129-149.

10. Martner, Gonzalo, comp., *Salvador Allende. 1908-1973. Obras escogidas*, Santiago de Chile, Centro de Estudios Políticos Latinoamericanos Simón Bolívar y Fundación Presidente Allende (España), 1992, pp. 323-350.

11. Así se aprecia en una fotografía que se conserva en el archivo de la Fundación Salvador Allende, incluida en el pliego de imágenes de este libro.

12. Debray, Régis, *La crítica de las armas*, Madrid, Siglo XXI, 1975, p. 283.

13. El decreto llevaba la firma del presidente y de los ministros José Tohá (titular de Interior) y Alejandro Ríos Valdivia (Defensa). *Patria Nueva*, n.º 4, Santiago de Chile, junio de 1971, p. 53.

14. Toro, Carlos, *Memorias. La Guardia muere, pero no se rinde... mierda*, Santiago de Chile, Partido Comunista de Chile, 2007, p. 347.

15. *El Mercurio*, Santiago de Chile, 15 de junio de 1971, p. 17.

16. Urrutia, Rosa y Lanza, Carlos, *Catástrofes en Chile. 1541-1992*, Santiago de Chile, La Noria, 1993, pp. 349-353.

17. *Patria Nueva*, n.º 5, Santiago de Chile, julio de 1972. Tres páginas sin numerar.

18. Kornbluh, Peter, *Los EE.UU. y el derrocamiento de Allende. Una historia desclasificada*, Santiago de Chile, Ediciones B, 2003, pp. 203-204.

19. Bonnefoy, Pascale, «Pinochet quería "eliminar" a Allende en 1972», *El Mostrador*, 13 de noviembre de 2000, en Elmostrador.cl, <www.elmostrador.cl>.

20. *Memorial del Ejército de Chile*, n.º 363, Santiago de Chile, septiembre-octubre de 1971, pp. 3-4.

21. Pinochet Ugarte (1990), p. 231.

22. Amorós, Mario, *Miguel Enríquez. Un nombre en las estrellas. Biografía de un revolucionario*, Santiago de Chile, Ediciones B, 2014, p. 170.

23. Entrevista de Juan Jorge Faundes a Alejandro Ríos Valdivia. *Cauce*, Santiago de Chile, 22 de octubre de 1985, p. 24.

24. Oyarzún (1999), pp. 127-128.

25. Después de participar en la candidatura de Alessandri, el 10 de septiembre de 1970 Pablo Rodríguez fundó, junto con otros connotados personajes de ideología fascista y catolicismo integrista —entre ellos, Jaime Guzmán—, el Movimiento Cívico Nacional Patria y

Libertad, cuyo primer objetivo fue impedir la elección de Allende en el Congreso Pleno. El 1 de abril de 1971, este abogado creó el Movimiento Nacionalista Patria y Libertad, heredero del anterior, que jugó un papel central en la desestabilización social y la conspiración contra el gobierno constitucional. Tras el golpe de Estado, algunos de sus miembros, como Michael Townley, se incorporaron a la DINA.

26. Power, Margaret, *La mujer de derecha. El poder femenino y la lucha contra Salvador Allende, 1964-1973*, Santiago de Chile, Centro de Investigaciones Diego Barros Arana, 2008, p. 188.

27. *Clarín*, Santiago de Chile, 3 de diciembre de 1971, p. 4.

28. Molina Johnson, Carlos, *Chile: Los militares y la política*, Santiago de Chile, edición especial y restringida para el personal del Ejército de Chile, Estado Mayor General del Ejército, 1989, p. 165.

29. *El Siglo*, Santiago de Chile, 3 de diciembre de 1971, p. 6.

30. *Puro Chile*, Santiago de Chile, 5 de diciembre de 1971, pp. 1 y 24.

31. Con la firma del presidente Allende y del ministro Ríos Valdivia, el ascenso se publicó en el Anexo al *Boletín Oficial del Ejército* el 24 de enero de 1972.

32. Cavalla Rojas (1978, *Organización y...*), p. 36.

33. Whelan, James R., *Desde las cenizas. Vida, muerte y transfiguración de la democracia en Chile. 1833-1988*, Santiago de Chile, Zig-Zag, 1995, p. 1.022.

34. *La acción del Ejército en la liberación de Chile (Historia inédita)*, Santiago de Chile, Empresa Editora Nacional Gabriela Mistral, 1974, p. 13.

35. *Boletín de la Academia Chilena de la Historia*, n.º 86, Santiago de Chile, 1972, pp. 188-190.

36. *Puro Chile*, Santiago de Chile, 13 de octubre de 1972, p. 21.

37. *El Mercurio*, Santiago de Chile, 4 de febrero de 1973, p. 5.

38. *Patria Nueva*, n.º 4, Santiago de Chile, junio de 1972. Cuatro páginas sin numerar.

39. Pinochet Ugarte (1990), pp. 244-245.

40. Bonnefoy, Pascale, «Pinochet quería "eliminar" a Allende en 1972», *El Mostrador*, 13 de noviembre de 2000, en Elmostrador.cl, <www.elmostrador.cl>.

41. Matus (2013), pp. 95-97.

42. Pinochet Ugarte (1990), pp. 245-247.

43. En la portada del número de noviembre de 1972 de la revista *Patria Nueva* se lee: «3 pilares que sostienen a Chile». Y aparecen las imágenes de tres columnas de la arquitectura clásica: sobre la de la izquierda se aprecian tres imágenes de las Fuerzas Armadas; en la del centro

fotografías de Allende, Pinochet —comandante en jefe subrogante del Ejército en aquel momento— y sus pares de la Armada, la FACh y Carabineros; y en la columna de la derecha una fotografía de la movilización popular.

44. *Ercilla*, Santiago de Chile, 29 de noviembre de 1972, p. 12.

45. *El Mercurio*, Santiago de Chile, 3 de noviembre de 1972, p. 13.

46. *Patria Nueva*, n.º 21, Santiago de Chile, noviembre de 1972. Página sin numerar.

47. *El Siglo*, Santiago de Chile, 7 de noviembre de 1972, p. 9.

48. *La Nación*, Santiago de Chile, 7 de noviembre de 1972, p. 8.

49. Sus palabras finales ante las Naciones Unidas fueron especialmente recordadas en octubre de 1998, cuando se conoció la detención de Pinochet en Londres: «Cientos de miles de chilenos me despidieron con fervor al salir de mi patria y me entregaron el mensaje que he traído a esta Asamblea mundial. Estoy seguro que ustedes, representantes de las naciones de la tierra, sabrán comprender mis palabras. Es nuestra confianza en nosotros lo que incrementa nuestra fe en los grandes valores de la humanidad, con la certeza de que esos valores tendrán que prevalecer. ¡No podrán ser destruidos!». Martner, pp. 626-652.

50. *Pablo Neruda. Discursos y recuerdos del Premio Nobel de Literatura de 1971*, Santiago de Chile, Fundación Pablo Neruda, 2011, pp. 27-39.

51. Testimonio de Sofía Prats, en Milos, Pedro, ed., *Chile 1973. Los meses previos al Golpe de Estado*, Santiago de Chile, Ediciones de la Universidad Alberto Hurtado, 2013, pp. 164-165.

52. *Boletín Oficial del Ejército*, n.º 1, Santiago de Chile, 2 de enero de 1973, p. 1.

53. *La Nación*, Santiago de Chile, 31 de diciembre de 1972, p. 6.

54. *La Tercera*, Santiago de Chile, 12 de abril de 1973, p. 12. En noviembre de aquel año, Pinochet designó al general Canales como embajador en Líbano.

55. *PEC*, Santiago de Chile, 11 de mayo de 1973, p. 3.

56. Marras, Sergio, *Palabra de soldado*, Santiago de Chile, Las Ediciones del Ornitorrinco, 1989, pp. 11-51.

57. Power, pp. 253-254.

58. Prats González, pp. 333-334.

59. Sáenz Rojas, Orlando, *Testigo privilegiado*, Santiago de Chile, Erasmo Ediciones, 2016, pp. 130-132.

60. *Patria Nueva*, n.º 26, Santiago de Chile, abril de 1973. Página sin numerar.

61. *La Segunda*, Santiago de Chile, 28 de mayo de 1973, p. 1. En sus memorias, Pinochet dedicó varias páginas a explicar este episodio. Pinochet Ugarte (1990), pp. 256-260.

62. Vial (2002), tomo I, p. 172.

63. En su artículo 22, el texto de la Constitución Política actualizado a 31 de mayo de aquel año señalaba: «La fuerza pública está constituida única y exclusivamente por las Fuerzas Armadas y el Cuerpo de Carabineros, instituciones esencialmente profesionales, jerarquizadas, disciplinadas, obedientes y no deliberantes». Varas *et al.* (1980), p. 85.

64. *Chile Hoy*, n.º 55, Santiago de Chile, 29 de junio de 1973, pp. 32, 28 y 29.

65. García Ferrada, Patricio, ed., *El tancazo de ese 29 de junio*, Santiago de Chile, Quimantú, 1973, p. 51. Algunos grupos de civiles estuvieron involucrados en aquella sublevación, como los principales dirigentes de Patria y Libertad, entre ellos el abogado Pablo Rodríguez Grez y Benjamín Matte —presidente de la Sociedad Nacional de Agricultura hasta dos meses antes—, quienes optaron por refugiarse en la embajada de Ecuador. Fuentes W., Manuel, *Memorias secretas de Patria y Libertad*, Santiago de Chile, Grijalbo, 1999, pp. 261-286. El Tanquetazo dejó veintidós personas muertas —entre ellas el camarógrafo de televisión argentino Leonardo Henrichsen— y una treintena de heridos. Mires, Fernando, *La rebelión permanente. Las revoluciones sociales en América Latina*, México DF, Siglo XXI, 1988, p. 368.

66. Pinochet Ugarte (1990), p. 262.

67. *Qué Pasa*, Santiago de Chile, 6 de julio de 1978, pp. 12-16.

68. Farías, Víctor, *La izquierda chilena (1969-1973). Documentos para el estudio de su línea estratégica*, tomo 6, Santiago de Chile, Centro de Estudios Públicos, 2000, pp. 4771-4776.

69. El Partido Demócrata Cristiano solo condenó aquella sublevación militar cuando hubo fracasado y entonces Aylwin aseguró que repudiaban «cualquier golpe de Estado, venga de donde venga». Ni siquiera en aquellas circunstancias tan dramáticas el PDC atenuó su hostilidad hacia el gobierno, puesto que impidió en el Congreso Nacional que pudiera declarar el estado de sitio en todo el territorio nacional ante el temor de que otros regimientos intentaran quebrantar la legalidad. Por su parte, el Partido Nacional ya había declarado el 16 de junio que Allende había dejado de ser el presidente constitucional y que las Fuerzas Armadas no tenían por qué respetar a un gobierno ilegítimo. Corvalán Márquez, Luis, *Los partidos políticos y el golpe del 11 de septiembre*, Santiago de Chile, CESOC, 2000, pp. 323-328.

70. Bitar, Sergio, *Chile 1970-1973. Asumir la historia para construir el futuro*, Santiago de Chile, Pehuén, 1996, pp. 365-366.

71. Esta entrevista fue reproducida en: *La Opinión*, Buenos Aires, 12 de septiembre de 1973, p. 2.

72. En la entrevista que concedió a la periodista Alejandra Matus, Moy de Tohá señaló que Pinochet lloró delante de ellos cuando su esposo dejó el Ministerio de Defensa. Matus (2013), pp. 98-99.

73. Entrevista a Moy de Tohá. Archivo del autor.

74. *Análisis*, Santiago de Chile, 13 de marzo de 1984, pp. 28-29.

75. Azócar, pp. 88-89.

76. Entrevista a Carolina Tohá. Archivo del autor.

77. Prats González, p. 411.

78. Silva Henríquez, Raúl, *Memorias*, Santiago de Chile, Ediciones Copygraph, 2009, pp. 269-275.

79. Oyarzún (1999), pp. 129-130.

80. Garcés, Joan E., *Orlando Letelier: Testimonio y vindicación*, Madrid, Siglo XXI, 1995, pp. 41-42.

81. Prats González, pp. 424-425.

82. Oyarzún (1999), p. 131.

83. Varas, Florencia, *Gustavo Leigh. El general disidente*, Santiago de Chile, Aconcagua, 1979, pp. 122-123.

84. *El Siglo*, Santiago de Chile, 24 de agosto de 1973, p. 9.

85. *El Mercurio*, Santiago de Chile, 25 de agosto de 1973, p. 33.

86. El 30 de agosto de 1973, el semanario derechista *Qué Pasa* publicó sendas entrevistas con el general César Ruiz y Gustavo Leigh. Este último declaró que aún creía posible «reconciliar» a los dos «núcleos» de chilenos «separados por el odio».

87. *La Nación*, Santiago de Chile, 27 de agosto de 1973, pp. 12-13.

88. *Vea*, Santiago de Chile, 30 de agosto de 1973, pp. 14-15.

89. *Algunos fundamentos de la intervención militar en Chile. Septiembre de 1973*, Santiago de Chile, Empresa Editora Nacional Gabriela Mistral, 1974, pp. 13-19.

90. Arancibia Clavel, Patricia *et al., Jarpa. Confesiones políticas*, Santiago de Chile, La Tercera-Mondadori, 2002, p. 190.

91. Farías (2000), pp. 4996-5006.

92. Por ejemplo, el 18 de julio de 1999, en una entrevista concedida durante su detención en Londres, respondió con estas palabras a la pregunta de cuál fue el «factor decisivo» que les decidió a sublevarse contra el gobierno constitucional: «Fue precisamente ese acuerdo de la Cámara de Diputados que emplazó literalmente a las Fuerzas Armadas para que pusieran término a los atropellos del Estado de Derecho que denunciaba...». *El Mercurio*, Santiago de Chile, 18 de julio de 1999, Cuerpo C, p. 2.

93. Briones, Ramón y Bosselin, Hernán, «40 años del acuerdo de la Cámara que declaró la ilegitimidad del Gobierno de Allende», *El Mostrador*, Santiago de Chile, 23 de agosto de 2013, en Elmostrador.cl, <https://www.elmostrador.cl/noticias/opinion/2013/08/23/40-anos-del-acuerdo-de-la-camara-que-declaro-la-ilegitimidad-del-gobierno-de-allende/>.

94. *Crisis*, n.º 4, Buenos Aires, agosto de 1973, pp. 37-44.

5

El puñal en la espalda

Hasta el 11 de septiembre de 1973 ningún comandante en jefe del Ejército traicionó la confianza del presidente de Chile. El general Augusto Pinochet se unió a la conjura solo treinta y seis horas antes de la sublevación, cuando fue instado por los conspiradores a sumarse a un golpe de Estado cuyo resultado consideraban tan incierto que varios dirigentes de Patria y Libertad y un enviado del almirante José Toribio Merino comprometieron el apoyo bélico de la dictadura militar brasileña en el caso de que la división de las Fuerzas Armadas desembocara en una guerra civil, como sucedió en España en el verano de 1936. Pero la Junta militar se hizo con el control absoluto del país en pocas horas después de que el presidente Salvador Allende pusiera fin a su vida tras el bombardeo de La Moneda. Aquella noche, Pinochet fue elegido presidente de la Junta por Merino, Gustavo Leigh y César Mendoza. En los días sucesivos, la derecha, la dirección del Partido Demócrata Cristiano, las organizaciones empresariales y el Poder Judicial expresaron su apoyo a la dictadura. Chile estaba bajo estado de sitio.

Preparativos para un golpe... o una guerra civil

La noche del sábado 30 de junio de 1973, al día siguiente del Tanquetazo, los comandantes en jefe de las tres ramas de las Fuerzas Armadas y otros altos mandos —entre ellos los generales Augusto Pinochet, Mario Sepúlveda, Óscar Bonilla, Sergio Arellano y Sergio Nuño por el Ejército; los vicealmirantes José Toribio Merino y Patricio Carvajal y los contraalmirantes Ismael Huerta, Daniel Arellano y Sergio León por la Armada; y los generales Gustavo Leigh, Agustín Rodríguez, Claudio Sepúlveda, José Martínez, Nicanor Díaz y Francisco Herrera por la Fuerza Aérea— mantuvieron una reunión en las dependencias del Estado Mayor de la Defensa Nacional.[1] El general Carlos Prats expresó que la grave situación política que vivía el país debía solucionarse a través de un acuerdo entre los poderes del Estado para evitar un enfrentamiento armado y rehusó de manera tajante la posibilidad de una intervención militar, puesto que esta opción, advirtió, «arrastraría a las Fuerzas Armadas, sin retroceso posible, a imponer una tiranía con gran derramamiento de sangre».[2] Aparentemente, la reunión se cerró con acuerdo en torno a esta posición, respaldada por el almirante Raúl Montero y el general César Ruiz, y con la coincidencia en la importancia de que las tres ramas de las Fuerzas Armadas compartieran este tipo de espacios para reforzar su línea profesional y apolítica.

Desde entonces, cada rama designó a cinco oficiales para participar en aquellas reuniones institucionales. Sin embargo, el denominado «Comité de los 15» fue uno de los espacios desde donde se preparó el golpe de Estado, ya que en julio y agosto de 1973 se elaboraron varios memorandos que, si bien aparentaban ajustarse a la legalidad, sirvieron para aunar criterios y puntos de vista sobre cómo actuar el día que se determinara para la sublevación. Gustavo Leigh, uno de sus integrantes, señaló en los recuerdos que dejó grabados para su familia y que su viuda ordenó y publicó en 2018 —junto con la transcripción de diferentes conversaciones con Pinochet grabadas en secreto—, que la mayor inquietud de los oficiales comprometidos con la sedición era el Ejército, puesto que el general Prats mantenía su firme posición constitucionalista. «Esto nos preocupaba mucho, ya que sabíamos que, llegada la situación al límite, no contaríamos con el Ejército. La Armada o la Fuerza Aérea, individualmente o en conjunto, no podrían materializar ninguna acción sin los militares, que eran los más poderosos y con presencia permanente de Arica a Porvenir». En cuanto a la participación de Pinochet en aquellas reuniones, expresó que acostumbraba a tratar de evitar que debatieran acerca de la situación política nacional.

Además, a propuesta de Patricio Carvajal, se articuló otro comité similar de las tres ramas de las Fuerzas Armadas, pero que se reunía en secreto en Lo Curro, en las afueras de Santiago, en una casa propiedad del abogado Jorge Gamboa, allegado del general Sergio Arellano y simpatizante del Partido Demócrata Cristiano.[3] Entre los asistentes estaba el núcleo duro que gestaría el golpe de Estado: Arellano por el Ejército; José Toribio Merino, Ismael Huerta y Patricio Carvajal, por la Armada; y Leigh y los generales Viveros, Herrera y Díaz por la Fuerza Aérea. En aquellos encuentros, Arellano planteaba sus temores acerca de la cúpula del Ejército, puesto que no podían contar con Prats y su segundo, Pinochet, era un verdadero misterio. «De él no se sabía absolutamente nada. No se pronunciaba en nada. No decía nada. (...) La única conclusión que sacaba el general Arellano era que era imposible contar con él», dejó dicho Leigh.[4]

En 2003, Arellano detalló que la coordinación de la conspiración golpista en el Ejército correspondió a los generales Javier Palacios, Arturo Vivero, Sergio Nuño y él mismo y señaló que decidieron «actuar» tras el fracaso del diálogo entre Salvador Allende y Patricio Aylwin y después de conocer la declaración aprobada el 22 de agosto por la Cámara de Diputados. «Este fue un llamado a las Fuerzas Armadas a intervenir.»[5]

En agosto de 1973, los analistas del Departamento de Estado norteamericano ya conocían que algunos generales del Ejército estaban intentando organizar un golpe de Estado en coordinación con la Armada y la Fuerza Aérea, pero también admitieron: «Debido a la fuerte estructura vertical de mando del Ejército, los complotados saben que mientras no apoyen sus planes el comandante en jefe del Ejército, general Carlos Prats, el comandante de la guarnición de Santiago, general Mario Sepúlveda, y el comandante de Institutos Militares, general Guillermo Pickering, un movimiento golpista no podría tener éxito. El problema de los complotados del Ejército es cómo enganchar a estos tres generales. Mientras no resuelvan este problema, es dudoso que el Ejército como un todo unificado esté dispuesto a dar un golpe».[6] Desde el 23 de agosto, la resolución de «este problema» pasó a depender, principalmente, de Pinochet, quien era una incógnita para la CIA, pero también para el servicio de inteligencia cubano, según ha explicado la historiadora Tanya Harmer.[7]

De manera paralela a la preparación del golpe de Estado por sectores de la alta oficialidad de las Fuerzas Armadas, en la tercera semana de agosto Eduardo Díaz, Manuel Fuentes y John Schäffer, dirigentes de Patria y Libertad —organización vinculada con el asesinato del comandante Arturo Araya, edecán naval del presidente Allende, la madrugada del 27 de julio—, se entrevistaron con autoridades de la dictadura militar brasileña, que estaba muy interesada en la caída del gobierno de la Unidad Popular. Su embajador en Chile desde 1968, Antonio Cándido da Cámara Canto, era un furibundo anticomunista.[8] En Río de Janeiro y Brasilia, Díaz, Fuentes y Schäffer se reunieron con oficiales de la Armada y del Ejército y altos cargos del régimen, que les informaron que el golpe de Estado era inminente y les apremiaron a regresar a Chile.[9] Uno de los escenarios que se contempló fue la posibilidad de que el país quedara partido en dos como ocurrió en España en julio de 1936 y el golpe derivara en una guerra civil. En este caso, los sectores golpistas de las Fuerzas Armadas y las brigadas de choque de Patria y Libertad tenían contemplado hacerse fuertes en el sur del país, donde establecerían un «gobierno militar» y desde donde emprenderían un avance hacia el norte hasta derrotar a las fuerzas leales al gobierno constitucional. Ante estas previsiones, lograron el compromiso de la dictadura brasileña de entregarles apoyo material y logístico de manera secreta.[10] Eduardo Díaz incluso manifestó que llegaron a pactar la cantidad y el tipo de armamento que recibirían en los aeropuertos del sur y señaló que en aquellas reuniones en Brasil participó un marino chileno que actuaba como enlace de Merino.[11]

Aquel enviado fue Roberto Kelly, exoficial de la Armada muy vinculado a Agustín Edwards, con quien integraba, junto con Merino, Patricio Carvajal o Hernán Cubillos, la llamada Cofradía Náutica del Pacífico Austral, un grupo de civiles y oficiales de la Armada, activos y en retiro, que compartían la pasión por el mar... y sobre todo un anticomunismo virulento. Merino le encargó la misión de viajar a Brasil para entrevistarse con una persona de los aparatos de inteligencia del régimen que debía despejar una duda importante: en el caso de que se produjera un golpe de Estado y el gobierno contara con el apoyo de un sector de las Fuerzas Armadas, ¿Perú aprovecharía la oportunidad para declarar la guerra a Chile? En Brasilia le confirmaron que esto no sucedería.[12]

En septiembre de aquel año, el historiador británico Eric Hobsbawm escribió con gran tino sobre lo sucedido en Chile: «A Allende solo le quedaba amenazar con que iba a resistir. Le preguntó al otro bando si estaba preparado para la opción espantosa, y a la larga incontrolable, de la guerra civil. Probablemente calculó mal la renuencia de la derecha chilena a sumergirse en una guerra civil a sangre y fuego. Por lo general, la izquierda ha subestimado el miedo y el odio de la derecha, la facilidad con la que hombres y mujeres bien vestidos le toman el gusto a la sangre».[13] La guerra civil: este era el precio que estaban dispuestos a asumir para derrocar al gobierno de Salvador Allende y revertir su programa para construir el socialismo en democracia, pluralismo y libertad.

Sangre de generales

A partir del 24 de agosto, Augusto Pinochet, nuevo comandante en jefe, recorrió las principales unidades y reparticiones del Ejército en Santiago. Entre sus decisiones iniciales, designó a Orlando Urbina como jefe del Estado Mayor General, al general Herman Brady como jefe de la guarnición de Santiago y al general César Benavides al frente de los Institutos Militares. En su primera reunión con los generales reafirmó la posición constitucionalista que había exhibido hasta entonces, con una sentencia tan expresiva como admonitoria: «La sangre de un general se paga con sangre de generales». Fue su modo de advertir que adoptaría medidas contundentes contra los oficiales cuyas esposas habían protagonizado la algarada ante la residencia de Prats el 21 de agosto.[14] Después de que el general Urbina le expresara las felicitaciones y le entregara las presillas del mando superior, interrumpió las palabras protocolares al uso y «en duros términos» —según dejó registrado Leigh— exigió que cada uno de ellos le entregara su solicitud de retiro a la mañana siguiente a fin de resolver caso a caso.[15]

También convocó pronto una reunión de oficiales de la guarnición de Santiago en el aula magna de la Escuela Militar, en la que estuvo presente el coronel José Domingo Ramos, quien ha recordado: «Su discurso, enérgico, reafirmaba el profesionalismo que por doctrina se venía repitiendo en las filas de la institución por parte de sus antecesores. Caracterizó la situación nacional como "crítica", al extremo de hacer peligrar la paz social, lo que debía hacernos estrechar filas alrededor de su persona y del Alto Mando que lo acompañaba. Dijo que lamentaba lo ocurrido al general Prats, pero que ello exigía más unidad y toda la fuerza de la lealtad para no disgregarnos, en circunstancias que el país necesitaba más que nunca de nuestro valor para evitar que la situación se volviera en contra de nosotros mismos. Exigía, en consecuencia, que terminaran los rumores».[16]

El 28 de agosto, Pinochet se reunió por primera vez con Orlando Letelier. El comandante en jefe del Ejército incluso saludó a la esposa del nuevo ministro de Defensa,

Isabel Morel, con una reverencia: «Soy el general Pinochet. Voy a trabajar con su marido y quiero decirle, en nombre de las Fuerzas Armadas, que estamos muy contentos de tener a nuestro Orlando, porque él es nuestro: se formó en la Escuela Militar...».[17] Aquella fue una relación casi permanente en días de una enorme tensión en los que actuó como ya lo hiciera con José Tohá. «Estoy incómodo», expresó entonces Letelier. «Este Pinochet me quiere llevar el maletín ¡un general! Y quiere ayudarme a que me ponga el abrigo. Me recuerda a uno de esos hombrecitos de las peluquerías a la antigua, que después de que te ha cortado el pelo, viene con una escobita y te empieza a sacudir y limpiar los pelos del traje y luego espera una propina.»[18]

Igualmente, el 29 de agosto, a las nueve de la noche, Pinochet visitó a Prats en la casa de Presidente Errázuriz, que este aún ocupaba. Le explicó que estaba enfrentando una situación muy difícil, puesto que había solicitado la renuncia a todo el cuerpo de generales y todos, salvo Sergio Arellano, Javier Palacios y Arturo Vivero, lo habían hecho, pero cuando expresó que pediría al presidente Allende que pasara a estos tres a retiro, el resto se había solidarizado con ellos. Por esa razón, había decidido posponer la marginación de aquellos generales al mes de octubre.[19] El 1 de septiembre, el Ejército difundió un comunicado de prensa de su comandante en jefe que desmintió de manera «enérgica» las noticias aparecidas en diversos periódicos opositores acerca de renuncias o sanciones disciplinarias a oficiales de la institución.[20]

Incluso, según explicó Letelier a Joan Garcés en 1975, alrededor del 3 de septiembre le indicó: «Mire, ministro, aquí hay una tropa de locos, de desequilibrados, que están planteando que es preferible que se produzca ahora una definición y que mueran cien mil personas, antes de que haya un enfrentamiento y una guerra civil en la que puedan morir un millón de personas. Yo estoy haciendo lo posible, de acuerdo con lo que me había pedido antes mi general Prats, con lo que me había pedido el Presidente. Estoy visitando unidades y las cosas están mejorando. Pero le quiero decir que en mi última visita hay gente que está en una actitud muy difícil». Letelier le comentó que había que pasar a retiro a esos oficiales, pero Pinochet le pidió un plazo más amplio: «Por qué no me da un poco de tiempo, ministro, de acuerdo con lo que el propio Presidente me ha planteado para que vaya afianzando la situación de la gente de confianza y vaya visitando las unidades...».[21]

El 4 de septiembre, con motivo del tercer aniversario del triunfo de la Unidad Popular, cerca de un millón de personas desfiló por las calles del centro de Santiago hasta llegar frente al escenario levantado en el exterior de La Moneda, presidido por la consigna «Unidad y combate contra el golpismo. La Patria vencerá». «El sentido de la disciplina y de la organización es tal que nos sentimos como un gran ejército de hombres, mujeres y niños reunidos», escribió Joan, la esposa de Víctor Jara. Pero, añadió: «no hay armas, solo pancartas pintadas a mano en las que se declara que sus portadores están contra el fascismo y el terrorismo y dispuestos a defender a su Gobierno».[22]

El 6 de septiembre, el subsecretario del Ministerio del Interior, Daniel Vergara, informó que se habían registrado treinta atentados terroristas en las últimas veinticuatro horas, especialmente dirigidos a impedir el abastecimiento de alimentos y combustible a las ciudades.[23] Los grupos terroristas vinculados a Patria y Libertad y el Partido Nacional actuaban con absoluta impunidad, mientras que, en una aplicación perversa de la Ley de Control de Armas, las Fuerzas Armadas realizaban violentos allanamientos de empresas del Área Social, poblaciones, centros de reforma agraria, locales de partidos de izquierda y sindicatos.

El 7 de septiembre, Carlos Prats recibió una carta de Pinochet fechada aquel mismo día con este encabezamiento: «Mi querido general y amigo». «Al sucederle en el mando de la institución que Ud. comandara con tanta dignidad es mi propósito manifestarle —junto con mi invariable afecto hacia su persona— mis sentimientos de sincera amistad, nacida no solo a lo largo de nuestra profesión sino que —muy especialmente— cimentada en las delicadas circunstancias que nos ha correspondido enfrentar. Al escribirle estas líneas, lo hago con el firme convencimiento de que me dirijo no solo al amigo sino ante todo al Sr. General que en todos los cargos que le correspondió desempeñar lo hizo guiado solo por un superior sentido de responsabilidad, tanto para el Ejército como para el país.» Incluso en el tercer y último párrafo de la nota, antes del «afectuosamente», Pinochet quiso transmitirle «junto con mi saludo y mejores deseos para el futuro, en compañía de su distinguida esposa y familia, la seguridad de que quien lo ha sucedido en el mando del Ejército queda incondicionalmente a sus gratas órdenes, tanto en lo profesional, como en lo privado y personal».[24]

El impulso final a los preparativos del golpe de Estado procedió de la Armada. Encabezados por el vicealmirante Merino, jefe de la I Zona Naval (Valparaíso), tuvieron que acelerar los planes tras la denuncia formulada a principios de agosto por los marinos constitucionalistas.[25] Aislado y sin autoridad sobre un alto mando alineado con la sedición, el 31 de agosto el almirante Raúl Montero había presentado a Allende su solicitud de retiro, pero este la rechazó.

El 7 de septiembre, José Toribio Merino telefoneó al general Sergio Arellano desde la oficina de Patricio Carvajal, jefe del Estado Mayor de la Defensa Nacional, para solicitarle una reunión.[26] Arellano había sido comandante del Regimiento Maipo en Valparaíso y allí había estrechado su relación con Merino y con el prefecto local de Carabineros, Arturo Yovane. En el transcurso de ese encuentro, Merino le trasladó la inquietud que reinaba entre los sectores golpistas de la Armada y, según Arellano, fue entonces cuando se acordó fijar el golpe para el martes siguiente, 11 de septiembre, a fin de acuartelar las tropas el día anterior. Recibió el encargo, asimismo, de comunicarse con su comandante en jefe.

Por su parte, Arturo Yovane explicó que aquella tarde se reunió en la Escuela Militar con el general Arellano, el coronel Fornet de la Fuerza Aérea y el capitán de navío Arturo Troncoso: «Solo después que se estuvo de acuerdo en la fecha del golpe, comenzamos a discutir si se le informaba al comandante en jefe del Ejército, general Augusto Pinochet. Su posición aún era un misterio, al menos para los allí reunidos». Arellano insistió en involucrar a Pinochet ante el riesgo de división de la institución armada más poderosa y asumió la misión de hablar con él a la mayor brevedad y, si este rechazaba unirse a la sublevación, acordar la manera menos conflictiva de dotar al Ejército de un nuevo mando superior.[27]

La mañana del sábado 8 de septiembre, Arellano se esforzó por contactar con Pinochet, pero le resultó imposible. Por la tarde, asistió al matrimonio del hijo del coronel Rafael González, evento al que también el comandante en jefe estaba invitado, pero no concurrió. Tuvo que dirigirse a su domicilio particular, en la calle Laura de Noves, en

Las Condes, donde conversaron extensamente acerca de los preparativos para el golpe de Estado, pero aquella noche Pinochet mantuvo su indecisión y no se puso en contacto con Leigh, como le pidió.[28] Estaba molesto y sorprendido al mismo tiempo al comprobar que tan solo solicitaban su apoyo a una decisión ya adoptada y planificada.[29]

Ajenos a las maniobras de los golpistas, aquel mismo día el presidente Allende y el ministro Fernando Flores almorzaron con Carlos Prats. Salvador Allende le explicó que el lunes convocaría un plebiscito tras conocer que el PDC intentaría forzar su renuncia maniobrando para que el Congreso Nacional le declarara inhábil. Prats le advirtió que la preparación de tal votación se demoraría más de un mes y él tenía constancia de que se produciría un pronunciamiento militar antes del 18 de septiembre. «¿Entonces, usted no cree que habrá algunos regimientos leales al Gobierno, capaces de contener a los golpistas?», le preguntó Allende. «¿Entonces no cree en la lealtad de Pinochet y de Leigh, a quienes nombré como comandantes en jefe?», agregó. Su interlocutor también confiaba en ambos generales, pero consideraba que ellos, y también el almirante Raúl Montero, serían sobrepasados por los golpistas y que las Fuerzas Armadas en bloque participarían en la sublevación.[30] En 1973, estas instituciones disponían de unos 90.000 efectivos: 32.000 el Ejército; 18.000 la Armada, 10.000 la Fuerza Aérea y unos 30.000 Carabineros.[31]

Última reunión en Tomás Moro

El domingo 9 de septiembre, a las diez y media de la mañana, Salvador Allende recibió en su residencia de Tomás

Moro a una delegación del Partido Comunista integrada por el secretario general, Luis Corvalán, el subsecretario general, Víctor Díaz, y el exministro Orlando Millas. El presidente insistió en la gravedad de la situación del país y en particular en la tensión en el seno de las Fuerzas Armadas y les pidió que el Partido Comunista apoyara su iniciativa de llamar a un plebiscito. «En su opinión, el golpe era inminente. Nos lo dijo con mucha serenidad, sin demostrar abatimiento», explicó Corvalán. La reunión fue interrumpida cuando informaron a Allende que en aquellos momentos el Partido Socialista celebraba un acto político en el Estadio Chile que tendría como principal orador a su secretario general, Carlos Altamirano, cuyo discurso iba a ser transmitido por radio a todo el país.[32]

Hacia el mediodía, el presidente recibió a Pinochet y al general Orlando Urbina. Aquella fue la última ocasión en que Salvador Allende y Augusto Pinochet estuvieron frente a frente. Dialogaron acerca de la situación interna del Ejército y, como había manifestado en las últimas semanas, Pinochet insistió en los síntomas preocupantes que apreciaba. Fue en aquel momento cuando el presidente les anunció que en las próximas horas iba a convocar un plebiscito para que el país resolviera «el camino a seguir» por medios institucionales y pacíficos. Según la descripción que la noche del 10 de septiembre hizo a sus colaboradores más cercanos, Pinochet y Urbina se quedaron perplejos y le preguntaron si era una decisión ya definitiva. Cuando observaron su asentimiento, Pinochet acertó a comentar: «Esto cambia toda la situación, Presidente, ahora va a ser posible resolver el conflicto con el Parlamento».[33] Antes del almuerzo, Pinochet abandonó la residencia presidencial y retornó a su casa, donde aquel día celebraban el cumpleaños de su hija Jacqueline, que cumplía 14 años.

Mientras tanto, en Valparaíso, el vicealmirante Merino decidió salir de dudas definitivamente y comprometer a los jefes del Ejército y la Fuerza Aérea con un escueto mensaje que redactó, según dijo, después de escuchar el discurso de Altamirano en el Estadio Chile.[34] El capitán de navío Ariel González y el contraalmirante Sergio Huidobro lo llevaron a Santiago. Primero se dirigieron a la casa de Patricio Carvajal, quien telefoneó a Leigh y Pinochet, y posteriormente al hogar del jefe del Ejército, quien les hizo pasar a su despacho, donde ya se hallaba el responsable máximo de la Fuerza Aérea. Después de analizar la situación del país y los detalles principales de la participación de cada una de las instituciones armadas en el golpe de Estado, llegaron a un acuerdo que se expresó por escrito y que durante años guardó Merino.[35] Aprobaron también que el futuro general director de Carabineros sería César Mendoza —octava antigüedad—, conforme a la decisión comunicada por el general Yovane, mientras que Merino sustituiría al almirante Montero.[36]

«Gustavo y Augusto: Bajo mi palabra de honor el día D será el 11 y la hora H 06:00», escribió Merino. «Si Uds. no pueden cumplir esta fase con el total de las fuerzas que mandan en Santiago, explícalo al reverso. El Almte. Huidobro está autorizado para traer y discutir cualquier tema con Uds. Los saluda con esperanzas de comprensión. J. T. Merino». En el reverso añadió: «Gustavo: Es la última oportunidad. J. T. Augusto: Si no pones toda la fuerza de Santiago desde el primer momento, no viviremos para ver el futuro. Pepe».[37] Gustavo Leigh firmó de inmediato con la pluma que le prestó Huidobro, pero Pinochet dudó y tampoco ocultó su temor. «Pero ¿te has dado cuenta que todo esto nos puede costar la vida?», le expresó a Leigh.[38]

Se tomó casi media hora en estampar su adhesión, sobre la que imprimió el sello institucional de comandante en jefe del Ejército. Eran las seis de la tarde del 9 de septiembre de 1973 y faltaban apenas treinta y seis horas para que la sublevación de la Armada en Valparaíso marcara el inicio del golpe de Estado. Pinochet decidió finalmente asestar una puñalada por la espalda al presidente de la República que le había confiado el mando del Ejército y conculcar el juramento de respeto y obediencia a la Constitución que hiciera en el inicio de su carrera militar, al convertirse en oficial. En octubre de 1970, el general Schneider sacrificó su vida en defensa de la democracia. En septiembre de 1973, la alta traición de Pinochet, Leigh, Merino y Mendoza selló la tragedia de Chile.

El Tanquetazo había demostrado que era inviable un golpe de Estado de sectores medios de la oficialidad. La convergencia del mando de las tres ramas de las Fuerzas Armadas auguraba el éxito de la sublevación y alejaba los temores de una división que llevara a la guerra civil...[39] aunque no del todo. La noche del 10 de septiembre, cuando los golpistas ya habían alistado las órdenes y la escuadra había partido de Valparaíso supuestamente para participar en la Operación Unitas, un «importante oficial del grupo de militares responsables de planificar el derrocamiento del presidente Allende», como lo describía el cuartel general de la CIA, se puso en contacto con un funcionario estadounidense y le inquirió si Estados Unidos les prestaría ayuda «si la situación se complicaba».

Le indicaron que su consulta «se transmitiría de inmediato a Washington», según un documento calificado como extremadamente secreto enviado a Henry Kissinger el 11 de septiembre.[40] Esta consulta coincidió con la presencia en el litoral chileno, frente a las costas de Coquimbo, de la escuadra de navíos de Estados Unidos que iba a participar en los ejercicios navales conjuntos.[41] Como ha subrayado Joan Garcés, esta escuadra estuvo fondeada en Panamá desde junio de 1973 y la Operación Unitas, que no se realizaba desde 1969, fue retrasada de manera reiterada por el mando de la Armada en Valparaíso, seguramente por las dificultades que los conspiradores tuvieron para enrolar al comandante en jefe del Ejército.

El lunes 10 de septiembre de 1973, entre las diez y las doce de la mañana, Pinochet estuvo reunido con Orlando Letelier en el Ministerio de Defensa. La conversación partió por la situación en el Ejército y Letelier le expresó con franqueza su preocupación. «Mire, ministro, yo creo que las cosas han ido mejorando», le respondió Pinochet,[42] tras comentarle que se había puesto en comunicación con varias unidades. Explicó también que la preparación de la Parada Militar del 19 de septiembre se desarrollaba con normalidad y que al día siguiente le haría llegar el informe sobre el material militar que podría comprarse tanto en Estados Unidos como en la Unión Soviética, tras los acuerdos suscritos por la misión encabezada por el general Prats en mayo. Asimismo, expresó que era preferible, para evitar suspicacias, que no llegaran oficiales soviéticos, sino que los oficiales chilenos viajaran a la URSS para realizar los programas de adiestramiento, como en el caso de Estados Unidos desde hacía décadas. Por último, señaló que se había acelerado el proceso en la justicia militar contra el comandante Roberto Souper, al igual que el de los oficiales que habían participado en la concentración ante la casa del comandante en jefe el 21 de agosto, y que muy pronto iba a solicitar a los generales Arellano y Bonilla que presentaran su expediente de retiro.[43]

Posteriormente, recibió en su despacho a los generales Herman Brady, César Benavides, Sergio Arellano, Óscar Bonilla y Javier Palacios. Cerró la puerta con seguro y les hizo jurar, «como soldados», que todo lo que conversaran quedaría en el secreto más absoluto, tomando una réplica de la espada de O'Higgins y colocándola frente a cada uno de ellos, según narró en su autobiografía. Después compartieron un almuerzo en el que también participó Leigh.[44]

Por su parte, el presidente Allende comía con varios ministros y colaboradores, a quienes expuso que estaban en la semana crítica y que el golpe de Estado podría producirse en cualquier momento, pero que de ningún modo aceptaría partir al exilio y optaría por defenderse. Añadió que tenía previsto pronunciar un discurso aquella tarde para ofrecer la salida política del plebiscito. Pero, si no se alcanzaban a preparar todos los detalles, lo haría al día siguiente.[45]

Desde las cuatro de la tarde, el general Brady convocó a una reunión, en el sexto piso del Ministerio de Defensa, a todos los comandantes de regimiento y directores de escuelas de la guarnición, más oficiales de enlace de algunas unidades de combate que habían concurrido a la capital con motivo de la preparación de la Parada Militar. «Nos informaron que el desafuero del senador Altamirano podía provocar graves desórdenes al día siguiente, por lo que teníamos que estar en condiciones de evitar desbordes y asumir el control de la zona metropolitana», relató el entonces coronel Julio Canessa.[46]

A las siete de la tarde, en el mismo edificio, en la sala de conferencias del Estado Mayor del Ejército, el ministro Orlando Letelier compareció ante la prensa acompañado por los oficiales en retiro que ocupaban las subsecretarías de Guerra, de Marina y de Aviación. Letelier exhortó a los periodistas a no mezclar a las Fuerzas Armadas en la política contingente y remarcó que el gobierno había favorecido la estabilidad en el alto mando y hecho un notable esfuerzo en favor del desarrollo de estas instituciones, tanto desde el punto de vista socioeconómico como en cuanto a la dotación de equipos y mejoramiento de su material y la formación de sus oficiales en las universidades chilenas y en el extranjero.[47]

En aquellas horas, Pinochet mantuvo su agenda de trabajo con aparente normalidad. Se reunió, entre otros, con el general Bonilla, con quien compartió su preocupación por lo que pudiera suceder al día siguiente en la mina de Chuquicamata y en Calama. «Ante la necesidad de engañar al adversario, era preciso mantener todas las actitudes muy normales; todo debía ser muy natural. Por ello, cuando llegué a mi domicilio guardé el automóvil como siempre lo hacía y dispuse que mi escolta personal fuera a comer. Luego salí un rato al frente de mi casa y me entretuve jugando con el perro guardián que tenía en mi hogar, tal cual lo hacía todos los días», relató en sus memorias.[48]

Aquella noche, en su residencia de Tomás Moro, el presidente estuvo pendiente de los rumores de movimientos de tropas hasta casi las dos de la madrugada. «De algo podemos estar seguros, el golpe no será de la totalidad de las Fuerzas Armadas», comentó a sus colaboradores más cercanos. Hacia la medianoche, desde La Moneda, su secretaria, Miria Contreras —conocida cariñosamente como la Payita—, le había confirmado el acuartelamiento del regimiento de Los Andes y por ello encargó a Orlando Letelier que telefoneara al general Herman Brady, jefe de la guarnición de Santiago. «Dice que no hay nada de camiones. Se ha puesto en contacto con la guarnición de San Felipe y está todo normal. El acuartelamiento obedece a la preparación de la Parada del día 19», le explicó el ministro de Defensa.

Minutos después, el secretario general del Partido Socialista, Carlos Altamirano, trasladó esta misma información a Letelier, quien preguntó a Allende si se ponía en contacto con el comandante en jefe del Ejército. «No, no llame a Pinochet. No hace falta. Son tantos los rumores... Hace meses que no dormiría si tuviera que atender cada rumor.» El presidente sí pidió al general Urrutia, general director subrogante de Carabineros, que tomara medidas especiales para las horas siguientes.[49]

Después de la una y media de la madrugada, Miria Contreras volvió a telefonear a Allende para explicarle que el subsecretario de Guerra, el coronel Valenzuela, le había confirmado que dos compañías del regimiento de Los Andes habían partido para reforzar la guarnición de Santiago en previsión de posibles incidentes ante la decisión que al día siguiente adoptarían los tribunales sobre los desafueros del senador Altamirano y el diputado Óscar Guillermo Garretón. «¿Ya se divisan los tanques en La Moneda?», bromeó Allende. «Le contesté que todavía no se veían, pero que parecía que estaban en camino.» Instantes más tarde, el presidente le devolvió la llamada: «He hablado con Brady... Váyase a descansar. Es muy tarde. Mañana será un día muy duro».[50]

11 de septiembre

Según sus propias palabras, Pinochet no logró conciliar el sueño durante «la noche más larga» de toda su vida.[51] Y posiblemente también una de las más solitarias: la tarde anterior había enviado a su esposa y sus dos hijos pequeños a la Escuela de Alta Montaña, en Río Blanco, a unos ciento veinte kilómetros al norte de la capital.[52] Sobre sus espaldas pesaban cuarenta largos años de vida militar, de esforzada escalada de cada peldaño de su profesión, de recorrido por regimientos de Concepción, Valparaíso, San Bernardo, Iquique, la zona del carbón, Arica, Antofagasta, la Escuela Militar, la Academia de Guerra, los inolvidables años en Ecuador... y recaía también la incertidumbre de lo que sucedería al día siguiente en el país, desde que a las cinco y media se enviara desde la jefatura del Ejército un radiograma cifrado, con su firma, a todas las guarniciones con la orden de ocupar las intendencias y las gobernaciones a partir de las siete de la mañana.[53]

A las cinco y media de la mañana se puso en pie y empezó a lavarse y vestirse. Una hora después, la campanilla del teléfono quebró la quietud del amanecer. Le llamaban desde la residencia de Tomás Moro, porque en aquellos minutos el presidente ya había sido informado de la sublevación de la Armada en Valparaíso. «Respondí como si se tratara de una persona que recién despierta y debo haber estado convincente, porque solo se me informó "que me iban a llamar más tarde".»

A las siete en punto llegaron a la casa los vehículos que debían llevarle al Regimiento de Telecomunicaciones del Ejército, en Peñalolén, en la periferia de Santiago. Este era el lugar donde estaban las redes primaria y secundaria de comunicaciones de su institución, desde allí se controlaban los nexos con todas las unidades.[54] El oficial cuya «puntualidad exacta» fue ensalzada durante décadas por sus superiores en su hoja de vida, llegó diez minutos tarde aquella mañana a su puesto de mando. «Cuando ingresé al patio de los vehículos, salió a mi encuentro el general Óscar Bonilla, que estaba muy preocupado por mi retraso.» Según había ordenado el día anterior, Bonilla debía asumir el mando del Ejército si él, por un motivo de causa mayor, no se presentaba.[55] Pinochet se reunió con el personal que le había acompañado y con oficiales adscritos a la jefatura del Ejército para explicarles que el golpe de Estado ya estaba en marcha. Solo su ayudante, el mayor Zavala, que también lo había sido de Prats, se negó a sumarse, por lo que ordenó su arresto de inmediato y posteriormente fue marginado.[56] Mientras tanto, Gustavo Leigh ocupó el «puesto dos», en la Academia de Guerra Aérea, y Merino permanecía en Valparaíso.

A las ocho en punto, este último lanzó su primera proclama y se arrogó de manera ilegítima del grado de comandante en jefe de la Armada que ostentaba Raúl Montero, quien había sido arrestado y estaba incomunicado.[57] Entonces empezó el asedio militar a La Moneda, donde ya se encontraba Allende, desde el sur de la ciudad y, mientras algunos tanques con infantería atravesaron la calle Teatinos hasta situarse en la plaza de la Constitución, los miembros del GAP —la escolta personal del presidente— iniciaban la preparación de la defensa del palacio de gobierno.

Desde las ocho y media, la difusión de los primeros bandos firmados por los cuatro jefes golpistas —transmitidos por emisoras como Radio Agricultura— despejó para siempre la incógnita Pinochet y, aunque el general director de Carabineros, José Sepúlveda, permanecía leal, confirmó que su institución también estaba controlada por los facciosos. Cerca de las nueve, Allende ya era consciente de que no contaba con ningún regimiento, ni en Santiago ni en provincias.

Moy de Tohá no ha olvidado la incredulidad que compartieron muchos chilenos durante las primeras horas ante una situación prácticamente desconocida. «La sensación de un golpe de Estado era algo muy lejano porque no teníamos esa experiencia salvo episodios puntuales como el de Viaux en 1969 o el Tanquetazo del 29 de junio anterior. Por tanto, aquella mañana hice cosas muy absurdas, como lavarme el pelo o ponerme rulos en la cabeza; pensaba que todo se arreglaría y que José vendría a comer.» Se comunicó también con algunas esposas de altos funcionarios gubernamentales e incluso con varios mandos militares para intentar averiguar qué sucedía y, cuando supo por los bandos golpistas quién encabezaba la sublevación, se sintió aliviada porque creía conocerle. «Nunca nadie detectó los grados de crueldad que había en su cabeza. Pensaba que, como Pinochet estaba al frente del golpe, sería posible una negociación para una salida democrática que ni siquiera implicaría que Allende dejara la Presidencia, sino quizás solo algunas concesiones para lograr consensos... Todo esto por supuesto no lo reflexionaba, sino que eran intuiciones. Pensaba que al menos conocíamos a los golpistas. Ahí el único peligroso era Leigh, una persona muy fascista, pero competente y capaz; porque Merino era tan estúpido, presuntuoso y tontorrón como Pinochet, quien se fue con los golpistas por oportunismo, no por haber hecho un análisis de la situación, porque era una persona muy primaria. Era un militar común, corriente y opaco que alardeaba de su lealtad hacia el Presidente Allende, que le aplaudía cuando otros militares no lo hacían.»[58]

Los acontecimientos transcurrían a una velocidad de vértigo. Los aviones de la Fuerza Aérea habían destruido las torres de emisión de Radio Portales y Radio Corporación y en cualquier momento podrían derribar las de Radio Magallanes. Por ello, el presidente se apresuró a telefonear a esta emisora, propiedad del Partido Comunista, para salir de nuevo, por última vez, al aire. De pie, sin dudar ni un solo momento, con el teléfono tomado con firmeza y un casco puesto, improvisó el último mensaje que dirigió a su pueblo, en el que denunció la traición de los generales: «... Mis palabras no tienen amargura, sino decepción y serán ellas el castigo moral para los que han traicionado el juramento que hicieran: soldados de Chile, comandantes en jefe titulares, el almirante Merino, que se ha autodesignado, más el señor Mendoza, general rastrero que solo ayer manifestara su fidelidad y lealtad al Gobierno, también se ha autodenominado director general de Carabineros. Ante estos hechos, solo me cabe decirle a los trabajadores: yo no voy a renunciar. Colocado en un tránsito histórico, pagaré con mi vida la lealtad del pueblo y les digo que tengo la certeza de que la semilla que entregáramos a la conciencia digna de miles y miles de chilenos no podrá ser segada definitivamente. Tienen la fuerza, podrán avasallarnos, pero no se detienen los procesos sociales ni con el crimen, ni con la fuerza. La historia es nuestra y la hacen los pueblos...».[59]

Algunos minutos después, hacia las nueve y media, el almirante Patricio Carvajal le ofreció la posibilidad de abandonar el país en avión junto con su familia y sus colaboradores más cercanos, pero se negó. Si aquel día miles de ciudadanos escucharon los sucesivos mensajes del presidente de la República por radio, no pudieron conocer las órdenes que Pinochet transmitió sino hasta el 24 de diciembre de 1985, fecha en que la revista *Análisis* publicó la transcripción de la grabación que les entregó un radioaficionado. Cuando Patricio Carvajal le confirmó que sabían por el edecán naval que era cierto que Allende estaba en La Moneda, respondió: «Entonces hay que estar listo para actuar sobre él. Más vale matar la perra y se acaba la leva». Y minutos más tarde, bramó: «Rendición incondicional, nada de parlamentar... ¡Rendición incondicional!». Su interlocutor, de nuevo Carvajal, tomó nota: «Bien, conforme. Rendición incondicional y se le toma preso, ofreciéndole nada más que respetarle la vida, digamos». Pinochet aclaró su instrucción: «La vida y se le... su integridad física y enseguida se le va a despachar para otra parte». «Conforme. Ya... o sea que se mantiene el ofrecimiento de sacarlo del país», quiso precisar Carvajal. «Se mantiene el ofrecimiento de sacarlo del país... pero el avión se cae, *viejo*, cuando vaya volando», advirtió el jefe del Ejército, quien empezaba a sentirse claramente el amo y señor de la situación.[60]

Poco después de las diez y media de la mañana, el coronel Roberto Guillard leyó por radio el bando n.º 5 de la Junta militar, que declaró depuesto al gobierno constitucional por «quebrantar» los derechos fundamentales, destruir la unidad nacional «fomentando artificialmente una lucha de clases estéril y en muchos casos cruenta» y poner en peligro «la seguridad interna y externa del país». «Por todas las razones someramente expuestas, las Fuerzas Armadas han asumido el deber moral que la patria les impone de destituir al Gobierno que, aunque inicialmente legítimo, ha caído en la ilegitimidad flagrante, asumiendo el poder por el solo lapso en que las circunstancias lo exijan...»[61]

A las doce menos diez, dos Hawker Hunter del Grupo n.º 7 de la Fuerza Aérea, con base en el aeropuerto de Carriel Sur, en Concepción, empezaron a bombardear La Moneda. Los cohetes Sura, de fabricación suiza, perforaron los muros, explotaron en casi todas las dependencias y pronto el aire se tornó irrespirable porque los gases lacrimógenos asfixiaban a los resistentes, quienes por orden de

Allende se habían tendido en el suelo, se cubrían la cabeza y se protegían unos con otros. Se distribuyeron las escasas mascarillas antigás existentes e intentaron continuar el combate, aunque las tropas de infantería comandadas por el general Javier Palacios iniciaron el asalto, mientras los tanques disparaban contra las ventanas, en medio de las llamas y del derrumbamiento de techos y pisos. Hacia las dos de la tarde, el presidente Allende puso fin a su vida en el Salón Independencia. Minutos después, el general Palacios comunicó a sus superiores: «Misión cumplida. Moneda tomada. Presidente muerto».

Entre las cinco y las seis de la tarde, una ligera lluvia cubrió Santiago de Chile y dibujó un cielo pálido, grisáceo, muy acorde con las circunstancias. Entonces, la mayor parte de los detenidos de La Moneda —colaboradores del presidente, miembros de su escolta y diecisiete agentes de la Policía de Investigaciones— fueron trasladados en dos autobuses de la Armada, arrodillados, con las manos en la nuca y de espaldas al conductor, al Regimiento Tacna, situado entonces a apenas ocho cuadras del centro. El cuerpo de Allende fue llevado al Hospital Militar, donde le practicaron una autopsia. Y la mayoría de los ministros y exministros fueron conducidos a la Escuela Militar, donde hacia las siete de la tarde llegaron los integrantes de la Junta.[62]

Presidente de la Junta militar

A las diez de la noche, los cuatro militares que habían encabezado el golpe de Estado, Augusto Pinochet, José Toribio Merino,[63] Gustavo Leigh[64] y César Mendoza,[65] se dirigieron al país por las cámaras del Canal 13 de televisión con motivo del juramento de «la honorable Junta de Gobierno» en el vestíbulo de la Escuela Militar. En el discurso más breve de los cuatro, Pinochet aseguró que «un deber patriótico» les había impulsado a derrocar al gobierno de la Unidad Popular, anunció la ruptura de las relaciones diplomáticas con Cuba y proclamó que las Cámaras legislativas quedaban en receso «hasta nueva orden».

Si con el tiempo Merino descalificó con el término de «humanoides» a las personas de izquierda, aquella noche Gustavo Leigh utilizó la durísima expresión «cáncer marxista», que permanecerá siempre asociada a su nombre en la historia: «Después de tres años de soportar el cáncer marxista, que nos llevó a un descalabro económico, moral y social que no se podía seguir tolerando, por los sagrados intereses de la Patria nos hemos visto obligados a asumir la triste y dolorosa misión que hemos acometido». «No tenemos miedo. Sabemos la responsabilidad enorme que cargará sobre nuestros hombros, pero tenemos la certeza, la seguridad de que la enorme mayoría del pueblo chileno está con nosotros, está dispuesto a luchar contra el marxismo, está dispuesto a extirparlo hasta las últimas consecuencias.»[66] Era la visión del golpe de Estado como una operación quirúrgica.

Tras los discursos se procedió a una breve ceremonia en la que respondieron de manera afirmativa a esta pregunta: «¿Juráis por Dios, por la Patria y la Justicia, cumplir y hacer cumplir los postulados del Acta de Constitución de la Junta, con toda la energía de vuestro amor por Chile y con todos los medios a vuestro alcance, cualquiera sea el sacrificio que ello os demande?».[67] A continuación, suscribieron el decreto ley n.º 1, cuyo primer artículo señalaba que se constituían en Junta de Gobierno y asumían el «mando supremo de la nación» con «el patriótico compromiso de restaurar la chilenidad, la justicia y la institucionalidad quebrantadas». Aparentemente, se proponían restaurar la legalidad vigente; de ningún modo, plantearon entonces, construir un sistema político y un modelo económico nuevos al asumir los destinos del país.

Su artículo segundo designó a Augusto Pinochet como presidente de la Junta, pero en calidad de *primus inter pares*, puesto que inicialmente se concebía como un órgano colegiado que adoptaría las decisiones por unanimidad. Su designación, en tanto jefe de la institución armada más antigua, parecía ser tan solo un gesto formal, previsto para las funciones meramente representativas, sin importancia política o jurídica, ya que no se le atribuyeron funciones o facultades diferentes de las del resto de los integrantes de la Junta.[68]

La Junta militar también aprobó el decreto ley n.º 3, que instauró el estado de sitio en todo el territorio nacional, una medida que se prorrogaría cada seis meses hasta el 10 de marzo de 1978 y que era parte de la temprana fabricación de una atmósfera de guerra.[69] Por tanto, el nuevo régimen podía detener a cualquier ciudadano y decretar su privación de libertad sin la necesidad de una orden judicial. Además, con fecha de 17 de septiembre, la Junta firmó el decreto ley n.º 13 que señaló que, de acuerdo con la declaración del estado de sitio, cesaba la competencia de los tribunales militares del tiempo de paz y empezaba la de los tribunales militares «del tiempo de guerra», cuyo funcionamiento estaba previsto solo en el caso de la existencia de «fuerzas rebeldes militarmente organizadas». Desde entonces y hasta principios de septiembre de 1974, se constituyeron trescientos tres consejos de guerra en treinta ciudades que juzgaron a casi dos mil personas.[70]

Con el país bajo estado de sitio y toque de queda, un silencio sepulcral imperaba en Santiago en las últimas horas del 11 de septiembre, tan solo interrumpido por el vuelo rasante de helicópteros que movían luces deslumbrantes para descubrir posibles focos de resistencia.[71] Cerca de la medianoche, Pinochet se desplazó desde la Escuela Militar, en el barrio alto, hasta el Ministerio de Defensa, frente al palacio de gobierno destruido.[72] Allí llamó a su despacho al periodista ultraderechista Álvaro Puga, colaborador de *La Segunda* y de Radio Agricultura, quien había estado trabajando todo el día junto a Patricio Carvajal como escriba de mensajes, bandos y comunicados de los golpistas. Conversaron sobre lo sucedido en la jornada y le dedicó dos de sus libros: *Geografía militar* y *Guerra del Pacífico*.[73]

Mentiras para la historia

En diciembre de 1979, la editorial Andrés Bello publicó, al elevado precio de cuatrocientos ochenta pesos y con una tirada de diez mil ejemplares, la primera edición de *El día decisivo*, que tuvo cuatro ediciones más en Chile (1980 —otros diez mil ejemplares—, 1982, 1984 y 1989), así como traducciones al inglés (*The crucial day*, editorial Renacimiento, Chile, 1982), al francés (*Le jour decisif*, 1985, editorial Andrés Bello), al alemán (*Der tag der entscheidun*, 1987, editorial Andrés Bello) e incluso al japonés (1982). Pinochet percibió como derechos de autor de las primeras ediciones el sabroso porcentaje de 20 %, el doble de lo habitual.[74]

Este libro plagado de falsedades históricas fue el primer bosquejo que hizo de su vida y de su carrera militar, su intento primigenio por presentarse como un anticomunista de primera hora, desde el periodo en que estuvo destinado en Pisagua y Arauco. Pero sobre todo fue la coronación de sus denodados esfuerzos por afianzarse públicamente como el autor intelectual y promotor principal del golpe de Estado y reforzar así su posición en la cúspide de la dictadura. Una sucesión de mentiras para asentar en la historia y ante su país la imagen de líder escogido por la Divina Providencia para librar a Chile del comunismo.

Su empeño empezó en marzo de 1974 con una extensa entrevista concedida a la influyente revista *Ercilla*, titulada «El hombre del "Día D"», en la que «desveló» que fue a partir de abril de 1972 cuando inició los primeros preparativos y análisis, que avanzaron de manera significativa a partir de marzo de 1973.[75] El 7 de agosto de 1974, en un almuerzo en el Rotary Club de Santiago, «reveló» de manera inesperada que el 20 de marzo de 1973 envió un documento al general César Benavides en el que expuso «las posibilidades políticas por las que atravesaba el país» y llegó a la conclusión de que ya era imposible «una solución de carácter constitucional». Añadió entonces que desde aquel momento el Ejército planificó, en absoluto secreto y con la participación de ocho oficiales, la forma de actuar. No obstante, sí reconoció que el 9 de septiembre de 1973 recibió la visita de Leigh y de una delegación de la Armada y que ese día aceptó adelantar la fecha del golpe de Estado, del 14 —prevista por el Ejército— al 11 de septiembre.[76]

Semanas después, con motivo del primer aniversario del golpe de Estado, concedió una entrevista a un diario de la cadena *El Mercurio* y el periodista ingenuamente le preguntó: «¿Y cómo lo hizo usted para mantenerse tantos meses sin que descubrieran nada de lo que estaba haciendo?». «Si alguien hubiera mirado hacia atrás», afirmó, «me habría descubierto». «En primer lugar, si a alguien se le hubiera ocurrido ir a la Sexta División y preguntar "¿Cómo es este caballero?" le habrían contado que yo antes al señor Allende no lo podía ver. En segundo lugar, era anticomunista y estuve en Pisagua a cargo de los presos. Y después estuve un año en Schwager, así que sé cómo actúan los comunistas.»[77]

En agosto de 1975, en una nueva entrevista, reafirmó que ya al asumir como jefe del Estado Mayor General del Ejército había iniciado aquella planificación, y que antes del Tanquetazo del 29 de junio de 1973, solicitó a un grupo de oficiales afines de la Academia de Guerra que revisaran y modificaran los planes de seguridad interior para que en lugar de su perspectiva defensiva adquirieran una ofensiva.[78] Dos años después, en septiembre de 1977, entregó más detalles de su fabulación a la revista *Ercilla*, que publicó un reportaje de diez páginas con título —«Los pasos antes del Once»— y subtítulo —«Historia inédita con entrevista a su principal protagonista y documentos que no han salido a la luz pública»— muy persuasivos.[79]

El periodista Juan Cristóbal Peña ha revelado de manera minuciosa los detalles de la producción de *El día decisivo*, cuyo editor fue el profesor Fernando Emmerich Leblanc, al igual que en la reedición, aquel mismo año, de su trabajo sobre la guerra del Pacífico. «Había fallas de redacción, de construcción de frases y de párrafos completos, a veces, pero no tenía grandes faltas de ortografía. Las normales. El asunto es que nos sentábamos a corregir y me acuerdo que se ponía colorado cuando le sugería alguna cosa que estaba mal escrita. Eso me daba la idea de que él mismo había escrito ese texto...» Emmerich Leblanc relató que el dictador aceptó su sugerencia de suprimir un capítulo en el que injuriaba a Salvador Allende y cómo el título inicial previsto por

Pinochet, algo así como *El día en que los militares juramos salvar la patria*, mutó a *El día decisivo*, propuesto por la editorial. Y aclaró otro aspecto llamativo para sus lectores: «El original, al menos el que corregí yo, era un relato en primera persona, un testimonio, pero a última hora, sin que yo supiera cómo, a alguien se le ocurrió que tenía que ser un libro con formato de entrevista. (...) Imagínese: le pusieron preguntas en medio de los párrafos que habíamos trabajado y al final el libro salió así».[80]

Obviamente, su llegada a las librerías, que coincidió con la aparición de las memorias de Henry Kissinger, fue todo un acontecimiento. «Sale a las librerías el best seller de Pinochet», tituló *La Segunda*.[81] Las principales cabeceras de la prensa nacional se hicieron eco de la aparición de un texto que dejó perplejos a los otros protagonistas del golpe. Uno de ellos, el coronel en retiro de la Fuerza Aérea Julio Tapia Falk, quien servía como auditor en la jefatura de la Fuerza Aérea en septiembre de 1973, tuvo arrestos para dirigir una carta a un diario: «La lectura de partes de dicho libro pudiera llevar a la errónea conclusión que solo uno de los señores comandantes en jefe de nuestras instituciones armadas durante el año 1973 sintió el llamado de Chile para la intervención militar, siendo el único que habría elaborado la planificación que condujo al pronunciamiento del 11 de septiembre, interviniendo los otros solo como seguidores de aquel».[82] Desde la Armada, la respuesta llegó en 1989 con el libro *Decisión naval*, escrito por el contraalmirante Sergio Huidobro, con prólogo de Merino.

Pinochet mantuvo su versión en sus memorias, publicadas desde 1990, y hasta el fin de sus días. Sirva como ejemplo la extensa conversación publicada en 1999 con la periodista María Eugenia Oyarzún, quien fuera alcaldesa de Santiago y embajadora durante la dictadura. En aquella entrevista, un cuarto de siglo después del golpe de Estado, recordó en estos términos al presidente Salvador Allende: «Yo lo encontraba un farsante, a pesar de todo lo que sabía, pero como era mi superior me quedaba callado porque nunca he hablado mal de un superior». «Me trataba con mucho respeto, era muy afectuoso, pero yo sabía que él decía de mí: "Este milico se lleva pensando en puros juegos de guerra, no más".» «Era un hombre muy atento, muy caballero, pero ese era su disfraz solamente...»

Tampoco modificó sus opiniones sobre las causas del 11 de septiembre de 1973 al esgrimir unos argumentos que hoy día conocen un nuevo e inesperado *revival* en Chile: «Le repito, yo no soy ni fui un militar golpista. Pero cuando en 1973 vi las posibilidades de la guerra civil, el armamento ilegal que llegaba secretamente al país, el acta de Chillán, las disertaciones que hacía el señor Allende en Cuba como presidente de la OLAS (...), la destrucción de todo el aparato productivo del país y la tentativa del marxismo de infiltrarse en las Fuerzas Armadas, tuve que decidir si debía ser más leal con la patria o con el Presidente. Y el país estaba primero, porque además, en caso contrario, se produciría la destrucción de Chile como nación soberana». «Cuando nos hicimos cargo del Gobierno el 11 de septiembre de 1973, a lo menos había quince mil extranjeros que no habían venido precisamente a turistear, sino a participar en la subversión y a lograr que se desencadenara una guerra civil en Chile para imponer la dictadura del proletariado. Eso fue lo que las Fuerzas Armadas y de Orden evitamos.»[83]

Una dictadura de clase

El miércoles 12 de septiembre de 1973 las calles amanecieron desiertas; Chile seguiría bajo toque de queda hasta el mediodía del 13 de septiembre. Sin embargo, fue una jornada de intensa actividad para el presidente de la Junta militar. Por la mañana, los cuatro integrantes del organismo que había asumido «el mando supremo de la nación» se reunieron en el Ministerio de Defensa junto con el vicealmirante Patricio Carvajal, jefe del Estado Mayor de la Defensa Nacional, para elegir a los catorce miembros del nuevo gobierno, que aquella noche tomaron posesión de sus cargos.

El general Óscar Bonilla fue asignado al Ministerio del Interior. El contraalmirante Ismael Huerta asumió Relaciones Exteriores y Carvajal, Defensa. El área económica recayó en el contraalmirante Lorenzo Gotuzzo (Hacienda) y el general Arturo Yovane (Economía). Solo dos civiles fueron elegidos: José Navarro, exprofesor de Biología y Química en la Escuela Militar, fue nombrado ministro de Educación y el abogado Gonzalo Prieto, militante democratacristiano, fue el nuevo titular de Justicia. Además, la Junta designó como intendente de la provincia de Santiago al general retirado Tulio Espinoza, al periodista Álvaro Puga como jefe de la Oficina Informativa de la Secretaría General de Gobierno y a Federico Willoughby como jefe de Informaciones de la Secretaría General de Gobierno.[84]

El 12 de septiembre al mediodía, Pinochet se reunió con un intermediario de la Embajada de Estados Unidos y le explicó el estado de las operaciones militares y los planes políticos de la Junta; también le indicó que necesitaban ayuda económica y militar de Estados Unidos. Pronto, el embajador norteamericano, Nathaniel Davis, sugirió al régimen «reclutar» la ayuda del Partido Demócrata Cristiano para atenuar su pésima imagen internacional; de hecho, la CIA financió la gira por el exterior que destacados dirigentes democratacristianos realizaron antes de fin de año para justificar el golpe de Estado. En las semanas siguientes, Estados Unidos otorgó un apoyo público al nuevo régimen, con la reapertura de la ayuda económica bilateral y multilateral,[85] y también soporte encubierto.[86]

En algún momento de aquel día, también dirigió una breve carta —curiosamente fechada en el destruido palacio de La Moneda— al dictador español, el general Francisco Franco, para comunicarle que el embajador Óscar Agüero cesaba en sus funciones y transmitirle por primera vez su admiración. «Os ruego aceptéis los sinceros votos que formulamos por el bienestar de Vuestra Excelencia y por la grandeza de España.»[87]

Además, también se desplazó hasta el Regimiento Tacna, acompañado de un amplio número de oficiales. Allí estaban, en calidad de «prisioneros de guerra», los policías de Investigaciones, los miembros de la escolta personal de Allende y la mayor parte de los colaboradores que acompañaron al presidente hasta el último momento en La Moneda. «Yo estaba maniatado y con la cabeza baja, pero levanté la vista y le vi», ha señalado Pablo Zepeda, miembro del GAP.[88] «El general Pinochet, eufórico, pisoteaba y pateaba a nuestros compañeros. Entonces le preguntó al coronel Ramírez quiénes eran esos prisioneros. Cuando supo que eran los miembros del GAP que defendieron La Moneda junto al Presidente, dijo: "Así que estos son los *huevones* que se nos resistieron. Ahora vamos a fusilarlos a todos"». Al día siguiente, veintiuna de aquellas personas fueron acribilladas y sepultadas en una fosa clandestina en Peldehue.

También el 12 de septiembre, Salvador Allende fue enterrado en el mausoleo de la familia Grove en el cementerio Santa Inés de Viña del Mar. Vigilados por efectivos de las Fuerzas Armadas, solo su viuda, Hortensia Bussi, su hermana Laura, dos sobrinos —Patricio y Eduardo Grove—, su ahijado —Jaime Grove— y uno de sus edecanes, el comandante Roberto Sánchez, pudieron estar presentes, no así sus hijas Carmen Paz, Beatriz e Isabel.[89]

La burguesía como clase social y los grandes grupos económicos celebraron con euforia el derrocamiento del gobierno de la Unidad Popular y no se molestaron por ocultar su apoyo a la dictadura desde el primer momento. La misma noche del 11 de septiembre, en el restaurante Vía Véneto de Barcelona, Agustín Edwards celebró con champán francés las noticias de Chile que no cesaban de comunicarle en un sinfín de llamadas.[90]

El 12 de septiembre, el presidente de la Corte Suprema de Justicia, Enrique Urrutia, tan celoso de la legalidad durante el periodo de Allende, acogió con «íntima complacencia» al nuevo régimen.[91] El 25 de septiembre, los cuatro miembros de la Junta visitaron la sede de la Corte Suprema y en su discurso el general Pinochet agradeció a los magistrados su respaldo absoluto.[92]

También el derechista Partido Nacional y las organizaciones patronales, como la Sociedad Nacional de Agricultura, la Sociedad Nacional de Minería, la Confederación de la Producción y del Comercio, la Sociedad de Fomento Fabril, así como la Federación de Estudiantes de la Universidad Católica (FEUC) entregaron su apoyo incondicional a la dictadura. El mismo 12 de septiembre, los sectores patronales y profesionales que se encontraban en huelga anunciaron que reanudarían el trabajo y se pusieron a disposición de la Junta para colaborar en «la reconstrucción de Chile».[93] Aquel día, Pablo Rodríguez decidió la disolución de Patria y Libertad. Por su parte, el Partido Nacional difundió una declaración pública fechada el mismo 11 de septiembre[94] y otra, más extensa, tres días después.[95] León Vilarín, líder de los propietarios de camiones, visitó a la Junta el 19 de septiembre[96] y ese mismo día la agencia France Press informó que en Chile ya no existía mercado negro.

Pero la reacción más significativa fue la de la dirección del Partido Demócrata Cristiano, que el 12 de septiembre aprobó una declaración que rezaba: «Los hechos que vive Chile son consecuencia del desastre económico, el caos institucional, la violencia armada y la crisis moral a que el Gobierno depuesto condujo al país, que llevaron al pueblo chileno a la angustia y la desesperación».[97] En el segundo punto de su declaración oficial, la Democracia Cristiana expresó su confianza en que las Fuerzas Armadas devolverían «el poder al pueblo soberano» cuando hubieran cumplido «las tareas que ellas han asumido para evitar los graves peligros de destrucción y totalitarismo». En el tercer punto, invitó a los ciudadanos a cooperar con la dictadura: «Los propósitos de restablecimiento de la normalidad institucional y de paz y unidad entre los chilenos expresados por la Junta militar de Gobierno interpretan el sentimiento general y merecen la patriótica cooperación de todos los sectores».[98]

La excepción fue la declaración que dieciséis dirigentes democratacristianos firmaron el 13 de septiembre, entre ellos Bernardo Leighton, Mariano Ruiz-Esquide, Andrés Aylwin, Belisario Velasco o Renán Fuentealba, que solo se conoció entonces fuera del país: «Condenamos categóricamente el derrocamiento del Presidente constitucional de Chile, señor Salvador Allende, de cuyo Gobierno, por decisión de la voluntad popular, y de nuestro partido, fuimos invariables opositores. Nos inclinamos respetuosamente ante el sacrificio que él hizo de su vida en defensa de la autoridad constitucional».[99]

Fue el presidente del PDC, Patricio Aylwin, quien más se prodigó en declaraciones públicas. El 17 de septiembre difundió una declaración en la que señaló que las Fuerzas Armadas habían librado a Chile de un golpe de Estado de la izquierda que hubiera sido «tremendamente sangriento».[100] Justo siete días después, concedió una extensa entrevista a José Kuhl, corresponsal de la agencia de noticias N. C. News Service de Washington y Bonn, en la que manifestó su esperanza de que en el plazo de «dos a tres años» Chile regresara «a la normalidad democrática».[101]

El 10 de octubre, el diario español *Abc* publicó una entrevista a Frei con un titular impactante: «Los militares han salvado a Chile».[102] Aquel mismo día, Patricio Aylwin, Osvaldo Holguín y Eduardo Cerda se entrevistaron con la Junta militar, que aceptó la colaboración de militantes de este partido a título individual.[103] Y el 8 de noviembre, Frei dirigió su extensísima carta a Mariano Rumor, presidente de la Unión Mundial de la Democracia Cristiana, en la que justificó el golpe de Estado y atribuyó la responsabilidad de la destrucción de la democracia a la Unidad Popular.[104]

Por otra parte, durante la tarde del 12 de septiembre una patrulla militar distribuyó en las embajadas acreditadas en Santiago una nota verbal del Ministerio de Relaciones Exteriores que comunicaba que una Junta militar presidida por el general Pinochet se había hecho cargo del país.[105]

Aquel día, los integrantes de la Junta también firmaron el decreto ley n.º 5, por el que, ante las supuestas acciones armadas de la izquierda contra las Fuerzas Armadas, se declaró que el estado de sitio decretado el día anterior por conmoción interna debería entenderse como «estado o tiempo de guerra» y por tanto debían aplicarse las durísimas normas previstas para tal situación en el Código de Justicia Militar y el resto de las leyes penales. La dictadura consideraba a los dirigentes, militantes y simpatizantes del gobierno de la Unidad Popular como si formaran un «ejército enemigo» que debía ser derrotado al precio que fuera necesario.[106] O, dicho con las palabras del sociólogo Manuel Antonio Garretón: «La Junta Militar dirigió un ejército de ocupación en su propio país, en medio de la euforia de sus partidarios, dispuestos a legitimar todo, del silencio traumatizado o cómplice de otros, del terror y rechazo de muchos y del espanto de la comunidad internacional».[107]

NOTAS

1. González, Mónica, *La conjura. Los mil y un días del Golpe*, Santiago de Chile, Ediciones B, 2000, pp. 181-182.
2. Prats González, p. 370.
3. *Apsi*, Santiago de Chile, 9 de septiembre de 1985, p. 12.
4. García de Leigh, Gabriela, *Leigh. El general republicano*, Santiago de Chile, Ediciones GGL, 2017, pp. 52-54.
5. *El Mercurio*, Santiago de Chile, 7 de septiembre de 2003, Cuerpo D, pp. 2-4.
6. Soto, Hernán y Villegas, Sergio, *Archivos secretos. Documentos desclasificados de la CIA*, Santiago de Chile, LOM Ediciones, 1999, pp. 17-29.
7. Harmer, Tanya, *El Gobierno de Allende y la Guerra Fría interamericana*, Santiago de Chile, Ediciones de la Universidad Diego Portales, 2013, p. 309.
8. El 11 de septiembre envió varios telegramas a su gobierno celebrando la instalación del régimen militar en Chile. Burns, Mila, *Dictatorship across borders: the Brazilian influence on the overthrow of Salvador Allende*, ponencia presentada en el Congreso de LASA (Latin American Studies Asociation) celebrado en 2014 en Chicago, en Esd.anepe.cl, <http://esd.anepe.cl/wp-content/uploads/2014/11/art6.pdf>.
9. De hecho, Pablo Rodríguez, quien después del fracaso del Tanquetazo se refugió en la embajada de Ecuador, entró clandestinamente a Chile en un helicóptero de la Fuerza Aérea por la Araucanía y el 10 de septiembre, cerca de Temuco, concedió una entrevista a Radio Cooperativa, cuyo contenido fue recogido al día siguiente por los principales diarios del país.
10. Moniz Bandeira, Luiz Alberto, *Fórmula para el caos. La caída de Salvador Allende (1970-1973)*, Santiago de Chile, Debate, 2008, pp. 497-499. «Derrocaremos al Gobierno de la Unidad Popular sea como sea. Si es necesario que haya miles de muertos los habrá. Nece-

sitamos la ayuda de las Fuerzas Armadas. Ellas tienen que participar en esto. Nosotros estamos seguros de que lo harán porque de otra manera no tendremos los resultados esperados», advirtió Roberto Thieme, jefe de operaciones de Patria y Libertad, a finales de agosto de 1973. González Pino, Miguel y Fontaine Talavera, Arturo, eds., *Los mil días de Allende*, tomo I, Santiago de Chile, Centro de Estudios Públicos, 1997, p. 805.

11. Díaz Nieva, José, *Patria y Libertad. El nacionalismo frente a la Unidad Popular*, Santiago de Chile, Centro de Estudios Bicentenario, 2015, pp. 303-304.
12. Arancibia Clavel, Patricia, *Conversando con Roberto Kelly V. Recuerdos de una vida*, Santiago de Chile, Editorial Biblioteca Americana, 2005, pp. 145-147.
13. Hobsbawm, Eric, «El asesinato de Chile», en Leslie Bethell, ed., *¡Viva la Revolución! Eric Hobsbawm sobre América Latina*, Barcelona, Crítica, 2018, pp. 435-440.
14. *PEC*, Santiago de Chile, 7 de septiembre de 1973, p. 3.
15. García de Leigh, pp. 75-76.
16. Ramos Albornoz, pp. 108-109.
17. Ahumada, Eugenio *et al.*, *Chile. La memoria prohibida*, vol. I, Santiago de Chile, Pehuén, 1989, pp. 55-56. A fines de los años cuarenta, Orlando Letelier estudió en la Escuela Militar durante tres años, antes de matricularse en la facultad de Derecho de la Universidad de Chile.
18. Dorfman, Ariel, *Más allá del miedo: el largo adiós a Pinochet*, Madrid, Siglo XXI, 2002, p. 156.
19. Prats González, p. 433.
20. *Resumen Mensual Iberoamericano. Septiembre de 1973. Chile.* Compendio de noticias sobre América Latina de periodicidad mensual que elaboraba el Centro de Documentación Iberoamericana del Instituto de Cultura Hispánica de Madrid, con la agencia France Press como fuente. Puede consultarse en la Biblioteca Hispánica de la Agencia Española de Cooperación Internacional, en Madrid.
21. Garcés (1995), p. 25.
22. Jara, Joan, *Víctor. Un canto inconcluso*, Santiago de Chile, Fundación Víctor Jara, 1993, p. 240.
23. *Resumen Mensual Iberoamericano. Septiembre de 1973. Chile.*
24. Prats González, p. 445.
25. La noche del 3 de agosto en una casa de Puente Alto, en la periferia de Santiago, los secretarios generales del Partido Socialista y del MIR, Carlos Altamirano y Miguel Enríquez, se reunieron con un grupo de marineros, encabezados por el sargento segundo Juan Cárdenas,

que les revelaron que en la Armada se estaba gestando un golpe de Estado. Tres días después, de madrugada, este suboficial y sus compañeros fueron detenidos, acusados por su institución de participar en un «movimiento subversivo» apoyado por «elementos extremistas». De inmediato, la prensa conservadora y la oposición emprendieron una campaña para acusar a Altamirano, Enríquez y Óscar Garretón —secretario general del MAPU— de promover la infiltración en las Fuerzas Armadas para preparar un «autogolpe» de la izquierda. Mientras, en el cuartel Silva Palma de Valparaíso aquellos militares democráticos eran torturados, preludio de lo que sucedería allí y en más de mil lugares de todo Chile a partir del 11 de septiembre.

26. Carvajal, Patricio, *Téngase presente*, Santiago de Chile, Ediciones Arquén, 1993.

27. *Cosas*, Santiago de Chile, 15 de julio de 1996, pp. 43-47.

28. *El Mercurio*, Santiago de Chile, 7 de septiembre de 2003, Cuerpo D, pp. 2-4.

29. Arellano Iturriaga, Sergio, *Más allá del abismo. Un testimonio y una perspectiva*, Santiago de Chile, Editorial Proyección, 1985, p. 47.

30. Prats González, pp. 445-446.

31. Gazmuri, Cristián, *La persistencia de la memoria. Reflexiones de un civil sobre la Dictadura*, Santiago de Chile, Centro de Investigaciones Diego Barros Arana y Ril Editores, 2000, pp. 14-15.

32. Corvalán, Luis, *De lo vivido y lo peleado. Memorias*, Santiago de Chile, LOM Ediciones, 1997, p. 153.

33. Garcés, Joan E., *Allende y la experiencia chilena. Las armas de la política*, Barcelona, Ariel, 1976, pp. 352-353.

34. Merino, José Toribio, *Bitácora de un almirante. Memorias*, Santiago de Chile, Andrés Bello, 1999, pp. 225-226. En infinidad de ocasiones hasta el día de hoy, desde diversas perspectivas ideológicas —incluso desde la izquierda—, se ha responsabilizado en parte del golpe de Estado a Carlos Altamirano por aquel discurso del 9 de septiembre de 1973. Es una imputación injusta y, por tanto, merece recordarse también el discurso que pronunció el 17 de septiembre de 1972, en un teatro de Santiago durante un acto organizado por el Partido Socialista, en las vísperas de la conmemoración del aniversario de la independencia nacional y del día de las Glorias del Ejército. En aquel discurso el senador Altamirano exaltó la historia nacional y la contribución de los verdaderos patriotas —O'Higgins, Balmaceda, Schneider, Allende— y denunció la actitud de la oposición y las injurias contra las Fuerzas Armadas, el gobierno y el presidente. «Por eso para nosotros, compañeros, el papel del Ejército es al revés de lo que suponen estos reaccionarios: crece y se dignifica en la medida en

que crecen nuestra libertad y nuestra soberanía. El pueblo chileno, junto a nuestras Fuerzas Armadas, defenderán esta segunda Independencia, impidiendo cualquier acto de sedición que pretendan hacer el imperialismo y sus aliados dentro de nuestro país.» *Patria Nueva*, Santiago de Chile, octubre de 1972. Once páginas sin numerar.

35. Huidobro Justiniano, Sergio, *Decisión naval*, Valparaíso, Imprenta de la Armada, 1989, pp. 235-238.
36. Pérez Carrillo, David, *La fronda militar: El 11 de septiembre*, p. 147, Departamento de Ciencia Política de la Universidad de Chile, Documento de trabajo, n.º 82, Santiago de Chile, 2006. Disponible en línea, <https://es.slideshare.net/foralliebsch/la-fronda-militar-11-sept-73>.
37. Merino, 228-229.
38. González Camus, Ignacio, *El día en que murió Allende*, Santiago de Chile, CESOC, 1993, p. 97.
39. Valenzuela, Arturo, *El quiebre de la democracia en Chile*, Santiago de Chile, Flacso, 1989, pp. 262-263.
40. Kornbluh, Peter, *Pinochet: los archivos secretos*, Barcelona, Crítica, 2004, p. 108.
41. Rouquié, Alain, *El Estado militar en América Latina*, Buenos Aires, Emecé, 1984, p. 272.
42. Garcés (1995), pp. 3-4 y 44-46.
43. Garcés (1976), pp. 355-356.
44. Pinochet Ugarte (1990), pp. 285-288. En estas páginas, sus memorias son una copia mimética de *El día decisivo*.
45. Bitar, p. 368. El presidente Allende pospuso su discurso para el día siguiente, a las once de la mañana, en el Foro Griego de la Universidad Técnica del Estado, cuando tenía previsto visitar la exposición *Por la vida... siempre* y dialogar con los estudiantes y trabajadores de esta casa de estudios. *La Nación*, Santiago de Chile, 11 de septiembre de 1973, p. 8.
46. Arancibia Clavel y Balart Páez (2006), p. 144.
47. *La Nación*, Santiago de Chile, 11 de septiembre de 1973, p. 24.
48. Pinochet Ugarte (1990), pp. 285-288.
49. Garcés (1976), p. 367.
50. Entrevista a Miria Contreras. «Mis últimas horas con el presidente Allende», *Bohemia*, n.º 36, La Habana, 6 de junio de 1974, p. 50.
51. Tal vez ocho años después de la publicación del primer volumen de sus memorias, tras su detención en Londres la noche del 16 de octubre de 1998, hubiera corregido esta afirmación.
52. El 13 de septiembre, Pinochet mandó un helicóptero a buscarles. *Qué Pasa*, Santiago de Chile, 30 de noviembre de 1973, pp. 35-37. Según su hija Lucía, había ordenado al coronel a cargo del regimiento que,

si fracasaba el golpe de Estado, les enviara a Argentina. Musia, Rosa, *Lucía Pinochet, una mujer valiente*, Santiago de Chile, Maye, 2008, p. 48.

53. *Las Últimas Noticias*, Santiago de Chile, 11 de septiembre de 1974, p. 2.

54. Cavallo, Ascanio y Serrano, Margarita, *Golpe. 11 de septiembre de 1973*, Santiago de Chile, Aguilar, 2003, pp. 71 y 101.

55. El 9 de septiembre, Pinochet había enviado a Orlando Urbina —segunda antigüedad del Ejército— a Temuco en comisión de servicio urgente, ya que no confiaba en que se sumara al golpe de Estado. También hizo saber a los conjurados que, si el 11 de septiembre no llegaba a su puesto de mando, Bonilla ocuparía su lugar y los generales que le antecedían en el escalafón —Urbina, Manuel Torres, Ernesto Baeza y Rolando González— deberían pasar a retiro. García de Leigh, p. 81.

56. Pinochet Ugarte (1990), p. 289.

57. El almirante Raúl Montero abandonó formalmente el cargo el 13 de septiembre de 1973. Véase la entrevista que María Olivia Mönckeberg le hizo dieciséis años después. *La Época*, Santiago de Chile, 8 de octubre de 1989, pp. 8-10.

58. Entrevista a Moy de Tohá. Archivo del autor.

59. Martner, pp. 669-671.

60. Verdugo, Patricia, *Interferencia secreta. 11 de septiembre de 1973*, Santiago de Chile, Sudamericana, 1998, pp. 79 y 112.

61. Garretón, Manuel Antonio *et al.*, *Por la razón sin la fuerza. Análisis y textos de los bandos de la dictadura militar*, Santiago de Chile, LOM Ediciones, 1998, pp. 59-61. Barros ha subrayado que aquellos bandos dictados por los golpistas carecían de fundamento constitucional, puesto que, según el Código de Justicia Militar, solo podían emplearse en tiempo de guerra y para gobernar a las tropas y los habitantes de los territorios ocupados. Barros, Robert, *La Junta militar. Pinochet y la Constitución de 1980*, Santiago de Chile, Sudamericana, 2005, p. 68.

62. Tres días después, treinta y cinco «prisioneros de guerra», entre los que figuraban José Tohá, Jaime Tohá, Orlando Letelier, Clodomiro Almeyda, Sergio Bitar, Carlos Matus, Fernando Flores, José Cademártori, Aníbal Palma, Edgardo Enríquez, Carlos Jorquera, Osvaldo Puccio y su hijo, Enrique Kirberg, Hernán Soto, Miguel Lawner, Daniel Vergara, Alfredo Joignant, Hugo Miranda y Carlos Lazo, fueron conducidos a la isla Dawson, en el estrecho de Magallanes, donde unas semanas después arribó también el secretario general del Partido Comunista, Luis Corvalán. Vuskovic, Sergio, *Dawson*, Madrid, Ediciones Michay, 1984, p. 131.

63. José Toribio Merino (La Serena, 1915) ingresó en la Escuela Naval en 1931. En 1936 hizo su primer viaje de instrucción en el petrolero *Maipo* hasta San Francisco. En 1943 pasó al acorazado *Latorre* como oficial de división. En 1952 fue comandante de la corbeta *Papudo* y entre 1954 y 1955 realizó el curso regular de Estado Mayor en la Academia de Guerra Naval, en la que en 1961 se desempeñó como instructor. Entre 1964 y 1969 fue subjefe del Estado Mayor General de la Armada. Al año siguiente fue designado comandante en jefe de la Escuadra y en 1972 comandante en jefe de la Primera Zona Naval.

64. Gustavo Leigh (Santiago, 1920) egresó como alférez de aviación en 1940. En los años siguientes fue segundo comandante del Grupo 11, comandante del Grupo 10, secretario general de la Fuerza Aérea, director de la Escuela de Aviación y jefe del Estado Mayor General de su institución.

65. César Mendoza (Santiago, 1918) ingresó en la Escuela de Carabineros en 1939. Estuvo destinado en Molina, Talca y San Bernardo y en 1961 se graduó en el Instituto Superior de Carabineros. Posteriormente, fue enviado a Valparaíso, Concepción y Santiago. En 1970 ascendió a general y en 1973 fue designado jefe del Departamento de Bienestar de la Dirección General de Carabineros.

66. Pinochet, Augusto, *Camino recorrido. Memorias de un soldado*, tomo 2, Santiago de Chile, Instituto Geográfico Militar, 1991, pp. 18-19.

67. Vidaurrázaga Manríquez, Ignacio, *Martes once. La primera resistencia*, Santiago de Chile, LOM Ediciones, 2013, p. 196.

68. Federico Willoughby, secretario de prensa de la Junta hasta febrero de 1976, ha escrito que el 11 de septiembre de 1973 por la noche, acordaron que la presidencia fuera rotativa por periodos de dos años. Willoughby-MacDonald, Federico, *La guerra. Historia íntima del poder en los últimos 55 años de política chilena. 1957-2012*, Santiago de Chile, Mare Nostrum, 2012, p. 162.

69. Constable, Pamela y Valenzuela, Arturo, *Una nación de enemigos. Chile bajo Pinochet*, Santiago de Chile, Ediciones de la Universidad Diego Portales, 2013, p. 37.

70. Arriagada, Genaro, *Por la razón o la fuerza. Chile bajo Pinochet*, Santiago de Chile, Sudamericana, 1998, p. 24.

71. De Masi, Piero, *Santiago. 1 de febrero de 1973 - 27 de enero de 1974*, Madrid, Cuadernos del Laberinto, 2017, pp. 106-112. De Masi era el encargado de negocios de la embajada de Italia en septiembre de 1973.

72. Peña (2015), p. 98.

73. Puga, Álvaro, *El mosaico de la memoria*, Santiago de Chile, Editorial Maye, 2008, pp. 161-165.

74. *La Tercera*, Santiago de Chile, 30 de diciembre de 1979, p. 21.

75. *Ercilla*, Santiago de Chile, 13 de marzo de 1974, pp. 11-17.

76. *Las Últimas Noticias*, Santiago de Chile, 8 de agosto de 1974, p. 7.

77. *Las Últimas Noticias*, Santiago de Chile, 11 de septiembre de 1974, pp. 2-3.

78. *La Tercera*, Santiago de Chile, 24 de agosto de 1975, pp. 4-5. En esta entrevista ya destacó la trascendencia del Tanquetazo e incluso relató un hecho que no había contado antes ni tampoco repitió después: «Por eso cuando vine con las tropas del Buin al centro de Santiago y uno de los comandantes me dijo: "Mi general, llegó el momento", le respondí: "Esperemos mejor. Hay que saber qué está pasando..."».

79. *Ercilla*, Santiago de Chile, 7 de septiembre de 1977, pp. 6-15.

80. Peña (2015), pp. 130-135. En enero de 1980, a los pocos días de la aparición de *El día decisivo* y de agotarse su primera edición de diez mil ejemplares, dos periodistas le preguntaron quién era la persona que lo entrevistaba. «Un fantasma, un fantasma...», respondió entre risas. Finalmente zanjó la cuestión: «... son las preguntas e inquietudes que se haría usted o se hace cualquiera de las personas ante un pasaje de la historia nacional». *Cosas*, Santiago de Chile, 3 de enero de 1980, pp. 12-15.

81. *La Segunda*, Santiago de Chile, 19 de diciembre de 1979, p. 5.

82. *La Tercera*, Santiago de Chile, 11 de enero de 1980, p. 14.

83. Oyarzún (1999), pp. 116-117 y 123-126.

84. Archivo Nacional de Chile, Ministerio del Interior, vol. 17484.

85. La asistencia económica proporcionada por Estados Unidos a la dictadura chilena entre 1974 y 1976 a través de organismos multilaterales fue de 628 millones de dólares, mientras que en el periodo 1971-1973 había sido de 67 millones. Arriagada (1998), p. 37.

86. Kornbluh (2004, edición en español), pp. 138-150.

87. Archivo de la Fundación Nacional Francisco Franco, doc. 21953, Rollo 176.

88. Entrevista a Pablo Zepeda. Archivo del autor.

89. González Camus (1993), pp. 396-399.

90. Herrero A., Víctor, *Agustín Edwards Eastman. Una biografía desclasificada del dueño de El Mercurio*, Santiago de Chile, Debate, 2014, pp. 396-397.

91. Véase su declaración en: *Algunos fundamentos de la intervención militar en Chile*, p. 67. En octubre de 1973, junto con otras cuatro personas, Urrutia Manzano representó a la Junta militar en la toma de posesión de Juan Domingo Perón como presidente de Argentina. Gallardo Silva, Mateo, *Íntima complacencia. Los juristas en Chile y el golpe militar de 1973. Antecedentes y testimonios*, Santiago de Chile,

Frasis Editores y *El Periodista*, 2003, p. 19. En 2013, con motivo del cuadragésimo aniversario del golpe de Estado, la Asociación Nacional de Magistrados del Poder Judicial de Chile, que reúne al 70% de los jueces, difundió una declaración en la que pidió «perdón» a «las víctimas, a sus deudos y a la sociedad chilena» por haber desistido durante la dictadura «de la ejecución de sus deberes más elementales e inexcusables». *El País*, Madrid, 6 de septiembre de 2013, p. 6.

92. Matus, Alejandra, *El libro negro de la justicia chilena*, Santiago de Chile, Planeta, 1999, p. 226.

93. *Resumen Mensual Iberoamericano. Septiembre de 1973. Chile.*

94. *El Mercurio*, Santiago de Chile, 13 de septiembre de 1973, p. 6.

95. *Tribuna*, Santiago de Chile, 21 de septiembre de 1973, p. 2.

96. *La Tercera*, Santiago de Chile, 20 de septiembre de 1973, p. 10.

97. Aylwin, Patricio, *El reencuentro de los demócratas. Del golpe al triunfo del No*, Santiago de Chile, Ediciones B, 1998, p. 20.

98. Aylwin, pp. 31-32.

99. *Tomic. Testimonios*, Santiago de Chile, Emisión, 1988, pp. 467-469.

100. *La Tercera*, Santiago de Chile, 18 de septiembre de 1973, p. 8.

101. Retamal Ávila, Julio, *Aylwin: La palabra de un demócrata*, Santiago de Chile, Planeta, 1990, pp. 258-265.

102. *Abc*, Madrid, 10 de octubre de 1973, pp. 33-35.

103. *Las Últimas Noticias*, Santiago de Chile, 11 de octubre de 1973, p. 20. Para el contenido de aquella reunión desde la perspectiva de la dictadura, véase: Acta n.º 19 de la Junta militar, de 10 de octubre de 1973.

104. Pinochet de la Barra, Óscar, sel., *Eduardo Frei M. Obras Escogidas. 1931-1982*, Santiago de Chile, Centro de Estudios Políticos Latinoamericanos Simón Bolívar, 1993, pp. 500-519.

105. De Masi, pp. 106-112.

106. Valenzuela, Arturo, «Los militares en el poder: la consolidación del poder unipersonal», en Paul W. Drake e Iván Jaksic, eds., *El difícil camino hacia la democracia en Chile. 1982-1990*, Santiago de Chile, Flacso, 1993, pp. 57-144.

107. Garretón (1998), p. 11. Sin embargo, Pinochet y sus asesores no se dieron cuenta de algo tan importante como lo que explicó el abogado de derechos humanos Eduardo Contreras: «Cuando el dictador decretó el "estado de guerra" el 12 de septiembre de 1973 para justificar las masacres de los consejos de guerra no imaginó que con ello hacía aplicables los Convenios de Ginebra sobre el trato a los prisioneros de guerra». Entrevista a Eduardo Contreras del autor. *Tiempo*, Madrid, 26 de junio de 2000, p. 48. A partir de 1999, con los avances en la lucha contra la impunidad, estos Convenios permitieron avanzar en el enjuiciamiento de los represores.

SEGUNDA PARTE

La «guerra» de Pinochet

La guerra no es solo un acto político, sino
un verdadero instrumento político, una continuación de las relaciones políticas, una manera de hacer política con otros medios...

KARL VON CLAUSEWITZ,
De la guerra

6

El imperio del terror

La revista española *Triunfo* dedicó su portada del 22 de septiembre de 1973 al golpe de Estado con una sola palabra, CHILE, en blanco sobre un expresivo fondo negro. Los sucesos del 11 de septiembre conmovieron al mundo y otorgaron a Augusto Pinochet una proyección universal, como paradigma del dictador despiadado y entronizado desde la traición. Su régimen se gestó a partir de un acto de guerra, el bombardeo de La Moneda —símbolo dramático y elocuente de aquella ruptura histórica—, y procedió a la destrucción de la democracia más avanzada de América Latina, con la clausura del Congreso Nacional, la prohibición de los partidos políticos, la supresión de las libertades y los derechos ciudadanos, el exilio y la represión sistemática contra el movimiento popular que había llevado a Salvador Allende a la presidencia de la República. Pinochet, el último en sumarse a la conspiración golpista, demostró muy pronto una ambición de poder incontenible para edificar un régimen autocrático de larga duración que no tardó en fijarse como meta la refundación política y económica del país. Y su instrumento fue el terror, puesto que no vaciló en desencadenar la única «guerra» en la que participó a lo largo de su vida: la guerra contra un pueblo desarmado.

«Yo soy Pinochet»

El jueves 13 de septiembre de 1973, cuando faltaban cinco minutos para las diez de la mañana y regía aún el primer toque de queda, que no concluyó hasta dos horas después —para volver a imperar desde las seis y media de la tarde—, Pinochet, Merino, Leigh y Mendoza se reunieron en la primera sesión ordinaria de la Junta y en aquel momento acordaron, entre otras medidas, que el líder del movimiento gremialista y profesor de Derecho en la Universidad Católica (UC), Jaime Guzmán, dirigiera el trabajo para la elaboración de una nueva Constitución. Asimismo, aprobaron que, hasta la reconstrucción de La Moneda, la sede del gobierno estaría radicada en el Edificio Gabriela Mistral. Eligieron, pues, uno de los símbolos de la Unidad Popular, un centro de convenciones con una torre de veintitrés pisos situado en el centro de la capital. Construido para la UNCTAD bajo la dirección del arquitecto Miguel Lawner,[1] lo rebautizaron como Edificio Diego Portales.[2] Con la utilización recurrente de la figura histórica de este ministro conservador —inspirador del régimen oligárquico que imperó durante las décadas centrales del siglo XIX tras los turbulentos años posteriores a la independencia—, así como de la de O'Higgins, pretendían situarse a la altura de los «padres de la patria» y legitimar el régimen.

A las diez y cuarenta y cinco de aquel mismo día, y en sesión secreta, la Junta volvió a reunirse para abordar otros aspectos mucho más complejos. Leyeron la autopsia realizada al cuerpo de Salvador Allende la noche del 11 de septiembre en el Hospital Militar y cedieron el informe suscrito por los jefes de los servicios médicos de las cuatro instituciones armadas —guardado en un sobre lacrado— al secretario de la Junta militar. Asimismo, Pinochet informó sobre la situación de su antecesor al frente del Ejército.[3]

El día anterior, Carlos Prats se había comunicado con su oficina para solicitar un salvoconducto y garantías de seguridad a fin de viajar a Argentina. El 14 de septiembre, Pinochet le devolvió la llamada y, despojado ya de la amabilidad y el supuesto afecto que impregnaban las letras que había escrito solo siete días antes, le expresó que a los numerosos problemas que debía enfrentar se unía el rumor —recogido incluso por la prensa internacional el 13 de septiembre—[4] de que él estaba dirigiendo unas fuerzas de la resistencia desde el sur. Prats le señaló que sabía bien que era un bulo sin fundamento, pero el dictador supeditó su salida del país a que apareciera en televisión para desmentirlo. La grabación se realizó a primera hora de aquella tarde en la Vicaría General Castrense.

El 15 de septiembre, a las seis y media de la mañana, Prats partió hacia el aeródromo de Tobalaba en un vehículo militar con escolta. Un helicóptero Puma del Ejército le llevó a Portillo, en la cordillera, y de allí en su vehículo particular, conducido por su chófer de muchos años, Germán López, se dirigió al paso fronterizo de Caracoles, donde le recibieron dos oficiales del Ejército argentino, quienes, por órdenes de su comandante en jefe, le dieron la bienvenida y le escoltaron hasta Mendoza. Antes de partir, entregó a uno de los oficiales de la escolta una carta manuscrita para Pinochet: «Augusto: El futuro dirá quién estuvo equivocado. Si lo que ustedes hicieron trae el bienestar general del país y el pueblo realmente siente que se impone una verdadera justicia social, me alegraré de haberme equivocado yo, al buscar con tanto afán una salida política que evitara el golpe».[5]

El 14 de septiembre, Moy de Tohá e Isabel Morel, la esposa de Orlando Letelier, se dirigieron al Ministerio de Defensa para averiguar la situación de sus maridos, presos desde el 11 de septiembre. Aquel día se encontraron por casualidad con el dictador en los pasillos del ministerio. «Ante mi estupor extendió con sus manos su gran capa e hizo el ademán de abrazarme. Creo que fueron los segundos más terribles de mi vida. Solo atiné a cruzar mis brazos tras mis espaldas. Me clavé las uñas en las palmas de las manos casi hasta hacérmelas sangrar», explicó Moy de Tohá en 1984. Rodeado de periodistas, Pinochet sonrió al verla y le preguntó: «Pero Moy ¿qué haces por aquí? ¿Te puedo ayudar en algo?». «Cerré los ojos y con los dientes apretados solo atiné a decirle: "Devuélveme a mi marido, devuélveme a mi marido".»[6]

El 16 de septiembre, a las nueve y media de la mañana, los integrantes de la Junta militar se reunieron en sesión secreta y acordaron repartirse la coordinación de las distintas áreas, que fueron designadas con lenguaje castrense: el «frente interno» quedó en manos de Leigh y Mendoza; el «frente económico» recayó en el almirante Merino y el «frente externo-bélico» se repartió entre los cuatro, aunque se especificó que Pinochet resolvería sobre las propuestas concretas que se plantearan «en cada caso».[7] Aquel domingo, este concedió la primera entrevista tras el golpe de Estado y, ante las cámaras del Canal 13, señaló que la Junta se había propuesto lograr la «recuperación integral» a través de «planes económicos, sociales y políticos» y que, cuando Chile hubiera recobrado «la normalidad», retomaría «su tradicional sistema democrático».[8]

Ese mismo día se enervó cuando le comunicaron que en todas las parroquias del país, en la misa dominical, se había leído la declaración aprobada el 13 de septiembre por el Comité Permanente del Episcopado, que no había sido validada por la Junta. La jerarquía católica expresó su dolor por «la sangre que ha enrojecido nuestras calles» y solicitaba «respeto por los caídos en la lucha» y por la memoria del presidente Salvador Allende, así como «moderación frente a los vencidos», aunque no se pronunció sobre el derrocamiento del gobierno constitucional ni sobre la derogación de las libertades y derechos democráticos. Además, esta institución se atrevía a colocarles el sello de la provisionalidad: «La cordura y el patriotismo de los chilenos, unidos a la tradición de democracia y de humanismo de nuestras Fuerzas Armadas permitirán que Chile pueda volver muy luego a la normalidad institucional, como lo han prometido los mismos integrantes de la Junta de Gobierno, y reiniciar su camino de progreso en la paz».[9]

La mañana del 18 de septiembre, una fotografía del dictador ocupó toda la primera página de *La Tercera*, bajo este titular con letras mayúsculas y mensaje amenazante, que fue la conclusión que el diario extrajo de sus palabras: «No habrá piedad con los extremistas». Al cumplirse una semana del golpe de Estado, Pinochet expresó su satisfacción por la celeridad inesperada con que habían logrado el control del país: «... los cálculos eran más o menos unos cinco días de lucha y se redujo a veinticuatro horas». Aunque tardó poco en corregir esta afirmación, entonces señaló: «Hago presente que de Arica a Magallanes todas las ciudades están normales. Ha habido pequeños focos, pero han sido sofocados de inmediato. Solo ha quedado Santiago. Santiago ha sido más difícil, como es lógico, porque es el corazón del país». «La situación está controlada en general.»[10]

Al mediodía se encontró con el cardenal Raúl Silva Henríquez en el tradicional *Te Deum* de Fiestas Patrias. Por razones de seguridad, la Junta había rechazado que tuviera lugar en su escenario tradicional, la catedral, y propuso un recinto militar, aunque finalmente el cardenal arrancó el compromiso de que se celebrara en la iglesia de la Gratitud Nacional, consagrada a los soldados de la guerra del Pacífico. En aquella ceremonia, invitados por Silva Henríquez, estuvieron presentes los tres expresidentes de la República que aún vivían, Gabriel González Videla, Jorge Alessandri y Eduardo Frei, además del presidente de la Corte Suprema, Enrique Urrutia; el contralor general de la República, Héctor Humeres, y el todavía rector de la Universidad de Chile, Edgardo Boeninger.

En su homilía, que de nuevo disgustó a Pinochet, el cardenal expresó: «Nos hemos reunido en este templo a orar por nuestra patria, cumpliendo así con una vieja y no interrumpida tradición (...). Hoy, dadas las dolorosas circunstancias que hemos vivido, esta celebración cobra un doble significado: venimos aquí a orar por los caídos y venimos también y sobre todo a orar por el porvenir de Chile». Llamó a reconstruir el país sin «vencedores ni vencidos» y ofreció «a los que en horas tan difíciles han echado sobre sus hombros la pesadísima responsabilidad de guiar nuestros destinos toda nuestra desinteresada colaboración».[11]

Mientras tanto, realizaban su trabajo numerosos periodistas de medios escritos y audiovisuales, que habían sido convocados por el aparato de prensa del régimen al que fue el primer acto público al que concurrieron los cuatro integrantes de la Junta militar, en un día tan relevante como el 18 de septiembre. Uno de los fotógrafos que llegó fue el holandés Chas Gerretsen, de 30 años, corresponsal de la revista estadounidense *Time* y de la Agencia Gamma, quien trabajaba en Chile desde enero, tras varios años en Vietnam. Gerretsen llegó a la iglesia de la Gratitud Nacional con su cámara Nikon F, su lente de 105 milímetros y dos películas Kodak con treinta y seis tomas en blanco y negro cada una... sin imaginar la trascendencia que aquel día tendría en su carrera profesional.

Después de las palabras del cardenal, y mientras los representantes de las diferentes confesiones pronunciaban sus rogativas, decidió fotografiar de manera individual a los miembros de la Junta, que en aquel momento estaban sentados en sillas contiguas, mientras el resto de los fotógrafos elegía planos generales. Leigh y Pinochet llevaban sus lentes oscuros, a pesar de la penumbra del templo religioso... «Cuando me acerqué a tomar la foto del general Pinochet, quienes lo rodeaban le sugirieron que se sacara los lentes que tenía puestos, pero él no les hizo caso y les respondió: "Yo soy Pinochet", y se los dejó puestos», explicó Gerretsen en 2013, cuarenta años después.

Repitió tres veces el retrato del dictador sentado, rígido, con los brazos cruzados y la gorra militar en las rodillas, la mirada fija y amenazante, el gesto duro, y escogió la primera toma... el instante que fijó su imagen para sus adversarios y también sus partidarios.[12] Su colega francés Sylvain Julianne, corresponsal de la Agencia Sigma, sacó sus fotografías de Chile y las entregó en París a representantes de la Agencia Gamma. Pronto aquella instantánea dio la vuelta al mundo... y, desde entonces, el dictador ya no volvió a usar gafas oscuras en público o al menos a permitir que le fotografiaran con ellas. Después del 18 de septiembre, Chas Gerretsen le entrevistó en dos ocasiones para la Agencia Gamma. «Nunca me dijo ni una sola palabra de esa imagen». Ni siquiera en la segunda entrevista, cuando posó en el jardín de la residencia del presidente Errázuriz tomando el té con su esposa. «Creo que la concertó para intentar cambiar la imagen que mi primera fotografía dejó de él.»[13]

En sus memorias, Pinochet dejó constancia de sus desavenencias tempranas con la jerarquía eclesiástica, en particular con Silva Henríquez.[14] De hecho, en la sesión secreta del 24 de septiembre, la Junta acordó que el Ministerio de Relaciones Exteriores planteara al Vaticano su reemplazo.[15] Tampoco debió de gustarle la referencia de Pablo VI, en la misa del 16 de septiembre, al golpe de Estado como un «trágico drama político».[16] Ni la carta que el obispo auxiliar de Santiago, Fernando Ariztía, le dirigió el 18 de septiembre para hablarle de la represión en Herminda de La Victoria, la zona donde vivía, a la que Víctor Jara dedicó su bellísimo disco *La población*, en la comuna de Barrancas, hoy Pudahuel: «En mi población, como en las vecinas, no ha existido ninguna resistencia armada a las fuerzas militares. Sin embargo, en estos días en el río Mapocho han aparecido numerosos cadáveres, en número mayor de veinte, de lo que han sido testigos centenares de pobladores (...). Presentan heridas a balas. No ha habido ningún combate en estos sectores, por lo cual no podemos liberarnos del pensamiento que hayan sido fusilados». Y, en alusión al mensaje que había dirigido al país aquel mismo día a través de los diarios, Ariztía señaló: «Creo en la veracidad del deseo del señor general para llegar a una pacificación de los chilenos y es por esto que con dolor le hago ver estos hechos que no tienden precisamente a liberar a los trabajadores de sus resquemores y que, comprendo perfectamente, no estén en conocimiento del señor presidente de la Junta de Gobierno. Es mi deber dárselos a conocer».[17]

El 28 de septiembre, el Comité Permanente del Episcopado visitó a la Junta militar para agradecer las deferencias que habían tenido y se comprometieron a dar a conocer la situación del país a los obispos de otras naciones.[18] El 9 de octubre, Pinochet, Merino, Leigh y Mendoza devolvieron la visita al cardenal en su residencia de la calle Erasmo Escala. Las palabras pronunciadas por Pablo VI el domingo 7, en las que deploró las «tristes noticias de represiones violentas que proceden de Chile», condicionaron el encuentro.[19] No obstante, Silva Henríquez destacó que siempre habían tenido buenas relaciones con todos los mandatarios del país —«la Iglesia no está llamada ni a poner gobiernos, ni a sacar gobiernos, ni a reconocer o no reconocer gobiernos»—,[20] mientras que Pinochet señaló que deseaban contar siempre con el respaldo de los obispos.[21]

Desde mediados de octubre y hasta finales de noviembre, el cardenal recorrió Estados Unidos, Canadá, Francia, Bélgica, Holanda, la República Federal Alemana e Italia y el 4 de noviembre fue recibido por el Papa.[22] Aunque en las entrevistas con medios internacionales y en privado —en cartas como la que había remitido el 11 de octubre al arzobispo de París—,[23] Silva Henríquez se mostró muy crítico con el gobierno de la Unidad Popular, bajo su dirección la Iglesia católica decidió impulsar, junto con otras confesiones como las iglesias luterana, metodista, metodista pentecostal, bautista, ortodoxa y la comunidad judía, la creación del Comité de Cooperación para la Paz, la primera institución que acogió a las víctimas de la dictadura y a sus familiares. Copresidido por los obispos Fernando Ariztía y Helmut Frenz (luterano), el comité funcionó hasta fines de 1975, cuando Pinochet exigió su disolución.[24]

«A punta de bayonetas»

El golpe de Estado tuvo una impresionante repercusión internacional y situó a Chile en el centro del mundo durante muchos años. El bombardeo de La Moneda, la inmolación del presidente Allende, el asesinato de Víctor Jara, las imágenes de los «prisioneros de guerra» en el Estadio Nacional, las hogueras de libros, el funeral de Pablo Neruda, los testimonios de los primeros exiliados[25] y el rechazo universal a la figura de Pinochet, convirtieron la democracia en Chile en una causa que conmovió y movilizó a miles de personas en países lejanos. Al igual que los partidos comunistas de América y Europa occidental y oriental, ya el 12 de septiembre la Internacional Socialista condenó el golpe de Estado[26] y horas después lo hizo también, a pesar de la posición adoptada por el PDC chileno, la Unión Mundial Democristiana, que manifestó su «profundo dolor por la trágica muerte del presidente Allende».[27]

Si el mismo 11 de septiembre cerca de treinta mil personas se manifestaron frente a la Embajada de Chile en Buenos Aires para repudiar el golpe de Estado,[28] al día siguiente, en Estocolmo hubo dos grandes manifestaciones, una promovida por el Partido Socialdemócrata del primer ministro Olof Palme y la otra por el Partido Comunista, la organización solidaria Chilekommitté y otras entidades.[29] «Con consternación y conmoción hemos recibido los informes acerca de que las fuerzas de derecha han tomado con violencia el poder en Chile. Los esfuerzos de transformaciones sociales pacíficas del presidente Salvador Allende han sido aplastados por la violencia militar», afirmó Palme,[30] símbolo, junto con el embajador Harald Edelstam, de la ejemplar solidaridad sueca.[31]

El 16 de septiembre, unas cien mil personas se manifestaron en Buenos Aires para repudiar a la dictadura.[32] Incluso en Barcelona, la tarde del sábado 22 de septiembre, decenas de jóvenes militantes antifascistas se concentraron en la Rambla, la principal arteria que une el corazón de la ciudad con el mar. «La revista *Triunfo* había llegado a los quioscos con aquella portada negra con CHILE en letras grandes, mayúsculas y blancas.[33] Muchos de nosotros la habíamos adquirido esa misma tarde. Nuestra indignación, nuestra rabia, nuestra impotencia nos consumían», recuerda el profesor Salvador López Arnal, entonces un joven militante antifranquista. «No sé quién dio el primer grito, pero alguien clamó: "¡Chile, Chile, Chile!". Y saltamos a la calle, a los laterales de las Ramblas. Por allí nos manifestamos hasta el puerto, hasta que llegó la policía de la dictadura a "disolver" la protesta.»[34] Un año después, y a pesar de la censura franquista, Quilapayún ofreció dos conciertos memorables en el Palau Blaugrana, organizados por la entidad Agermanament.

Por el contrario, el 13 de septiembre los regímenes militares de Brasil y Uruguay fueron los primeros en reconocer a la Junta como gobierno de Chile y el 15 de septiembre lo hizo la España franquista. Pocos días después, Pinochet recibió a su embajador, Enrique Pérez-Hernández, y en el inicio de aquella extensa conversación le agradeció de manera muy expresiva el gesto amistoso de su país. Según un documento del Ministerio de Asuntos Exteriores español, el embajador, en tono muy diplomático, le recomendó «moderación» y «clemencia». «Pinochet le aseguró que tendría especial cuidado en general y en casos concretos como el de Neruda», anotaron los funcionarios españoles.[35] Pérez-Hernández había informado confidencialmente que la represión contra la izquierda estaba siendo «muy dura».[36]

El embajador logró la repatriación del abogado y politólogo Joan Garcés, de su hermano Vicent (ingeniero agrónomo) y del periodista Luis Ángel Fernández, así como la salida del economista Manuel Ernesto Torrealba, exministro de Agricultura, que se habían refugiado en la legación. Partieron el 22 de septiembre en avión desde Pudahuel.

Otro documento de la diplomacia hispana, casi un mes después del golpe de Estado, apuntaba: «La situación está absolutamente controlada por la Junta de Gobierno; pero a punta de bayonetas y metralletas». «La represión ha sido muy dura y continúa siéndolo. Alguien ha visto que no menos de doscientos muertos son llevados al depósito de cadáveres cada noche e, incluso, nuestro Embajador ha llegado a verlos de día.» «El número de muertos se calcula que es de unos cuatro mil, de los que la mitad lo han sido en combates (resistencia en las fábricas y en barrios periféricos) y la otra mitad fusilados sin juicio previo.»[37] El 20 de septiembre, la CIA también informó que cuatro mil muertos era el resultado del golpe de Estado y de las posteriores operaciones represivas.[38]

Muy pronto, la Junta designó como nuevo embajador en España al general de Infantería retirado Francisco Gorigoitía, integrante de la misión militar en Ecuador de 1956-1959 y amigo de Pinochet.[39] Gorigoitía asumió sus funciones el 8 de octubre y presentó cartas credenciales justo un mes después.[40] Del mismo modo, el régimen sustituyó al resto de los embajadores y exoneró aproximadamente a un tercio de los funcionarios del servicio exterior.[41] Mientras tanto, entre el 21 y el 24 de septiembre la República Federal Alemana, Reino Unido y Estados Unidos reconocieron a la Junta.[42]

En cambio, en las primeras semanas se rompieron las relaciones diplomáticas con Cuba, Vietnam, Albania, Corea del Norte, la URSS, Bulgaria, Hungría, Checoslovaquia, Polonia, Yugoslavia y Zambia.[43] En los meses siguientes, países como Bélgica, Italia, Suecia y Colombia redujeron el nivel de su representación y dejaron sus legaciones al mando de encargados de negocios. A fines de 1973, Italia era el único país europeo con el que Chile mantenía relaciones diplomáticas que no había reconocido a la Junta.[44] En cuanto a México, las rompió el 27 de noviembre de 1974, tras la partida de las últimas personas asiladas en su embajada, y no las reanudó hasta el fin de la dictadura.[45]

El 29 y 30 de septiembre de 1973 se celebró en Helsinki la Conferencia Internacional de Solidaridad con el Pueblo de Chile. Los principales representantes chilenos fueron Isabel Allende Bussi, la hija menor del presidente, y el dirigente comunista Volodia Teitelboim, quien intervino en representación de todos los partidos de la Unidad Popular. «La violencia que se dejó caer desde ese martes 11 es algo casi increíble», afirmó Isabel Allende. «Creo que no deben olvidar, ni nadie debe olvidar, el mensaje del presidente Allende, que es fundamentalmente unidad en la acción y una resistencia que será dura, prolongada, difícil para el pueblo de Chile, pero que es necesaria, porque al fascismo y a la reacción hay que combatirlos.» Por su parte, Teitelboim advirtió a los miembros de la Junta que algún día tendrían que responder ante los tribunales de justicia: «Los verdugos se enfrentan hoy en Chile a un pueblo que sabe que los asesinos tendrán también su proceso de Nuremberg (...). Esto es algo que los asaltantes fascistas en Chile tendrán que recordar, porque el pueblo y la humanidad jamás olvidarán».[46] Empezaba entonces una pugna entre el régimen de Pinochet y la mayor parte de la comunidad internacional que la dictadura perdió desde el primer momento.

Un trato de caballeros

La tarde del 18 de septiembre de 1973, después de asistir al *Te Deum* en la iglesia de la Gratitud Nacional, Augusto Pinochet concedió una entrevista al programa *Veinticuatro Horas* de Televisión Española. Explicó que la situación en aquellos momentos era de «completa normalidad» y, entre los planes del régimen, destacó que varios expertos ya estaban trabajando en la elaboración de una nueva Constitución. Manolo Alcalá, el periodista de TVE, le inquirió por la posibilidad del restablecimiento de «la normalidad democrática que siempre caracterizó al país». «Sí, señor. Nosotros nos hemos trazado un plan de purificación del país. Cuando consideremos que el país esté en condiciones, porque se haya llegado a un nivel moral, económico, social y político que dé garantías, abandonaremos el poder, porque los cuatro miembros de la Junta somos generales antiguos que hemos tomado esta resolución solo para salvar a nuestra nación del caos a que nos llevaba el marxismo.» Ante la insistencia del periodista, que le preguntó si la Junta convocaría elecciones, Pinochet respondió afirmativamente: «Sí, señor, cuando ya se normalice esto; en un plazo que yo no lo sé, pero será cuando se normalice. Llamaremos a nuevas elecciones». Y, en un primer intento por caracterizar ideológicamente al régimen, se aventuró con una definición pretendidamente neutral: «Este movimiento no es ni de derechas, ni de izquierdas, es un movimiento nacional».[47]

El 21 de septiembre, en la Escuela Militar, Pinochet compareció por primera vez ante los periodistas nacionales y los numerosos enviados especiales que acababan de entrar en el país. Reafirmó que el golpe de Estado había evitado la guerra civil y negó en repetidas ocasiones que el régimen fuera a imitar la experiencia brasileña. «La resistencia marxista no ha terminado. Aún quedan extremistas. Debo manifestar que Chile está en estos momentos en estado de guerra interior», advirtió.[48] Algunas horas más tarde, suscribió ante notario una declaración jurada de sus bienes y pertenencias, como también hicieron Merino, Leigh y Mendoza en aquellos días.[49] Señaló como propiedades su casa en la comuna de Las Condes, valorada en tres millones de escudos; cuatro automóviles, uno marca Volkswagen, otro Fiat y dos Peugeot; una cuenta de ahorro con ciento cincuenta escudos; un terreno en San Francisco de Limache estimado en ocho mil dólares; joyas personales y familiares valoradas en medio millón de escudos; ahorros por la asignación en Ecuador por un importe de 117.887,65 dólares; 3.865 dólares en moneda extranjera; una biblioteca particular valorada en setecientos cincuenta mil escudos, y mobiliario y antigüedades estimados en cinco millones de escudos.[50]

El 22 de septiembre, *La Tercera* anunció en caracteres enormes en su primera página el descubrimiento del «siniestro Plan Z».[51] Empezaba la primera operación de propaganda desplegada por el régimen para legitimar el golpe de Estado. Dos días después, en esta misma dirección, el almirante Merino declaró a *La Segunda*: «Estamos viviendo una etapa de guerra interior, puesto que aún hay gente, y le vuelvo a decir, la mayoría extranjera, de los cuales los que conocemos son alrededor de 14.000, matando chilenos; mientras exista esta gente adentro tenemos que tener nuestras guarniciones y gente en pie de guerra, lista para rechazarlos o destruirlos si no quieren entregarse a la autoridad como se les ha dicho reiteradamente a través de todos los bandos».[52] La imaginaria presencia de miles de guerrilleros extranjeros en el país en septiembre de 1973 acompañó el discurso de la Junta durante años: era la justificación que aquella «guerra» requería. El 26 de septiembre, en su primer número después del golpe de Estado, la revista *Ercilla* publicó un artículo titulado «Planes para un asesinato en masa» y fue aún más allá: «Todos los hilos de la investigación, realizada en los últimos días por las fuerzas militares, permiten comprobar que el país iba hacia un *putsch* organizado por Allende y que debían cumplir extremistas chilenos y extranjeros. Trece mil hombres, provenientes de diversos países latinoamericanos, integraban las fuerzas de choque que el Gobierno marxista planeaba lanzar contra cuarteles militares, policiales y sectores residenciales señalados como "reaccionarios"».[53]

Los detalles finales de este invento burdo se conocieron el 30 de octubre cuando el Plan Z figuró en el *Libro blanco del cambio de gobierno en Chile*, entregado aquel día por la Secretaría General de Gobierno a la prensa y que también circuló ampliamente en el exterior, principalmente en Europa occidental y en Estados Unidos. Aún puede adquirirse en las librerías de viejo chilenas. Una de las evidencias más palmarias de su falsedad es que Pinochet ni siquiera lo mencionó en *El día decisivo*, a pesar de que incluye un apéndice con catorce documentos para legitimar el golpe de Estado, ni tampoco en los cuatro volúmenes de sus memorias.

El domingo 23 de septiembre, el centro de Santiago amaneció sometido a un violento operativo militar que se prolongó hasta las cuatro de la tarde. Tres mil soldados de distintas unidades, movilizados en uniforme de guerra y fuertemente armados, allanaron casa por casa el sector de unas cuarenta hectáreas delimitado por la plaza Italia, el Parque Forestal, el cerro Santa Lucía y la remodelación San Borja. La Clínica Santa María, donde yacía enfermo Pablo Neruda, quedó excluida por apenas unos cientos de metros.

Decenas de personas fueron detenidas y cada vivienda fue registrada minuciosamente por los soldados que buscaban «prófugos, francotiradores y armas». La fuerza militar reunió un gran volumen de documentos, libros, publicaciones y diarios considerados por el nuevo régimen como «propaganda marxista».[54] Fueron quemados en la vía pública, ante el espanto de los periodistas de los medios internacionales, que fotografiaron aquellas hogueras. El fuego purificador de Pinochet atrapó no solo a las obras publicadas por Quimantú, las revistas *Chile hoy* o *Punto Final* o el diario *El Siglo*, sino también títulos tan «subversivos» como estudios sobre el cubismo (confundidos con apologías de la Revolución Cubana) o tratados de ciencia titulados *La revolución del átomo*, vistos como «propaganda marxista».[55] Unas imágenes desoladoras que evocaban la barbarie del nazismo y dieron la vuelta al mundo.[56]

A las diez y media de la noche, la vida de Neruda se extinguió en la habitación 406 de la Clínica Santa María, después de unas horas de sufrimiento atroz al conocer la magnitud de la represión desencadenada por la dictadura. El 24 de septiembre, Pinochet envió al general Herman Brady y a su edecán, el coronel Enrique Morel —el oficial que aparece detrás en la icónica fotografía de Chas Gerretsen—, a presentar su pésame a Matilde Urrutia en La Chascona, pero la viuda rehuyó el saludo.[57] El 25 de septiembre, mientras eran vigiladas por militares fuertemente armados, centenares de personas despidieron al poeta en el Cementerio General, en la que se convirtió en la primera manifestación contra la dictadura. La Junta militar decretaría tres días de luto nacional con motivo del fallecimiento del «insigne poeta don Pablo Neruda».[58] Después de la querella presentada por el Partido Comunista el 31 de mayo de

2011, que dio pie a la exhumación de los restos y su análisis en laboratorios especializados de varios países, el magistrado Mario Carroza aún investiga si agentes de la dictadura asesinaron al poeta pocas horas antes de emprender viaje al exilio en México. El 16 de septiembre, en declaraciones a Radio Luxemburgo, Pinochet había tenido que responder a una pregunta sobre su estado de salud y lo hizo en estos términos: «No, Neruda no ha muerto. Está vivo y puede desplazarse libremente a donde quiere, igual que toda persona que, como él, tiene muchos años y está enferma. Nosotros no matamos a nadie y, si Neruda muere, será de muerte natural...».[59]

El 24 de septiembre, veinticinco de los cincuenta y cinco alumnos del Curso Militar de 1936 visitaron a Pinochet; de aquella promoción, solo el general Orlando Urbina y él quedaban en servicio activo. El grupo lo encabezó el coronel retirado Jaime Ferrer, quien se deshizo en loas y alabanzas hacia el dictador;[60] cuatro días después, este lo designó su delegado en el Banco de Crédito de Inversión con «la misión específica de efectuar una limpieza a fondo de personal enquistado».[61] El 16 de septiembre ya había nombrado a otro compañero de la Escuela Militar, el general retirado Galvarino Mandujano, nuevo director de Correos y Telégrafos.[62]

Junto con los plazos de duración del régimen —pregunta recurrente de la prensa nacional e internacional—,[63] otra de las incógnitas que Pinochet tuvo que enfrentar durante los primeros meses fue si efectivamente la presidencia de la Junta sería rotatoria. Al respecto, el 25 de septiembre manifestó: «Yo no pretendo estar dirigiendo la Junta durante lo que dure esta. Lo que haremos es rotar. Ahora soy yo. Mañana será el almirante Merino, luego el general Leigh y después el general Mendoza. No tengo interés de aparecer como una persona irremplazable. Yo no tengo ninguna aspiración y eso lo he manifestado siempre (...). Pero le repito, fue un trato de caballeros».[64]

Y en otra oportunidad en aquellos mismos días aseveró: «La Junta trabaja como una sola entidad. Yo fui elegido Presidente (...) porque el Ejército es la institución más antigua y existe prácticamente a lo largo de todo el país. Pero no solo seré yo Presidente de la Junta: después de un tiempo lo será el almirante Merino, luego el general Leigh y así sucesivamente. Soy un hombre sin ambiciones, no quiero aparecer como un detentador del poder: solo deseo el beneficio de mi patria y estoy dispuesto a morir en este ideal». En aquella entrevista también le preguntaron por los «principios doctrinarios» que sustentaban la actuación del régimen y demostró que, desde luego, las definiciones ideológicas no eran su punto fuerte: «Somos nacionalistas ciento por ciento. Primero la patria. (...) Se puede decir que de todas las líneas hemos tomado la mejor, pero no pretendemos tampoco crear un nuevo sistema». Y abordó las críticas internacionales a su régimen: «Tampoco somos inhumanos o crueles, pertenecemos a una sociedad formada en los principios cristianos occidentales. Se rumorea que fusilamos gente; los fusilamientos que ha habido fueron acordados por razones reales y en cada caso se ha seguido el juicio legal respectivo y han sido ejecutados aquellos que, armados, han enfrentado a nuestras tropas». En cuanto a la situación en que se hallaba la izquierda —«el movimiento marxista»— y tras hacer un gesto tajante con la mano, respondió: «Siempre nos ponemos en el peor de los casos. Hemos detectado bastante gente y hay síntomas de que habrá una posible reacción y estamos preparados para ello. Más bien estamos deseando que se produzca para terminar con el problema y dedicarnos a la exclusiva tarea de reconstrucción nacional en todos sus aspectos».[65]

Aquella fue la primera ocasión en que Lucía Hiriart, de la que no publicaron fotografías por razones de «seguridad», entregó sus opiniones a un medio de comunicación. Destacó que siempre había confiado en que su esposo llegaría a ser comandante en jefe del Ejército, «por su carrera distinguida», pero que jamás había pensado que el hombre con quien ya llevaba treinta años casada ocuparía «un lugar tan prominente» y menos en aquellas condiciones «porque mi marido es muy legalista y ciento por ciento profesional». Le rogaron que explicara cómo era el general Pinochet en un plano más personal. «Bueno, algunos dicen que es aparentemente duro o deshumanizado. Pero nada más lejos de eso. Es de buen carácter, bueno para la broma, apegado a la familia. Adora a sus nietos: juega a la lucha con ellos como niño chico.»

El 24 de septiembre, el *Diario Oficial* publicó el decreto ley n.º 27, que ordenó la clausura del Congreso Nacional, resolución que, cuatro días después, Eduardo Frei y Luis Pareto acataron a través de una declaración en su condición de presidentes del Senado y la Cámara de Diputados. El régimen también canceló la personalidad jurídica de la Central Única de Trabajadores (decreto ley n.º 12, de 17 de septiembre); ilegalizó los partidos de izquierdas y les arrebató sus bienes (decreto ley n.º 77, de 13 de octubre); disolvió el Tribunal Constitucional; declaró caducados y ordenó la incineración de los registros electorales; cesó a todos los alcaldes y regidores del país; asumió el control de la actividad sindical (decreto ley n.º 198, de 10 de diciembre); intervino las universidades con la designación de rectores-delegados (decreto ley n.º 50, de 1 de octubre), y el 26 de octubre declaró «en reorganización» todos los servicios y personal del Estado a excepción de los funcionarios del Poder Judicial y la Contraloría.

El 27 de septiembre, la Junta recibió al grupo de especialistas que ya trabajaba en una nueva Constitución. Este comité, integrado inicialmente por cinco personas —Enrique Ortúzar, Jaime Guzmán, Hernán Leigh, Sergio Diez y Jorge Ovalle—, entregó un memorándum que recogía los objetivos fundamentales de la nueva carta magna.[66] Dos meses después, se presentaron a los medios de comunicación las directrices iniciales del primer anteproyecto y ya asomaban la proscripción constitucional de los partidos de orientación marxista y el rol tutelar de las Fuerzas Armadas sobre el sistema político.[67]

Un enemigo implacable

El fin de semana del 29 y 30 de septiembre, para sus primeros días de asueto en varias semanas, Pinochet eligió la ciudad de Quillota, donde vivió en 1926 y 1927. En compañía de su esposa y sus hijos Marco Antonio y Jacqueline, llegó en helicóptero a la Escuela de Caballería, donde se alojaron. El domingo 30 asistió a una misa y después almorzó con un grupo de artistas, entre los que estaban Gloria Simonetti y los Huasos Quincheros, que durante la tarde ofrecieron un concierto en este recinto militar.[68] En los días posteriores viajó al norte por primera vez desde que estaba al frente del país. En Antofagasta se reunió con el comandante en jefe de la I División del Ejército, el general Joaquín Lagos, y afirmó que el secretario general del Partido Comunista, Luis Corvalán, que había sido detenido el 27 de septiembre y conducido a la isla Dawson, sería juzgado por traición a la patria, y que la izquierda planeaba asesinar a dos millones de personas: la quinta parte de la población del país.[69]

Desde finales de septiembre, los miembros de la Junta militar y los funcionarios de dos ministerios clave, Interior y la Secretaría General de Gobierno, así como sus órganos asesores en materia jurídica y económica, habían empezado a instalarse en la Torre Villavicencio del Edificio Diego Portales.[70] En aquellos días el coronel retirado Aníbal Carrasco —otro compañero de curso de Pinochet en la Escuela Militar— se ocupó de la adaptación del complejo a sus nuevas funciones.[71] Parte de aquella remodelación fue un gesto cargado de simbolismo: las puertas de las salas de conferencias tenían un elaborado pomo labrado con la forma de un puño alzado, muestra del orgullo y la conciencia de la clase obrera que construyó aquel edificio en un tiempo récord. La dictadura no dudó en girarlos para colocar los puños hacia abajo.

A partir del 15 de octubre y hasta su traslado a La Moneda en 1981, Pinochet tuvo allí su despacho, en la planta vigésimo segunda, mientras que en el piso superior se habilitó el «comedor presidencial», cerca del acceso al helipuerto de la azotea. No obstante, un día a la semana continuó trabajando en sus dependencias de la jefatura del Ejército, en el Ministerio de Defensa. También Lucía Hiriart se instaló allí, en el vigésimo piso de la torre, como presidenta de la fundación CEMA-Chile, creada en 1954, que agrupaba a los centros de madres. En los años siguientes, crearía y presidiría más de una decena de instituciones más, de carácter paternalista y caritativo.

El 11 de octubre, al cumplirse el primer mes del golpe de Estado, el gran salón plenario del Diego Portales acogió un acto solemne protagonizado por la Junta militar, y sobre todo por Pinochet, para inaugurar oficialmente la nueva sede del gobierno. Se cuidaron todos los detalles de la puesta en escena. Ante el cuerpo diplomático y todo el gabinete, los integrantes de la Junta ingresaron alineados al salón de honor, bajo los acordes del himno nacional interpretado por la Orquesta Sinfónica de Chile y el Coro de la Universidad de Chile. Junto a la mesa donde se sentaron figuraba la bandera en la que Bernardo O'Higgins juró la independencia nacional en 1818 y encima de ella, el tintero de plata utilizado en 1810 por Juan Martínez de Rozas, vocal de la primera Junta Nacional de Gobierno.[72] Solo Pinochet leyó un discurso, mientras que Merino, Leigh y Mendoza permanecieron sentados a su izquierda, hieráticos como efigies egipcias.[73] Detrás de ellos, una inscripción en grandes caracteres evocaba los dos hitos principales de la historia patria según la visión del régimen: «1810 – Chile – 1973».[74]

El primer discurso de Pinochet como presidente de la Junta, preparado de una manera concienzuda, estuvo centrado en legitimar el derrocamiento del gobierno constitucional de la Unidad Popular y en justificar la represión de la izquierda, claramente visible por la existencia de campos de concentración distribuidos por toda la geografía nacional, donde se hacinaban miles de «prisioneros de guerra». «Los siniestros planes para realizar una masacre en masa de un pueblo que no aceptaba sus ideas se habían preparado en forma subterránea. Países extranjeros enviaron armas y mercenarios del odio para combatirnos; sin embargo, la mano de Dios se hizo presente para salvarnos, unos pocos días antes de consumarse tan horrendo crimen. Hoy sabemos qué habría ocurrido, ya que documentos encontrados así lo indican: el marxismo internacional hubiera desatado la guerra civil en cumplimiento de sus siniestros planes y la vida de más de un millón de chilenos se habría segado a sangre y fuego.»

Como persistía la amenaza «externa e interna», recordó que habían tenido que decretar el estado de guerra y el de sitio y no ahorró críticas a quienes censuraban la actuación del régimen: «Han olvidado que nuestros soldados siguen aún combatiendo contra grupos de extremistas armados que en la oscuridad hieren o matan en forma artera. Esta lucha heroica no es una lucha fratricida, por el contrario, es la batalla constante para extirpar de raíz el mal de Chile». A pesar de estas palabras, quiso señalar que no había ni «vencedores ni vencidos», puesto que, en un plagio de las primigenias declaraciones de principios del fascismo español de los años treinta, entendían a Chile «como una Unidad de Destino».

Prometió también que respetarían las conquistas de los trabajadores y que buscarían la justicia social. «Afianzadas las metas anteriores, las Fuerzas Armadas y de Orden darán paso al restablecimiento de nuestra democracia, la que deberá renacer purificada de los vicios y malos hábitos que terminaron por destruir nuestras instituciones. Una nueva Constitución Política de la República debe permitir la evolución dinámica que el mundo actual reclama y alejar para siempre la politiquería, el sectarismo y la demagogia de la vida nacional; que ella sea la expresión suprema de la nueva institucionalidad y bajo estos moldes se proyecten los destinos de Chile.»[75]

Entre las cerca de mil quinientas personas que asistieron a aquel primer acto del régimen en el Diego Portales, estaba su madre, Avelina Ugarte, quien se movió con una discreción absoluta y evitó los focos de la prensa.[76] Al concluir la ceremonia, Federico Willoughby se ocupó de acompañarla a la salida hacia la Alameda, donde rehusó utilizar un vehículo oficial y solo le pidió que le consiguiera un taxi. «Entendí que ser hijo de esa señora viuda debe haber sido algo muy rígido.»[77]

Willoughby, uno de los conspiradores civiles de la primera hora, conocía a Pinochet desde su estancia en 1969 en Iquique. Tras su nombramiento como secretario de prensa de la Junta militar la tarde del 11 de septiembre de 1973, hasta su renuncia por razones de salud en febrero de 1976, trabajó junto al dictador de manera cotidiana, le acompañó en los viajes dentro y fuera del país y le aconsejó en su relación con los medios. En los años ochenta actuó como portavoz de grupúsculos «nacionalistas» y a fines de esa década se distanció de Pinochet y del régimen. Recientemente, ha ofrecido esta descripción de su personalidad: «Tenía pocos amigos íntimos. Solo ocasionales. Un librero de calle San Diego. Él de repente se arrancaba e iba para allá. (...) También tenía un amigo chino de Iquique y algunas damas.[78] Creo que él tenía como defensa una soledad intrínseca en su personalidad». «En compensación de su falta de amigos, era un enemigo implacable. Tenía ardides que revelaban su crueldad innata, de características que se cultivan desde la niñez en la crueldad con los animales o en los juegos. Aspecto de su carácter que fue expandiéndose con el poder, siempre oculto (...). Tenía afición por los detalles del sufrimiento ajeno. Las cosas crueles cuando alguien caía en desgracia. Cuando despedía a un militar, llamaba al oficial que cumplió la orden y pedía detalles: "¿Qué dijo, qué cara tenía, estaba la mujer ahí?".»[79]

La huella criminal

La noche del 18 de octubre, Pinochet aterrizó en Arica, donde una compañía del Regimiento de Infantería Rancagua, en el que estuvo destinado en 1953, le rindió honores. Fue recibido por el comandante en jefe de la VI División, el general Carlos Forestier, y por el teniente coronel Odlanier Mena.[80] Al día siguiente, visitó el campo de concentración de Pisagua, justo veinticinco años después de su estancia allí como capitán. Desde los primeros días posteriores al golpe de Estado, decenas de dirigentes y militantes de la Unidad Popular y del MIR fueron recluidos en esta caleta y el 18 de septiembre el buque mercante *Maipo* llegó desde Valparaíso con más de medio centenar de «prisioneros de guerra».

Desde el 11 de septiembre de 1973, miles de personas que militaban en los partidos y organizaciones de izquierdas fueron recluidas en el Estadio Nacional, la Academia de Guerra Aérea o el Estadio Chile en Santiago, en la antigua oficina salitrera de Chacabuco, el cuartel Silva Palma en Valparaíso, Tejas Verdes en San Antonio o la isla Dawson en el estrecho de Magallanes. Incluso un sobrino del dictador, George Munro Pinochet —hijo de su hermana María Inés y destacado fotógrafo paisajista—, estuvo preso y fue torturado en el cuartel Silva Palma entre diciembre de 1973 y marzo de 1974.[81] Centenares de personas fueron asesinadas, en algunos casos por pelotones de fusilamiento en cumplimiento de las condenas a muerte dictadas por consejos de guerra absolutamente irregulares, como fue el caso de Pisagua.

El 29 de septiembre fueron ejecutados allí Juan Calderón, Nolberto Cañas, Marcelo Guzmán, Luis Alberto Lizardi, Juan Jiménez y Michel Nash, este último un militante de las Juventudes Comunistas de 19 años que cumplía el servicio militar en el Regimiento Granaderos de Iquique y que se negó ante sus superiores a participar en la represión. El 11 de octubre fusilaron a Julio Cabezas, José Córdova, Mario Morris, Juan Valencia y Humberto Lizardi por los delitos de «traición a la patria» y espionaje para la infiltración en las Fuerzas Armadas. Y el 29 de octubre, pocos días después de la llegada de Pinochet, otro consejo de guerra condenó a muerte a Rodolfo Fuenzalida, Juan Antonio Ruz, José Sampson y Freddy Taberna.[82]

Después de visitar Pisagua y antes de regresar a Santiago, el 20 de octubre por la tarde el dictador fue recibido en el aeropuerto de Cerro Moreno, en Antofagasta, por el general Joaquín Lagos, comandante en jefe de la I División del Ejército, quien se apresuró a saludarle y le pidió conversar en privado. De inmediato, le relató lo sucedido en esta ciudad y en Calama horas antes...

El cambio del patrón represivo, hacia una planificación del terror y la búsqueda de su impacto social, llegó con la llamada Caravana de la Muerte, la comitiva que desde el 30 de septiembre recorrió en un helicóptero Puma buena parte del país. Los oficiales bajo el mando del general Sergio Arellano, quien actuó en la condición de «delegado» del comandante en jefe del Ejército,[83] eran el mayor Pedro Espinoza, el teniente coronel Sergio Arredondo, el mayor Carlos López Tapia, el capitán Marcelo Moren Brito, los tenientes Armando Fernández Larios y Juan Chiminelli y, como pilotos, los capitanes Emilio de la Mahotiere y Antonio Palomo, quien fue relevado por el capitán Luis Felipe Polanco el 16 de octubre. En uniforme de combate y armados hasta los dientes, llegaron a los regimientos de Linares, Temuco, Cauquenes, La Serena, Copiapó, Antofagasta y

Calama para asesinar con extrema crueldad a destacados dirigentes de izquierda y autoridades del gobierno de Allende que estaban presos bajo la acusación de cargos menores o incluso ya habían sido condenados a penas reducidas por las autoridades militares locales. El prólogo del viaje en Talca fue muy significativo.

Cuando Arellano se encontró en el casino de oficiales con el comandante de esta guarnición, el general Efraín Jaña, le preguntó sin dilación el número de «bajas» en su jurisdicción. «Mi general, la guarnición de Talca sin novedad», respondió Jaña. «¿Cómo que sin novedad? ¿Cuántas bajas?» «No hay bajas ni procesos en curso, mi general. El único problema que tuvimos, y que pudo haberse evitado con órdenes oportunas, ya fue resuelto. El exintendente fue procesado y fusilado.» «¡Acaso no sabe que estamos en guerra!», bramó Arellano. «No sé de qué guerra me habla, mi general.» Una hora después, en su condición de «oficial delegado» del comandante en jefe, Arellano exigió a Jaña que entregara el mando y designó al teniente coronel Olagier Benavente.[84] Después de sus escalas en Linares, Temuco, Cauquenes, La Serena y Copiapó, donde asesinaron a decenas de personas, el 18 de octubre el helicóptero Puma aterrizó en el Regimiento Esmeralda de Antofagasta.

Al día siguiente, minutos después de las diez de la mañana, cuando la comitiva había partido hacia Calama, el general Joaquín Lagos fue informado de que la noche anterior los hombres de Arellano habían llevado a catorce detenidos a una quebrada y los habían asesinado con ráfagas de metralleta y fusiles de repetición. Posteriormente, habían tirado la mayor parte de los cuerpos, despedazados, ante la morgue del hospital y allí permanecían a la vista de los transeúntes.[85] El general Lagos intentó sin éxito hablar con Pinochet.

El 20 de octubre dispuso que sin una orden suya no despegara el Puma, que había regresado de Calama aquella madrugada, donde habían masacrado a veintiséis personas, y pidió a su jefe que se desplazara hasta la intendencia. Allí mantuvieron un diálogo muy tenso en el que reprochó a Arellano su actitud «criminal» y le expresó su indignación por aquellos asesinatos «monstruosos y cobardes» cometidos sin su conocimiento dentro del territorio de su jurisdicción. Cuando el general Arellano intentó argüir que el coronel Sergio Arredondo había actuado por iniciativa propia, Lagos se molestó aún más por intentar imputar la responsabilidad a un subordinado suyo.

Arellano le replicó que respondía de los hechos y le mostró el documento firmado por el comandante en jefe que le acreditaba como su «oficial delegado» para revisar y acelerar los procesos y además le otorgaba capacidad de mando sobre él. Entonces, Lagos le exigió que abandonaran el territorio de la I División del Ejército y le advirtió que rendiría cuentas de lo sucedido a Pinochet, quien haría escala en la ciudad a su regreso a Santiago desde Iquique. Por la tarde, en el aeropuerto de Cerro Moreno, Lagos pudo dialogar con él. «En repetidas oportunidades le pregunté si había ordenado estas matanzas y él me respondió que no, pero no lo noté impactado por la atrocidad de los sucesos de los que le estaba informando. Me contestaba serio y con la cabeza gacha. (...) Al final de este encuentro quedé con la impresión de que Pinochet quedó más preocupado por mi actitud de rechazo a estos asesinatos que por la atrocidad de las cosas que le contaba», explicó en 2001.[86] Después le pidió su retirada de la institución, pero su superior le ordenó que permaneciera en su puesto y que sería trasladado a Santiago próximamente. Al final de aquella reunión, Pinochet telefoneó a Iquique y ordenó que Arellano regresara de inmediato a Santiago.

El 31 de octubre, ante la petición de que informara sobre las personas ejecutadas en su zona jurisdiccional, Lagos escribió el oficio n.º 2425/376, fechado en Antofagasta, dirigido directamente al jefe del Ejército para comunicarle que, por orden de su delegado, en Copiapó se había ejecutado a trece personas, en Antofagasta a catorce y en Calama a veintiséis.[87] Al conocer este documento, el dictador le citó para el día siguiente en la capital y él aprovechó aquella oportunidad para volver a pedirle su pase a retiro debido a aquellos crímenes, que no podía asumir «ni ante el país, ni ante el Ejército ni ante mi familia». No obtuvo respuesta y además le reservó una desagradable sorpresa, puesto que aquella misma noche el coronel Enrique Morel le transmitió la orden del comandante en jefe de que no debía especificar en su oficio los crímenes de la Caravana de la Muerte. Entonces fue consciente de que había «una verdadera connivencia entre Arellano y Pinochet».

El 2 de noviembre, Joaquín Lagos se dirigió al Diego Portales, donde un funcionario reelaboró su documento. Después abordó a Pinochet y le inquirió: «¿Tú ordenaste que rehiciera mi informe?». «Sí, claro, yo lo ordené.» «¡Pero eso no puede ser, Augusto, con esto me van a acusar a mí de estos crímenes!» «Quédate tranquilo, Joaquín, a ti no te va a pasar nada. Quédate tranquilo no más.» «¡Cómo me voy a quedar tranquilo, si esto que ha pasado es el desprestigio más grande que puede tener el Ejército!», añadió y tras reflexionar durante unos segundos le advirtió: «Tú tampoco puedes quedarte tranquilo con todo esto, Augusto, porque un día a ti será el primero que van a juzgar por lo que ha hecho esta comisión de Arellano. Acuérdate de mí».[88]

Si en su declaración judicial de julio de 1986 Joaquín Lagos obvió aquel oficio, en enero de 2001 proporcionó una copia al juez Juan Guzmán. «Bendita hora en que me lo entregó. Guardé ese papel veintisiete años y fue el que hundió a Pinochet», aseguró.[89] El 23 de enero de 2001, Guzmán interrogó al exdictador y le mostró el oficio n.º 2425/376 fechado en Antofagasta el 31 de octubre de 1973. «Yo no soy ningún criminal», repuso. Y descargó toda la responsabilidad de los crímenes en los comandantes de las respectivas guarniciones.[90]

Molesto porque intentara «limpiar su imagen», dos días después Lagos concedió una entrevista a Televisión Nacional y acusó a Pinochet de ser el máximo responsable de los crímenes de la Caravana de la Muerte. Su testimonio sobre la crueldad de Arellano y sus hombres estremeció a la sociedad chilena: «¡Si estaban hechos pedazos! ¡Si no eran cuerpos humanos! ¡De manera que yo quería armarlos por lo menos, dejarlos de una forma decente, más o menos! Pero eso no se pudo. ¡Les sacaban los ojos con los corvos, les quebraban las mandíbulas y todo, les quebraban las piernas! Al final les daban el golpe de gracia. Se ensañaron». Aún entonces se conmovía al evocarlo porque «nunca imaginé que podían proceder de esa forma tan brutal con gente indefensa».

En febrero de 1974, el general Joaquín Lagos fue trasladado a Santiago y en octubre de aquel año se retiró de la institución. En cambio, el 1 de diciembre de 1973 Pinochet ascendió a Sergio Arellano a general de división y le nombró comandante en jefe de la II División del Ejército, la más importante del país. Sus subordinados en la Caravana de la Muerte también fueron premiados con ascensos y casi todos ellos se integraron a la DINA.

Los oficiales que se opusieron a aquellos crímenes fueron marginados y en algunos casos incluso encarcelados, torturados y expulsados del país, como les sucedió al general Efraín Jaña[91] y al teniente coronel Fernando Reveco, destinado en Calama. Tanto el jefe del regimiento, el coronel Eugenio Rivera, como Reveco, presidente de los consejos de guerra en esta ciudad, se oponían a la pena de muerte y dictaron condenas reducidas para personas vinculadas a la Unidad Popular. A principios de octubre, Reveco fue llamado a Santiago por orden de la Junta y, sin darle ningún motivo, fue detenido y trasladado a una prisión militar donde pasó quince meses; incluso fue torturado en la Academia de Guerra Aérea.

En su testimonio para el fotoperiodista español Gervasio Sánchez, recordó la represión contra los militares constitucionalistas de la Armada, la Fuerza Aérea y el Ejército y contra aquellos oficiales que se habían sumado al golpe de Estado, pero no habían asumido la política represiva decretada por Pinochet que, según afirmó, convirtió al Ejército en su «guardia pretoriana». «En ese primer año, fuimos purgados unos doscientos oficiales, un 10 % del total.» «Impusieron un régimen de terror y tortura como medidas para ejercer el control en el interior de las Fuerzas Armadas. La Caravana del general Arellano cumplió esa finalidad con creces.» Y, además de la represión física, padeció otro castigo aún más doloroso para él: «Perdí la fe en algo tan valioso como era el servicio a la patria. Llevaba 23 años en el Ejército, desde los 15 años».[92]

El domingo 11 de noviembre, Pinochet leyó un discurso ante el cuerpo de generales del Ejército y altos oficiales de la guarnición de Santiago en el salón de actos de la Escuela Militar, antes de la celebración de una misa de campaña. Entonces expresó su satisfacción por «la disciplina, unidad y espíritu» que la institución había mostrado desde el 11 de septiembre.[93] En este Ejército ya no había lugar para oficiales como Fernando Reveco y Efraín Jaña, quienes fueron sometidos a un consejo de guerra por la Segunda Fiscalía Militar de Santiago.[94]

Dos días después, el dictador hizo una reflexión más profunda sobre el proyecto de la Junta. «No hemos pensado jamás en perpetuarnos en el poder, pero tampoco nos hemos fijado plazos como pretenden hacer ciertos políticos (...). Decimos que para normalizar el país y preparar un plan de gobierno necesitamos seis meses o algo más, pero esto no significa que sea la meta que aspiramos.» Añadió que habían contemplado tres opciones: ser un régimen de transición entre dos gobiernos «políticos» y, por tanto, devolver el poder a los civiles en un plazo breve; convertirse en una administración militar absoluta y «permanente», o bien la alternativa que habían escogido: ser «los iniciadores de un gran movimiento cívico-militar depurador de nuestras costumbres». Y en aquella ocasión, por primera vez, su crítica trascendió a la etapa de la Unidad Popular y retrocedió hasta los cimientos de la Constitución de 1925, ya que censuró a todos los gobiernos anteriores, porque habían generado las condiciones para su instalación. «Por lo tanto, es preciso revisar todo aquello que pudo generar el mal y llevarlo a los grados que conocimos», concluyó.[95]

El 16 de noviembre, el *Diario Oficial* publicó el decreto ley n.º 128, puesto que la Junta quiso aclarar en qué términos, según el decreto ley n.º 1, había asumido el «mando supremo de la nación». La nueva norma especificó que este órgano ejercía los poderes Constituyente, Legislativo y Ejecutivo y remarcó que el ordenamiento jurídico definido por la Constitución y las leyes seguía vigente mientras no se modificara o ya se hubiera modificado.

El puño de la DINA

El 31 de diciembre de 1973, Pinochet dirigió un mensaje escrito al país a modo de balance del año que cambió la historia de Chile: «Lejos está de los hogares chilenos la angustia que se vivía hasta el 11 de septiembre. Es como el recuerdo de una pesadilla ante el despertar de progreso de nuestro pueblo». Señaló que en el futuro las Fuerzas Armadas tendrían un rol de tutela sobre la institucionalidad e incluso en aquel momento estuvo presente una amenaza que repetiría hasta el cansancio en los años venideros: «Por doloroso que sea para nuestros sentimientos, aplastaremos con fuerza a los que pretendan quebrantar la paz o dañar a la patria».[96] Y 1974 empezó con un mensaje que no mereció entonces comentarios públicos e incluso pasó casi desapercibido, cuando el 3 de enero algunos diarios publicaron una breve noticia con un titular significativo que, según un portavoz, el propio dictador había trasladado para poner fin a las especulaciones periodísticas, tanto en Chile como en el extranjero: «La presidencia de la Junta no es rotativa».[97]

Dos días después, Pinochet envió un memorándum secreto, firmado como presidente de la Junta militar, a todas las unidades del Ejército con la referencia: «Decreto creación DINA». De este modo quiso poner en conocimiento de todos los mandos de la institución la reciente creación de la Dirección de Inteligencia Nacional (DINA), integrada por efectivos de las cuatro ramas de las Fuerzas Armadas y de Orden. La definió entonces como un organismo que iba a asesorar a la Junta en materia de «seguridad interior y exterior» y que dependería «exclusivamente» de esta. En aquel escrito solicitó a sus subordinados que prestaran la máxima colaboración a sus miembros cuando les fuera requerida y que guardaran el secreto más absoluto sobre las acciones de este organismo.[98] Al frente de la DINA había situado a un hombre de su absoluta confianza, el teniente coronel Manuel Contreras —jefe del Regimiento n.º 2 de Ingenieros de Tejas Verdes—, con quien había coincidido como profesor en la Escuela Militar en 1952 y quien fue profesor en la Academia de Guerra en 1966, cuando él era su subdirector.[99] Posteriormente, entre 1967 y 1969, Contreras se formó como oficial de Inteligencia en Fort Belvoir (Virginia, Estados Unidos), donde se adiestraban los *rangers* que eran enviados a Vietnam.[100]

El 6 de noviembre, Pinochet le encargó la organización de un organismo de inteligencia, que solo seis días después fue aprobado por la Junta.[101] En aquellos días, Contreras empezó a solicitar efectivos a las Fuerzas Armadas y a Carabineros. Uno de los seiscientos primeros integrantes de la DINA que llegaron a Tejas Verdes fue Samuel Fuenzalida, quien perteneció a este cuerpo represivo hasta 1975 y después partió a Alemania, desde donde en los años ochenta contribuyó con su testimonio a esclarecer sus crímenes. «Nos hacen formación y aparece Manuel Contreras, quien se presentó con su grado y su nombre; vestía uniforme verde olivo y tenía una pistola al cinto», declaró Fuenzalida a la Vicaría de la Solidaridad en 1987. «Nos hizo una arenga, señalando en síntesis que éramos lo mejor de las Fuerzas Armadas, que habíamos sido elegidos entre miles para tener un lugar de privilegio en la lucha contra el comunismo... Negaría la verdad si no dijera que todos en ese momento quedamos muy impresionados y hasta orgullosos de haber sido elegidos. Allí nos dijo que integraríamos la DINA, que tendríamos carta blanca para actuar y hacer nuestro trabajo. Nos dieron una tarjeta al salir de ese recinto que tenía nuestro nombre, el de la DINA y una lectura sobre la obligación de colaborar con nosotros por parte de cualquier autoridad. Los carnés con el puño aparecieron después, en 1974.»

Ese fue el logotipo de la DINA: un puño de acero. El puño de Pinochet. En Tejas Verdes, Contreras sintetizó a sus hombres la misión que el dictador les había encomendado: «Exterminaremos el marxismo y sus ideologías afines como si fueran plagas».[102]

Y la pluma de Jaime Guzmán

A principios de febrero, el general Pinochet emprendió una gira de seis días por el norte, acompañado por cinco ministros. En el inicio de aquel recorrido por el territorio de su país que más le gustaba, anunció que 1974 sería un año de «sacrificio» para la ciudadanía por la difícil situación económica del país y negó que su política económica, que había originado ya un aumento desorbitado del precio de los productos básicos y una caída notable de los salarios, estuviera perjudicando a los pobres y favoreciendo a los ricos. «Este Gobierno, señores, es un Gobierno de los chilenos» cuya misión era «salir del caos en que estábamos sumergidos».[103] Si en enero había visitado la emblemática industria textil Yarur en Santiago[104] y el 19 de febrero, en Rancagua, se reunió con los trabajadores de El Teniente,[105] entonces fue a Chuquicamata, la mayor mina de cobre a cielo abierto del mundo; allí advirtió que «terminó para siempre» el sindicalismo y que no habría elecciones en al menos cuatro o cinco años más.[106]

El 8 de febrero, en una rueda de prensa a su regreso a Santiago, confirmó que había recibido una carta del presidente del Partido Demócrata Cristiano (PDC), Patricio Aylwin, y en tono sarcástico manifestó que existía una coincidencia de planteamientos entre Aylwin y la Junta.[107] En efecto, el 18 de enero, Patricio Aylwin y Osvaldo Olguín, presidente y primer vicepresidente del PDC, le remitieron un escrito de once páginas con la intención de exponer al gobierno el pensamiento oficial de este partido para ayudar a «la difícil tarea de reconstrucción nacional en que, con patriotismo y honestidad», estaba empeñada «la Honorable Junta de Gobierno», pero también poner coto a la campaña contra su partido de parte de sectores del régimen.[108] Asimismo, exaltaron la identidad, la composición pluriclasista y la historia del PDC, «el primer partido político del país», y recordaron «la lucha que dimos durante los últimos tres años junto con muchos otros chilenos (...) en defensa de la libertad de nuestra patria y contra la amenaza totalitaria comunista». «Tenemos derecho a ser creídos cuando hemos dicho que queremos para el actual Gobierno el mayor éxito en su dura y difícil tarea de restaurar la institucionalidad democrática.»

Los máximos dirigentes del PDC aceptaban el régimen de emergencia que imperaba, pero expresaron su preocupación ante algunos aspectos. Señalaron que muchos compatriotas habían perdido su trabajo, habían sido marginados en su carrera como funcionarios o incluso detenidos y vejados solo por profesar ideas diferentes a las de la dictadura. Reclamaron también las garantías que un Estado de derecho ofrece a las personas privadas de libertad y manifestaron que el mayor sacrificio económico estaba recayendo en las clases populares y en los trabajadores, ya que, debido al aumento de los precios, los salarios difícilmente les alcanzaban para alimentarse y satisfacer las necesidades vitales de sus familias. Percibían que muchas familias pasaban hambre, mientras constataban que los beneficios de algunas empresas alcanzaban cotas elevadísimas y era evidente la sensación entre las élites de que lo sucedido en el país desde el 11 de septiembre tenía por objeto la restauración de sus privilegios y la recuperación de su poder económico e influencia social, que habían visto amenazados durante los años de la UP.

Aylwin y Olguín también se refirieron al decreto aprobado por la Junta el 31 de diciembre que reglamentaba el receso de los partidos no marxistas, una medida pensada casi exclusivamente para el PDC. Entre otras prohibiciones, no podían hacer declaraciones sobre la situación nacional, ni celebrar ningún tipo de reunión —ni siquiera en casas particulares—, ni intervenir de manera directa o indirecta en las elecciones de los sindicatos, juntas de vecinos, centros de madres, federaciones estudiantiles...[109] Al respecto, señalaron que la inactividad absoluta de «los sectores democráticos» facilitaba «la acción clandestina de los grupos marxistas» y solicitaron que se les permitiera al menos una labor interna de información, organización y orientación en sus locales.[110] Pinochet respondió a aquella misiva, de manera seca y breve, con otra fechada el 28 de enero de 1974. Les señaló que acusaba recibo de sus planteamientos, que «desde hace mucho tiempo tiene presente la Junta de Gobierno», y que derivaba su documento al ministro del Interior.[111]

El 11 de marzo, con motivo de cumplirse seis meses desde el golpe de Estado, en otro acto solemne celebrado en el Edificio Diego Portales, el régimen dio a conocer dos documentos a los que concedió una gran trascendencia: la *Declaración de principios del Gobierno de Chile* y *Las líneas de acción de la Junta de Gobierno de Chile*.[112] El primero fue suscrito aquel día por los integrantes de la Junta y su contenido evidenciaba su voluntad de permanencia, legitimada ya no por la coyuntura que había conducido al 11 de septiembre, sino por un proyecto de refundación de la nación.[113] Este documento refleja la ideología de la dictadura, una mezcla de integrismo católico, nacionalismo conservador, hispanismo, gremialismo y autoritarismo.[114]

En su intervención, Pinochet afirmó que ante el estado de guerra interna estaban actuando conforme a la legislación vigente y destacó unas palabras recientes del presidente de la Corte Suprema, Enrique Urrutia, quien había señalado que los tribunales de justicia funcionaban con absoluta independencia y que en el país se respetaban los derechos humanos.[115] Y, de acuerdo con lo consagrado en la *Declaración de principios*, que no fijaba plazos al régimen, reafirmó: «No pretendemos ser un mero gobierno de administración, ni una simple transición entre dos gobiernos partidistas, como los que el país conoció en el último tiempo. Tenemos la responsabilidad de proyectar hacia delante nuestra obra, iniciando una nueva era en la historia patria».

Aquel discurso y el contenido de la *Declaración de principios* fueron hábilmente pulidos por la pluma de Jaime Guzmán, profesor de Derecho en la Universidad Católica y líder del gremialismo, el movimiento de masas nacido de la movilización insurreccional de una parte de la clase media y de la burguesía contra el gobierno de la UP.[116] Hasta 1980, Jaime Guzmán fue el principal asesor civil de Pinochet y el inspirador del modelo político que quedaría definido en la Constitución del régimen: la «democracia protegida y autoritaria». Su colaboración se plasmó en la redacción de discursos y documentos, la publicación de artículos donde marcaba la opinión sobre la coyuntura y la intervención asidua en las reuniones de la Junta.[117] En un memorándum que dirigió a este órgano semanas después del golpe de Estado, Guzmán recomendó: «El éxito de la Junta está directamente ligado a su dureza y energía, que el país espera y aplaude. Todo complejo o vacilación a ese propósito será nefasto. El país sabe que afronta una dictadura. Solo exige que se ejerza con justicia y sin arbitrariedad (...). Transformar la dictadura en "dictablanda" sería un error de consecuencias imprevisibles. Es justamente lo que el marxismo espera en las sombras».[118]

Como ha escrito el politólogo Carlos Huneeus, Guzmán fue un dirigente notable, que supo mantener su influencia en el régimen durante años y reclutar a numerosos jóvenes que integraron la columna vertebral de la dictadura. De este modo, el gremialismo fue el grupo de civiles con mayor influencia y con el tiempo intentaron construir un poderoso movimiento político derechista, concebido para asumir el poder cuando los militares retornaran a los cuarteles.[119] Controlaron parcelas de poder como la Secretaría Nacional de la Juventud, que intentó penetrar en sectores populares, impulsaron el Frente Juvenil de Unidad Nacional y evolucionaron desde el corporativismo de matriz franquista al neoliberalismo y la alianza con los Chicago Boys.

El 12 de marzo de 1974, horas después del discurso de Pinochet en el Diego Portales, el general de la Fuerza Aérea Alberto Bachelet falleció en la cárcel pública a consecuencia de las torturas sufridas a manos de quienes habían sido sus compañeros de armas. Había sido procesado, junto con casi un centenar de oficiales y suboficiales constitucionalistas en el consejo de guerra 1-73 de la FACh. En octubre de 1973, tras quedar en arresto domiciliario durante un tiempo, ya era un hombre «absolutamente quebrado», recuerda su viuda, Ángela Jeria. «Son capaces de cualquier cosa, se sienten en guerra», le expresó entonces el general Bachelet.[120]

NOTAS

1. Miguel Lawner, militante del Partido Comunista, estuvo preso en la isla Dawson, la Academia de Guerra Aérea, Ritoque y Tres Álamos, hasta que en 1975 salió al exilio en Dinamarca. Véase su bellísimo libro: *La vida a pesar de todo*, Santiago de Chile, LOM Ediciones, 2003.
2. Acta n.º 1 de la Junta militar, de 13 de septiembre de 1973.
3. Acta n.º 2 de la Junta militar, de 13 de septiembre de 1973.
4. Así lo relata un destacado escritor y diplomático que entonces se hallaba en Roma. Uribe, Armando, *Memorias para Cecilia*, Santiago de Chile, Lumen, 2016, p. 474.
5. Prats González, pp. 450-451.
6. *Análisis*, Santiago de Chile, 13 de marzo de 1984, pp. 28-29.
7. Acta n.º 3 de la Junta militar, de 16 de septiembre de 1973.
8. *La Tercera*, Santiago de Chile, 17 de septiembre de 1973, p. 7.
9. Silva Henríquez, p. 499.
10. *La Tercera*, Santiago de Chile, 18 de septiembre de 1973, pp. 1 y 24.
11. Cavallo, Ascanio, *Los Te Deum del cardenal Silva Henríquez en el régimen militar*, Santiago de Chile, Ediciones Copygraph, 1988, pp. 13-18.
12. Brodsky, Roberto, «La foto de Pinochet», en Benjamín Mayer Foulkes y Francisco Roberto Pérez, eds., *Tráficos*, México DF, Editorial 17, 2013, pp. 305-312.
13. Saís D., Paola, «El general y el fotógrafo», *La Tercera*, Santiago de Chile, 1 de septiembre de 2013. En Latercera.com, <https://www.latercera.com/noticia/el-general-y-el-fotografo/>. Este vídeo contiene casi once minutos del *Te Deum* del 18 de septiembre de 1973 y en diversos momentos se distingue a Chas Gerretsen tomando fotografías, <https://www.youtube.com/watch?v=B4MgFjG6vcI>. El negativo de esta icónica imagen se conserva en el Museo Fotográfico de Holanda, en Rotterdam.
14. Pinochet Ugarte (1991), pp. 23-25.

15. Acta n.º 8 de la Junta militar, de 24 de septiembre de 1973.
16. *Comunicación,* publicación del Centro Nacional de Comunicación Social, México DF, 28 de septiembre de 1973, p. LA-10.
17. Archivo del cardenal Raúl Silva Henríquez, Carpeta 38.
18. *La Tercera,* Santiago de Chile, 29 de septiembre de 1973, p. 8.
19. *Chile-América,* n.º 1, Roma, septiembre de 1974, p. 11.
20. Transcripción de la conferencia de prensa del 9 de octubre de 1973. Archivo del cardenal Raúl Silva Henríquez, Carpeta 39.
21. *El Mercurio,* Santiago de Chile, 10 de octubre de 1973, pp. 15 y 19.
22. A su regreso a Chile, el cardenal declaró que Pablo VI les había urgido a continuar su acción pastoral: «Libertad ante cualquier Gobierno, defensa de los derechos humanos de todo hombre e impulsar y apoyar las conquistas sociales y económicas de los trabajadores». *La Prensa,* Santiago de Chile, 12 de diciembre de 1973, p. 8.
23. Archivo del cardenal Raúl Silva Henríquez, Carpeta 39.
24. Desde su creación el 6 de octubre de 1973, el Comité de Cooperación para la Paz prestó asistencia jurídica a casi 7.000 detenidos, presentó más de 2.300 recursos de amparo, defendió a 550 prisioneros en consejos de guerra e interpuso denuncias por la desaparición de 453 personas. Asimismo, facilitó atención médica a más de 70.000 personas y proporcionó alimentación a unos 35.000 niños en comedores comunitarios. Verdugo, Patricia, *Bucarest 187,* Barcelona, Sudamericana, 2001, pp. 34-35. Pero, como señaló el obispo Carlos Camus: «Nos costó convencernos, entonces, de que empezábamos a vivir una dictadura larga y cruel, como jamás la creíamos posible en Chile». Camus, Carlos, «La experiencia de la Iglesia chilena en la defensa de los derechos humanos», en Hugo Frühling, ed., *Represión política y defensa de los Derechos Humanos,* Santiago de Chile, CESOC-Programa de Derechos Humanos de la Academia de Humanismo Cristiano, 1986, pp. 51-57.
25. Los países que acogieron a refugiados chilenos fueron ciento diez, desde Australia y Nueva Zelanda a Mozambique, Suecia, México, Francia, Italia y Canadá. Alto Comisionado de las Naciones Unidas para los Refugiados, *La situación de los refugiados en el mundo. Cincuenta años de acción humanitaria,* Barcelona, Icaria, 2000, pp. 140-141.
26. *Comunicación,* Publicación del Centro Nacional de Comunicación Social, México DF, 28 de septiembre de 1973, p. LA-7.
27. *La Opinión,* Buenos Aires, 15 de septiembre de 1973, p. 3.
28. *Resumen Mensual Iberoamericano. Septiembre de 1973. Chile.*
29. Délano, Luis Enrique, *Diario de Estocolmo, 1971-1974,* Santiago de Chile, LOM Ediciones, 2010, p. 287.
30. Goñi, José, comp., *Olof Palme: Suecia y América Latina: antología de documentos políticos,* Montevideo, LAIS / Punto Sur, 1987, p. 137.

31. Camacho Padilla, Fernando, «El golpe de Estado en Chile y la reacción en Suecia», *Cuadernos Americanos*, n.º 154, México DF, 2015, pp. 203-238. Para un testimonio gráfico de aquella acogida, véase su cuidado trabajo *Suecia por Chile. Una historia visual del exilio y la solidaridad. 1970-1990*, Santiago de Chile, LOM Ediciones, 2009.

32. *Resumen Mensual Iberoamericano. Septiembre de 1973. Chile.*

33. Véase la portada que quedó grabada en la memoria de toda una generación en España en Triunfodigital.com, <http://www.triunfodigital.com/mostradorn.php?a%F1o=XXVIII&num=573&imagen=1&fecha=1973-09-22>.

34. Testimonio de Salvador López Arnal para este trabajo. «Desde entonces, para nosotros, Chile, Allende, la Unidad Popular, Víctor Jara... aquella hermosa experiencia que intentó *asaltar los cielos* de forma pacífica y constitucional siempre ha estado en nuestro corazón. Hasta el día de hoy y sin peligro de olvido. Cada 11 de septiembre lo recordamos en la plaza barcelonesa que lleva el nombre del presidente Salvador Allende».

35. Documento del 24 de septiembre de 1973 de la Subdirección General de Asuntos de Iberoamérica del Ministerio de Asuntos Exteriores de España, *España y el golpe de Estado en Chile*, Legajo R-13851 Top. 63/70 del Archivo del Ministerio de Asuntos Exteriores y Cooperación, Archivo General de la Administración (Alcalá de Henares).

36. Documento del 21 de septiembre de 1973 de la Subdirección General de Asuntos de Iberoamérica del Ministerio de Asuntos Exteriores de España. *España y el golpe de Estado en Chile.* Legajo R-13851 Top. 63/70 del Archivo del Ministerio de Asuntos Exteriores y Cooperación. Archivo General de la Administración (Alcalá de Henares).

37. Documento del 5 de octubre de 1973 de la Subdirección General de Asuntos de Iberoamérica del Ministerio de Asuntos Exteriores de España, *España y el golpe de Estado en Chile*, Legajo R-13851 Top. 63/70 del Archivo del Ministerio de Asuntos Exteriores y Cooperación, Archivo General de la Administración (Alcalá de Henares).

38. Soto y Villegas, p. 41.

39. *Abc*, Madrid, 23 de septiembre de 1973, p. 21.

40. Archivo General Histórico del Ministerio de Relaciones Exteriores de Chile, Fondo Países, vol. ESP/64A.

41. Bustos Díaz, Carlos Ignacio, *Diplomacia chilena. Una perspectiva histórica*, Santiago de Chile, Ril Editores, 2018, p. 463. En septiembre de 1973, Carlos Ignacio Bustos Díaz era consejero para asuntos políticos de la embajada de Chile en Argentina.

42. El 1 de octubre de 1973, ante las evidencias de la represión en Chile, Henry Kissinger expresó durante una reunión en el Departamento

de Estado: «Creo que deberíamos comprender nuestra política, sin importar cuán desagradablemente actúen ellos; el Gobierno [de Pinochet] es mejor para nosotros que lo que fue el de Allende». Kornbluh, Peter, «Documentos desclasificados muestran a Contreras como emisario secreto de Pinochet para Kissinger», *Ciper*, Santiago de Chile, 23 de diciembre de 2015, en Ciperchile.cl, <https://ciperchi le.cl/2015/12/23/documentos-desclasificados-muestran-a-contre ras-como-emisario-secreto-de-pinochet-para-kissinger/>.

43. Tosi, Claudia, «El rol de la Embajada de Italia en Santiago frente al golpe de Pinochet: entre la concesión del asilo diplomático y la amenaza de ruptura de las relaciones bilaterales», *Bicentenario*, vol. 5, n.º 2, Santiago de Chile, 2006, pp. 67-83.

44. *La Tercera*, Santiago de Chile, 28 de diciembre de 1973, p. 13.

45. Martínez Corbalá, Gonzalo, *Instantes de decisión. Chile, 1972-1973*, México DF, Grijalbo, 1998, pp. 251-253.

46. *¡Chile no está solo! Conferencia Internacional de Solidaridad con el Pueblo de Chile*, Helsinki, 29-30 de septiembre de 1973. Consultado en el archivo de la Fundación CIDOB de Barcelona. Aquella conferencia dio a conocer un «Llamamiento urgente por la solidaridad mundial con el pueblo de Chile», similar al que los partidos de la Unidad Popular habían aprobado en Roma el 18 de septiembre.

47. Entrevista citada en: *Nuevo Diario*, Madrid, 19 de septiembre de 1973, p. 22.

48. *La Tercera*, Santiago de Chile, 22 de septiembre de 1973, p. 4.

49. *El Mercurio*, Santiago de Chile, 23 de septiembre de 1973, p. 32.

50. Farfán y Vega, p. 217.

51. El fin último del Plan Z quedó expuesto con absoluta claridad en un opúsculo preparado por la dictadura: «Se conoce con el nombre de Plan Zeta el tenebroso plan gestado y organizado por connotados personeros del depuesto régimen marxista para efectuar un asesinato en masa de los efectivos de las Fuerzas Armadas, comenzando por los más altos jefes, es decir, los oficiales de mayor graduación, familiares de estos; destacados dirigentes políticos y gremiales. (...) El fin de todo esto no era otro que el de tomar el poder absoluto del país, para, una vez logrado esto, poder implantar un régimen marxista. (...) Gracias a las Fuerzas Armadas y Carabineros, Chile pudo evitar las catastróficas consecuencias que pudo acarrear el criminal plan, propio solo de una mente enfermiza o por una ambición de poder desmedida. Es así como hoy Chile entero está agradecido; serán miles y miles las madres que recordarán y darán gracias a Dios por haber permitido que sus Fuerzas Armadas evitaran tan sangriento suceso y serán millones de chilenos los que bendecirán a sus Fuerzas Armadas

por su oportuna intervención». Fuerzas Armadas y de Carabineros de Chile, *Septiembre de 1973. Los cien combates de una batalla*, Santiago de Chile, Empresa Editora Nacional Gabriela Mistral, 1974, pp. 89-92.

52. *La Segunda*, Santiago de Chile, 24 de septiembre de 1973, p. 4. Sin ningún sentido del ridículo, en octubre Merino aseguró incluso que el gobierno de la Unidad Popular tenía previsto reemplazar la bandera nacional por un paño diseñado en Holanda: la nueva enseña iba a ser roja y tendría una franja azul en el lado izquierdo, sobre la cual, evidentemente, aparecerían la hoz y el martillo... *El Mercurio*, Santiago de Chile, 19 de octubre de 1973, p. 8.

53. *Ercilla*, Santiago de Chile, 26 de septiembre de 1973, p. 21.

54. *El Mercurio*, Santiago de Chile, 24 de septiembre de 1973, p. 1.

55. *La Tercera*, Santiago de Chile, 24 de septiembre de 1973, pp. 2-3.

56. Véase este excelente trabajo: Rojas Lizama, María Angélica y Fernández Pérez, José Ignacio, *El golpe al libro y a las bibliotecas de la Universidad de Chile*, Santiago de Chile, Ediciones Universidad Tecnológica Metropolitana, 2015.

57. Amorós, Mario, *Neruda. El príncipe de los poetas*, Santiago de Chile, Ediciones B, 2015, pp. 544-545.

58. Archivo Nacional de Chile, Ministerio del Interior, vol. 17.484.

59. *Ínsula*, n.º 325, Madrid, diciembre de 1973, p. 10.

60. *La Prensa*, Santiago de Chile, 25 de septiembre de 1973, p. 5.

61. Acta n.º 6 de la Junta militar, de 20 de septiembre de 1973.

62. Acta n.º 3 de la Junta militar, de 16 de septiembre de 1973.

63. El 3 de octubre, en declaraciones publicadas por el diario *O Estado de Sao Paulo*, Pinochet ya anticipó que «el plazo de duración del Gobierno militar, por las tareas que precisamos cumplir, no parece muy breve». *Resumen Mensual Iberoamericano. Octubre de 1973. Chile.*

64. *La Segunda*, Santiago de Chile, 25 de septiembre de 1973, p. 10.

65. *Qué Pasa*, Santiago de Chile, 27 de septiembre de 1973, pp. 7-8.

66. Acta n.º 10 de la Junta militar, de 27 de septiembre de 1973.

67. *Resumen Mensual Iberoamericano. Noviembre de 1973. Chile.*

68. *La Tercera*, Santiago de Chile, 6 de octubre de 1973, p. 8.

69. *El Mercurio de Antofagasta*, Antofagasta, 6 de octubre de 1973, p. 1.

70. *La Tercera*, Santiago de Chile, 27 de septiembre de 1973, p. 3.

71. *El Mercurio*, Santiago de Chile, 15 de octubre de 1973, p. 17.

72. *Vea*, Santiago de Chile, 18 de octubre de 1973, pp. 2-3.

73. *Qué Pasa*, Santiago de Chile, 18 de octubre de 1973, p. 6.

74. *La Patria*, Santiago de Chile, 11 de octubre de 1973, p. 2. Este fue el primer día que circuló dicha cabecera, impulsada por la dictadura como heredera del diario gubernamental *La Nación*, fundado en

1917. Entre septiembre de 1975 y mayo de 1980, apareció como *El Cronista* y desde junio de ese año recuperó su histórica denominación.

75. Pinochet Ugarte, Augusto, *Realidad y destino de Chile*, Santiago de Chile, Empresa Editora Nacional Gabriela Mistral, 1973, pp. 3-12.

76. Avelina Ugarte no tuvo ninguna figuración pública. Entre sus actividades sociales apenas si fue madrina del Hogar de Menores de Quillota en los años setenta. Después de revisar miles de noticias en la prensa chilena a partir de 1973, solo hemos encontrado dos que recogieran sus opiniones. Sus declaraciones ya citadas a *Qué Pasa* en septiembre de 1981 y las que en marzo de 1976 realizó a *El Correo de Valdivia*, recogidas por *La Tercera*: «Tito es un hombre muy sencillo, de corazón muy bueno y muy justo». «Es alegre y bromista también. Posee un hermoso carácter. Ojalá no cambie nunca esa sencillez y esa bondad. Hasta aquí no ha cambiado. Es el mismo de siempre.» «Nunca presentí que mi hijo llegaría a ser Presidente de la República. Sabía sí que llegaría a ser general en jefe. El destino así lo quiso, para bien de Chile. Esto fue lo que le dije en mi primer abrazo después del 11 de septiembre, en una escena para mí inolvidable, que aconteció después de cuatro días en el Ministerio de Defensa.» *La Tercera*, Santiago de Chile, 22 de marzo de 1976, p. 2.

77. Willoughby-MacDonald, p. 196.

78. Al respecto, véase: Matus, Alejandra, «Pinochet las prefiere rubias», *Plan B*, Santiago de Chile, 12 de febrero de 2004, pp. 5-8. Y también: Matus (2013), pp. 223-227.

79. Willoughby-MacDonald, pp. 196-197.

80. *La Tercera*, Santiago de Chile, 20 de octubre de 1973, p. 4.

81. De nada le sirvió ser sobrino de Pinochet. «Al contrario, siempre fui el comunista de la familia y nunca tuve relación con el dictador. Antes de morir mi madre, de quien yo era muy cercano, lo dejé verla solo diez minutos, pero a su esposa jamás le permití entrar», explicó en 2016. *La Tercera*, Santiago de Chile, 28 de junio de 2016, en La tercera.com, <https://www.latercera.com/noticia/los-anos-en-pausa-de-george-munro/>. También estuvieron detenidos varios familiares de Lucía Hiriart, como Alejandra Matus ha explicado con precisión. Matus (2013), pp. 115-122.

82. Amorós, Mario, *Después de la lluvia. Chile, la memoria herida*, Santiago de Chile, Cuarto Propio, 2004, pp. 129-144.

83. De acuerdo con el reglamento del Estado Mayor del Ejército, un «oficial delegado» llevaba consigo un documento que lo acreditaba como representante directo de quien lo enviaba. Esta medida se adoptaba cuando se consideraba que uno o más comandantes no estaban actuando de acuerdo con las órdenes dictadas por la jefatura del

Ejército. Escalante, Jorge, *La misión era matar. El juicio a la caravana Pinochet-Arellano*, Santiago de Chile, LOM Ediciones, 2000, p. 25.

84. Verdugo, Patricia, *Los zarpazos del Puma*, Santiago de Chile, CESOC, 1989, pp. 27-35.

85. Declaración judicial del general Joaquín Lagos realizada el 3 de julio de 1986 ante el Primer Juzgado del Crimen de Antofagasta por la desaparición de Mario Silva, Miguel Manríquez y Marco de la Vega. Consultada en 2001 en la sección de Documentos de *El Mostrador*, en Elmostrador.cl, <http://www.elmostrador.cl>. Este documento está disponible en: <http://www.purochile.rrojasdatabank.info/lago01.htm>.

86. *El País*, Madrid, 28 de enero de 2001, p. 4.

87. Véase este documento reproducido en: Verdugo, Patricia, *Pruebas a la vista. La Caravana de la Muerte*, Santiago de Chile, Sudamericana, 2000. Páginas centrales sin numerar.

88. Escalante (2000), p. 16.

89. *El Mundo*, Madrid, 13 de julio de 2001, p. 22.

90. *El Mostrador*, Santiago de Chile, 24 de enero de 2001, en Elmostrador.cl, <http://www.elmostrador.cl>.

91. El general Efraín Jaña fue trasladado al Estado Mayor del Ejército, en Santiago, y días después, obligado a abandonar la institución a la que dedicó su vida. Estuvo detenido en varias unidades militares y en la cárcel pública hasta noviembre de 1975, cuando le conmutaron el año de presidio que le restaba por el exilio y salió a Colombia, después a Holanda y finalmente a Venezuela, donde vivió diez años y formó parte de la Organización de Militares por la Democracia y la Liberación Latinoamericana y del Caribe. Rodríguez, Mili, *Ya nunca me verás como me vieras. Doce testimonios del exilio*, Santiago de Chile, Las Ediciones del Ornitorrinco, 1990, pp. 40-59. En octubre de 2001, una decena de oficiales del Ejército retirados, entre ellos Jaña, presentaron ante el juez Juan Guzmán una querella contra Pinochet, Arellano, Manuel Contreras, Carlos Forestier y Odlanier Mena por detención ilegal y torturas. Un mes después, Lucía Hiriart les calificó de «traidores». *El Mercurio*, Santiago de Chile, 9 de noviembre de 2001, Cuerpo C, p. 5.

92. Sánchez, Gervasio, *La Caravana de la Muerte. Las víctimas de Pinochet*, Barcelona, Blume, 2001, p. 65.

93. *La Tercera*, Santiago de Chile, 13 de noviembre de 1973, p. 3.

94. Fajardo, Marco, *Contra Bachelet y otros. Algunas historias sobre el golpe militar al interior de las Fuerzas Armadas y de Orden*, Santiago de Chile, Quimantú, 2006, p. 109.

95. *El Mercurio*, Santiago de Chile, 13 de noviembre de 1973, pp. 1 y 8.

96. *El Mercurio*, Santiago de Chile, 2 de enero de 1974, pp. 1 y 11.

97. *La Tercera*, Santiago de Chile, 3 de enero de 1974, p. 11.

98. En 1999, la abogada de derechos humanos Carmen Hertz, viuda del periodista y militante comunista Carlos Berger, quien fue asesinado en Calama el 19 de octubre de 1973 por la Caravana de la Muerte, entregó al juez Juan Guzmán Tapia este importante documento.

99. Salazar, Manuel, *Contreras. Historia de un intocable*, Santiago de Chile, Grijalbo, 1995, p. 25.

100. Rebolledo, Javier, *El despertar de los cuervos. Tejas Verdes, el origen del exterminio en Chile*, Santiago de Chile, Ceibo Ediciones, 2013, p. 87. «Todos mis compañeros de curso volvían de Vietnam o estaban por irse y con frecuencia tuve la oportunidad de hablar con ellos de esta guerra», explicó Contreras en 2003. Robin, Marie-Monique, *Escuadrones de la muerte. La escuela francesa*, Buenos Aires, Sudamericana, 2005. p. 383.

101. En el acta de la reunión de la Junta quedó registrado así: «Se recibe al teniente coronel de Ejército señor Manuel Contreras, quien hace una detallada exposición sobre la organización de la Dirección Nacional de Inteligencia ante la Junta, el ministro de Defensa Nacional, el jefe del Estado Mayor de la Defensa Nacional, jefes de Estado Mayor y directores de personal de las cuatro instituciones, director de Investigaciones y director de Inteligencia del Ejército. Se acuerda que antes de materializar su organización, los directores de personal de las instituciones deben reunirse para determinar la forma de obtener el numeroso personal que se precisa». Acta n.º 33 de la Junta militar, de 12 de noviembre de 1973.

102. Declaración consultada en la Fundación de Documentación y Archivo de la Vicaría de la Solidaridad.

103. *Las Últimas Noticias*, Santiago de Chile, 2 de febrero de 1974, p. 30.

104. *La Patria*, Santiago de Chile, 30 de enero de 1974, p. 8.

105. *Las Últimas Noticias*, Santiago de Chile, 20 de febrero de 1974, p. 27.

106. *La Tercera*, Santiago de Chile, 5 de febrero de 1974, p. 3.

107. *El Mercurio*, Santiago de Chile, 9 de febrero de 1974, pp. 1 y 8.

108. Documento consultado en el Archivo Histórico Gabriel Valdés, en Ahgv.cl, <http://www.ahgv.cl/documento/carta-de-patricio-aylwin-y-osvaldo-olguin-a-augusto-pinochet-carta/>.

109. Archivo Nacional de Chile, Ministerio del Interior, vol. 17.497.

110. El 27 de febrero de 1974, Gabriel Valdés, ministro de Relaciones Exteriores entre 1964 y 1970, escribió a Patricio Aylwin para comentarle que había leído la carta que dirigieron a Pinochet el 18 de enero y el resumen de la reunión posterior que mantuvieron con el ministro del Interior. Le manifestó que aquella misiva tenía aspectos positivos,

pero que reconocía «la necesidad de la dictadura». Valdés, quien había estado ausente de Chile durante el periodo de la Unidad Popular, tampoco renunció a comentar el anhelo que compartieron una parte de los democratacristianos que secundaron el golpe de Estado: «La tesis: militares a corto plazo, DC a largo plazo, no solamente era ingenua sino mortal desde el punto de vista de los principios esenciales de la DC y de la subsistencia del Partido. Así fue estimado unánimemente por nuestros amigos europeos, que algo saben de fascismo». Documento consultado en el Archivo Histórico Gabriel Valdés, en Ahgv.cl, <http://www.ahgv.cl/documento/carta-de-gabriel-valdes-a-patricio-aylwin-carta-2/>. El 8 de mayo de 1974, Aylwin le respondió en términos muy duros. Caracterizó al régimen de Pinochet como «dictadura», pero de nuevo responsabilizó de lo sucedido a la Unidad Popular. Carta consultada en el Archivo Histórico de la Casa Museo Eduardo Frei Montalva, Carpeta 336.

111. Carta consultada en el Repositorio Digital Archivo Patricio Aylwin Azócar, en Archivopatricioaylwin.cl, <http://www.archivopatri cioaylwin.cl/handle/123456789/6978>.

112. *El Mercurio*, Santiago de Chile, 10 de marzo de 1974, pp. 40-41.

113. Moncada Durruti, Belén, *Jaime Guzmán. Una democracia contrarrevolucionaria*, Santiago de Chile, Ril Editores, 2006, p. 81.

114. Viera Gallo, José Antonio, «Esquema analítico de la ideología de la Junta militar chilena: Un fascismo dependiente», *Chile-América*, n.º 8-9, Roma, julio de 1975, pp. 33-41.

115. *La Patria*, Santiago de Chile, 12 de marzo de 1974, pp. 2-3.

116. Sobre Jaime Guzmán, el principal asesor civil de Pinochet durante los primeros años de la dictadura, Touraine trazó un lúcido retrato en agosto de 1973 en su imprescindible libro sobre los últimos meses de la Unidad Popular: «Me impresionó ver y escuchar a un tal Guzmán, periodista que es además profesor de Derecho Constitucional en la Universidad Católica. Jamás había visto un tipo de hombre así en este país. Me ha asustado: en los periodos de tensión extrema, se ven salir las cabezas más horribles. La suya está habitada por una pasión fría armada de una lógica falsa: es un inquisidor. Su palidez es la de los jóvenes fascistas de antes de la guerra. Cada una de sus palabras lanza una maniobra sinuosa. No sé si forma parte de un grupo extremista clandestino. En todo caso, merecería ser uno de sus jefes, pues pertenece al mundo del fanatismo fascista». Touraine, Alain, *Vida y muerte del Chile popular*, México DF, Siglo XXI, 1974, p. 69. Sobre el gremialismo, véase este trabajo clásico: Mattelart, Armand, «El "gremialismo" y la línea de masa de la burguesía chilena», en Enrique Gomariz, pr., *Chile bajo la Junta*, Madrid, Zero, 1976, pp. 93-125.

117. Véase, por ejemplo, su participación en una reunión de septiembre de 1974, cuando se discutió el fin del «estado de guerra». Acta n.º 153-a de la Junta militar, de 5 de septiembre de 1974.
118. Huneeus, Carlos, *El régimen de Pinochet*, Santiago de Chile, Sudamericana, 2000, p. 87.
119. Huneeus (2000), pp. 329-330.
120. Entrevista a Ángela Jeria. Archivo del autor.

7

El embrujo de la «coronación»

La tarde del 18 de septiembre de 1974, el Teatro Municipal de Santiago acogió un concierto extraordinario de gala en honor del Jefe Supremo de la Nación, el general Augusto Pinochet, y de la Junta militar. Con la participación del Coro Sinfónico de la Universidad de Chile y de la Orquesta Sinfónica de Chile, la soprano Marisa Lena, la contralto Ivonne Herbos, el tenor Juan E. Lira y el bajo Boris Subiabre interpretaron la *Misa de la Coronación*, compuesta por Mozart en 1779.[1] Apenas un año después del golpe de Estado ya se había arrogado el Poder Ejecutivo y el mando absoluto sobre el Ejército, y contaba con la fidelidad de las diversas agrupaciones de la derecha. Al mismo tiempo, la temible estructura represiva de la DINA solo estaba sometida a sus órdenes y, en un gesto lleno de simbolismo, lucía ya la banda tricolor que tradicionalmente utilizaban los presidentes constitucionales en las ocasiones más solemnes. A fines de 1974 concluyó su «coronación» al ser designado presidente de la República por la Junta. En aquel año, además, con los asesinatos del exministro José Tohá y del general Prats se deshizo de los principales testigos de su actuación entre 1971 y 1973.

El asesinato de José Tohá

El 13 de marzo de 1974, el dictador y su comitiva aterrizaron en Brasilia para asistir a la ceremonia de transmisión del mando en la cúspide del régimen militar, que Emilio Garrastazu Médici cedió a Ernesto Geisel. Viajaron acompañados por un equipo de Televisión Nacional, que ofreció una amplia cobertura de su primer viaje al exterior. Como sucedería a partir de entonces, el almirante José Toribio Merino le subrogó como presidente de la Junta militar durante aquellos cinco días fuera del país.

A su llegada, en un breve discurso, resaltó las similitudes entre ambos regímenes, aunque en Brasil los militares mantuvieron la formalidad del Congreso Nacional y sí hubo rotación en la jefatura del Estado: «Tanto Chile como Brasil estuvieron expuestos a ser sometidos por el comunismo internacional. En uno y otro caso, ello fue evitado por la acción cohesionada y oportuna de la Fuerza Pública, llamada por su naturaleza propia a defender la esencia de la patria y las bases fundamentales de la nacionalidad», afirmó. «Las Fuerzas Armadas (...) han asumido en ambos países la tarea de abrir un nuevo régimen político estable, duradero y proyectado al futuro.»[2] Pinochet se hospedó en el Hotel Eron de Brasilia y al día siguiente, vestido de civil, recorrió esta ciudad diseñada desde 1956 por el urbanista Lúcio Costa y el arquitecto Óscar Niemeyer —militante comunista y exiliado en París desde 1966—. Visitó la torre de televisión, la catedral, el palacio Alvorada —residencia del presidente brasileño—, la universidad, el palacio Planalto —sede del Poder Ejecutivo—, y el sector industrial de Tahuarinha.[3] Aquel día, en la recepción oficial ofrecida por el nuevo mandatario brasileño, Ernesto Geisel, se terció por primera vez la banda presidencial.[4]

Durante su estancia en Brasil se reunió con el dictador boliviano, el general Hugo Banzer, y suscribieron una breve declaración conjunta que, si bien no abordó la histórica demanda marítima del país altiplánico, sí reabrió el diálogo bilateral. Mantuvo también reuniones con Geisel y con el dictador uruguayo Juan María Bordaberry.[5] La tarde del 16 de marzo, en Río de Janeiro, después de visitar el Cristo Redentor de Corcovado y las playas de Copacabana y Botafogo y de asistir a misa en un cuartel, ofreció una recepción a la colonia chilena.[6] Cuando fue abordado por los periodistas para conocer su opinión ante la muerte del exministro del Interior y Defensa, José Tohá, se limitó a puntualizar que padecía un mal incurable y que se había suicidado.[7]

Tohá había sido trasladado a Santiago a mediados de enero de 1974 desde la isla Dawson por el gravísimo deterioro de su estado de salud y una acusada pérdida de peso. Fue recluido en el Hospital Militar, donde tuvo una mejor alimentación y recibió la visita de su familia, incluso de sus hijos —Carolina y José—, en dos ocasiones, una de ellas el 6 de febrero por su cumpleaños. El 16 de febrero fue conducido al hospital de la Fuerza Aérea y esa misma noche fue llevado encapuchado a la Academia de Guerra Aérea, una instalación adquirida para la FACh por él mismo cuando era ministro de Defensa, donde prosiguieron los interrogatorios.

Dos días después, su esposa se entrevistó por última vez con el dictador en su despacho del Edificio Diego Portales. «Señora, ¿qué se le ofrece?», le preguntó. «Perdóneme, no vengo a hablar con el presidente de la Junta, vengo a hablar con Augusto Pinochet, a quien conozco desde hace tiempo. Vengo a pedirte que me devuelvas a mi marido inmediatamente. Quiero que me lo devuelvas porque está mal, porque ha habido problemas, porque ha sido sacado de su recinto hospitalario sin autorización médica. Cualquier cosa que le pase en este momento puede ser gravísima. Necesito verlo, necesito estar con él.» «No me puedes pedir esto», arguyó Pinochet. «Esto no lo puedo hacer yo. Seguramente la FACh tendrá algún cargo contra tu marido. Tienes que agradecerme, Moy, que me hayas pedido audiencia y en menos de doce horas te haya sido concedida.»

Ella le recordó que nunca había tenido que solicitar audiencia para ir a su casa y siempre fue bien recibido. Mientras, Pinochet vociferaba que le iba a retirar la nacionalidad a Hortensia Bussi. «¿Por qué gritas tanto? Hace ya mucho tiempo que no te puedo oír ni en la televisión, gritas demasiado.» Ante su insistencia el dictador señaló: «Si hago algo, lo voy a hacer por ese niño chico que merece un padre». «De ese niño chico me encargo yo, que soy su madre. Si tú haces algo será porque reconoces que José es un ser maravilloso, el ser humano a quien tanto conociste.» Entonces hizo ademán de marcharse. «Mira, lo único que puedo hacer es apurar el proceso. Voy a hablar con el fiscal para que puedas ver a tu marido.»[8]

Aquella tarde, ante la gravedad de su estado de salud, José Tohá fue obligado a escribir una nota que un soldado de la Fuerza Aérea entregó a su esposa: «Mi querida Moy, te envío estas líneas para que sepas que estoy bien, no he tenido quebrantos mayores de salud, estoy tranquilo y te pido tengas seguridad y confianza. Te siento a ti y a los niños más cerca que nunca. Muchos cariños para Carolina y José. Recibe los besos y el amor de José». Fue su última carta y le impresionó sobremanera el sinuoso trazado de su letra, consecuencia de su extrema debilidad física. Dos días después, Tohá fue llevado de regreso al Hospital Militar y le impidieron recibir visitas.

No volvió a verle hasta el 9 de marzo, cuando lo visitó vigilada. «Estaba tendido en la cama y aparecí en la puerta», afirmó Moy de Tohá en México en 1975. «Entré y José desde la cama apretaba los ojos para ver quién era, cuando la distancia apenas era de tres metros, tal era el grado de declive físico al que le condujeron. Me tendí en la cama a su lado y le hice cariños y caricias. Él me repetía estas palabras: "Se paran a los pies de mi cama y hacen escarnio de mi indefensión". (...) Tenía claro que tenía que estimularle, hablarle de los niños, de la solidaridad internacional, de mis conversaciones con el general Prats, incluso de mis entrevistas con Pinochet. (...) José casi no habló. Decía: "Hay que proteger a los niños...".»[9] Y le confió sus terribles presagios: «Los niños no me van a ver nunca más, me van a ejecutar».[10]

El 15 de marzo de 1974 fue asesinado en el Hospital Militar, aunque el régimen aseguró que se había suicidado.[11] En 1984, Moy de Tohá recordó que su esposo sufría una fuerte depresión y presentaba un cuadro grave de desnutrición y que aun así estuvo sometido a permanentes interrogatorios, incomunicado, vejado. «Cuando me entregaron su cuerpo, pesaba 49 kilos y no olvide que José medía 1,95. (...) Lo único que puedo decirle es que el closet en donde aseguran que se habría ahorcado era mucho más bajo que José. Por otro lado, hay que recordar que él ya no tenía fuerzas para dar ni un solo paso».[12] Tohá era una amenaza para la dictadura y para el dictador: como ministro de Defensa durante un año y medio, era uno de los grandes testigos de la actuación de Pinochet antes del 11 de septiembre de 1973.

La noticia conmovió profundamente al general Carlos Prats en su exilio en Buenos Aires. En la carta que el 29 de agosto de 1974 dirigió a Moy de Tohá quiso explicarle: «¿Por qué se ensañaron con José? Porque a cada uno de los cómitres de hoy les torturaba la evidencia de que, dentro de la UP, José era quien mejor los conocía. Los observó humildes y obsecuentes, los vio hacer genuflexiones y supo de sus miserias íntimas, de sus celos interarmas, de su concupiscencia y frivolidad, de sus limitaciones intelectuales y culturales y de la farsa de su lealtad. José Tohá tenía mucho que decir...». Prats también se refirió a su sucesor al frente del Ejército: «En cuanto a la conducta de Pinochet, puedo decirte que su traición no tiene parangón en la historia de Chile. ¿Cómo puede entenderse su trayectoria bonachona y dúctil, entre marzo y septiembre de 1973, si él mismo ha reconocido su compromiso bajo firma para derrocar a Allende desde aquel mes? La explicación está en que en su personalidad —como en el caso de un Duvalier— se conjugan admirablemente una gran pequeñez mental con una gran dosis de perversidad espiritual, como lo ha estado demostrando con sus inauditas declaraciones recientes».[13]

En diciembre de 2010, los restos mortales de José Tohá fueron exhumados y dos informes forenses determinaron que su fallecimiento se produjo por la intervención de terceras personas. En septiembre de 2017, la Corte Suprema condenó a dos exoficiales de la Fuerza Aérea, Ramón Cáceres y Sergio Contreras, por haberle infligido tormentos de manera reiterada.[14] Y durante años, el doctor Alfonso Chelén, quien —como médico cirujano y perito criminalista de la Brigada de Homicidios de la Policía de Investigaciones— fue el primer especialista en examinar su cuerpo inerte en la habitación 303 del Hospital Militar, declaró que percibió signos en su cuello de una muerte por estrangulamiento y que después acomodaron su cuerpo para simular un suicidio. En mayo de 2018, la Corte de Apelaciones de Santiago decidió reabrir la investigación por la muerte de José Tohá, cuyas circunstancias y responsables directos aún se desconocen, como señaló su hija Carolina.[15]

Muy lejana queda la nota que Augusto Pinochet y Lucía Hiriart les escribieron el 10 de julio de 1973: «Lucía y Augusto Pinochet Ugarte, general de división, saludan atentamente a los distinguidos amigos don José Tohá G. y señora Victoria E. Morales de Tohá y en forma muy sentida les agradecen el noble gesto de amistad que tuvieron al despedirse de su gestión ministerial. Lucía y Augusto le expresan el sentido afecto que ellos tienen por el matrimonio Tohá Morales y les piden que los sigan considerando sus amigos. Esperamos que al regreso de Lucía tengamos la suerte de compartir con la grata compañía de ustedes. Mientras tanto, reciban el saludo y el afecto de siempre».[16]

Con Stroessner y Perón

Durante los primeros meses, varios generales del Ejército, como Óscar Bonilla, Sergio Arellano, Augusto Lutz y Javier Palacios, concedieron extensas entrevistas o declaraciones —principalmente a *Ercilla* y *Qué Pasa*—, algo impensable antes del 11 de septiembre de 1973, cuando la voz pública del Ejército era el comandante en jefe. Bonilla, por ejemplo, protagonizó numerosas declaraciones en las que pretendió encarnar el rostro más paternalista del nuevo régimen.[17] Arellano y Palacios evocaron su papel antes y durante el 11 de septiembre de 1973. Igualmente, Merino, Mendoza y Leigh se prodigaron en la prensa.

Por ejemplo, Leigh recibió al periodista Hugo Mery en su despacho del piso vigésimo primero de la Torre Villavicencio del Edificio Diego Portales en abril de 1974 y no dudó en pronunciarse sobre el debate permanente acerca de la duración de la dictadura cívico-militar: «Creo que más adelante va a ser necesario fijar un plazo. Hacerlo ahora sería contraproducente».[18] Asimismo, justificó por el estado de «conmoción interna», la privación de las libertades fundamentales e incluso la censura cinematográfica, que condujo ya entonces a la prohibición de *El último tango en París* o *La naranja mecánica* y en 1975 incluso a la retirada de las tiras televisivas de Mafalda.[19] «Esa conmoción no se ve en ninguna parte. ¿Cómo se expresa ella?», le preguntó Hugo Mery. «Hay planes, hay reuniones. Pero los tenemos tan presionados que no salen a flote», rebatió. La censura previa de prensa, cinematográfica y de la publicación de libros llevó al denominado «apagón cultural».

Pronto, Pinochet se preocupó de que, al menos en el Ejército, todo el protagonismo público recayera en su figura y en especial de moldear una cúpula militar absolutamente subordinada a su mando. El 21 de septiembre de 1973, la Junta había aprobado el decreto ley n.º 33, que le otorgó por el plazo de un año y en su condición de comandante en jefe la facultad excepcional de ascender o pasar a retiro a cualquier oficial de la institución, una atribución que había correspondido tradicionalmente al presidente de la República y al Consejo de Generales. Así, en abril de 1974, retiró a los generales de división Orlando Urbina (jefe del Estado Mayor General del Ejército), Manuel Torres (Inspector General del Ejército, tercer puesto en la línea de mando), Ernesto Baeza (cuarta antigüedad) y Ervaldo Rodríguez (jefe de la misión militar en Estados Unidos), quien la había solicitado meses antes por lealtad con el general Prats. También abandonaron la institución los generales de brigada Sergio Nuño, Raúl Contreras y Carlos Araya.[20] Óscar Bonilla quedó como segundo hombre, mientras que Augusto Lutz, que era hasta ese momento responsable de la Dirección de Inteligencia, fue enviado a Punta Arenas como comandante en jefe de la V División.

A fines de 1974, otros seis generales pasaron a retiro, mientras que ascendió al generalato el coronel Sergio Covarrubias, quien se ocupó de crear el Estado Mayor Presidencial a fin de asesorar al entonces ya presidente de la República.[21] En 1975, tras la muerte del general Bonilla, Pinochet designó a Herman Brady como ministro de Defensa y relegó a Sergio Arellano a la responsabilidad de jefe del Estado Mayor de la Defensa Nacional, antes de su retiro en enero de 1976. En 1989, el general Ernesto Baeza acusó a Pinochet de haber olvidado muy pronto a quienes le auparon al poder. «Recuerdo perfectamente el caso del general Stroessner o el caso de Franco, que mantuvieron a sus generales hasta el último día. Da la impresión que a él no le gustaba que los generales que estuvieron el 11 de septiembre tuviesen la confianza suficiente como para decirle lo que realmente estaba ocurriendo. (...) Los generales que estaban al comienzo en 1973, el 11 de septiembre, tenían la facultad y la amistad suficiente como para decirle realmente lo que estaba ocurriendo, porque considero un sentido de lealtad expresarle al amigo lo que realmente está ocurriendo y no engañarlo, no halagarlo con mentiras y falsedades».[22]

El apoyo incondicional del Ejército fue uno de los pilares de su «coronación» y de su permanencia al frente del régimen. Primero purgó a sus potenciales rivales, a quienes pudieran en algún momento conspirar contra él o hacerle sombra. Años después, en una hábil maniobra, optó por ampliar el cuerpo de generales, lo que otorgó a los oficiales mayores esperanzas y probabilidades de alcanzar la cima de su carrera. Si en 1973 el Ejército tenía veinticinco generales, en 1985 ya eran cincuenta y dos. Además, una parte importante de las principales autoridades del país —ministros, intendentes, gobernadores, alcaldes, rectores de universidades, directivos de empresas públicas, embajadas— fueron militares, principalmente del Ejército.[23] Asimismo, desde fines de 1976 modificó las reglas sobre retiro por antigüedad para permitir la continuidad de aquellos generales o vicealmirantes y contraalmirantes en la Armada, que debían retirarse y que estuviesen cumpliendo funciones de gobierno calificadas por el presidente de la República por decreto supremo.[24]

En consecuencia, encontramos declaraciones como esta, adoptada el 29 de marzo de 1978: «El Consejo Militar, integrado por todo el Cuerpo de Generales del Ejército, reunido en su primera sesión del presente año, ha resuelto por unanimidad de sus integrantes reiterar al señor Presidente de la República y comandante en jefe del Ejército su más amplio respaldo a las decisiones que ha tomado y tomará en el ejercicio de su alto cargo; y en este apoyo a su comandante en jefe no permitirán que se pretenda causar problemas u obstaculizar el camino que se ha trazado para lograr la nueva institucionalidad de nuestra patria».[25] O estas palabras del teniente general Carlos Forestier, vicecomandante en jefe del Ejército, el 23 de agosto de 1979 con motivo del sexto aniversario de su designación como comandante en jefe del Ejército: «Tengo el alto honor y orgullo de presentar mis saludos a nombre del Ejército. Honor por estar a sus órdenes, que son firmes, previsoras y serenas y orgullo por pertenecer a un Ejército que usted hizo grande y que está dispuesto a cumplir cualquier orden que sea».[26]

En marzo de 1984, Patricia J. Sethi, periodista de la revista estadounidense *Newsweek*, le comentó en la entrevista que le concedió que para algunos analistas estadounidenses el secreto de su fortaleza residía en el férreo control sobre el Ejército a través de las promociones y ascensos. «Estoy cansado de estas acusaciones injustas que se lanzan contra mí y contra mi Gobierno solo porque tenemos un Gobierno militar. Yo he sido militar por más de cincuenta años. He compartido el rancho con mis compañeros oficiales del Ejército. He pasado por todos los grados de la carrera, igual que ellos, y un sentido de lealtad ha emanado desde mí hacia ellos y desde ellos hacia mí. (...) Así pues, el secreto de mi supervivencia no es tal. Soy un hombre que está luchando por una causa justa: la lucha entre la Cristiandad y el espiritualismo, por una parte, y el marxismo y el materialismo, por la otra. Yo saco mi fuerza de Dios.»[27]

Por otra parte, a mediados de abril de 1974, en una entrevista concedida a la revista italiana *L'Europeo*, Pinochet planteó un plazo de administración del país por parte de las Fuerzas Armadas superior a una década, al anunciar que serían necesarios al menos cinco años para la normalización del país y otros tantos «para realizar objetivos concretos», aunque reiteró que las Fuerzas Armadas no pensaban gobernar Chile «por siempre». Por otra parte, negó que se torturara a los presos políticos, como se denunciaba en el exterior: «No se tortura en Chile. ¿Por qué, si hay mil modos diferentes para hacer hablar a la gente?».[28]

Sin embargo, en aquellos días el cardenal le solicitó una reunión privada, que tuvo lugar el 23 de abril,[29] con la intención de amortiguar el previsible impacto de la declaración que el episcopado iba a difundir al día siguiente, titulada «Chile, país de hermanos. La reconciliación en Chile», y que la Junta debatiría en su reunión de cinco días después.[30] En este documento los obispos cuestionaron por primera vez la actuación del régimen y señalaron que «la reconciliación» solo podría lograrse a partir del «respeto irrestricto de los derechos humanos». «La condición básica para una convivencia pacífica es la plena vigencia del Estado de Derecho, en el que la Constitución y la Ley sean una garantía para todos». Lamentaron, por tanto, las «detenciones arbitrarias» y los «interrogatorios con apremios físicos o morales». Los obispos —la única voz que entonces podía alzarse para denunciar las violaciones de los derechos humanos— también expresaron su preocupación por la situación económica, con el aumento del desempleo y los despidos arbitrarios por razones ideológicas.[31]

Esta declaración estuvo muy influida por el primer informe del Comité de Cooperación para la Paz, elaborado después de que el 29 de marzo hubiera presentado un recurso de amparo ante la Corte de Apelaciones de Santiago en favor de 131 personas detenidas desaparecidas, sin que obtuviera respuesta alguna.[32] Dicho informe mencionó la creación de la DINA y la práctica de la desaparición forzada de personas, incluyó un amplio párrafo dedicado a las «torturas verificadas» —aplicación de electricidad sobre los órganos sexuales y otras partes del cuerpo, quemaduras, ingestión de excrementos, colgamientos...— y expuso «la clara tendencia» hacia la institucionalización de estas vejaciones.[33]

El 7 de mayo, Pinochet visitó Lota y Coronel, donde estuvo destinado un cuarto de siglo atrás, como recordó en su discurso en esta segunda ciudad.[34] La represión había dejado también allí su huella: el 22 de octubre de 1973, un consejo de guerra dictaminó la pena de muerte contra los militantes comunistas Danilo González, alcalde de Lota; Isidoro Carrillo, gerente de la Empresa Nacional del Carbón, y los dirigentes sindicales Bernabé Cabrera y Vladimir

Araneda, acusados de haberse apropiado de grandes cantidades de explosivos para fabricar las bombas destinadas a «masacrar a familias completas» como parte del Plan Z. «Ejecutados 4 terroristas», tituló *El Mercurio*.[35]

El 13 de mayo, acompañado por su esposa y su hija Jacqueline, Pinochet viajó a Paraguay, un país sometido a la dictadura del general Alfredo Stroessner desde 1954, como invitado especial a las festividades nacionales del 14 y 15 de mayo. Unidos por el carácter opresivo de sus regímenes y su odio al comunismo, confraternizaron rápidamente: en una ceremonia celebrada en el palacio de gobierno, Pinochet decidió nombrar al dictador paraguayo General «Honoris Causa» del Ejército de Chile, distinción inédita hasta entonces, además de entregarle una réplica del sable de O'Higgins. Por su parte, él fue condecorado con la medalla y el collar Mariscal Francisco Solano López. En su primer día, la comitiva chilena también visitó el Panteón Nacional de los Héroes, donde depositó una ofrenda floral a los soldados caídos en las guerras contra la Triple Alianza en el siglo XIX y del Chaco.[36]

En el archivo paraguayo donde se conservan los miles de documentos descubiertos por el profesor Martín Almada el 22 de diciembre de 1992 —una parte de la documentación de la dictadura de Stroessner y numerosos papeles que confirmaron la existencia de la Operación Cóndor, hasta sumar más de medio millón de páginas—, se conserva la lista de las setenta y cuatro personas que le acompañaron en aquel viaje, además de un detallado programa de la visita e incluso la relación de las habitaciones que ocuparon en el Hotel Guaraní. Además del canciller Ismael Huerta, el ministro de Obras Públicas, general de aviación Sergio Figueroa; el vicepresidente de la Corporación de Fomento de la Producción, general Javier Palacios, y el secretario de prensa Federico Willoughby, integraba la expedición una parte del personal de la Casa Militar —dos cocineros, un mayordomo, el oficial de órdenes— y sendos equipos de Televisión Nacional de Chile (TVN), el Canal 13 y Chile Films, así como ocho personas a cargo de la seguridad del dictador, entre ellas los tenientes de Ejército Cristián Labbé y René Mena, junto con dos tenientes de Carabineros y once escoltas civiles.[37]

Cristián Labbé fue designado jefe de seguridad de Pinochet por Manuel Contreras a fines de 1973. Ya se había ocupado de la vigilancia de la casa de Laura de Noves después del golpe de Estado, pero a partir de entonces lo hizo vestido de civil y como servicio secreto, con siete hombres a su mando. Este coronel del Ejército en retiro, que ha sido procesado en varias causas por violaciones de los derechos humanos,[38] conoció al dictador en la intimidad y lo defiende hasta el día de hoy: «Muchos de sus más cercanos que han escrito sobre él lo retratan de buen humor, afable y llano, pero la verdad es que Pinochet es un hombre introvertido, de pocas palabras y más bien huraño».[39]

El 14 de mayo presenciaron un multitudinario «desfile de la juventud» en la avenida Palma, que atraviesa Asunción de oriente a poniente, con participación de la Escuela República de Chile, y visitaron el Colegio Militar, donde escucharon, seguramente complacidos, la «doctrina» que inspiraba al régimen —un anticomunismo zafio y primario— por boca de su comandante, el general Gerardo Alberto Johannsen.[40] En Asunción, Pinochet recibió el saludo del general Viaux, quien le solicitó, sin éxito, el indulto para la pena de cinco años de extrañamiento a que fue finalmente condenado por la Corte Suprema, tras cumplir dos años de prisión, por su complicidad en el asesinato del general Schneider, durante la recepción en el palacio de López que ofreció Stroessner.[41]

El 16 de mayo, Pinochet regresó a Chile en un avión de la compañía LAN, con una escala técnica de cuatro horas en la base militar de Morón, a unos veinte kilómetros al oeste de Buenos Aires, donde se reunió con el presidente argentino, Juan Domingo Perón.[42] Además de Perón, le recibieron su esposa y vicepresidenta, María Estela Martínez, el canciller Alberto Vignes, y el ministro de Bienestar Social José López Rega, en medio de un impresionante dispositivo de seguridad.[43] Aquella entrevista despertó una fuerte polémica por el repudio de la izquierda peronista, del movimiento estudiantil y de la Municipalidad de Buenos Aires, que lo declaró «persona non grata».[44]

Ninguno de los dos mandatarios ofreció detalles sobre los aspectos que conversaron en la biblioteca del casino de oficiales y se limitaron a calificar de «muy cordial» la entrevista de hora y media y de excelentes las relaciones bilaterales.[45] En sus memorias, Pinochet relató que se habían conocido cuando Perón visitó Chile en 1954 y él era el ayudante del subsecretario de Guerra y, sobre todo, que en Morón le manifestó su preocupación por que su país hubiera acogido a numerosos refugiados chilenos.[46] De hecho, en abril en Osorno había proporcionado a la prensa uno de aquellos titulares sensacionalistas que proliferaron hasta 1975: «Al otro lado de la frontera», en Argentina, había catorce mil «extremistas» preparándose para realizar «actividades terroristas en Chile».[47] Tras el encuentro entre Pinochet y Perón, los ministros de Relaciones Exteriores, Ismael Huerta y Alberto Juan Vignes, firmaron una declaración conjunta sobre los derechos de ambos países en la Antártida y varios convenios sobre transporte marítimo, terrestre y colaboración científica.[48]

El 24 de mayo, en el Edificio Diego Portales, Pinochet despidió a la selección nacional de fútbol, que partía hacia la República Federal Alemana para disputar el Campeonato Mundial. La selección se había clasificado después de que la URSS renunciara en noviembre de 1973 a disputar el último encuentro de las eliminatorias en el Estadio Nacional.[49] Fue entonces cuando uno de los mejores futbolistas chilenos, Carlos Caszely —estrella de Colo Colo que quedó subcampeón de la Copa Libertadores en 1973 y máximo goleador de aquel torneo con nueve tantos—, se negó a estrecharle la mano. Durante los años de la Unidad Popular, Caszely había expresado sus ideas de izquierda en revistas como *Ramona* o *Chile hoy* y poco antes de aquel encuentro, agentes de la dictadura habían secuestrado a su madre durante unos días.[50]

Jefe Supremo de la Nación

El 26 de junio de 1974, se publicó en el *Diario Oficial* el decreto ley n.º 527 sobre el Estatuto de la Junta de Gobierno, que determinó las responsabilidades de sus integrantes, la sucesión, el orden de precedencia y el método de trabajo.[51] Sus tres primeros artículos reafirmaron que la Junta había asumido los poderes Constituyente y Legislativo, que ejercía a través de la promulgación de decretos ley, además del Ejecutivo; que adoptaba sus decisiones por unanimidad; y, por otra parte, que el Poder Judicial seguía desarrollando sus funciones con las facultades vigentes antes del golpe de Estado. Su meollo era el artículo 7, que entregaba al presidente de la Junta el Poder Ejecutivo, con el título de Jefe Supremo de la Nación. Y recibía, además, un conjunto muy amplio de facultades, atribuciones y prerrogativas. «Al presidente de la Junta de Gobierno está confiada la administración y gobierno del Estado y su autoridad se extiende a todo cuanto tiene por objeto la conservación del orden público interno y la seguridad exterior de la República, de acuerdo con el presente Estatuto, la Constitución y las leyes», señalaba el artículo 9.

El artículo 10 detallaba hasta catorce «atribuciones especiales» del Jefe Supremo de la Nación, que se unían a las que la Constitución de 1925 y las leyes vigentes conferían al presidente de la República: dictar los reglamentos, decretos o instrucciones que desarrollaran las leyes; velar por la conducta de los magistrados y funcionarios del Poder Judicial; nombrar a los ministros, intendentes, gobernadores y a los magistrados de los tribunales superiores de justicia y a los jueces letrados; destituir a los empleados de la administración que designaba de conformidad con las leyes orgánicas de cada institución. Asimismo, invadió las competencias de Merino, Mendoza y Leigh, puesto que a partir de entonces podía disponer del conjunto de las Fuerzas Armadas y Carabineros y organizarlas y distribuirlas según estimara conveniente «oyendo a la Junta de Gobierno» y mandarlas previo acuerdo con la Junta. No obstante, según el tercer apartado de este artículo, Pinochet debía consultar también a este organismo cada nombramiento de ministros, subsecretarios, intendentes, gobernadores, agentes diplomáticos y magistrados de tribunales superiores, quienes —eso sí— permanecerían en sus puestos mientras contaran con su confianza. A diferencia de la situación definida por la Constitución de 1925, no podía interferir en los nombramientos de los oficiales de las otras tres ramas, salvo el de general o almirante, previo acuerdo de la Junta.[52]

La promulgación del decreto ley n.º 527 clausuró de manera definitiva cualquier debate sobre quién ocupaba la cima del régimen. Reforzado por un amplísimo repertorio de facultades, adornado por el ampuloso título de Jefe Supremo de la Nación, Pinochet era indiscutiblemente el rostro de aquel régimen pretendidamente portaliano e «impersonal», pero cada vez más representado por su figura y sus amplios poderes.

La ruptura del «trato de caballeros» adoptado la tarde del 11 de septiembre de 1973 en la Escuela Militar originó su primer enfrentamiento con Gustavo Leigh, el miembro de la Junta que más se resistió a suscribirlo. «No pienso firmar esto», le dijo con voz airada, «porque se están traicionando los principios que nos unieron. Adquieres con esto, Augusto, un poder gigantesco, incluso pasando a llevar las instituciones que comandamos y te reservas el derecho de todo, de absolutamente todo». El comandante en jefe del Ejército le respondió que su oposición fracturaría la unidad de la Junta, pero que en cualquier caso aquella norma saldría adelante. Merino y Mendoza respaldaron, con argumentos más bien confusos, a Pinochet. «Seguí negándome, señalándoles que eso le otorgaba una posición muy por sobre nosotros y muy por fuera del espíritu inicial de la Junta. Fue entonces cuando a Pinochet, ante mis dichos, le vino un ataque de furia tremendo. Nunca lo había visto así. Dio un tremendo puñetazo sobre la mesa, tan violento que quebró el cristal y se hizo una pequeña herida en su mano», dijo Leigh. Finalmente, ante la insistencia de Merino y Mendoza y para evitar el quiebre de la Junta, terminó por añadir su firma a aquel decreto ley.[53]

El 26 de junio, tras la publicación del decreto ley n.º 527, Pinochet ya pudo disfrutar de su flamante título de Jefe Supremo de la Nación, que las primeras constituciones del país habían utilizado para designar al titular del Poder Ejecutivo,[54] pero que también evocaba a dictadores tan despiadados como el dominicano Rafael Leónidas Trujillo, el Jefe. En su estreno como titular exclusivo del Poder Ejecutivo tuvo una agenda plagada de reuniones, puesto que recibió al embajador de El Salvador; al presidente de la comisión que preparaba la nueva Constitución, Enrique Ortúzar; a representantes de la Cruz Roja; a la directiva del Colegio de Ingenieros, y al nuncio apostólico, monseñor Sótero Sanz.[55]

Al día siguiente, en una solemne ceremonia, asumió formalmente el cargo de Jefe Supremo de la Nación e inauguró la vertiente mesiánica y providencialista de su discurso político. «Llego al Mando Supremo de la Nación sin haberlo jamás pensado ni mucho menos buscado. Soy un soldado que ingresó a las filas del Ejército sin otro norte que la entrega silenciosa y abnegada a la patria (...). Circunstancias trágicas para el país, que lo tuvieron al borde del abismo, llevaron a nuestras Fuerzas Armadas, esencialmente profesionales, a encontrarse frente al deber de asumir el Gobierno de la Nación. La Divina Providencia ha querido que este soldado que les habla, en su calidad de presidente de la Junta de Gobierno, sea ungido hoy como Jefe Supremo de la Nación chilena. Ejerceré con energía y justicia el principio de autoridad, ya que en él reside el elemento vital de subsistencia para cualquier comunidad organizada.»[56]

El 11 de julio, a diez meses del golpe de Estado, se produjo la primera reestructuración del gabinete. El general César Benavides sustituyó al general Óscar Bonilla al frente del Ministerio del Interior y este pasó a ocupar Defensa, una cartera de menor importancia. El vicealmirante Patricio Carvajal asumió Relaciones Exteriores y el contraalmirante Ismael Huerta fue enviado como embajador ante Naciones Unidas. Jorge Cauas ingresó como titular de Hacienda, mientras que continuaban Raúl Sáez al frente del Ministerio de Coordinación Económica y Fernando Léniz en Economía.

El 13 de julio, con la publicación del decreto ley 575, empezó el proceso de «regionalización», la división administrativa del país en trece regiones, subdivididas en provincias, gobernadas por un intendente regional y un gobernador provincial, respectivamente. El día anterior, Pinochet dirigió un mensaje escrito al país en el que reafirmó que el Estado chileno era unitario y que aquel proceso, si bien descentralizaba el poder, en ningún caso debilitaba la autoridad del gobierno.[57] De manera muy acertada, Pilar Vergara ha señalado que esta reforma estaba muy influida por el pensamiento geopolítico y la Doctrina de Seguridad Nacional. «Su objetivo es hacer más eficiente la labor de gobierno, al descentralizar el proceso de las decisiones que no revisten carácter político. Sin embargo, a través de la descentralización administrativa y regional se busca robustecer, y no debilitar, la influencia del poder central en la medida que refuerza el sistema vertical de mando, que ubica al Presidente de la República en la cúspide del poder».[58]

Además de su omnipotencia como titular del Poder Ejecutivo y del proceso de conformación de un cuerpo de generales absolutamente leal a su voluntad, Augusto Pinochet contó a su servicio con un «Ejército paralelo», la Dirección de Inteligencia Nacional, cuya existencia dejó de ser secreta cuando el 18 de junio de 1974 el *Diario Oficial* publicó el decreto ley n.º 521, que daba a conocer también sus funciones.

«La DINA es un organismo coordinado de los servicios de inteligencia de las cuatro ramas de la Defensa Nacional que ahora funcionan bajo una inspiración conjunta», explicó el dictador. «Los servicios de inteligencia enfocaban su trabajo tradicionalmente solo en el plano técnico militar, con acción interna en el plano de las unidades uniformadas y con vistas a proteger los intereses de Chile en el orden interno y en aspectos de soberanía. La DINA ha debido ampliar su programa de trabajo al comprobarse durante el régimen marxista y a su derrocamiento que había una vasta red de actividades sediciosas en todos los sectores del país. La DINA depende directamente de la Junta en su mando superior (...) es un buen brazo ejecutivo para llevar adelante nuestros cursos de acción para la seguridad nacional».[59] La acción de la DINA imprimió al régimen un carácter terrorista y fue decisiva para su consolidación en la cúspide.

A partir de su entrada en funcionamiento, la represión se tornó clandestina y selectiva y su expresión más cruel fue la desaparición forzada de personas. Esta práctica sistemática y planificada se inspiró en el Decreto Noche y Niebla que el 7 de diciembre de 1941 aprobó el mariscal alemán Wilhelm Keitel, jefe del Estado Mayor de la Wehrmacht, el mismo que en mayo de 1945 firmaría el acta de rendición del III Reich ante el mariscal soviético Gueorgui Zhukov. Desde entonces el Ejército alemán lo aplicó en los territorios ocupados contra miembros de la Resistencia o prisioneros de guerra, que eran deportados con la identidad «NN» a los campos de exterminio.[60]

La estructura de la DINA fue muy compleja, ya que debía organizar a sus centenares de agentes y a los casi cincuenta mil informantes con los que contó, según declaró Contreras en diversas ocasiones. En la cúspide había una comandancia al mando del director ejecutivo, Manuel Contreras,[61] y por debajo funcionaban subdirecciones, departamentos, brigadas y agrupaciones. También contaba con equipos asesores y unidades encargadas de actividades concretas como inteligencia electrónica, finanzas, propaganda y guerra psicológica, investigaciones económicas, contrainteligencia e incluso con profesionales que asistían en los campos legal y sanitario, incluida en este último la participación de médicos en las sesiones de tortura.

Sus principales responsables fueron oficiales del Ejército, mientras que entre los mandos operativos hubo una presencia notoria de personal de Carabineros y algunos civiles procedentes de las camadas de la extrema derecha. Contó con la colaboración de funcionarios del gobierno, de las empresas estatales y de las embajadas chilenas, así como de periodistas de distintos medios de comunicación. Además de los fondos reservados y de otros recursos que le entregaron, la DINA generó sus propias vías de financiación y para ello creó empresas en Chile y otros países y desarrolló complejas operaciones comerciales.

Con su creación, el dictador quiso poner fin a las disputas entre los servicios de inteligencia de las distintas ramas de las Fuerzas Armadas y Carabineros, ya que la DINA, sometida exclusivamente a su mando, era la principal responsable de la «guerra antisubversiva». Cuando surgieron disputas entre esta y otros sectores de las Fuerzas Armadas, en especial con el Servicio de Inteligencia de la Fuerza Aérea, siempre la respaldó. De hecho, tampoco ocultó a sus subordinados que él era el jefe supremo de la DINA para imponer las prerrogativas elefantiásicas de Contreras y garantizar el cumplimiento de todas sus órdenes. Así, en septiembre de 1974 durante una reunión del cuerpo de generales a la que asistió Augusto Lutz, el dictador cerró la discusión sobre su actuación con una sentencia lapidaria: «La DINA soy yo». Lutz narró el contenido de aquella reunión a su hija María Olga, quien lo expuso en su declaración ante el juez Baltasar Garzón en 1998.[62] El general Lutz murió en circunstancias extrañas el 28 de noviembre de 1974. En junio de 2018, sus restos fueron exhumados en el marco de la investigación judicial abierta por el magistrado Mario Carroza para determinar si fue asesinado.[63] Además, la DINA vigiló y espió a altos oficiales e importantes funcionarios del régimen que consideraba que podían convertirse en una amenaza para el dictador.[64]

En un recurso de trescientas páginas presentado ante la Corte Suprema, el 23 de diciembre de 1997, para solicitar la revisión de su condena a siete años de cárcel como coautor del homicidio calificado de Orlando Letelier y Ronni Moffitt, Contreras confirmó la identidad del máximo responsable de la DINA: «Siempre cumplí (...) conforme las órdenes que el señor Presidente de la República me daba. Solamente él, como autoridad superior de la DINA, podía disponer y ordenar las misiones que se ejecutaran y siempre, en mi calidad de delegado del Presidente y director ejecutivo de la DINA, cumplí estrictamente lo que se me ordenó».

Cada mañana, Contreras pasaba a buscar a Pinochet a su casa y le acompañaba hasta el Edificio Diego Portales, donde solían tomar desayuno y le ponía al corriente de las novedades en la represión.[65] «Como delegado del sr. Presidente le informaba permanentemente de cualquier actividad o hecho que se produjera, al momento y diariamente. (...) Trabajaba directamente subordinado al Presidente de la República y comandante en jefe del Ejército, sin ningún mando intermedio».[66] Contreras también recordó entonces que nunca fue nombrado director por un decreto supremo, tal y como exigía el artículo 2 del decreto ley n.º 521, y que el único documento que le situó al frente de la DINA tenía fecha de 13 de noviembre de 1973 y le designó «delegado del presidente de la Junta de Gobierno»... la misma fórmula que Pinochet había empleado con el general Arellano el mes anterior.[67]

En abril de 1975, el capitán J. R. Switzer, agregado de Defensa de la Embajada de Estados Unidos, describió el desarrollo de la DINA como «un fenómeno particularmente inquietante» para algunos sectores de las Fuerzas Armadas: «La aprensión de muchos destacados miembros del Ejército en relación con la posibilidad de que la DINA se convierta en una Gestapo de nuestros tiempos está más que fundada: este órgano posee una autoridad autónoma considerable, que además no deja de crecer. Los miembros de la Junta militar, al parecer, no tienen potestad para influir en modo alguno en las decisiones del presidente Pinochet con respecto a sus actividades».[68]

Entre 1974 y 1977, miles de personas fueron secuestradas y torturadas con extrema crueldad por agentes de la DINA como Marcelo Moren, Miguel Krassnoff, Osvaldo Romo o Ingrid Olderock en sus centros clandestinos, cuya sola mención conduce a los abismos del terror de la dictadura: Londres 38, José Domingo Cañas, Villa Grimaldi, Colonia Dignidad, Venda Sexy... A lo largo de 1974, la represión se centró en el Movimiento de Izquierda Revolucionaria, que perdió a centenares de militantes y a una gran parte de sus dirigentes, entre ellos su secretario general, Miguel Enríquez. En junio de 1975 cayó el equipo de dirección interior del Partido Socialista, encabezado por Exequiel Ponce y Carlos Lorca, y en 1976 la persecución se enfocó al Partido Comunista, que perdió, en mayo y diciembre de aquel año, a dos direcciones clandestinas completas.

El primer año

El 23 de agosto, Augusto Pinochet celebró el primer aniversario de su designación como comandante en jefe del Ejército, fecha que se convirtió en un ritual anual hasta 1997. En el salón de actos de la jefatura del Estado Mayor General, y en presencia de todo el cuerpo de generales de la institución, utilizó el término «cruzada» para referirse a la actuación de la Junta. Entre los mensajes de felicitación que recibió, llama la atención el de Gustavo Leigh, que seguramente dibujó su sonrisa más irónica: «La Providencia ha querido que sea un militar de su estatura moral, adornado de todas esas cualidades de los hombres de selección, el que ostente hoy la más alta jerarquía dentro de su institución y que, por imperio de las circunstancias, sea, a la vez, el Jefe Supremo de la Nación».[69]

El 4 de septiembre ofreció una conferencia de prensa ante los medios nacionales y varios corresponsales europeos y americanos. Anunció que el gobierno había «autorizado» la concentración masiva que se preparaba para el 11 de septiembre, porque no podía «ignorar el entusiasmo del pueblo». En segundo lugar, reiteró que las Fuerzas Armadas permanecerían en el poder hasta alcanzar los objetivos que se habían fijado: «Pueden ser cinco o veinte años, todo depende del cumplimiento de nuestras metas».[70] Alardeó también de sus «excelentes relaciones» con la Iglesia católica y las otras confesiones religiosas.[71]

De cara al primer aniversario del golpe de Estado, el aparato de comunicación del régimen hizo un esfuerzo por edulcorar la severa figura del dictador, que concedió varias entrevistas en su hogar, junto a su esposa y vestido de civil, aunque el resultado no parece muy positivo. La revista *Paula* —dirigida a un público femenino y de cierto estatus socioeconómico— publicó un reportaje «íntimo» de ocho páginas escrito por Malú Sierra, quien le inquirió cómo se sentía «con este cambio tan fundamental en su vida».[72] «Los militares tenemos una característica: vamos subiendo de escalafón. Yo comencé de subteniente y estaba de comandante en jefe. Creo haber mandado siempre bien. He escalado paso a paso mi carrera. Este ha sido un grado más solamente. Y ahora dirijo los destinos del país, tratando de hacerlo lo mejor posible. Y entregándome por entero a mi responsabilidad. No tengo otra mira ni otro deseo que la historia, cuando me juzgue, me juzgue bien.»[73]

Y el 11 de septiembre, en una extensa entrevista publicada en *La Tercera*, María Eugenia Oyarzún les preguntó cuáles creían que eran las principales cualidades y defectos de cada uno. «Es un poco enojón, un poco gritón...», señaló Lucía Hiriart sobre su marido. Por su parte, en cuanto a los antecedentes del golpe de Estado, fue en aquella ocasión cuando el dictador relató por primera vez la supuesta conversación que habían mantenido, en los últimos días de agosto de 1973, acerca del futuro de Chile frente a algunos de sus nietos en tono muy dramático, cuando su esposa le habría estimulado a sublevarse contra el gobierno de la UP.[74]

El 11 de septiembre de 1974, la Junta decidió suspender el estado de guerra interna, por lo que finalizaron los consejos de guerra, aunque prorrogó el estado de sitio y la situación de emergencia. En su discurso en el acto celebrado en el Edificio Diego Portales, con la banda presidencial terciada y en presencia de los expresidentes González Videla y Alessandri, el cardenal Silva Henríquez, el presidente de la Corte Suprema, Enrique Urrutia, el contralor general de la República, Héctor Humeres, el cuerpo diplomático y los miembros de la Junta y del gobierno,[75] Pinochet ensalzó «la gran depuración»: «Hoy al poder celebrar en libertad este glorioso aniversario, deseo expresar que es voluntad del Gobierno que esta segunda etapa se proyecte hacia una más estrecha unión entre las Fuerzas Armadas y la civilidad y una participación creciente de esta en el Gobierno. Superadas las exigencias del primer año de la gran depuración, se procederá a la integración entre los uniformados y la civilidad, en la común tarea de hacer un Chile grande, libre y poderoso».[76] Además, la Junta editó un voluminoso libro para proclamar que en Chile se había reforzado la protección de los derechos humanos.[77] La concentración de masas organizada por el régimen tuvo lugar aquella tarde en la avenida Bustamante, donde Pinochet tomó de nuevo la palabra y llamó a «luchar por una patria sin odios, pero inspirada en el sano sentido de la autoridad».[78] Unos días después, Alfredo Stroessner le devolvió la visita.

En contraste con el triunfalismo del dictador, aquellos días distintas organizaciones internacionales publicaron informes que denunciaban las sistemáticas violaciones de los derechos humanos en Chile y echaron por tierra el esfuerzo sostenido del régimen por lavar su imagen.[79] «Desde septiembre de 1973, cuando el Gobierno democráticamente elegido del Presidente Salvador Allende fue depuesto por un golpe militar de salvajismo desconocido, han continuado sin merma la transgresión y la represión de los derechos humanos en Chile», aseguró Martin Ennals, secretario general de Amnistía Internacional (AI).[80] También la Comisión

Internacional de Juristas subrayó la inconstitucionalidad e ilegitimidad del golpe de Estado y de la actuación del régimen de Pinochet.[81]

Y la Comisión Internacional Investigadora de los Crímenes de la Junta Militar en Chile, reunida en el Parlamento de Suecia el 7 de septiembre, declaró que «la Junta militar, al llevar a cabo el criminal levantamiento armado y derrocar el Gobierno legítimo de Salvador Allende, destruyó las instituciones constitucionales y la vida política de la sociedad y violó las más elementales garantías constitucionales, las libertades y los derechos políticos y civiles». «En el país reina la arbitrariedad más absoluta y se ha instaurado un sistema de terror político total, de tipo fascista (...). Represalias policíaco-militares, detenciones arbitrarias, aplicación sistemática de torturas y otras formas de violencia, la creación de un régimen penitenciario inhumano para los detenidos, todo esto ha causado la muerte y la extenuación física completa de un gran número de demócratas chilenos (...). El Tribunal Militar Internacional que en Nuremberg condenó a los principales criminales de guerra de la Alemania hitleriana puso al descubierto el mecanismo empleado para liquidar a los que se oponían a su política bajo el pretexto de la lucha contra el comunismo. Con el mismo pretexto, la Junta militar ha desatado el terror contra amplios sectores de la población.»

Esta Comisión denunció que la dictadura conculcaba no solo la Constitución y las leyes chilenas, sino también todas las convenciones y normas internacionales de protección de los derechos humanos y las normas de defensa de la dignidad y la vida de los seres humanos. «La Junta y los jefes de sus órganos y autoridades centrales, sus lugartenientes, apoderados y cómplices son responsables, tanto conforme al Derecho Internacional como a las normas de la legislación nacional. Son responsables, además, los ejecutores directos de los crímenes siendo de hecho partícipes de los crímenes de la Junta, entre ellos oficiales y soldados (...). Según las normas generalmente reconocidas para el castigo de los crímenes de lesa humanidad, alegar que han cumplido órdenes superiores no exime a los autores de tales crímenes de su responsabilidad penal. La Junta militar chilena es responsable en todo sentido ante el pueblo de Chile y ante la comunidad de los pueblos del mundo».[82]

Magnicidio en Buenos Aires

Después de salir de Chile el 15 de septiembre de 1973, el general Carlos Prats se quedó a vivir en Buenos Aires junto con su esposa, Sofía Cuthbert, quien llegó en octubre, y pronto encontró trabajo como gerente en una empresa de neumáticos. A partir de entonces la escritura de sus memorias llenó buena parte de su tiempo libre, aunque su vida en la conurbación del Río de la Plata fue amarga debido a las pésimas novedades sobre la represión que recibía constantemente de su patria. «Este es el tema que mayor dolor le causaba, que personas que él había conocido, con quienes había compartido objetivos comunes, hubiesen llegado a cometer esos crímenes, a no respetar a las personas», señala su hija mayor, Sofía. Cuando junto a sus hermanas, Angélica y Cecilia, en compañía de sus esposos e hijos, les visitaron en Buenos Aires en febrero y marzo de 1974, Prats se enteró de la noticia de la muerte de José Tohá, lo que le impactó profundamente. «También le afectaba el maltrato que sufrían personas de la propia institución perseguidas por estar en desacuerdo con la actuación de la Junta. Todo esto fue desgarrador para él».[83]

Entre Carlos Prats y Pinochet no hubo una verdadera amistad, pero sí una confianza forjada en la estrecha relación profesional. «Mi padre propuso al Presidente Salvador Allende que nombrara a Pinochet, confiaba en él porque siempre le había dicho que también quería evitar un golpe militar. Tenía la percepción de que Pinochet compartía su visión del Ejército y la situación del país. Y lo mismo creía Allende, por las declaraciones que le hizo Pinochet. Su cambio fue muy impactante para mi padre, nunca lo imaginó», explica Sofía Prats.

A mediados de 1974 se produjo el último intercambio epistolar. El 5 de junio, Prats se dirigió al dictador para desmentir unas acusaciones formuladas contra él por el agregado militar en Colombia, Felipe Geider. En su carta, además, le comentó que no había logrado que le transfirieran su pensión del Ejército a Argentina, como tampoco el desahucio de casi seis millones de escudos. Pinochet escribió su respuesta el 24 de junio: «Debo expresarle que se ha mantenido hacia su persona una línea deferente y la institución ha guardado silencio, pese a que en sumarios de otras instituciones su nombre ha figurado en repetidas oportunidades (...). Ahora bien, con respecto a su afirmación de que no se ha entrometido en el quehacer de su sucesor, estimo que no es procedente tal declaración puesto que el suscrito, en su calidad de presidente de la Junta de Gobierno y comandante en jefe del Ejército, no se lo aceptaría ni al señor general ni a nadie».[84]

Durante su estancia en Argentina, Carlos Prats no hizo ni una sola declaración pública que pudiera incomodar a Pinochet, pero era el gran testigo de su actuación antes del

11 de septiembre y el dictador sabía que estaba escribiendo sus memorias.[85] Prats representaba la imagen del militar de trayectoria brillante, intelectualmente sólido y leal a sus obligaciones constitucionales. Conservaba el respeto y el aprecio de varias generaciones de oficiales del Ejército, incluso próximos a Pinochet y afectos a la Junta, que se habían formado a sus órdenes. Por estas razones, la DINA lo asesinó, junto a su esposa, en aquel terrible atentado perpetrado en Buenos Aires.

En noviembre de 2000, en el marco del juicio oral contra el agente civil de la DINA Enrique Arancibia Clavel por el asesinato de Carlos Prats y Sofía Cuthbert, la jueza argentina María Servini de Cubría tomó declaración en Estados Unidos a Michael Townley, quien reconoció que fue el autor directo del magnicidio. Junto con su esposa y también agente de la DINA, Mariana Callejas, ultimó su preparación: una bomba colocada debajo del asiento del conductor de su vehículo que hicieron explosionar minutos antes de la una de la madrugada del lunes 30 de septiembre de 1974, cuando regresaban a su departamento de la calle Malabia 3351 del barrio de Palermo, tras compartir una velada con Ramón Huidobro y su esposa, Francisca Llona, madre de la escritora Isabel Allende.

Aquel crimen tuvo un gran impacto en Chile y sobre todo en el Ejército.[86] El régimen hizo pública una declaración oficial en la que expresó su condena enérgica a «este brutal acto de violencia», al tiempo que intentó atribuir el crimen a la izquierda y de paso justificar la represión: «El alevoso homicidio del señor general Prats y su esposa y el clima de terror que el extremismo crea internacionalmente justifican las medidas de seguridad y orden que el Gobierno de la República ha adoptado y seguirá adoptando para tranquilidad y resguardo de la vida de todos los habitantes de Chile».[87]

Para Sofía, Angélica y Cecilia Prats Cuthbert resultó muy doloroso asumir que miembros del Ejército estuvieron involucrados. La primera señal fue la «sorprendente» actitud de las Fuerzas Armadas y el trato que les dispensaron cuando el 3 de octubre regresaron con los cuerpos de sus padres porque, en contra de lo que habían acordado con el embajador Rojas Galdames, la Junta intentó que hicieran el funeral de manera apresurada aquella misma noche. Pero las exequias tuvieron lugar algunos días después, con la asistencia de unas trescientas personas, entre ellas varios oficiales en retiro y algunos exparlamentarios.[88]

Unos meses más tarde, mantuvieron un encuentro con Pinochet, quien les reveló su evidente «animadversión» hacia su padre. «Le pedimos que solicitara al Gobierno argentino una investigación del crimen y se sintió molesto», recuerda Sofía Prats. «Le llevamos una carta con esta petición y él la tiró de mala manera en una mesa porque pensaba que la carta era de agradecimiento.» Su hermana Angélica, por su parte, recuerda que las explicaciones que Pinochet les dio acerca de la denegación de los honores militares a su padre eran inverosímiles. «No correspondían a un comandante en jefe. Mencionó algo de la hora, de la ley, cosas muy raras. Y además su actitud. Hay una cosa que se trasluce en las personas, en los ojos, en la mirada».[89]

El 20 de noviembre de 2000, el Tribunal Oral Federal n.º 6 de Buenos Aires condenó a Enrique Arancibia Clavel a cadena perpetua por su participación en este doble crimen y por el delito de asociación ilícita, al haber integrado la DINA. En sus declaraciones ante la jueza, Sofía, Angélica y Cecilia Prats acusaron a Pinochet de tener responsabilidad directa en el magnicidio. El 27 de junio de 2001, María Servini dictó el procesamiento con prisión preventiva de cinco exmiembros de la DINA —los oficiales de Ejército Manuel Contreras, Pedro Espinoza, Raúl Iturriaga y José Zara y el civil Jorge Iturriaga—, decretó el embargo de sus bienes y solicitó su extradición, así como las de Pinochet, como responsable máximo de la DINA, y Mariana Callejas. En el sumario instruido en Argentina durante tres décadas consta una declaración del agente de la DINA Carlos Hernán Labarca, quien fue asignado como chófer de Pinochet, que aseguró que el dictador «comentó con los jefes de la DINA que Prats era un hombre peligroso para Chile». Además, se incorporaron las declaraciones del fiscal estadounidense Eugene Propper y del agente Carter Cornick del FBI (Oficina Federal de Investigaciones, por sus siglas en inglés), quienes investigaron el asesinato de Orlando Letelier. Según Propper, Contreras se sintió alarmado cuando supo que Prats iba a publicar sus memorias.[90]

Pero el 7 de octubre de 2002, la Corte de Apelaciones de Santiago rechazó la petición de desafuero de Pinochet debido a la decisión de la Corte Suprema de sobreserle por razones de salud mental en el caso Caravana de la Muerte. El 2 de diciembre la Sala Penal de la Corte Suprema confirmó esta resolución y la petición de extradición fue denegada. En marzo de 2005, la máxima instancia judicial del país finalmente confirmó la inmunidad de Pinochet en este caso.[91] «A la Corte Suprema le faltó coraje para fallar en contra de Pinochet, porque los antecedentes que envió la justicia argentina eran tan importantes como los que mandó para Manuel Contreras y las demás personas involucradas», ha señalado Angélica Prats.[92]

El 8 de julio de 2010, casi cuatro años después del fallecimiento de Pinochet, la Corte Suprema confirmó las condenas de veinte años y un día de prisión por homicidio calificado y asociación ilícita al general Manuel Contreras y al brigadier Pedro Espinoza y a quince años de prisión y un día al general Raúl Eduardo Iturriaga Neumann, al brigadier José Zara y a los coroneles Cristoph Willeke y Juan Morales Salgado,[93] ya todos retirados. Tras conocerse aquella sentencia, el comandante en jefe del Ejército, Juan Miguel Fuente-Alba, dio a conocer una declaración institucional: «El Ejército repudia a todos los partícipes en este cobarde asesinato, especialmente a los militares que lo consumaron (...). Con su extrema crueldad violaron trágicamente, además, los principios que constituyen el acervo moral de la institución».[94]

Las hijas de Carlos Prats y Sofía Cuthbert no albergan dudas sobre quién fue el máximo responsable de su muerte: Augusto Pinochet, «el símbolo de la traición», señala Angélica Prats. «Porque no solo mandó a matar, sino que después fue capaz de encubrir.»[95]

El sacrificio de Antonio Llidó

El 13 de noviembre de 1974, monseñor Fernando Ariztía y el obispo luterano Helmut Frenz, copresidentes del Comité de Cooperación para la Paz, se entrevistaron con el general Augusto Pinochet en el Edificio Diego Portales. Llevaban preparada una relación de más de veinte personas desaparecidas recientemente y un informe donde constataban las torturas que padecían las personas detenidas.[96] Según la declaración efectuada por Helmut Frenz ante el magistrado

Jorge Zepeda en junio de 2003, en aquellas semanas había dos casos especialmente candentes, el del ingeniero comunista David Silberman y el de Antonio Llidó, sacerdote español y dirigente del MIR: «Fernando Ariztía traía consigo una fotografía de Llidó, que según nuestras fuentes se encontraba detenido en José Domingo Cañas. Pinochet, al serle exhibida la fotografía de Llidó, en los mismos instantes en que tenía en sus manos las listas que habíamos confeccionado, apuntando con su dedo dijo textual: "Ese no es un cura, es un terrorista, un marxista, hay que torturarlo porque de otra manera no cantan". (...) Nos llamó la atención que reaccionara de manera inmediata y directa, pues bien pudo haber dado una respuesta indirecta señalando, por ejemplo, que haría entrega de esos antecedentes a otros militares encargados del tema. Al terminar, el general nos expresó algo que por su singularidad aún puedo recordar casi textualmente: "Ustedes son sacerdotes y se pueden dar el lujo de ser misericordiosos, pero yo, que estoy a cargo de este país que está contagiado por el bacilo del comunismo, no me lo puedo dar, porque para sanar de tal bacilo debemos también torturar, en especial a los miristas"».[97]

Aquellas palabras corroboran que el dictador estaba al corriente de todos los detalles de la represión y desmontan el discurso de sus panegiristas, que atribuyen las violaciones de los derechos humanos a «excesos individuales» cometidos por sus subalternos. Joan Garcés, abogado de la familia Llidó en el proceso que se instruyó en la Audiencia Nacional española desde 1996, ha señalado: «Pinochet personalmente estaba en conocimiento de la detención y tortura del sacerdote Llidó, su responsabilidad personal está testimoniada en el expediente judicial español por dos obispos (...). Si la resolución judicial británica de conceder la extradición a España hubiese sido cumplimentada, el caso Llidó era suficiente para que el tribunal condenara a Pinochet por torturas».[98]

Antonio Llidó fue detenido el 1 de octubre de 1974 en el centro de Santiago de Chile, en las proximidades del Parque Forestal. Cayó en el momento más agudo de la ofensiva de la DINA contra su partido, el MIR, que culminó el 5 de octubre con el asesinato de Miguel Enríquez. Fue conducido al centro clandestino de detención de la calle José Domingo Cañas, en Ñuñoa, y cruelmente torturado. Sufrió brutales palizas y fue atormentado con descargas eléctricas en el camastro conocido como «la parrilla».[99] «Una vez lo tiraron encima de nosotros. Ellos usaban en muchos momentos de tortura la electricidad porque no deja huella y produce un dolor desesperante. Después de estas sesiones uno queda con electricidad en el cuerpo y tiene una necesidad enorme de beber agua. Entonces Antonio pedía agua y nosotros solicitábamos permiso para ir al baño y traíamos los pañuelos inmundos que teníamos empapados y le mojábamos los labios. Yo le atendí bastante. Recuerdo que cuando caí prisionero, llevaba un chaquetón Montgomery y, como él tenía frío, lo cubrí con ese chaquetón y ahí conversamos. Antonio me contó que había sido sacerdote en Quillota...», recordó Edmundo Lebrecht, profesor de teatro en la Universidad de Chile.[100]

Una parte de la información que deseaban averiguar los represores era quiénes le habían brindado refugio en la clandestinidad: «Recuerdo haber oído a los torturadores exasperados torturándole y preguntándole: "¿Y por qué no habláis, cura maricón?". Y él gritaba a esos tipos: "¡Por mis principios! ¡Por mis principios!"». Con su silencio, protegió la vida de Jaime Valencia, de Consuelo Campos y de sus tres hijas, así como la de su compañero en el MIR, Jorge Donoso.

El 11 de octubre fue trasladado a la pieza 13 de Cuatro Álamos, recinto que se encontraba en el interior, pero separado, del campamento de detenidos reconocidos de Tres Álamos, en la avenida Departamental. Allí la DINA mantenía a sus prisioneros a la espera de la decisión sobre su destino: el traslado a un campo de prisioneros reconocidos o la desaparición final. En 1978, el profesor Herman Schwember declaró bajo juramento ante el Consulado de España en Londres que le conoció en aquella improvisada prisión «alrededor del 13 de octubre de 1974» y que convivió con él hasta «alrededor del 25 de octubre», cuando junto con once prisioneros —entre ellos, Carlos Gajardo y Ariel Salinas— fue sacado de allí con destino desconocido.[101]

Pedro Donoso, hermano de Jorge, con quien tenía contacto en la clandestinidad, asegura que la documentación personal de Llidó —una copia de su cédula de identidad y el pasaporte del Vaticano para los sacerdotes— fue entregada al sacerdote Enrique Moreno Laval, quien se la llevó a Fernando Ariztía.[102] El 13 de noviembre de 1974, Ariztía y Frenz conocieron la respuesta de Pinochet.

El 8 de noviembre de 2006, la Corte de Apelaciones de Santiago aprobó el desafuero del exdictador por las torturas sufridas por Antonio Llidó y por su desaparición a manos de sus subordinados de la DINA.[103]

Presidente de la República

A fines de 1974, la Junta militar aprobó dos normas muy relevantes. El 4 de diciembre se publicó el decreto ley n.º 788, que, por una parte, quiso aclarar cuándo ejercía el Poder Legislativo y cuándo el Constituyente y, por otra, prescribió que todos los decretos leyes dictados hasta aquella fecha que fueran «contrarios u opuestos», o también diferentes en algunos de sus aspectos a la Constitución de 1925, adquirían la condición de normas modificatorias del correspondiente precepto constitucional. Como ha escrito el politólogo Arturo Valenzuela, «de un plumazo» la dictadura notificó al país que «todas y cada una de sus leyes tenían precedencia sobre la Constitución».[104] Y en opinión del historiador Cristián Gazmuri, este decreto ley fue la «consagración jurídica» de la transformación del régimen de ser una administración transitoria a una con voluntad fundacional en torno a la figura de Pinochet.[105]

El 14 de diciembre, el dictador fue designado Hijo ilustre y Ciudadano benemérito de su ciudad natal. En un acto celebrado en el Estadio Valparaíso de Playa Ancha, recibió también de manos del alcalde designado, el capitán de navío Matías Valenzuela, la condecoración Diego de Almagro, la principal distinción que otorgaba la municipalidad.[106] En aquellos días, aunque de manera ciertamente discreta, la prensa informó de que su título ya era el de «Presidente de la República» tras la publicación el 16 de diciembre del decreto ley n.º 806, que modificó lo previsto en el decreto ley n.º 527, entre otras razones para mantener «la tradición histórica nacional».[107] Era una decisión de carácter político, concebida para intentar atenuar su imagen autoritaria y ocultar la ilegitimidad de su poder con la solemnidad y el prestigio de esta denominación.[108]

Al mismo tiempo, reforzó, ya para siempre, el carácter personalista de la dictadura, a diferencia de los otros regímenes militares coetáneos en Sudamérica, que establecieron procedimientos de rotación en la cúspide y mecanismos colectivos de toma de decisiones en el seno del alto mando de las Fuerzas Armadas. En Argentina, el poder residió claramente en la Junta militar, que designaba y reemplazaba al presidente, y se repartió entre las tres ramas la administración del Estado. En Uruguay, la Junta de Oficiales Generales adoptaba las grandes decisiones. En Brasil, los generales nombraban al presidente de la República, a veces incluso después de realizar consultas con una parte de la oficialidad.[109] Pinochet no rendía cuentas a nadie ni como presidente ni como comandante en jefe del Ejército.

Lejos de los focos de la prensa, el dictador adoptó en aquellas últimas semanas de 1974 dos medidas igualmente significativas para agrandar la distancia que deseaba remarcar entre Merino, Leigh, Mendoza y él mismo. Por una parte, ordenó un conjunto de cambios en el Edificio Diego Portales y se reservó los últimos tres pisos para sí: en la planta 23 estaba el comedor «presidencial»; en la 22, el gran salón de reuniones, la secretaría de la Junta y su despacho privado y, en la 21, las oficinas del gabinete «presidencial». En estricto orden de precedencia, la Armada fue enviada al piso 20, la Fuerza Aérea al 19 y Carabineros al 18. Además, se reservó el uso exclusivo del palco presidencial del Teatro Municipal.[110]

Un informe de la Embajada de Estados Unidos elaborado en los últimos días de 1974 ofrece una imagen fija del régimen. Los diplomáticos estadounidenses señalaron que la paranoia anticomunista le había llevado en ocasiones a acusar de estar embaucado por el comunismo incluso al periódico *The Wall Street Journal*. Indicaron que la modificación del «estado de guerra» a «estado de defensa interna» era solo una ficción legal que no había atenuado la actuación de la DINA. Y auguraron que la Junta permanecería en el poder durante los próximos años si no se producían una división significativa en las Fuerzas Armadas o graves tensiones que pudieran «resultar del desastre económico o del ataque externo». Asimismo, vaticinaban que, si la dictadura no definía «cambios fundamentales en sus prioridades», su imagen internacional continuaría siendo pésima y complicando sus relaciones exteriores.[111]

En su mensaje de fin de año, difundido el 31 de diciembre de 1974 a las diez y media de la noche por cadena nacional de radio y televisión, el general Pinochet se refirió a la difícil situación económica del país en un tono casi desesperado: «Un pueblo con economía sana necesita producir cada día más, hasta disponer de los bienes suficientes para todos. Solo en este instante el poder adquisitivo mejorará en forma real y cada chileno tendrá acceso a los bienes que se necesitan para una vida digna. Pero para alcanzar esta meta es necesario tiempo; mientras tanto, quiero pedirles a los chilenos que, si les es posible, aprovechen cada pedazo de tierra, por pequeño que sea, para cultivar algo».[112]

Si las primeras medidas adoptadas por la dictadura en materia económica perjudicaron gravemente a las grandes mayorías del país, a lo largo de 1975, con la puesta en marcha del tratamiento de shock recetado por los Chicago Boys, la crisis social alcanzó cotas desconocidas desde principios de los años treinta.

NOTAS

1. Jaime Guzmán no podía faltar en aquel concierto donde se interpretó la *Misa de la Coronación*. El programa figura en la invitación que recibió, con los asientos J-24 y J-26 de la platea, y que se conserva en el Archivo de la Fundación Jaime Guzmán.
2. *República de Chile. 1974. Primer año de la Reconstrucción Nacional*, Santiago de Chile, Empresa Editora Nacional Gabriela Mistral, 1974, pp. 163-166.
3. *La Tercera*, Santiago de Chile, 15 de marzo de 1974, p. 4.
4. *La Tercera*, Santiago de Chile, 17 de marzo de 1974, p. 5.
5. *El Mercurio*, Santiago de Chile, 18 de marzo de 1974, pp. 1 y 25.
6. *La Patria*, Santiago de Chile, 17 de marzo de 1974, p. 8.
7. *La Tercera*, Santiago de Chile, 17 de marzo de 1974, p. 5.
8. Scherer García, Julio, *Pinochet. Vivir matando*, México DF, Aguilar, 2000, pp. 30-32.
9. *Denuncia y testimonio. Tercera sesión de la Comisión Internacional de Investigación de los Crímenes de la Junta militar en Chile*, México DF, 18-21 de febrero de 1975. Testimonio de Moy de Tohá. pp. 132-137.
10. Politzer, Patricia, *Miedo en Chile*, Santiago de Chile, CESOC, 1985, p. 372.
11. «Se suicidó ayer ahorcándose el exvicepresidente de la República y que también fuera ministro del Interior y Defensa Nacional del régimen marxista, José Tohá González, de 47 años», aseguró al día siguiente *El Mercurio*. «Tohá se encontraba internado en el Hospital Militar donde se le trataba de una afección de aparente origen canceroso que le había hecho perder mucho peso. Su cadáver fue encontrado a las 12:55 horas, en los momentos en que se le llevaba el almuerzo. Al parecer, utilizó la correa de su pantalón para ahorcarse.» *El Mercurio*, edición internacional, Santiago de Chile, 16 de marzo de 1974, p. 7. Su edición internacional tenía periodicidad semanal.
12. *Análisis*, Santiago de Chile, 13 de marzo de 1984, pp. 28-29.

13. *Chile-América*, n.º 2, Roma, octubre de 1974, pp. 18-19.

14. Pérez Vallejos, Ricardo, «Justicia chilena reabre investigación por muerte de José Tohá», *La Nación*, Santiago de Chile, 14 de mayo de 2018, en Lanacion.cl, <http://lanacion.cl/2018/05/14/justicia-chilena-reabre-investigacion-por-muerte-de-jose-toha/>.

15. Minay, Sebastián, «Carolina Tohá y el impacto del caso Frei en la causa por la muerte de su padre: "Siento que se nos está terminando el tiempo"», *La Tercera*, 31 de enero de 2019, en Latercera.com, <https://www.latercera.com/la-tercera-pm/noticia/carolina-toha-impacto-del-caso-frei-la-causa-la-muerte-padre-siento-se-nos-esta-terminando-tiempo/509438/>.

16. Politzer, p. 333.

17. Arriagada (1998), pp. 30-31.

18. *Ercilla*, Santiago de Chile, 17 de abril de 1974, pp. 21-25.

19. A mediados de agosto de 1975 la dictadura eliminó de Televisión Nacional las tiras de Mafalda que habían empezado a emitirse a principios de mes con censura previa a cargo del Servicio de Psicología del Ejército, que suprimía las de mayor contenido crítico. El director de TVN, Jaime del Valle, justificó la supresión del personaje de Quino porque eran unas creaciones «tendenciosas y a la larga podían ser destructivas». *Ercilla*, 20 de agosto de 1975, p. 6. Véase: Donoso Fritz, Karen, «El "apagón cultural" en Chile: políticas culturales y censura en la dictadura de Pinochet 1973-1983», *Outros Tempos*, vol. 10, n.º 16, Sao Luis (Estado de Maranao, Brasil), 2013, pp. 104-129.

20. Cavallo *et al.*, p. 25. Pinochet designó a Ernesto Baeza director de la Policía Civil de Investigaciones y a Sergio Nuño y Manuel Torres les asignó las embajadas en Bélgica y El Salvador.

21. Huneeus (2000), pp. 140-141.

22. Marras (1989), pp. 15-16.

23. Entre 1973 y 1986, 56 de los 118 individuos que ocuparon carteras ministeriales fueron militares y casi la mitad de estos pertenecía al Ejército. Y todavía en 1988 el 40 % de los 174 puestos más relevantes en la administración estaban ocupados por oficiales. Valenzuela (1993), pp. 57-144.

24. Arriagada (1985), pp. 138-139.

25. *El Cronista*, Santiago de Chile, 30 de marzo de 1978, p. 9.

26. *El Mercurio*, Santiago de Chile, 24 de agosto de 1979, p. 10.

27. *Newsweek*, Nueva York, 19 de marzo de 1984, pp. 40-41.

28. Entrevista reproducida en: *La Tercera*, Santiago de Chile, 13 de abril de 1974, p. 4.

29. Cruz, María Angélica, *Iglesia, represión y memoria. El caso chileno*, Madrid, Siglo XXI, 2004, p. 7.

30. Acta n.º 118 de la Junta militar, de 29 de abril de 1974. En aquella reunión también abordaron la posición que adoptarían ante el nuevo gobierno portugués, tras la Revolución de los Claveles del 25 de abril, cuando los capitanes del Movimiento de las Fuerzas Armadas pusieron fin a una dictadura fascista de cuatro décadas. Pero, lamentablemente, no quedó constancia de sus opiniones.

31. *Documentos del Episcopado. Chile, 1974-1980*, Santiago de Chile, Ediciones Mundo, 1982, pp. 11-13.

32. Cancino Troncoso, Hugo, *Chile: Iglesia y dictadura. 1973-1989*, Odense (Dinamarca), Odense University Press, 1997, pp. 44-45.

33. Santillana, Pablo, *Chile. Análisis de un año de gobierno militar*, Buenos Aires, Prensa Latinoamericana, 1974, pp. 155-177.

34. *La Patria*, Santiago de Chile, 8 de mayo de 1974, p. 2.

35. *El Mercurio*, Santiago de Chile, 23 de octubre de 1973, p. 10.

36. *Las Últimas Noticias*, Santiago de Chile, 14 de mayo de 1974, p. 3.

37. Museo de la Justicia, Centro de Documentación y Archivo para la Defensa de los Derechos Humanos, Asunción (Paraguay).

38. En 2014, la magistrada de la Corte de Apelaciones de San Miguel, Marianela Cifuentes, sometió a Cristián Labbé a proceso por el delito de asociación ilícita: haber pertenecido a la DINA, a cuya gestación contribuyó a fines de 1973 en el Regimiento de Tejas Verdes como instructor. *Punto Final*, n.º 816, Santiago de Chile, 31 de octubre de 2014, pp. 8-9. En 2016, el ministro Jaime Arancibia, en visita de la Corte de Apelaciones de Valparaíso, lo procesó en calidad de autor de los delitos de detención ilegal, aplicación de tormentos y secuestro con grave daño del dirigente sindical Cosme Caracciolo en marzo de 1975. Y en octubre de 2018 fue procesado, de nuevo por la magistrada Marianela Cifuentes, por la aplicación de tormentos en Tejas Verdes en 1973. «Cristián Labbé es procesado por aplicación de tormentos en 1973 en el cuartel Tejas Verdes», *CNN*, en CNNChile.com, <https://www.cnnchile.com/pais/cristian-labbe-es-procesado-por-aplicacion-de-tormentos-en-1973-en-el-cuartel-tejas-verdes_20181012/>.

39. Labbé Galilea, Cristián, *Pinochet en persona. Recuerdos con historia*, Santiago de Chile, Nuevo Extremo, 2005, pp. 20 y 33.

40. *Las Últimas Noticias*, Santiago de Chile, 15 de mayo de 1974, p. 3.

41. *La Tercera*, Santiago de Chile, 16 de mayo de 1974, p. 5. Viaux había salido de Chile el 4 de septiembre de 1973 para cumplir aquella pena.

42. *El Mercurio*, Santiago de Chile, 17 de mayo de 1974, p. 8.

43. *La Segunda*, Santiago de Chile, 16 de mayo de 1974, p. 32.

44. *La Opinión*, Buenos Aires, 16 de mayo de 1974, p. 8. Posiblemente, por esa razón la Junta militar acordó el 2 de julio que el canciller Ismael Huerta, al frente de una «pequeña delegación», representara a

Chile en los funerales del presidente Juan Domingo Perón, fallecido el día anterior. Acta n.º 137 de la Junta militar, de 2 de julio de 1974.

45. *La Opinión*, Santiago de Chile, 17 de mayo de 1974, p. 8.

46. Pinochet Ugarte (1991), p. 52.

47. *Las Últimas Noticias*, Santiago de Chile, 20 de abril de 1974, p. 6.

48. Bustos Díaz, p. 461.

49. *La Patria*, Santiago de Chile, 25 de mayo de 1974, p. 8.

50. Lara, Miguel Ángel, «Caszely, el goleador que plantó cara a Pinochet», *Marca*, Madrid, 27 de marzo de 2012, en Marca.com, en <http://www.marca.com/reportajes/2011/12/el_poder_del_balon/2012/03/27/seccion_01/1332881843.html>.

51. Su artículo 15 ratificó el orden de precedencia de los integrantes de la Junta: en primer lugar, el comandante en jefe del Ejército; después el de la Armada, seguido del de la Fuerza Aérea y, en último lugar, el general director de Carabineros.

52. Barros, pp. 79-81.

53. García de Leigh, pp. 116-117.

54. Arriagada (1985), p. 152.

55. *La Tercera*, Santiago de Chile, 27 de junio de 1974, p. 4.

56. *República de Chile. 1974. Primer año de la Reconstrucción Nacional*, p. 249.

57. *La Patria*, Santiago de Chile, 13 de julio de 1974, p. 3.

58. Vergara, Pilar, «Las transformaciones del Estado chileno bajo el régimen militar», *Revista Mexicana de Sociología*, año XLIV, n.º 2, México DF, abril-junio de 1982, pp. 413-452.

59. *El Mercurio*, Santiago de Chile, 21 de junio de 1974, pp. 1 y 19.

60. El Tribunal de Nuremberg condenó a muerte a Keitel por el Decreto Noche y Niebla, considerado un crimen de guerra. Ensalaco, Mark, *Chile bajo Pinochet. La recuperación de la verdad*, Madrid, Alianza Editorial, 2002, p. 143.

61. En la hoja de vida de Manuel Contreras aparecen varias anotaciones firmadas por Pinochet. Por ejemplo, con fecha de 30 de marzo de 1976, escribió: «Participa con interés y gran dedicación en la asesoría política del Presidente de la República, donde se destaca por sus análisis, claridad de pensamiento y gran predisposición por colaborar». Después, consta la calificación general que hizo de su trabajo como director de la DINA: «Jefe que se destaca por sus extraordinarias condiciones de planificador y amplios conocimientos de sus funciones. Leal y abnegado en todo momento. Muy idóneo». Cádiz, Pablo, «"Gran lealtad y responsabilidad": Los comentarios de Pinochet en la hoja de vida de Manuel Contreras», *T13,* Santiago de Chile, 30 de noviembre de 2007, en T13.cl, <http://www.t13.cl/noticia/

nacional/gran-lealtad-y-responsabilidad-los-comentarios-de-pino
chet-en-la-hoja-de-vida-de-manuel-contreras>.

62. Declaración de María Olga Lutz ante Baltasar Garzón, magistrado de
la Audiencia Nacional española, Madrid, 27 de noviembre de 1998,
Sumario 19/97, Pieza III, pp. 13607-13608.

63. «Para esclarecer sospechas de asesinato: Exhuman cadáver de
Augusto Lutz, el general que en 1974 se enfrentó a Pinochet»,
El Desconcierto, Santiago de Chile, 8 de junio de 2018, en El
desconcierto.cl, <https://www.eldesconcierto.cl/2018/06/08/para-
esclarecer-sospechas-de-asesinato-exhuman-cadaver-de-augus
to-lutz-el-general-que-en-1974-se-enfrento-a-pinochet/>. Véase también
esta entrevista a María Olga Lutz: *La Tercera*, Santiago de Chile, 15
de abril de 2019, p. 18.

64. Peña, Juan Cristóbal, «Manuel Contreras, "el Mamo". Por un camino
de sombras», en Leila Guerriero, ed., *Los malos*, Santiago de Chile,
Ediciones de la Universidad Diego Portales, 2015, pp. 17-55.

65. Así lo anotó entonces el dictador en su hoja de vida: «Diariamente
informa al jefe del Estado de las novedades nacionales, exposición que
realiza con acuciosidad, claridad y con fundamento». «Semanalmente
y una vez al mes presenta al suscrito la "situación de inteligencia" en
boletines y síntesis, lo que evidencia gran espíritu de dedicación e investigación.» Entre sus cualidades, puntuó con la máxima calificación
(7) su «moralidad» y su «honorabilidad». «Con especial interés y dedicación se ha preocupado de preparar la orgánica y funcionamiento
de la DINA.» «"Gran lealtad y responsabilidad": Los comentarios de
Pinochet en la hoja de vida de Manuel Contreras», *T13*, Santiago
de Chile, 30 de noviembre de 2007, en T13.cl, <http://www.t13.cl/no
ticia/nacional/gran-lealtad-y-responsabilidad-los-comentarios-de-pi
nochet-en-la-hoja-de-vida-de-manuel-contreras>.

66. *El País*, Madrid, 24 de febrero de 1998, p. 11.

67. Escalante, Jorge, «Licencia para matar», *La Nación*, Santiago de Chile, 19 de diciembre de 2004, p. 22. Este documento, desvelado por
Escalante, decía: «El presidente de la Junta de Gobierno certifica que
el teniente coronel Manuel Contreras Sepúlveda es su delegado para
realizar diligencias ante diferentes organismos autónomos, fiscales y
particulares, los cuales deberán prestarle apoyo y solucionar lo que so-
licite». A través de aquel documento, Pinochet otorgó plenos poderes
a Contreras para actuar... en su nombre.

68. Kornbluh (2004, edición en español), p. 128.

69. *La Patria*, Santiago de Chile, 24 de agosto de 1974, pp. 1 y 8.

70. *Chile-América*, n.º 1, Roma, septiembre de 1974, p. 7.

71. *El Mercurio*, Santiago de Chile, 5 de septiembre de 1974, p. 1.

72. En aquel momento todas las publicaciones estaban sometidas a censura previa: antes de ir a imprenta, los censores de la Dirección Nacional de Comunicaciones decidían si debía suprimirse alguna parte. Pese a ello, después de la publicación de aquel reportaje, su autora fue secuestrada durante veinticuatro horas por agentes de la DINA y llevada a Villa Grimaldi, donde le reprocharon aquel artículo durante los interrogatorios. *Historias de Paula. Antología de reportajes y entrevistas*, Santiago de Chile, Catalonia, 2013, pp. 271-272.

73. Sierra, Malú, «Los Pinochet», *Paula*, Santiago de Chile, septiembre de 1974, pp. 52-59.

74. Oyarzún, María Eugenia, «El Jefe del Estado y su esposa en dimensión casera e íntima», *La Tercera*, Santiago de Chile, 11 de septiembre de 1974, pp. 29-31.

75. *Las Últimas Noticias*, Santiago de Chile, 12 de septiembre de 1974, p. 2.

76. *El Mercurio*, edición internacional, 15 de septiembre de 1974, p. 9.

77. *Un año de construcción. 11 de septiembre de 1973-11 de septiembre de 1974. El Jefe Supremo de la Nación general de Ejército Augusto Pinochet Ugarte informa al país*, Santiago de Chile, 1974, p. 64.

78. *Ercilla*, Santiago de Chile, 18 de septiembre de 1974, p. 10.

79. Según informó el ministro de Relaciones Exteriores, Patricio Carvajal, en la reunión de la Junta del 30 de julio de 1974, la dictadura gastaba en aquel momento más de siete millones y medio de dólares en su plan de propaganda y contrapropaganda en el exterior para contrarrestar el repudio mundial. Acta n.º 141a de la Junta militar, de 30 de julio de 1974.

80. *Chile. Un informe de Amnistía Internacional*, Londres, 1974, p. 5.

81. *Chile-América*, n.º 1, Roma, septiembre de 1974, p. 16.

82. Comisión Internacional Investigadora de los Crímenes de la Junta Militar en Chile, *Un año de régimen de terror en Chile*, Helsinki, 1974, pp. 26-28.

83. Entrevista a Sofía Prats. Archivo del autor.

84. González, Mónica, «Las últimas cartas entre Pinochet y el general Prats», *Análisis*, Santiago de Chile, 2 de octubre de 1989, pp. 16-19.

85. La Junta militar les negó los pasaportes que les hubieran permitido salir de Argentina y eludir las graves amenazas que recibían. A Sofía Cuthbert se lo habían retenido al salir de Chile en octubre de 1973, mientras que Carlos Prats tenía un pasaporte diplomático ya caducado. Su esposa los solicitó ante la embajada en Buenos Aires y Ramón Huidobro —embajador de Chile durante el periodo de la UP— insistió ante el representante diplomático de la Junta y diplomático de carrera, René Rojas, y le habló de las amenazas que recibían, pero se

los denegaron. González, Mónica y Harrington, Edwin, *Bomba en una calle de Palermo*, Santiago de Chile, Emisión, 1987, pp. 200-202.

86. La revista *Vea* publicó en su portada una fotografía del cuerpo destrozado del general Prats, bajo el título «Diabólico asesinato». *Vea*, Santiago de Chile, 3 de octubre de 1974, pp. 1-5 y 32.

87. *Ercilla*, Santiago de Chile, 2 de octubre de 1974, p. 17.

88. *Ercilla*, Santiago de Chile, 9 de octubre de 1974, p. 11. Esta revista informó entonces de la existencia de las memorias del general Prats, que sus hijas custodiaban y habían decidido mantener inéditas «por el momento».

89. *The Clinic*, Santiago de Chile, 22 de julio de 2010, pp. 10-12.

90. El 3 de julio de 2001 *El Mostrador* publicó el texto completo de la orden de procesamiento dictada por la jueza Servini de Cubría, en Elmostrador.cl <www.elmostrador.cl>.

91. *El País*, Madrid, 25 de marzo de 2005, p. 6.

92. *The Clinic*, Santiago de Chile, 22 de julio de 2010, pp. 10-12.

93. «Caso Prats: Corte Suprema ratifica condenas para cúpula de la DINA», *El Mostrador*, Santiago de Chile, 8 de julio de 2010, en Elmostrador.cl, <https://www.elmostrador.cl/noticias/pais/2010/07/08/caso-prats-corte-suprema-ratifica-condenas-para-cupula-de-la-dina/>. Véase la sentencia en: Prats González, pp. 545-570. En junio de 2009, el Ejército de Chile inauguró el «Campo Militar San Bernardo del General de Ejército Carlos Prats González».

94. Prats González, p. 593.

95. *The Clinic*, Santiago de Chile, 22 de julio de 2010, pp. 10-12.

96. *Levante*, Valencia, 15 de febrero de 1998, p. 33.

97. Causa Rol n.º 2.182-98 C-Z «Antonio Llidó Mengual», tomo II-C, Fojas 712-713. Véase la entrevista de Faride Zerán a Helmut Frenz: *Rocinante*, n.º 34, Santiago de Chile, agosto de 2001, pp. 4-6.

98. *El País*, Madrid, 23 de abril de 2000, edición de la Comunidad Valenciana, p. 6. En 1998, Helmut Frenz prestó declaración en España ante el magistrado Manuel García-Castellón, quien investigaba la querella contra los integrantes de la Junta militar presentada en julio de 1996.

99. Las sesiones de tortura en la parrilla pueden describirse de este modo: «Al detenido se le vendaban los ojos o se le encapuchaba. Luego se le desnudaba, acostándole sobre un catre metálico, al cual se le amarraba de pies y manos. Listos los preparativos, se procedía a aplicar descargas eléctricas mediante la colocación de electrodos en diferentes partes del cuerpo, eligiendo de preferencia las zonas más sensibles: axilas, plantas de los pies, sienes, ojos, oídos, boca, encías, lengua, senos o tetillas, pene o vagina, testículos, ano, hasta en heridas abiertas.

El dolor provocado en las zonas con electrodos se irradiaba hacia el resto del cuerpo». *Informe de la Comisión Nacional sobre Prisión Política y Tortura*, Santiago de Chile, Imprenta de *La Nación*, 2005, p. 233. Disponible en línea: <http://www.comisiontortura.cl/>.

100. Testimonio de Edmundo Lebrecht para el documental *Queridos todos*, sobre Antonio Llidó, dirigido por uno de sus tres sobrinos, Andreu Zurriaga Llidó, y estrenado en Valencia en 1999. La familia Zurriaga Llidó ha donado una copia al Museo de la Memoria y los Derechos Humanos, junto con otra valiosa documentación escrita y audiovisual.

101. Consultado en el archivo de la Asociación Cultural Antonio Llidó, de Valencia, que desde 2011 se conserva en la Fundación Cirne de Xàbia, su localidad natal.

102. Amorós, Mario, *Una huella imborrable. Antonio Llidó, el sacerdote detenido desaparecido*, Santiago de Chile, Pehuén, 2016, pp. 232-233.

103. En agosto de 2010, la Corte Suprema condenó a cinco años de prisión a Manuel Contreras, Marcelo Moren, Miguel Krassnoff y Basclay Zapata por la desaparición de Antonio Llidó.

104. Valenzuela (1993), pp. 57-144.

105. Gazmuri, Cristián, «El golpe de 1973: El lugar de Pinochet en la historia», *La Tercera*, Santiago de Chile, 12 de septiembre de 1999, *Reportajes*, pp. 4-11.

106. *El Mercurio*, Santiago de Chile, 15 de diciembre de 1974, p. 41.

107. Pinochet utilizó durante muy poco tiempo el título de Jefe Supremo de la Nación. Poco antes de ser investido presidente de la República, firmaba las cartas como Jefe del Estado de Chile. Por ejemplo, en la que a fines de noviembre de 1974 dirigió a los organizadores del Encuentro Nacional de la Empresa, que se iba a celebrar en Viña del Mar, para excusar su ausencia en la jornada de clausura. *El Mercurio*, Santiago de Chile, 2 de diciembre de 1974, p. 33.

108. Arriagada (1985), pp. 156-157.

109. Agüero, Felipe, «La autonomía de las Fuerzas Armadas», en Jaime Gazmuri, ed., *Chile en el umbral de los 90*, Santiago de Chile, Planeta, 1988, pp. 163-188.

110. Cavallo, Ascanio *et al.*, *La historia oculta del régimen militar*, Santiago de Chile, Grijalbo, 1997, p. 75.

111. *Chile-América*, n.º 19-21, Roma, junio-julio de 1976, pp. 242-249.

112. *La Tercera*, Santiago de Chile, 2 de enero de 1975, pp. 2 y 4.

8

El programa de shock

Domingo 6 de abril de 1975. Palacio presidencial de Cerro Castillo, Viña del Mar. Augusto Pinochet citó a las ocho de la mañana a un grupo de economistas y al coronel Manuel Contreras y otros mandos de la DINA. En las horas siguientes aprobaron un viraje en la política económica del régimen que significó la implementación, por primera vez, del programa económico neoliberal en sus aristas más extremas, concebido como un tratamiento de shock por sus instigadores intelectuales: Milton Friedman y Arnold Harberger. Frente al azul otoñal del océano Pacífico confluyeron, a las órdenes del dictador, los dos rostros de su régimen que muchas veces se han presentado como divergentes, pero que estuvieron profundamente entrelazados: los responsables del aparato represivo más temible y cruel de la historia de Chile y un grupo de economistas instruidos en la Universidad de Chicago. Estos recomendaron y aplicaron unas políticas que vulneraron gravemente los derechos económicos y sociales y condenaron al hambre y el paro, a la miseria, a los sectores sociales más humildes. Asentado ya de manera indiscutible en la cúspide del régimen, con mando absoluto sobre el Ejército y el país, Pinochet se apropió también entonces del timón económico para convertir a Chile en el laboratorio del neoliberalismo.

Abrazo en Charaña

El 24 de enero de 1975, acompañado por su esposa, el director de la Oficina de Planificación Nacional (Odeplan) Roberto Kelly y el ministro de Tierras y Colonización, general de Carabineros Mario Mckay, Augusto Pinochet viajó por primera vez a Rapa Nui, la bellísima isla de la Polinesia anexionada a Chile el 9 de septiembre de 1888. Allí fue declarado «ciudadano ilustre», inauguró las transmisiones de Televisión Nacional y prometió impulsar el turismo y la construcción de un nuevo hospital.[1] El 31 de enero inició una gira de dos semanas por el norte —Arica, Iquique, Antofagasta, Calama, Chuquicamata y San Pedro de Atacama— junto con Lucía Hiriart y los ministros de Minería, Hacienda, Agricultura, Vivienda, Obras Públicas, Tierras y Colonización y el vicepresidente ejecutivo de la Corporación de Fomento de la Producción.

Un documento de 19 de junio de 1975 que el edecán militar, el coronel René Vidal, dirigió a los intendentes de cada una de las regiones permite conocer los preparativos de las visitas a provincias de Pinochet.[2] En primer lugar, por norma general, la comitiva estaba integrada siempre por su secretario privado o el secretario general del Ejército, los oficiales de órdenes, un médico personal y los escoltas y el personal de la Casa Militar, además del edecán que firmaba aquel oficio. Si Lucía Hiriart le acompañaba, se especificaba también qué personal le asistía. Todo este grupo se alojaba en el mismo sitio que Pinochet, mientras que los ministros u otras autoridades podían pernoctar en lugares diferentes.

El dictador debía conocer el programa de la visita con una semana de antelación y, una vez aprobado, ya no podría modificarse. En el caso de que se incluyeran comidas privadas, era él quien determinaba quiénes asistían y dónde se celebrarían. Igualmente, se detallan los aspectos referidos a honores, protocolo y transportes. En cuanto a los aspectos de seguridad, el edecán Vidal indicó que un equipo de la DINA llegaría a la zona con antelación y debería recibir todas las facilidades. Estos agentes no integraban formalmente la comitiva, pero acompañaban al dictador en todo momento, junto con sus escoltas personales y efectivos policiales de la región. El documento indicaba cómo actuar en caso de emergencia y estipulaba que cada región aportaría una ambulancia con un médico y un equipo de primeros auxilios completo, que se mantendrían próximos en todo momento. Especificaba incluso los grupos sanguíneos de Pinochet y su esposa.

El momento más trascendente de aquel viaje al Norte Grande en el verano de 1975 fue la reunión que el 8 de febrero mantuvo en la zona fronteriza de Visviri y Charaña —localidad boliviana ubicada a cuatro mil metros de altura y a 230 kilómetros de La Paz— con el general Hugo Banzer, quien había escalado al poder tras el golpe de Estado que derrocó al presidente Juan José Torres en agosto de 1971. Ambos llegaron en ferrocarril y se encontraron a la una de la tarde en la frontera, donde Banzer le invitó a cruzar a territorio boliviano. Compartieron un almuerzo opíparo en un vagón de su tren y mantuvieron un «diálogo franco, propio de soldados», según la descripción de Pinochet en la carta que remitió a Banzer el 8 de febrero de 1977, al cumplirse dos años del encuentro.[3] A las cinco y media se despidieron con un abrazo, el conocido como abrazo de Charaña.[4] De los seis puntos de la declaración que suscribieron, el más relevante fue el cuarto: «Ambos mandatarios, con ese espíritu de mutua comprensión y ánimo constructivo, han resuelto que continúe el diálogo a diversos niveles para buscar fórmulas de solución a los asuntos de mediterraneidad que afectan a Bolivia, dentro de recíprocas conveniencias y atendiendo a las aspiraciones de los pueblos boliviano y chileno».[5] Aquel encuentro propició el restablecimiento de las relaciones diplomáticas, suspendidas el 16 de abril de 1962 por el conflicto del río Lauca, y el intercambio de embajadores.

Se inició entonces un periodo de tres años de diálogo entre ambos regímenes. En diciembre de 1975, la propuesta de intercambio territorial ya había sido aceptada aparentemente por ambas partes. Chile estaba dispuesto a ceder a Bolivia un corredor definido entre el límite con Perú y una línea trazada al norte de la quebrada de Lluta, pero con varias condiciones y supeditado a la aprobación también de Perú, ya que el Protocolo de Lima de 1929 establecía que no se podría decidir el futuro de los territorios que le habían pertenecido sin el consentimiento de sus autoridades. En primer lugar, debían mantenerse intactas las estipulaciones del Tratado de Paz de 1904; en segundo lugar, Chile recibiría a cambio una superficie exactamente igual; en tercer lugar, Bolivia debía comprometerse a adquirir el aeropuerto de Chacalluta, la parte chilena del ferrocarril Arica-La Paz y otras construcciones en los territorios que recibiría, que además serían desmilitarizados; en cuarto lugar, las demarcaciones intercambiadas no podrían ser cedidas a un tercer país, y, en quinto lugar, Bolivia aceptaría que esta era la solución definitiva a su demanda marítima.[6] Sin embargo, las negociaciones fracasaron, entre otras razones, porque Perú descartó aquella propuesta y, en cambio, planteó en 1976 la creación de una zona de soberanía compartida en Arica administrada por los tres países, propuesta que el régimen de Pinochet rechazó.[7] En marzo de 1978 Bolivia suspendió las relaciones diplomáticas con Chile.[8]

El 3 de marzo de 1975, el general Óscar Bonilla, ministro de Defensa y segunda antigüedad del Ejército, falleció en un accidente de helicóptero ocurrido a veinte kilómetros de la localidad rural de Romeral, en la provincia de Curicó, cuando regresaba a Santiago tras pasar las vacaciones con su familia en una finca de la zona. También murieron los dos pilotos militares del aparato UH-IH 182 del Comando de Aviación del Ejército, así como una anciana y tres jóvenes que eran amigos de su familia. Solo se salvó, gravemente herido, un cabo.[9] De inmediato, la prensa internacional cuestionó las causas del accidente y destacó su perfil moderado y populista dentro del régimen. «El general Bonilla ha muerto con su misterio», dijo el vespertino francés *Le Monde*. «Ni siquiera el Vaticano cree el "accidente"», señaló el diario italiano *Paese Sera*.[10] El helicóptero era de fabricación francesa. Dos técnicos de la compañía que estaban en Chile para abordar la venta de otros aparatos viajaron a Curicó para esclarecer lo sucedido y poco después murieron en otro accidente similar acaecido en el cerro San Cristóbal de Santiago.[11]

De inmediato, Pinochet, quien en sus memorias calificó la muerte de Bonilla como «la pérdida de un hermano», por la amistad que mantenían sus suegros con su familia y por ser un «camarada de armas y amigo de toda una vida»,[12] remitió una carta de condolencias a la viuda, Mary Teresa Menchaca, y la visitó para abrazarla: «Es particularmente doloroso por la vieja amistad que nos unía tanto como camaradas de armas como familiar...».[13]

Solo dos días después de su muerte se produjeron nuevos movimientos en la cúpula del Ejército. Ascendieron a general de división los generales de brigada Gustavo Álvarez y Carlos Forestier y nueve coroneles, entre ellos Julio Canessa, alcanzaron el generalato.[14] Para designar al general Herman Brady como nuevo ministro de Defensa, Pinochet decidió enviar al general más antiguo, Héctor Bravo, como embajador a Tailandia. Al mismo tiempo, Sergio Arellano dejó de ser el comandante de la II División del Ejército y pasó a ser el jefe del Estado Mayor General de la Defensa Nacional, una responsabilidad casi irrelevante en aquellos momentos. Un año y medio después del golpe de Estado, ninguno de los comandantes en jefe de las seis divisiones del Ejército en septiembre de 1973 se mantenía con mando directo sobre tropas.

El padrino de los Chicago Boys

El 21 de marzo de 1975, Pinochet recibió a Milton Friedman y Arnold Harberger, profesores de la Escuela de Economía de la Universidad de Chicago, donde, desde el acuerdo suscrito con la Universidad Católica (UC) en marzo de 1956, decenas de jóvenes graduados habían realizado sus estudios de posgrado. Varios de estos economistas —conocidos como los Chicago Boys— participaron en la última campaña de Jorge Alessandri; de hecho, entre abril y junio de 1970 Sergio de Castro presentó a los principales asesores del candidato derechista el programa económico que les habían solicitado, aunque lo descartaron porque preferían medidas de orientación más gradual. Entre 1970 y 1973, pregonaron sus tesis y propuestas desde las páginas de *El Mercurio* o de la revista *Qué Pasa* y, desde fines de 1972, este grupo, tras una solicitud de José Toribio Merino a Emilio Sanfuentes y Roberto Kelly, volvió a reunirse —con la participación en ocasiones de Jaime Guzmán— para preparar un extenso plan económico que se conocería como El Ladrillo.[15]

El 12 de septiembre de 1973, al mediodía, Pinochet, Merino, Leigh y Mendoza ya habían recibido sendas copias. Siete días después, el ministro de Economía, general de división Rolando González, y sus asesores Sergio de Castro y Tomás Lackington hicieron una exposición ante la Junta sobre los problemas económicos más relevantes del país, basada en las tesis de El Ladrillo.[16] Otros economistas y profesionales formados en la Universidad de Chicago se incorporaron ya entonces al gobierno.

Hasta abril de 1975, los sectores corporativistas mantuvieron una cierta influencia en la política económica y social. De hecho, el 1 de mayo de 1974, en un discurso ante miles de trabajadores en el Diego Portales, el dictador señaló que el Estatuto Social de la Empresa —un conjunto de directrices relativas a su organización interna— intentaría «corregir» tanto el «error socialista» como «el error liberal, que sacrifica el fin social al interés particular del inversionista».[17] Y de manera reiterada Bonilla, Leigh o él mismo repetían que el régimen respetaría las conquistas y derechos de los trabajadores y las clases populares y que los sacrificios que imponía la difícil situación del país serían compartidos por todas las capas sociales.

La política económica inicial de la Junta tuvo dos objetivos. En primer término, deshizo el proceso de nacionalizaciones, con la rápida devolución a sus propietarios originales de las tierras ocupadas por los campesinos al margen del proceso de la Reforma Agraria y también de las empresas mineras, industriales y comerciales que el gobierno de la UP había estatizado, aunque el Estado se quedó con las principales firmas estratégicas, que serían privatizadas con contadas excepciones. Y también quiso restaurar los equilibrios macroeconómicos esenciales: decretó una devaluación del escudo del 300 %, liberalizó los precios, estableció el nivel de los salarios y disminuyó tanto el déficit fiscal como la tasa de crecimiento de la emisión monetaria.[18]

Un año después del golpe de Estado persistía una elevada inflación, que oficialmente fue del 376 % en 1974, y la política de la Junta había causado un duro impacto social, principalmente por la súbita liberalización de los precios de productos básicos. Entre septiembre de 1973 y septiembre de 1974, el precio del kilo de pan había subido de once a doscientos cincuenta escudos; el del kilo de azúcar de diecisiete a quinientos escudos; medio kilo de leche en polvo costaba treinta y ocho escudos y entonces valía ya novecientos, y un kilo de arroz había pasado de dieciséis a ochocientos cincuenta escudos. Y lo mismo sucedió con las papas, la carne de pollo, los huevos o el té y con los precios de la electricidad, el gas, la parafina, los detergentes y el jabón.[19] Ni siquiera el elevado valor internacional del cobre en 1974, que aportó al país 678,6 millones de dólares más que el año anterior, permitió subsanar esta situación.[20]

El 25 de marzo de 1975, en una visita a la localidad de Los Andes, donde inauguró la Primera Feria Industrial, Agrícola y Artesanal —y por supuesto fue nombrado Ciudadano Benemérito—, Pinochet advirtió que sería inflexible «para aplicar el remedio económico». «Estoy seguro de que muchos de aquellos que están descontentos, de aquellos que están inquietos y que son presa de intranquilidades por el momento económico que vive la nación, han olvidado el caos económico a que nos arrastraron, por años, los políticos y demagogos. Han olvidado también los tres años de caos económico en que nos sumió el marxismo-leninismo...» Asimismo, aseguró que era consciente de los padecimientos de la mayoría de la ciudadanía por la situación del país. «El esfuerzo es grande. Lo sé y lo comprendo: no vivo aislado. Tengo familia y tengo amigos que me señalan el sacrificio que hay que llevar adelante. Pero a todos les respondo: sí, son grandes los sacrificios, pero mientras más grandes sean, más corto será el tiempo que tengamos que soportarlos.»[21]

En marzo de 1975, la inflación mensual estaba situada en el 20 %. En aquellos días tanto Milton Friedman como Arnold Harberger ofrecieron conferencias públicas en Santiago y propusieron al régimen la implementación radical e inmediata de las medidas más conocidas de la escuela monetarista. «No creo que para Chile una política de gradualismo tenga sentido. Temo que el paciente pueda llegar a morirse antes de que surta efecto. Creo que Chile puede ganar mucho si examina los ejemplos relacionados con el tratamiento de shock para el problema de la inflación y de la desorganización», planteó Friedman el 26 de marzo de 1975 en la conferencia que ofreció en el Diego Portales.[22]

El viernes 4 de abril, el director de Odeplan, Roberto Kelly, regresó de una reunión de la Organización de las Naciones Unidas para el Desarrollo Industrial en Lima. En el mismo aeropuerto de Pudahuel le esperaban varios miembros del departamento de estudios de su oficina con pésimas noticias: durante el mes de febrero, el Banco Central había emitido la cantidad de dinero prevista para el conjunto del año. En aquel momento, el almirante Merino, encargado del área económica, estaba enfermo y el ministro de Coordinación Económica, Raúl Sáez, era incapaz de impedir estas decisiones. De inmediato, Kelly solicitó una reunión a

Pinochet y aquella misma tarde lo abordó cuando se preparaba para presidir la inauguración del Año Mundial de la Mujer. Con absoluta crudeza le planteó que el manejo económico era desastroso y que «o tomaba medidas radicales o se convertiría en el sepulturero de Chile». Compungido, el dictador le ordenó que el 6 de abril a las ocho de la mañana, en el palacio de Cerro Castillo, le expusiera una alternativa para afrontar la emergencia económica.[23]

Kelly convocó a varios de sus colaboradores —Emilio Sanfuentes, Manuel Cruzat, Sergio Undurraga, Miguel Kast, Ernesto Silva— y, con la referencia de El Ladrillo, delinearon un repertorio de iniciativas urgentes e inmediatas. Algunos de ellos le acompañaron a la reunión en Viña del Mar, a la que el dictador invitó también al coronel Manuel Contreras y otros mandos de la DINA. Allí Kelly expuso las propuestas y recomendó que su implementación fuera dirigida por Jorge Cauas, entonces ministro de Hacienda.[24] Debatieron asimismo la denominación del proyecto que presentarían en breve al país y, por decisión de Pinochet, que rechazó la denominación de Plan de Emergencia, fue bautizado como Plan de Recuperación Económica.[25]

Tras la firma del decreto ley 966, de 10 de abril de 1975, Cauas adquirió un amplio conjunto de atribuciones especiales y capacidad de decisión sobre diez ministerios para dirigir la política económica del gobierno. El 14 de abril tuvo lugar una remodelación ministerial y Sergio de Castro reemplazó a Fernando Léniz en Economía e ingresaron tres civiles más en el gabinete: Hugo León en Obras Públicas, Miguel Schweitzer en Justicia y Carlos Granifo en Vivienda. Dos Chicago Boys, Pablo Baraona como presidente y Álvaro Bardón como vicepresidente, asumieron la dirección del Banco Central.

En aquel intenso mes que marcó el viraje del régimen hacia el neoliberalismo, Pinochet se reservó el día 18 de abril para reunirse con la presidenta argentina María Estela Martínez, viuda de Perón, en la base aérea de Morón.[26] Después de compartir un almuerzo, firmaron una declaración conjunta que apelaba a la retórica habitual de la cooperación bilateral y los propósitos de paz y amistad, reafirmaron los acuerdos anteriores sobre el territorio antártico y convinieron abrir la licitación para la construcción del túnel andino del Cristo Redentor, que se inauguraría en 1980.[27]

El 21 de abril, Milton Friedman dirigió una carta personal a Pinochet para atender la petición que le formuló en su reciente encuentro personal y, al final de su estancia en Chile, le expuso sus opiniones acerca de la situación económica y las medidas que cabría adoptar.[28] Así, a partir de las políticas desarrolladas en la República Federal Alemana, Japón y Estados Unidos tras la Segunda Guerra Mundial y en Brasil desde el golpe de Estado de 1964, le recetó un «tratamiento de shock» para Chile, con medidas como la sustitución del escudo por el peso, de modo que un peso equivaliera a mil o diez mil escudos;[29] la reducción del gasto del gobierno en un 25 % en el plazo de seis meses; la derogación de las leyes que impedían los despidos de los trabajadores o la eliminación de la mayor cantidad posible de controles sobre los precios y los salarios. Friedman auguró que la disminución de la inflación favorecería la rápida expansión del mercado de capitales y la privatización de las empresas y actividades controladas por el Estado. «Si Chile toma hoy la senda correcta, creo que puede lograr otro milagro económico: despegar hacia un crecimiento económico sostenido que proveerá una ampliamente compartida prosperidad. Pero para aprovechar esta oportunidad,

Chile deberá primero superar un muy difícil periodo de transición».[30]

El 24 de abril, el ministro Cauas se dirigió al país por cadena nacional de radio y televisión para explicar las medidas que habían decidido implementar —«a cualquier costo»— ante la situación crítica por la que atravesaba el país.[31] Aquel mismo día, acompañado por Merino, Leigh y Mendoza, Pinochet se reunió con el cuerpo de generales y almirantes en el Edificio Diego Portales para explicarles el Plan de Recuperación Económica.[32] El principal opositor a aquel programa de los tecnócratas neoliberales fue el comandante en jefe de la Fuerza Aérea, pero nada pudo hacer ante la alianza de Pinochet con los Chicago Boys, quienes infligieron una derrota total al «proyecto social», corporativista, de un sector de las Fuerzas Armadas, representado por algunos de los principales conspiradores del invierno de 1973 —Leigh, Bonilla, Nicanor Díaz Estrada—.[33] Estos economistas proporcionaron al dictador un cuerpo teórico capaz de justificar el radicalismo de aquellas medidas[34] y, ciertamente, como ha subrayado Gabriel Salazar, la aureola y el refinamiento de una universidad estadounidense otorgaban otro aroma al régimen de Pinochet, diferente al sórdido y pestilente de la DINA.[35]

El 1 de junio de aquel año Pinochet aseguró que el gobierno mantendría el programa económico «por encima de dificultades circunstanciales» y que los sacrificios conllevaban también «perspectivas y esperanzas no solo de desarrollo y de progreso social, sino de la construcción de un gran destino nacional. Estamos ante el desafío de crear un nuevo régimen que responda a un mundo que naufraga entre esquemas políticos caducos y un asfixiante materialismo práctico».[36] A los Chicago Boys les fascinó su sangre fría para aplicar aquellas recetas a pesar de conocer de antemano los durísimos costes sociales.

Sergio de Castro, el economista más importante de la dictadura en los años setenta, no vacila en proclamar aún hoy su devoción por el dictador: «Supongo que hay mucha gente que admira al general Pinochet y también mucha gente que lo detesta, pero nadie puede dudar de su capacidad para aislar dos o más variables cruciales de un problema y atinar en su solución. Es lo que se suele llamar inteligencia ¿verdad?». «Es lo que yo vi y me di cuenta que estaba frente a un hombre serio, estudioso, con carácter, cuya cabeza había sido modelada por la ciencia militar, pero que tenía un conocimiento bastante amplio del mundo; no obedecía para nada al estereotipo del "militarote sudaca"» más o menos provinciano, había enseñado en otro país y conocía bien la historia contemporánea y el núcleo de la ideología marxista. Sus juicios acerca de las personas y las ideas eran más equilibrados de lo que yo habría esperado.»[37] Y considera que su determinación fue crucial para el viraje neoliberal: «Creo que hizo una gran labor por Chile. Si no hubiera sido Pinochet el que tomó el mando, la cosa se hubiera ido para otro lado: no había otro capaz de entender lo que él entendió».[38]

La implementación del modelo neoliberal alteró la orientación de las políticas seguidas desde los tiempos del Frente Popular. Su corpus ideológico se instaló en las entrañas del régimen al mismo nivel que la Doctrina de Seguridad Nacional. La abrupta reducción del gasto fiscal y de la inversión del Estado, la privatización de las empresas públicas, una política industrial que dejaba a las firmas nacionales abandonadas a su suerte ante la competencia externa, la desregulación del sistema financiero, la liberación del precio de unos dos mil productos y el descenso de los aranceles con la «apertura» de la economía al exterior tuvieron consecuencias críticas para la población.[39]

En 1975, el gasto público se redujo en un 27 % y hasta 1979 descendió casi a la mitad de 1973 en proporción al Producto Interno Bruto (PIB). La inversión pública cayó un 13,9 % entre 1974 y 1979. En 1975, el PIB bajó un 13 %, el mayor descenso desde los años treinta, y la producción industrial un 28 %, mientras que el paro subió al 16,8 % en 1976 —es decir, cerca de dos millones de chilenos carecían de ingresos si a los trabajadores despedidos se suma una estimación de su núcleo familiar— y los salarios cayeron cerca de un 40 % respecto a su nivel de 1970.[40] Y a fines de 1975 la inflación anual era del 343 %, casi igual al 369 % de un año antes.[41] Esta fría sucesión de cifras y porcentajes se tradujo en hambre, desempleo y miseria.

Hambre y desempleo

La Victoria es una de las poblaciones de Santiago que, junto con La Legua, Villa Francia o La Bandera, simboliza la resistencia popular contra la dictadura. Nacida el 30 de octubre de 1957 después de una de las primeras tomas de terrenos de América Latina, la capacidad de organización de sus habitantes, las ollas comunes, los murales, la fuerza de los partidos de izquierda y de las organizaciones sociales, pero también la represión de la dictadura, que costó la vida a varias personas —entre ellas el sacerdote francés André Jarlan en septiembre de 1984—, escribieron su nombre en la historia.

Desde muy temprano los habitantes de La Victoria se unieron para enfrentar las consecuencias del plan económico diseñado por el régimen de Pinochet. En un primer momento la Iglesia católica, a través de la Vicaría de la Solidaridad, organizó comedores populares. «La situación fue bastante grave. Muchas mujeres llegamos a la parroquia y tuvimos que trabajar en los comedores, teníamos que ir a la vega a pedir las verduras y otras veces a la carnicería. También había una ayuda extranjera de alimentos no perecederos, como harina, aceite, leche, fideos... Los comedores estaban en el local de la iglesia y allí se tuvo que habilitar una cocina, donde atendíamos a más de trescientos niños cada día», recuerda María Elena Araya.[42]

El descenso de los salarios y el alza de los precios tuvieron consecuencias demoledoras en las familias más humildes, que padecieron años de penurias y hambre y, por tanto, de dolor, desolación, impotencia y desesperanza. «La hambruna fue muy grande», prosigue María Elena Araya, «sobre todo porque en los colegios ya no se daba leche ni almuerzo a los niños. Entonces los niños estaban desnutridos.[43] Ahí trabajamos un par de años en esos comedores y a mí me tocó participar haciendo el pan».

A fin de paliar los efectos previstos de aquellas medidas, el régimen puso en marcha desde marzo de 1975 el Programa de Empleo Mínimo (PEM), iniciativa recomendada públicamente por Arnold Harberger,[44] que a principios de septiembre de 1975 ya «favorecía» a 83.000 cesantes[45] y en julio de 1976 a 177.000.[46] Estas personas recibían un salario ínfimo: 505 pesos mensuales en agosto de 1976 por ocho horas diarias de trabajo, sin asignaciones para transporte o manutención.[47]

En los años siguientes, en La Victoria surgieron otras iniciativas comunitarias para la supervivencia y la más importante fue la olla común, que comenzó en 1980 y duró hasta 1986 y fue obra de las organizaciones sociales. «Era muy similar a los comedores infantiles de la Iglesia. Íbamos a pedir a la vega y llegaba también un fondo del extranjero para la leche. Se hacía una comida al día y generalmente se cocinaban porotos. Al principio hacíamos un gran fondo de comida y terminamos con tres fondos. Venía gente de cualquier lado de la población a buscar porotos», explica Victoria Plaza.[48]

Recuerda que en la olla común intentaron que la gente no solo se limitara a recoger su comida, sino también transmitir que tenían que luchar contra la dictadura. «Costó bastante hacerles un poquito de conciencia de por qué estábamos en la olla común, por qué teníamos que ir a buscar comida, porque eso de ir con una bolsita, con una olla, a ponerse en una cola en la calle a esperar a que repartan la comida era como denigrante. En la misma olla empezamos a conversar, dentro de las filas. Por ejemplo, había una marcha en el centro, entonces muchas mujeres decían "yo tengo terror, no quiero ir, esas cosas me dan miedo". Entonces les decíamos: "Mucho más terror tenemos que tener a esto, a estar en esta cola y seguir en ella toda la vida. Tenemos que salir, tenemos que empezar a protestar, a exigir que nuestros maridos tengan trabajo". Eran cosas muy de hormiga, muy difíciles, pero no imposibles.» Aquel trabajo de concienciación dio sus frutos y los habitantes de La Victoria participaron de manera muy activa en las protestas nacionales que entre 1983 y 1986 pusieron en jaque a la dictadura.

Otra ciudadana de La Victoria, Eliana Olate, explica con lucidez el objetivo último del «ladrillo» que Pinochet les arrojó en abril de 1975: «Nosotros descubrimos que para la dictadura era importante tener al pueblo ocupado alrededor de qué hacer de comer. Entonces no nos daba tiempo a pensar en otra cosa, en cómo liberarnos, en cómo ponernos en pie, sino que todos los días pensando qué hacemos para poder comer. En ese tiempo lo veíamos como una táctica de la dictadura: tenernos con hambre, tenernos sin trabajo, para no pensar».[49]

En el ángulo contrario estuvieron los esfuerzos sostenidos de la dictadura y del propio dictador, muy bien estudiados por Verónica Valdivia, para penetrar en los sectores populares, culminados con cierto éxito en los años ochenta principalmente por la Unión Demócrata Independiente (UDI) y el gremialismo, un proceso que era también parte de la «guerra contra el marxismo» y que ayuda a entender la significativa votación lograda por Pinochet en el plebiscito de 1988 e incluso la presencia de sectores sociales populares en su funeral.[50]

Por otra parte, en junio de 1980 el dictador hizo la siguiente reflexión: «La pobreza me ha golpeado siempre por sus secuelas; sin embargo, la pobreza aguza el ingenio y los pueblos pobres son sabios en su manera de vivir. Yo, como soldado, he vivido con restricciones, pero en forma muy ordenada. Me he formado así: si es necesario que viva en una pieza, puedo hacerlo sin amargura. Así me eduqué como soldado. Por eso no me interesan ni la riqueza ni las mansiones, como dicen algunos que me calumnian».[51]

«Noticias» sobre los desaparecidos

El 7 de junio de 1975, Augusto Pinochet regresó a la Escuela de Infantería de San Bernardo para participar en la conmemoración del día de la Infantería y del 95.º aniversario del Asalto y Toma del Morro de Arica. Le acompañó, como invitado especial, el cantante Julio Iglesias —conocido en el país desde su participación en 1969 en el Festival de Viña del Mar—, quien señaló con regocijo que su abuelo paterno también fue militar del arma de Infantería y general del Ejército español. «Esta lucha que hoy libramos es tan dura como cualquiera de las batallas en que el Ejército se cubrió de gloria, pero no ofrece el brillo de la victoria ni deslumbra por las conquistas logradas», proclamó al dirigirse a oficiales, suboficiales, clases y soldados durante el almuerzo y tras exaltar la unidad «granítica» de las Fuerzas Armadas.[52]

A mediados de aquel mes, Pinochet, quien el 19 de noviembre de 1973 ya envió un saludo respetuoso a Mao Tse-Tung con motivo de su octogésimo aniversario,[53] ofreció un almuerzo en el Diego Portales al embajador de la República Popular China y conversaron acerca de las correctas relaciones bilaterales.[54] En aquel momento el régimen tenía un especial interés en mejorar las relaciones con este país, como expuso Patricio Carvajal en una reunión de la Junta, principalmente para lograr que las naciones de África y Asia en las que tenía influencia tomaran posiciones más favorables hacia Chile en la ONU.[55]

A principios de julio, el dictador prohibió la entrada de una misión de Naciones Unidas que pretendía conocer las violaciones de los derechos humanos. La prensa acusó a Orlando Letelier y Laura Allende de influir en aquella delegación y desde el Ministerio de Relaciones Exteriores se justificó aquella decisión por esa razón.[56] Entonces, diarios como *La Patria*, *La Segunda*, *La Tercera* y *El Mercurio* desplegaban una intensa campaña de desinformación. Detrás de sus titulares estaba la Operación Colombo de la DINA.[57]

El 19 de julio, *El Mercurio* reprodujo un teletipo de la agencia UPI fechado en Buenos Aires que señalaba que, según el semanario argentino *Lea*, sesenta «extremistas chilenos», cuyas identidades indicaba en orden alfabético, habían sido asesinados recientemente por sus propios compañeros en Argentina, Colombia, Panamá, Venezuela, México y Francia. Cinco días más tarde, *La Segunda*, otra cabecera del grupo Edwards, publicó en su primera página, a todo color y en grandes caracteres, uno de los titulares más reprobables de la historia del periodismo chileno: «Exterminados como ratones». E informaba que cincuenta y nueve militantes del MIR habían muerto en un operativo militar en Argentina; en aquella ocasión la fuente era un diario de la ciudad brasileña de Curitiba llamado *O'Dia*.

Publicadas las listas de los 119, la Operación Colombo descubrió su objetivo final: el desprestigio y la humillación de los familiares y de los organismos de defensa de los derechos humanos, justo después de que la Corte de Apelaciones rechazara la petición de los familiares de 164 detenidos desaparecidos de que se investigara su paradero.[58] Pronto se supo que ni el periódico *O'Dia* existía, ni la revista *Lea* tenía más que aquel número.[59]

El 20 de agosto, en un discurso desde los balcones de la Municipalidad de San Bernardo, que le declaró Ciudadano Ilustre, Pinochet afirmó que las noticias publicadas en el exterior sobre la muerte de 119 ciudadanos chilenos eran «otra forma artera de atacarnos»,[60] aunque prometió «una investigación de los hechos por los canales oficiales». El 12 de septiembre, en una conferencia de prensa con periodistas extranjeros, fue consultado por el caso de los 119 y, si bien dijo que estaba en marcha una investigación del Ministerio del Interior, manifestó que no le extrañaría que fuera «otra maniobra del marxismo-leninismo». «Tendríamos que ser muy ingenuos si estuviéramos dando a conocer nuestros propios muertos».[61]

Como la indagación oficial jamás se produjo, desde octubre de 1975 la Agrupación de Familiares de Detenidos Desaparecidos (AFDD) remitió varias cartas al dictador para mencionarle aquel compromiso. Todavía en julio de 1985, diez años después, le recordaron la conmoción nacional y el revuelo internacional que originaron aquellas noticias falsas. «Las informaciones parecían fraguadas precisamente para reconocer la desaparición de 119 chilenas y chilenos, disfrazándolo con sus muertes ocurridas en imaginarios ajustes de cuentas y/o enfrentamientos armados.» La Agrupación señaló entonces que aquella investigación «supuestamente ordenada por usted» no se realizó jamás. «En todos estos años usted no ha vuelto a referirse al tema, a pesar de que se lo hemos solicitado públicamente por lo menos en cuatro oportunidades. No quisiéramos hacer nosotros una interpretación de las razones de su silencio y del incumplimiento de una promesa pública, inexcusable en un gobernante que debe tener como primera responsabilidad la vida y la seguridad de sus conciudadanos. Desgraciadamente hay muchos otros hechos que se suman a su silencio y que nos hacen temer lo peor».[62]

El 11 de septiembre de 1975, por la mañana, en el Edificio Diego Portales, Pinochet leyó, durante una hora y cincuenta minutos, su segundo mensaje anual al país, en presencia del cardenal Silva Henríquez, quien elogió su discurso en declaraciones a la prensa, al igual que Tucapel Jiménez, presidente de la Asociación Nacional de Empleados Fiscales (ANEF). También asistieron el vicepresidente de Guatemala, Mario Sandoval, Gabriel González Videla, Héctor Humeres, el nuevo presidente de la Corte Suprema, José María Eyzaguirre, el cuerpo diplomático y los ministros del gobierno. El dictador anunció la rebaja en un grado del estado de sitio, que se redujo desde «defensa interna» a «seguridad interior», y, por tanto, salvo delitos especialmente graves contra la seguridad del Estado, la jurisdicción de los tribunales militares se ejercería desde entonces conforme a un tiempo de paz y las sentencias podrían recurrirse ante la Corte Marcial y finalmente ante la Corte Suprema. «Estas restricciones son el precio necesario de la tranquilidad, el orden y la paz social que hoy nos convierten en una isla dentro de un mundo invadido por la violencia, el terrorismo y el desorden generalizado», afirmó en tono apocalíptico.[63] Además, aseguró que durante el primer semestre de 1976 el gobierno aprobaría tres actas constitucionales y que estaban estudiando la creación de un Consejo de Estado integrado por personalidades muy relevantes que asesoraría a la Junta.[64]

Al atardecer, en la plaza Bulnes, frente al palacio de La Moneda, tuvo lugar la ceremonia de encendido de la Llama Eterna de la Libertad por parte de los cuatro miembros de la Junta, en la que Pinochet pronunció su acostumbrada arenga anticomunista[65] que reafirmaría en su discurso de fin de año: «El pueblo de Chile recordará siempre el año 1975 como el año en que nuestra patria encendió la Llama de la Libertad. Lo hicimos al cumplirse el segundo aniversario de la Liberación Nacional, con la emoción de un pueblo altivo que recuperó su libertad (...). Este fuego eterno arderá para siempre...».[66] En realidad, solo ardió hasta 2004.

El 18 de septiembre, el jefe del Estado Mayor del Ejército de España, el teniente general Emilio Villaescusa, de visita en Chile para asistir a la Parada Militar, le impuso la condecoración de la Gran Cruz al Mérito Militar, la máxima distinción de su institución en tiempos de paz, que le había otorgado el dictador Francisco Franco.[67]

Enfrentamiento con la Iglesia

A principios de septiembre de 1975, el general de brigada Hernán Béjares, ministro secretario general de Gobierno, invitó por escrito al cardenal, en nombre de Pinochet, a asistir a la misa de acción de gracias que iba a celebrarse el 11 de septiembre a las nueve de la mañana en el patio principal de la Escuela Militar en homenaje a los miembros de las Fuerzas Armadas «caídos el 11 de septiembre de 1973». La respuesta de Silva Henríquez, fechada el 10 de septiembre, fue tajante, aunque no excluyó su presencia al día siguiente en el Diego Portales: «Le ruego hacer saber a Su Excelencia mis agradecimientos por su invitación; pero al mismo tiempo le pido excuse mi inasistencia a ese acto religioso porque el cardenal arzobispo de Santiago ese día rezará una misa por el eterno descanso de todos los chilenos que han muerto a causa de la guerra interna que tan dolorosamente nos aflige. Yo creo que S. E. el Presidente de la República comprenderá que un pastor de la Iglesia católica debe rezar por todas sus ovejas y no solo por una parte de ellas...».[68]

Dos años después del golpe de Estado, las violaciones sistemáticas de los derechos humanos y el compromiso institucional de la Iglesia católica con la defensa de la vida y de la dignidad humana habían tensado sus relaciones con la dictadura, que en los meses finales de aquel año emprendió una campaña de acoso desde la prensa.

El 15 de octubre, el cardenal escribió a Pinochet para trasladarle la preocupación del Comité Permanente del Episcopado —compartida por otros obispos católicos del mundo según le indicó— ante la decisión de la Junta de prohibir el retorno del obispo luterano Helmut Frenz al acusarle de «constituir un grave peligro para la seguridad interna del Estado». Asimismo, le expresó su rechazo ante la campaña contra el Comité de Cooperación para la Paz de la prensa oficialista y de personalidades tan afines al régimen como Jaime Guzmán; le transmitió la resolución aprobada por el Episcopado que respaldó su «labor humanitaria» en favor de quienes eran detenidos «por motivos políticos», y solicitó que autorizara el retorno de Frenz.[69] En las semanas siguientes los roces se convirtieron en la primera crisis pública entre la dictadura y la jerarquía católica que condujo al cierre del Comité de Cooperación para la Paz.[70]

Después de un enfrentamiento armado con la DINA en una parcela de Malloco el 16 de octubre, en el que murió Dagoberto Pérez Vargas,[71] los principales dirigentes del MIR en la clandestinidad —Andrés Pascal Allende y Nelson Gutiérrez, con sus respectivas esposas y Paula, la hija pequeña de este último, y Martín Hernández— pudieron escapar. Nelson Gutiérrez resultó herido y le atendió la doctora británica Sheila Cassidy, quien fue detenida por la DINA el 1 de noviembre y torturada en Villa Grimaldi.[72] Era hija de un almirante y Londres retiró temporalmente a su embajador.

Los dirigentes del MIR se refugiaron en parroquias. Se trataba de un desafío abierto de la Iglesia a la DINA porque habían brindado refugio a unos fugitivos que, como señaló el cardenal en sus memorias, «de ser capturados se enfrentaban a una muerte segura». Finalmente, el sacerdote Patricio Cariola logró asilar a Nelson Gutiérrez en la Nunciatura Apostólica y a Andrés Pascal en la embajada de Costa Rica.

«En medio de tan difíciles momentos, logré tener una conversación con el general Pinochet», escribió Silva Henríquez. «No perdió su gentileza habitual, pero fue un diálogo bastante áspero. Basado en los acontecimientos de los días pasados y en antecedentes que decía tener acerca de las actividades de algunos clérigos, quería pedirme que disolviera el Comité de Cooperación para la Paz, porque si no, el Gobierno se vería obligado a hacerlo por la fuerza. (...) El Gobierno disponía de los medios para cerrarlo y había creado el clima público para que ello se considerara lógico. Pero yo no podía asumir esa responsabilidad haciendo como si la presión no existiera; le dije al general Pinochet que me lo pidiera por escrito. El general aceptó. Entonces le advertí que de todos modos la Iglesia no abandonaría su deber de cautelar los derechos humanos. Esta observación no le gustó e hizo un duro comentario. "Mire, Presidente —le dije—, podemos cerrar Pro Paz, pero no podemos renunciar a nuestro deber. Si usted quiere impedirlo, tendrá que ir a buscar a la gente a mi casa, porque los meteré debajo de mi cama si es necesario."»[73]

El 11 de noviembre, Pinochet le escribió para exigirle la clausura del Comité, ya que «los marxistas-leninistas» lo utilizaban para alterar «la tranquilidad ciudadana». Tres días después, en su misiva de respuesta el cardenal defendió que durante sus dos años de existencia este organismo había desarrollado una actividad «de clara raigambre evangélica» y además ajustada a la legalidad. No obstante, le comunicó que todas las confesiones que había fundado el Comité habían aceptado su exigencia, si bien mantendrían la asistencia social a los sectores más pobres desde sus propias estructuras.

El 10 de diciembre, a su regreso de Europa y tras reunirse con Pablo VI, volvió a dirigirse por escrito al dictador. Le señaló que las detenciones de sacerdotes vinculados al Comité de Cooperación para la Paz habían tenido un profundo impacto internacional en sectores de todas las tendencias políticas y perjudicaban la imagen de «nuestro Gobierno». Incluso el Papa le expresó su preocupación por estas duras medidas y le dijo que consideraba a esos curas como «mártires de la caridad cristiana».[74]

En los últimos días de 1975, Raúl Silva Henríquez se centró en las tareas finales para la creación de la Vicaría de la Solidaridad, un organismo integrado en la estructura del arzobispado de Santiago, cuyas oficinas estuvieron en el edificio contiguo a la catedral, en el número 444 de la Plaza de Armas. «Más oficial, imposible», anotó en sus memorias.[75]

La primera acción relevante de la Vicaría fue el voluminoso documento que entregó el 28 de febrero de 1976 a José María Eyzaguirre, presidente de la Corte Suprema. En primer lugar, este escrito impugnó la duración «indebida» del estado de sitio, cuya declaración, según la Constitución de 1925, correspondía al presidente de la República solo en caso de «ataque exterior» o de «conmoción exterior». Además, describía la actuación de la DINA y la tragedia de las personas detenidas desaparecidas, así como otras gravísimas violaciones de los derechos humanos. Hizo presente también la ineficacia de los recursos de amparo presentados en defensa de las personas detenidas, puesto que eran rechazados de manera sistemática por los tribunales de justicia. Y en uso del derecho de petición consagrado en la Constitución, solicitaron a Eyzaguirre que trasladara este documento al general Pinochet, así como al pleno de la Corte Suprema.

Sin embargo, Eyzaguirre mantenía la línea de obsecuencia con la dictadura. Nada más tomar posesión de su cargo, en mayo de 1975, ya había declarado que en Chile estaba «vigente» el Estado de derecho, puesto que la Junta militar no había intervenido en el Poder Judicial.[76] Desde luego, no le había hecho falta. En 2001, la periodista Mónica

González dio a conocer un oficio «personal y reservado» de ocho páginas, fechado el 15 de marzo de 1976, remitido por Eyzaguirre a Pinochet y a su ministro de Justicia, Miguel Schweitzer, que evidencia que los ministros de la Corte Suprema conocían la existencia de torturas, prisiones clandestinas y personas detenidas desaparecidas.[77]

La fortaleza de las denuncias de la Vicaría se apoyó en su reconocida seriedad y credibilidad, puesto que la dictadura jamás pudo desmentirlas. Entre 1976 y 1988, presentó 6.364 recursos de amparo y solo entre 1976 y 1985 prestó asistencia jurídica, atención médica y entregó ayuda material a 262.247 personas.[78] Citada aún hoy como ejemplo del compromiso cristiano con la defensa de los derechos humanos, su labor mereció el reconocimiento de personas e instituciones de todo el mundo. En 1978 obtuvo el Premio de Derechos Humanos de las Naciones Unidas; en 1986, el Premio Príncipe de Asturias a la Libertad y el Premio Letelier-Moffitt del Instituto de Estudios Políticos de Washington, y en 1988, el Premio Simón Bolívar de la Unesco.[79] Uno de sus departamentos más importantes fue el jurídico, que contó con abogados como Roberto Garretón, Carmen Hertz, Fabiola Letelier, Nelson Caucoto o Héctor Salazar.

Funeral en Madrid

Después de la Revolución de los Claveles, que el 25 de abril de 1974 terminó con la dictadura fascista en Portugal, la España franquista era el único aliado político que podía tener en Europa el régimen de Pinochet, que había convertido a Chile en un «Estado paria» en la escena internacional. El 2 de julio de 1975, el embajador Francisco Gorigoitía, por instrucciones del ministro de Relaciones Exteriores, se entrevistó con Juan Carlos de Borbón para comunicarle la invitación de Pinochet a visitar Chile el 11 de septiembre de aquel año o en cualquier otra fecha que le acomodara. Según la comunicación de Gorigoitía, el príncipe le respondió que, si por él fuera, viajaría a Chile de inmediato, pero que sus desplazamientos oficiales internacionales estaban regulados por el gobierno y, en última instancia, dependían de la voluntad del propio Franco. No obstante, se comprometió a hacer la consulta acerca de una invitación que ya en enero de aquel año le había formulado el almirante Merino en Madrid.[80]

El 18 de julio de 1975, diversos dictadores, como el rey Hassan II de Marruecos o el tirano de Zaire, Mobutu Sese Seko, felicitaron a su par español por la efeméride que ese día evocaba el golpe de Estado contra el gobierno democrático de la II República. No podía faltar un mensaje de Augusto Pinochet: «Con ocasión de celebrarse un nuevo aniversario del memorable 18 de julio, fecha que marca el renacimiento de la nueva España, de tan gloriosas tradiciones, reciba Vuestra Excelencia las más cordiales felicitaciones que, en nombre del pueblo y Gobierno de Chile, como en el mío propio, le expreso muy sinceramente. Me valgo de esta oportunidad para formular a Vuestra Excelencia nuestros mejores votos por su ventura personal y grandeza de España».[81]

Entre el 28 de agosto y el 19 de septiembre de aquel año, la dictadura franquista celebró cuatro consejos de guerra que condenaron a muerte a once miembros de ETA y del Frente Revolucionario Antifascista y Patriota (FRAP), que carecieron de la posibilidad de una defensa con las mínimas garantías. Cuando se conocieron las sentencias, una ola de solidaridad e indignación recorrió el planeta.[82] Infinidad de peticiones de clemencia, entre ellas las de la reina Isabel II o Pablo VI, llegaron hasta el palacio de El Pardo, se celebraron manifestaciones masivas ante las embajadas españolas y varios países retiraron a sus embajadores.

El viernes 26 de septiembre, el Consejo de Ministros conmutó a seis personas la pena capital por una condena a treinta años de cárcel y confirmó el fusilamiento al día siguiente de Juan Paredes, José Luis Sánchez, José Humberto Baena, Ramón García y Ángel Otaegui.[83] La noticia ocupó los espacios principales de los medios de comunicación del mundo entero, incluso con fotografías de los cinco jóvenes acribillados. La Asamblea General de las Naciones Unidas reprobó los hechos y la Comunidad Económica Europea suspendió las negociaciones con España para alcanzar un acuerdo comercial preferente. Solo Estados Unidos, con Kissinger al frente de su política exterior, guardó silencio.[84] El domingo 1 de octubre, cuando se cumplían treinta y nueve años de su designación como jefe del Estado —en los meses iniciales de la Guerra Civil—, el régimen convocó una concentración en Madrid, frente al palacio de Oriente, donde el dictador, ya gravemente enfermo, se mostró en público por última vez, junto a los príncipes Juan Carlos y Sofía, para repetir su discurso permanente contra la masonería y el comunismo.[85]

Augusto Pinochet fue uno de los pocos mandatarios extranjeros que apoyó abiertamente aquellos fusilamientos, como se desprende del mensaje que envió a Franco el 2 de octubre: «Ante la infame campaña internacional que enfrenta España y en estricta adhesión a la doctrina de no intervención en los asuntos de otros Estados, regla básica de la convivencia internacional que dejan de aplicar permanentemente algunos países, me hago el deber de expresar a

Vuestra Excelencia la más absoluta solidaridad del pueblo y del Gobierno de Chile con el pueblo y el Gobierno de España. En la confusión de nuestra época, los que carecen del valor moral para denunciar y combatir los excesos del terrorismo que se ensaña victimando a los custodios del orden público, sirven en cambio de comparsa para protestar en contra de la rigurosa aplicación de penas prescritas por la ley e impuestas por la justicia de un Estado soberano. Estoy cierto que de esta dura prueba emergerá una España aún más fuerte, unida y respetada por la fortaleza de sus convicciones y la reciedumbre de sus actitudes y abrigo la esperanza de que en el futuro se valorizará mejor el esfuerzo de los pueblos de carácter para forjar su destino propio. Válgome de esta oportunidad para reiterar a Vuestra Excelencia los votos por su ventura personal y por la prosperidad del pueblo español».[86]

Seis días después, Franco, quien trabajó en su despacho hasta el 18 de octubre de 1975,[87] remitió un mensaje a Pinochet que solo fue muy parcialmente recogido por la prensa española.[88] Lo transmitió el embajador Gorigoitía y decía: «He recibido con gratitud el cordial mensaje de Vuestra Excelencia en que repudia la ingerencia [sic] en los asuntos internos de España de gobiernos extranjeros y formula sus votos porque de esta prueba España salga fortalecida. No podemos tolerar que la maquinación urdida por organizaciones enemigas de nuestra patria comprometa el normal desarrollo, en paz y prosperidad, de nuestro pueblo y es deber del gobernante preservar la paz y la seguridad de su país contra aquellos que subvierten el orden público poniendo en peligro la estabilidad y el sosiego de la sociedad. Reitero a Vuestra Excelencia mi agradecimiento personal y el del Gobierno y pueblo español formulando a mi vez votos por

la ventura personal de Vuestra Excelencia y el engrandecimiento de la República de Chile».[89]

A fines de octubre, su estado de salud se agravó sin remedio. Entonces, Federico Willoughby, secretario de prensa
de la Junta, declaró que prestaban una «constante atención»
a la evolución de Franco[90] y el 31 de octubre Pinochet le
envió un mensaje deseándole un pronto restablecimiento.[91]

En las primeras horas del 20 de noviembre, la embajada de Chile en España comunicó al Ministerio de Relaciones Exteriores el fallecimiento de Franco. La Junta declaró
tres días de duelo oficial y Pinochet envió sendos mensajes
de condolencias al príncipe Juan Carlos de Borbón y a la
viuda.[92] A lo largo de aquel día, la Junta se reunió en dos
ocasiones. Por la mañana, desde las nueve cincuenta, escucharon la exposición del ministro Cauas acerca del presupuesto nacional para 1976.[93] Por la tarde, desde las dieciséis
cuarenta, abordaron el proyecto de ley sobre la expropiación
de los bienes de la Industria Nacional de Neumáticos y exa-
minaron el decreto supremo n.º 543, de 31 de diciembre de
1974.[94] A la salida de esta segunda sesión, el dictador anunció: «Movido por un profundo sentimiento de afecto hacia
nuestra Madre Patria, hoy dolida por la pérdida del Generalísimo Francisco Franco, interpretando el sentir del pueblo
y del Gobierno de Chile, he decidido viajar a Madrid (...) a
rendir homenaje a este guerrero que sorteó las más fuertes
adversidades y también a entregar nuestros mejores deseos y
augurios a la España de hoy, de mañana y de siempre».

La comitiva viajó en el vuelo regular de LAN que partió
a la una y cuarto de la madrugada del 21 de noviembre,
con escala en Río de Janeiro.[95] Junto con su esposa y su hija
Jacqueline, le acompañaron en su primer viaje intercontinental y su única estancia en España el ministro de Relaciones

Exteriores, Patricio Carvajal; el director de la DINA, coronel Manuel Contreras, y el general Sergio Arellano, jefe del Estado Mayor de la Defensa Nacional, así como Silvia Pinto, directora de *El Cronista*; Cristián Zegers, de *El Mercurio*, y Alberto Vallejos, el periodista de *La Tercera*.[96]

Además de Pinochet, los únicos jefes de Estado que asistieron a las exequias de Franco fueron el rey Hussein de Jordania y el príncipe Rainiero de Mónaco. También llegaron Nelson Rockefeller, vicepresidente de Estados Unidos; Imelda Marcos, esposa del dictador filipino Ferdinand Marcos; el jefe de gobierno marroquí; los vicepresidentes de Irán, República Dominicana y Guatemala; el jefe del Estado Mayor de las Fuerzas Armadas brasileñas; el ministro de Defensa uruguayo, Walter Ravenna, y el ministro de Asuntos Exteriores sudafricano. Del cuerpo diplomático acreditado en Madrid, solo estuvieron presentes los embajadores de quince países.[97]

Pinochet llegó a Barajas el viernes 21 de noviembre a las ocho de la tarde y fue recibido, al pie de la escalerilla, por el príncipe Juan Carlos, quien le abrazó, y por varios ministros.[98] «En estos momentos Franco ha pasado a la historia, es un Caudillo que nos ha mostrado el camino a seguir en la lucha contra el comunismo», declaró, tras reunirse durante diez minutos en privado con el heredero de Franco. Rendía así homenaje al máximo responsable de una guerra civil que se prolongó durante casi tres años y causó la muerte de al menos trescientas mil personas durante los combates; de cerca de doscientos mil hombres y mujeres lejos de los frentes de batalla —el 75 % de ellos cayó bajo las balas de los facciosos—; de un número desconocido de hombres, niños y mujeres que fueron víctimas de los bombardeos y de los éxodos que siguieron a la conquista del territorio por parte de sus tropas.[99]

Por su parte, Willoughby leyó un comunicado en su nombre que vinculaba la dictadura chilena con el franquismo: «España durante mucho tiempo ha sufrido como nosotros sufrimos hoy el intento perverso del marxismo que siembra el odio y pretende cambiar los valores espirituales por un mundo materialista y ateo. El coraje y la fe que han engrandecido a España inspiran también nuestra lucha actual...».[100]

Al día siguiente por la mañana, vestido de gala y con la piocha de O'Higgins y la banda presidencial, Pinochet asistió en el palacio de las Cortes a la ceremonia de juramento y proclamación de Juan Carlos de Borbón como rey de España con el nombre de Juan Carlos I.[101] El dictador chileno fue aclamado tanto por el público apostado en la calle como cuando se sentó en el hemiciclo de la Carrera de San Jerónimo. Particularmente, los militantes de la Falange, el partido único del régimen, le vitoreaban y le lanzaban sus boinas rojas. Con toda razón, el fascismo español le contaba entre uno de los suyos.

Posteriormente, la comitiva almorzó en un restaurante castellano al sur de Madrid y, acompañados por excombatientes fascistas y el gobernador civil de Toledo, visitaron el Alcázar de esta ciudad, todo un mito de la propaganda franquista, en cuyo libro de visitas dejó estas palabras: «Con profunda emoción he visitado este lugar donde primó el amor a la Patria y a Dios sobre los que defienden el materialismo y traicionan a lo más grande del hombre: La Patria».[102] De regreso en Madrid, al final de la tarde visitó en El Pardo a la viuda, Carmen Polo, para expresarle sus condolencias y después se trasladó al Salón de Columnas del Palacio Real, donde oró ante el cadáver de Franco.[103]

El domingo 23 por la mañana, el funeral de Franco empezó con una misa *corpore insepulto* celebrada al aire libre ante el palacio Real. En la tribuna de invitados le situaron al lado de una Imelda Marcos vestida de riguroso luto. La larga capa gris de Pinochet quedó grabada en la memoria de los españoles de entonces. La columna fúnebre con el féretro, al que seguían Juan Carlos I y todo el cortejo, recorrió las calles de Madrid hasta alcanzar en la plaza de La Moncloa la carretera que conduce hacia el valle de Cuelgamuros, donde miles de presos republicanos excavaron en los años cuarenta y cincuenta su inmenso mausoleo.[104]

A las seis de la tarde, en el palacio de La Zarzuela, los reyes de España recibieron a Pinochet en audiencia durante treinta minutos. Le acompañaban Lucía Hiriart, Patricio Carvajal, Sergio Arellano, el embajador Gorigoitía y también Federico Willoughby, quien ha escrito que ambos mandatarios conversaron sobre asuntos intrascendentes, como la caza o las características de distintas escopetas que Pinochet acababa de adquirir.[105]

En las últimas horas en Madrid, la embajada ofreció una recepción a la colonia chilena en el lujoso Hotel Ritz, donde estaba alojado, y, a las ocho de la tarde, allí mismo Pinochet protagonizó, bajo un fuerte control de seguridad, una conferencia de prensa ante cincuenta periodistas, que se quedaron realmente perplejos ante la dureza y el grado de odio de su discurso: «Yo soy enemigo de los comunistas y lo digo sinceramente. Los ataco y, donde puedo, los destruyo. El comunismo es una doctrina perversa destinada a destruir en sus cimientos a la población, a los países y a los Estados. Por esto, los persigo. No tengo ningún empacho en decirlo. Me han amenazado muchas veces con matarme. Aquí estoy, señores: soy soldado y, en consecuencia, no tengo ningún temor». En cuanto al atentado sufrido el 6 de octubre en Roma por Bernardo Leighton y su esposa, negó cualquier responsabilidad de su régimen y recordó que la prensa había asegurado que lo cometió el Grupo Cero, integrado por cubanos anticastristas. También reconoció que le hubiera gustado quedarse en España para asistir el 27 de noviembre a la misa de coronación de Juan Carlos I como rey de España, pero tenía que regresar a Chile por compromisos de su agenda.[106] Señaló que había invitado al nuevo jefe del Estado español a conocer su país y que, si realizaba esa visita, probablemente él volvería a España.[107]

En el Hotel Ritz Pinochet se encontró con Stefano Delle Chiaie, a quien el año anterior había recibido en Santiago junto con Valerio Borghese, conocido como El Príncipe Negro.[108] «Él bajaba en un ascensor y yo estaba ahí cerca, donde había otras personas», recordó este terrorista italiano.[109] «Cuando se abrió la puerta del ascensor me vio, yo fui a su encuentro y me dio el pésame por el fallecimiento del comandante Borghese,[110] que había muerto a fines de 1974.» Delle Chiaie le contó que un grupo de fascistas italianos deseaba saludarle y el encuentro tuvo lugar aquella noche en el aeropuerto de Barajas. Según la declaración a la justicia italiana de Vincenzo Vinciguerra —miembro también de Avanguardia Nazionale—, Pinochet saludó a Delle Chiaie con un abrazo y estas palabras: «El viejo no se nos quiso morir». Se refería a Bernardo Leighton.[111]

Leighton era considerado por el régimen como su principal enemigo dentro del Partido Demócrata Cristiano y por ello el 13 de septiembre de 1974 le habían impedido regresar después de un viaje por Europa. Su voz en el exilio clamaba por la unidad de todos los demócratas chilenos para enfrentar a la dictadura.[112] A fines de septiembre de 1975, Michael Townley recibió la orden de viajar a Italia para asesinarle. En Roma, el militante anticastrista cubano

Virgilio Paz y él se reunieron con Stefano Delle Chiaie y otro miembro del grupúsculo fascista Avanguardia Nazionale para contratar a un sicario. El 6 de octubre fascistas italianos ametrallaron en la capital italiana a Bernardo Leighton y su esposa, Ana Fresno, quienes sobrevivieron pero quedaron con secuelas muy graves. Por supuesto, la dictadura se apresuró a condenar «en forma enérgica el uso del terrorismo con fines políticos» y sugirió que el atentado formaba parte de «la virulenta campaña que en forma desesperada realiza el marxismo internacional contra Chile».[113] Con la pretensión de que las denuncias no se dirigieran hacia el régimen chileno y para librar a Avanguardia Nazionale de la acción de la justicia italiana, el 13 de octubre *El Diario de las Américas* de Miami publicó un comunicado del Grupo Cero —uno de los nombres que usaba el Movimiento Nacionalista Cubano—, en el que asumía la responsabilidad del atentado.[114] Pero Ana Fresno jamás albergó dudas sobre quién fue el principal responsable del atentado: Augusto Pinochet.[115] «No era fácil que sucediera una cosa así a espaldas de Pinochet. Además, hizo gala de que en Chile no se movía una hoja sin que él lo supiera.»[116]

En los primeros minutos del 24 de noviembre de 1975, el rey Juan Carlos I despidió a Pinochet en Barajas, en la misma escalerilla del avión que le devolvería a Chile.[117] Durante la escala de casi cinco horas en Las Palmas concurrió a saludarle el presidente del Cabildo de Gran Canaria y gobernador civil en funciones, Lorenzo Olarte, quien relató al periodista Fernando Olmeda que le recordaba como «un hombre monstruoso, frío, seguro de sí mismo, cuya personalidad no se basaba en su valía personal, sino en la fuerza que le respaldaba y que le convertía en un buldócer capaz de pasar sin piedad por encima de quien se le pusiera por delante; un militar a la antigua usanza, sin atisbo alguno de cultura». En los minutos que compartieron, Pinochet le relató la grata impresión que le había causado el funeral de Franco y le comentó que le gustaría que en su país se construyera «un Valle de los Caídos» que le recordara para la posteridad».[118]

Es una afirmación recurrente que Pinochet debió regresar a Chile antes de tiempo, porque los gobiernos de Francia, Reino Unido y República Federal Alemana condicionaron la asistencia de sus dignatarios —el presidente Giscard d'Estaing, el duque de Edimburgo y el presidente Walter Scheel— a la misa de coronación de Juan Carlos I en la iglesia de los Jerónimos a que Pinochet ya hubiera abandonado España. Toda una humillación de la Europa democrática. Según Paul Preston, biógrafo de Franco y del rey español, así se lo hizo saber también personalmente Juan Carlos I.[119]

Al mismo tiempo, Pinochet tenía anotado un compromiso muy relevante para el 26 de noviembre: el inicio de la reunión fundacional de la Operación Cóndor, que reuniría en Santiago a oficiales de las Fuerzas Armadas del Cono Sur.

El avión que transportaba a su comitiva aterrizó en Pudahuel la tarde del 24 de noviembre de 1975, víspera de su sexagésimo cumpleaños.

El nido del cóndor

A finales de junio de 1975, en declaraciones al diario boliviano *Los Tiempos*, Pinochet señaló que era partidario del intercambio de «experiencias, informaciones y métodos» para destruir «toda influencia, todo intento de penetración, toda infiltración del comunismo internacional» en la región, aunque no planteaba forjar una alianza junto con los regímenes que también se definían como anticomunistas. «Pero debemos tener, como lo hemos hecho, nuestros contactos con los gobernantes de los países hermanos y entregarles antecedentes de la infiltración, del peligro y daño que significa el comunismo internacional.»[120]

En aquellos mismos días, Manuel Contreras viajó a Washington para mantener una nueva reunión secreta con Vernon Walters, subdirector de la CIA, y lo hizo prácticamente como embajador de Pinochet.[121] Le comunicó que la Junta había prohibido la visita de la Comisión Interamericana de Derechos Humanos, que en 1974 ya había difundido un informe muy severo, y le solicitó que, si fuera necesario, el gobierno de Estados Unidos ejerciera su derecho de veto en el Consejo de Seguridad de Naciones Unidas para impedir la expulsión de Chile; el director de la DINA entregó, además, a Walters información acerca de «las excelentes relaciones de enlace tanto con los servicios (de inteligencia) de Argentina como de Brasil, con un amplio intercambio de información».[122]

Desde septiembre de 2000, por la desclasificación de miles de documentos de la CIA y otras agencias estadounidenses, sabemos que Contreras entregó información a la Agencia Central de Inteligencia entre 1974 y noviembre de 1977, es decir, hasta su relevo en la jefatura de la Central Nacional de Informaciones (CNI), a pesar de que la CIA era ya consciente de su «posible rol» en el asesinato de Orlando Letelier y la ciudadana estadounidense Ronni Moffitt. Además, en mayo y junio de 1975 algunos jefes de la CIA recomendaron «establecer una relación pagada con Contreras para obtener inteligencia basada en su posición privilegiada y en su acceso a Pinochet»; incluso llegaron a proponer su reclutamiento como un agente más de la agencia, a pesar de que conocían los crímenes de la DINA y de que le consideraban «el principal obstáculo para una política de derechos humanos razonable dentro de la Junta». Aunque esta propuesta fue desestimada, Contreras sí recibió en una ocasión una indeterminada cantidad económica de la CIA por los servicios prestados.

A lo largo de 1975, la DINA puso un gran énfasis en su labor en el exterior hasta convertirse por sus contactos, su labor de espionaje y sus crímenes en una organización terrorista internacional. Después de mantener una reunión personal con el dictador, el 16 de septiembre el coronel Contreras le remitió un documento, marcado con el sello de secreto, en el que solicitó una partida adicional de seiscientos mil dólares en el presupuesto concedido para aquel año a fin de atender el incremento de su personal en las misiones diplomáticas en Perú, Brasil, Argentina, Venezuela, Costa Rica, Bélgica e Italia; así como para cubrir gastos suplementarios con el objeto de neutralizar a «los principales adversarios de la Junta de Gobierno en el exterior», especialmente en México, Argentina, Costa Rica, Estados Unidos, Francia e Italia; también para sufragar desembolsos relacionados con la actividad en Perú y, por último, a fin de afrontar las asignaciones del personal de la DINA que realizaba cursos de preparación para la guerra «antisubversiva» en Manaos, en el corazón de la Amazonía brasileña.[123]

El 26 de noviembre, en el edificio de la Academia de Guerra, en la Alameda, el general Augusto Pinochet inauguró la «Primera reunión de trabajo de inteligencia nacional», preparada minuciosamente por la DINA desde hacía varios meses.[124] Participaron delegaciones de Argentina, con el capitán de navío Jorge Casas al frente; Bolivia, encabezada por el mayor de Ejército Carlos Mena; Uruguay, liderada por el coronel de Ejército José A. Fons;[125] Paraguay, presidida por el coronel de Ejército Benito Guanes, además de los anfitriones, comandados por Manuel Contreras y, en calidad de observador, Brasil, representado por el coronel Flávio de Marco y el mayor Thaumaturgo Sotero, agentes del Centro de Informaciones del Ejército.[126]

Aquel cónclave impulsó el nacimiento de la Operación Cóndor, el plan secreto para coordinar la represión contra las fuerzas de izquierda en el Cono Sur, inspirado en la Doctrina de Seguridad Nacional, promovido por Pinochet y Contreras y apoyado por Estados Unidos.[127] La Operación Cóndor tuvo al menos 377 víctimas entre 1974 y 1981 —de ellas, 219 personas desaparecidas y 38 asesinadas—: 177 uruguayas, 72 argentinas y 64 chilenas.[128] La mayor parte militaba en el Frente Amplio y en Tupamaros (Uruguay), el MIR y el Partido Comunista (en el caso de Chile), el Ejército Revolucionario del Pueblo y Montoneros (Argentina) y en la resistencia democrática de Paraguay, Bolivia y Brasil. Entre las víctimas chilenas figuran Edgardo Enríquez, miembro de la dirección del MIR; Jorge Fuentes Alarcón, militante del MIR, y Cristina Carreño, dirigente del Partido Comunista.

Desconocemos las palabras exactas de Augusto Pinochet en el inicio de aquella reunión, pero, gracias al descubrimiento de los Archivos del Terror en Asunción por Martín Almada[129] en 1992, se conservan varios documentos de su etapa preparatoria. En uno con fecha de 29 de octubre de 1975, preparado para explicar la necesidad de aquella reunión, la DINA planteó: «La subversión desde hace algunos años se encuentra presente en nuestro continente, amparada por concepciones político-económicas que son fundamentalmente contrarias a la historia, a la filosofía, a la religión y a las costumbres propias de los países de nuestro hemisferio. Esta situación descrita no reconoce fronteras ni países y la infiltración penetra todos los niveles de la vida nacional. (...) Para enfrentar esta guerra psicopolítica hemos estimado que debemos contar en el ámbito internacional no con un mando centralizado en su accionar interno, sino que con una coordinación eficaz que permita un intercambio oportuno de informaciones y experiencias, además con cierto grado de conocimiento personal entre los jefes responsables de la seguridad».

Como acciones concretas, la DINA propuso la elaboración de un «banco de datos» —un «archivo centralizado de antecedentes de personas, organizaciones y otras actividades conectadas directa o indirectamente con la subversión»— y para hacer un uso eficaz del mismo sugirió crear un sistema de comunicaciones «moderno y ágil» que incluyera transmisión por télex, medios de criptografía, teléfonos con inversores de voz y correos. Y, además, recomendaron la celebración de reuniones «de trabajo» periódicas, de carácter multilateral o bilateral. La DINA ofreció como sede la capital chilena.[130]

El programa de aquella reunión partía el martes 25 de noviembre con la llegada e instalación de las delegaciones en Santiago y el inicio de las sesiones de «trabajo» al día siguiente a las diez de la mañana. El sábado 29 les agasajaron con una cena en el casino de Viña del Mar y el domingo 30 con una visita y almuerzo en la Escuela de Caballería de Quillota.[131] En el acta de clausura de aquella «Primera reunión interamericana de inteligencia nacional» se aprobó la propuesta de la DINA y a sugerencia de la delegación uruguaya se bautizó al naciente sistema de coordinación como Cóndor, en homenaje al país que les acogía, puesto que, desde el 26 de junio de 1834, el cóndor y el huemul figuran en el escudo oficial de la República de Chile.[132]

En mayo de 2004, la Corte de Apelaciones de Santiago de Chile desaforó a Pinochet en la causa judicial por la Operación Cóndor que instruía el magistrado Juan Guzmán al considerar que fue uno de sus responsables, que Contreras era un subordinado suyo y que la política de exterminio de la DINA obedecía al cumplimiento de las órdenes que le transmitió.[133] Documentos de la época hallados por los periodistas Mauricio Weibel y Carlos Dorat prueban también que la Operación Cóndor era conocida por la administración de la dictadura.[134]

En mayo de 2016, Argentina se convirtió en el primer país que condenó a los jefes de la Operación Cóndor después de la instrucción de un proceso judicial iniciado en 1999 con ciento cinco víctimas —cuarenta y cinco ciudadanos uruguayos, veintidós chilenos, catorce argentinos, trece paraguayos y once bolivianos— y dieciocho imputados. Un tribunal federal argentino condenó por asociación ilícita a entre doce y veinticinco años de prisión a los principales imputados, entre otros, el último dictador argentino Reynaldo Bignone o el coronel uruguayo Manuel Cordero, extraditado en 2007 desde Brasil a Argentina. Jorge Rafael Videla, jefe de la dictadura argentina entre 1976 y 1981, declaró en esta causa solo tres días antes de morir, el 17 de mayo de 2013, en el penal bonaerense de Marcos Paz, condenado por la sustracción de bebés y niños.[135] Ya en 2001, el juez argentino Rodolfo Canicoba dictó su procesamiento, solicitó el arresto de Alfredo Stroessner, decretó la detención preventiva de Pinochet con fines de extradición, intentó sin éxito interrogar a Henry Kissinger y pidió la extradición de Manuel Contreras, puesto que la DINA «era el centro operativo de la Operación Cóndor».

Notas

1. *El Mercurio*, Santiago de Chile, 26 de enero de 1975, pp. 25 y 34.
2. Fondo José Toribio Merino, Centro de Investigación y Documentación de la Universidad Finis Terrae, Santiago de Chile, Caja 2.
3. *El Cronista*, Santiago de Chile, 9 de febrero de 1977, p. 8.
4. *Ercilla*, Santiago de Chile, 12 de febrero de 1975, pp. 9-12.
5. Ministerio de Relaciones Exteriores de Chile, *Historia de las negociaciones chileno-bolivianas. 1975-1978*, Santiago de Chile, 1978, p. 41. Su apéndice documental incluye la correspondencia oficial intercambiada por ambos dictadores a lo largo de aquellos tres años. En la última de esas cartas, de 17 de marzo de 1978, Banzer comunicó a Pinochet la ruptura de las relaciones diplomáticas.
6. *Ercilla*, Santiago de Chile, 15 de junio de 1977, p. 15.
7. Del Pozo Artigas, José, *Diccionario histórico de la dictadura cívico-militar en Chile*, Santiago de Chile, LOM Ediciones, 2018, p. 402.
8. Bustos Díaz, pp. 472-475. A finales de agosto de 1975, la Junta, con la participación del ministro de Relaciones Exteriores, Patricio Carvajal, mantuvo un larguísimo debate sobre las negociaciones con Bolivia, cuya transcripción ocupa veintiocho páginas. Acta n.º 228-A de la Junta militar, de 28 de agosto de 1975.
9. *Ercilla*, Santiago de Chile, 12 de marzo de 1975, p. 13.
10. *Chile-América*, n.º 5, Roma, marzo de 1975, pp. 23-28.
11. González, p. 469. Inicialmente, la Fuerza Aérea abrió un sumario de investigación del accidente, pero el Ejército lo asumió y jamás se conocieron las conclusiones. Millas, Hernán, *La familia militar*, Santiago de Chile, Planeta, 1999, pp. 57-58.
12. Pinochet Ugarte (1991), p. 84.
13. *La Tercera*, Santiago de Chile, 5 de marzo de 1975, p. 4.
14. *La Patria*, Santiago de Chile, 12 de marzo de 1975, p. 3.
15. Prólogo de Sergio de Castro a: *El Ladrillo. Bases de la política económica del Gobierno militar chileno*, Santiago de Chile, Centro de

Estudios Públicos, 1992, pp. 7-24. Como reveló en 1975 el Informe Church del Senado de Estados Unidos, la CIA aportó fondos para su preparación.

16. Acta n.º 5 de la Junta militar, de 19 de septiembre de 1973.

17. *El Mercurio*, Santiago de Chile, 2 de mayo de 1975, pp. 19 y 20.

18. Arriagada (1998), pp. 28-29.

19. Aldunate, José, «Remuneraciones y costo de vida», *Mensaje*, n.º 235, Santiago de Chile, diciembre de 1974, pp. 634-636.

20. *Chile-América*, n.º 6-7, Roma, abril de 1975, p. 4.

21. *El Mercurio*, Santiago de Chile, 26 de marzo de 1975, pp. 1 y 8.

22. *Milton Friedman en Chile. Bases para un desarrollo económico*, Santiago de Chile, Fundación de Estudios Económicos BHC, 1976, p. 23.

23. Arancibia Clavel (2005), pp. 211-219.

24. Cauas es ingeniero civil y economista, con estudios en la Universidad de Columbia. Había sido asesor del presidente Eduardo Frei. Entrevista a Álvaro Bardón en: Arancibia Clavel, Patricia, *Cita con la Historia*, Santiago de Chile, Editorial Biblioteca Americana, 2006, p. 69.

25. Arancibia Clavel, Patricia y Balart Páez, Francisco, *Sergio de Castro. El arquitecto del modelo económico chileno*, Santiago de Chile, Editorial Biblioteca Americana, 2007, p. 223.

26. *Las Últimas Noticias*, Santiago de Chile, 19 de abril de 1975, pp. 2 y 36.

27. *La Tercera*, Santiago de Chile, 20 de abril de 1975, p. 4. En aquellas semanas, la prensa especuló con una posible entrevista de Pinochet con el presidente peruano, el general Juan Velasco Alvarado, pero no llegó a producirse. *La Patria*, Santiago de Chile, 14 de mayo de 1975, p. 2.

28. Soto, Ángel, comp., *Un legado de libertad. Milton Friedman en Chile*, Santiago de Chile, Instituto Democracia y Mercado, Fundación Jaime Guzmán y Fundación para el Progreso, 2012, pp. 64-71.

29. Por el decreto ley n.º 1.123, a partir del 29 de septiembre de 1975 el peso fue retomado como la unidad monetaria de Chile, con una tasa de conversión de uno por cada mil escudos.

30. En 1976, Milton Friedman obtuvo el Premio Nobel de Economía. El fallo se conoció tan solo tres semanas después del asesinato de Orlando Letelier y Ronni Moffitt. Cuando recibió el galardón en Estocolmo, un muchacho le interpeló desde el auditorio: «¿Qué pasa con Chile?». Klein, Naomi, «Orlando Letelier. El que lo advirtió», en Miguel Lawner y Hernán Soto, eds., *Orlando Letelier: el que lo advirtió. Los Chicago Boys en Chile*, Santiago de Chile, LOM Ediciones, 2011, pp. 35-42. En enero de 1977, dos meses después de recibir el Nobel

quiso desmarcarse de la dictadura de Pinochet en declaraciones a la revista brasileña *Visao*: «Chile no es actualmente un país libre. Sé que allí existe tortura y eso yo lo condeno totalmente», *Chile-América*, n.º 28-30, Roma, febrero-abril de 1977, p. 70.

31. Fontaine Aldunate, Arturo, *Los economistas y el presidente Pinochet*, Santiago de Chile, Zig-Zag, 1988, pp. 94-95.

32. *La Tercera*, Santiago de Chile, 25 de abril de 1975, p. 26.

33. Valdivia, Verónica, *El golpe después del golpe. Leigh vs. Pinochet. Chile, 1960-1980*, Santiago de Chile, LOM Ediciones, 2003, p. 153.

34. Ihl, Olivier, «Objetividad de Estado. Sur la science de gouvernement des Chicago Boys dans le Chili de Pinochet», *Revue Internationale de Politique Comparée*, vol. 19, n.º 3, Lovaina (Bélgica), 2012, pp. 67-88.

35. Salazar, Gabriel, *Villa Grimaldi (Cuartel Terranova). Volumen I. Historia, testimonio, reflexión*, Santiago de Chile, LOM Ediciones, 2013, p. 92.

36. *El Mercurio*, Santiago de Chile, 1 de junio de 1975, p. 33.

37. Entrevista a Sergio de Castro en: Arancibia Clavel (2006), p. 359.

38. Rojas, Jorge, «El ladrillo de Sergio de Castro», *The Clinic*, Santiago de Chile, 7 de abril de 2015, en Theclinic.cl, <https://www.theclinic.cl/2015/04/07/el-ladrillo-de-sergio-de-castro/>.

39. Cáceres Quiero, Gonzalo, «El neoliberalismo en Chile: implantación y proyecto 1956-1983», *Mapocho*, n.º 36, Santiago de Chile, 1994, pp. 159-168.

40. Constable y Valenzuela, p. 182.

41. Gárate Chateau, Manuel, *La revolución capitalista de Chile (1973-2003)*, Santiago de Chile, Ediciones de la Universidad Alberto Hurtado, 2016, p. 204.

42. Entrevista a María Elena Araya. Archivo del autor.

43. El gobierno de Salvador Allende distribuyó unas cuarenta mil toneladas anuales de leche y garantizó medio litro diario a cada niño menor de 15 años; en 1975 se repartieron solo veinticinco mil toneladas y se excluyó de este reparto a los niños de entre 6 y 15 años. *Chile-América*, n.º 19-21, Roma, junio-julio de 1976, p. 222.

44. En el debate posterior a la conferencia que Harberger ofreció en marzo de 1975 en Santiago de Chile le preguntaron: «El saneamiento fiscal requerirá de un despido masivo de trabajadores. Como actualmente la tasa de desempleo es del 10 % ¿hasta qué límites se puede aumentar dicha tasa?». Su respuesta fue: «En general, mi posición referente a política de empleo en países no muy ricos propendería a tratar de ofrecer, por parte del Estado, empleo para todo el mundo. Pero no la idea de empleo permanente: empleo para evitar que el tipo muera de hambre (...) pensaría en una oferta abierta de empleo, para

cualquier persona que se presente a solicitarlo, pagándole dos tercios del salario mínimo y manifestándole que ese no es empleo permanente». Soto, Ángel y Sánchez, Francisco, comps., *El «padre» de los Chicago Boys. Arnold Harberger*, Santiago de Chile, Centro de Estudios Bicentenario, 2015, p. 132. A planteamientos como este aluden los Chicago Boys cuando exaltan la «libertad económica» o la «economía social de mercado».

45. *Ercilla*, Santiago de Chile, 10 de septiembre de 1975, pp. 9-10.
46. Ipinza, Manuel, «Fascismo y desnutrición en Chile», *Araucaria de Chile*, n.º 4, Madrid, 1978, pp. 59-76.
47. Según las estimaciones del Instituto Nacional de Estadísticas (INE), la canasta popular calculada en agosto de 1976 para una familia con un hijo adolescente y dos niños costaba 1.262 pesos mensuales. *Chile-América*, n.º 28-30, Roma, febrero-abril de 1977, pp. 11-15.
48. Entrevista a Victoria Plaza. Archivo del autor.
49. Entrevista a Eliana Olate. Archivo del autor.
50. Valdivia, Verónica, «"¡Estamos en guerra, señores!". El régimen militar de Pinochet y el pueblo. 1973-1980», *Historia*, n.º 43, vol. I, Santiago de Chile, enero-junio de 2010, pp. 163-201.
51. *El Mercurio*, Santiago de Chile, 1 de junio de 1980, Cuerpo D, pp. 1 y 2.
52. *El Mercurio*, Santiago de Chile, 8 de junio de 1975, pp. 27 y 33.
53. *Resumen Mensual Iberoamericano. Noviembre de 1973. Chile.*
54. *La Tercera*, Santiago de Chile, 20 de junio de 1975, p. 2. Otra muestra del interés de la dictadura de Pinochet por cuidar las relaciones con China: el 18 de noviembre de 1976, el coronel Enrique Valdés Puga, subsecretario de Relaciones Exteriores, remitió un oficio al ministro secretario general de Gobierno en el que se refería a la reciente publicación en el diario oficialista *El Cronista* de dos artículos —uno crítico con Mao, otro elogioso con Chiang Kai-Shek, fallecido el 5 de abril de aquel año—, que habían motivado una queja de la embajada de China, «país con el cual nuestro Gobierno mantiene amistosas relaciones que en ningún modo conviene deteriorar». Por ello, le solicitó que adoptara medidas para que ese periódico no volviera a publicar artículos que perjudicaran las relaciones «con los países amigos, en especial China Popular...». Weibel Barahona, Mauricio y Dorat Guerra, Carlos, *Asociación ilícita. Los archivos secretos de la dictadura*, Santiago de Chile, Ceibo Ediciones, 2012. Documento incluido en el DVD que acompaña a este último libro. En octubre de 1978, el canciller Hernán Cubillos visitó la República Popular China, a cuyas autoridades invitó a conocer Chile. Incluso, antes de partir, aseguró que era posible que Pinochet viajara a este país. En su programa de

actividades, Cubillos incluyó un «homenaje» a Mao Tse-Tung, fallecido el 9 de septiembre de 1976, ante su tumba. *La Tercera*, Santiago de Chile, 5 de octubre de 1978, p. 2. En 1979, Jaime Guzmán dedicó una de sus columnas periodísticas a justificar la intensificación de los vínculos con China, en contraste con «la agresión soviética y la hostil incomprensión norteamericana». Guzmán, Jaime, «China y nuestro antimarxismo», *Ercilla*, Santiago de Chile, 13 de junio de 1979, p. 12.

55. Acta n.º 226-A de la Junta de Gobierno, de 18 de agosto de 1975.

56. *La Segunda*, Santiago de Chile, 7 de julio de 1975, p. 1.

57. En 1986, la periodista Mónica González viajó a Buenos Aires para investigar el asesinato de Carlos Prats y Sofía Cuthbert y allí encontró los primeros indicios que condujeron a confirmar que la DINA denominó Operación Colombo al caso de los 119. Calloni, Stella, *Los años del lobo. Operación Cóndor*, Buenos Aires, Continente, 1999, p. 61. Sobre estas 119 personas detenidas desaparecidas —en su mayor parte militantes del Movimiento de Izquierda Revolucionaria—, véase el cuidado trabajo de Sepúlveda Ruiz, Lucía, *119 de nosotros*, Santiago de Chile, LOM Ediciones, 2005.

58. De este modo, el 24 de julio *La Tercera* afirmó: «Confirmado – Han presentado en Chile amparos a favor de los miristas muertos en Argentina». «Funcionarios de la secretaría en lo Criminal de la Corte de Apelaciones de Santiago confirmaron anoche que la mayoría de los extremistas del MIR muertos en las sangrientas luchas internas de ese grupo terrorista que se desarrollan en Argentina, Colombia, Venezuela, Panamá, México y Francia tenían presentado en su favor recursos de amparo ante ese alto Tribunal (...). Sin embargo, los terroristas no solo no habían sido detenidos en Chile sino que se encontraban fuera del país realizando actividades extremistas y enfrentados en una mortal lucha interna por disputas tanto políticas, como de dinero (...). Ahora se establece que todo era falso, que la acción formaba parte de la campaña internacional para desprestigiar al país...». *La Tercera*, Santiago de Chile, 24 de julio de 1975, p. 8.

59. En agosto de 1975, una investigación de la agencia de noticias Latin probó que detrás de la publicación de aquel único número de *Lea* estaba la editorial Códex, que dependía del Ministerio de Bienestar Social, controlado por José López Rega, el hombre clave de la ultraderechista Alianza Anticomunista Argentina —la Triple A— y secretario privado de la presidenta María Estela Martínez de Perón. Respecto a *O'Dia* nunca se llegó a demostrar siquiera su existencia. *Ercilla*, Santiago de Chile, 13 de agosto de 1975, p. 13.

60. *El Mercurio*, Santiago de Chile, 21 de agosto de 1975, pp. 1 y 8.

61. *Las Últimas Noticias*, Santiago de Chile, 13 de septiembre de 1975, p. 1.

62. Carta consultada en la Fundación de Documentación y Archivo de la Vicaría de la Solidaridad.

63. *La Tercera*, Santiago de Chile, 12 de septiembre de 1975, p. 5.

64. *Ercilla*, Santiago de Chile, 17 de septiembre de 1975, pp. 9-10.

65. *El Mercurio*, Santiago de Chile, 12 de septiembre de 1975, p. 1.

66. *El Cronista*, Santiago de Chile, 2 de enero de 1976, p. 8. Este símbolo de la dictadura fue eliminado en octubre de 2004, con la remodelación del barrio cívico.

67. *El Mercurio*, Santiago de Chile, 19 de septiembre de 1975, p. 21.

68. Archivo del cardenal Raúl Silva Henríquez, Carpeta 42.

69. Archivo del cardenal Raúl Silva Henríquez, Carpeta 43.

70. Aldunate, José, «Don Raúl y los Derechos Humanos», *Cardenal Raúl Silva, un hombre de Dios. Testimonios y recuerdos*, Santiago de Chile, Fundación OCAC, 1999, pp. 23-27.

71. Después de dos meses sin identificar en el Instituto Médico Legal, su cuerpo fue sepultado clandestinamente en el Patio 29 del Cementerio General, a pesar de la reclamación de los abogados de su familia, según nos relató su madre, Otilia Vargas, en 1999. Esta maestra perdió a cinco de sus seis hijos por la represión de la dictadura. Solo sobrevivió Patricia.

72. Véase: Terrazas Guzmán, Mario, *¿Quién se acuerda de Sheila Cassidy? (Crónica de un conflicto religioso-político-diplomático)*, Santiago de Chile, Emeté, 1992.

73. Silva Henríquez, pp. 566-569.

74. El intercambio de cartas de noviembre de 1975 entre Pinochet y el cardenal y la misiva citada de diciembre de 1975 se conservan en: Archivo del cardenal Raúl Silva Henríquez, Carpeta 43.

75. Silva Henríquez, p. 575.

76. *Ercilla*, Santiago de Chile, 26 de mayo de 1975, pp. 21-25.

77. Este documento resumía la visita que había realizado el 8 de marzo a los centros de Tres Álamos y Cuatro Álamos. González, Mónica, «Oficio de presidente de Suprema a Pinochet revela que sí conocían torturas», *El Mostrador*, 2 de marzo de 2001, en Rebelion.org, <http://www.rebelion.org/hemeroteca/ddhh/pinochet060301.htm>. El 28 de diciembre de 1978, el cardenal Silva Henríquez escribió a Gabriel Valdés unas líneas muy significativas sobre el rol del Poder Judicial durante aquellos años: «Los Tribunales de Justicia comienzan a actuar con cierta independencia (...). Dios quiera que no se achaplinen los pobres viejos que no han tenido valor para cumplir con su deber, cosa que habría evitado para Chile muchos dolores, muchas

lágrimas y mucha sangre». Archivo del cardenal Raúl Silva Henríquez, Carpeta 47.

78. Lowden, Pamela, *Moral opposition to authoritarian rule in Chile, 1973-1990*, Londres, MacMillan Press, 1996, Apéndice 1, pp. 151 y 155.

79. El 31 de diciembre de 1992 la Vicaría de la Solidaridad dejó de funcionar y nació la Fundación que conserva sus archivos.

80. Archivo General Histórico del Ministerio de Relaciones Exteriores de Chile, Fondo Países, Embajada de Chile en España, 1975, vol. Of. Sec. Res. – Aer. Sec. Res.

81. *Abc*, Madrid, 19 de julio de 1975, p. 6.

82. Grimaldos, Alfredo, *La sombra de Franco en la Transición*, Barcelona, Oberón, 2004, p. 37.

83. Amorós, Mario, *Argentina contra Franco. El gran desafío a la impunidad de la dictadura*, Madrid, Akal, 2014, pp. 84-89.

84. Fonseca, Carlos, *Mañana cuando me maten. Las últimas ejecuciones del franquismo. 27 de septiembre de 1975*, Madrid, La Esfera de los Libros, 2015, p. 321.

85. Moradiellos, Enrique, *Franco. Anatomía de un dictador*, Madrid, Turner, 2018, p. 160.

86. *La Vanguardia*, Barcelona, 3 de octubre de 1975, p. 5.

87. Preston, Paul, *Franco. «Caudillo de España»*, Madrid, Círculo de Lectores, 1994, p. 958.

88. *Abc*, edición de Andalucía, Sevilla, 10 de octubre de 1973, p. 26.

89. Archivo General Histórico del Ministerio de Relaciones Exteriores de Chile, Embajada de Chile en España, 1975, vol. 78.

90. *Abc*, edición de Andalucía, Sevilla, 28 de octubre de 1975, p. 23.

91. *La Vanguardia*, Barcelona, 1 de noviembre de 1975, p. 5.

92. El telegrama dirigido al príncipe Juan Carlos decía: «En nombre del pueblo de Chile, del Gobierno y el mío propio, le hago llegar nuestras condolencias por el sensible fallecimiento del Excelentísimo Sr. Generalísimo don Francisco Franco, Jefe del Estado español. Al expresar estos sentimientos lo hago consciente de la pérdida que experimenta el mundo hispano. En Chile, la memoria del Generalísimo Franco perdurará como la figura señera del extraordinario militar, del estadista y del político que condujo a España al sitio que hoy ocupa entre las naciones. Después de vencer a las fuerzas que pugnaban por deshacer a su pueblo y alejarlo de su tradición histórica, España reconquistó su grandeza». *Abc*, edición de Andalucía, Sevilla, 21 de noviembre de 1975, p. 45.

93. Acta n.º 245-A de la Junta militar, de 20 de noviembre de 1975.

94. Acta n.º 246-A de la Junta militar, de 20 de noviembre de 1975.

95. *La Tercera*, Santiago de Chile, 21 de septiembre de 1975, p. 21.

96. Pinochet obligó a Arellano a subirse al avión, ya que Manuel Contreras le previno de que podría intentar alguna maniobra contra él en su ausencia. En enero de 1976, el «oficial delegado» del dictador en la Caravana de la Muerte pasó a retiro. Cavallo *et al.*, p. 95.

97. *La Vanguardia*, Barcelona, 21 de noviembre de 1975, p. 14.

98. *La Tercera*, Santiago de Chile, 22 de noviembre de 1975, p. 2.

99. Y en las semanas posteriores a su victoria militar en la primavera de 1939, cerca de veinte mil republicanos fueron asesinados. Alrededor de cuatrocientos mil hombres y mujeres estuvieron internos en campos de concentración y centenares de miles en las cárceles. Molinero, Carme, «¿Memoria de la represión o memoria del franquismo?», en Santos Juliá, dir., *Memoria de la guerra y del franquismo*, Madrid, Fundación Pablo Iglesias-Taurus, 2006, pp. 219-246. Y miles murieron a consecuencia de las condiciones esclavistas de los batallones de trabajo. Y más de medio millón de españoles tuvieron que emprender los caminos del exilio tras la más amarga de las derrotas. Y la represión del régimen —persecución política, cárcel, torturas, muerte por disparos de las fuerzas policiales o parapoliciales, fusilamientos y ejecuciones— prosiguió hasta incluso después de la muerte del dictador. Preston, Paul, *El holocausto español. Odio y exterminio en la guerra civil y después*, Madrid, Debate, 2011, p. 17.

100. *La Vanguardia*, Barcelona, 22 de noviembre de 1975, p. 7.

101. *El Cronista*, Santiago de Chile, 23 de noviembre de 1975, p. 17.

102. *El Cronista*, Santiago de Chile, 23 de noviembre de 1975, p. 32.

103. *La Vanguardia*, Barcelona, 23 de noviembre de 1975, p. 11.

104. *Abc*, edición de Andalucía, Sevilla, 25 de noviembre de 1975, p. 44.

105. Willoughby-MacDonald, p. 214.

106. *La Vanguardia*, Barcelona, 25 de noviembre de 1975, p. 10.

107. *La Tercera*, 24 de noviembre de 1975, p. 12.

108. Mayorga Marcos, Patricia, *El cóndor negro. El atentado a Bernardo Leighton*, Santiago de Chile, El Mercurio-Aguilar, 2003, p. 96. Para los estrechos vínculos entre los fascistas italianos y la dictadura de Pinochet entre 1974 y 1977, véase: Salazar, Manuel, *Las letras del horror. Tomo I: La DINA*, Santiago de Chile, LOM Ediciones, 2011, pp. 230-232.

109. El 27 de marzo de 1987, Delle Chiaie fue detenido en Caracas y extraditado a Italia por su participación en el atentado de la piazza Fontana de Milán del 12 de diciembre de 1969, que causó diecisiete muertos y ochenta y ocho heridos.

110. Junio Valerio Borghese fue un combatiente fascista en la Segunda Guerra Mundial y en los años setenta era el presidente honorario del Movimiento Social Italiano y fundador de la Asociación de Excombatientes de la República de Saló. A fines de 1970, organizó un golpe

de Estado en Italia, que fracasó. González Calleja, Eduardo, *Guerras no ortodoxas. La "estrategia de la tensión" y las redes del terrorismo neofascista*, Madrid, Catarata, 2018, pp. 40-41. Estaba estrechamente conectado a la CIA a través de la Red Gladio. Ganser, Daniele, *Los ejércitos secretos de la OTAN. La Operación Gladio y el terrorismo en Europa occidental*, Barcelona, El Viejo Topo, 2005, p. 123.

111. Mayorga Marcos, pp. 135-137.

112. El 17 de enero de 1975, Leighton envió un mensaje público a Chile en el que de manera muy significativa reconoció el error de haber votado la declaración de la Cámara de Diputados del 22 de agosto de 1973 («errores de esta especie fueron nuestra inconsciente contribución a la catástrofe del "11 de septiembre"») y convocó a la lucha por la democracia: «Los políticos demócratas no tenemos otro camino que resistir y combatir la dictadura instaurada en nuestro país, con la palabra, con la pluma y, exceptuando el recurso de la violencia, con todos los medios que se encuentren moralmente a nuestro alcance (...) debemos buscar la unidad en contra del régimen dictatorial, seguros de que Chile no nació para vivir como ahora vive». *Chile-América*, n.º 4, Roma, enero de 1975, pp. 11-12.

113. Martorell, Francisco, *Operación Cóndor. El vuelo de la muerte*, Santiago de Chile, LOM Ediciones, 1999, p. 129.

114. Salazar (1995), pp. 69-70.

115. Entrevista a Ana Fresno. Archivo del autor.

116. El 19 de junio de 1978, el dictador autorizó el regreso de Leighton a Chile, donde falleció el 26 de enero de 1995 a los 85 años. Cinco meses más tarde, la justicia italiana condenó en ausencia a Manuel Contreras y Raúl Iturriaga Neumann, a veinte y dieciocho años de presidio, respectivamente, como autores intelectuales del atentado contra Bernardo Leighton y Ana Fresno. Dos años antes Townley ya había sido condenado en ausencia a dieciocho años de cárcel. En enero de 2001, la Corte Suprema rechazó conceder la extradición a Italia del director de la DINA y del jefe de su Departamento Exterior.

117. *Abc*, edición de Andalucía, Sevilla, 25 de noviembre de 1975, p. 35.

118. Olmeda, Fernando, *El Valle de los Caídos. Una memoria de España*, Madrid, Península, 2009, p. 348.

119. Preston, Paul, *Juan Carlos. El rey de un pueblo*, Madrid, Debate, 2012, p. 362.

120. *La Tercera*, Santiago de Chile, 29 de junio de 1975, p. 24.

121. Sobre el apoyo que la CIA brindó a la DINA desde su creación, con la aprobación previa de Pinochet, véase: Kornbluh (2004, edición en español), pp. 150-160.

122. Kornbluh, Peter, «Documentos desclasificados muestran a Contreras como emisario secreto de Pinochet para Kissinger», *Ciper*, Santiago de Chile, 23 de diciembre de 2015, en Ciperchile.cl, <https://ciper chile.cl/2015/12/23/documentos-desclasificados-muestran-a-contre ras-como-emisario-secreto-de-pinochet-para-kissinger/>.

123. Montoya, Roberto y Pereyra, Daniel, *El caso Pinochet y la impunidad en América Latina*, Buenos Aires, Pandemia, 2000, pp. 87-88. Este centro de entrenamiento en Manaos lo dirigía el general francés Paul Aussaresses, quien en el combate contra el Frente de Liberación Nacional argelino (1954-1962) aplicó y desarrolló las prácticas de la «guerra sucia». De ese mismo conflicto surgió el texto *La guerra moderna*, de Roger Trinquier, que legitimó en el plano teórico la tortura, el terrorismo de Estado y los asesinatos en la lucha contrarrevolucionaria. Véase: Gutiérrez Tapia, Cristián, *La contrasubversión como política. La doctrina de guerra revolucionaria francesa y su impacto en las FFAA de Chile y Argentina*, Santiago de Chile, LOM Ediciones, 2018.

124. Así lo sugirió el coronel de aviación Mario Jahn, subdirector de la DINA en noviembre de 1975, en su declaración del 13 de octubre de 2003 ante el magistrado Juan Guzmán Tapia en la Causa Rol n.º 2192-98, Fojas 2375-2379.

125. Rico, Álvaro, «Revisiones sobre la caracterización del golpe y la dictadura en Uruguay», en Ana Buriano Castro *et al., Política y memoria. A cuarenta años de los golpes de Estado en Chile y Uruguay*, México DF, Flacso, 2015, pp. 47-71.

126. Garzón Real (2016), p. 94.

127. Sobre el rol de Estados Unidos en la Operación Cóndor, véanse los recientes artículos de J. Patrice McSherry y John Dinges en: Garzón Real (2016), pp. 163-169 y 169-182. También este excelente trabajo: McSherry, J. Patrice, *Los Estados depredadores: la Operación Cóndor y la guerra encubierta en América Latina*, Santiago de Chile, LOM Ediciones, 2009. Y Kornbluh (2004, edición en español), pp. 215-251.

128. Garzón Real (2016), p. 260. Este estudio toma como fuente los informes oficiales sobre la represión de Chile, Argentina, Paraguay, Brasil y datos de la Secretaría de Derechos Humanos de la Presidencia de la República de Uruguay. Sobre las víctimas chilenas, véase: Ortiz Rojas, María Luisa y Sandoval Osorio, Marcela Paz, eds., *Operación Cóndor. Historias personales, memorias compartidas*, Santiago de Chile, Museo de la Memoria y los Derechos Humanos de Chile, 2015. Incluye un documental dirigido por Pedro Chaskel.

129. El propio Almada fue una de las víctimas de la Operación Cóndor, ya que, durante su reclusión entre 1974 y 1977 en Asunción, fue torturado también por agentes argentinos y chilenos, entre ellos el

coronel de la FACh Horacio Otaíza. Fue considerado un «terrorista intelectual» por su tesis doctoral, *Paraguay, educación y dependencia,* y por promover una cooperativa de maestros. Su esposa, Celestina Pérez, falleció de un infarto cuando un oficial de policía la obligó a escuchar por teléfono sus gritos mientras era torturado.

130. La CIA facilitó a la DINA sistemas informáticos y capacitación para el personal del banco de datos. En aquella época en América Latina los ordenadores eran casi inexistentes. Dinges, John, *Operación Cóndor. Una década de terrorismo internacional en el Cono Sur,* Santiago de Chile, Ediciones B, 2004, p. 174.

131. Museo de la Justicia, Centro de Documentación y Archivo para la Defensa de los Derechos Humanos, Asunción (Paraguay). Se reproduce en: Garzón Real (2016), pp. 309-317.

132. Acta reproducida en: Garzón Real (2016), pp. 318-321. Procede de la documentación donada por Codepu al Museo de la Memoria y los Derechos Humanos de Chile. Véase también: CODEPU, *Más allá de las fronteras. Estudio sobre las personas ejecutadas o desaparecidas fuera de Chile (1973-1990),* Santiago de Chile, 1996.

133. *La Segunda,* Santiago de Chile, 7 de julio de 2004, p. 34.

134. El 17 de marzo de 1978, el general de brigada Enrique Valdés, viceministro de Relaciones Exteriores, se dirigió al director de la CNI para solicitar que le remitiera «un ejemplar del "Plan Cóndor"». Y el 9 de agosto de 1979, el ministro de Relaciones Exteriores, Hernán Cubillos, envió un oficio secreto al director de la CNI en el que señaló: «En vista de la creciente ola de ataques que provienen desde el exterior, el Ministerio estima indispensable entregar a nuestras misiones diplomáticas una información completa y esclarecedora acerca del "Plan Cóndor"». Weibel Barahona y Dorat Guerra, DVD adjunto a su libro.

135. *El País,* Madrid, 28 de mayo de 2016, p. 8.

9

En la noche y la niebla

En 1976, Augusto Pinochet dio los primeros pasos en la «institucionalización» de su régimen, con la voluntad de proyectarlo más allá del retorno de los militares a los cuarteles. Se aprobaron cuatro Actas Constitucionales y empezó a funcionar el Consejo de Estado, presidido por el expresidente Jorge Alessandri y del que Eduardo Frei optó por excluirse. En medio del odio obsesivo y casi paranoico hacia sus enemigos, a lo largo de aquel año la DINA masacró la estructura clandestina del Partido Comunista y el 21 de septiembre asesinó a Orlando Letelier y Ronni Moffitt, en el que fue el primer atentado terrorista internacional en suelo estadounidense. Documentos desclasificados por Washington en los últimos años prueban que la orden de matar procedió de la cúspide del régimen. En junio de 1976, Pinochet recibió a Henry Kissinger en Santiago, con motivo de la asamblea de la OEA, y en noviembre a Jorge Rafael Videla, en lo que fue el primer encuentro de los dos dictadores que simbolizan los regímenes militares en América Latina en los años setenta.

La enmienda Kennedy

Desde fines de 1973, Augusto Pinochet y Lucía Hiriart vivían en la residencia oficial del comandante en jefe del Ejército, en la calle Presidente Errázuriz, que remodelaron completamente a su gusto, también para ahuyentar el recuerdo de quienes la habían ocupado anteriormente: Carlos Prats y Sofía Cuthbert. Allí llegó la periodista Patricia Verdugo en diciembre de 1975 para entrevistar a Lucía Hiriart y conversaron, entre otros aspectos, de su vida familiar. Entonces ya tenían seis nietos y les buscaban ciertamente unos regalos, cuando menos, curiosos. «Van al parvulario de la Escuela Militar y ahí están muy seguros. Claro que donde van están vigilados y los niños lo toman con estupendo humor. Incluso les dicen "tíos comandos". Y ellos también aseguran que son comandos... En la pasada Navidad, Augusto y yo les regalamos a todos unos trajes de comando completos. Con boina y todo.»[1]

Pinochet despidió 1975 con un reconocimiento de las dificultades por las que atravesaba el país. Por una parte, las medidas económicas adoptadas por el régimen habían acentuado las difíciles condiciones de vida de la mayor parte de la población y la crisis económica internacional golpeaba al país. Sin embargo, volvió a defender el viraje neoliberal y se refirió tanto al diálogo abierto desde febrero con Bolivia como a la aprobación de la primera Acta Constitucional, que instauraba el Consejo de Estado. Y, como siempre, en el trasfondo de sus palabras, aparecía la práctica represiva de la dictadura, cuando la DINA se preparaba para caer sobre la estructura clandestina del Partido Comunista y hacía apenas un mes que había fijado las bases de la Operación Cóndor. «El avance de Chile hacia sus grandes metas institucionales y políticas deberá realizarse teniendo siempre en cuenta que seguimos en una dura lucha contra la subversión. En momentos como este es tal vez cuando mejor podemos apreciar el valor de la paz que hemos logrado conquistar y de la cual hoy disfrutan tan pocos países en el mundo.»[2]

El 31 de diciembre de 1975, los integrantes de la Junta firmaron la primera Acta Constitucional, que creó el Consejo de Estado, concebido como un órgano consultivo del presidente de la República.[3] Se aprobó que estuviera integrado, por derecho propio, por los expresidentes y por varias personas designadas por Pinochet: un expresidente de la Corte Suprema, un excontralor general de la República, un excomandante en jefe de cada una de las cuatro ramas de las Fuerzas Armadas y Carabineros, un exministro, un diplomático con el rango de embajador, un exrector universitario, un profesor o exprofesor universitario de Derecho o de Economía y sendas personas representativas de las actividades profesionales, del mundo empresarial, de los trabajadores, de una organización femenina y de la juventud.

De inmediato, a través de una declaración que dio a conocer el 2 de enero, Eduardo Frei rechazó formar parte del Consejo de Estado y volvió a marcar la distancia que le separaba del régimen: «Estimo esencial que se recupere la vigencia de los valores fundamentales que significan un auténtico régimen democrático, única garantía de libertad y de dignidad para el hombre, en un cuadro nuevo y renovado, porque tengo plena conciencia de lo que ha ocurrido en Chile y de las deficiencias graves de su sistema político e institucional, que al igual que en otras naciones del mundo es necesario superar, corregir y perfeccionar». Además, el expresidente expresó su «profundo desacuerdo» con la política económica y señaló sus «graves consecuencias para el desarrollo económico y social de Chile»: «No solo empobrece a la clase media, hace más dura aún la situación de los trabajadores y cobra un alto precio en la cesantía, sino que concentra el poder económico y financiero y lesiona las empresas y la base misma del aparato productivo».[4] En aquellas primeras semanas de 1976 apareció publicado un ensayo muy significativo en el que censuraba la política internacional y la política económica de la dictadura y apostaba por la recuperación de la democracia, sin renegar de su actuación entre 1970 y 1973, «en una hora difícil y amarga».[5]

El 9 de marzo, ante la inminente llegada de los congresistas estadounidenses demócratas Toby Moffett, Tom Harkin y George Miller y de la próxima celebración de la asamblea de la OEA en Santiago, Pinochet ordenó al ministro de Defensa, Herman Brady una investigación sobre los juicios celebrados a personal del Ejército «por abuso de sus funciones». Cumplieron el encargo y el 30 de abril Brady le entregó un informe que recogió noventa y tres episodios de asesinatos, tortura y violencia sexual contra mujeres y niñas. En todos aquellos casos, muchos excluidos del Informe Rettig, los tribunales de justicia eximieron finalmente a los responsables y el régimen los encubrió.[6]

El 11 de marzo, en un discurso en el Edificio Diego Portales ante los miembros de la Junta militar y distintos cargos del gobierno, calificó de «inmoral y antijurídica en su contenido y calumniosa en su fundamento» la enmienda presentada por el senador demócrata Edward Kennedy para que su país detuviera la venta de armamento a Chile.[7] Semanas después, criticó a Estados Unidos porque no daba un apoyo irrestricto a su régimen.[8]

El 21 de abril emprendió viaje a Montevideo, invitado por Bordaberry,[9] quien había estado en Santiago entre el 17

y el 21 de septiembre de 1975. Durante el vuelo, al sobrevolar territorio argentino, envió un breve mensaje a Jorge
Rafael Videla, presidente de la Junta militar instalada tras
el golpe de Estado del 24 de marzo que había derrocado el
gobierno de la presidenta María Estela Martínez de Perón.[10]
En la capital uruguaya, el 22 de abril intervino ante el Comité Ejecutivo Permanente de la Asociación Latinoamericana de Libre Comercio, con un discurso en el que ensalzó la
política económica que su régimen desplegaba desde un año
atrás.[11] Y en uno de sus encuentros con la prensa local explicó que entre los planes futuros contemplaba la existencia de
una cámara legislativa en la que convivirían parlamentarios
designados con otros elegidos por sufragio universal y de la
que las fuerzas de izquierda estarían excluidas.[12] La sintonía
personal entre ambos dictadores hizo muy grata su visita,
que incluyó un día de asueto en la hacienda de Bordaberry
y paseos por la ciudad, donde pudo observar los carteles
que el régimen había colocado en las calles con su fotografía
y el lema: «General de ejército Augusto Pinochet, está usted
en su casa».[13]

Culminó entonces un ciclo de dos años que le había
llevado a Brasil, Paraguay, Argentina, Bolivia y Uruguay, los
países involucrados en la Operación Cóndor. «Fue un viaje
sumamente interesante. Ambos presidentes pudimos intercambiar ideas con respecto a nuestra lucha contra el marxismo-leninismo y la forma cómo estamos proyectando a
nuestros países para volver más adelante a una nueva democracia», aseguró a su regreso.[14] En Montevideo exacerbó su
discurso anticomunista hasta el paroxismo: «El mundo libre
se encuentra hoy agredido bajo una nueva forma de guerra,
que no responde a los moldes clásicos o convencionales. No
se trata de la invasión territorial, sino de una penetración

foránea mucho más sutil y venenosa, con que un imperialismo internacional va apoderándose de las naciones».[15]

En aquellos días, sus hombres de la DINA estaban a punto de asestar un golpe casi mortal al Partido Comunista.

El exterminio del Partido Comunista

En 1973, el Partido Comunista sumaba, junto con su poderosa rama juvenil, las Juventudes Comunistas, más de cien mil militantes, organizados en miles de células. Su fuerte arraigo en la clase obrera, su presencia hegemónica en el mundo de la cultura —con poetas, cantantes, escritores, científicos, pintores y actores como Pablo Neruda, Víctor Jara, Francisco Coloane, Alejandro Lipschutz, José Balmes, Roberto Parada y María Maluenda— y una fuerza electoral de nueve senadores de un total de cincuenta y veinticinco diputados de ciento cincuenta, lo convertían en el mayor PC de Occidente junto con el francés y el italiano. Era también el principal aliado político de Salvador Allende desde 1951 y el apoyo más sólido de su gobierno.

Desde fines de 1975 la acción represiva de la DINA se concentró en el Partido Comunista. Decenas de militantes y dirigentes fueron detenidos, torturados y hechos desaparecer a lo largo del año más trágico de una colectividad que el 4 de junio de 2012 cumplió un siglo. Ricardo Weibel, Juan Rivera, José Weibel, Manuel Recabarren, Manuel y Luis Emilio Recabarren González, Nalvia Mena, Bernardo Araya y María Olga Flores, la dirección clandestina dirigida por Víctor Díaz, Óscar Ramos, Hugo Vivanco, Alicia Herrera, Óscar y Nicolás Ramos Vivanco, Marta Ugarte y el grupo dirigente encabezado por Fernando Ortiz, fueron

El general Pinochet (a caballo) junto al presidente Allende el 21 de mayo de 1971. © Fundación Salvador Allende.

Augusto Pinochet escucha sentado al presidente de la República. © Fundación Salvador Allende.

Portada del diario *Puro Chile* del 5 de diciembre de 1971.

Presidente de la Junta de Gobierno de Chile

al

Excelentísimo Señor

FRANCISCO FRANCO BAHAMONDE

Jefe del Estado Español

GRANDE Y BUEN AMIGO :

                                     Habiendo juzgado necesario destinar
a otras funciones al Señor Don OSCAR AGUERO CORVALAN, Embajador Extraor
dinario y Plenipotenciario de Chile, hemos acordado poner término a la Misión
que le había sido encomendada cerca de Vuestra Excelencia.

                              En la confianza de que el Señor
AGUERO CORVALAN habrá sabido ser fiel intérprete de los sentimientos de nues
tra Nación, fomentando las buenas relaciones de amistad que felizmente existen
entre nuestros dos países, Os ruego aceptéis los sinceros votos que formulamos
por el bienestar de Vuestra Excelencia y por la grandeza de España.

                          Vuestro Leal y Buen Amigo,

Palacio de La Moneda, a 12 de septiembre de 1973. -

Carta dirigida por Augusto Pinochet a Francisco Franco el 12 de septiembre de 1973.
© Fundación Nacional Francisco Franco.

Portada del diario *La Tercera* del 18 de septiembre de 1973.

Su Excelencia el General de Ejército
AUGUSTO PINOCHET UGARTE
Presidente de la República de Chile

He recibido con gratitud el cordial mensaje de Vuestra Excelencia en que repudia la ingerencia en los asuntos internos de España de Gobiernos extranjeros y formula sus votos por que de esta prueba España salga fortalecida.

No podemos tolerar que la maquinación urdida por organizaciones enemigas de nuestra Patria comprometa el normal desarrollo, en paz y prosperidad, de nuestro Pueblo y es deber del gobernante preservar la paz y la seguridad de su país contra aquellos que subvierten el orden público poniendo en peligro la estabilidad y el sosiego de la sociedad.

Reitero a Vuestra Excelencia mi agradecimiento personal y el del Gobierno y Pueblo español formulando a mi vez votos por la ventura personal de Vuestra Excelencia y el engrandecimiento de la República de Chile.

FRANCISCO FRANCO
Jefe del Estado Español

Carta de Francisco Franco a Augusto Pinochet del 8 de octubre de 1975 / Archivo General Histórico del Ministerio de Relaciones Exteriores de Chile.

El 8 de junio de 1976, Pinochet recibió al secretario de Estado Henry Kissinger en el Edificio Diego Portales. © Archivo General Histórico del Ministerio de Relaciones Exteriores de Chile.

Augusto Pinochet y Lucía Hiriart en 1985 junto a los miembros de la Junta militar y sus esposas. © Archivo General Histórico del Ministerio de Relaciones Exteriores de Chile.

Augusto Pinochet Ugarte
Capitán General
Comandante en Jefe del Ejército

Santiago, Diciembre de 1995.-

Sr. Almirante
JOSE T. MERINO CASTRO
PRESENTE

Querido Pepe,

Me es grato responder tu atento saludo y fina atención que me hicieras, con motivo de celebrar mi 80º cumpleaños el pasado 25 de noviembre.

Este reconocimiento y demostración de adhesión, proveniente de tan distinguido Almirante y amigo de tantos años, me ha resultado muy gratificante, instándome a seguir con mayor fuerza las altas funciones profesionales, pensando siempre en el bien del Ejército de Chile y de nuestra querida Patria.

Reiterando mi agradecimiento sincero al querido amigo, por el cordial saludo en tan significativo cumpleaños, recibe el testimonio de mi más alta consideración e invariable aprecio.

Te saluda. *Con mi afecto*

Carta del general Pinochet al almirante Merino de diciembre de 1995. © Centro de Investigación y Documentación de la Universidad Finis Terrae de Santiago de Chile. Fondo José Toribio Merino.

Orden de detención de Pinochet en Londres firmada por el magistrado metropolitano Nicholas Evans el 16 de octubre de 1998 atendiendo la petición del juez Baltasar Garzón. «En el área de Londres central. Corte de Magistrados de la calle Bow. A cada uno y a todos los agentes de la Fuerza de Policía Metropolitana. Habiendo evidencia de que Augusto Pinochet Ugarte (en adelante el acusado) está acusado de que entre el 11 de septiembre de 1973 y el 31 de diciembre de 1983, dentro de la jurisdicción del Quinto Juzgado de Instrucción de la Audiencia Nacional de Madrid, asesinó a ciudadanos españoles en Chile dentro de la jurisdicción del Gobierno de España. Y existe información de que el acusado está o se cree que está o se encuentra en camino al Reino Unido y me parece que la presunta conducta constituiría un crimen extraditable y se me ha proporcionado con tal información que podría justificar, en mi opinión, la entrega de una orden judicial para el arresto de la persona acusada dentro del área del Londres central. Se le solicita a usted que arreste al acusado y lo presente ante el magistrado metropolitano con asiento en la Corte de Magistrados de la calle Bow.»

víctimas de la operación de exterminio desplegada por el régimen de Pinochet.[16] Tuvieron que pasar treinta años, y sobrevenir la muerte del dictador, para conocer detalles absolutamente desconocidos de aquella masacre.[17]

El 19 enero de 2007, el inspector Claudio Pérez, de la Brigada de Asuntos Especiales y Derechos Humanos de la Policía de Investigaciones (PDI), localizó la finca próxima a Curicó donde trabajaba Jorgelino Vergara. En 1974, cuando tenía 15 años, Vergara fue recomendado como empleado doméstico por la esposa del general Galvarino Mandujano, compañero de curso de Pinochet en la Escuela Militar, a la mujer del coronel Manuel Contreras, aunque pronto este lo integró en la DINA. A partir de lo que «el Mocito» relató desde aquel mismo día al inspector de la PDI y al magistrado Víctor Montiglio,[18] se conoció la existencia de la Brigada Lautaro de la DINA y de la Agrupación Delfín —gestada dentro de esta—, así como la del centro de detención clandestino situado en la casa del número 8800 de la calle Simón Bolívar, en la comuna santiaguina de La Reina. «En el cuartel de Simón Bolívar, después que los mataban, a todos los detenidos se les quemaban las huellas dactilares y las cicatrices del cuerpo con un soplete a parafina. Además, se les sacaban los relojes, los anillos y las tapaduras de oro de los dientes», reconoció Jorgelino Vergara.[19] Ya en marzo de 2007, Montiglio decretó el procesamiento de setenta y cuatro exmiembros de la DINA, entre ellos el brigadier retirado Antonio Palomo, piloto durante muchos años del Puma destinado al uso personal de Pinochet.[20]

La Brigada Lautaro, cuyo jefe fue Juan Morales Salgado, se creó en abril de 1974 a fin de cumplir trabajos de seguridad para Manuel Contreras y su familia, así como para autoridades militares y civiles, y en agosto de 1975 se estableció en el cuartel de Simón Bolívar. A principios de 1976, también se instaló allí la Agrupación Delfín, creada para exterminar la estructura clandestina del Partido Comunista, cuyo jefe era el capitán de Ejército Germán Barriga y su segundo, el teniente de Carabineros Ricardo Lawrence, quienes tenían comunicación directa con Contreras.[21]

Entre el 4 y el 6 de mayo de 1976, la DINA —«tan injustamente calumniada y vapuleada», según había declarado Pinochet dos semanas antes—[22] secuestró en la vivienda del número 1587 de la calle Conferencia de Santiago a Mario Zamorano, Jorge Muñoz, Jaime Donato, Uldarico Donaire y Elisa Escobar. Y la madrugada del 12 de mayo, en una casa de la calle Bello Horizonte de Las Condes, detuvieron a Víctor Díaz, principal responsable comunista en la clandestinidad. Contreras no pudo informar personalmente a Pinochet porque este se encontraba en Talca, donde precisamente aquel día se explayó a su gusto: «... los enemigos de la paz social ven en Chile la vanguardia de una nueva concepción de la democracia y de la libertad. Somos una luz dentro de las tinieblas de un siglo que se debate en medio del progreso material, violencia y tensiones».[23]

Después de conocer la caída de estos dirigentes, el Partido Comunista desplegó en el exterior una intensa campaña internacional en defensa de sus vidas. Así se infiere de un oficio del comandante de grupo Jaime Lavín, director general del Ministerio de Relaciones Exteriores, fechado el 25 de junio y dirigido al «señor director de Inteligencia Nacional», Manuel Contreras. Lavín le recordó que el 4 de junio ya se le había solicitado información acerca de Víctor Díaz, Mario Zamorano, Jorge Muñoz y otros doce militantes comunistas debido a que en el exterior se aseguraba que habían sido detenidos recientemente y requerían los antecedentes precisos para «responder o desmentir estas campañas que dañan la imagen de Chile». Las consultas habían llegado a las misiones diplomáticas ante la ONU, tanto en Nueva York como en Ginebra, en Canberra, Bruselas, Madrid...[24]

Y a lo largo del mes de diciembre de aquel año, la DINA secuestró a otros once dirigentes del PC, entre ellos el historiador Fernando Ortiz —entonces su principal responsable político en el interior— y otros cinco miembros del Comité Central: Armando Portilla, Horacio Cepeda, Fernando Navarro, Luis Lazo y Waldo Pizarro. Todos ellos fueron conducidos inicialmente a Villa Grimaldi, pero fueron asesinados en el cuartel de Simón Bolívar, el único de la DINA del que ningún prisionero salió con vida. Otra militante comunista detenida era Carmen Pereira, quien estaba encinta de casi seis meses. «La torturaron brutalmente y ella clamaba para que pararan porque decía que estaba embarazada», confesó Jorgelino Vergara. «La teniente Gladys Calderón chequeó que eso era efectivo, pero igual el capitán Barriga siguió con las torturas y la corriente. Estaba en muy mal estado y empezó a pedir que la mataran. Murió unas tres horas después, en el gimnasio del cuartel. La teniente Calderón le inyectó cianuro en la vena para asegurar su muerte.» Después quemaron sus huellas dactilares con un soplete.[25] Su esposo, Max Santelices, también militante comunista, se integró a la Agrupación de Familiares de Detenidos Desaparecidos y hasta su fallecimiento en febrero de 2007, jamás dejó de exigir verdad y justicia para ella y de buscar a aquel hijo o hija que siempre creyó que llegó a nacer.

Pinochet estuvo pendiente en todo momento del cerco tendido sobre la estructura clandestina del Partido Comunista. En noviembre de 2005, Ricardo Lawrence, teniente coronel de Carabineros en retiro, declaró ante Montiglio que Pinochet y Contreras «visitaron» a este grupo de dirigentes comunistas en la llamada Casa de Piedra, situada en San José de Maipo, en las faldas de la cordillera andina, donde también estuvieron recluidos:[26] «Llegué a la Casa de Piedra y vi que estaban el coronel Manuel Contreras, el mayor Juan Morales y el capitán Germán Barriga, junto a otros once miembros de la cúpula del Partido Comunista. Estaban Víctor Díaz, Pizarro y otro llamado Zamorano. Entonces llegó el general Pinochet y conversó con todos ellos». Como los jerarcas nazis, quiso ver personalmente a sus prisioneros antes de que sus subordinados los asesinaran.[27]

Víctor Díaz, dirigente del Partido Comunista y de la Central Única de Trabajadores, estuvo preso en Pisagua en las primeras semanas de 1948, cuando el capitán Pinochet era el jefe militar del campo de concentración. Por sus diferentes responsabilidades, tuvieron que compartir algunos momentos durante los años de gobierno de la Unidad Popular. En sus horas finales aquel dirigente obrero tuvo el valor de advertirle a Pinochet que atacar al Partido Comunista era como sacar el agua del mar con un balde. La investigación del magistrado Víctor Montiglio permitió conocer cómo fue asesinado en los primeros días de 1977: dos agentes de la DINA que procedían de la Armada, Bernardo Daza y Sergio Escalona, le ataron de pies y manos a una silla, cubrieron su cabeza con una bolsa de plástico y le asfixiaron y, como hizo con otros detenidos, la teniente Gladys Calderón le inyectó cianuro. Su cuerpo fue envuelto en gruesas bolsas de plástico atadas con alambre a la cintura y unido a un trozo de vía de ferrocarril de casi un metro de largo. Después lo colocaron dentro de dos sacos, uno por la cabeza y otro por las extremidades, cosidos y unidos con alambre. Junto con otros cuerpos lo subieron a un helicóptero y los «valientes soldados» que exalta la estrofa añadida por el régimen a la Canción Nacional, los arrojaron al océano.[28]

Algunas semanas más tarde, Pinochet defendió la actuación de su aparato represivo y el honor de su régimen: «DINA es un organismo de seguridad atento al mantenimiento de las condiciones que permitan al Gobierno velar por la paz y la seguridad ciudadana en el territorio nacional. En todos los países existen servicios similares, con distinta denominación. Tenga la seguridad de que, en el caso nuestro, su labor para controlar el extremismo ha sido determinante». Aseguró también que sancionaban las irregularidades y los abusos: «Yo no tolero ni las arbitrariedades, ni las injusticias, ni los abusos de poder. Cada vez que he tenido conocimiento de alguna acción en tal sentido, he dispuesto la aplicación de las medidas del caso. Y esto rige tanto para civiles como para uniformados».[29]

En un acto en recuerdo de Víctor Díaz, Fernando Ortiz, Carmen Pereira, Jorge Muñoz, Mario Zamorano y sus compañeros y compañeras desaparecidos celebrado en 2007 en Villa Grimaldi, que hoy es un impresionante «lugar de memoria», el escritor José Miguel Varas quiso evocar a un obrero suplementero, Zorobabel González, conocido como El Guagua por su reducida estatura, quien tenía su quiosco de periódicos en la Alameda con el paseo Ahumada. En sus relatos sobre la historia del Partido Comunista a El Guagua le gustaba hablar de La Piedra del Medio. «Según su versión se trataba de una especie de núcleo indestructible, situado en el mismo centro del Partido. (...) "Está formado por compañeros más duros que el acero, los más tenaces.

Esos que el Partido puede contar siempre con ellos. Siempre, como sea, para lo que sea, sin preguntar nada, sin pedir nada y, sobre todo, cuando las papas queman".» «Víctor Díaz era uno de esos compañeros de acero...»[30]

Durante años se especuló con el destino final de los detenidos desaparecidos. La investigación del juez Juan Guzmán sobre la caída de los dirigentes comunistas de mayo de 1976 le permitió en 2003 esclarecer el trágico fin de entre cuatrocientas y quinientas personas a manos de la DINA en la Región Metropolitana, que, según los testimonios de doce mecánicos de los Puma del Ejército, fueron arrojadas al mar.[31] Las revelaciones conocidas en 2007 acerca de la Brigada Lautaro y la Agrupación Delfín no hicieron sino confirmarlo.[32]

Entre 1974 y 1978, hubo al menos cuarenta «vuelos de la muerte» y en cada uno de ellos fueron arrojados al océano entre ocho y quince cuerpos. El procedimiento era siempre el mismo: antes de que el helicóptero partiera del aeródromo de Tobalaba, sede del Comando de Aviación del Ejército, los mecánicos recibían la orden de sacar la veintena de asientos del Puma y el depósito de combustible adicional. Después despegaba en dirección a los terrenos militares de Peldehue con solo un piloto, un copiloto y un mecánico a bordo; allí les aguardaban dos o tres camionetas custodiadas por agentes de la DINA vestidos de civil, que trasladaban los cadáveres amarrados con alambre a un riel y envueltos en sacos. Normalmente la nave llegaba a la costa de la Región de Valparaíso y a la altura de Quintero se dirigía mar adentro, donde el piloto ordenaba a los agentes que iniciaran el lanzamiento de los cuerpos a través de las escotillas situadas en el centro y la cola.

Lecciones de geopolítica de Kissinger

El régimen de Pinochet preparó con sumo cuidado la Asamblea General de la Organización de Estados Americanos que se iba a celebrar entre el 4 y el 18 de junio de 1976 en Santiago, ya que la consideraba una oportunidad privilegiada para mejorar su imagen internacional ante la visita de treinta y tres ministros de Relaciones Exteriores y alrededor de quinientos periodistas.[33] Solo faltó a la cita México, que había roto las relaciones diplomáticas con Chile en noviembre de 1974.

En el marco de aquella cumbre se conoció el segundo informe de la Corte Interamericana de Derechos Humanos (CIDH) sobre Chile, que censuraba los «homicidios imputados a las autoridades», «las ejecuciones ilegales», los detenidos desaparecidos, la tortura, la permanencia del estado de sitio y la ausencia de garantías de defensa, agravada por la inhibición del Poder Judicial.[34] Además, los abogados chilenos Andrés Aylwin, Jaime Castillo, Eugenio Velasco, Héctor Valenzuela y Fernando Guzmán,[35] que fueron opositores a la Unidad Popular, enviaron un documento de trece páginas a todas las delegaciones presentes que denunciaba la actuación de la DINA y hacían una radiografía muy crítica de la situación del país.[36]

El 4 de junio, en la jornada de apertura del cónclave, Pinochet pronunció un discurso de cerca de treinta minutos ante unas tres mil quinientas personas, entre ellas las autoridades de la OEA y el cuerpo diplomático acreditado.[37] También tomaron la palabra en la ceremonia inaugural el secretario general de la OEA, el argentino Alejandro Orfila, y el ministro de Relaciones Exteriores de Uruguay, Juan Carlos Blanco. Pero, sin duda alguna, la gran estrella de aquella cumbre fue el secretario de Estado, Henry Kissinger, la personalidad política estadounidense más relevante que viajaba a Chile desde la visita del presidente Dwight Eisenhower en 1960 y Premio Nobel de la Paz en 1973. Su delegación, integrada por ochenta personas, ocupó el piso superior del Hotel Carrera y él la suite 1.122.[38]

Dos semanas antes, el secretario adjunto para Asuntos Interamericanos William D. Rogers le entregó un documento con los aspectos más relevantes de su visita a Santiago. Le sugirió que el principal objetivo de su diálogo con Pinochet debía ser exponerle que la situación de los derechos humanos tenía una gran trascendencia para el Congreso y la ciudadanía de Estados Unidos, así como para las relaciones bilaterales y que solo un cambio notorio en esta materia impediría que en el futuro pudieran cesar el suministro de armamento y la venta de material militar, así como los préstamos financieros internacionales. «Chile ha asumido la imagen de la España de los años cuarenta en calidad de símbolo de la tiranía de derecha», indicó Rogers a Kissinger. «Querámoslo o no, se nos identifica con los orígenes del régimen y, en consecuencia, se nos acusa de ser, en parte, responsables de sus acciones.»[39]

Kissinger ignoró estas sugerencias cuando al mediodía del 8 de junio de 1976 se entrevistó con Pinochet en su despacho. Tras conversar en privado durante diez minutos, la reunión se amplió con la participación del propio William D. Rogers, Patricio Carvajal, el embajador de Chile ante la OEA Manuel Trucco, el coordinador para la Conferencia de la OEA Ricardo Claro y el intérprete Anthony Hervas, parte de la delegación norteamericana. El contenido de la conversación que mantuvieron por espacio de sesenta minutos fue desclasificado en 1999 a petición de la periodista estadounidense Lucy Komisar. Aquel diálogo fue toda una lección de geopolítica de Henry Kissinger.[40]

PINOCHET: «Permítame decirle cuánto le agradezco que haya venido a la Conferencia».

KISSINGER: «Es un honor reencontrarlo. Me ha emocionado la recepción popular a mi llegada. Tengo un enorme sentimiento de amistad en Chile».

PINOCHET: «Formamos parte de una lucha a largo plazo. Es una fase más del mismo conflicto que estalló en la Guerra Civil española. Y fíjese que, a pesar de que los españoles intentaron detener el comunismo hace cuarenta años, está resurgiendo de nuevo en el país».

KISSINGER: «Hace poco recibí al rey de España y hablé con él de eso, precisamente».

PINOCHET: «Siempre he estado en contra del comunismo. Durante la guerra de Vietnam conocí a varios militares estadounidenses y les dejé clara mi postura anticomunista; les dije que confiaba en que serían capaces de derrotarlos».

KISSINGER: «En Vietnam nos derrotamos a nosotros mismos por nuestras divisiones internas. Los comunistas llevan a cabo una campaña de propaganda de ámbito mundial».

PINOCHET: «Chile padece ese esfuerzo propagandístico. Por desgracia, no disponemos de los millones necesarios para contrarrestarlo».

KISSINGER: «En Estados Unidos, como usted lo sabe muy bien, simpatizamos con lo que está intentando hacer aquí. En mi opinión, el Gobierno anterior estaba abocado al comunismo. A usted le deseo lo mejor. Nos enfrentamos a enormes problemas internos en todos los sectores del Gobierno —especialmente en el Congreso, pero también en el Ejecutivo— por la cuestión de los derechos humanos. Como sabe, el

Congreso está discutiendo nuevas restricciones sobre la ayuda a Chile. Nosotros nos oponemos. Pero no queremos intervenir en sus asuntos de política nacional. No podemos proponerle con exactitud qué deben hacer ustedes. No obstante, es un problema que dificulta nuestras relaciones y los esfuerzos de los amigos de Chile. Esta tarde voy a hablar sobre los derechos humanos ante la Asamblea General. He aplazado mi discurso hasta después de haber hablado con usted. Deseaba que comprendiera mi posición. Queremos actuar mediante el convencimiento moral, no a través de sanciones legales. Por eso nos oponemos a la enmienda Kennedy. En mi declaración voy a hablar de los derechos humanos en general y en un contexto mundial. Me referiré en solo dos párrafos al informe de la Comisión de Derechos Humanos de la OEA sobre Chile. Diré que esta cuestión ha empañado las relaciones entre Estados Unidos y Chile. Ello se debe, en parte, a las acciones del Congreso. Y añadiré que tengo la esperanza de que usted elimine muy pronto esos obstáculos. (...) No puedo hacer menos sin provocar en Estados Unidos una reacción que conduciría a restricciones legislativas. Mi discurso no va dirigido a Chile. (...) Mi opinión es que usted es víctima de todos los grupos izquierdistas del mundo y que su mayor pecado es haber derrocado a un Gobierno que se dirigía al comunismo. Pero nos encontramos con un problema práctico que es preciso tener en cuenta, la necesidad de no provocar presiones que serían incompatibles con su dignidad ni, al mismo tiempo, la aprobación de leyes en Estados Unidos que dificultarían nuestra relación (...). Sería una verdadera ayuda que nos informara sobre las medidas que está emprendiendo en el área de los derechos humanos. No digo nada de esto con la idea de perjudicar a su Gobierno. Deseo que tenga éxito y quiero seguir teniendo la posibilidad de ayudarle...».

PINOCHET: «Estamos volviendo a la institucionalización paso a paso. Pero sufrimos ataques constantes de los democratacristianos. Tienen peso en Washington. No en el Pentágono, pero sí en el Congreso. Gabriel Valdés tiene influencia. Y Letelier».

KISSINGER: «No he visto a ningún democristiano desde hace años».

PINOCHET: «Y Tomic y otros que no recuerdo. Letelier tiene acceso al Congreso. Sabemos que están dando información falsa. No tenemos experiencia de gobierno. Nos preocupa nuestra imagen».

Instantes después, el dictador mencionó el diálogo abierto con Bolivia, sobre el que pesaba también el temor de las Fuerzas Armadas chilenas a una acción hostil por parte de Perú cuando se aproximaba el centenario de la guerra del Pacífico:

PINOCHET: «En el plano de las relaciones internacionales, estamos funcionando bien. En el caso de Bolivia, hemos expresado nuestra buena voluntad. Todo depende de Perú ahora».

KISSINGER: «Tengo la impresión de que Perú no tiene muchas simpatías».

PINOCHET: «Usted está en lo correcto. Perú no quiere que prospere la idea».

KISSINGER: «Los peruanos me dijeron que no obtendrían un puerto según el arreglo».

PINOCHET: «Perú se está armando. Está tratando de comprar un portaaviones de los británicos por 160 millones. También está construyendo cuatro torpederos en Europa. Está rompiendo el equilibrio de armas en el Pacífico sur. Tiene seiscientos tanques de la Unión Soviética. Nosotros estamos haciendo lo que podemos para mantenernos en pie en caso de una emergencia».

KISSINGER: «¿Y qué están haciendo?».

PINOCHET: «Principalmente, estamos modificando viejos armamentos, arreglando chatarra. Somos un pueblo con mucha energía».

KISSINGER: «Entiendo que Chile generalmente gana sus guerras».

PINOCHET: «Nunca hemos perdido una guerra...».

Después de conversar durante unos minutos —con la intervención del embajador Trucco— sobre la posición del Senado y la Cámara de Representantes de Estados Unidos acerca de Chile, el dictador le preguntó:

PINOCHET: «¿Cómo ven los Estados Unidos el problema entre Chile y Perú?».

KISSINGER: «No nos gustaría ver un conflicto. Todo depende de quién lo empiece».

PINOCHET: «La cuestión es realmente cómo prevenir el inicio».

KISSINGER: «El pueblo americano se preguntaría quién está moviéndose contra quién».

PINOCHET: «Pero ustedes saben lo que está pasando aquí. Ustedes lo ven con sus satélites».

KISSINGER: «Bueno, yo le puedo asegurar que si se toma Lima, usted va a tener poco apoyo de los Estados Unidos».

PINOCHET: «Ya lo hicimos una vez, cien años atrás. Sería muy difícil ahora en vista del actual equilibrio de fuerzas».

KISSINGER: «Si Perú atacara, esto sería un asunto muy serio para un país armado con equipo soviético. Sería muy serio. Claramente, nos opondríamos diplomáticamente...».

PINOCHET: «¿Tendríamos que combatir con nuestras propias armas?».

KISSINGER: «Yo distingo entre preferencias y probabilidades. Todo depende de cómo ocurra. Si hay una agresión frontal, eso significa una resistencia más fuerte, más generalizada».

PINOCHET: «Supongamos lo peor, es decir, que Chile es el agresor. Perú se defiende y nos ataca. ¿Qué pasa?».

KISSINGER: «No es tan fácil. Nosotros vamos a saber quién es el agresor. Si usted no es el agresor, usted va a tener apoyo, pero la agresión no resuelve disputas internacionales. Una parte puede montar un incidente. Sin embargo, generalmente, vamos a saber quién es el agresor».

Un poco más adelante, el diálogo regresó a este mismo punto:

PINOCHET: «Estoy muy preocupado por la situación peruana. Las circunstancias pueden provocar una agresión por parte de Perú. ¿Por qué están comprando tanques? (...) Perú se inclina más hacia Rusia que hacia Estados Unidos. Rusia apoya a su gente 100 %. Nosotros estamos detrás de ustedes. Usted es el líder. Pero usted tiene un sistema que castiga a sus amigos».

KISSINGER: «Hay mucho mérito en lo que usted dice. Esta es una época muy curiosa en los Estados Unidos».

PINOCHET: «Nosotros resolvimos el problema de las grandes empresas transnacionales. Renegociamos las exportaciones y demostramos nuestra buena fe haciendo pagos oportunos sobre nuestra deuda».

KISSINGER: «Es una desgracia. Hemos pasado por Vietnam y el Watergate. Tenemos que esperar hasta las elecciones. Recibimos muy bien el derrocamiento del Gobierno procomunista aquí. No tenemos por propósito debilitar su posición. Respecto a una agresión extranjera, sería una grave situación si uno fuera atacado». «Quiero ver que nuestras relaciones y nuestra amistad mejoran. Incentivé a la OEA a que tuviera su Asamblea General aquí. Yo sabía que iba a dar prestigio a Chile. Vine por esa razón. Nosotros tenemos sugerencias. Nosotros queremos ayudarlos, no debilitarlos. Ustedes le prestaron un gran servicio a Occidente al derrocar a Allende.»

Después de la reunión, Pinochet ofreció un almuerzo a Alejandro Orfila, Kissinger y otros nueve cancilleres americanos y les acompañaron los ministros Cauas, De Castro, Carvajal, Schweitzer, el presidente de la Corte Suprema y otras autoridades.[41]

Aquella tarde, Kissinger pronunció su discurso ante los asistentes a la cumbre de la Organización de Estados Americanos. En público, afirmó que su gobierno era partidario de que se ampliara el mandato para que la CIDH informara regularmente sobre la situación en diversos países porque «el respeto por la dignidad del hombre está declinando en demasiados países de nuestro hemisferio». En cuanto a Chile, tal y como había anticipado al dictador, afirmó: «La condición de los derechos humanos, según la evalúa la CIDH, ha perjudicado nuestras relaciones y continuará perjudicándolas. Queremos que estas relaciones sean estrechas y todos los amigos de Chile esperan que los obstáculos interpuestos por las condiciones que alega el informe sean levantados pronto».[42]

A principios de julio de 1976, la revista argentina *Gente* publicó una entrevista con Pinochet, en la que se explayó sobre sus costumbres cotidianas y su larga trayectoria militar. Relató entonces que se levantaba antes de las seis de la mañana y que hacía siempre unos ejercicios de gimnasia. Ya no fumaba cigarrillos y apenas tomaba alcohol. En cuanto al fútbol, la gran pasión nacional, era hincha del Colo Colo y, como porteño, también de Santiago Wanderers. De manera escueta, se definió como un militar que había dedicado toda su vida a la institución a la que ingresó en 1933 «sin pensar en nada más que en el bien de mi país». Aprovechó aquella tribuna para hacer un guiño a Jorge Rafael Videla: «Nuestro país siente una viva simpatía por el proceso que han emprendido las Fuerzas Armadas de ese país hermano. Estamos ciertos que ellas actuaron inspiradas en los mismos principios de orden y seguridad nacional que movieron a nuestras instituciones armadas a asumir el Gobierno de la nación». Señaló que esperaba conocer pronto al general Videla, un deseo que reafirmaría un mes después ante otros periodistas argentinos.[43] «Tengo de él la misma impresión que tienen la mayoría de sus compatriotas en cuanto a su capacidad de gobernante, a su patriótica inspiración y a su gran honestidad como conductor de la nación hermana.»[44]

El 14 de julio quedó constituido el Consejo de Estado.[45] Junto con Jorge Alessandri, su presidente, y Gabriel González Videla, su vicepresidente, Pinochet designó como consejeros a Enrique Urrutia Manzano, Héctor Humeres, Óscar Izurieta (excomandante en jefe del Ejército), Ramón Barros (excomandante en jefe de la Armada), Renato García (excomandante en jefe de la Fuerza Aérea), Vicente García (exgeneral director de Carabineros), Juan de Dios Carmona (exministro de Estado), Enrique Ortúzar (presidente de la Comisión de Estudios de la Nueva Constitución), Carlos Cáceres (profesor de la Facultad de Ciencias Económicas), Julio Phillipi (en representación de los profesionales), Pedro Ibáñez Ojeda (por los empresarios), Guillermo Medina (por el cupo asignado a los trabajadores), Mercedes Esquerra (por las mujeres) y Juan Antonio Coloma (por la juventud). En los primeros meses también participó Juvenal Hernández, exrector de la Universidad de Chile, y el secretario del Consejo de Estado siempre fue Rafael Valdivieso.[46]

A principios de agosto, en la comuna de Puente Alto, el dictador volvió a criticar de manera velada a Frei y al PDC al acusar a «aquellos que hoy solapadamente buscan el quiebre del Gobierno; aquellos que son los mismos que pavimentaron la ruta del comunismo y hoy pretenden levantarse como redentores y proponer nuevos caminos. Yo les digo que están equivocados. El Gobierno va a continuar en igual forma. Hace rato que está decidido a llevar adelante sus principios y su decisión de construir una nueva democracia para todos los chilenos, aunque les duela a los que quieren volver».[47]

El 15 de agosto, cuarenta años después, regresó a la Basílica de Nuestra Señora del Perpetuo Socorro, en Santiago, donde en los inicios de su carrera militar —acompañado por su madre— grabara aquella rogativa con sus iniciales. Junto con su esposa asistió a la misa que aquel domingo ofició el obispo auxiliar de Santiago, Sergio Valech.[48]

El 11 de septiembre, en su discurso a la nación en el Diego Portales, anunció que hacía unos minutos la Junta militar, en el uso del Poder Constituyente, había promulgado tres actas constitucionales, resultado del trabajo de la comisión que preparaba el anteproyecto de nueva Constitución. «Como filosofía inspiradora de tan medulares documentos jurídicos surge nítida y coherente la de que Chile deja de ser un Estado ideológicamente neutral», anunció.[49]

El Acta Constitucional n.º 2 estableció que, de acuerdo con la Declaración de Principios del régimen aprobada el 11 de marzo de 1974, las bases esenciales de la institucionalidad serían «la concepción humanista cristiana del hombre y de la sociedad que considera a aquel como un ser dotado de una dignidad espiritual y de una vocación trascendente»; el concepto de unidad nacional y de integración social, que excluía los planteamientos marxistas; la noción de Estado de derecho y la aspiración a una «nueva democracia», cuyas características esenciales —«autoritaria y protegida»— aún tardarían casi un año en exponerse. El Acta Constitucional n.º 3 se refería a los derechos y deberes constitucionales asegurados a cada ciudadano y el Acta Constitucional n.º 4 señalaba que dichos derechos y garantías solo podían ser afectados en los casos de emergencia.[50]

Matar en Washington

En septiembre de 1974, gracias a las gestiones del gobernador de Caracas, Diego de Arria, Orlando Letelier pudo salir del campo de concentración de Ritoque y partir al exilio. En Venezuela retomó el contacto con la dirección exterior del Partido Socialista, en el que militaba desde 1962, y recibió una propuesta de trabajo del Instituto de Estudios Políticos de Washington, un centro de pensamiento progresista comprometido con la defensa de los derechos civiles, firme opositor a la guerra de Vietnam y crítico de la política exterior de su país. Después de una década como profesional en el Banco Interamericano de Desarrollo y sus dos años como embajador en Estados Unidos, Letelier era sin duda la personalidad de la izquierda chilena que conocía mejor la política estadounidense. Desde su llegada a Washington, mantuvo una actividad incesante.

A mediados de 1976, Manuel Contreras empezó a recibir informes de la embajada en Washington y de la misión ante Naciones Unidas que detallaban cómo había promovido la reciente condena a la dictadura en la Comisión de Derechos Humanos de la ONU y aseguraban que preparaba la formación de un gobierno en el exilio. En el mes de julio la DINA empezó a preparar el atentado y su posterior encubrimiento.

El 28 de agosto, Letelier expuso en un extenso artículo en la revista *The Nation* los «terribles estragos» de las medidas aplicadas por Pinochet y los Chicago Boys. «La naturaleza de esta propuesta económica y sus resultados pueden ser entendidos más claramente si nos remitimos a los patrones de distribución del ingreso. En 1972, con el Gobierno de la Unidad Popular, los empleados y trabajadores recibieron el 62,9 % del ingreso nacional total, mientras que el 37,1 % fue al sector propietario. Para 1974, la porción de los asalariados se había reducido al 38,2 %, mientras que la de los dueños del capital había aumentado al 61,8 % (...). Durante los últimos tres años miles de millones de dólares fueron extraídos de los bolsillos de los asalariados y colocados en los de los capitalistas y grandes propietarios agrícolas (...). Represión para las mayorías y "libertad económica" para pequeños grupos privilegiados constituyen en Chile dos caras de la misma moneda.»[51]

Al mediodía del 9 de septiembre, Michael Townley llegó al aeropuerto John Fitzgerald Kennedy de Nueva York. Allí, en las oficinas de la compañía estatal LAN, Armando Fernández Larios, también agente de la DINA, le entregó toda la información que había logrado recopilar sobre él, principalmente la dirección de su casa y de la oficina y los datos de su automóvil. Horas más tarde en Union City, Nueva Jersey, Townley se encontró con Virgilio Paz y al día siguiente también con Guillermo Novo y Dionisio Suárez, cubanos anticastristas, y les pidió ayuda para asesinar al último ministro de Defensa de Salvador Allende.

El 10 de septiembre, con la publicación en el *Diario Oficial* del decreto supremo n.º 588, firmado por todos los miembros de la Junta y todos sus ministros, el régimen despojó a Orlando Letelier de su nacionalidad porque le acusaban de realizar en el extranjero «una campaña publicitaria destinada a lograr el aislamiento político, económico y cultural de Chile». Aquella misma noche, en un acto de solidaridad con su pueblo en el Madison Square Garden Felt Forum de Nueva York, en el que participaron Joan Báez, Pete Seeger y el grupo chileno Aparcoa, Letelier aseguró ante cerca de siete mil personas, en la que fue su última aparición pública: «Hoy Pinochet ha firmado el decreto que dice que he sido privado de mi nacionalidad. Este es un día importante para mí. Un día dramático en mi vida en que la acción de los generales fascistas contra mí me hace sentirme más chileno que nunca. Porque nosotros somos los verdaderos chilenos, en la tradición de O'Higgins, Balmaceda, Allende, Neruda, Gabriela Mistral, Claudio Arrau y Víctor Jara, y ellos, los fascistas, son los enemigos de Chile, los traidores que están vendiendo nuestro país a los capitales foráneos. Yo nací chileno, soy chileno y moriré como chileno. Ellos, los fascistas, nacieron traidores, viven como traidores y serán recordados por siempre como traidores fascistas».[52]

La noche del 18 de septiembre, mientras celebraban las Fiestas Patrias en su casa, Townley colocó la bomba debajo del asiento del conductor de su automóvil, estacionado en el exterior del garaje. Dos días después, invitaron a cenar a su asistente, Ronni Moffitt, y a su esposo, Michael.[53] Seguramente conversaron sobre la reunión que Letelier tenía programada para el 23 de septiembre con Jimmy Carter, el candidato del Partido Demócrata en las elecciones presidenciales de noviembre de aquel año.[54]

El martes 21 de septiembre de 1976, Michael y Ronni Moffitt llegaron hacia las nueve de la mañana a la casa de la familia Letelier. Pocos minutos antes de las nueve y media, Orlando Letelier conducía su vehículo y le acompañaban Ronni, en el asiento delantero, y Michael detrás. A las nueve y treinta y ocho llegaban por la avenida Massachusetts a la rotonda de Sheridan Circle, en el corazón del barrio diplomático de Washington, y fue en ese instante cuando los cubanos anticastristas hicieron explotar la bomba por control remoto. El automóvil de Letelier cayó sobre otro vehículo aparcado y rodó hasta detenerse, abrasado, ante la embajada de Rumanía. «Vi a Ronni por detrás, tratando de arrastrarse hacia la orilla», aseguró Michael Moffitt. Había salido expulsado del automóvil y logró acercarse a Letelier, quien, atrapado debajo del vehículo, murmuraba algunas palabras ininteligibles mientras intentaba girarse. Él trató de levantarlo, pero no pudo. Desesperado gritó: «¡Asesinos! ¡Fascistas!». «¡Los fascistas lo mataron! Lo asesinó la DINA. Pinochet, el criminal.»[55] Orlando Letelier tenía 44 años y cuatro hijos.

Desde el centro sanitario a donde les trasladaron en ambulancia, Michael llamó al Instituto de Estudios Políticos y pidió que avisaran a Isabel Morel. «Al llegar al Hospital George Washington, vi ambulancias, muchos autos de la policía, un canal de televisión, periodistas y mucha, mucha gente», recordó Isabel Morel en 1979. «Y también traté de decirme: no, debe haber habido un accidente, debe ser para otra persona todo esto. Pero al entrar al hospital estaban los colegas de Orlando, quienes me miraron y no me dijeron nada. Finalmente entramos a un cuarto y se me acercó Susan Bernard, una colega de Orlando, y en su cara lo vi todo. Me abrazó llorando. Y una sensación de vacío horrible me envolvió y dije: "Está muerto".» Enseguida Michael llegó hasta Isabel y le indicó, sollozando, que también habían asesinado a su esposa. No habían transcurrido siquiera cuatro meses desde que este joven economista había contraído matrimonio con aquella profesora de 25 años.

De inmediato, Isabel Morel insistió en ver el cuerpo de Orlando, aunque los médicos le decían que había quedado completamente destrozado. Finalmente pudo explicarle a una doctora amiga: «Ann, yo necesito despedirme de mi compañero de veinte años. (...) Necesito ver lo que sucedió para aceptarlo». Así, logró entrar en la habitación donde yacía. «Vi el rostro de Orlando; su cuerpo informe estaba tapado con una sábana. La indignación, el horror eran demasiados, pero lo besé en la frente. Y vi sus ojos y me quedé mirando sus ojos. Así nos matan, Orlando, le dije; te han despedazado; canallas, asesinos. Y sus ojos reflejaban asombro, estaba con los ojos abiertos y había asombro y dolor en su mirada. Antes de entrar al cuarto, le había preguntado a Michael Moffitt si Orlando murió instantáneamente. Y él me dijo: "No, Isabel, yo traté de sacarlo del auto; él estaba consciente". Trataba de imaginar el cuerpo de Orlando sin piernas, mirando, viendo lo que había pasado. Y sus ojos y su rostro, al mirarlo, me decían: Al final lo hicieron, lo habían amenazado tantas veces; al final lo hicieron. Ese rostro nunca lo olvidaré. Es el rostro de todos nuestros compañeros asesinados por la Junta fascista.»[56]

El brutal atentado impactó a la sociedad estadounidense y al mundo entero y las miradas acusatorias se dirigieron hacia el régimen de Pinochet, a pesar de que el Ministerio de Relaciones Exteriores intentó esgrimir una coartada en su comunicado: «Para cualquier persona normal, está perfectamente claro que un hecho como el ocurrido solo afecta al Gobierno chileno, pues rápidamente se inserta en la campaña propagandística que desarrolla la Unión Soviética en contra nuestra...».[57]

Aquel fue el crimen más osado de la Operación Cóndor. El 28 de septiembre, apenas siete días después, el agente especial del FBI Robert Scherrer, destinado en la embajada de Buenos Aires desde 1970, envió a su director un cable que, hasta diciembre de 1992, fue el único documento que evidenciaba su existencia, ya que fue dado a conocer por el periodista Jack Anderson en 1979. En su parte final, esta comunicación advertía: «No se descarta la posibilidad de que el reciente asesinato de Orlando Letelier en Washington haya sido llevado a cabo como una acción integrante de la tercera fase de la Operación Cóndor».[58]

Estados Unidos reaccionó ante semejante afrenta. De inmediato, entró en vigor la enmienda Kennedy, que interrumpió la venta de armamento a Chile hasta que el régimen cumpliese dos condiciones: una mejora significativa en el respeto a los derechos humanos y que no ayudase o encubriese el terrorismo y adoptase las medidas para llevar a la justicia a los responsables del crimen de Letelier. A partir de entonces, la dictadura tuvo que lograr una buena parte de los insumos militares en el mercado negro, un hecho que, además de la falta de garantías de los productos obtenidos, supuso un sobrecoste estimado superior a los mil millones de dólares para las arcas públicas.[59]

El Departamento de Justicia de Estados Unidos destinó a la investigación, que duró dos años, a más de cien agentes y en marzo de 1978 el fiscal Eugene Propper llegó a Chile. Por supuesto, Pinochet siempre negó la implicación de su régimen en este crimen. El 5 de abril de aquel año, en un discurso dirigido al país, denunció las persistentes críticas a su régimen desde el exterior: «En su infamia han pretendido incluso vincular al Gobierno con la responsabilidad del condenable asesinato del señor Orlando Letelier». Aseguró que su gobierno estaba colaborando con la investigación judicial del crimen y que lo continuarían haciendo «para contribuir al total esclarecimiento de la verdad y a la sanción consiguiente que merecen los culpables, cualquiera que sea su posición o su nacionalidad». «Así puede proceder un gobernante cuando tiene su conciencia limpia y cuando guía su conducta por sólidos principios morales cristianos...», agregó.[60]

El 8 de abril, después de una fuerte presión diplomática de Estados Unidos, la dictadura entregó a Michael Townley, tras las negociaciones mantenidas por el subsecretario del Ministerio del Interior, Enrique Montero, y el abogado Miguel Álex Schweitzer con Earl J. Silbert, fiscal del Distrito de Columbia. Semanas después, el general retirado Manuel Contreras, el coronel Pedro Espinoza y el capitán Armando Fernández Larios quedaron en arresto domiciliario y la justicia estadounidense solicitó su extradición, pero fue denegada por la Corte Suprema en 1979.[61]

El 11 de mayo de 1979, Townley fue condenado por el juez Barrington Parker a la pena de diez años por conspiración en el asesinato de un ciudadano extranjero gracias al acuerdo de reducción de condena a cambio de su confesión que firmó con el gobierno de Estados Unidos. «Yo fui agente de la DINA. Me dieron órdenes de cumplir una misión: el asesinato de Orlando Letelier», confesó Townley.[62]

En octubre de 2015, con motivo de su visita a Chile, el secretario de Estado John Kerry entregó a la presidenta Michelle Bachelet cerca de doscientos cincuenta documentos sobre la dictadura de Pinochet clasificados hasta ese momento, principalmente relativos a aquel crimen. Según el entonces embajador en Estados Unidos, Juan Gabriel Valdés, quien en 1976 trabajaba con Orlando Letelier, se trataba de un extenso dosier documental que se había reservado para un posible juicio a Pinochet en Estados Unidos.

Entre estos documentos, destaca un memorándum secreto del 10 de junio de 1987 en el que el secretario de Estado, George Schultz, escribió en relación al magnicidio: «... la CIA concluyó que tenemos evidencia convincente de que el Presidente Pinochet ordenó personalmente a su jefe de inteligencia llevar a cabo el asesinato». Y señaló que aquel año Armando Fernández Larios había aportado una «valiosa información» sobre el papel de Pinochet en el «encubrimiento» del crimen.[63] Fernández Larios había explicado a la justicia norteamericana el siguiente diálogo de 1978 entre Manuel Contreras y el general Héctor Orozco, quien investigaba el caso Letelier en Chile en su condición de fiscal militar: «He ganado. Fernández ha declarado y Espinoza también. Irás diez años a la cárcel», dijo Orozco. «Está bien, yo también declaro», asintió Contreras. «¿Ordenaste el asesinato de Letelier?» «Sí», admitió el exjefe de la DINA. «¿Por qué?» «Porque recibí una orden.» «¿De quién?» «Pregúntale al jefe.» «No puedes declarar eso», concluyó Orozco.[64]

Otro de los documentos entregados por John Kerry a la presidenta Bachelet era un cable de 1987, firmado igualmente por Schultz, en el que hacía referencia a un informe de la CIA que señalaba que Pinochet había evaluado la posibilidad de «eliminar» a Manuel Contreras. «Pinochet estaba decidido a obstruir la investigación de Estados Unidos para ocultar su involucramiento», escribió Schultz, y por ello habría contemplado «incluso la eliminación de su jefe de inteligencia».[65]

Un año después, en septiembre de 2016, con motivo del cuadragésimo aniversario del primer atentado terrorista internacional cometido en suelo estadounidense, el gobierno norteamericano entregó a la presidenta Michelle Bachelet, presente en el homenaje a Orlando Letelier y Ronni Moffitt en Washington, los últimos documentos que confirman que Pinochet ordenó el crimen. Entre ellos sobresale un informe de seis páginas de la CIA, fechado el 1 de mayo de 1987 y titulado «El papel de Pinochet en el asesinato de Letelier y su posterior encubrimiento».

Aunque todavía tiene párrafos tachados, establece que a mediados de 1978 Estados Unidos asumió que el dictador había ordenado el crimen. «Una revisión de nuestros archivos sobre el asesinato de Letelier nos ha proporcionado lo que consideramos pruebas convincentes de que Pinochet ordenó a su jefe de inteligencia perpetrar el asesinato.» «Hasta donde sabemos, no hubo ningún informe creíble sobre el papel de Pinochet en el caso Letelier antes de mediados dc 1978, cuando la investigación estadounidense estaba concluyendo y las autoridades chilenas se dieron cuenta de que Washington iba a procesar a tres oficiales en activo y a pedir su extradición». También relata que en junio de 1978 un agente de la CIA radicado en Santiago envió una «evaluación especial» sobre la estrategia del régimen: «Informó de que Pinochet actuó rápidamente para limitar los daños de la confesión de Michael Townley, que ponía la responsabilidad del crimen de forma directa en el antiguo jefe de la inteligencia chilena DINA, Manuel Contreras». «Pinochet estaba decidido a proteger a Contreras de un proceso judicial por el asesinato de Letelier porque sabía que su propia supervivencia política dependía del destino de Contreras.» Por esa razón, el dictador decidió «obstruir todas las siguientes peticiones de Estados Unidos que hubieran podido ayudar a solidificar el caso contra Contreras y otros implicados en el asesinato de Letelier».[66]

Con Borges y Videla

El 22 de septiembre de 1976, al día siguiente del atentado terrorista que costó la vida a Orlando Letelier y Ronni Moffitt, Pinochet recibió en el Edificio Diego Portales al escritor argentino Jorge Luis Borges. La fotografía con el dictador chileno y los elogios que le tributó privaron al autor de *El Aleph* del Premio Nobel de Literatura, que ya había estado cerca de lograr en 1967, cuando recayó en el guatemalteco Miguel Ángel Asturias, y al que figuró como candidato hasta su muerte en 1986. Sus declaraciones a la salida del Diego Portales tuvieron una gran repercusión internacional: «El tema que evidentemente se abordó durante la reunión con Su Excelencia fue el hecho de que aquí en Chile, en mi patria y en Uruguay se está salvando la libertad y el orden. Sobre todo en un continente anarquizado, en un continente socavado por el comunismo», señaló el creador de *Historia universal de la infamia*, quien, además, describió a Pinochet como «una excelente persona», de quien destacó «su cordialidad, su bondad». «Estoy muy satisfecho. Yo soy una persona muy tímida, pero él se encargó de que toda timidez desapareciera, resultando todo muy fácil.»[67] Aquella entrevista, a la que siguió un breve encuentro con Leigh, fue la culminación de su viaje a Santiago para ser nombrado doctor *honoris causa* por la Universidad de Chile, ocasión en la que hizo una defensa furibunda de los regímenes militares de Chile y Argentina.[68] El 19 de mayo, Borges, junto con Ernesto Sábato, ya había compartido un almuerzo con el teniente general Jorge Rafael Videla, quien llegó a Chile en noviembre de aquel año.

El 10 de noviembre de 1976, siete meses y medio después del golpe de Estado que había instalado la dictadura militar en Argentina, Videla realizó una visita oficial de cuatro días, después de haber viajado ya a Uruguay, en septiembre, y Bolivia en octubre.[69] En el aeropuerto de Pudahuel, Pinochet recibió a la comitiva argentina, integrada por Videla y su esposa, Alicia Raquel Hartridge, y los ministros de Relaciones Exteriores, el contraalmirante César Augusto Guzzotti; Economía, José Martínez de Hoz, y Bienestar Social, Julio Bardi.[70]

Las primeras declaraciones de ambos mandatarios resaltadas por la prensa apuntaron en la misma dirección. «Cálido recibimiento a Videla en Santiago. Los presidentes de la Argentina y Chile comprometieron la decisión de enfrentarse a la subversión, que pretende someter a ambos pueblos», señaló el diario argentino *La Nación*. A modo de recibimiento, Pinochet condecoró a Videla con el Collar de la Orden al Mérito Militar de Chile, creada por Bernardo O'Higgins, y en su discurso de bienvenida señaló: «Nos amenaza un enemigo común que pretende interferir la soberanía de nuestras naciones para sumirlas en el caos de la violencia y de la agresión totalitaria. Estrechemos nuestros vínculos fraternos en protección de nuestras respectivas patrias y de sus hijos».[71]

En los días siguientes, Pinochet acompañó a Videla en su visita a la Escuela República Argentina, fundada en 1918, a los predios de Maipú, donde tuvo lugar la histórica batalla por la independencia en la que participaron patriotas argentinos, y también a la Feria Internacional de Santiago, a Valparaíso y a Viña del Mar.[72] En una ceremonia celebrada en la embajada argentina, Videla impuso a Pinochet el Collar de la Orden del Libertador San Martín. Suscribieron además varios acuerdos en materia económica que pretendían estimular el comercio y la cooperación, y una declaración final que reiteró su condena del «terrorismo y la subversión internacional».

En su último discurso ante Videla, Pinochet exaltó «la hermandad chileno-argentina» y fue más allá en sus planteamientos acerca de la «guerra»: «La subversión posee una raíz más honda y sutil, que es de índole ideológica y moral; aspira a la destrucción sistemática de todos los principios espirituales que han conformado nuestra civilización occidental y cristiana, para reemplazarlos por un régimen totalitario enteramente incompatible con la esencia de nuestras identidades patrias. La lucha contra esta segunda forma de subversión es más compleja y está llamada quizás a prolongarse por mucho tiempo, ya que ella debe ser enfrentada en las universidades, en los centros intelectuales, en los sindicatos, en los medios de comunicación e, incluso, hasta en ciertas esferas de influencia eclesiástica».[73] Explicó también el empeño del régimen por crear una nueva institucionalidad para «una nueva democracia», que en el futuro tendría a «una autoridad fuerte» que la protegería de «la acción disgregadora de quienes solo anhelan su destrucción».

El 18 de diciembre, cuando la Agrupación Delfín de la DINA estaba golpeando a la segunda dirección clandestina del Partido Comunista, en el aeropuerto de Zurich (Suiza) se produjo el canje de su secretario general Luis Corvalán, por el disidente soviético Vladimir Bukovsky, con los embajadores de Chile, la Unión Soviética y Estados Unidos acreditados ante los organismos de Naciones Unidas en Ginebra como testigos.[74] Eufórico, Pinochet lo celebró como una victoria política y «moral» frente al «imperialismo rojo», según afirmó en su mensaje de fin de año.[75] Corvalán había estado preso durante tres años en los campos de concentración de isla Dawson, Ritoque y Tres Álamos y su hijo Luis Alberto, de 28 años, había fallecido en el exilio en noviembre de 1975 a consecuencia de las torturas que sufrió en el Estadio Nacional.[76]

El 27 de diciembre se produjo el relevo en la dirección de la política económica del gobierno, área que ya estaba copada por los Chicago Boys: Sergio de Castro asumió como ministro de Hacienda y Pablo Baraona le reemplazó en Economía, mientras que Álvaro Bardón fue el nuevo presidente del Banco Central. Jorge Cauas fue enviado como embajador a Washington. «Se mantendrá la línea, no habrá variación en materia económica», anunció el dictador.[77]

A mediados de enero de 1977, durante nueve días recorrió por primera vez, a bordo del buque de transporte *Aquiles* de la Armada, el territorio antártico chileno hasta la latitud 65 grados sur, acompañado por su esposa y por los ministros de Relaciones Exteriores, Patricio Carvajal; Defensa, Herman Brady, y el intendente de la Región de Magallanes, el general Washington Carrasco.[78] Primero, llegaron al asentamiento naval Capitán Arturo Prat, donde estaban destinados doce efectivos de la Armada, y posteriormente, hasta completar nueve días de navegación, recorrieron las otras bases, en las que había efectivos del Ejército y de la Fuerza Aérea, en un territorio de 1.250.000 kilómetros cuadrados.[79]

El 12 de marzo, el *Diario Oficial* publicó el decreto ley n.º 1697 que prohibió los partidos políticos hasta entonces declarados «en receso». Seis días después, Pinochet confirmó la «disolución» de todos[80] y dos meses más tarde aún fue más explícito: «Deseo aclararle que el debate político-partidista, en nuestro país, no está restringido. Sencillamente está eliminado, al igual que toda actividad de tipo partidista...».[81] Esta medida fue adoptada exclusivamente contra el PDC y motivó la solidaridad de sus aliados internacionales. Así, el 20 de septiembre de 1977 Helmut Kohl, presidente de la Unión Cristiano Demócrata de la República Federal Alemana, dirigió una carta abierta a Pinochet en la que le expresó: «Con mucha pena nos hemos impuesto de las decisiones de su Gobierno, que han afectado principalmente al PDC chileno. Esas medidas, así como el atropello a los derechos humanos y a las libertades fundamentales, que han sido denunciadas hace poco por organismos internacionales, representan un fuerte golpe para la imagen internacional de su país, una nación con un sólido pasado democrático, que fue ejemplo de organización política, de respeto al Derecho y del libre juego democrático de las instituciones. Protestamos decididamente contra las medidas anteriormente señaladas y le rogamos encarecidamente tomar las medidas necesarias a fin de posibilitar un total respeto de los derechos fundamentales y la libertad de todos los chilenos, al igual que posibilitar el restablecimiento del Estado de Derecho, la existencia y trabajo de los partidos políticos y de las instituciones democráticas, permitiendo elecciones libres tendientes a reconstruir un Gobierno democrático».[82]

La herida abierta

A principios de 1977, la dictadura de Pinochet aún no había entregado ninguna respuesta creíble sobre los centenares de personas detenidas desaparecidas que primero el Comité de Cooperación para la Paz y desde el 1 de enero de 1976 la Vicaría de la Solidaridad tenían registradas. Tampoco los tribunales de justicia habían investigado las denuncias presentadas. Por esa razón, el 8 de marzo de 1977 los familiares de los detenidos desaparecidos se dirigieron a la Corte Suprema con la firma de apoyo de dos mil trescientas personas, entre ellas cuatro obispos y decenas de federaciones sindicales y profesionales de todos los ramos, para explicar que tenían sobradas pruebas que atestiguaban que la DINA había secuestrado a la mayoría de los detenidos. «En un alto porcentaje, las detenciones obedecen a un mismo procedimiento y muestran similitudes que permiten reconocer la existencia de un sistema represivo sistemático y permanente, dotado de un alto grado de eficiencia y coordinación.»

De inmediato, aquella misma noche, la Junta aseguró, a través de una declaración oficial, que el escrito de los familiares de los detenidos desaparecidos era «una muestra más de la canallesca campaña iniciada por el marxismo contra Chile desde el 11 de septiembre de 1973».[83] Y el 11 de marzo, Pinochet, Merino, Mendoza y también Leigh firmaron otro comunicado de ocho puntos en el que sugirieron que buena parte de los desaparecidos habían muerto en enfrentamientos armados con «los institutos castrenses» y que no habían podido ser identificados porque utilizaban una identidad clandestina.[84]

Como el escrito que presentaron el 8 de marzo no obtuvo ningún resultado, el 14 de junio veinticuatro mujeres y dos hombres de la Agrupación de Familiares de Detenidos Desaparecidos —entre ellos Sola Sierra, Carmen Vivanco, Ana González, Max Santelices, María Luisa y Estela Ortiz— entraron en la sede de la Comisión Económica para América Latina y el Caribe (un organismo del sistema de Naciones Unidas) y empezaron una huelga de hambre con el lema «Mi vida por la verdad», iniciativa que dio lugar a numerosas actividades solidarias en todo el mundo. Tras desplegar un lienzo de diez metros de largo que proclamaba «Por la vida, por la paz, por la libertad los encontraremos», aseguraron que no saldrían de allí hasta que Pinochet se comprometiera a responder por los desaparecidos ante Kurt Waldheim. También se repartieron volantes en las calles, se pintaron murales, se organizaron misas y hubo declaraciones en su apoyo de abogados, personalidades políticas y sociales, así como de un grupo amplio de intelectuales y decenas de federaciones sindicales.[85] Estos familiares esperaban «conmover a Chile y al mundo» para lograr que el dictador asumiera «el esclarecimiento, de una vez y para siempre, de todos los casos de desaparecidos»; pidieron «la formación de una comisión investigadora integrada por personalidades de calidad moral indiscutidas de Chile y otros países» y exigieron respeto.[86] La huelga de hambre se prolongó durante nueve días porque Kurt Waldheim logró un acuerdo con la Junta para que entregara una respuesta.[87]

El 20 de julio, casi doscientos familiares de detenidos desaparecidos suscribieron un documento directamente remitido a Augusto Pinochet en el que le solicitaron de nuevo que esclareciera el paradero de sus seres queridos. En aquella presentación destacaron la militancia de la inmensa mayoría de los desaparecidos en los partidos y organizaciones de izquierda porque «creemos que se estaría produciendo un sistemático proceso de genocidio político que tiene por objeto eliminar a quienes profesaban ideas o doctrinas que el actual Gobierno ha excluido por estimarlas atentatorias en contra de la seguridad nacional. (...) Su objetivo es eliminar físicamente y en forma masiva a quienes podrían tener potencialmente la calidad de opositores al Gobierno».[88]

La respuesta del régimen de Pinochet a Kurt Waldheim llegó dos meses después, el 23 de septiembre: «Las personas cuya supuesta desaparición se denuncia no se encuentran, actualmente, detenidas por organismo de seguridad alguno en el territorio de la República».[89]

En septiembre y octubre, Ulda Ortiz, esposa del dirigente comunista José Baeza; Ana González, esposa de Manuel Recabarren, madre de Manuel y Luis Emilio Recabarren González y suegra de Nalvia Mena, y Gabriela Bravo, esposa del dirigente socialista Carlos Lorca, formaron la primera delegación de la AFDD que viajó al exterior. En París visitaron la sede de la Unesco; en Roma se reunieron con múltiples organizaciones y autoridades italianas; en Ginebra les recibieron en la Cruz Roja Internacional y el Comité Ad Hoc de la Comisión de Derechos Humanos de la ONU, y en Luxemburgo entregaron su testimonio ante la Comisión Internacional Investigadora de los Crímenes de la Junta Militar. Finalmente, en Nueva York el subsecretario general de Naciones Unidas, William Buffun, les expresó que Kurt Waldheim consideraba insatisfactorias las explicaciones del régimen sobre los desaparecidos. Al finalizar sus reuniones en Estados Unidos, Ana González, Ulda Ortiz y Gabriela Bravo difundieron una declaración pública en la que calificaron de «burla» la última respuesta del dictador, «no solo para nuestro dolor sino también para el mundo».[90] A su regreso en noviembre, la dictadura las expulsó a Argentina, hasta que pudieron regresar al año siguiente.

Poco a poco, la Agrupación fue extendiendo su actividad a todo el territorio nacional y así en 1978 ya tenía grupos organizados en La Serena, Valparaíso, Talca, Parral, Chillán, Concepción, Los Ángeles, Temuco y Osorno.[91] Su lucha sin descanso, junto con la de la Agrupación de Familiares de Ejecutados Políticos (AFEP), empezó a sembrar la conciencia de la rebelión popular que floreció en mayo de 1983.

Notas

1. *Ercilla*, Santiago de Chile, 2 de enero de 1976, pp. 12-16.
2. *El Cronista*, Santiago de Chile, 2 de enero de 1976, p. 8.
3. Esta Acta Constitucional se publicó en el *Diario Oficial* el 9 de enero de 1976, en el decreto ley n.º 1319.
4. Archivo histórico de la Casa Museo Eduardo Frei Montalva, Carpeta 256.
5. Frei Montalva, Eduardo, *El mandato de la Historia y las exigencias del porvenir*, Santiago de Chile, Editorial del Pacífico, 1975. El libro apareció en 1976, ya que previamente la Dirección de Comunicación Social tuvo que autorizar su publicación y lo hizo con una circulación restringida de solo mil ejemplares. Cavallo *et al.,* pp. 97-98.
6. González, Mónica, «El informe secreto de Pinochet sobre los críme-nes», *Ciper*, Santiago de Chile, 10 de septiembre de 2013, en Ci-perchile.cl, <https://ciperchile.cl/2013/09/10/el-informe-secreto-de-pinochet-sobre-los-crimenes/>.
7. *La Tercera*, Santiago de Chile, 12 de marzo de 1976, p. 4. Véase el intercambio de cartas entre Edward Kennedy y Augusto Pinochet en mayo de 1974 en: *El Mercurio*, Santiago de Chile, 5 de octubre de 1974, pp. 27-28.
8. *La Tercera*, Santiago de Chile, 21 de abril de 1976, p. 5.
9. Véanse las referencias extremadamente elogiosas a Pinochet en su bio-grafía: Campodónico, Miguel Ángel, *Antes del silencio. Bordaberry. Memorias de un presidente uruguayo*, Montevideo, Linardi y Risso, 2003, pp. 129-142. Con motivo de su viaje, la Biblioteca del Palacio Legislativo de Uruguay publicó un documento titulado *Chile y su Presidente Augusto Pinochet Ugarte*.
10. *La Tercera*, Santiago de Chile, 22 de abril de 1976, p. 25.
11. *El Cronista*, Santiago de Chile, 23 de abril de 1976, pp. 1 y 5.
12. *El Cronista*, Santiago de Chile, 24 de abril de 1976, p. 10.
13. *Ercilla*, 29 de abril de 1976, pp. 9-11.

14. *El Mercurio*, Santiago de Chile, 26 de abril de 1976, p. 8.

15. *El Mercurio*, Santiago de Chile, 24 de abril de 1976, pp. 1 y 10.

16. Véase: Hertz, Carmen *et al.*, *Operación exterminio. La represión contra los comunistas chilenos (1973-1976)*, Santiago de Chile, LOM Ediciones, 2016.

17. Rebolledo, Javier, *La danza de los cuervos. El destino final de los detenidos desaparecidos*, Santiago de Chile, Ceibo Ediciones, 2012, pp. 17-22.

18. Esta investigación judicial deriva de la primera querella criminal presentada en Chile contra Pinochet el 12 de enero de 1998 por parte de Gladys Marín, secretaria general del Partido Comunista.

19. Escalante, Jorge y Rebolledo, Javier, «Los "delfines" que exterminaron al PC», *La Nación*, Santiago de Chile, 1 de abril de 2007, pp. 26-28.

20. Escalante, Jorge, «La brigada más cruel de la DINA», *La Nación*, Santiago de Chile, 11 de marzo de 2007, pp. 24-25.

21. Escalante, Jorge y Rebolledo, Javier, «Los "delfines" que exterminaron al PC», *La Nación*, Santiago de Chile, 1 de abril de 2007, pp. 26-28.

22. *Qué Pasa*, Santiago de Chile, 21 de abril de 1976, pp. 6-10.

23. *El Cronista*, Santiago de Chile, 13 de mayo de 1976, p. 1.

24. El 7 de enero de 1976, la circular reservada n.º 2 del Ministerio del Interior había establecido este procedimiento para solicitar antecedentes de personas: «a) De acuerdo a lo ordenado por S. E. el Presidente de la República, solo DINA entregará antecedentes de personas a los ministerios, reparticiones públicas e industrias del área estratégica...». Weibel Barahona y Dorat Guerra, DVD adjunto a su libro.

25. Escalante, Jorge y Rebolledo, Javier, «Los "delfines" que exterminaron al PC», *La Nación*, Santiago de Chile, 1 de abril de 2007, pp. 26-28.

26. Desde 1955 esta casa perteneció a Darío Sainte Marie, propietario del diario *Clarín* hasta su venta a Víctor Pey en 1972. Después del golpe de Estado, la dictadura se la apropió y la DINA la utilizó para sus cursos de inteligencia. También fue empleada durante la reunión fundacional de la Operación Cóndor. Skoknic, Francisca, «Casa de Piedra: el secreto lugar de juerga y tortura de la DINA», *Ciper*, Santiago de Chile, 2 de noviembre de 2007, en Ciperchile.cl, <https://ciper chile.cl/2007/11/02/casa-de-piedra/>.

27. Himmler, responsable del aparato de terror y represión nazi, visitó el campo de exterminio de Auschwitz el 17 y 18 de julio de 1942 y pidió que le mostraran cómo se asesinaba en una cámara de gas. Longerich, Peter, *Heinrich Himmler. Biografía*, Barcelona, RBA, 2009, p. 528.

28. Escalante, Jorge, «Calle Conferencia es la causa con más procesados», *La Nación*, Santiago de Chile, 7 de marzo de 2007, p. 9. Aquella

estrofa añadida al himno nacional, retirada en 1990, decía: «Vuestros nombres, valientes soldados / que habéis sido de Chile el sostén, / nuestros pechos los llevan grabados / lo sabrán nuestros hijos también. / Sean ellos el grito de muerte / que lancemos marchando a lidiar / y sonando en la boca del fuerte, / hagan siempre al tirano temblar».

29. *Ercilla*, Santiago de Chile, 18 de mayo de 1977, pp. 20-25.
30. Varas, José Miguel, «Recuerdo de Víctor Díaz», *Rebelión*, 17 de mayo de 2007, en Rebelion.org, <http://www.rebelion.org/noticia.php?id=50982>. Uno de los últimos libros de José Miguel Varas fue precisamente: *Los tenaces*, Santiago de Chile, LOM Ediciones, 2010.
31. El único «error» en este método de encubrimiento de los asesinatos fue la aparición del cuerpo de Marta Ugarte en la playa de Los Molles en septiembre de 1976.
32. En enero de 2016, los exagentes de la DINA, ya condenados por otras causas, Juan Morales, Pedro Espinoza, Carlos López, Rolf Wenderoth y Ricardo Lawrence, fueron sentenciados a veinte años de cárcel en primera instancia por el ministro de la Corte de Apelaciones de Santiago, Leopoldo Llanos. Manuel Contreras y Marcelo Moren fueron sobreseídos después de su fallecimiento. Germán Barriga, jefe de la Agrupación Delfín, se suicidó en 2005 cuando era inminente su ingreso en prisión por su responsabilidad en cuatro casos de violaciones de los derechos humanos ocurridos en 1974. Vergara, Carlos Antonio, «El terror contra el PC», *Punto Final*, n.º 849, Santiago de Chile, 15 de abril de 2016, pp. 16-17. En diciembre de 2018, el ministro en visita de la Corte de Apelaciones de Santiago, Miguel Vázquez, condenó a cincuenta y tres exmiembros de la DINA por el secuestro, tortura y desaparición de los dirigentes comunistas apresados en mayo de 1976. Pérez, Ricardo, «Condenan a 53 exagentes de la DINA por la eliminación de cúpula del PC en 1976», *La Nación*, Santiago de Chile, 4 de diciembre de 2018, en Lanacion.cl, <http://lanacion.cl/2018/12/04/condenan-a-53-exagentes-de-la-dina-por-la-eliminacion-de-cupula-del-pc-en-1976/>.
33. Cavallo *et al.*, p. 128.
34. Véase este informe en: *Chile-América*, n.º 19-21, Roma, junio-julio de 1976, pp. 172-213.
35. Jaime Castillo Velasco y Eugenio Velasco fueron expulsados del país en agosto de aquel año, como ya le había sucedido a Renán Fuentealba a fines de 1974. Véase el relato detallado de la expulsión de este último en: González Camus, Ignacio, *Renán Fuentealba. En la génesis de la Concertación*, Santiago de Chile, Catalonia, 2007, pp. 199-220.
36. *Chile-América*, n.º 19-21, Roma, junio-julio de 1976, pp. 161-167.
37. *La Tercera*, Santiago de Chile, 5 de junio de 1976, p. 2.

38. Cavallo *et al.*, p. 131.
39. Kornbluh (2004, edición en español), pp. 172-175.
40. Kornbluh, Peter, *The Pinochet file. A declassified dossier on atrocity and accountability*, Nueva York, The New Press, 2004, pp. 264-273.
41. *El Mercurio*, Santiago de Chile, 9 de junio de 1976, pp. 1 y 10.
42. *Ercilla*, Santiago de Chile, 16 de junio de 1976, pp. 7-8.
43. *La Segunda*, Santiago de Chile, 13 de agosto de 1976, p. 36.
44. Declaraciones a la revista *Gente* recogidas en: *El Cronista*, Santiago de Chile, 6 de julio de 1976, p. 9.
45. Véase el discurso del expresidente Jorge Alessandri en la sesión inaugural del Consejo de Estado, el 15 julio de 1976, en: Carrasco Delgado, Sergio, *Alessandri. Su pensamiento constitucional. Reseña de su vida pública*, Santiago de Chile, Editorial Jurídica de Chile y Editorial Andrés Bello, 1987, pp. 249-252. Alessandri agradeció a Pinochet su designación y lamentó la decisión de Frei de excluirse.
46. Boetsch G. H., Eduardo, *Recordando con Alessandri*, Santiago de Chile, Universidad Nacional Andrés Bello, s.f., p. 166.
47. *La Tercera*, Santiago de Chile, 4 de agosto de 1976, p. 2.
48. *La Segunda*, Santiago de Chile, 17 de agosto de 1976, p. 7.
49. *El Mercurio*, edición internacional, Santiago de Chile, 11 de septiembre de 1976, pp. 4-5.
50. *Actas Constitucionales. Antecedentes y textos*, Santiago de Chile, Editorial Jurídica de Chile, 1977, pp. 67-83. Estas tres actas constitucionales se publicaron el 13 de septiembre de 1976 en el *Diario Oficial*.
51. Artículo incluido en: Lawner y Soto, pp. 13-32. Fue publicado también dos días después de su asesinato en *El Nacional*, Caracas, 23 de septiembre de 1976, p. A6.
52. Consultado en la página web del Instituto Trasnacional de Amsterdam, asociado al Instituto de Estudios Políticos de Washington, en tni.org, <https://www.tni.org/en/article/transcript-of-orlando-leteliers-speech-at-the-felt-forum>.
53. Varas, Florencia y Orrego, Claudio, *El caso Letelier*, Santiago de Chile, Aconcagua, 1980, p. 17.
54. *Ercilla*, Santiago de Chile, 29 de septiembre de 1976, p. 10.
55. Dinges, John y Landau, Saul, *Asesinato en Washington*, Santiago de Chile, Planeta, 1990, pp. 218-220.
56. *Araucaria de Chile*, n.º 5, Madrid, 1979, pp. 94-95.
57. *Ercilla*, Santiago de Chile, 29 de septiembre de 1976, p. 9.
58. Corvalán Márquez, Luis, *La secreta obscenidad de la historia de Chile contemporáneo. 1962-1976*, Santiago de Chile, Ceibo Ediciones, 2012, pp. 198-199.

59. Sohr, Raúl, «La herencia militar de Pinochet», *Pinochet. Crímenes y mitos. Primera parte*, Documento del diario *La Nación*, Santiago de Chile, 17 de diciembre de 2006, p. 24.

60. *El Mercurio*, Santiago de Chile, 6 de abril de 1978, p. 27.

61. Entonces, el gobierno de Carter llamó a consultas al embajador George Landau y a fines de aquel año adoptó otras sanciones contra el régimen de Pinochet. Arriagada (1998), p. 93.

62. Aquel acuerdo contemplaba que la justicia de su país de origen no podría perseguirle por ningún otro crimen anterior que hubiera cometido, ni tampoco a su esposa. *Cosas*, Santiago de Chile, 17 de agosto de 1978, pp. 68-70. En la actualidad, Townley, con una nueva identidad y un nuevo rostro, vive en libertad en su país.

63. En enero de 1987, Armando Fernández Larios viajó a Estados Unidos, donde en función del acuerdo negociado por su abogado, Axel Kleiboemer, se entregó a la justicia de este país y confesó su participación en la preparación y posterior encubrimiento del crimen. En una entrevista con el periodista John Dinges en 1987, expresó su convicción de que fue Pinochet quien lo ordenó. *Apsi*, Santiago de Chile, 23 de febrero de 1987, pp. 14-17.

64. Martorell, p. 139. El 23 de marzo de 2000, Patricia Verdugo entregó a la familia Letelier y a la abogada Carmen Hertz, para que la hicieran llegar a la justicia estadounidense, copia de una declaración de Pedro Espinoza firmada ante notario el 2 de mayo de 1978. Espinoza señaló que lo que afirmó ante el general Héctor Orozco días antes era falso —«se me obligó a establecer los antecedentes que el Sr. Fiscal estimó conveniente que yo colocara bajo presión que en este momento estimo como incalificable...»— y que la orden de asesinar a Letelier se la dio Pinochet a Manuel Contreras. «Fui presionado moralmente cuando se me dijo que se trataba de salvar al Presidente de la República...», aseguró.

65. *La Tercera*, Santiago de Chile, 9 de octubre de 2015, pp. 2-3.

66. Ayuso, Silvia, «Estados Unidos entrega la prueba de que Pinochet ordenó el asesinato de Orlando Letelier», *El País*, Madrid, 23 de septiembre de 2016, en Elpais.com, <https://elpais.com/internacio nal/2016/09/23/estados_unidos/1474658001_549935.html>.

67. *Abc*, edición de Andalucía, Sevilla, 23 de septiembre de 1976, p. 22.

68. Peña (2015), pp. 118-119.

69. *Abc*, Madrid, 11 de noviembre de 1976, p. 21.

70. *El Mercurio*, Santiago de Chile, 7 de noviembre de 1976, Tercer cuerpo, p. 1.

71. *La Opinión*, Buenos Aires, 12 de noviembre de 1976, p. 12.

72. *La Opinión*, Buenos Aires, 13 de noviembre de 1976, p. 11.

73. *La Opinión*, Buenos Aires, 14 de noviembre de 1976, p. 1 y 16.

74. *Ercilla*, Santiago de Chile, 22 de diciembre de 1976, pp. 10-12.

75. *La Tercera*, Santiago de Chile, 2 de enero de 1977, p. 2.

76. Véase su libro testimonial: Corvalán, Luis Alberto, *Escribo sobre el dolor y la esperanza de mis hermanos*, Santiago de Chile, Talleres Amaranto, 1980.

77. *El Mercurio*, Santiago de Chile, 28 diciembre de 1976, pp. 1 y 10.

78. *La Tercera*, Santiago de Chile, 26 de enero de 1977, p. 2.

79. *El Mercurio*, Santiago de Chile, 18 de enero de 1977, pp. 1 y 8. Pueden verse imágenes de este viaje en el inicio del excepcional documental filmado entonces por José María Berzosa: *Pinochet y sus tres generales*. Se trata de un retrato sorprendente e invaluable de los cuatro miembros de la Junta militar. Disponible en línea: <https://www.youtube.com/watch?v=7aueEaGv6ok>.

80. *Ercilla*, Santiago de Chile, 23 de marzo de 1977, pp. 6-9.

81. *Ercilla*, Santiago de Chile, 18 de mayo de 1977, pp. 20-25.

82. Archivo de la Casa Museo Eduardo Frei Montalva, Carpeta 399.

83. *Solidaridad*, Santiago de Chile, 15 de marzo de 1977, p. 3. Era la publicación quincenal de la Vicaría de la Solidaridad.

84. Reimann, Elisabeth y Rivas Sánchez, Fernando, *Derechos Humanos: ficción y realidad*, Madrid, Akal, 1980, p. 253.

85. Brinkmann, Beatriz, *Itinerario de la impunidad. Chile, 1973-1999. Un desafío a la dignidad*, Santiago de Chile, CINTRAS, 1999, pp. 43-45.

86. *Chile-América*, n.º 31-32, Roma, mayo-junio de 1977, p. 152.

87. Véase el comunicado hecho público por el secretario general de la ONU el 23 de junio de 1977 en: *Chile-América*, n.º 31-32, Roma, mayo-junio de 1977, p. 196.

88. Véase el texto completo de la presentación de los familiares dirigida a Pinochet en: *Chile-América*, n.º 35-36, Roma, septiembre-octubre de 1977, pp. 228-230.

89. Véase el documento entregado por la Junta militar a la ONU en: *Chile-América*, n.º 35-36, Roma, septiembre-octubre de 1977, pp. 231-235.

90. *Chile-América*, n.º 35-36, Roma, septiembre-octubre de 1977, pp. 216-218.

91. Brinkmann, p. 48.

10

Las antorchas de Chacarillas

El 9 de julio de 1977, en un acto nocturno organizado por los jóvenes gremialistas en el cerro Chacarillas, Pinochet delineó por primera vez unos plazos de duración de la dictadura y un itinerario político cuyo horizonte sería la instauración de la «democracia autoritaria y protegida». La mutación de la DINA en CNI, en agosto de aquel año, y el viaje a Washington en septiembre, con entrevista con el presidente Carter en el Despacho Oval incluida, no atenuaron la pésima imagen internacional del régimen, que volvió a ser condenado por Naciones Unidas. Como respuesta, Pinochet decidió, con la oposición de Merino y Leigh, convocar una «Consulta Nacional» para el 4 de enero de 1978. Este fue el año también de la aprobación del decreto ley de amnistía, de la «huelga de hambre larga» de la AFDD, de la abrupta expulsión de Leigh de la Junta militar y del doloroso hallazgo de los restos de quince campesinos desaparecidos en octubre de 1973 en los hornos de Lonquén. El año 1978 estuvo atravesado, además, por la tensa disputa diplomática con Argentina en torno a la soberanía sobre tres islas del austral canal Beagle que casi deriva en una guerra.

Planes de futuro

Augusto Pinochet tardó casi cuatro años en despejar en cierta manera la incógnita sobre la duración del régimen cívico-militar instalado el 11 de septiembre de 1973. Desde entonces, el dictador había jugado, a su libre albedrío, con «los plazos» y «las metas», sin referirse a un itinerario que permitiera vislumbrar el regreso de los militares a los cuarteles. Si inicialmente consideró a la izquierda la culpable de todos los males que aquejaban a la nación, pronto su diagnóstico se amplió a la Constitución de 1925 y al régimen político-institucional del periodo 1932-1973 y, así, en mayo de 1977 volvió a afirmar: «... era una democracia ingenua e inerme, incapaz de subsistir en el mundo de hoy, que se debate en una lucha permanente entre la libertad y la esclavitud totalitaria».[1]

En aquellas fechas, el dictador insistió en que su régimen avanzaba, después de la aprobación de las Actas Constitucionales en 1976, hacia el proceso de «institucionalización» porque, según afirmó el 21 de mayo en Valparaíso, «si no hacemos esto es lo mismo que si se hubiera detenido el tiempo». «Habríamos arreglado el país para después devolverlo a las manos que con toda seguridad nos llevarían a lo mismo que antes del año 1973, es decir, volveríamos a caer en la demagogia y en la politiquería.»[2]

Desde marzo de 1974, sin ambages, la dictadura se propuso la refundación del modelo político, que en el futuro debería descansar, entre otros pilares, en la proscripción de las fuerzas de izquierda y el permanente rol de tutela que correspondería a las Fuerzas Armadas. En abril de 1975 se rubricó la alianza con los Chicago Boys, que se encargaron de transformar radicalmente la estructura económica de la nación. Por su parte, la DINA, su «Ejército» paralelo, se ocupó de la represión sistemática y planificada contra la izquierda. Y el 9 de julio de 1977, en un acto celebrado en el cerro Chacarillas de Santiago, Pinochet anunció la intención de proyectar el régimen hacia el futuro a través de la creación de un modelo político definido como «democracia autoritaria y protegida».[3]

Al respecto, Isabel Jara Hinojosa ha llamado la atención sobre un aspecto que ni al dictador ni a sus principales asesores políticos se les escapó. En diciembre de 1976, apenas trece meses después de la muerte de Franco y con la aprobación del rey Juan Carlos I, el gobierno de Adolfo Suárez impulsó la derogación de la institucionalidad franquista y en el primer semestre de 1977 legalizó el Partido Comunista y el resto de las fuerzas políticas y sindicales de izquierda y convocó elecciones generales a Cortes Constituyentes. Franco presumía de haberlo dejado todo «atado y bien atado», pero su régimen político se extinguió en solo tres años, tras la aprobación de la Constitución de 1978.[4]

La tarde del 9 de julio de 1977, centenares de jóvenes llenaban la explanada del cerro Chacarillas y setenta y siete de ellos sostenían antorchas, en una escenografía propia del fascismo europeo de los años treinta.[5] El Frente Juvenil de Unidad Nacional, manejado por el gremialismo, celebraba el segundo aniversario del día de la Juventud, fecha elegida como homenaje a los soldados que cayeron en la batalla de La Concepción, en 1882, durante la guerra del Pacífico.[6] A las siete, la llegada de Augusto Pinochet y Lucía Hiriart fue saludada por tres disparos de cañón. En su discurso, el dictador anunció, por primera vez, unos plazos de duración del régimen y un prolongado y controlado proceso de transición hacia un gobierno civil que, aunque posteriormente incumplió, dejó entrever que no tenía la intención de convertir su régimen en perpetuo.

Trazó un itinerario cuya última estación sería una «nueva democracia autoritaria, protegida, integradora, tecnificada y de auténtica participación social» y se extendió en la definición de sus principales características: sería «autoritaria» porque debería «disponer de una autoridad fuerte y vigorosa» y «protegida» porque asumiría «como doctrina fundamental del Estado de Chile el contenido básico de nuestra Declaración de Principios, reemplazando el Estado liberal clásico, ingenuo e inerme...».[7]

El proceso para que las Fuerzas Armadas se retiraran a los cuarteles abarcaba toda una década y se dividía en tres etapas: la de «recuperación», la de «transición» y la de «normalidad o consolidación». En las dos primeras, el poder sería ejercido por los militares con la progresiva incorporación y participación de los civiles. «Finalmente, entraremos en la etapa de normalidad o consolidación, donde el poder será ejercido directa y básicamente por la civilidad, reservándose constitucionalmente a las Fuerzas Armadas y de Orden el papel de contribuir a cautelar las bases esenciales de la institucionalidad y la seguridad nacional en sus amplias y decisivas proyecciones modernas».[8]

Explicó que en la fase de «transición», ya en 1980, se instalaría una «Cámara Legislativa» de composición mixta: un tercio de sus miembros serían personalidades de prestigio nacional que la integrarían por derecho propio o serían designados por él como presidente y los otros dos tercios representarían a las regiones del país de manera proporcional a su población y, al menos hasta 1985, serían nombrados por la Junta militar. No habría elecciones por sufragio popular hasta después de ese año y, cuando la «Cámara Legislativa» se hubiera constituido con los dos tercios de sus miembros elegidos por la ciudadanía, procedería a elegir al presidente de la República por un periodo de seis años y se aprobaría y promulgaría la nueva Constitución.[9]

Un mes después de Chacarillas, presionado por las incesantes denuncias internacionales sobre las violaciones de los derechos humanos, Pinochet se vio obligado a cambiarle el nombre a su puño de hierro. El 13 de agosto, por el decreto ley n.º 1876, la DINA fue disuelta y por el decreto ley n.º 1878, de la misma fecha, se creó la Central Nacional de Informaciones (CNI), que recibió su personal, su infraestructura —dentro y fuera del país—, su patrimonio y sus centros de detención y actuó hasta febrero de 1990, un mes antes de que Patricio Aylwin asumiera la presidencia. Sus funciones, características y objetivos fueron muy similares a los de la DINA y, si bien la CNI dependía en apariencia del Ministerio del Interior, los cuatro directores que tuvo en sus doce años y medio de existencia fueron generales del Ejército: Manuel Contreras, Odlanier Mena, Humberto Gordon y Hugo Salas. En noviembre de 1977, Pinochet apartó a Contreras del mando de la CNI y el 20 de marzo de 1978 ordenó su pase a retiro, cuando en medio de un verdadero escándalo internacional, la prensa confirmó la participación de Townley y Fernández Larios en el atentado contra Letelier.

En su discurso del 11 de septiembre de aquel año, en el Diego Portales, Pinochet se refirió al fin de la actividad de la DINA y por primera vez admitió que había cometido... «errores»: «El progreso de nuestra situación interna permitió recientemente al Gobierno disolver la DINA, organismo creado para enfrentar la fase más dura de la acción subversiva y, si hubo algunos errores difíciles de evitar en una labor tan ardua, no puede desconocerse que contribuyó poderosamente a la paz y tranquilidad de toda la ciudadanía».[10]

En la Casa Blanca

En 1977, la Organización de Estados Americanos (OEA) invitó a Pinochet, y a otros dieciocho jefes de Estado, a la firma del tratado de cesión del canal transoceánico por parte de Estados Unidos a Panamá, que tendría lugar el 7 de septiembre en la sede de la OEA, en Washington, un acto protagonizado por los presidentes Carter y Omar Torrijos. Emprendió viaje el 5 de septiembre por la mañana, escoltado por su esposa, el ministro de Relaciones Exteriores Patricio Carvajal, el jefe del Estado Mayor Presidencial, general Sergio Covarrubias, y el director de Informaciones del gobierno, Max Reindl, además de sus cuatro edecanes, los directores de los diarios de Santiago y seis periodistas de diferentes medios. Después de sendas escalas en Panamá y Miami, a las diez de la noche aterrizaron en la Base Andrews de Washington, donde le recibieron Jorge Cauas y María Eugenia Oyarzún, embajadora ante la OEA, así como altos cargos del Departamento de Estado y el secretario general de la OEA, Alejandro Orfila.[11]

Al día siguiente, Pinochet formó parte de la relación de mandatarios que Jimmy Carter recibió en el Despacho Oval de la Casa Blanca, después de Torrijos; el general peruano Francisco Morales Bermúdez; Stroessner; el vicepresidente de Brasil, Adalberto Pereira; el presidente de Colombia, Alfonso López, y Banzer.[12] Tanto Carter como Pinochet calificaron de «muy cordial» la reunión, que se prolongó durante treinta minutos, y abordaron las negociaciones bilaterales con Bolivia y la situación de los derechos humanos en Chile, entre otros asuntos. Después del asesinato de Orlando Letelier y Ronni Moffitt y del relevo en la presidencia de Estados Unidos, este país tuvo una posición más crítica hacia la dictadura en los organismos internacionales y se abrió al diálogo con las fuerzas democráticas chilenas: en mayo de 1977 Eduardo Frei y Clodomiro Almeyda fueron recibidos en Washington por el vicepresidente Walter Mondale y el subsecretario de Estado Warren Christopher, respectivamente.[13]

La mañana del 7 de septiembre, en la residencia del embajador Cauas, Pinochet mantuvo un encuentro con periodistas de los principales medios de comunicación estadounidenses, en el que tuvo que enfrentar varias preguntas sobre el atentado del 21 de septiembre de 1976. «Puedo jurar que nadie en el Gobierno chileno planeó jamás semejante cosa», aseguró.[14] En un paseo por Georgetown, adquirió libros, discos y material fotográfico y por la noche asistió con su esposa a la cena de gala que el presidente Carter ofreció en la Casa Blanca.[15] Al día siguiente, se reunió por última vez con Banzer y conoció al mandatario peruano Morales Bermúdez, encuentros en los que ratificó la propuesta para atender la demanda marítima boliviana.[16]

Tormenta en la Junta

El 16 de diciembre de 1977, por cuarto año consecutivo, la Asamblea General de las Naciones Unidas aprobó una resolución que condenó a la dictadura por las reiteradas violaciones de los derechos humanos. La ONU volvió a expresar «su profunda indignación por el hecho de que el pueblo chileno continúe siendo sometido a violaciones constantes y patentes de los derechos humanos y de las libertades fundamentales, siga careciendo de salvaguardas constitucionales y judiciales adecuadas a sus derechos y libertades y sufriendo atentados contra la libertad e integridad personales, en particular por métodos de intimidación sistemática, incluida la tortura, la desaparición de personas por motivos políticos, las detenciones, los encarcelamientos y los encierros arbitrarios y los casos de privación de la nacionalidad chilena...». De las 146 naciones que entonces integraban Naciones Unidas, 99 votaron a favor de la resolución, solo 14 se opusieron y 27 se abstuvieron, entre ellas, España.[17] Aquella nueva resolución invalidó todos los esfuerzos diplomáticos y propagandísticos del régimen e indignó al dictador.

El 21 de diciembre, Pinochet reunió a Merino, Leigh y Mendoza y les solicitó que le acompañaran en la grabación de un discurso, que aquella noche se transmitiría por cadena nacional, en el que convocaría un plebiscito para que el país se pronunciara en favor del régimen tras la resolución de la ONU. Leigh y Merino se opusieron de manera tajante y, aparentemente, lograron persuadirle de discutir más adelante el tipo de iniciativa, así como su contenido y forma.

Sin embargo, el dictador optó por una política de hechos consumados y anunció por televisión la convocatoria de una votación nacional para el 4 de enero. Con pretensiones de alcanzar un tono épico, aseguró: «En esta consulta, cada hombre, cada mujer y cada joven de esta tierra deberá decidir en el secreto de su conciencia si respalda al Presidente de la República en la defensa de la dignidad de Chile y reafirma la legitimidad del Gobierno de la República para encabezar soberanamente nuestro proceso institucional o si, en cambio, apoya la resolución de las Naciones Unidas y su pretensión de imponernos desde el exterior nuestro futuro destino».[18] Al día siguiente, reafirmó sus palabras ante la prensa y dio a conocer la redacción de la pregunta que sería sometida a los ciudadanos chilenos mayores de 18 años.

Su decisión desató una verdadera tormenta en el núcleo del régimen. El 23 de diciembre, Merino le remitió una carta en la que le expresó su «total desacuerdo», y el de todo el alto mando de la Armada, con la iniciativa porque situaba al país «frente a situaciones imprevisibles e imposibles de controlar» y concedía a la oposición la oportunidad de unificarse y manifestarse contra el gobierno. Además, le acusó de haber violentado las atribuciones de la Junta y de haberla ignorado al adoptar en solitario la «decisión política más importante de los últimos años».[19]

Aquel mismo día, Gustavo Leigh envió a Pinochet otro escrito aún más duro, en el que desgranó la posición extremadamente crítica de la Fuerza Aérea, ya que consideraban que, fuera cual fuera el resultado de la votación, el régimen aún perdería más prestigio, dentro y fuera del país. «No rehuimos las consultas a la ciudadanía cuando estas se refieran a problemas fundamentales de orden constitucional, para cuya resolución se estima necesario contar con la orientación que fluya de la opinión mayoritaria del pueblo, pero rechazamos los plebiscitos ratificados, que son propios de los gobiernos en que se ejerce el poder personal, que sí precisa de ratificación, pero que no son propios ni dignos de un Gobierno institucional militar como el nuestro.» Leigh se permitió recordarle que la Junta no era un gobierno de cuatro personas, «sino de cuatro instituciones», y que su decisión de actuar sin contar con el criterio del resto de los integrantes comprometía el destino del régimen instalado el 11 de septiembre de 1973. Finalmente, censuró que hubiera convocado tal votación a pesar de la opinión contraria de los comandantes en jefe de la Armada y la Fuerza Aérea. «Así V. E. ha violado el estatuto de la Junta de Gobierno y se ha colocado al margen de esta y, por lo mismo, son de su exclusiva responsabilidad las consecuencias que de ello derivan.»[20]

La respuesta de Pinochet a Leigh solo se demoró tres días y negó todas aquellas imputaciones. Le expresó que no serían las Fuerzas Armadas las encargadas de fiscalizar y calificar la realización y los resultados de la votación, sino «las estructuras funcionales y orgánicas del Estado». Defendió también el valor de la «Consulta Nacional» como respaldo al régimen y negó que este tuviera un carácter personalista, así como que hubiera sobrepasado los límites definidos de sus facultades: «La decisión de convocar a la ciudadanía es de competencia del Jefe del Estado, titular del Poder Ejecutivo».[21]

El 27 de diciembre, en una comparecencia ante los medios, Pinochet matizó que la votación del 4 de enero no sería un plebiscito, iniciativa que hubiera exigido disponer de registros electorales y de un decreto ley; en cambio, para la consulta bastaba con el carné. También quiso dejar claro que la votación no guardaba relación con la política interior del régimen, sino que pretendía demostrar que la ciudadanía rechazaba las intromisiones extranjeras.[22] Como el titular de la Contraloría General de la República, Héctor Humeres, objetó su legalidad, el 28 de diciembre Pinochet decretó su «pase a retiro» por la vía de cursar su jubilación y fue sustituido por el abogado Sergio Fernández, quien era el ministro de Trabajo desde marzo de 1976.

Ante los rumores crecientes sobre las divisiones en el seno de la Junta, la tarde del 28 de diciembre sus cuatro integrantes, acompañados de varios ministros, subsecretarios y altos mandos de las Fuerzas Armadas, invitaron a dialogar a los periodistas. «¿Desean formular algunas preguntas, señores? Los noto algo inquietos», indicó Pinochet, a modo de bienvenida. Ante la pregunta de un periodista, confirmó que había habido un intercambio de escritos con un miembro de la Junta y la existencia de opiniones divergentes. «Cuando hay asuntos de disparidad de opiniones, se conversan y se dejan anotadas en un documento para la posteridad», dijo, antes de reafirmar la unidad entre las cuatro instituciones armadas.

Una periodista solicitó que cada uno de los cuatro miembros de la Junta indicara su opinión sobre la votación convocada para el 4 de enero. «No es momento de estar haciendo entrevistas de prensa», se limitó a señalar Leigh. En cambio, Merino rectificó la posición que había manifestado en privado: «Mi opinión frente a la Consulta es que el Gobierno necesita saber cuál es la fuerza con que cuenta en el país. Y ese es un elemento interesante para poder seguir gobernando». Mendoza se limitó a decir que no quería expresar «nada especial». Un periodista preguntó a Pinochet: «¿Qué va a hacer el Gobierno si, por equis circunstancias, la Consulta resultara adversa?». Pinochet respondió: «Bueno, lisa y llanamente no va a contar con un respaldo para enfrentarse a Naciones Unidas».[23]

Sin embargo, el intercambio de críticas prosiguió al día siguiente, cuando Leigh dirigió un nuevo oficio a Pinochet. «V. E. sostiene que el plebiscito no comprometerá el prestigio y el honor de nuestras Fuerzas Armadas, porque no serán ellas las que fiscalizarán y calificarán su realización y sus resultados (...) Esta aseveración no resiste el menor análisis. En efecto, no es un secreto que hoy la responsabilidad total de la administración política y comunal del país está colocada bajo la tuición de las Fuerzas Armadas, la que se cumple por los funcionarios que ellas mismas han puesto al frente de dicha administración.» Y se permitió insistir en que el depositario del Poder Ejecutivo seguía siendo la Junta y el presidente de la República, como antes el Jefe Supremo de la Nación, solo había recibido el ejercicio de este poder del Estado.

El 3 de enero de 1978, en la víspera de la votación, Pinochet le remitió su respuesta. Le manifestó su desacuerdo respecto al planteamiento sobre cuáles eran sus atribuciones y le reiteró que al día siguiente no tendría lugar un plebiscito: «La Consulta nacional a realizarse en las próximas horas es simplemente eso: una consulta. El resultado de ella, si bien tiene gran importancia y significado moral y patriótico, no generará ningún efecto jurídico, por lo cual no es un plebiscito, no entra en la esfera del Poder Constituyente y puede legítima y jurídicamente ser convocada por el solo Presidente de la República a través de un decreto supremo».[24]

En medio de aquella polémica, el dictador protagonizó la primera «campaña electoral» de su vida. Una campaña ciertamente singular, puesto que quienes mantenían una posición contraria a la suya no tuvieron ningún espacio ni posibilidad para expresarse públicamente. En cambio, el régimen movilizó a sus adherentes para proporcionarle varios actos masivos, en los que repitió su mensaje, una y otra vez, como también en sus palabras de fin de año: «Cuando (...) nuestra patria sufre una agresión internacional de increíble magnitud y persistencia, llamo a todos los chilenos a estrechar filas para defender la dignidad y la soberanía de nuestra nación...».[25] Y, si el 31 de diciembre habló durante una concentración en Iquique, el 2 de enero lo hizo en la plaza Sotomayor de su ciudad natal, donde afirmó: «La conjura internacional contra Chile tiene como única causa verdadera el que aquí hicimos un 11 de septiembre, que derrotó por primera vez en más de treinta años al comunismo internacional y que aquí hemos comenzado a construir un régimen que, fundado en sólidos principios humanistas, nacionalistas y cristianos, encierra una concepción global que significa la tumba definitiva para las pretensiones del totalitarismo marxista».[26]

El 4 de enero votó en la Escuela Salvador Sanfuentes de la comuna de Quinta Normal, a las once y media de la mañana, acompañado por el ministro del Interior y el secretario general de Gobierno, los generales César Benavides y René Vidal. La ciudadanía debía optar por marcar la casilla del Sí —con una bandera de Chile arriba— o la del No —bajo un recuadro negro— para responder a la siguiente pregunta: «Frente a la agresión internacional desatada en contra del Gobierno de nuestra Patria, respaldo al Presidente Pinochet en su defensa de la dignidad de Chile y reafirmo la legitimidad del Gobierno de la República para encabezar soberanamente el proceso de institucionalización del país».

En este contexto, y sin ningún contrapeso ni posibilidad de escrutinio de los resultados por parte de sus opositores, Pinochet logró solo el 75 % de los votos favorables y el rechazo obtuvo el 20 %, mientras que los nulos y blancos rozaron el 5 %.[27] Participaron 5.349.172 personas —a quienes, como único método de control para evitar que sufragaran más de una vez, se les recortó una esquina de la cédula de identidad, sellada después con una cinta especial—,[28] de las que 4.012.023 dieron su apoyo al dictador. La atmósfera creada por los medios de comunicación, la manipulación del discurso nacionalista, la movilización de los diferentes grupos civiles que respaldaban a la dictadura y el despliegue de las entidades de trabajadores, mujeres y jóvenes adscritas a la Dirección de Organizaciones Civiles le otorgaron el resultado que anhelaba.[29]

Poco antes de las diez de la noche, Pinochet dio a conocer el resultado a los centenares de personas congregadas ante el Edificio Diego Portales, acompañado por Merino, Mendoza y Lucía Hiriart, pero no por Leigh. Eufórico, y tras formular alusiones muy críticas a la oposición, que —según dijo— había intentado convertir la votación en un plebiscito sobre su régimen, señaló que no habría ni votaciones, ni elecciones ni consultas en diez años más. Anunció también que, en función de aquel resultado, dirigiría una carta al secretario general de la ONU para indicarle que rechazarían la visita de nuevas comisiones de derechos humanos y confirmó la reorganización del Ministerio de Relaciones Exteriores, la revisión de la política exterior y el envío de delegaciones a diversos países americanos, incluido Estados Unidos, para explicar la situación chilena.[30]

El aparato del régimen convirtió el resultado en un apoyo irrestricto a la figura del dictador, comparado ya por Jaime Guzmán con el general Charles De Gaulle por su «liderazgo político y moral» sobre la nación para «dar vida y estabilidad a un régimen institucional aceptado, impersonal y capaz de proyectarse en el tiempo».[31] Días después, en una entrevista concedida al *Jornal do Brasil*, negó que hubiera divisiones en el seno de la Junta, pero también quiso dejar claro: «Ahora yo encabezo el camino y los otros tres me siguen». «Creo que muchas veces es necesaria una autoridad dura y firme que dé paso más tarde a una democracia...», añadió.[32]

A partir del 11 de marzo de 1978, cuatro años y medio después del golpe de Estado, dejó de estar vigente el estado de sitio en todo el territorio nacional, pero se mantuvo el de emergencia. Persistía también el toque de queda, con la denominación de «restricción a desplazamientos nocturnos», que a partir de entonces fue fijado por cada jefe de Zona de Emergencia.[33]

El resultado de la Consulta Nacional y la derogación del estado de sitio no atenuaron la tensión permanente que le enfrentaba con el general Leigh, quien el 21 de marzo de aquel año, en su discurso con motivo del 48.º aniversario de la Fuerza Aérea, abogó —en presencia suya— por un proceso de transición más claro, definido y breve que el expuesto en Chacarillas.[34] A mediados de abril, Leigh volvió a sacudir el tablero, cuando se acababa de conocer el anteproyecto de la nueva Constitución, que se había terminado de preparar con las instrucciones entregadas por Pinochet en noviembre[35] y que Mendoza, Merino y él desconocían. Leigh, quien expresó que coincidía con la proscripción futura de los partidos marxistas, sugirió entonces una opción absolutamente inaceptable para Pinochet: el relevo de los cuatro miembros de la Junta. «Es cierto que, en conversaciones privadas, he dicho que entre todas las fórmulas que pudieran barajarse, en último término, para romper un bloqueo externo podría estar la de la renuncia de los cuatro miembros de la Junta y su reemplazo por gente nueva... Si ello implicara una solución, yo sería el primero en abrir el cauce».[36]

En cambio, el 1 de junio, al inaugurar el Centro Cultural de Providencia, Pinochet aseguró que ni mucho menos el régimen estaba ya agotado y en referencia sobre todo al PDC señaló: «Sin embargo, quienes hoy pregonan la vuelta a la democracia tradicional son los mismos políticos que imploraron a los hombres de armas para que asumieran la

dirección del Estado. Hoy, creyendo que el peligro ha pasado, atacan, calumnian y se mueven no solo por dentro del
país, sino —y he ahí lo más grave— fuera de él, implorando
ayuda para ahogar al Gobierno que defendió su vida y la de
sus familiares».[37] Dos semanas después, en Valdivia, reafirmó que el fin del régimen tendría consecuencias apocalípti-
cas: «El reemplazo del Gobierno militar sería el fin de Chile
y eso no lo aceptaremos jamás».[38]

La coraza de la impunidad

El 12 de abril de 1978, Sergio Fernández se convirtió en el
primer civil que ocupaba el Ministerio del Interior desde
el 11 de septiembre de 1973. El general Raúl Benavides
asumió Defensa y el general Herman Brady se convirtió
en asesor del dictador con rango de ministro. Por su parte,
Hernán Cubillos (exoficial de la Armada y exvicepresidente de *El Mercurio*) pasó a ocupar la cartera de Relaciones
Exteriores; Alfonso Márquez de la Plata, la de Agricultura y
José Luis Federici, la de Transportes. El nuevo gabinete quedó integrado por once civiles y cinco militares con cartera,
además de otras seis personas sin cartera.[39]

La primera gestión de Sergio Fernández al frente del
Ministerio del Interior fue la preparación del decreto ley
n.º 2191, publicado el 19 de abril de 1978, que durante dos
décadas fue la principal garantía de la impunidad para los
represores. «Concédese amnistía a todas las personas que,
en calidad de autores, cómplices o encubridores, hayan
incurrido en hechos delictuosos durante la vigencia de la
situación de estado de sitio, comprendida entre el 11 de
septiembre de 1973 y el 10 de marzo de 1978, siempre que

no se encuentren actualmente sometidas a proceso o condenadas», señala el primero de sus cinco artículos.[40] Solo el caso Letelier quedó excluido expresamente, por su artículo 4. Su redactora, la ministra de Justicia Mónica Madariaga, aseveró en 1979 que esta iniciativa perseguía «la paz social y la unidad nacional» sobre la premisa de que, a partir del 11 de septiembre de 1973, en el país hubo un «enfrentamiento» con «heridos y muertos de ambos lados». «Quedaron heridas que había que sanar y eso se hizo a través de la amnistía, que viene de amnesia, de olvidar. Había que perdonar. ¿A la DINA? Sí, a la DINA y a los otros.»[41]

La Agrupación de Familiares de Detenidos Desaparecidos comprendió que era el intento más perfeccionado de la dictadura para sellar la impunidad de los responsables de la detención y desaparición de sus seres queridos y por ello anunciaron una huelga de hambre indefinida hasta forzar a la Junta a entregar una respuesta creíble. El tercer ayuno prolongado de la AFDD, conocido por sus miembros como «la huelga de hambre larga», empezó a las nueve de la mañana del 22 de mayo de 1978 con la participación de casi un centenar de personas en las parroquias de Jesús Obrero, Don Bosco, La Estampa y en las oficinas de Unicef en Santiago.[42] Aquella misma tarde, el Ministerio del Interior descalificó su iniciativa y acusó a la Vicaría de la Solidaridad de promoverla, planteamiento que dio paso a una nueva campaña contra esta institución para que la Iglesia expulsara de sus templos a quienes estaban ayunando. Dos días después, el arzobispado rechazó tales acusaciones y defendió el legítimo derecho a exigir información sobre sus seres queridos.

Muy pronto la noticia de la huelga atravesó cordilleras y océanos y los huelguistas recibieron mensajes de solidaridad de trabajadores, intelectuales, artistas y académicos de países de los cinco continentes. En Washington, Hamburgo, Frankfurt, Winnipeg, París, Barcelona, Estocolmo, Bonn, Madrid, Munich, Caracas, Montreal, Oxford, Estocolmo, Oslo, Oackland, Sidney, Vancouver, Malmoe, Roma, Bolonia, Londres, San Francisco, Edimburgo, Dublín, Amberes, Bruselas, Rotterdam, Amsterdam, San José, Zurich, Lugano, Friburgo, Viena, Hannover o Düsseldorf... hasta en setenta ciudades de veintitrés países hubo ciento diez grupos de familiares de detenidos desaparecidos, exiliados chilenos y ciudadanos autóctonos, que emprendieron ayunos solidarios.[43]

Mientras tanto, en Chile, la huelga de hambre se extendía a Concepción y Valparaíso y los familiares de los desaparecidos enviaban cartas a distintas personalidades, como los miembros del Consejo de Estado y el presidente de la Corte Suprema. El 29 de mayo, a su regreso de un viaje por Europa y Estados Unidos, el cardenal Raúl Silva Henríquez se entrevistó con un grupo de familiares, quienes le pidieron que mediara ante la Junta para lograr una solución, pero Pinochet se negó al diálogo mientras no finalizara la protesta. No obstante, entonces empezaron las conversaciones reservadas entre el arzobispado y el gobierno.

El 5 de junio, decimosegundo día de la huelga de hambre, cuatro dirigentes nacionales de unas federaciones sindicales que representaban a más de un millón de trabajadores, emprendieron un ayuno en la sede local de la Organización Internacional del Trabajo en apoyo a los familiares y para denunciar la desaparición a manos de la dictadura de cincuenta y cinco dirigentes sindicales.[44]

Al día siguiente, el Comité Permanente del Episcopado pidió el final del ayuno indefinido porque el ministro del

Interior había expresado al cardenal la voluntad del gobierno de aclarar en breve plazo la suerte de todos y cada uno de los detenidos desaparecidos y de aprobar un instrumento legal para «solucionar los problemas jurídicos implicados en esta situación». El 8 de junio, la AFDD puso fin a su «huelga de hambre larga», que se había prolongado durante diecisiete días, y expresó que esperaban la respuesta del régimen en el plazo de un mes.[45]

Pero su esperanza se transformó en frustración y en un dolor inmenso cuando escucharon el discurso de Sergio Fernández, transmitido por cadena de radio y televisión la noche del 15 de junio. «Me dirijo esta noche a la ciudadanía para fijar ante ella la posición definitiva del Gobierno frente al problema de las personas presuntamente desaparecidas durante el lapso en que rigió en Chile el estado de sitio, con posterioridad al pronunciamiento militar del 11 de septiembre de 1973.»[46] El ministro del Interior declaró «categóricamente» que carecían de antecedentes sobre la detención de ninguna de las personas señaladas como desaparecidas. Pero, además, ofreció esta explicación, que Pinochet reiteró en diversas ocasiones durante años: «El país debe recordar que, mucho antes del 11 de septiembre de 1973, con motivo de una fundada denuncia acerca de un vasto fraude electoral montado por el régimen marxista, quedó de manifiesto la existencia de decenas de miles de carnés de identidad falsos o adulterados. Los destinatarios de estas identidades múltiples fueron, obviamente, los más activos militantes comunistas, socialistas y miristas, como resulta fácil comprender». Por tanto, aseguró, los «presuntos desaparecidos» no eran sino personas de estas filiaciones políticas que habían pasado a la clandestinidad y habían «podido caer en enfrentamientos con las fuerzas de seguridad, bajo las identidades falsas que portaban, lo cual impidió su oportuna individualización real». «Al anunciar su posición definitiva a este respecto, el Gobierno notifica a quienes desde las sombras mueven los hilos de la agitación malintencionada que no tolerará por ningún motivo que se atente en contra de la estabilidad que tanto esfuerzo ha logrado alcanzar».[47]

Tanto la AFDD como el cardenal Raúl Silva Henríquez, y también la Comisión de Derechos Humanos de Naciones Unidas, expresaron su disconformidad con la respuesta del régimen. Entonces la Junta se propuso aprobar un decreto ley por el que los familiares podrían pedir la declaración de la «muerte presunta» de los detenidos desaparecidos, otra argucia para afianzar la impunidad, ya que se extinguiría, además, la responsabilidad penal. Pero la enérgica oposición de la agrupación hizo fracasar esta pretensión. Así, el 30 de agosto, setenta y cuatro familiares de detenidos desaparecidos fueron detenidos por carabineros e interrogados y fotografiados por agentes de la CNI cuando se manifestaban ante el Ministerio de Relaciones Exteriores y acababan de entregar una carta a Sergio Fernández en la que expresaban su rechazo a este decreto ley. En su misiva, la AFDD recordó a Fernández las promesas del gobierno de entregar una respuesta creíble a su drama: entras otras, las palabras de Pinochet en San Bernardo el 20 de agosto de 1975 sobre el caso de los 119 o las garantías ofrecidas por el dictador al director de la Cruz Roja Internacional en septiembre de 1976, o a Kurt Waldheim en junio de 1977... «De todos estos compromisos asumidos por las autoridades de gobierno, los familiares de los detenidos desaparecidos no hemos conocido resultado alguno. La verdad de la situación y paradero de los cientos de ciudadanos detenidos desaparecidos permanece en el silencio y en la oscuridad de algún recinto secreto de detención.»[48]

Como en su discurso del 11 de septiembre Pinochet volvió a aludir al proyecto de decreto ley sobre muerte presunta, el 19 de octubre la AFDD le dirigió una misiva en la que le expresó el «más rotundo rechazo a la dictación de una ley sobre muerte presunta, como solución para el drama de los detenidos desaparecidos». «Los desaparecidos fueron detenidos por agentes de seguridad y llevados a recintos que son para el Gobierno perfectamente identificables. Si con algunos de ellos hubiese sucedido lo peor, tampoco la muerte presunta es la salida racional que contempla nuestro ordenamiento jurídico, ya que, en este caso, solo cabe determinar las circunstancias del resultado fatal y las responsabilidades criminales de los autores del hecho. (...) El grito de dolor de nuestros seres amados estremece nuestras conciencias día a día y nos obliga a no cesar en la búsqueda hasta encontrarlos».[49]

Pocos días después, en una entrevista concedida al escritor español Fernando Vizcaíno Casas, Pinochet justificó con estas palabras la tragedia de los detenidos desaparecidos: «Chile en 1973 sufrió una virtual guerra civil que, si bien como enfrentamiento tradicional fue corto, continuó como lucha guerrillera clandestina. Para nadie es un secreto que desgraciadamente en toda guerra hay bajas, tanto de un lado como del otro».[50]

Sin embargo, los familiares de las víctimas jamás se resignaron. Aquel mismo año, Moy de Tohá e Isabel Morel visitaron Buchenwald, uno de los campos nazis más emblemáticos. El guía, al final del recorrido, les acompañó hasta el monumento erigido en recuerdo de la lucha, el dolor y la esperanza y en el campanario que se eleva al final de la calle de la Libertad les relató el triunfo de la resistencia dentro del campo y la liberación final. A la salida, Moy de Tohá e Isabel Morel compraron una postal y escribieron: «General Augusto Pinochet. Desde este lugar te recordamos, especialmente al leer la inscripción de la entrada: "Jedem das Seinem": A cada cual su merecido».[51]

La expulsión de Leigh

El 10 de julio de 1978, el Frente Juvenil de Unidad Nacional celebró un acto en La Serena, retransmitido al país por la cadena nacional de televisión. En presencia del dictador, su coordinador, Ignacio Astete, definió a este movimiento como «pinochetista» y convocó a «una movilización cívica que convierta al pinochetismo en la fuerza arrolladora que consolidará la nueva institucionalidad democrática», tesis que Jaime Guzmán apoyó públicamente, comparando al dictador con Charles De Gaulle, Arturo Alessandri y Diego Portales, pero que también generó controversia en el seno del régimen y de los grupos que lo apoyaban.[52] El abogado Pablo Rodríguez, exdirigente de Patria y Libertad, por ejemplo, la acogió con escepticismo y posteriormente la calificó como el «más pobre de los favores al Presidente».[53] Leigh, por su parte, la consideró lamentable.

Entre las pocas voces opositoras, un diario preguntó su opinión al exdiputado democratacristiano Claudio Orrego, quien afirmó que el planteamiento de Astete no había sido «un exceso juvenil», sino una maniobra preparada desde las alturas del régimen, en el momento de mayor aislamiento internacional de su historia. «Lo que Chile necesita hoy no es pinochetismo. Por el contrario, necesita un pronto retorno a la vida democrática como elemento central de nuestra reconciliación con la comunidad internacional.»[54] El 2 de agosto, Pinochet declaró a la prensa que las palabras de Astete las interpretaba solo como una muestra de afecto de un dirigente juvenil.[55] Fue una polémica efímera que se evaporó cuando el 24 de julio la unidad de los golpistas del 11 de septiembre de 1973 saltó definitivamente por los aires.

El 18 de julio, el diario de mayor circulación en Italia, *Il Corriere della Sera*, publicó una entrevista al general Gustavo Leigh realizada doce días antes en su despacho del Edificio Diego Portales, que tuvo un gran impacto en Chile, puesto que aquel mismo día el vespertino *La Segunda* se hizo eco de su contenido y, además, de inmediato el propio Leigh confirmó a Radio Agricultura la veracidad de sus declaraciones.

El periodista Paolo Bugialli le comentó que tenía la impresión de que la imagen internacional del régimen era peor que nunca y le preguntó por las medidas que podrían mejorarla. «Creo que el mejoramiento de la imagen no debe partir de acciones externas, sino del interior mismo de Chile», señaló Leigh. «Aquí falta un itinerario y que se respetase. Nos daría más oxígeno. Es ya tarde, pero es necesario de todas maneras hacer un programa para el retorno a la normalidad, indicando tiempos y modo, todo. Personalmente, pienso que no es posible un traspaso rápido al poder civil. Yo vería todavía cinco años de poder militar, pero cinco años utilizados para desarrollar un preciso programa que resumiría en cuatro puntos». Propuso un estatuto que regulara el funcionamiento de los partidos políticos y precisó que prohibiría la existencia del Partido Comunista, aunque toleraría fuerzas políticas socialdemócratas «estilo escandinavo»; también consideró necesaria la reelaboración de los registros electorales, un proceso que, a su juicio, exigiría unos tres años; en tercer lugar, defendió una ley que regulara las elecciones libres, y, por último, abogó por un texto constitucional, elaborado con la participación de personalidades civiles, que fuera sometido a referéndum.[56]

El periodista también se refirió a las investigaciones de la justicia estadounidense sobre el asesinato de Orlando Letelier, tras la expulsión de Townley en abril de aquel año. «Es un problema muy delicado. No puedo imaginar una posible implicación de Chile. Condeno vigorosamente aquel crimen, condeno el crimen contra cualquier hombre, así como condeno la tortura. No puedo creer que organismos chilenos estén implicados en este sucio caso. Pero si resultase responsabilidad del Gobierno, sería muy delicado, muy difícil... no podría aceptar una responsabilidad directa o indirecta de organismos del país.» Y aseguró que, si se confirmara, reconsideraría su «posición» en la Junta. En relación con la reciente huelga de los familiares de los detenidos desaparecidos, afirmó que, si el gobierno estuviera ocultando información sobre el paradero de estas personas, «sería un Gobierno de desvergonzados».[57]

En sus declaraciones a Radio Agricultura, Leigh insistió en que ya había expuesto estas opiniones tanto a Pinochet[58] como en el seno de la Junta; no tuvo reparos en reconocer que mantenían diferencias respecto al futuro y sobre el camino que había que recorrer y cómo recorrerlo para «llegar a una normalidad». Reiteró que con un lustro más de permanencia de la Junta, hasta completar una década, era suficiente para cumplir lo que habían prometido el 11 de septiembre de 1973. En cuanto al asesinato de Orlando Letelier, mostró de nuevo su incredulidad ante las acusaciones que se dirigían contra el régimen: «No puedo creer a priori que un Gobierno, un régimen militar con el prestigio y tradición de profesionalismo de las Fuerzas Armadas de Chile se pueda haber prestado para semejante barbaridad. Sencillamente no lo creo. Tendría que ver las pruebas».[59]

La tensión alcanzó cotas desconocidas. El 20 de julio, Pinochet se reunió con el cuerpo de generales del Ejército y Leigh, con los generales de la Fuerza Aérea. Al día siguiente, el «consejo de ministros» —un ente inexistente— difundió una carta muy crítica con Leigh tras reunirse de manera «libre y espontánea» y le recordaron que ya había un itinerario político: el trazado por Pinochet en Chacarillas justo un año antes.[60] Durante el fin de semana, en todo el país las unidades del Ejército, la Armada y Carabineros permanecieron acuarteladas y contingentes militares rodearon distintas bases de la FACh.

La mañana del lunes 24, desde las ocho y media, mientras efectivos de Carabineros con armas pesadas se apostaron en el Diego Portales, al igual que miembros de las fuerzas especiales del Ejército, los cuatro integrantes de la Junta estuvieron reunidos en el quinto piso del Ministerio de Defensa, en el despacho del comandante en jefe del Ejército. Leigh planteó que se constituyeran en «sesión permanente» hasta lograr consensuar «definitivamente y de una vez por todas» un itinerario hacia la recuperación de la «normalidad» en el país. Sin embargo, rechazaron su planteamiento y, si Merino le solicitó su renuncia y Mendoza le criticó por sus declaraciones a *Il Corriere della Sera*, Pinochet, por su parte, exhibió un completo dosier con todas sus opiniones discrepantes. Leigh descartó dimitir y entonces recurrieron al decreto ley n.º 527 para destituirle como comandante en jefe de la Fuerza Aérea y expulsarle de la Junta[61] «por faltar reiteradamente a los principios y postulados que inspiraron el movimiento del 11 de septiembre de 1973».[62]

Pinochet, Merino y Mendoza designaron como su sustituto en la Junta y al frente de la FACh al general Fernando Matthei, hasta entonces ministro de Salud, quien prestó juramento al mediodía del mismo 24 de julio. Junto con Leigh pasaron a retiro otros dieciocho generales de la Fuerza Aérea —entre ellos Nicanor Díaz Estrada, jefe del Estado Mayor de la Defensa Nacional— de un total de veintiuno. Después de la toma de posesión de Matthei, para zanjar la mayor crisis del régimen desde su instauración, Pinochet explicó, en un discurso retransmitido por Televisión Nacional, que se habían agotado las posibilidades de entendimiento con Leigh, quien había renunciado a defender «los principios por los que él mismo luchó en otro tiempo» y que la última prueba habían sido las declaraciones que formuló al diario italiano, que «comprometían la seguridad nacional» y resultaban «lesivas» para el gobierno y las Fuerzas Armadas.[63]

«Se aplicó una fuerza que siempre he estimado como un golpe de Estado de parte del Presidente...», dijo Leigh un año después.[64] Sin embargo, renunció a presentar batalla: no recurrió su destitución ante los tribunales, como había dicho inicialmente, y anunció que se retiraba a la vida privada.[65] Por su parte, en sus memorias Pinochet reflejó de manera sintética varios años de discrepancias soterradas: «En sus discursos, en las reuniones de oficiales o en los almuerzos con sus generales, siempre dejaba caer la gota ácida contra mi persona, lo que yo absorbía con paciencia. Cuando sus declaraciones negativas ya fueron más allá del ámbito nacional, no pude aceptar tal actitud».[66]

En cuanto a Matthei, en la primera entrevista que concedió, proclamó su adhesión ardiente al dictador: «Pienso que él asumió la responsabilidad que la gente le reafirmó el

4 de enero y no ha habido nada que me haya hecho pensar que eso esté mal hecho». Y sobre su inopinado ascenso a la cima de la Fuerza Aérea, admitió que «estaba seguro que iba a ser interpretado» como una deslealtad con Leigh, pero que tenía «la conciencia tranquila».[67]

Solidaridad mundial

En noviembre de 1978, Madrid y Santiago de Chile acogieron sendos cónclaves importantes para la defensa de los derechos humanos y la restauración democrática en el país latino. La capital española acogió la Conferencia Mundial de Solidaridad con Chile, convocada por Hortensia Bussi, Clodomiro Almeyda, Luis Corvalán, Roberto Matta, Isabel Morel, Andrés Pascal Allende, Sergio Poblete, Nelson Villagra, Carlos Altamirano o Antonio Skármeta en una carta que proclamaba: «Estimamos de urgente necesidad que representantes de gobiernos, parlamentos y partidos; instituciones internacionales e iglesias; organizaciones sindicales, femeninas y juveniles; artistas y hombres de la cultura, los demócratas de todos los continentes, se reúnan en una Conferencia Mundial de Solidaridad con Chile (...). Estamos convencidos de que ella marcará un hito en el camino hacia un Chile democrático y será una reafirmación de la decisión irrevocable de la comunidad internacional de apoyar con todas sus fuerzas al pueblo chileno hasta culminar en victoria su lucha por la libertad».

Por su parte, personalidades españolas como Dolores Ibárruri, Rafael Alberti, Antonio Buero Vallejo, Luis Buñuel, Marcelino Camacho, Felipe González, Gregorio López Raimundo, José María Llanos, Nicolás Redondo, Joaquín

Ruiz-Giménez, José Luis Sampedro o Enrique Tierno Galván suscribieron una declaración de apoyo: «Los recientes acontecimientos, la campaña para obligar a dar cuenta de los desaparecidos —entre los que se encuentra el sacerdote español Antonio Llidó—, las huelgas de hambre sostenidas abnegadamente por sus familiares, la amplia y activa unidad de los demócratas chilenos frente a las actuaciones de la Junta militar por su represión y sistemática violación de los derechos humanos y libertades más elementales, crean una favorable oportunidad para que esta Conferencia Mundial de Solidaridad con Chile pueda ser una valiosa aportación para poner fin a todas aquellas situaciones».[68]

A dicha conferencia, calificada por Pinochet como «infamia marxista», asistieron trescientas cincuenta delegaciones, incluso de países tan lejanos como Japón o Bangladés, y al final de la misma se dio a conocer el *Acta de Madrid por la Libertad de Chile*, que proclamó su solidaridad con los familiares de los desaparecidos y con los sindicatos que empezaban a movilizarse contra la dictadura y repudiaba el modelo económico implementado por los Chicago Boys: «El Gobierno dictatorial busca resolver el problema de los prisioneros desaparecidos preparando un nuevo asesinato bajo la ficción de declararlos presuntamente muertos; acentúa la represión a las federaciones y sindicatos disolviendo y persiguiendo a sus organizaciones más representativas y que cuentan con cerca de medio millón de trabajadores afiliados; reduce a niveles inconcebibles la capacidad adquisitiva del pueblo, condenando a toda una generación al hambre y a sus fatales secuelas; reduce radicalmente la inversión pública en salud, educación, alimentación, transporte, vivienda e investigación científica y técnica; aumenta la desocupación laboral a términos desconocidos en el mundo. En síntesis, impulsa la más implacable agresión contra el pueblo chileno, como una condición básica necesaria para desarrollar su esquema económico y político. Pero Chile no está de rodillas ni derrotado (...). La victoria en Chile de los que luchan por la democracia, la libertad y la justicia será la victoria de todos nosotros, de los hombres, mujeres y jóvenes que cada hora, cada día, en los más diversos rincones del mundo, combaten por estos mismos y superiores objetivos».[69]

Por otra parte, como Naciones Unidas declaró 1978 como el Año Internacional de los Derechos Humanos —con motivo del trigésimo aniversario de la aprobación de la Declaración Universal—, en Chile la Iglesia católica, y en particular la Vicaría de la Solidaridad, organizaron distintas actividades. La más importante fue el Simposio Internacional de Derechos Humanos, celebrado en la catedral de Santiago y en los locales de esta Vicaría entre los días 22 y 25 de noviembre. Con el lema «Todo hombre tiene derecho a ser persona» viajaron a Chile personalidades de decenas de países, entre ellos Juan José Rodríguez Ugarte, secretario general de la Comisión Justicia y Paz de España.

En su discurso inaugural, el cardenal Raúl Silva defendió el trabajo de la Iglesia católica en la protección de la vida y los derechos humanos: «Hemos querido defender grandes valores que constituyen el patrimonio moral de Chile y la base de su grandeza». Y añadió en alusión a la doctrina que sustentaba la existencia misma de la dictadura: «La seguridad nacional de todos los Estados tiene como base inamovible, insustituible y granítica el respeto a los derechos de todos los hombres y el respeto al derecho de todos los Estados».[70] Cuando los periodistas preguntaron a Pinochet su opinión acerca del simposio, señaló que este evento era «muy interesante» pero, con sorna, agregó que debería haberse realizado «por ahí por 1972 porque entonces habría sido muy conveniente».[71]

En aquellos mismos días, el episcopado alzó de nuevo la voz para criticar el silencio oficial ante la tragedia de los desaparecidos: «Desgraciadamente hemos llegado a la conclusión de que el Gobierno no realizará una investigación a fondo de lo ocurrido (...). Lamentamos tener que decir que hemos llegado a la persuasión de que muchos, si no todos los detenidos desaparecidos, han muerto, al margen de toda ley».[72] Muy pronto, un descubrimiento fortuito confirmó esta dramática presunción, cuando la pregunta «¿Dónde están?» tuvo su primera respuesta: Lonquén.

Lonquén y «la solución final»

El 6 y 7 de octubre de 1973, quince habitantes de la localidad rural de Isla de Maipo fueron detenidos por varios efectivos de Carabineros. La madrugada del 8 de octubre, los carabineros, mandados por el teniente Lautaro Castro, condujeron a Sergio Maureira Lillo y sus hijos José Manuel, Rodolfo, Segundo y Sergio; los hermanos Carlos, Nelson y Óscar Hernández; Enrique Astudillo y sus hijos Omar y Ramón, así como Miguel Brant, Iván Ordóñez, José Herrera y Manuel Navarro a los hornos de Lonquén, a unos seis kilómetros. Los bajaron de la camioneta ante las chimeneas, les ataron las manos con cables eléctricos y los amordazaron con trapos y trozos de sacos. Luego los arrojaron vivos al interior de uno de los hornos, que se cerraba como un embudo en su parte inferior. Y cubrieron los cuerpos con piedras y tierra.[73]

Los miembros de las familias Maureira, Hernández y Astudillo habían trabajado en la finca de un terrateniente local, José Celsi. «Mi papá era un dirigente sindical y militante del Partido Comunista porque decía que este era el que representaba mejor a los obreros. Después del golpe de Estado muchos empleadores denunciaron a los que habían destacado en la defensa de los derechos de los trabajadores, a los que habían luchado por mejores condiciones de trabajo. José Celsi y otros empleadores "vendieron" a sus trabajadores», recuerda Emilio Astudillo.[74] Como en Paine, localidad que dista tan solo diez kilómetros, donde en las primeras semanas después del 11 de septiembre veinte campesinos fueron ejecutados y cincuenta desaparecieron, en Isla de Maipo varios civiles vinculados a los partidos de derecha y organizaciones patronales tuvieron una participación activa en la represión.

Durante cinco años los familiares buscaron a estos quince detenidos desaparecidos en el Estadio Nacional y en otros campos de concentración, sin obtener jamás pista alguna sobre su paradero. «No tuvimos la oportunidad de abrazarles, de despedirnos de ellos, porque pensábamos que iban a un interrogatorio y que regresarían, pero la realidad demostró lo contrario», prosigue Emilio Astudillo. «Muchas veces pensé que volverían a casa, muchos días al salir del trabajo esperaba encontrarles. Me encontraba con ellos en sueños, pero al despertar me tropezaba con la realidad. La tortura psicológica es más dura que la física, uno queda marcado con estas situaciones. Y nosotros solo éramos una familia más golpeada por la dictadura de Pinochet.»

El 7 de noviembre de 1975, el embajador de Pinochet, Sergio Diez, declaró en su intervención ante la Asamblea General de la ONU que «muchos de los presuntos desaparecidos no tienen existencia legal», mientras que otros habrían fallecido porque «fueron ubicados en relaciones del Instituto

Médico Legal de Santiago». Diez aseguró que Sergio Maureira Lillo no había existido y además nombró entre los fallecidos a Enrique Astudillo, Nelson y Óscar Hernández, José Herrera y José Manuel, Rodolfo y Segundo Maureira.[75] Al conocer sus palabras, las familias Maureira, Astudillo y Hernández se dirigieron al Instituto Médico Legal para pedir la verificación de esta información, pero allí les aseguraron que los cadáveres de sus familiares nunca habían ingresado.

Días antes del comienzo del Simposio Internacional en Santiago, un anciano de aspecto desaliñado llegó hasta la Vicaría de la Solidaridad y explicó su terrible hallazgo en los cerros de Lonquén, en la comuna de Talagante, durante la prolongada y desesperada búsqueda de su hijo, desaparecido algunos años atrás. Una tarde, los sacerdotes Cristián Precht y Javier Luis Egaña se dirigieron hacia aquellos hornos de cal abandonados y se cercioraron de que había cadáveres humanos; cuando revisaron los archivos de la Vicaría comprobaron que en la cercana localidad de Isla de Maipo había un número importante de detenidos desaparecidos.

El 30 de noviembre, el obispo auxiliar de Santiago, Enrique Alvear, Precht, Egaña y el abogado de la Vicaría de la Solidaridad Alejandro González, citaron a Máximo Pacheco, vicepresidente de la Comisión Chilena de Derechos Humanos; Jaime Martínez, director de *Qué Pasa*, y Abraham Santibáñez, subdirector de la revista *Hoy*, y les pidieron que les acompañaran hasta la finca La Rinconada de Lonquén, a veintisiete kilómetros de Santiago, donde se hallaban estos dos hornos de una antigua mina de cal.[76]

«Alrededor de las 13.30 horas llegamos al pueblo de Lonquén, enclave de unas pocas casas en medio de una geografía agreste acordonada por cerros, y allí tomamos un camino de tierra que sale del camino público y, después de aproximadamente diez minutos de marcha, detuvimos los automóviles», escribió Máximo Pacheco, ministro de Educación del presidente Frei. Habían llegado hasta los dos antiguos hornos, construidos a principios de siglo con ladrillo y revestidos de piedra, de unos ocho metros de altura y unos cuatro de diámetro. «Procedimos a cavar en la parte inferior del segundo horno, donde estaba ubicada su boca, y allí pudimos comprobar la existencia de restos humanos: un cráneo que tenía adherido un trozo de cuero cabelludo, liso y de color negro; un hueso, aparentemente un fémur; trozos de telas y piedras impregnadas de una materia aceitosa, algunas de las cuales tenían adheridas materia orgánica y cabellos humanos. La tierra extraída por nosotros era de color negro y el horno despedía emanaciones de mal olor. Continuamos cavando y logramos abrir un forado, que conducía a un vestíbulo de ladrillo o de otro material a través del cual miramos al interior del horno, iluminados con una antorcha que fabricamos con papel de diario; y, semiarrodillados, pudimos comprobar, cada uno, que allí había un hacinamiento de huesos entrelazados y un cuerpo humano cubierto de una tela muy oscura, cuyo deslizamiento era impedido, al parecer, por un estrechamiento del interior del horno en su parte inferior. Los presentes quedamos muy impresionados por este macabro hallazgo...»[77]

Al día siguiente, Enrique Alvear, Cristián Precht, Máximo Pacheco y Alejandro González comunicaron el hallazgo al presidente de la Corte Suprema, Israel Bórquez, quien encargó la investigación al magistrado Adolfo Bañados en calidad de ministro en visita extraordinaria.[78] En diciembre y enero, aquellos restos humanos fueron analizados en el Instituto Médico Legal y a mediados de febrero quedó probado que pertenecían a los campesinos de Isla de Maipo.[79]

El hallazgo de Lonquén estremeció a la sociedad chilena, ya que entonces eran muchos quienes no creían en la existencia de unos detenidos desaparecidos que el régimen negaba una y otra vez.[80]

En 1989, pese a todas las evidencias, pese al horror que se descubrió en diciembre de 1978, Pinochet se permitió hacer las siguientes conjeturas: «Creo que puede ser factible que hubo un combate, una lucha, y ahí parece que aquellos que combatieron no encontraron nada mejor que meter a los muertos adentro de unos hornos». Y cuando Raquel Correa y Elizabeth Subercaseaux, desconcertadas, le recordaron la verdad, el dictador afirmó: «¡Ah, claro! ¡Los campesinos no hacían nada! Yo no justifico los asesinatos, pero acuérdese, en tiempos de la Unidad Popular a una señora la violaron delante de sus hijos y luego ella se suicidó». Perplejas ante tal razonamiento, le inquirieron: «¿Los campesinos de Lonquén?». «¡No! Otros, pero así eran estos angelitos que ustedes pintan como santos».[81]

El 15 de noviembre de 2000, el exdirector de la CNI, el general retirado Odlanier Mena, recordó la repercusión que tuvo en el régimen el impacto nacional del hallazgo de Lonquén, justo cuando la tensión con Argentina llegaba a su punto más grave. «El hallazgo de cuerpos en Lonquén produjo una grave conmoción social interna. El país estaba en los preliminares de la casi guerra con Argentina. Uno de los elementos fundamentales era la cohesión del frente interno, es decir, que la gente estuviera convencida de que el país tenía la razón para ir a la guerra y que apoyara a sus Fuerzas Armadas. Se podía inferir que si aparecían nuevos "lonquenes" el frente interno se iba a dañar.»[82]

Pinochet envió entonces una orden urgente a cada regimiento del Ejército con la intención de sepultar para siempre los crímenes de sus subordinados. Fue su «solución final» al drama de los desaparecidos: que sus restos se perdieran para siempre. En 2004, el magistrado Juan Guzmán y el Departamento Quinto de la PDI recibieron el testimonio del suboficial de Inteligencia Juan Carlos Balboa, quien declaró que en 1979, cuando estaba destinado en el Regimiento Húsares de Angol, recibió un criptograma categoría A-1, que descifró en la máquina descodificadora. Lo leyó y, al verificar que procedía del mismísimo comandante en jefe, lo llevó a la oficina del jefe de la unidad. Veinticinco años después no había olvidado aquel mensaje y lo explicó así al juez Guzmán: «Ordenaba desenterrar todos los cuerpos de prisioneros políticos ejecutados en la jurisdicción del regimiento y hacerlos desaparecer». E incluía una amenaza: si después de esta acción —llamada Operación Retiro de Televisores— se hallaba algún cuerpo, los oficiales encargados de la misión pasarían a retiro. Unos meses después, en la zona de las Termas de Pemehue fueron exhumados los cuerpos de doce de los dieciocho campesinos masacrados entre el 5 y el 8 de octubre de 1973 y los arrojaron a un horno de ladrillo del Departamento II de Inteligencia del Regimiento de Los Ángeles. Y lo mismo sucedió en el Regimiento Buin de Santiago, en la Escuela de Artillería de Linares, en Chihuío, en la Cuesta Barriga, incluso en el Patio 29 del Cementerio General de Santiago y también en el Fuerte Arteaga de Peldehue.

El suboficial Eliseo Cornejo declaró ante el juez Juan Carlos Urrutia que el 13 de septiembre de 1973 tomó parte en las ejecuciones de quienes acompañaron al presidente Allende hasta el último momento y que en diciembre de 1978 ayudó a la búsqueda de la fosa clandestina, tras recibir aquel criptograma secreto de Pinochet.[83] Para que no se desarmaran, sacaron a mano los doce cuerpos, que estaban casi intactos debido a la tierra arcillosa, aunque pequeños fragmentos quedaron en la tierra. Por la noche, un helicóptero del Ejército, pilotado por Emilio de la Mahotiere, Luis Felipe Polanco y Antonio Palomo, se llevó los sacos con los cuerpos.[84]

En 2001, en Peldehue se hallaron, en una gran fosa clandestina, más de quinientas piezas óseas que, tras su identificación, se determinó que correspondían a doce de las veintiuna personas detenidas en La Moneda y llevadas al Regimiento Tacna.

Sin embargo, aquella orden de Pinochet no se cumplió en todo el país. En octubre de 1979, el ministro en visita José Martínez halló los restos de veinte detenidos desaparecidos en Laja y San Rosendo y también se encontraron los restos de dieciocho desaparecidos en Mulchén. Y en junio de 1990, la fosa común de Pisagua sacudió la transición chilena.

Tambores de guerra en el Beagle

En el confín austral de América, al sur del estrecho de Magallanes y de la isla Grande de Tierra de Fuego, que se reparten Argentina y Chile, está el canal Beagle, en cuya entrada existen tres islas cuya soberanía, junto con la de los islotes adyacentes, ambos países se disputaron durante más de un siglo: Nueva, Picton y Lennox. Era un asunto pendiente desde la firma del Tratado de Límites entre ambos países el 23 de julio de 1881 y del Protocolo Adicional y Aclaratorio suscrito dos años después. Durante las primeras décadas del siglo XX, ante las recurrentes reclamaciones de Argentina, hubo intentos de alcanzar un acuerdo en 1915, 1938 y 1960, pero resultaron fallidos.

El 22 de julio de 1971, en la víspera de la reunión del presidente Salvador Allende y el general Alejandro Lanusse en Salta, representantes de los gobiernos de Chile, Argentina y el Reino Unido firmaron en Londres el compromiso por el cual el gobierno británico asumió el arbitraje respecto de esta añeja disputa limítrofe.[85]

Desde septiembre de 1973, en varias ocasiones la Junta militar abordó el desarrollo de esta controversia. Así, en su reunión del 17 de abril de 1975 participaron el ministro de Relaciones Exteriores, Patricio Carvajal, y José Miguel Barros, embajador a cargo del tema, quien hizo una larga exposición que empezó con referencias a un mapa inédito de 1878. En un momento de aquella reunión, Pinochet señaló: «Además, este problema lo heredamos nosotros». De inmediato, Leigh intervino y, en referencia al compromiso suscrito en julio de 1971, afirmó: «Y, a mi juicio, lo heredamos bien». Pero Pinochet quiso matizar: «Lo heredamos bien encaminado».[86]

El 18 de abril de 1977, el fallo del laudo de su majestad británica sobre el Beagle, que se apoyaba en el dictamen emitido previamente por una corte de arbitraje integrada por cinco expertos en Derecho Internacional, otorgó a Chile estas tres islas y los islotes próximos y trazó el límite fronterizo entre las jurisdicciones territoriales y marítimas de ambos países.[87] Pero, como ha señalado el historiador Joaquín Fermandois, al sumarle el mar territorial correspondiente la soberanía chilena podía experimentar una notable aproximación hacia el Atlántico, por lo que se amenazaría la noción tradicional de que ni Argentina debía acercarse al Pacífico ni Chile al Atlántico, estampada en el Protocolo de

1883 entre ambas naciones. «Chile se ha transformado en una potencia de dos océanos, en abierta contradicción con todos los tratados de este siglo y el siglo pasado», señaló el diario argentino *Clarín* el 4 de mayo de 1977.[88]

De inmediato, la dictadura de Videla desconoció el fallo de la decisión arbitral, al que ambos países se habían sometido de manera voluntaria, que era inapelable y equivalía a un tratado internacional, e invitó a Chile, que sí lo había aceptado, a negociar directamente... en el marco de una escalada de la tensión entre ambos regímenes y la amenaza cierta de una guerra.[89]

Repudiado y aislado por la comunidad internacional, Pinochet se vio inmerso en una difícil situación a lo largo de un año, 1978, en el que la «huelga de hambre larga» de la AFDD y el hallazgo de Lonquén otorgaron una proyección internacional a la tragedia de los detenidos desaparecidos y en el que se produjo la expulsión abrupta de Gustavo Leigh de la Junta. A la disputa con Argentina se unió la ruptura de relaciones diplomáticas por parte de Bolivia en marzo y la tensión larvada con Perú, con movimientos de tropas por ambas partes hacia la frontera común.

El 25 de enero de 1978, Pinochet y Videla se reunieron en la base de Plumerillo, en Mendoza. Seis días después, Argentina declaró el laudo británico «insanablemente nulo» y advirtió que ignoraría cualquier derecho que Chile se atribuyera a partir de él. Un nuevo encuentro entre ambos dictadores, el 20 de febrero en el aeropuerto de Puerto Montt, sirvió para acordar la creación de dos comisiones bilaterales, que debían alcanzar un acuerdo antes del 1 de noviembre, objetivo que no se cumplió.[90] Las socorridas invocaciones a los próceres, O'Higgins y San Martín, y a la gesta de la independencia fueron insuficientes para alcanzar un acuerdo e incluso Pinochet irritó al régimen argentino al indicar que se atenían al laudo británico y que, si bien carecían de pretensiones expansionistas, sí defenderían sus derechos.[91] «Vamos a conservar nuestro territorio cueste lo que cueste», reiteró el 11 de julio en la localidad de Combarbalá.[92]

En los últimos meses de 1978, Pinochet y la Junta militar prepararon a las Fuerzas Armadas para la cada vez más posible guerra con Argentina. En aquel momento difícil, Pinochet se atrevió a escribir en verso la *Oración del soldado*, que fue publicada como documento oficial:[93]

> *¡Oh, Dios, ayuda a Chile*
> *a encontrar su destino!*
> *A ti, ¡oh Dios Todopoderoso!,*
> *que ayudaste con tu sabiduría infinita*
> *a desenvainar la espada y empuñarla*
> *para recuperar la libertad de esta Patria*
> *que tanto amamos,*
> *te pido ante mis conciudadanos,*
> *lo que tantas veces te imploré*
> *en el silencio de la noche,*
> *antes de ese 11 de septiembre:*
> *Ayuda hoy a este pueblo*
> *que con fe en ti busca su mejor destino.*
>
> General Augusto Pinochet

Miles de soldados fueron trasladados en secreto al extremo sur del país y la escuadra zarpó en dirección al canal Beagle. El 12 de diciembre, los cancilleres Hernán Cubillos y Washington Pastor se reunieron en Buenos Aires y plantearon la mediación de un «gobierno amigo» que ya entonces se presuponía que sería el Vaticano, aunque la dictadura argentina también pensó en el rey Juan Carlos I, quien había visitado el país a fines de noviembre, o en Kurt Waldheim, secretario general de la ONU.

El 15 de diciembre, Pinochet ordenó la movilización secreta de las Fuerzas Armadas chilenas y la totalidad de los reservistas debieron presentarse en el plazo de veinticuatro horas en sus respectivas unidades.[94] Arancibia Clavel y Bulnes Serrano sostienen, incluso, que ya tenía escrito el discurso que dirigiría al país tras el inicio de la contienda.[95] Aquel mismo día, tanto Pinochet como Videla, recibieron sendas cartas del presidente Jimmy Carter, quien les expresó su preocupación por la escalada bélica, anunció que condenarían una agresión militar y ofrecía su colaboración para encontrar una fórmula de mediación.[96]

El 20 de diciembre, en un desayuno de Pinochet y su esposa con los periodistas acreditados en La Moneda, este advirtió: «Chile tiene absoluta serenidad y firmeza para enfrentar la situación internacional y no se dejará arrastrar por las presiones que se ejerzan. Nuestro país no será agresor, pero tampoco se dejará agredir. No perderemos la calma».[97] En aquellas horas, Chile llevó el caso a la OEA para apelar al Tratado Interamericano de Asistencia Recíproca, mientras que Argentina lo presentó en Naciones Unidas, donde el régimen de Pinochet estaba completamente aislado.

La invasión argentina de las tres islas del canal Beagle se iba a producir a las diez de la noche del 22 de diciembre de 1978. Hacia allá se dirigía la flota de guerra en el denominado Operativo Soberanía, cuyo objetivo principal era partir Chile por la mitad e invadirlo.[98] La dictadura de Pinochet había desplazado a quince mil soldados a los confines australes y la Armada se disponía a repeler el ataque argentino, mientras los aviones de combate de la FACh aguardaban en Punta Arenas. También se habían enviado tropas al norte ante el temor de una posible invasión militar peruana y boliviana.

El 22 de diciembre la Junta militar estaba reunida en Buenos Aires, cuando recibieron el cable del Vaticano que anunciaba la llegada de un enviado del Papa. En 1998, Videla recordó: «Entonces, se inició una discusión muy dura porque no era fácil parar, porque ya se había dado la orden, porque los buques navegaban hacia el objetivo y esperaban la orden de fuego».[99] Finalmente, casi en el último minuto, la propuesta de mediación del Vaticano hizo que la flota argentina abandonara el territorio austral.[100] Por su parte, el 4 de enero de 1979, la escuadra chilena llegó a la bahía de Valparaíso.

Juan Pablo II designó como mediador al cardenal Antonio Samoré, quien antes de finalizar 1978 se entrevistó con Videla en Buenos Aires y con Pinochet en Santiago de Chile. La mediación quedó recogida en el Acuerdo de Montevideo de 9 de enero de 1979,[101] que, según declaró algunos días después Pinochet, significó «un importante alivio de la tensión entre los dos países». «Creo muy importante que en el mundo exista hoy conciencia sobre el riesgo potencial que envuelve actualmente el diferendo austral con la República Argentina. La posición de Chile es de respeto a los tratados y el Derecho Internacional. Nuestros títulos de soberanía son claros en la zona y nuestra voluntad de hacerlos respetar es inquebrantable.»[102]

Cinco años después, el 23 de enero de 1984, en Roma, los cancilleres Jaime del Valle y Dante Caputo suscribieron el Tratado de Paz y Amistad surgido de la mediación papal, así como una declaración conjunta en la que ambos países apostaban por las vías pacíficas y diplomáticas para la resolución de los conflictos bilaterales.[103] A juicio del diplomático chileno Carlos Bustos, la delimitación definitiva del territorio marítimo en la zona austral fue perjudicial para Chile.[104] En Argentina, el gobierno del presidente Raúl Alfonsín convocó un referéndum sobre aquel tratado, que fue apoyado por más del 80 % de los ciudadanos.

Las siete «modernizaciones»

En marzo de 1979 circuló una declaración pública suscrita por trescientas personalidades, entre exministros, exparlamentarios, profesores universitarios, intelectuales y artistas, dirigentes sindicales, juveniles y de organizaciones sociales y miembros de colegios profesionales, encabezados por el expresidente Eduardo Frei.[105] Pidieron «el retorno de Chile a la democracia» y «el establecimiento de una institucionalidad que refleje auténticamente la voluntad del pueblo chileno y afiance el ejercicio pleno de sus derechos y libertades». Como la dictadura había anunciado que la nueva Constitución, cuyo anteproyecto el Consejo de Estado estudiaba desde octubre, sería sometida a plebiscito después de la revisión final por parte de la Junta, expresaron su temor a que se repitieran las condiciones de la «Consulta Nacional» del 4 de enero de 1978.

El 6 de abril de 1979, en la Casa Central de la Universidad de Chile, Pinochet impartió una «clase magistral» con motivo de la inauguración del año académico. En presencia del presidente de la Corte Suprema, Israel Bórquez; el contralor general de la República, Osvaldo Iturriaga; los ministros del Interior, Sergio Fernández, y Educación, Gonzalo

Vial, autoridades y profesores de la Casa de Bello, así como su rector, el general Agustín Toro, hizo una larguísima exposición en la que regresó a sus lugares comunes y aún reafirmó el itinerario político trazado en su discurso de 1977 en Chacarillas.[106]

Partió con la reivindicación de la figura del ministro Diego Portales —«un realista implacable»—, quien abrió paso al periodo «más brillante» de la historia nacional, que a su juicio se extendió desde 1831 hasta la guerra civil de 1891.[107] Denunció la incapacidad del sistema político de 1932-1973 para defenderse de la «amenaza comunista» y reiteró su persistente crítica al Partido Demócrata Cristiano y a la izquierda, la justificación del golpe de Estado, la legitimación de su régimen y su proyecto refundacional, la defensa del modelo económico y de la nueva institucionalidad, que consideraba necesaria para la «supervivencia como nación libre y como Estado soberano». «No entregaremos el destino de Chile a la incertidumbre y al peligro totalitario.» «El marxismo soviético no comete dos veces los mismos errores y, si permitiésemos su reimplantación, estaríamos abandonando a la tiranía a las generaciones venideras.»

Afirmó que la «misión» no terminaría con la aprobación de la nueva Constitución, sino que posteriormente habría un periodo de transición antes del primer gobierno elegido según las normas de la nueva Carta Fundamental. Durante ese periodo, además, se profundizarían las transformaciones económicas, sociales, educativas y culturales promovidas por la dictadura. «No solo debemos crear las nuevas instituciones que favorezcan el progreso sostenido del país, tanto espiritual como material. No basta con fomentar prácticas que confieran solidez a esas nuevas instituciones. Es igualmente indispensable estimular el desenvolvimiento de una nueva generación civil, impregnada de los referidos valores. Olvidar este aspecto capital ocasionaría que, al término del régimen militar, volviesen los mismos hombres y partidos cuyo fracaso exigió la intervención de las Fuerzas Armadas y esta sería entonces algo efímero, sin raíces profundas en la evolución histórica de la nación.» Pinochet expuso también, claramente, su concepción de la «democracia autoritaria y protegida». «Debemos buscar un nuevo sistema capaz de afrontar la alternativa de asegurar la libertad, pero que preserve a la nación de una nueva infiltración soviética, mediante restricciones jurídicas que señalen virtuales límites a la discrepancia cívica y protejan el sistema democrático como forma permanente de vida».[108]

La noche del 9 de julio de 1979, de nuevo protagonizó el acto juvenil en el cerro Chacarillas, transmitido por cadena nacional de televisión, e hizo una defensa del Plan Laboral diseñado por el ministro de Trabajo, José Piñera, aprobado recientemente.[109] Los decretos leyes 2756 y 2758 fueron el marco que dio forma a esta legislación de la dictadura cívico-militar: impusieron fuertes restricciones al derecho de huelga, dificultaron la negociación colectiva y posibilitaron la existencia de varios sindicatos en una misma empresa; en definitiva, debilitaron los derechos de los trabajadores, ya afectados por el decreto ley 2200, de 1978, que había desregulado el mercado laboral.[110]

El dictador acaparó la atención en otro acto singular. El 20 de agosto, en una mañana invernal fría y brumosa, presidió el traslado de las cenizas de Bernardo O'Higgins a la cripta del mausoleo construido en la plaza Bulnes, frente a La Moneda, que fue rebautizada con su nombre y adornada con un monumento ecuestre en su memoria. Desde luego, no desaprovechó aquella solemne ocasión para pronunciar otra extensa soflama, que daría paso después a un desfile militar, plagada de veladas alusiones a sus enemigos y en defensa de sus posiciones.[111]

En su discurso del 11 de septiembre en el Edificio Diego Portales, en el sexto aniversario del golpe de Estado, se refirió ampliamente a lo que el régimen llamó pomposamente el Plan de las Siete Modernizaciones: el Plan Laboral; la reforma previsional que implicaba la privatización radical de las pensiones —salvo para los miembros de las Fuerzas Armadas— y el fin de los conceptos de solidaridad y redistribución en aras de la capitalización individual; la transformación de la salud, con la división del Servicio Nacional de Salud en veintisiete servicios regionales, la reestructuración radical del gasto público en el sector y el fortalecimiento de la medicina privada bajo el modelo de las Isapres;[112] la municipalización de la educación y la ampliación del sector privado en la enseñanza superior, así como la desarticulación de la Universidad de Chile; la reforma judicial; los cambios en la agricultura —contrarreforma agraria, bajos salarios y precarias condiciones laborales—, y la reforma administrativa y la regionalización. La consigna del momento, según un titular de *El Mercurio*, fue: «Termina la reconstrucción nacional; comienza Gobierno de modernización».[113] La ideología neoliberal, junto con la Doctrina de Seguridad Nacional, permeaba ya todas las políticas del régimen.[114]

La semana anterior había terminado de pulir aquel discurso durante su estancia en el palacio presidencial de Cerro Castillo, en Viña del Mar, donde además concedió varias entrevistas. A la revista *Ercilla* señaló que en la nueva institucionalidad los partidos políticos «de ninguna manera» tendrían el mismo «poder» de antaño, sino que serían tan solo «corrientes de opinión» que no podrían presionar al presidente de la República. «Porque bajo el disfraz de cualquier partido se arriesga el regreso del marxismo», había expresado en diciembre de 1978, «y hasta la posibilidad de que llegue otra vez a la Presidencia de la República».[115] Estaba dispuesto a imponer un modelo político hiperpresidencialista y con un segundo anillo de protección: el rol tutelar de las Fuerzas Armadas. Antes de finalizar la entrevista con la periodista Blanca Arthur, en la que tampoco ahorró alusiones críticas a Frei, le anticipó que después del 11 de septiembre trabajaría en el libro que estaba escribiendo sobre el golpe de Estado. «Ahí van a encontrar nuevas noticias».[116] *El año decisivo* apareció en diciembre.

En las últimas semanas de 1979, Jaime Guzmán tuvo un especial protagonismo público en su papel de eminencia gris del régimen. Por una parte, la periodista Raquel Correa le preguntó si creía conveniente la celebración de elecciones presidenciales a corto plazo para que Pinochet fuera elegido presidente «constitucionalmente». «Pienso que lo ideal sería que el pueblo se pronunciara conjuntamente sobre el texto del proyecto y sobre las modalidades y duración propias del periodo de transición. En esta perspectiva el Presidente Pinochet y la Junta quedarían ratificados popularmente, con sus respectivos atributos y facultades, durante el periodo de transición, cuya duración sería fijada».[117] Prefería esta opción porque la otra implicaba el fin del «gobierno militar», aunque Pinochet fuera elegido, «y yo creo que el Gobierno militar solo podría culminar cuando estén dadas las condiciones para una democracia estable, lo cual solo veo factible hacia la segunda mitad del próximo decenio». «Antes de instalar cualquier Congreso, deben despacharse las leyes necesarias para asegurar las bases de la nueva institucionalidad, especialmente en el plano de las siete modernizaciones sociales anunciadas en el último mensaje presidencial».

Guzmán publicó entonces un influyente artículo en el que reflexionó sobre la «nueva institucionalidad» y la futura transición a un régimen de «democracia protegida». El objetivo era establecer un marco político y social que excluyera a la izquierda y que con distintos anclajes y amarres impidiera una actuación diferente a la que deseaban los sectores políticos y económicos que daban sustento a la dictadura cívico-militar: «Resulta preferible contribuir a crear una realidad que reclame de todo el que gobierne una sujeción a las exigencias propias de esta. Es decir, que si llegan a gobernar los adversarios, se vean constreñidos a seguir una acción no tan distinta a la que uno mismo anhelaría, porque —valga la metáfora— el margen de alternativa que la cancha imponga de hecho a quienes juegan en ella sea lo suficientemente reducido para hacer extremadamente difícil lo contrario».[118] La Constitución de 1980 fue esa «cancha».

Notas

1. _Ercilla,_ Santiago de Chile, 18 de mayo de 1977, pp. 20-25.
2. _El Mercurio,_ edición internacional, Santiago de Chile, 28 de mayo de 1977, p. 1.
3. Valenzuela (1993), pp. 119-120.
4. Jara Hinojosa, Isabel, _De Franco a Pinochet. El proyecto cultural franquista en Chile, 1936-1980,_ Santiago de Chile, Facultad de Artes de la Universidad de Chile, 2006, pp. 434-436.
5. Entre ellos estaban Andrés Chadwick, actual ministro del Interior; Joaquín Lavín, alcalde de Las Condes, a quien las encuestas ya sitúan como favorito para liderar a la derecha en la próxima elección presidencial de 2021; el senador Juan Antonio Coloma; Fernando Barros, abogado de Pinochet durante su detención en Londres; Cristián Larroulet, jefe de los asesores del presidente Sebastián Piñera, o el diputado Patricio Melero, casi todos ellos vinculados a la derechista Unión Demócrata Independiente.
6. _El Mercurio,_ edición internacional, Santiago de Chile, 16 de julio de 1977, p. 1.
7. _Ercilla,_ Santiago de Chile, 13 de julio de 1977, p. 8.
8. De todos modos, el 23 de agosto, al conversar con los periodistas con motivo del cuarto aniversario de su ascenso a la jefatura del Ejército, precisó su discurso de Chacarillas: «No habrá elecciones con urnas hasta 1986 en el mejor de los casos o el año 87». _La Tercera,_ Santiago de Chile, 24 de agosto de 1977, p. 2.
9. En octubre de 1977 aseguró que no sería candidato: «Señor... cuando llegue el momento voy a estar tan anciano ya que no creo que sea aspirante a la Presidencia de la República. Creo que, si estoy vivo, mi aspiración va a ser estar tranquilamente en mi casa. Lo que sí aspiro es a cumplir con lo que me he trazado. No aspiro a más. Yo soy un soldado al que el destino le ha dado una misión. Quiero cumplirla y hacerlo en la mejor forma que pueda para servir a mi patria, pero ma-

yores aspiraciones no tengo». *Hoy*, Santiago de Chile, 26 de octubre de 1977, pp. 8-9.

10. *El Mercurio*, Santiago de Chile 12 de septiembre de 1977, pp. 27-28.
11. *El Cronista*, Santiago de Chile, 5 de septiembre de 1977, p. 40.
12. *El Mercurio*, edición internacional, Santiago de Chile, 10 de septiembre de 1977, p. 1.
13. Y la mutación de la DINA, objeto principal de las denuncias internacionales, en la CNI se había producido durante la visita de Terence Todman, secretario de Estado adjunto para Asuntos Interamericanos. Muñoz (1987), pp. 95-96.
14. *El Cronista*, Santiago de Chile, 8 de septiembre de 1977, p. 16.
15. *El Mercurio*, Santiago de Chile, 8 de septiembre de 1977, pp. 1 y 8.
16. *El Mercurio*, Santiago de Chile, 10 de septiembre de 1977, p. 33.
17. Solo votaron en contra de la resolución, además de Chile, Argentina, Brasil, Costa Rica, República Dominicana, Guatemala, El Salvador, Haití, Honduras, Líbano, Nicaragua, Paraguay, Uruguay y Panamá. En 1974, 88 países apoyaron la condena, en 1975 fueron 89 y en 1976, 87. *Chile-América*, n.º 37-38, Roma, diciembre de 1977, pp. 183-184 y 190-192.
18. *El Mercurio*, Santiago de Chile, 22 de diciembre de 1977, p. 33.
19. Archivo de la Casa Museo Eduardo Frei Montalva, Carpeta 278.
20. García de Leigh, pp. 173-175.
21. Archivo de la Casa Museo Eduardo Frei Montalva, Carpeta 278.
22. *El Cronista*, Santiago de Chile, 28 de diciembre de 1977, p. 20.
23. Acta n.º 336-A de la Junta militar, de 28 de diciembre de 1977.
24. García de Leigh, pp. 313-325.
25. *El Cronista*, Santiago de Chile, 2 de enero de 1978, p. 32.
26. *El Cronista*, Santiago de Chile, 3 de enero de 1978, p. 13.
27. *Las Últimas Noticias*, Santiago de Chile, 5 de enero de 1978, pp. 1-2.
28. Cavallo *et al.*, p. 161.
29. Huneeus (2000), p. 150.
30. *La Tercera*, Santiago de Chile, 5 de enero de 1978, p. 46.
31. Guzmán, Jaime, «Conclusiones de la consulta», *Ercilla*, Santiago de Chile, 11 de enero de 1978, p. 16.
32. Declaraciones recogidas en: *El Cronista*, Santiago de Chile, 11 de enero de 1978, p. 2.
33. *La Tercera*, Santiago de Chile, 10 de marzo de 1978, p. 2.
34. Varas (1979), pp. 159-165.
35. El 11 de noviembre de 1977, el dictador remitió al presidente de la Comisión de Estudios de la Nueva Constitución, Enrique Ortúzar, «algunas orientaciones fundamentales» para su elaboración. Entre ellas figuraban «la creación de "un poder de seguridad" que contemple

el papel de las Fuerzas Armadas en su deber de contribuir a garantizar la supervivencia del Estado, los principios básicos de la institucionalidad y los grandes y permanentes objetivos de la nación»; el afianzamiento del sistema presidencial a través de una autoridad fuerte, con facultades especiales «ante situaciones de emergencia»; la prohibición constitucional de la difusión y acción de las doctrinas y grupos de inspiración «totalitaria»; la supresión de la huelga como método para enfrentar los conflictos laborales; la revisión del procedimiento para elegir al presidente de la República; y la variación sustancial de la composición del futuro Parlamento. *El Mercurio*, Santiago de Chile, 12 de noviembre de 1977, pp. 35 y 39. Este escrito se publicó en el folleto *Normas para la nueva Constitución*.

36. *Cosas*, Santiago de Chile, 13 de abril de 1978, pp. 12-14.
37. *La Tercera*, Santiago de Chile, 2 de junio de 1978, p. 2.
38. *La Tercera*, Santiago de Chile, 17 de junio de 1978, p. 2.
39. *El Mercurio*, edición internacional, Santiago de Chile, 15 de abril de 1978, pp. 1 y 4.
40. Loveman, Brian y Lira, Elizabeth, *Las ardientes cenizas del olvido: Vía chilena de reconciliación política. 1932-1994*, Santiago de Chile, LOM Ediciones, 2000, p. 462.
41. *Hoy*, Santiago de Chile, 9 de mayo de 1979, p. 21.
42. *Solidaridad*, Santiago de Chile, primera quincena de junio de 1978, pp. 12-18.
43. *Araucaria de Chile*, n.º 3, Madrid, 1978, p. 205.
44. Fue entonces, al entregar su apoyo a los familiares de los desaparecidos, cuando nació la Coordinadora Nacional Sindical, una organización clave en las protestas masivas contra la dictadura de los años ochenta.
45. Vidal, Hernán, *Dar la vida por la vida. Agrupación Chilena de Familiares de Detenidos Desaparecidos*, Santiago de Chile, Mosquito Editores, 1996, p. 108.
46. Texto íntegro de su discurso consultado en la Fundación de Documentación y Archivo de la Vicaría de la Solidaridad.
47. Aquel mes de julio de 1978 la revista jesuita *Mensaje* publicó un editorial titulado «Los detenidos desaparecidos: tragedia nacional». La revista fundada por el sacerdote Alberto Hurtado en 1951 rebatió los argumentos de la dictadura: «El Gobierno tiene los medios más que suficientes —y lo ha demostrado— para encontrar incluso a los ultraclandestinos jefes máximos de la extrema izquierda. Ni es tampoco admisible achacar todo a la "situación de guerra", no solo porque en Chile no hemos estado en guerra durante cuatro años, sino además porque tampoco en la guerra (o la acción "preventiva" de que habla

el Gobierno) se puede hacer desaparecer a los prisioneros (existen los "crímenes de guerra")». Por ello, *Mensaje* esperaba «una respuesta satisfactoria cuanto antes, para poder —en palabras de los obispos— superar este y otros obstáculos que aún retardan la ansiada reconciliación nacional (...). Para que todo este dolor de la patria herida pueda florecer en reconciliación, esperamos que el Gobierno aclare pronto este drama que está matando el alma nacional». *Chile visto por Mensaje. 1971-1981*, Santiago de Chile, Aconcagua, 1981, pp. 131-140.

48. *Solidaridad*, Santiago de Chile, primera quincena de septiembre de 1978, p. 4.

49. Carta consultada en la Fundación de Documentación y Archivo de la Vicaría de la Solidaridad. Véase el largo debate mantenido por la Junta militar el 14 de septiembre de 1978, con la participación de la ministra Mónica Madariaga y del ministro Sergio Fernández, entre otros, acerca del proyecto de decreto ley sobre «muerte presunta». Su transcripción ocupa cuarenta páginas. Acta n.º 354-A de la Junta militar, de 14 de septiembre de 1978.

50. *El Imparcial*, Madrid, 29 de octubre de 1978, Suplemento, pp. V-VII.

51. Morel, Isabel, «Carta a Pinochet desde Buchenwald», *Araucaria de Chile*, n.º 3, Madrid, 1978, pp. 209-210.

52. Guzmán, Jaime, «Significado y oportunidad del pinochetismo», *Ercilla*, Santiago de Chile, 19 de julio de 1978, p. 10.

53. *La Tercera*, Santiago de Chile, 19 de julio de 1978, p. 5.

54. *La Tercera*, Santiago de Chile, 19 de julio de 1978, p. 4.

55. *El Mercurio*, Santiago de Chile, 3 de agosto de 1978, p. 10.

56. *La Segunda*, Santiago de Chile, 18 de julio de 1978, p. 9.

57. García de Leigh, pp. 206-208. A pesar de estas palabras, decenas de oficiales constitucionalistas de la Fuerza Aérea, entre ellos quien fuera su amigo, el general Alberto Bachelet, fueron torturados después del golpe de Estado por sus subordinados en los subterráneos de la Academia de Guerra Aérea, al igual que numerosos militantes de izquierda. Además, se les sometió a un consejo de guerra y fueron condenados a elevadísimas penas, incluso de muerte en algunos casos, aunque fueron conmutadas. Véase: Villagrán, Fernando, *Disparen a la bandada. Una crónica secreta de la FACh*, Santiago de Chile, Planeta, 2002.

58. Véase el oficio reservado que Leigh envió a Pinochet el 16 de mayo de 1978: García de Leigh, pp. 336-338. Una copia de este documento y la respuesta que le dio Pinochet, nueve días después, se conservan en el Fondo José Toribio Merino del Centro de Investigación y Documentación de la Universidad Finis Terrae, Santiago de Chile.

59. *El Mercurio*, Santiago de Chile, 20 de julio de 1978, p. 27.

60. *La Tercera*, Santiago de Chile, 22 de julio de 1978, p. 17.

61. En concreto, recurrieron a sus artículos 18 y 19. El 18 señalaba: «Cuando sea necesario reemplazar a alguno de los integrantes de la Junta de Gobierno por muerte, renuncia o cualquier clase de imposibilidad absoluta del titular, la Junta designará al comandante en jefe institucional o al general director de Carabineros que deba reemplazarle». Por su parte, el artículo 19 estipulaba: «En caso de duda acerca de si la imposibilidad que priva a un miembro de la Junta de Gobierno del ejercicio de sus funciones es de tal naturaleza que debe hacerse efectivo su reemplazo, en conformidad al procedimiento previsto en el artículo anterior, corresponderá a los demás miembros titulares de la Junta resolver sobre la duda planteada».

62. *Ercilla*, Santiago de Chile, 26 de julio de 1978, pp. 8-12.

63. *La Tercera*, Santiago de Chile, 25 de julio de 1978, p. 2.

64. Varas (1979), pp. 17-23.

65. *El Mercurio*, Santiago de Chile, 26 de julio de 1978, p. 27.

66. Pinochet Ugarte (1991), p. 181.

67. Entrevista de Malú Sierra a Fernando Matthei. *Cosas*, Santiago de Chile, septiembre de 1978. Incluida en: Correa, Raquel *et al.*, *Los generales del régimen*, Santiago de Chile, Aconcagua, 1983, pp. 77-89.

68. *Chile-América*, n.º 46-47, Roma, septiembre-octubre de 1978, pp. 25-27.

69. *Chile-América*, n.º 48-49, Roma, noviembre-diciembre de 1978, pp. 21-22.

70. Vicaría de la Solidaridad, *Simposium Internacional: Experiencia y compromiso compartidos,* Santiago de Chile, Arzobispado de Santiago, 1979, pp. 39-52.

71. *El Mercurio*, Santiago de Chile, 24 de noviembre de 1978, p. 10.

72. *Chile-América*, n.º 48-49, Roma, noviembre-diciembre de 1978, p. 192.

73. En 2008 se pudieron identificar 517 restos óseos de aquellas quince víctimas. «Se estableció que la causa del fallecimiento corresponde a una muerte violenta homicida. No hay lesiones por impacto de bala, son lesiones traumáticas contundentes. La muerte fue causada por golpes», explicó el perito español Francisco Echeverría. «Muertos a golpes», *La Nación*, Santiago de Chile, 28 de septiembre de 2008, en Lanacion.cl, <http://lanacion.cl/2008/09/27/muertos-a-golpes-3/>.

74. Entrevista a Emilio Astudillo. Archivo del autor.

75. Discurso consultado en la Fundación de Documentación y Archivo de la Vicaría de la Solidaridad.

76. Cavallo *et al.*, pp. 223-224.

77. Pacheco, Máximo, *Lonquén*, Santiago de Chile, Aconcagua, 1983, pp. 8-9.

78. Verdugo, Patricia y Orrego, Claudio, *Detenidos desaparecidos: una herida abierta*, Santiago de Chile, Aconcagua, 1983, pp. 83-85.

79. En marzo de 1979, el juez Adolfo Bañados dictaminó que los restos encontrados en los hornos de Lonquén pertenecían a Carlos Hernández (39 años, casado, ocho hijos, cerrajero), Nelson Hernández (32 años, casado, cinco hijos, obrero agrícola, dirigente sindical), Óscar Hernández (30 años, soltero, obrero agrícola), José Manuel Herrera (17 años, soltero, ayudante de mecánico), Sergio Maureira Lillo (46 años, casado, doce hijos, obrero agrícola), José Manuel Maureira (26 años, soltero, obrero agrícola), Rodolfo Maureira (22 años, casado, un hijo, obrero agrícola), Segundo Maureira (24 años, soltero, obrero agrícola), Sergio Maureira (27 años, casado, un hijo, obrero agrícola), Manuel Navarro (20 años, soltero, ayudante de mecánico), Iván Ordóñez (17 años, soltero), Miguel Brant (19 años, soltero, obrero agrícola), Enrique Astudillo (51 años, casado, siete hijos, obrero agrícola), Omar Astudillo (19 años, soltero, obrero agrícola) y Ramón Astudillo (27 años, soltero, obrero agrícola). Aquel año, la justicia militar cerró el caso con la aplicación del decreto ley de amnistía. Sus restos mortales fueron secuestrados por agentes de la CNI la víspera del funeral, salvo en el caso de Sergio Maureira Lillo, y arrojados a la fosa común del cementerio de Isla de Maipo. En marzo de 2010, después de la identificación, pudo llevarse a cabo la sepultura en condiciones de dignidad. En junio de 2018, la Corte Suprema confirmó las condenas a seis carabineros en retiro por aquellos crímenes. Velásquez, Francisco, «Caso "Hornos de Lonquén": Corte Suprema confirma condena a carabineros», Radio Universidad de Chile, Santiago de Chile, 19 de junio de 2018, en Radio.uchile.cl, <https://radio.uchile.cl/2018/06/19/caso-hornos-de-lonquen-corte-suprema-confirma-condena-a-carabineros/>.

80. El 20 de diciembre de 1978, Sergio Fernández había reiterado la posición oficial: «El Gobierno (...) no descarta la posibilidad de que, en la lucha que fue inevitable librar con posterioridad al 11 de septiembre, para repeler ataques de grupos armados y, en fin, derrotar una subversión organizada con la magnitud propia de una guerra civil, hayan podido morir personas de ese bando sin que fueran oportunamente identificadas, en una cantidad que resulta ínfima frente a la gravedad del problema afrontado, y que, en todo caso, sería similar a la cifra de bajas sufrida por las Fuerzas Armadas y de Orden». «Lonquén. Nunca se borrará su nombre del libro de la vida», *Solidaridad*, Separata n.º 30, Santiago de Chile, julio de 1979, p. 5.

81. Correa y Subercaseaux, p. 120.

82. *La Segunda*, Santiago de Chile, 15 de noviembre de 2000, p. 6.

83. *El Siglo*, Santiago de Chile, 13 de agosto de 2004, pp. 3-5.
84. Escalante, Jorge *et al., Los crímenes que estremecieron a Chile*, Santiago de Chile, Ceibo Ediciones, 2013, pp. 357-373.
85. Fermandois, Joaquín, *Chile y el mundo. 1970-1973. La política exterior del gobierno de la Unidad Popular y el sistema internacional*, Santiago de Chile, Universidad Católica de Chile, 1985, pp. 123-127.
86. Acta n.º 192-A de la Junta militar, de 17 de abril de 1975.
87. Véase el compromiso de arbitraje suscrito en julio de 1971 y el laudo arbitral de la reina Isabel II en: Mellafe Maturana, Rafael, *Al borde de la guerra. Chile-Argentina 1978*, Santiago de Chile, Legatum Editores, 2018, pp. 297-306.
88. Citado en: Villalobos, Sergio, *El Beagle. Historia de una controversia*, Santiago de Chile, Andrés Bello, 1979, p. 121.
89. Fermandois, Joaquín, *Mundo y fin de mundo. Chile en la política mundial. 1900-2004*, Santiago de Chile, Ediciones de la Universidad Católica, 2005, pp. 441-450.
90. Véase el «Acta de Puerto Montt» en: Mellafe Maturana, pp. 324-326.
91. *El Mercurio*, Santiago de Chile, 21 de febrero de 1978, pp. 1 y 8.
92. *La Tercera*, Santiago de Chile, 12 de julio de 1978, p. 2.
93. Lagos Schuffeneger, Humberto, *El general Pinochet y el mesianismo político*, Santiago de Chile, LOM Ediciones, 2001, p. 26.
94. La investigación de la jueza Olga Pérez sobre el asesinato del químico de la DINA Eugenio Berríos en Uruguay en 1992 reveló que Pinochet contempló la posibilidad de envenenar el agua de Buenos Aires si estallaba la guerra con Argentina, ya que Berríos presumía de que con un frasquito de perfume relleno de gas sarín «mato a quien se me ocurra» y con las toxinas criadas en laboratorio «puedo matar a todo Buenos Aires». *El Mundo*, Madrid, 6 de diciembre de 2002, p. 22.
95. Arancibia Clavel, Patricia y Bulnes Serrano, Francisco, *La Escuadra en acción. 1978: el conflicto Chile-Argentina visto a través de sus protagonistas*, Santiago de Chile, Grijalbo, 2005, p. 274. Véase el testimonio de uno de aquellos miles de reservistas: Parvex, Guillermo, *1978. El año que marchamos a la guerra*, Santiago de Chile, Ediciones B, 2018.
96. Cerda, Mónica, ed., *Chile y Argentina: historia del gran conflicto*, Santiago de Chile, Ediciones de la Universidad San Sebastián, 2018, p. 83.
97. *El Mercurio*, Santiago de Chile, 21 de diciembre de 1978, p. 19.
98. Seoane, María y Muleiro, Vicente, *El dictador. La historia secreta y pública de Jorge Rafael Videla*, Buenos Aires, Sudamericana, 2001, p. 388.
99. Seoane y Muleiro, p. 391.

100. Para más detalles sobre el despliegue militar en aquellas dramáticas horas, véase: Salazar, Manuel, «1978: El año que vivimos en peligro», *Interferencia*, Santiago de Chile, 23 de diciembre de 2018, en Interferencia.cl, <https://interferencia.cl/articulos/1978-el-ano-en-que-vivimos-en-peligro>.

101. Bustos Díaz, pp. 497-504. Al día siguiente, Pinochet envió una carta a Silva Henríquez para agradecerle sus gestiones ante el Vaticano y ante los obispos argentinos para lograr la mediación de Juan Pablo II en el conflicto. El cardenal le respondió con fecha de 19 de enero. Archivo del cardenal Raúl Silva Henríquez, Carpeta 48.

102. *Abc*, Madrid, 16 de enero de 1979, p. 19.

103. Véase el Tratado de Paz y Amistad chileno-argentino de 1984 en: Mellafe Maturana, pp. 327-333.

104. Bustos Díaz, pp. 519-525.

105. Declaración consultada en: Archivo histórico de la Casa Museo Eduardo Frei Montalva, Carpeta 281. Entre las personalidades que también la suscribieron estaban Patricio Aylwin, Bernardo Leighton, Edgardo Boeninger, Manuel Bustos, Clotario Blest, Lidia Baltra, Jaime y Fernando Castillo Velasco, Carlos Contreras Labarca —exministro y exparlamentario comunista—, Elena Caffarena, Juan Pablo Cárdenas, Emilio Filippi, Ricardo Ffrench-Davis, Ana González (AFDD), el exsenador de la Unidad Popular Alberto Jerez, Raúl Rettig, Manuel Sanhueza, el poeta Juvencio Valle y Belisario Velasco.

106. *Las Últimas Noticias*, Santiago de Chile, 7 de abril de 1979, p. 18.

107. «Hay estabilidad y progreso en lo económico; avances notables en lo cultural y en lo educacional; se ganan dos guerras exteriores dificilísimas; se pacifica la Araucanía y se la coloniza; se adquiere y explota el salitre; en todo el país reinan el orden y la paz social.» En cambio, el periodo parlamentario (1891-1924) fue, a su juicio, «el más estéril y negativo de nuestra vida republicana, antes del advenimiento del marxismo soviético».

108. Pinochet Ugarte, Augusto, *Visión futura de Chile*, Santiago de Chile, División Nacional de Comunicación Social, 1979.

109. *La Tercera*, Santiago de Chile, 10 de julio de 1979, p. 15.

110. Álvarez Vallejos, Rolando, «¿Represión o integración? La política sindical del régimen militar. 1973-1980», *Historia*, n.º 43, vol. II, Santiago de Chile, julio-diciembre de 2010, pp. 325-355.

111. *Las Últimas Noticias*, Santiago de Chile, 21 de agosto de 1979, pp. 2-3.

112. Tironi, Eugenio, *El régimen autoritario. Para una sociología de Pinochet*, Santiago de Chile, Dolmen Ediciones, 1998, p. 87.

113. *El Mercurio*, Santiago de Chile, 12 de septiembre de 1979, pp. 1 y 6-8.

114. Vergara, Pilar, *Auge y caída del neoliberalismo en Chile*, Santiago de Chile, Flacso, 1985, p. 73.
115. *Qué Pasa*, Santiago de Chile, 13 de diciembre de 1979, pp. 6-9.
116. *Ercilla*, Santiago de Chile, 12 de septiembre de 1979, pp. 14-18.
117. *Cosas*, Santiago de Chile, 6 de diciembre de 1979, pp. 12-14.
118. Guzmán, Jaime, «El camino político», *Realidad*, n.º 7, Santiago de Chile, 1979, pp. 13-23.

TERCERA PARTE

La sombra del dictador

Por desgracia, hoy casi todo el mundo es marxista, en todas partes, aunque ellos mismos no se den cuenta. Siguen teniendo ideas marxistas.

AUGUSTO PINOCHET, 1998
Declaraciones a Jon Lee Anderson

11

La rebelión popular

En marzo de 1980, Augusto Pinochet sufrió una verdadera humillación cuando el dictador filipino Ferdinand Marcos anuló su viaje mientras sobrevolaba ya el Pacífico. No volvió a salir de Chile hasta fines de 1990. El 11 de septiembre de 1980, en un plebiscito sin garantías, fue aprobada la Constitución del régimen, ajena a cualquier planteamiento democrático[1] y un traje a la medida para Pinochet, quien a través de ella impuso la fórmula para intentar mantenerse en el poder hasta 1997. El expresidente Frei protagonizó el único acto opositor autorizado y con su discurso terminó de sellar su destino: agentes del régimen acabaron con su vida en enero de 1982, como la justicia chilena ha establecido en una histórica sentencia. La durísima crisis económica que sobrevino aquel año, unida al ciclo de protestas nacionales que empezó en mayo de 1983 amenazaron por primera vez, diez años después del golpe de Estado, la estabilidad del régimen. Aquella verdadera rebelión popular contra Pinochet, quien en 1988 no fue derrotado solo «usando nada más que un lápiz y un papel»,[2] sino también a partir de una masiva movilización social y política, tuvo como respuesta una represión implacable.

Humillación en el Pacífico

El 21 de marzo de 1980, a las dos de la tarde, un avión de Lan despegó de Pudahuel con Pinochet y su comitiva a bordo para emprender una visita de Estado a las islas Fiji, Filipinas y Hong Kong hasta el 1 de abril. Era su primer viaje al exterior desde septiembre de 1977 y su primera visita oficial a otro país desde abril de 1976. El régimen deseaba ampliar las relaciones con las naciones del sudeste asiático y del Pacífico, con la mirada puesta en China y Japón —dos países que el dictador aspiraba a visitar en un breve plazo—, y mejorar su imagen cuando aparecía estabilizado y había logrado alejar en cierto modo sus problemas en la escena internacional. Según anticipó *El Mercurio*, era el primer viaje oficial de un «mandatario» chileno a Asia.[3]

Antes de partir, Pinochet había convocado a todos los embajadores chilenos a una reunión el 2 de marzo en el Edificio Diego Portales. En su discurso, criticó duramente a Estados Unidos: «La civilización occidental y cristiana observa con pavor que el país que estimábamos como líder no es tal y, por el contrario, pareciera estar entrabado para tomar algunas resoluciones de peso». Y lamentó que despreciaran o desprestigiaran a «quienes se sentían sus amigos». Asimismo, anunció su próximo viaje: «En muy pocos días más, efectuaré una visita de Estado a Filipinas, país amigo que comparte con nosotros significativos valores históricos y espirituales. Tengo el anhelo de que este contacto sirva para destacar y estimular el acercamiento no solo entre los dos países, sino también en el conjunto de las naciones integrantes de la Asociación de Naciones de Asia Suroriental...».[4] Chile había instalado un embajador permanente en Manila en 1975 y desde 1977 empezó a especularse con un posible viaje de Pinochet.

La comitiva estaba integrada por Lucía Hiriart, su hija mayor y su yerno, Hernán García, y por los ministros de Relaciones Exteriores Hernán Cubillos; Hacienda, Sergio de Castro; Defensa, general César Benavides; el ministro jefe del Estado Mayor Presidencial, general Santiago Sinclair, y sus respectivas esposas, así como por sus cuatro edecanes y otros cargos de la cancillería y el Ejército. También viajaban su jefe de seguridad, el teniente coronel Hernán Ramírez; tres médicos; un criptógrafo; trece personas de administración y servicios; ocho de su seguridad; cuatro funcionarios de la CNI; su secretario de prensa, Eduardo Ramírez, y trece periodistas chilenos, según un documento enviado desde el Ministerio de Relaciones Exteriores a la Embajada en Manila el 20 de marzo.[5] En el aeropuerto le despidieron los miembros de la Junta militar, el cardenal Silva Henríquez, el nuncio Angelo Sodano, el ministro del Interior, Sergio Fernández, y otras autoridades.[6]

Desde principios de aquel año la embajada chilena y la cancillería habían preparado minuciosamente el programa de su visita. El 12 de febrero, Javier Illanes, subsecretario de Relaciones Exteriores subrogante, envió a la embajada el currículum del dictador y varios de sus libros para intentar que la Universidad Santo Tomás de Manila le concediera el doctorado *honoris causa* en Ciencias Políticas. Esta institución se negó, aunque las gestiones diplomáticas lograron que otro centro de estudios estuviera dispuesto a otorgarlo en Derecho. El plan cerrado por la embajada y el régimen filipino preveía la llegada a Manila el 24 de marzo a las tres de la tarde. El dictador Ferdinand Marcos se había excluido del recibimiento en el aeropuerto, donde le esperarían varios ministros, el cuerpo diplomático y autoridades municipales. Marcos le recibiría al poco tiempo de su llegada y en un primer acto protocolar le entregaría las llaves de Manila y juntos atenderían a la prensa para después colocar una corona de flores en el monumento al héroe nacional, José Rizal. En los tres días siguientes, Pinochet debía visitar la central geotérmica de Makiling y la Academia Militar de las Fuerzas Armadas filipinas, así como intercambiar condecoraciones con Marcos y recibir el anhelado doctorado *honoris causa*.[7]

Pero la noticia de su viaje originó un gran revuelo tanto en Fiji como en Filipinas. Su estancia en Fiji, un Estado incorporado a la ONU en 1971, con poco más de medio millón de habitantes dispersos en más de setecientas islas, apenas duraría un día y medio, pero la Conferencia del Pacífico de Iglesias, el Consejo de Sindicatos de Fiji y las organizaciones estudiantiles protestaron por su visita y convocaron una manifestación el 23 de marzo ante la Casa de Gobierno. El presidente del Consejo de Sindicatos de Fiji, Apisai Tora, aseguró que los manifestantes llevarían brazaletes negros y permanecerían en silencio durante media hora ante la Casa de Gobierno. «Esta es la forma que tenemos de demostrar nuestra simpatía y nuestra pena por la gente que en Chile ha sido encarcelada o torturada desde que la Junta de Pinochet llegó al poder en 1973.»

Por su parte, el primer ministro de Fiji, Ratu Sir Kamisese Mara, señaló que Pinochet se había invitado «a sí mismo» y que su paso por allí solo sería una escala «técnica» camino de Filipinas.[8] Y en este país, Bonifacio B. Tupaz, secretario general de la Central Sindical Filipina, remitió una carta a Marcos para solicitar la anulación de la visita de Pinochet a fin de evitar «una profanación de nuestro suelo». «El régimen chileno, responsable sistemático de la destrucción de los sindicatos en ese país, institucionalizó el terror y la represión», expresó. Y le recordó el aislamiento de la dictadura chilena en los foros laborales internacionales por la represión contra el movimiento obrero.[9]

El avión de Pinochet hizo escala en Rapa Nui y en Papeete, capital de la Polinesia Francesa, sin novedad. Pero cuando se dirigía hacia Fiji les comunicaron la decisión de Marcos. A primera hora de la mañana de aquel 22 de marzo de 1980, el ministro de Relaciones Exteriores filipino notificó la cancelación de la visita de manera intempestiva al encargado de negocios de la embajada chilena y con argumentos muy confusos.[10]

La noticia fue difundida de inmediato por las agencias internacionales y recogida por la prensa chilena, incluso aquel mismo día por el vespertino *La Segunda*, que publicó este cable de la agencia Associated Press fechado en Manila: «Ferdinand E. Marcos canceló hoy la visita que debía realizar a las islas Filipinas el presidente de Chile, Augusto Pinochet Ugarte, luego que grupos cívicos distribuyeran aquí cientos de volantes que denunciaban al mandatario sudamericano como "asesino sanguinario". Gregorio Cendana, a cargo del Ministerio de Información, dijo que la visita se canceló porque Marcos debía ausentarse de la ciudad el domingo "por un asunto sumamente urgente"».[11]

El avión de Lan aterrizó en el aeropuerto de Nandi, en las islas Fiji, bajo el impacto de una noticia tan inesperada. Entonces el viaje empezó a adquirir los perfiles de una pesadilla: a Pinochet y sus acompañantes les tuvieron esperando durante horas hasta que pusieron una escalerilla para que pudieran descender, pero antes, un funcionario entró en la nave y, sin avisar, roció con spray a los pasajeros «cual vulgares mosquitos».[12] Ni el gobernador general ni el primer ministro acudieron a recibirle; solo llegó el comisionado oriental, Natandra Singh. Y, a la salida del aeropuerto camino del hotel, ya a las once de la noche, centenares de manifestantes apostados en la carretera corearon consignas en apoyo a la democracia en Chile y lanzaron huevos y excrementos de vaca al vehículo donde iban Pinochet y Lucía Hiriart, al grito de «¡Chile sí! ¡Pinochet no!», según la crónica del diario *The Fiji Times*.[13]

Sergio de Castro ha señalado que el mayor temor del dictador en aquellos instantes era la estabilidad de su régimen. «Entramos a la habitación de Pinochet y empezamos a tirar líneas sobre qué se iba a hacer. Él estaba muy molesto y preocupado. Pese a que era un hombre que manejaba magistralmente sus emociones, no pudo contenerse y delante de nosotros dijo que estaba convencido que todo esto había sido manipulado con mucha anterioridad y que en Chile se estaba fraguando un golpe en su contra. Sinclair logró comunicarse con alguien del Gobierno y la información que se le entregaba señalaba que estaba todo tranquilo...».[14]

El domingo 23 regresaron a Chile con una escala en Rapa Nui, para dar tiempo a lanzar la campaña de prensa y preparar en Santiago una masiva manifestación de desagravio. Nunca se ha sabido de manera fehaciente el motivo de la cancelación y hubo todo tipo de especulaciones, como las supuestas presiones de Carter a Marcos. A su regreso a Chile, Pinochet responsabilizó al «marxismo internacional», criticó a Estados Unidos de manera velada,[15] amenazó a la oposición, aseguró que se reorganizaría el servicio exterior y el 25 de marzo pidió al ministro Hernán Cubillos su renuncia. Le sustituyó un diplomático de carrera, René Rojas, quien ocupó el cargo hasta principios de 1983. También anunció la ruptura de relaciones diplomáticas con Filipinas, aunque finalmente se retractó tras aceptar las explicaciones, sobre un posible atentado contra él, que le entregó un diplomático de este país.[16]

Fue un episodio negativamente singular en el siglo XX, ha escrito el historiador Joaquín Fermandois, que demostró la «vulnerabilidad internacional» del régimen y su aislamiento: nadie quería viajar al Chile de Pinochet y nadie quería recibir a Pinochet,[17] quien no volvió a abandonar su país hasta después de ceder la presidencia en marzo de 1990.

Una Constitución a la medida

El 8 de julio de 1980, el Consejo de Estado entregó el proyecto de Constitución a Pinochet con sus aportaciones y en las semanas siguientes fue revisado por el ministro del Interior, Sergio Fernández; la ministra de Justicia, Mónica Madariaga; el ministro jefe del Estado Mayor Presidencial, el general Sinclair, y los asesores jurídicos de cada uno de los cuatro comandantes en jefe. El 5 de agosto, la Junta militar acordó en secreto que el plebiscito se celebraría el 11 de septiembre y entre el 6 y el 8 de agosto analizó y aprobó el texto definitivo.[18] Decidió incorporar a la propuesta del Consejo de Estado un refuerzo del «poder militar», con la ampliación de la autonomía de las Fuerzas Armadas y el rol del Consejo de Seguridad Nacional. Además, se acentuaron las trabas para llevar a cabo reformas constitucionales, el periodo presidencial se amplió a ocho años, se restauró el poder autónomo del Banco Central y el periodo de transición se extendió de cinco a ocho años, con la supresión de la apertura del Congreso Nacional designado que había sugerido el Consejo de Estado y la implantación de un plebiscito sucesorio.[19] El itinerario prometido en 1977 en Chacarillas cayó en el olvido y en la nueva Constitución se estableció que a fines de 1988 o principios de 1989 la ciudadanía volvería a pronunciarse sobre si un candidato propuesto por el régimen continuaría ocho años más con un Congreso Nacional elegido parcialmente por sufragio universal. Si este era derrotado, se convocarían elecciones presidenciales en 1989 y el traspaso del mando de la nación al vencedor tendría lugar el 11 de marzo de 1990.

El domingo 10 de agosto por la noche, de manera inesperada, Pinochet se dirigió al país por la cadena nacional de radio y televisión para anunciar la convocatoria del plebiscito sobre la Constitución para el 11 de septiembre. Un texto que había requerido cinco años de trabajo de la comisión presidida por Enrique Ortúzar y casi dos años de análisis en el Consejo de Estado iba a hacerse público y a someterse a la votación de la ciudadanía en apenas treinta días. «Si el 11 de septiembre de 1973 triunfó la heroica movilización del pueblo chileno para defender su libertad, este 11 de septiembre de 1980 será el día en que ese mismo pueblo afianzará esa victoria, aprobando la Constitución de la libertad», vaticinó el dictador en aquel discurso. Como siempre, para él la disyuntiva era «el orden», que se encarnaba en su proyecto de refundación, o «el caos» que implicaba el retorno «a la noche de los mil días negros de Chile, con todo ese cúmulo de angustias y miserias que nos azotó sin piedad».[20] De hecho, afirmó que el rechazo a la nueva Carta Fundamental «significaría el retorno a la situación jurídica y política existente en el país el 10 de septiembre de 1973», aunque no ofreció ningún detalle acerca del significado concreto de esto último.

El 11 de agosto, la Junta militar firmó el decreto ley n.º 3465, que fijaba las normas para el plebiscito: se estableció que el sufragio sería obligatorio —como era tradición en el país— y se autorizó a votar a los extranjeros mayores de 18 años con residencia legal en Chile. Por primera vez, una de las fuerzas opositoras, el Partido Demócrata Cristiano, tuvo la oportunidad de dirigirse al país. El 24 de agosto, la Junta autorizó el acto previsto, con el lema «Reunión de los chilenos libres», para tres días más tarde en el emblemático teatro Caupolicán, que se llenó con más de siete mil personas, mientras que varias decenas de miles más tuvieron que quedarse en las calles próximas, para escuchar el discurso de Eduardo Frei, que fue transmitido por Radio Chilena y Radio Cooperativa.[21]

El expresidente de la República leyó durante ochenta minutos su discurso, en el que abogó por la recuperación de la democracia. Propuso un gobierno de transición que convocaría una Asamblea Constituyente, abierta a todas las corrientes de opinión, para elaborar una nueva Carta Fundamental y someterla a plebiscito. Y, al mismo tiempo, el restablecimiento de las libertades públicas, derogación del estado de emergencia, el regreso de los exiliados, el fin de la intervención de las universidades y de las limitaciones sindicales, y la aprobación de un estatuto que regulara la actividad de los partidos hasta la entrada en vigor de la nueva Constitución.

También criticó que la Junta militar había empeorado el texto constitucional preparado por la Comisión Ortúzar y el Consejo de Estado. Y subrayó que, de aprobarse, la Constitución entraría en vigor en 1990, puesto que hasta entonces regiría su articulado transitorio y de acuerdo con esta sección el presidente, «autodesignado con nombre y apellidos», y la Junta concentrarían los poderes Constituyente, Ejecutivo y Legislativo. Calificó este propósito como «una burla» sin antecedentes en la historia nacional ni «en cuanto al periodo, ni a los poderes acumulados». Asimismo, advirtió que el plebiscito no podía ser válido porque carecía de garantías para una votación y un escrutinio imparciales, con el país en estado de emergencia y los partidos políticos proscritos. «El dilema que el general Pinochet presenta es: yo o el caos. La democracia no es el caos. Este país no vivió en el caos. Los que verdaderamente conducen al caos son los que con un acto de coerción moral y física plantean una disyuntiva inoperante que resultaría fatal.»[22]

Además, en aquellos días Frei concedió una entrevista a la periodista Patricia Verdugo, en la que de manera aún más contundente calificó la Constitución de la dictadura como «una mentira institucionalizada» porque se fraguó en los organismos designados por el dictador, sin la participación de la ciudadanía y sin debate alguno sobre su contenido y la naturaleza del plebiscito. «Es una Constitución para un autoritarismo sin precedentes en Chile. Acumula, en un solo hombre, todo el poder, manifestando así una total desconfianza en el pueblo. Todas sus disposiciones están destinadas a defenderse, a reprimir, a coaccionar. Y esto, porque en el fondo se tiene miedo a la expresión libre de la voluntad popular. Por todo esto es que no puede ser una Constitución para la Libertad. Titularla así es una broma de mal gusto...»[23] Con aquellas declaraciones a la prensa y, sobre todo, tras su discurso en el teatro Caupolicán, Eduardo Frei Montalva selló su trágico destino. Era una personalidad política de talla mundial y había quedado probado que podía encarnar la alternativa democrática para el país.

Por su parte, Pinochet protagonizó una intensa campaña, con actos en Valparaíso, Santiago, Rancagua, Valdivia, Osorno, Puerto Montt y Punta Arenas. Todos los sectores de la derecha, tanto los denominados «duros» —partidarios de una dictadura militar sin ningún tipo de adornos y de un modelo económico estatista— como los llamados «blandos» —inspiradores del proyecto constitucional y del modelo neoliberal—, con Pablo Rodríguez y Jaime Guzmán a la cabeza respectivamente, se movilizaron por el Sí.[24] Sin hacer declaraciones públicas, también votó a favor el expresidente Jorge Alessandri, quien presentó su renuncia a la presidencia del Consejo de Estado.

En una entrevista publicada en la víspera, Pinochet evaluó su importancia: «Desde luego, la aprobación de la nueva Constitución y del periodo estimado como necesario para su aplicación gradual nos permitirá consolidar la profunda tarea renovadora y modernizadora de las actividades nacionales que estamos realizando a través del Plan de las Siete Modernizaciones». Se pronunció asimismo sobre la hipótesis de la derrota, aunque sin especificar sus consecuencias políticas concretas, más allá de alertar acerca del «clima de incertidumbre e inestabilidad» que, según dijo, se instalaría en el país.[25] También prometió que abandonaría el poder después del nuevo periodo de ocho años al que aspiraba, en los términos previstos en su Constitución.

El 11 de septiembre de 1980, votaron más de seis millones de chilenos y chilenas: hubo 4.204.879 votos a favor de la Constitución (67 %) y 1.893.420 (30,2 %) en contra, con un 2,77 % de votos nulos.[26] Por la noche, después de conocer muy pronto el resultado y acompañado por Merino, Mendoza y Matthei, el dictador se dirigió a sus seguidores congregados ante el Edificio Diego Portales: «Por segunda vez hemos repudiado a los marxistas totalitarios. (...) Hoy el pueblo de Chile ha expresado su adhesión y el deseo de continuar con el gobierno militar». «Por enésima vez, llamo a toda la ciudadanía de Chile a unirse bajo el alero de este gobierno. Llamo a todos los ciudadanos a incorporarse para entregar su esfuerzo en bien de Chile».[27] Y, henchido de euforia, prometió que en 1989 uno de cada siete chilenos tendría automóvil y teléfono y uno de cada cinco, televisor. La canción «Libre», de Nino Bravo, fue entonada de manera arrebatada por sus partidarios, que además portaban retratos suyos, pancartas o antorchas.

Al día siguiente, en una conferencia de prensa especialmente concebida para los corresponsales extranjeros, volvió a señalar que no sería candidato en 1989: «He dicho quinientas veces que no aspiro a la reelección, porque un hombre de más de setenta años no rinde lo suficiente en un puesto como este».[28] Aquella misma promesa la repetiría justo un año después, en una entrevista concedida al diario venezolano *El Universal*: «No aspiro a quedarme y sí aspiro a que me suceda un régimen autoritario que esté combatiendo a los marxistas sin contemplaciones».[29]

A pesar de los esfuerzos por dotarse de un barniz constitucional, el plebiscito no tuvo ningún eco internacional positivo. Por ejemplo, el Congreso de los Diputados español aprobó una moción de condena con los votos de la izquierda, los nacionalistas vascos y catalanes y la Unión de Centro Democrático de Adolfo Suárez. Y el diario madrileño *El País* publicó un editorial titulado «La farsa de Chile»: «El plebiscito de anteayer se caracterizó por la inexistencia de censos electorales, la designación de los presidentes y vocales de las mesas por el Gobierno, la ausencia de interventores de la oposición, el amordazamiento de la libertad de expresión para la Democracia Cristiana y su radical supresión para la izquierda, el despilfarro de fondos públicos para la propaganda cuasi monopolista del Sí, el voto obligatorio, el estado de emergencia, la intimidación policiaca y militar en las calles, la falta de control judicial en el recuento parcial y total de las papeletas (...). Ahora Pinochet ha prometido que no se presentará a las elecciones de 1989, olvidando tal vez que la palabra de quien traicionó al presidente Allende (...) y ampara a los mercenarios que asesinan a miembros de la oposición chilena incluso en el exilio, vale todavía menos...».[30]

A principios de 1981, Pinochet modificó la nomenclatura del alto mando del Ejército: los coroneles con más de cuatro años en el grado pasaron a denominarse brigadieres; los antiguos generales de brigada, brigadieres generales, y los antiguos generales de división, mayores generales. Como comandante en jefe del Ejército se invistió con un nuevo y pomposo grado: Capitán General.[31]

El 11 de marzo de aquel año empezó a regir su Constitución,[32] que a las ocho en punto de la mañana fue jurada en todas las unidades de las Fuerzas Armadas y también, en el transcurso del día, por los miembros del nuevo Tribunal Constitucional, cuyo primer presidente fue Israel Bórquez. El régimen celebró de manera fastuosa aquel acontecimiento, que consagraba ya a Pinochet como «presidente constitucional»,[33] con la simbólica reapertura del palacio de La Moneda, a pesar de que aún no habían concluido los trabajos de reconstrucción iniciados en 1975.[34]

Los cuatro miembros de la Junta militar y él juraron la Constitución en una ceremonia celebrada en el salón plenario del Edificio Diego Portales. Con un discurso «violento» —según escribió el periodista Alberto Míguez—,[35] el dictador recorrió los siete años anteriores y se refirió, en sus términos habituales, a los partidos políticos, el parlamentarismo y hasta en quince ocasiones al «marxismo», ante cierta incomodidad del embajador chino, que solo se mitigó cuando incidió expresamente en el «marxismo soviético»... Ante un ejemplar manuscrito de la nueva Constitución y un crucifijo del siglo XVIII, leyó su juramento: «Yo, Augusto Pinochet Ugarte, general de Ejército y Presidente de la República, juro por Dios Todopoderoso cumplir y hacer cumplir, respetar y hacer respetar, como Ley Fundamental la Constitución Política de la República de Chile de 1980, conservar, mantener y proteger la independencia y soberanía de la Nación frente a cualquier agresión que pueda afectar su desarrollo como Estado independiente, libre y soberano y estar íntegramente al servicio de la Patria y de sus altos intereses. Si así no lo hiciere que Dios y la Patria me lo demanden».[36]

Posteriormente, se dirigió en automóvil descubierto a la catedral, donde el cardenal Silva Henríquez ofició un *Te Deum*, y después a La Moneda, donde se asomó junto con Lucía Hiriart al balcón central para hablar a los centenares de personas apostadas en la plaza de la Constitución. «La Moneda estaba reluciente. Tenía la limpieza y el orden de un cuartel», escribió Jaime Moreno Laval.[37] Pinochet instaló su despacho en el ala norte del palacio, hacia la calle Teatinos. En el mismo sector se encuadraron las dependencias de la Casa Militar, que dirigía el general Jorge Ballerino, y del Estado Mayor Presidencial, su círculo más próximo.[38] Desde las cuatro y media de la tarde hubo un desfile cívico militar en la Alameda, con la participación de casi quince mil miembros de las Fuerzas Armadas y de Orden, cinco mil estudiantes, cuatro mil mujeres de las organizaciones sociales del régimen, tres mil integrantes de la Defensa Civil y setecientos huasos.[39]

Instalado ya en La Moneda, algunos meses después detalló a una revista su horario cotidiano: «Mire, me levanto todos los días entre las cinco y media y diez para las seis de la mañana. Después, normalmente hago gimnasia un cuarto de hora, en fin, diferentes ejercicios, bicicleta y otros. De las seis y media hasta las siete, me arreglo y a las siete o siete y media a La Moneda. Primero recibo la información del jefe de inteligencia; luego la de la prensa y, por último, la que proviene del exterior. A continuación, recibo al jefe de la Casa Militar. A las ocho de la mañana, tomo desayuno con algún grupo o persona; es siempre un desayuno de trabajo. Se prolonga por espacio de una hora. A las nueve me entrevisto con el Jefe del Estado Mayor Presidencial y luego me reúno con los ministros. A veces termino esto cerca de las once y media de la mañana para iniciar las audiencias hasta la una y cuarto. A esa hora almuerzo con algún grupo; también es un almuerzo de trabajo. Descanso una hora para retomar las actividades cerca de las cuatro de la tarde. Me informo de las noticias de la tarde y a las cuatro y media me reúno con los comités hasta las siete y media o más tarde. Luego, paso a firmar despachos con los subsecretarios. De ahí en adelante, me dedico a estudiar las materias que tengo para el día siguiente. Me retiro de La Moneda entre las ocho y nueve de la noche. Llego a mi casa, como, cuando no hay en programa actividad social, y luego preparo documentos para el día siguiente. A las diez de la noche yo ya estoy en la cama, generalmente leyendo materias filosóficas, de historia, política, en fin. Leo un cuarto de hora. A veces se me pasa la mano y al otro día pago las consecuencias».[40]

Reagan en el poder

La victoria del candidato republicano Ronald Reagan, en las elecciones presidenciales de Estados Unidos en noviembre de 1980, hizo concebir esperanzas al dictador y a su régimen acerca de una mejora de las relaciones exteriores a partir de un entendimiento con la potencia hemisférica. Por lo pronto, Pinochet se apresuró a felicitar al nuevo inquilino de la Casa Blanca, quien había prometido una hostilidad frontal contra la Unión Soviética, cuando la Guerra Fría se recrudecía en Afganistán, Nicaragua, Polonia o Irán. «En momentos en que la humanidad vive una aguda crisis, su designación constituye una esperanza para todos los pueblos que, como el nuestro, desean que los Estados Unidos fortalezcan su rol de liderazgo en los asuntos mundiales», le escribió.[41]

La ola conservadora ya había llevado a Margaret Thatcher a la jefatura del gobierno británico en mayo de 1979. La llegada de la Dama de Hierro al número 10 de Downing Street favoreció el restablecimiento de las relaciones diplomáticas entre el Reino Unido y Chile al nivel de embajadores, suspendidas a raíz de la detención y torturas sufridas por la doctora Sheila Cassidy en noviembre de 1975.[42] La normalización fue posible gracias al interés económico de los empresarios británicos en el mercado chileno y a la excusa oficial presentada por el régimen en relación con la doctora Cassidy.[43]

En febrero de 1981, durante las primeras semanas de su administración, Reagan levantó la prohibición decretada por Carter de conceder créditos subsidiados del Eximbank para financiar exportaciones estadounidenses a Chile e invitó a que la Armada chilena volviera a participar en las maniobras navales de la Operación Unitas. El canciller René Rojas viajó a Washington en junio.[44]

Como investigó la historiadora Olga Ulianova, a lo largo de 1981 la visión del Chile de Pinochet en Washington cambió «rotundamente». En agosto de aquel año, la embajadora estadounidense en Naciones Unidas, Jeane Kirkpatrick, viajó a Santiago para «acelerar el retorno a relaciones de cooperación». Sus comentarios hacia el régimen fueron elogiosos y destacó la coincidencia en combatir al gobierno sandinista en Nicaragua y a las guerrillas de Guatemala y El Salvador.[45] En 1981, Reagan logró la derogación de la enmienda Kennedy, aunque los parlamentarios demócratas en la Cámara de Representantes pudieron supeditar la reanudación de la concesión de créditos militares o la venta de armas a Chile al cumplimiento de condiciones previas en materia de derechos humanos.[46]

El 21 de septiembre, justo cinco años después del asesinato de Orlando Letelier y Ronni Moffitt, el nuevo embajador chileno, Enrique Valenzuela, presentó sus cartas credenciales a Ronald Reagan en la Casa Blanca y le entregó un «caluroso mensaje de aprecio y admiración» del general Pinochet por el viraje que había dispuesto a la política exterior de su país.[47]

A fines de noviembre, Henry Kissinger regresó a Santiago, invitado por el Instituto Chileno de Administración Racional de Empresas para impartir una conferencia en el salón de honor de la Universidad de Chile, por la que percibió quince mil dólares. Kissinger confirmó públicamente que la administración de Reagan tenía una mejor opinión de la dictadura que su antecesor.[48] Además de dictar otras conferencias —en la Academia Diplomática sobre el papel de Estados Unidos en el mundo contemporáneo y en el Hotel Carrera ante algunos de los principales empresarios del país— y de comparecer ante la prensa, el 23 de noviembre desayunó con Pinochet en La Moneda y el canciller René Rojas ofreció una recepción en su honor en el palacio Cousiño.[49] En sus declaraciones públicas, volvió a señalar que los sectores conservadores de su país valoraban la importancia del golpe de Estado porque había eliminado de Chile la amenaza del comunismo.

Laura Allende y Eduardo Frei

Laura Allende, diputada socialista durante tres periodos, hermana menor del presidente y madre de Andrés Pascal Allende —secretario general del MIR tras el asesinato de Miguel Enríquez en octubre de 1974—, fue expulsada de Chile por la dictadura en marzo de 1975 después de haber estado detenida en Cuatro Álamos durante cinco meses.

En diciembre de 1979, cuando la enfermedad que padecía desde hacía años amenazaba ya su vida, envió una carta a varios organismos internacionales y a sus amigos: «Como mujer chilena dediqué mi actividad a combatir la miseria de mi pueblo, a buscar la forma de levantar y desarrollar mejores condiciones de la limitada vida del niño proletario, es decir, a defender el presente y el futuro de mi Patria».

En aquellas líneas describió el drama del destierro que compartían miles de compatriotas: «He vivido casi cinco años en el exilio; puedo decir, como seguramente lo dicen muchos chilenos, que la solidaridad que nos ha rodeado no solo ha sido material, el afecto que nos han entregado y el apoyo incondicional a nuestra causa —en todos los lugares que hemos recorrido— es lo más importante. Los que sufrimos el exilio sentimos la tristeza de no estar en nuestra patria. Se vive buscando la noticia, las informaciones de Chile, nada nos distrae, no podemos arraigarnos, vamos al encuentro de todo lo que se parece a nuestra tierra; estamos destruyéndonos de nostalgia. Vivimos en suspenso; ¡cuánto necesitamos trabajar junto a nuestro pueblo! Compartir con él sus esfuerzos y tribulaciones, ver, sentir a nuestros niños chilenos, nuestra cordillera, nuestro mar, nuestros valles. No, no nos pueden privar de lo que constituye la razón de nuestra existencia, nada puede compensar tanta amargura». «Los que son jóvenes tienen la seguridad de volver, pero para mí existe la urgencia de llegar, tengo 68 años; no puedo esperar, hace un año que estoy enferma con una fractura a la columna, solo puedo caminar un poco, y lentamente. Salí de Chile con anemia y descalcificación; nunca me he recuperado. No, no puedo esperar. Además, estoy en mi derecho, legalmente no pueden impedirme vivir en Chile.»

El 20 de junio de 1978, después de la promulgación del decreto ley de amnistía, había presentado en la embajada en Panamá una solicitud para volver a la patria. «A los 68 años, y enferma, me extraña que se me considere una persona peligrosa para la Seguridad Nacional. Yo reclamo mi derecho a vivir y morir en mi Patria». Incluso expresó su disposición a aceptar el regreso en calidad de detenida hasta que los tribunales dilucidaran si había cometido algún delito.[50] Pero finalmente, en septiembre de 1980, tras diferentes apelaciones, la Corte Suprema resolvió que la decisión del régimen de impedir su regreso no era ni ilegal ni arbitraria «toda vez que ha sido dictada por la autoridad que tiene facultad para disponerlo, tomando esa medida con antecedentes que la justifican». Pinochet no atendió siquiera a las razones humanitarias y le impidió vivir sus últimos días en Chile.

El 23 de mayo de 1981, Laura Allende se quitó la vida al arrojarse al vacío desde la habitación del hotel de La Habana donde residía. Su enfermedad había empeorado y había estado hospitalizada a principios de aquel año. En 1979, había escrito incluso al papa Juan Pablo II: «Yo no puedo esperar que siga pasando el tiempo, tengo 68 años y estoy enferma. Necesito ver mi patria, no quisiera que llegara la hora de la partida lejos de mi tierra. El exilio, aun en las mejores condiciones, es difícil de soportar. Nos va minando la resistencia para vivir. Sé que podría recuperar fuerzas y esperar con gran conformidad la hora final en mi patria».[51]

Pinochet no solo persiguió con saña a las personas que militaban en las organizaciones de izquierda. El 30 de enero de 2019, el juez Alejandro Madrid dictaminó, en una sentencia de ochocientas once páginas, que agentes de la dictadura cívico-militar fueron los responsables de la muerte del expresidente Eduardo Frei el 22 de enero de 1982 en la Clínica Santa María de Santiago. Después de una investigación judicial que se prolongó dieciocho años, seis personas fueron condenadas por homicidio a entre tres y diez años de prisión.[52]

Conocida la resolución judicial, su hija Carmen Frei, la persona que más ha batallado para esclarecer este crimen junto con su esposo, Eugenio Ortega —ya fallecido—, compareció en la sede del Partido Demócrata Cristiano, del que es su vicepresidenta, y leyó un comunicado en el que declaró que «la dictadura cívico militar que encabezó Pinochet» fue la responsable del magnicidio. «Nada de lo que ocurrió en torno a la muerte de mi padre fue accidental o fruto del azar».[53] Conmovida por la sentencia, recordó que las violaciones masivas y sistemáticas de los derechos humanos fueron parte de una política de Estado «destinada a imponer un proyecto de sociedad». «El homicidio de mi padre es parte de esa dolorosa verdad que por desgracia todavía no deja de producir entre nosotros sus consecuencias.»[54]

Aquel 22 de enero de 1982, solo una hora después de su fallecimiento, llegaron a la Clínica Santa María los emisarios del dictador: el director de protocolo Ricardo Letelier; el jefe de Ceremonia, José María Gallardo, y su edecán aéreo, el comandante Nathan Maruck. Pinochet ofreció la declaración de tres días de duelo nacional y los honores militares correspondientes al rango de jefe de Estado, pero a cambio exigió su presencia y la del gabinete en las exequias. En la ceremonia religiosa en la catedral hubo cuatro asientos vacíos por Andrés Zaldívar, Renán Fuentealba, Jaime Castillo y Claudio Huepe, quienes habían llegado en avión a Pudahuel y a quienes la dictadura impidió la entrada al país. Una multitud acompañó a la familia desde la catedral hasta el Cementerio General y allí hablaron Tomás Reyes, presidente del PDC; Mariano Rumor, presidente de la Unión Mundial Democristiana, y el exmandatario venezolano Rafael Caldera.[55]

En el tercer volumen de sus memorias, Pinochet escribió: «Mis delegados llevaron a su viuda una carta personal de condolencias y altos funcionarios de protocolo se pusieron a disposición de la familia del extinto para tratar los detalles relativos al funeral. Por Decreto Superior del Ministerio del Interior se ordenó un duelo oficial de tres días en todo el territorio nacional. (...) Interrumpí mis vacaciones y asistí con el Gabinete en pleno al responso solemne de sus restos en la catedral Metropolitana. Frei había sido, en el último lustro, opositor a mi Gobierno. Pero nadie podía negar que había sido un hombre honorable, honesto, notable estadista y una figura política de fama internacional. El que no nos hubiéramos entendido acerca de entregarle el Gobierno a la Democracia Cristiana en nada disminuía mi aprecio por su personalidad».[56]

Solo un mes después otro crimen estremeció a Chile. En aquel momento, el movimiento sindical ya había asumido el liderazgo en la oposición. En 1981, los dirigentes de la Coordinadora Nacional Sindical, el democratacristiano Manuel Bustos y el comunista Alamiro Guzmán, habían integrado las reivindicaciones socioeconómicas y políticas en el «Pliego de Chile», que tuvo como respuesta de la dictadura el encarcelamiento de los dirigentes obreros. El 10 de julio de aquel año, en la Vicaría de la Pastoral Obrera, los dirigentes públicos del Partido Comunista, el presidente de la Asociación Nacional de Empleados Fiscales (ANEF), Tucapel Jiménez (militante del Partido Radical) y Eduardo Frei comparecieron para protestar por la represión y anunciar la creación del unitario Comité de Defensa de la Libertad Sindical.

En este contexto, el 25 de febrero de 1982 Tucapel Jiménez fue asesinado por agentes de la Dirección Nacional de Inteligencia del Ejército en las proximidades de Lampa, a unos cuarenta kilómetros de Santiago. Fue acribillado y posteriormente degollado. Fue opositor al gobierno de Allende e incluso en junio de 1974 intervino ante la Organización Internacional del Trabajo, en Ginebra, en defensa del régimen, pero se había ido distanciando de manera pública, como quedó claro en dos entrevistas publicadas en la revista *Ercilla* en agosto de 1976 y junio de 1977. Había sido ya hostigado y amenazado y expulsado de su trabajo en la Dirección de Industria y Comercio (Dirinco).[57]

La crisis del modelo

A fines de los años setenta y principios de los ochenta, Chile fue un lugar de peregrinación para los próceres del neoliberalismo. Querían ser testigos de la implementación de sus principios teóricos en el «laboratorio» de Pinochet. Así, después de las trascendentales visitas de Arnold Harberger y Milton Friedman en 1975, a fines de 1977 llegó otro gurú, el economista austriaco Friedrich von Hayek, quien declaró sobre la economía chilena: «¡Es extraordinario! Estoy muy sorprendido. Nunca habría esperado encontrar este grado de prosperidad después de haber oído cómo estaba la economía hace tres años. Estoy completamente asombrado».[58] En aquellos mismos días, Pinochet presumía de la gestión de los Chicago Boys: «Hoy día, después de cuatro años de sacrificios, podemos decir con satisfacción que nuestra inflación no llega a 65 % para este año, que tenemos una balanza de pagos totalmente equilibrada, estamos pagando nuestra deuda externa, hemos diversificado nuestras exportaciones».[59]

El 18 de enero de 1980, *The Wall Street Journal* sugirió que la administración Carter dejara de «sermonear» a la dictadura de Pinochet. «Tal vez como retribución por la restauración de sus relaciones amistosas, Chile debería prestarnos su equipo económico», agregó el influyente diario.[60] En julio de 1981, también Friedman proclamó su admiración ante el boom de la economía chilena: «Lo que se observa allí es comparable al milagro económico de la Alemania de postguerra».[61]

Las cifras del denominado «milagro chileno» parecían contundentes. Entre 1977 y 1981, el producto general bruto aumentó un 8,5 % anual, con un crecimiento notable del comercio, la pesca, el transporte y las comunicaciones. Hacia 1979, la inflación anual no superaba el 30 %; en 1980 el déficit fiscal había desaparecido, las exportaciones no tradicionales habían crecido de manera espectacular, la balanza de pagos exhibía un inédito superávit y el acceso a bienes de consumo importados se extendía con una amplitud desconocida.[62] Además, a partir de 1975 la Corporación de Fomento de la Producción había iniciado el primer proceso de privatizaciones de más de cien compañías y del 86 % de las participaciones bancarias que poseía, lo que propició la concentración de capitales tanto productivos como financieros y de la riqueza en las manos de unos pocos grupos económicos muy vinculados a la dictadura.[63] Cerca de un centenar de profesionales afines a los Chicago Boys estaban distribuidos de manera estratégica en las redes gubernamentales, con Odeplan como centro de su influencia y el Ministerio de Hacienda, dirigido por Sergio de Castro, como cuartel general.

En 1982 y 1983, Chile sufrió la peor crisis económica en medio siglo. El «milagro chileno» se derrumbó como un castillo de naipes y el país experimentó «un ajuste brutal de la economía con un costo social enorme», en palabras del historiador Manuel Gárate.[64] En 1982, el PIB cayó un 14,1 % y la inversión más de un 30 %. Sin incluir a los trabajadores acogidos al Programa de Empleo Mínimo y al Programa de Ocupación para Jefes de Hogar (POJH), las cifras oficiales de desempleo se situaron en el 19 % en 1982 y en el 26 % en 1983. Diez años después del golpe de Estado, el ingreso real per cápita era inferior en un 3,5 % al de 1970, la producción industrial era menor también que la de ese año y la deuda externa equivalía al 80 % del PIB. Los sectores populares fueron los más golpeados por la crisis: a mediados de 1983, el 10,9 % de la población activa (380.529 personas) trabajaba para el PEM y percibía un ingreso mensual de dos mil pesos, que equivalía tan solo al valor de 1,3 kilos de pan al día.[65] Con políticas erráticas y cortoplacistas, inducidas por una visión ideológica de la economía, el régimen fracasó en la gestión de la crisis.

El primer indicio potente fue el quiebre de la refinería de azúcar CRAV, en Viña del Mar, en julio de 1981 y ya a fines de aquel año el gobierno tuvo que intervenir cuatro bancos y otras tantas compañías financieras. En los meses siguientes, la fe ciega en las reservas internacionales del país y en la lógica del «libre mercado» motivó que los sucesivos timoneles del área económica decidieran no intervenir los bancos hasta que la situación fue absolutamente dramática. En enero de 1983, el gobierno de Pinochet acometió de manera indirecta una enorme nacionalización de empresas, al asumir el control de la mayor parte del sistema financiero y por tanto de las empresas que habían sido absorbidas por estas entidades. En dos años la economía chilena estaba en bancarrota.[66]

Desde los primeros síntomas de la crisis, el dictador reiteró en su discurso público varias ideas: el mantenimiento del modelo neoliberal, la confianza en que la crisis pasaría muy pronto y la amenaza a la oposición para que no aprovechara la situación para «desestabilizar» y «volver a la lucha de clases», como previno en Puerto Montt en febrero de 1982.[67] Además, y cuando sectores políticos y económicos afectos al régimen clamaban contra la intransigencia y el radicalismo de los Chicago Boys, aseguró que la crisis era un «fenómeno mundial». «No se alterarán las rutas escogidas», aseguró en un discurso al país con motivo del primer aniversario de la entrada en vigor de la Constitución.[68]

El 22 de abril de 1982, tras la renuncia de todo el gabinete, tomaron posesión los nuevos ministros: el general de aviación Enrique Montero Marx sustituyó a Sergio Fernández en Interior; Sergio de la Cuadra, quien hasta entonces era el presidente del Banco Central, reemplazó a De Castro en Hacienda;[69] también hubo cambios en Economía, Educación, Obras Públicas, Agricultura, Trabajo, Vivienda y Odeplan. Entre los ministros con cartera volvía a haber más militares, diez, que civiles, seis. El discurso de Pinochet en aquella ocasión, con el país inmerso en graves problemas económicos, no recurrió sino a su cuco predilecto y empezó con estas palabras: «Rotas las cadenas del marxismo en ese glorioso 11 de septiembre de 1973...».[70]

Una de las decisiones más emblemáticas de aquel periodo fue la devaluación del peso respecto al dólar, que Pinochet había negado hasta el agotamiento que adoptaría, como reiteró el 3 de junio de 1982 ante los dirigentes de la Cámara Nacional de Comercio y de la Confederación Gremial del Comercio Detallista. Pero solo once días después, la noche del 14 de junio, el ministro de Economía, el brigadier general Luis Danús, anunció por televisión que el cambio de la moneda nacional con la estadounidense pasaba a establecerse en 46 a 1. A partir de entonces, la crisis adquirió proporciones dramáticas. A fines de diciembre, el dólar ya valía 74 pesos, por lo que las deudas en esta moneda habían crecido exponencialmente.

Arturo Fontaine Aldunate, quien había tenido que dimitir unos meses antes como director de *El Mercurio* por un artículo crítico con la conducción económica del régimen, dejó escrito cómo el dictador comunicó aquella decisión. El viernes 11 de junio de 1982, Pinochet convocó en su despacho al ministro de Hacienda, Sergio de la Cuadra, y con voz baja y serena le comentó que había adoptado la determinación de devaluar. «Y sin más, saca del bolsillo una estampa con la imagen de la Virgen del Carmen, Patrona de Chile y de sus Ejércitos, y la exhibe en silencio al ministro. Este, confundido por el gesto, no atina a otra cosa que a sacarse por el cuello de la camisa la medalla del Escapulario del Carmen que siempre lleva consigo colgando de una cadena. Luego de esta callada y emocionada exhibición de imágenes, vienen los detalles acerca de la resuelta devaluación.»[71]

Fontaine Aldunate ha relatado otra anécdota muy reveladora de aquellos días, sufrida en carne propia. «Un día, invitados por el Rotary Club a un almuerzo que se hacía anualmente en el Club de la Unión para celebrar las glorias del Ejército, nos encontramos con el presidente Pinochet. (...) Al salir se acercó a mi mesa y me lanzó una frase que se haría célebre: "En Chile no se mueve ni una hoja sin que yo lo sepa". Y añadió: "Tenga cuidado".» Fontaine, ardiente defensor del golpe de Estado y embajador en Argentina entre 1984 y 1987, reconoció que se trataba de una frase «tremenda pronunciada por Pinochet».[72]

En los primeros días de 1983, cuando el régimen enfrentaba su décimo año con el país inmerso en una gravísima crisis social y económica, Pinochet prometió que la situación mejoraría en un breve plazo. «La recesión internacional encontró a nuestra economía en un alto nivel de endeudamiento y nos obligó a enfrentarla con una reducción drástica del gasto. El Gobierno optó por asegurar el control de la inflación y empeñarse en el auxilio directo a los más necesitados, paliando los efectos del desempleo. Ello importaba, por cierto, la reducción y la quiebra de aquellas empresas con exceso de deuda. Pero era necesario asumir una actitud realista. El Gobierno ha llevado adelante una estrategia económica realista y pragmática. No ha ocultado la situación y ha escogido las opciones técnicas que la evidencia y la complejidad de los problemas han requerido. Es comprensible que haya discrepancia sobre ello y que cueste aceptar algunas medidas que hieren intereses personales o que son duras para algunos, pero que son de beneficio para el interés general.»[73]

Indiferente a la realidad, aseguró también que la crisis económica no tendría repercusiones políticas. Se equivocó.

Las protestas nacionales

En su congreso de abril de 1983 en Punta de Tralca, la Confederación de Trabajadores del Cobre (CTC) convocó un paro nacional que finalmente tuvo lugar el 11 de mayo con la forma de jornada de protesta, con acciones más bien pasivas, como no enviar los niños al colegio y abstenerse de realizar compras o trámites administrativos o bancarios.[74] Al caer la noche, miles de personas salieron a las calles de Santiago e hicieron sonar cacerolas y las bocinas de los coches. En las poblaciones más organizadas de Santiago se encendieron grandes fogatas y se levantaron barricadas como defensa. Era el desafío más serio enfrentado por el régimen en sus casi diez años de vida.

Se inició un ciclo de movilizaciones que perduraría hasta julio de 1986. La primera Jornada de Protesta Nacional supo recoger un estado de ánimo muy extendido de rechazo a la dictadura y transformar la disidencia subterránea en una demanda pública y masiva de democracia que sorprendió al régimen.[75] A partir de entonces, Chile volvió a ocupar intensamente la atención mundial, con decenas de periodistas extranjeros que llegaron para informar sobre las movilizaciones contra Pinochet. También la prensa democrática chilena cumplió un papel esencial y las emisiones de Radio Cooperativa, con Sergio Campos y Manola Robles como dos de sus voces más emblemáticas, contaron al minuto lo que sucedía en las calles.

El protagonismo fue colectivo y correspondió a un verdadero arcoíris de organizaciones y actores sociales: la fuerza moral del movimiento de derechos humanos, integrado ya por una multiplicidad de asociaciones (AFDD, AFEP, Comité de Defensa de los Derechos del Pueblo, Fundación de Ayuda Social de las Iglesias Cristianas, Servicio Justicia y Paz, Comisión Chilena de Derechos Humanos, Comisión de Derechos Juveniles, la Fundación de Protección de la Infancia Dañada por los Estados de Emergencia...), la conciencia de clase de los sindicatos, el renacimiento del movimiento de los estudiantes de enseñanza media y superior y de los colegios profesionales, la fuerza de organizaciones como Mujeres por la Vida, la aportación valiosa de intelectuales y creadores de todas las artes, la combatividad de los habitantes de las modestas poblaciones, la reorganización y crecimiento de los principales partidos opositores: comunistas, socialistas, democratacristianos, el Movimiento de Acción Popular Unitaria (MAPU) y MIR... Mayo de 1983 marcó la irrupción definitiva de la oposición en el espacio público, el resurgimiento de la sociedad civil democrática y de la acción colectiva para hacer frente a la dictadura.

La primera Protesta Nacional se saldó con dos personas muertas, numerosas heridas y más de quinientas detenidas. Una de las víctimas mortales fue Andrés Fuentes, un joven de 22 años de La Victoria. El 13 de mayo, cinco mil personas acompañaron su cortejo fúnebre hasta el Cementerio Metropolitano en un tono desafiante desconocido hasta entonces, con el estribillo que ya empezaba a popularizarse de «Y va a caer, y va a caer...». Si la policía arremetió con extrema violencia al final del sepelio, la verdadera venganza llegó, una vez más, de madrugada cuando todos los habitantes de la población fueron arrancados de sus camas por centenares de militares con armas pesadas, en un operativo calificado por la jefatura de la Zona de Emergencia como rutinario y «destinado a detectar y detener a sujetos antisociales». Todos los varones mayores de 14 años fueron detenidos, mientras sus casas eran allanadas, destrozadas y sus esposas e hijos pequeños humillados e insultados. Aquella noche diez mil hombres permanecieron, como prisioneros de guerra, arrodillados y con las manos en la nuca, junto a la vía férrea, mientras sus antecedentes eran revisados uno a uno.[76]

Pinochet enfrentó las protestas nacionales con un enorme despliegue militar y policial y con un discurso violento en la esfera pública, plagado de amenazas, sin dejar de reiterar que mantendría, contra viento y marea, el cronograma trazado por la Constitución.[77] El 20 de mayo, en un discurso ante la Junta militar, los ministros, subsecretarios y el alto mando de las Fuerzas Armadas, afirmó: «Estoy observando, oyendo y reflexionando, y por qué no decirlo, ¡sufriendo!, al ver tanta acción política y tanta impudicia de políticos y dirigentes sindicales politizados que se aprovechan del momento actual para sembrar la incertidumbre y la inquietud».

No se demoró en denunciar que la movilización del 11 de mayo había tenido su origen en una campaña millonaria dirigida y financiada por la Unión Soviética destinada al derrocamiento del gobierno, con la participación de diarios europeos y norteamericanos. En referencia a los opositores, señaló: «Ellos saben que si acaso logran penetrar, adentrarse en un gobierno democrático, en el corto plazo el país volvería a ser teatro del marxismo soviético. (...) Esos mismos que la noche del 11 de mayo tocaban la bocina no saben lo que les espera si acaso volviera el marxismo a ocupar el Gobierno». Negó el inmovilismo del régimen y recordó que disponían de ocho años para elaborar las catorce leyes orgánicas constitucionales y ya tenían dos aprobadas y tres en trámite. También dijo que apreciaba «desmoralización» entre los partidarios del régimen: «Observo como que nuestra gente se callara y no se atreviera a hablar, no se atreviera a defender al Gobierno».[78]

El Comando Nacional de Trabajadores —CNT, creado tras la primera Jornada de Protesta Nacional por la CTC, la Unión Democrática de Trabajadores, la Coordinadora Nacional Sindical y la Confederación de Empleados Particulares— convocó la segunda Jornada de Protesta Nacional para el 4 de junio y fue aún más masiva, con la participación visible de sectores medios e incluso de altos ingresos. La «mano dura» de Pinochet se hizo sentir de nuevo y la represión ocasionó la muerte de cuatro personas, acribilladas por «civiles no identificados». El encarcelamiento de Rodolfo Seguel, joven trabajador de El Teniente y militante democratacristiano, y de otros dirigentes sindicales originó la primera huelga de los trabajadores del cobre, que tuvo especial éxito en El Teniente y El Salvador. Como castigo, la dictadura decretó el despido de ochocientos trabajadores. El 27 de junio, al intervenir frente a los intendentes regionales y gobernadores provinciales, Pinochet aseguró que el gobierno había sido «tolerante» con dos protestas «subversivas», pero añadió: «¡Esto se acabó, señores!».[79]

Al calor de las movilizaciones, las fuerzas democráticas empezaron a confluir en plataformas unitarias. El 6 de agosto de 1983, el democratacristiano Gabriel Valdés anunció la formación de la Alianza Democrática (AD), integrada por el PDC, el Partido Radical y algunas fracciones socialistas, y que propugnaba la renuncia de Pinochet, la instauración de un gobierno provisional y la convocatoria de una Asamblea Constituyente. El 20 de septiembre, se dio a conocer el manifiesto de constitución del Movimiento Democrático Popular (MDP), que aglutinaba al Partido Comunista, la fracción socialista liderada por Clodomiro Almeyda y el MIR. El MDP planteaba la salida de Pinochet y de todas las autoridades del régimen, la implantación de un gobierno provisional, el esclarecimiento de las violaciones de los derechos humanos, un plan económico de emergencia, la declaración de ilegitimidad de la Constitución y la convocatoria de una Asamblea Constituyente.[80]

El general Pinochet combinó la represión durísima contra quienes participaban en las movilizaciones por la democracia con una maniobra de distracción: la proclamación de una inopinada «apertura» política, encargada al viejo líder de la derecha, Sergio Onofre Jarpa, embajador en Argentina desde 1977 y antes en Colombia. Jarpa asumió el Ministerio del Interior el 10 de agosto de 1983 y lo dirigió hasta el 12 de febrero de 1985. Tras su toma de posesión, durante una reunión con dirigentes de las juntas vecinales de la Región Metropolitana, el dictador se refirió a la cuarta Jornada de Protesta Nacional programada para el día siguiente y anunció que habría dieciocho mil efectivos de las Fuerzas Armadas y de Carabineros desplegados en Santiago «y con órdenes de actuar duramente».[81] Efectivamente, el 11 de agosto de 1983 el régimen se cobró la vida de veintiocho personas, con centenares de detenidos y heridos. Pero las movilizaciones empezaron a extenderse por todo el país: Valparaíso, Concepción, Rancagua, Chillán, Punta Arenas...[82]

El denominado Plan Jarpa contemplaba un conjunto de medidas que suponían la implantación temprana de algunas de las previsiones de la Constitución del régimen:[83] aprobación de las leyes sobre partidos políticos, registros electorales y elecciones en 1985, fijación de una fecha para la elección anticipada del Congreso Nacional, tolerancia con los partidos no marxistas y regreso de la mayor parte de los exiliados.[84] Con este diálogo con los sectores moderados de la oposición, el régimen de Pinochet pretendía, según Manuel Antonio Garretón, «encadenar a la oposición en la institucionalidad vigente». Ello obligaba a la dictadura a aceptar la organización de dichos sectores, pero sin renunciar a la exclusión de la izquierda revolucionaria, ni a la represión.[85]

Al mismo tiempo, aquella maniobra fue la expresión del proyecto de un sector de la derecha de desplazar al gremialismo del centro del poder, en el contexto de la crisis económica y de cierta desconfianza hacia los economistas neoliberales. Bajo el alero de la Iglesia católica, y en particular del nuevo arzobispo de Santiago Juan Francisco Fresno, Jarpa y la Alianza Democrática entablaron conversaciones, pero las posturas estuvieron siempre muy alejadas. De manera paralela, la derecha se articuló principalmente en dos frentes políticos: el 25 de octubre, Jaime Guzmán y el gremialismo fundaron la Unión Demócrata Independiente (UDI) y el 27 de noviembre Jarpa y Andrés Allamand impulsaron el Movimiento de Unidad Nacional.[86] Los sectores aún más ultras y retrógrados se cobijaban en agrupaciones como Avanzada Nacional.

Pero 1983 fue también un año de «celebraciones» para Pinochet. A principios de marzo, con motivo del quincuagésimo aniversario de su ingreso a la Escuela Militar, la Dirección Nacional de Comunicaciones del gobierno dio a conocer un documento con la relación de sus destinaciones, cargos y condecoraciones recibidas a lo largo de su trayectoria profesional. Era el primer general chileno que cumplía medio siglo en el Ejército y exaltó tal efeméride con una ceremonia en La Moneda en la que participaron el vicecomandante en jefe, brigadier general Julio Canessa, y el director de la Escuela Militar, coronel Óscar Vargas, así como veinte cadetes.[87]

El 23 de agosto conmemoró su primera década al frente del Ejército. En su discurso evocó, ciertamente a su manera, aquellos días en que la confianza del general Prats llevó a Salvador Allende a designarle comandante en jefe: «Por entonces, el país atravesaba el más oscuro periodo de su historia cívica y el colapso comunista amenazaba con destruir totalmente lo poco que de Chile iba quedando. Fue en medio de tales circunstancias cuando la Providencia quiso encargarme el mando institucional...».[88]

Y festejó los diez años del golpe de Estado con un maratón de entrevistas en tres diarios (*El Mercurio*, *La Nación* y *La Tercera*) y una revista, *Qué Pasa*. «Siento la satisfacción de que se ha cumplido un periodo, una etapa, en que ha habido sacrificios, ha habido dolores, ha habido triunfos, inquietudes y en que hay metas cumplidas», explicó a María Eugenia Oyarzún.[89] El 11 de septiembre, después de un desfile militar, pronunció su acostumbrado discurso en el Edificio Diego Portales, en el que exaltó «la heroica gesta del 11 de septiembre de 1973», ante la ausencia de los embajadores de los diez países miembros de la Comunidad Económica Europea y de España.[90]

Aquel día, en ciudades de todo el planeta hubo manifestaciones de solidaridad con la causa de la democracia en Chile. La más masiva tuvo lugar en Madrid, donde alrededor de doscientas mil personas marcharon por la calle Bravo Murillo, en una marcha apoyada por todos los partidos del arco parlamentario, incluida la derechista Alianza Popular. Tomaron la palabra el vicepresidente del gobierno español, Alfonso Guerra, e Isabel Allende Bussi. Estuvieron también presentes, entre otros, Gregorio Peces-Barba, presidente del Congreso de los Diputados; Joaquín Leguina, presidente de la Comunidad de Madrid; Gerardo Iglesias, secretario general del PCE; Pedro Laín Entralgo, presidente de la Real Academia Española, y Joaquín Ruiz-Giménez , el Defensor del Pueblo. Entre las consignas más comunes, según la crónica de Rafael Fraguas, los manifestantes corearon: «¡Asesino Pinochet!», «¡El pueblo unido jamás será vencido!», «¡Chile vencerá!». «Es difícil contener la emoción al ver este Madrid desbordado en las calles por Chile. Es difícil contener la emoción, porque Salvador Allende era mi padre y Chile es mi pueblo», afirmó, conmovida, Isabel Allende.[91]

En 1983, Pinochet presentó el libro *Política, politiquería, demagogia* (Editorial Renacimiento, 119 páginas), que recogió sus reflexiones personales acerca de las «desviaciones» que, a su juicio, padecía el sistema político chileno antes del 11 de septiembre de 1973. «He decidido publicar estas notas con el deseo de llamar la atención sobre dichas desviaciones, por cuanto algunos pretenden, hoy en día, reeditar las mismas prácticas cuyos resultados tanto daño le hicieron al país», escribió en sus primeras páginas. ¿Sus temas? «El partido empresa», «La "democracia" partidista y el comunismo», «Creyentes o pseudocreyentes», «Libertad versus libertinaje»... La primera edición, con una tirada de cincuenta mil ejemplares, se vendió en los quioscos de prensa y fue promocionada en radio y televisión. Apareció otra edición aquel año y la tercera vio la luz en 1986.

También en 1983 apareció otro libro de su autoría, *Patria y democracia* (Editorial Andrés Bello, diecisiete mil ejemplares de tirada), una larguísima recopilación de breves extractos de sus discursos, clasificados en diecisiete apartados («La crisis del sistema político partidista chileno», «El pronunciamiento del 11 de septiembre de 1973», «La reconstrucción nacional», «La lucha contra el marxismo»...). Tuvo una segunda edición en 1985.

El año 1983 contó con un epílogo especialmente dramático ante la catedral de Concepción, donde el 11 de noviembre el obrero Sebastián Acevedo se quemó a lo bonzo para exigir a la CNI que liberara a sus hijos, María Candelaria y Galo, secuestrados hacía tres días. Su hija fue puesta en libertad horas después y su hijo conducido a la cárcel pública. Aquel trágico gesto motivó la fundación del Movimiento contra la Tortura Sebastián Acevedo y de Mujeres por la Vida. El 14 de noviembre, tras afirmar que la CNI no sería disuelta, el dictador señaló sobre la inmolación de Sebastián Acevedo en Concepción: «La gente a veces reacciona de diversas maneras. Casi siempre en estos casos hay un problema mental. En consecuencia, no puedo pronunciarme ni decir nada, salvo que lamento mucho su muerte».[92]

Las mansiones del general

En los primeros meses de 1984, la revista *Cauce* desveló los detalles sobre la mansión «faraónica» que Pinochet había ordenado construir en Lo Curro, una de las zonas más exclusivas de Santiago, y la parcela que había adquirido en el Cajón del Maipo, denominada El Melocotón. En el contexto de la cruda crisis económica, aquellas revelaciones desencadenaron un gran escándalo y empezaron a extender un manto de sospecha sobre sus ingresos.

El coste estimado de la lujosa mansión de Lo Curro fue de catorce millones de dólares de la época. Solo el terreno, de ochenta mil metros cuadrados, valió un millón de dólares, sufragados por el Ministerio de Vivienda y Urbanismo. «A la distancia —es más saludable observarla desde lejos—, la casa del general Pinochet se parece bastante a una fortaleza construida en seis niveles, dos de los cuales son totalmente subterráneos», escribió la periodista Mónica González. Para su construcción hubo que dinamitar el cerro y desplazar quinientos mil metros cúbicos de tierra. «De los seis mil metros edificados, 1.600 corresponden solamente a salones y oficinas y 1.200 a servicios, cocinas, bodegas, salas de guardia, equipos de calefacción y otros. Las cocinas están habilitadas para atender a dos mil personas al mismo tiempo.» Tenía, además, sesenta y dos mil metros cuadrados de jardines adornados con flores y plantas exóticas, dos canchas de tenis y estaba dotada de las más avanzadas tecnologías de seguridad de la época; incluso contaba con un refugio antiaéreo. Los materiales empleados en la construcción eran de lujo: mármol de Alicante, cristales para las ventanas importados de Bélgica, madera de lingue fino para las puertas...[93] Pinochet jamás pudo utilizarla y poco antes de abandonar La Moneda la traspasó al Ejército, que desde entonces la destina como club social para sus oficiales.[94]

Pronto tuvo que hacer frente a aquella polémica. Explicó que había adquirido la parcela de El Melocotón con sus ahorros al precio de doscientos cuarenta mil pesos y, sobre la imponente mansión de Lo Curro, afirmó que se había edificado para uso oficial del presidente de Chile en el futuro: «No es para mí, ni me pertenece». «Quiero decir que siempre he sido austero y sobrio y pedí un préstamo para tener casa propia. Soy el más antiguo ahorrante de la Caja de Previsión de la Defensa Nacional». Por supuesto, agregó que las informaciones periodísticas eran parte de «una campaña difamatoria contra mi persona y mi familia».[95] Y, en una entrevista concedida a *Newsweek*, declaró: «Yo no uso el poder para beneficio personal. No voy a fiestas, soy abstemio. Me levanto a las cinco de la mañana, voy a la oficina a las siete y trabajo hasta después de las diez de la noche. Soy un hombre de principios». La periodista, Patricia J. Sethi, le preguntó si había pensado «retirarse». «Yo estoy aquí porque mi pueblo me pide que me quede.»[96]

En mayo, la revista *Cauce* publicó otro reportaje sobre su casa en el Cajón del Maipo, en un bello paraje de la precordillera. En aquellas semanas, veintitrés abogados —Patricio Aylwin entre ellos— presentaron una denuncia ante los tribunales por irregularidades en la adquisición de estos terrenos. En enero de 1979 había comprado siete hectáreas en la zona y desde entonces y hasta diciembre de 1983 su propiedad había crecido catorce hectáreas más y pagó al contado 6.250.000 pesos.[97] Allí mandó edificar una residencia de seiscientos metros cuadrados y otras tres edificaciones, junto con piscinas, parques, jardines y plantaciones de árboles. Además, el Ministerio de Obras Públicas construyó *ex profeso* una carretera de veinticuatro kilómetros para hacerle más sencillo el recorrido y TVN instaló una antena repetidora para que su señal llegara a la zona.

El año 1984 empezó mal para Pinochet no solo por estas impactantes revelaciones. El domingo 26 de febrero, cuando presidía una ceremonia oficial en la Plaza de Armas de Punta Arenas, decenas de personas reunidas ante la catedral le gritaron «¡Asesino!» y corearon «¡El pueblo unido jamás será vencido!». Ante la reacción violenta de Carabineros, los manifestantes tuvieron que refugiarse durante horas en el templo.[98] Dos días después, el régimen le organizó una «manifestación de desagravio» en el aeropuerto local, antes de su regreso a Santiago.

El 4 y 5 de septiembre tuvo lugar la novena Jornada de Protesta Nacional, convocada por el Movimiento Democrático Popular, la Alianza Democrática y el Comando Nacional de Trabajadores, que se saldó con once personas muertas, entre ellas el sacerdote francés André Jarlan, párroco de la población La Victoria. Para Pinochet, «la guerra contra el marxismo» no había terminado, afirmó el 12 de septiembre durante un almuerzo en el Club de la Unión. «Es una lucha muy difícil. Es una guerra larga y prolongada».[99]

Si el 17 de abril, en un discurso ante seiscientas voluntarias de CEMA-Chile —la principal institución que presidía su esposa—[100] constató el fracaso de la «apertura política» liderada por Jarpa, ya que la oposición moderada no aceptaba las reglas que imponía la Constitución,[101] el 29 de octubre de 1984, en Viña del Mar, advirtió que su gobierno rechazaría cualquier iniciativa que implicara la modificación del itinerario fijado en la Constitución y anunció una respuesta contundente contra las movilizaciones de las fuerzas democráticas.[102] Para el día siguiente, el MDP y el CNT convocaron un paro nacional, que se saldó con diez muertos.[103] El 7 de noviembre, el régimen decretó el estado de sitio en todo el territorio nacional —medida inédita desde marzo de 1978—, que se prolongó hasta el 16 de junio de 1985 y forzó el retroceso de la movilización. Supuso, entre otras sanciones, la instauración de la censura previa para la revista *Hoy* y la suspensión de la circulación de cinco revistas y un diario. En la Región Metropolitana y en la Región de Valparaíso se implantó el toque de queda desde la medianoche hasta las cinco de la madrugada.[104]

Parada, Nattino y Guerrero

La tarde del 3 de marzo de 1985, un fortísimo terremoto con epicentro en la costa central se dejó sentir entre Copiapó y Valdivia y causó la muerte de casi doscientas personas, miles de heridos y cerca de un millón de damnificados. El dictador, a quien ya le correspondió actuar como oficial en los seísmos de enero de 1939 y julio de 1971, recorrió las zonas más afectadas y aprovechó para llamar a la unidad nacional en las tareas de reconstrucción. En un discurso la noche del 7 de marzo ordenó la utilización de una partida especial del presupuesto nacional.[105]

Aquel mes terminó con un suceso dramático que volvió a situar al régimen en la atención del mundo. La mañana del 29 de marzo, agentes de la Dirección de Comunicaciones de Carabineros (Dicomcar), dependiente del servicio de inteligencia de la institución, secuestraron al profesor Manuel Guerrero y a José Manuel Parada, funcionario de la Vicaría de la Solidaridad, en la puerta del Colegio Latinoamericano de Integración, en Providencia. El día anterior le había sucedido lo mismo al publicista Santiago Nattino cerca de su hogar.[106] Por la noche, civiles armados allanaron la sede de la Agrupación Gremial de Educadores, situada en el centro de Santiago, y se llevaron a Alejandro Traverso, Eduardo Osorio, José Toloza, Mónica Araya y María Elena Olivares, que serían torturados, pero dejados finalmente en libertad.

El 30 de marzo se conoció el hallazgo de tres cuerpos tirados en el camino a Quilicura, muy cerca del aeropuerto. Horas más tarde se supo que se trataba de los militantes comunistas José Manuel Parada, Manuel Guerrero y Santiago Nattino y que habían sido degollados con un cuchillo tipo corvo atacameño y sufrido numerosos cortes.[107] Estela

Ortiz, hija de Fernando Ortiz —dirigente comunista desaparecido en diciembre de 1976— y viuda de José Manuel Parada, clamó al salir del Servicio Médico Legal: «Hasta cuándo siguen matando a nuestro pueblo... Hasta cuándo ven mis hijos tanta matanza, tanto crimen, tanta tortura en este país... Hasta cuándo chilenos, compañeros, compatriotas... Por favor, levántate, no aguantes que nos sigan matando a nuestra gente, por favor... Por favor, exijamos justicia de una vez por todas».[108] Su suegro, el gran actor Roberto Parada, quien fallecería un año y medio después, declaró en aquellos días: «Mi hijo es otra muerte dentro de toda una situación que ha terminado por cambiar a Chile. Nuestro país no es esto que tenemos, es otra cosa. Es el que alguna vez conocimos cuando las ideas, cuando todas las ideas podían libremente confrontarse... Eso se ha roto en estos años... Que la muerte de mi hijo, que todas estas muertes sirvan para algo, porque de otra manera este país se ahoga».[109] El 31 de marzo, miles de personas acudieron a la misa oficiada por el cardenal Raúl Silva Henríquez y el 1 de abril formaron el impresionante cortejo del funeral.

Dos semanas después, Pinochet aseguró que el gobierno apoyaba las investigaciones que ya había iniciado el magistrado José Cánovas. «Yo confío plenamente en la justicia.» «Es un crimen brutal», agregó también. «Repudio este hecho desde lo más íntimo de mi conciencia.»[110] Pero en una ceremonia realizada en el Colegio Latinoamericano de Integración, Estela Ortiz había denunciado que los responsables principales eran «Pinochet y sus servicios de seguridad»: «Recuerdo en este instante cuando Pinochet dijo un tiempo atrás que en este país no se movía ni una sola hoja sin que él lo supiera». Y pidió unidad a las fuerzas democráticas: «Por favor, saquemos fuerzas, como yo las estoy sacando ahora no sé de dónde realmente, para pedir, para exigir justicia y que de una vez por todas seamos capaces de unirnos. Porque el imperativo histórico que tenemos hoy es, en primer lugar, darle a nuestros hijos un Chile digno, por ellos y por la sangre que ha corrido en nuestra patria en estos once años».[111]

Al contrario de la actuación usual del Poder Judicial ante las denuncias de la represión durante la dictadura, cuando los jueces se declaraban incompetentes y cedían las causas a la justicia militar, José Cánovas decidió investigar el crimen. Pronto sus pesquisas se centraron en la Dirección de Comunicaciones de Carabineros y el 1 de agosto decretó la detención de altos mandos de este cuerpo.[112] Por primera vez, la justicia acusaba a agentes de un organismo represivo de la dictadura.[113] El 2 de agosto renunció César Mendoza, quien en abril, a los pocos días del triple crimen, había atribuido su responsabilidad al Partido Comunista, al igual que el almirante Merino y el almirante Patricio Carvajal, ministro de Defensa.[114] El general Rodolfo Stange le sucedió aquella misma noche como general director de Carabineros y miembro de la Junta militar.

En aquel momento, monseñor Carlos Camus, obispo de Linares, tuvo valor para señalar quién era el principal culpable de las violaciones de los derechos humanos: «Responsabilizo a la autoridad máxima, en este caso el general Pinochet, porque no hay la menor duda de que él es quien gobierna, sobre todo en un sistema de poder concentrado y personal». «Le pido el gesto que tuvo el general O'Higgins, que abdique; le pido que renuncie.»[115]

Notas

1. Varas, Augusto, *Los militares en el poder. Régimen y gobierno militar en Chile. 1973-1986*, Santiago de Chile, Pehuén, 1987, p. 80.
2. Lagos, Ricardo, *Así lo vivimos. La vía chilena a la democracia*, Santiago de Chile, Taurus, 2012, p. 9.
3. *El Mercurio*, Santiago de Chile, 12 de febrero de 1980, p. 1.
4. *El Cronista,* Santiago de Chile, 3 de marzo de 1980, pp. 1 y 16-17.
5. Archivo General Histórico del Ministerio de Relaciones Exteriores de Chile, Fondo Países, vol. *1980. Embajada en Filipinas. Télex y Aerogramas. Enviados y recibidos.*
6. *El Mercurio*, Santiago de Chile, 22 de marzo de 1980, p. 1.
7. Archivo General Histórico del Ministerio de Relaciones Exteriores de Chile, Fondo Países, vol. *1980. Embajada en Filipinas. Oficios secretos, reservados, ordinarios, Enviados y recibidos.*
8. *El Mercurio*, Santiago de Chile, 19 de marzo de 1980, p. 1.
9. *La Tercera*, Santiago de Chile, 21 de marzo de 1980, p. 17.
10. Informe fechado en Manila el 1 de abril de 1980 dirigido al ministro de Relaciones Exteriores. Archivo General Histórico del Ministerio de Relaciones Exteriores de Chile, Fondo Países, vol. *1980, Embajada en Filipinas. Oficios secretos, reservados, ordinarios. Enviados y recibidos.* Este informe aceptó como plausible la excusa del régimen filipino de que el viaje se había anulado ante la posibilidad de un atentado contra Pinochet.
11. *La Segunda*, Santiago de Chile, 22 de marzo de 1980, p. 9.
12. *El Mercurio*, Santiago de Chile, 25 de marzo de 1980, Cuerpo C, p. 4.
13. Citado en: *Chile-América*, n.º 62-63, Roma, marzo-mayo de 1980, pp. 17-18 y pp. 25-30.
14. Arancibia Clavel y Balart Páez, p. 329.
15. Muchos años después, Pinochet responsabilizó exclusivamente al presidente de Estados Unios de la anulación del viaje: «Y cuando el señor

Carter dio la orden de que no me recibiera, yo ya iba en camino o estaba por llegar. (...) La orden a Marcos fue, al parecer: "Si usted recibe a Pinochet, se le corta todo", y a Marcos le gustaba la platita, pues...». Oyarzún (1999), p. 189.

16. Lobos Martínez, Macarena, «El frustrado viaje a Filipinas: Viaje de todos los chilenos hacia un nuevo cuestionamiento de la realidad política y social de 1980», *Seminario Simon Collier 2009*, Santiago de Chile, Instituto de Historia de la Universidad Católica, 2010, pp. 83-122.

17. Fermandois (2005), pp. 451-452.

18. Fernández, Sergio, «Génesis de la Constitución de 1980», en Gonzalo Vial, ed., *Análisis crítico del régimen militar*, Santiago de Chile, Universidad Finis Terrae, 1998, pp. 45-61.

19. Moulian, Tomás, *Chile Actual. Anatomía de un mito*, Santiago de Chile, LOM Ediciones, 1997, p. 245.

20. *Apsi*, Santiago de Chile, 21 de octubre de 1980, pp. 46-50.

21. Gazmuri, Cristián, *Eduardo Frei Montalva y su época*, Santiago de Chile, Aguilar, 2000, tomo II, pp. 926-930.

22. *Apsi*, Santiago de Chile, 21 de octubre de 1980, pp. 53-59.

23. *Hoy*, Santiago de Chile, 27 de agosto de 1980, pp. 15-17. La revista *Apsi* consultó a cien chilenos acerca de la Constitución. El doctor Alejandro Goic señaló: «Nos hablan de libertad los mismos que encarcelan a nuestros hijos, los relegan a inhóspitos lugares del país y los expulsan de universidades y fábricas. Nos hablan de seguridad los mismos que utilizan el gigantesco aparato represivo del Estado para amedrentar a la población. Nos hablan de unidad los mismos que hostigan a los disidentes e impiden el regreso al país a miles de chilenos. (...) En un cuadro de rebosante hipocresía nos piden —en nombre del humanismo cristiano— que aprobemos una Constitución que prolonga la angustia de los demócratas 8 o 16 años más. ¡Y la llaman la Constitución de la Libertad!». *Apsi*, Santiago de Chile, 21 de octubre de 1980, pp. 13-22.

24. La crisis económica de 1982-1983 avivaría las tensiones entre ambos sectores que, sin embargo, no discutían el liderazgo de Pinochet. Esta pugna, a veces pública, a veces soterrada, no penetró en las Fuerzas Armadas. Garcés, Mario y De la Maza, Gonzalo, *La explosión de las mayorías*, Santiago de Chile, Educación y Comunicaciones, 1985, p. 11.

25. *Ercilla*, Santiago de Chile, 10 de septiembre de 1980, pp. 8-11.

26. *Apsi*, Santiago de Chile, 21 de octubre de 1980, p. 72. Para sufragar bastaba con presentar el carné de identidad, aunque estuviera vencido, y se podía hacer en cualquiera de los puntos de votación del país.

Al emitir el sufragio se estampaba la huella dactilar en una tinta que era indeleble durante doce horas. Esta era la única garantía de que no se votaba dos veces. A fines de septiembre, la oposición presentó un extenso documento, suscrito entre otros por Manuel Sanhueza, presidente del Grupo de Estudios Constitucionales, y Patricio Aylwin, denunciando el fraude.

27. *Apsi*, Santiago de Chile, 21 de octubre de 1980, pp. 51-52.

28. *Hoy*, Santiago de Chile, 17 de noviembre de 1980, p. 14.

29. Entrevista reproducida en: *El Mercurio,* edición internacional, Santiago de Chile, 16 de septiembre de 1981, p. 8.

30. «La farsa de Chile», *El País*, Madrid, 13 de septiembre de 1980, en Elpais.com, <https://elpais.com/diario/1980/09/13/opinion/33764 4002_850215.html>.

31. Vial (2002), tomo II, p. 433.

32. En la víspera, el Grupo de Estudios Constitucionales, conocido como el Grupo de los 24, volvió a exponer sus carencias democráticas: «La nueva Constitución rechaza el sistema representativo de gobierno, desconoce el derecho natural y exclusivo del pueblo para gobernarse, niega el pluralismo ideológico, establece un régimen político militarista, implanta un verdadero cesarismo presidencial, minimiza el Parlamento, transforma al Tribunal Constitucional en un organismo burocrático carente de representatividad popular y más poderoso que el Congreso, otorga un poder ilimitado a las Fuerzas Armadas, subordina la vigencia de los derechos humanos fundamentales al arbitrio del Gobierno y se identifica, en lo económico, con el capitalismo individualista de libre mercado. Además, dadas las exigencias que impone para eventuales reformas constitucionales, perpetúa un determinado régimen político, económico y social que resulta prácticamente imposible de modificar. De esta manera, la Constitución de la Junta Militar niega la democracia y —lo que es más grave— cierra los caminos para instaurar la democracia dentro de la legalidad que ella consagra». *Apsi*, Santiago de Chile, 10 de marzo de 1981, pp. 9-23.

33. A partir de entonces, dejó de formar parte de la Junta de Gobierno, que fue presidida hasta marzo de 1990 por el almirante Merino, aunque siempre designó al representante del Ejército que la integró. El primero de ellos fue el general César Benavides.

34. Bianchini, Maria Chiara, *Chile, memorias de La Moneda. La (re) construcción de un símbolo político*, Madrid, UAM y IEPALA, 2012, pp. 174-176.

35. *La Vanguardia*, Barcelona, 12 de marzo de 1981, p. 19.

36. *La Nación*, Santiago de Chile, 12 de marzo de 1981, p. 7.

37. *Hoy*, Santiago de Chile, 18 de marzo de 1981, pp. 7-10.

38. Vial (2002), tomo II, p. 434.

39. *El Mercurio*, Santiago de Chile, 12 de marzo de 1981, Cuerpo C, p. 1.

40. *Qué Pasa*, Santiago de Chile, 10 de septiembre de 1981, pp. 11-13.

41. *Las Últimas Noticias*, Santiago de Chile, 6 de noviembre de 1980, p. 8.

42. Muñoz, Heraldo, «Las relaciones exteriores del Gobierno militar chileno», *Revista Mexicana de Sociología*, México DF, abril-junio de 1982, pp. 577-597.

43. *The Guardian*, Londres, 18 de enero de 1980, p. 1.

44. Muñoz, Heraldo, *Las relaciones exteriores del Gobierno militar chileno*, Santiago de Chile, Las Ediciones del Ornitorrinco, 1986, p. 110.

45. Ulianova, Olga, «El despliegue de un antagonismo: El expresidente Frei Montalva y el dictador Pinochet en los archivos estadounidenses (1973-1982)», *Historia*, n.º 47, vol. II, Santiago de Chile, julio-diciembre de 2004, pp. 401-441.

46. Kornbluh (2004, edición en español), pp. 270-271. Véase también: Bawden, John R., «Cutting off the dictator: The United States Arms Embargo of the Pinochet Regime, 1974-1988», *Journal of Latin American Studies*, vol. 45, parte 3, Cambridge, agosto de 2013, pp. 513-543.

47. *La Tercera*, Santiago de Chile, 22 de septiembre de 1981, p. 19.

48. *Ercilla*, Santiago de Chile, 2 de diciembre de 1981, p. 10.

49. *El Mercurio*, edición internacional, Santiago de Chile, 25 de noviembre de 1981, pp. 1-2.

50. *Chile-América*, n.º 60-61, Roma, enero-febrero de 1980, pp. 172-173.

51. *Hoy*, Santiago de Chile, 27 de mayo de 1981, pp. 8-9.

52. El médico Patricio Silva, quien fue subsecretario de Salud con Frei Montalva, fue condenado a diez años de presidio mayor en su grado mínimo en calidad de autor; Luis Becerra, chófer de Frei e informante de la CNI, a siete años de presidio mayor en su grado mínimo como coautor; el exagente civil de la CNI Raúl Lillo a idéntica pena y también en calidad de coautor; el médico Pedro Valdivia fue condenado a cinco años de presidio menor en su grado máximo en calidad de cómplice, y el tanatólogo Helmar Rosenberg a tres años de presidio menor en su grado medio en calidad de encubridor. El 14 de agosto de 1976, la DINA ya había preparado un atentado contra él con un coche bomba. González, Mónica, «Por qué se decidió eliminar a Frei», *Ciper*, Santiago de Chile, 8 de diciembre de 2009, en Ciperchile.cl <https://ciperchile.cl/2009/12/08/por-que-se-decidio-eliminar-a-frei/>. Y la historiadora Olga Ulianova estudió, a partir de la documentación de los archivos estadounidenses, la creciente

animadversión de Pinochet y su régimen hacia Frei por su actividad dentro y fuera de Chile «hasta niveles de obsesión y construcción de imagen de enemigo principal». Ulianova (2004), pp. 401-441.

53. Frei, Carmen, *Magnicidio. La historia del crimen de mi padre*, Aguilar, Santiago de Chile, 2017, p. 81.

54. «El régimen de Pinochet, culpable del magnicidio contra el expresidente de Chile Eduardo Frei Montalva», *La Vanguardia*, Barcelona, 31 de enero de 2019, en Lavanguardia.com, <https://www.lavanguardia.com/internacional/20190131/46132392241/regimen-pinochet-culpable-magnicidio-asesinato-expresidente-chile-eduardo-frei-montalva.html>.

55. *Chile-América*, n.º 76-77, Roma, enero-marzo de 1982, pp. 19-20.

56. Pinochet Ugarte, Augusto, *Camino recorrido. Memorias de un soldado*, tomo 3, vol. I, Santiago de Chile, Geniart, 1993, p. 69.

57. En 2005, la Corte Suprema confirmó las condenas a los responsables inmediatos del crimen. Escalante (2013), pp. 385-404.

58. *Ercilla*, Santiago de Chile, 23 de noviembre de 1977, p. 41.

59. *Las Últimas Noticias*, Santiago de Chile, 22 de noviembre de 1977, p. 15.

60. Délano, Manuel y Traslaviña, Hugo, *La herencia de los Chicago Boys*, Santiago de Chile, Las Ediciones del Ornitorrinco, 1989, pp. 65-66.

61. *Hoy*, Santiago de Chile, 1 de julio de 1981, p. 20.

62. Tironi, Eugenio, *Autoritarismo, modernización y marginalidad: el caso de Chile 1973-1989*, Santiago de Chile, Sur, 1990, p. 141.

63. Valdés, Juan Gabriel, *La Escuela de Chicago: Operación Chile*, Buenos Aires, Ediciones B, 1989, p. 22. Véase también este emblemático trabajo: Dahse, Fernando, *Mapa de la extrema riqueza. Los grupos económicos y el proceso de concentración de capitales*, Santiago de Chile, Aconcagua, 1979.

64. Gárate Chateau, p. 294.

65. Angell, Alan, *Chile de Alessandri a Pinochet: En busca de la utopía*, Santiago de Chile, Andrés Bello, 1993, p. 118.

66. Gárate Chateau, pp. 283-297.

67. *El Mercurio*, Santiago de Chile, 22 de febrero de 1982, Cuerpo C, p. 1.

68. *Las Últimas Noticias*, Santiago de Chile, 12 de marzo de 1982, p. 36.

69. Desde abril de 1982 hasta la designación de Hernán Büchi en febrero de 1985, se sucedieron en la cartera de Hacienda Sergio de la Cuadra, Rolf Lüders, Carlos Cáceres y Luis Escobar Cerda.

70. *El Mercurio*, Santiago de Chile, 23 de abril de 1982, Cuerpo A, p. 1, Cuerpo C, p. 4.

71. Fontaine Aldunate, p. 160.

72. Arancibia Clavel (2006), p. 250.

73. *La Nación*, Santiago de Chile, 3 de enero de 1983, pp. 6-7.

74. En su Congreso de abril la CTC declaró: «Nuestro problema no es de una ley más o una ley menos (...) sino que es mucho más profundo y medular; se trata de un sistema económico, social, cultural y político que nos tiene envueltos y comprimidos, que se contradice con nuestra idiosincrasia de chilenos y de trabajadores, que nos ha tratado de asfixiar con armas como el temor y la represión para cada vez envolvernos más, porque no lo sentimos, porque no se acomoda con nuestra manera de vivir, porque nos fue impuesto a la fuerza y con engaño». *Chile-América*, n.º 86-87, Roma, abril-junio de 1983, p. 12.

75. Quiroga, Patricio, «Las jornadas de protesta nacional. Historia, estrategias y resultado (1983-1986)», *Encuentro XXI*, n.º 11, Santiago de Chile, otoño de 1998, pp. 42-60.

76. *Araucaria de Chile*, Madrid, n.º 26, 1984, p. 25.

77. En el tercer volumen de sus memorias, Pinochet dedicó decenas de páginas a descalificar las Jornadas de Protesta Nacional.

78. *El Mercurio*, Santiago de Chile, 21 de mayo de 1983, Cuerpo A, p. 1, Cuerpo C, p. 4.

79. *La Segunda*, Santiago de Chile, 27 de junio de 1983, p. 3.

80. *Chile-América*, n.º 88-89, Roma, julio-octubre de 1983, pp. 36-37.

81. *La Tercera*, Santiago de Chile, 11 de agosto de 1983, p. 7.

82. Herreros, Francisco, «Cuando Chile derrotó a la dictadura», *Pluma y Pincel*, Santiago de Chile, 24 de mayo de 1990, pp. 7-10.

83. Rubio Apiolaza, Pablo, *Los civiles de Pinochet. La derecha en el régimen militar chileno, 1983-1990*, Santiago de Chile, DIBAM y Centro de Investigaciones Diego Barros Arana, 2013, pp. 131-133.

84. Arancibia Clavel *et al.,* pp. 303-305.

85. Garretón, Manuel Antonio, *El plebiscito de 1988 y la transición a la democracia*, Santiago de Chile, Flacso, 1988, pp. 14-15.

86. Moulian (1997), pp. 306-307.

87. *El Mercurio*, Santiago de Chile, 4 de marzo de 1983, Cuerpo C, p. 3.

88. *Las Últimas Noticias*, Santiago de Chile, 24 de agosto de 1983, p. 3.

89. *La Tercera*, Santiago de Chile, 11 de septiembre de 1983, pp. 8-9.

90. Pinochet Ugarte, Augusto, *Patria y democracia*, Santiago de Chile, Andrés Bello, 1983, pp. 261-271.

91. *El País*, Madrid, 12 de septiembre de 1983, pp. 2-3.

92. *El Mercurio*, Santiago de Chile, 15 de noviembre de 1983, Cuerpo C, p. 2.

93. González, Mónica, «La mansión de Lo Curro», *Cauce*, Santiago de Chile, 17 de enero de 1984, pp. 17-20.

94. Véase: Club Militar Chile, en Bienestarejercito.cl, <https://www. bienestarejercito.cl/club_militar_de_chile>.
95. *La Segunda*, Santiago de Chile, 7 de marzo de 1982, p. 2.
96. *Newsweek*, Nueva York, 19 de marzo de 1984, pp. 40-41.
97. González, Mónica y Harrington, Edwin, «La casa de El Melocotón», *Cauce*, Santiago de Chile, 29 de mayo de 1984. Documento especial de ocho páginas.
98. Véanse las imágenes del llamado Puntarenazo en «A 35 años del "Puntarenazo", cuando a Pinochet le gritaron "asesino" en la cara», *Cooperativa*, en Cooperativa.cl, <https://www.cooperativa.cl/noti cias/pais/augusto-pinochet/a-35-anos-del-puntarenazo-cuando-a-pi nochet-le-gritaron-asesino-en/2019-02-26/152055.html>.
99. *El Mercurio*, Santiago de Chile, 13 de septiembre de 1984, Cuerpo A, pp. 1 y 8.
100. Además, Lucía Hiriart encabezó el Comité Nacional de Jardines Infantiles y Navidad, la Fundación Nacional de Ayuda a la Comunidad, la Secretaría Nacional de la Mujer, la Corporación Nacional del Cáncer, el Movimiento Cívico Sol (Solidaridad, Orden y Libertad), el Comité Alborada, la Fundación Septiembre, el Consejo Consultivo Coordinador de las Actividades Relacionadas con la Atención Parvularia y Jardines Infantiles y la Corporación de Damas de la Defensa Nacional. *Datos biográficos de la Primera Dama de la Nación Señora Lucía Hiriart de Pinochet*. Y en 1985 se publicó bajo su autoría, en inglés y español, el libro *La mujer chilena y su compromiso histórico* (Santiago de Chile, Editorial Renacimiento).
101. *El Mercurio*, Santiago de Chile, 18 de abril de 1984, Cuerpo A, pp. 1 y 10.
102. *La Nación*, Santiago de Chile, 30 de octubre de 1984, p. 5.
103. El 31 de enero de 1985, el Tribunal Constitucional declaró «inconstitucional» el Movimiento Democrático Popular (MDP), ya que varios de sus integrantes (PC, MIR y PS-Almeyda) transgredían el artículo octavo de la Constitución de 1980, tras un requerimiento presentado en agosto de 1984 por treinta personas, entre ellas Jaime Guzmán, Andrés Chadwick, Pablo Longueira y Javier Leturia. *El Mercurio*, Santiago de Chile, 1 de febrero de 1985, Cuerpo A, p. 1, Cuerpo C, p. 6.
104. *Hoy*, Santiago de Chile, 12 de noviembre de 1984, pp. 7-8.
105. *El Mercurio*, Santiago de Chile, 8 de marzo de 1985, Cuerpo A, pp. 1 y 16.
106. Mönckeberg, María Olivia *et al.*, *Crimen bajo estado de sitio*, Santiago de Chile, Emisión, 1990, p. 171.
107. Caucoto Pereira, Nelson y Salazar Ardiles, Héctor, *Un verde manto de impunidad*, Santiago de Chile, FASIC y Ediciones de la Universidad

Academia de Humanismo Cristiano, 1994, p. 14. Manuel Guerrero, de 36 años, estuvo desaparecido durante veinte días en 1976 y se fue al exilio. A su regreso al país en 1983, en una entrevista en la revista *Análisis* respondió con unas palabras mil veces citadas cuando le preguntaron si la izquierda tenía voluntad de «revanchismo». «No señor. Justicia. Nada más, pero tampoco nada menos.» En 1985 era el presidente del Consejo Regional Metropolitano de la Asociación Gremial de Educadores de Chile. José Manuel Parada, 34 años, era sociólogo y trabajaba en la Vicaría de la Solidaridad. Santiago Nattino, 63 años, era diseñador gráfico y publicitario. Estuvo preso en el Estadio Nacional en septiembre de 1973.

108. Escalante (2013), pp. 429-432.
109. *El Mercurio*, Santiago de Chile, 7 de abril de 1985, Cuerpo D, p. 4.
110. *La Tercera*, Santiago de Chile, 13 de abril de 1985, p. 6.
111. *Araucaria de Chile*, n.º 30, Madrid, 1985, pp. 25-26.
112. El 27 de octubre de 1995, la Corte Suprema dictó condenas en firme e impuso penas de presidio perpetuo a cinco agentes de la dictadura —entre ellos Miguel Estay, El Fanta, exmilitante de las Juventudes Comunistas— y penas elevadas para otros once. Hasta hoy es uno de los pocos casos en que las penas son proporcionales a la gravedad de los delitos de lesa humanidad cometidos. Observatorio de Justicia Transicional de la Universidad Diego Portales, *Principales hitos jurisprudenciales en causas de derechos humanos en Chile. 1990-2018*, Santiago de Chile, junio de 2018, pp. 4-5, en Derechoshumanos.udp. cl, <http://www.derechoshumanos.udp.cl/derechoshumanos/images/Chile_hitos_jurisprudenciales_en_ddhh_ESP_v5jul2018_3.pdf>.
113. Cánovas, José, *Memorias de un magistrado*, Santiago de Chile, Emisión, 1989, pp. 119-125.
114. Guzmán Jasmen, Nancy, *El Fanta. Historia de una traición*, Santiago de Chile, Ceibo Ediciones, 2016, pp. 336-337.
115. *Apsi*, Santiago de Chile, 12 de agosto de 1985, pp. 7-9.

12

El sabor de la derrota

En 1986, en el plazo de dos meses, el horizonte político se despejó. El paro nacional del 2 y 3 de julio de aquel año, convocado por la Asamblea de la Civilidad, fue la mayor movilización de protesta contra la dictadura. La represión costó la vida a un joven de 19 años, Rodrigo Rojas, exiliado en Estados Unidos, que fue quemado vivo por una patrulla militar, al igual que Carmen Gloria Quintana, que sobrevivió con terribles secuelas; otro crimen que Pinochet ordenó encubrir. La detección por la CNI del enorme arsenal de armas desembarcado por el PC en Carrizal Bajo, en agosto, y el frustrado intento de acabar con la vida del dictador, en septiembre, con la posterior declaración del estado de sitio en todo el país, cerraron el ciclo de las grandes protestas nacionales e indujeron a la oposición moderada a aceptar las reglas del régimen y prepararse para enfrentar el plebiscito sucesorio. Estados Unidos, por su parte, presionó en favor de una salida pactada de la dictadura, que aislara a la izquierda revolucionaria. El anhelo de recuperar la democracia y la defensa de los derechos humanos motivaron una gigantesca movilización política y ciudadana que terminó por convertir la votación del 5 de octubre de 1988, fijada por la Constitución de 1980, en un búmeran para el general Pinochet.

El Acuerdo Nacional

El 23 de julio de 1985, en declaraciones al diario conservador *The Washington Times*, Pinochet calificó las relaciones entre Estados Unidos y Chile como «normales», término que eligió para obviar que eran mediocres o francamente mejorables, a pesar de que aquel año habían suscrito un acuerdo para que la NASA pudiera utilizar el aeropuerto de Rapa Nui después de su ampliación.[1] «Somos amigos de los Estados Unidos, pero no somos ni subordinados, ni una colonia». Su interlocutor, Roger Fontaine, responsable de asuntos hemisféricos en el Consejo de Seguridad Nacional durante el primer periodo de Reagan, le trasladó la inquietud del Departamento de Estado acerca de la posibilidad de que permaneciera en el poder más allá de 1989. «Continuismo sería si yo me quedara de por vida», refutó Pinochet. «Pero aquí hay elecciones», añadió en referencia al horizonte contemplado en la Constitución. Reafirmó que dejaría a Chile una «democracia protegida» y expresó su rechazo al «pluralismo absoluto». Por esa razón, la Comisión de Estudio de las Leyes Orgánicas y Constitucionales, que presidía el exministro Sergio Fernández, estaba estudiando entonces una ley de partidos que decretaría la proscripción del PC y advirtió: «Para mí los socialistas son primos hermanos de los comunistas».[2]

Reagan acababa de designar embajador en Chile a Harry Barnes, diplomático de carrera desde 1950, con una extensa hoja de servicios en la India, Checoslovaquia, la Unión Soviética y Rumanía. Barnes presentó sus cartas credenciales ante Pinochet el 18 de noviembre de 1985.[3] Pronto, Pinochet se referiría a él en privado (y también lo hizo en el último volumen de sus memorias) como «Harry el Sucio».

En agosto se conoció el Acuerdo Nacional para la Transición a la Plena Democracia, promovido por el arzobispo Fresno y que obtuvo la firma de diez agrupaciones y partidos de derecha, centro e izquierda: la Socialdemocracia, la Unión Nacional —liderada por Andrés Allamand y Francisco Bulnes—, el PDC, el Partido Nacional, las fracciones socialistas encabezadas por Carlos Briones y Manuel Mandujano, la Derecha Republicana, el Partido Radical, la Unión Socialista Popular y el Partido Liberal. Como medidas inmediatas, planteaba el fin de los estados de excepción y el pleno restablecimiento de todas las libertades públicas, el término del exilio, el pleno funcionamiento de los partidos políticos y garantías para una elección democrática del presidente de la República y de los integrantes del Congreso Nacional. Entre sus puntos no figuraban ni la renuncia del dictador ni la elección de una Asamblea Constituyente; solo planteaba reformas a la Constitución de 1980.

Pinochet recibió el Acuerdo Nacional de manera intransigente. Era incapaz de comprender cómo sectores que le habían apoyado se aliaban con una parte de la oposición en la que convivían grupos del viejo tronco socialista y otros antiguos aliados del Partido Comunista. Se refirió a este documento por primera vez el 28 de agosto, en un discurso ante dos mil mujeres en el Edificio Diego Portales, y afirmó que cualquier modificación de las previsiones constitucionales vigentes sería una «traición al pueblo».[4] «El Gobierno está observando (...) cómo se han olvidado de muchas cosas y muchos conceptos, porque hay hombres que han tenido responsabilidades, con ideales democráticos, que se encuentran de repente reunidos junto a otros que tienen ideas totalitarias», añadió el 9 de octubre. «Así vemos cómo se ha juntado un grupo de señores para conformar lo que malamente se llama Acuerdo Nacional, cuando son solamente una parte de los chilenos. Han preparado un conjunto de ideas y las han envuelto en un bonito papel de regalo...»[5]

El 25 de noviembre Pinochet celebró su septuagésimo cumpleaños. En aquellos días recibió las felicitaciones de un sinfín de autoridades del Estado y miembros de las Fuerzas Armadas. También del teniente general Julio Canessa, nuevo miembro de la Junta militar en representación del Ejército, y de sus compañeros del Curso Militar de 1936. Una muestra notoria de la adhesión incondicional de sus subordinados fueron las palabras del vicecomandante en jefe del Ejército, el general Santiago Sinclair: «Este Ejército invicto continuará con inconmovible lealtad tras la conquista de los sagrados objetivos que usted, en su señera conducción, nos ha señalado para consolidar la grandeza de Chile y la libertad de la patria».[6]

Aquel coro lo interrumpió de manera estruendosa la exministra Mónica Madariaga, quien formuló una autocrítica radical de su compromiso con la dictadura y señaló que le había solicitado perdón a Roberto Parada «por tantos perdones que en este país no se han pedido». Reveló que sus palabras de entonces eran el resultado de un largo proceso iniciado tras el hallazgo de Lonquén a fines de 1978: «Para mí fue como una verdadera bofetada. Todo aquello que se me hizo creer que era producto de invenciones del marxismo, de pronto, provocó en mí una tremenda duda». Y al final de aquella larga entrevista Mónica González le preguntó si creía que Pinochet estaría dispuesto a dejar el poder «en algún momento». «No. ¡Y porque lo conozco bien mi respuesta es no!»[7]

En marzo de 1986, el dictador recibió una nueva andanada dialéctica, en aquella ocasión procedente de un viejo compañero de armas. «Nuestro actual régimen de gobierno ha sido reprobado por la casi totalidad de los demás países. Esto significa un daño enorme para los chilenos. El culpable de eso eres tú. Has pisoteado los derechos humanos. Muchas veces el gobierno ha empleado una crueldad abismante. Por ello te has ganado la condenación de la opinión pública mundial y has creado en el interior del país una carga explosiva de odios, cada vez más profundos», le espetó Roberto Viaux, en una carta abierta. «Solucionar los tremendos problemas de la hora actual es tarea de todos. Para lograrlo es menester un mínimo acuerdo entre las Fuerzas Armadas y la civilidad. El escollo eres tú. (...) ¡Abandona el poder por el bien de Chile!»[8] Días después, en una entrevista, Viaux censuró la voluntad de Pinochet de aferrarse al poder a perpetuidad y desveló que en el encuentro que mantuvieron en Asunción en mayo de 1974 le expresó de manera enfática que «su modelo era el general Franco»: es decir, morir como jefe de Estado.[9]

El 25 de febrero de 1986, una revolución popular tumbó veintiún años de satrapía de Ferdinand Marcos. El dictador se marchó, junto con su familia, con la protección de la embajada estadounidense, llevándose una auténtica fortuna... «En Santiago todo el mundo habla de Filipinas y del síndrome Marcos», le comentó a Pinochet el periodista francés Jacques Esperandieu, del semanario *L'Express*. «Eso no tiene nada que ver con la situación en Chile. Aquí tenemos una Constitución, adoptada con el 67 % de los votos. Y nosotros no estamos corrompidos. Yo no vivo más que para mi país. No trabajo más que para mi país. Me levanto todos los días a las cinco de la mañana. Mi mujer se ocupa de lo social, de los niños...»

Esperandieu también le preguntó si no le molestaba «no poder salir de su país». Pinochet repuso que podía hacerlo perfectamente... a la Sudáfrica del régimen del *apartheid*. «Y no tendría vergüenza. Porque, a diferencia de los europeos, comprendo su problema. Tienen que enfrentarse a la misma amenaza que nosotros: la del comunismo internacional.»[10] A pesar de las excelentes relaciones económicas y militares, el régimen racista de Sudáfrica no invitó a Pinochet a visitar el país.[11] Recientemente, el periodista Hennie van Vuuren, en su libro *Apartheid, armas y dinero*, ha revelado documentos que evidencian el apoyo mutuo que se prestaron ambas dictaduras: mientras militares chilenos sirvieron como traductores en la guerra civil de Angola, donde combatían internacionalistas cubanos en apoyo a los comunistas angolanos, el cuerpo de Carabineros de Chile recibió asesoría de la policía sudafricana para reprimir las protestas de las fuerzas democráticas, como sucedió en abril de 1986 en Temuco.[12]

El 22 de abril de aquel año, la llegada de Pinochet a esta ciudad desencadenó una fuerte protesta social, reprimida duramente y que terminó con cinco heridos a bala, decenas de contusionados y la muerte del estudiante de Medicina Mario Cárdenas, quien recibió un disparo en la cabeza dentro del campus de la Universidad Católica. El día anterior, los dirigentes políticos y estudiantiles que realizaban un ayuno en la catedral como rechazo a la visita del dictador, habían sido desalojados violentamente por la policía y horas después la CNI ocupó el templo, a pesar de la censura del obispo Sergio Contreras.

Al mediodía del día 22, mientras se desarrollaba el acto central con el dictador en la plaza Pinto, los jóvenes levantaron barricadas en distintos puntos, ocuparon los recintos universitarios y se enfrentaron a las fuerzas policiales, que en las inmediaciones de la plaza Teodoro Schmidt dispararon a estudiantes y trabajadores. Durante varias horas Temuco fue escenario de una batalla campal nunca antes vista en la ciudad.[13] Tras la partida de Pinochet, una manifestación silenciosa, que reunió a cerca de treinta mil personas y transcurrió desde el campus de la Universidad Católica hasta la Intendencia, expresó el anhelo de recuperar la democracia. El régimen atribuyó todas aquellas movilizaciones a la presencia de «agitadores profesionales» llegados desde Santiago.[14]

Rodrigo Rojas y Carmen Gloria Quintana

A fines de abril de 1986 se creó la Asamblea de la Civilidad, la instancia más unitaria de las fuerzas democráticas, compuesta por dieciocho organizaciones sociales de alcance nacional, que integraban a su vez a unas doscientas cincuenta de base. Como el documento que presentaron al gobierno, llamado La Demanda de Chile, que exigía la reinstauración de la democracia, no tuvo respuesta, la asamblea convocó para el 2 y 3 de julio un paro nacional bajo el lema «Todos juntos y al mismo tiempo».[15] «Nunca como esa vez hubo tal convocatoria, de tal amplitud política y social. Estuvieron los sindicatos, los estudiantes secundarios y universitarios, los colegios profesionales, las organizaciones feministas, las agrupaciones de derechos humanos, los pobladores, los partidos políticos y con todas las expresiones de lucha: las marchas, los cacerolazos, las barricadas, los copamientos, el corte de calles, las manifestaciones pacíficas, el sabotaje», recuerda Lautaro Carmona, entonces secretario general de las Juventudes Comunistas y hoy secretario general del PC.[16] Lograron paralizar casi totalmente Santiago y las principales ciudades del país, a pesar de las amenazas de las autoridades y del imponente despliegue policial y militar, con carros blindados, helicópteros e infantería.

Ocho personas muertas, un elevado número de heridos y una represión feroz en las poblaciones más combativas de Santiago fue la respuesta de la dictadura. Boris Vera, de 20 años, en La Victoria; Iván Aqueveque, de 24, en Pudahuel; o la niña de 13 años Nadia Fuentes, de La Florida, murieron baleados por las fuerzas de Pinochet, quien a mediodía del 2 de julio disfrutaba de un opíparo almuerzo con mil integrantes de la agrupación ultraderechista Avanzada Nacional.[17]

El 2 de julio, Rodrigo Rojas y Carmen Gloria Quintana fueron detenidos en la población Los Nogales de la comuna de Estación Central por una patrulla militar —que comandaba el teniente de Ejército Pedro Fernández—, cuyos miembros los rociaron con gasolina y los quemaron vivos. Tras debatirse durante semanas entre la vida y la muerte, ella pudo sobrevivir y recuperarse, con penosas operaciones durante años en Canadá. Rodrigo Rojas falleció el 6 de julio. «Era un joven extraordinario y un fantástico fotógrafo», señaló entonces su reconocido colega Marcelo Montecino.[18]

En la noche del 2 al 3 de julio, en la Posta Central —el principal hospital del centro de Santiago—, el juez Patricio Villarroel les tomó declaración. «Caminaba por General Velásquez en la mañana del 2 del mes en curso cuando una persona me lanzó una bomba molotov apagada», declaró el joven fotógrafo de 19 años.[19] «En ese momento fui sorprendido por militares que me golpearon por las costillas y por todo el cuerpo. Los militares estaban de uniforme y con el rostro pintado. Después de golpearme brutalmente, uno me lanzó bencina al cuerpo y me prendió fuego. No perdí el conocimiento cuando estaba ardiendo. Los mismos militares me apagaron con frazadas. Después se fueron y volvieron momentos más tarde metiéndome en un auto azul y me llevaron a un lugar que no conozco y me dejaron metido en un hoyo, junto a otra señorita que no conozco que detuvieron en el mismo lugar donde yo fui detenido.» Sus cuerpos fueron lanzados a una acequia del sector rural de Quilicura.

Por su parte, Carmen Gloria Quintana, que tenía 18 años y estudiaba Ingeniería Civil en la Universidad de Santiago, declaró ante el juez que fue detenida instantes después que Rodrigo, cuando este ya estaba en el suelo tendido y sangrando. «Yo estaba en calle General Velásquez, una cuadra antes de Iquique, esperando micro. (...) Llegaron los militares y toda la gente arrancó. Yo también corrí, porque pensé que me podían detener. Sé que eran militares por sus uniformes verdes y también tenían la cara pintada de negro y usaban el gorro de campaña. A mí me agarraron y me lanzaron contra la muralla.» «Me dijeron que andaba en las barricadas y les dije que no. Después llegaron dos sujetos de civil que bajaron de un auto (...) y me tomaron fotos e interrogaron. En ese interrogatorio estaba cuando uno de los militares que vestía uniforme me lanzó bencina o parafina al cuerpo y me aplicó fuego. Yo me empecé a quemar y gritaba de dolor; estaba quemada entera y, como el fuego no se apagaba, me envolvieron en una frazada y parece que ahí el fuego se apagó. Perdí el conocimiento.»[20]

Lo sucedido a Rodrigo Rojas y Carmen Gloria Quintana tuvo un enorme impacto nacional e internacional y, como Rojas tenía residencia en Estados Unidos, impulsó a los sectores que presionaban por que Washington se distanciara de Pinochet. En un gesto lleno de simbolismo, el embajador Harry Barnes y su esposa acompañaron a Verónica

De Negri en el funeral de su hijo, que tuvo lugar el 11 de julio, al igual que el embajador de Francia, Paul Depis, y representantes diplomáticos de España, Italia y Bélgica.[21] De camino al cementerio el cortejo fúnebre, integrado por unas cinco mil personas, fue atacado por unidades militares con cañones de agua y gases lacrimógenos.[22]

Verónica De Negri jamás ha tenido dudas sobre quién fue el responsable del asesinato de su hijo y así lo expresó ya en agosto de 1986: «Desde un comienzo dije que aquí hay una persona que tiene que asumir la responsabilidad política de esto. En el caso de los profesionales degollados, cuando se determinó que los culpables eran de Carabineros, César Mendoza asumió su responsabilidad política. En este caso, en que un oficial de Ejército es responsable, a quien le corresponde asumir —basándose en la verticalidad del mando— es al comandante en jefe del Ejército, el general Pinochet».[23]

En 2015, cinco documentos desclasificados en Estados Unidos —enviados desde Santiago de Chile a la Casa Blanca, la CIA y el Departamento de Estado entre julio y diciembre de 1986— revelaron cómo el dictador supo que fueron militares los que habían quemado vivos a Rodrigo Rojas y Carmen Gloria Quintana y cómo operó el régimen para encubrirlos.[24] Uno de estos documentos, con fecha de 22 de julio de 1986, señala que, según fuentes «confiables» de Carabineros, el 11 de julio —nueve días después del crimen— el general director de Carabineros, Rodolfo Stange, mantuvo una reunión con el dictador y le mostró un informe de su institución que «indicaba claramente que miembros de una unidad de patrullaje del Ejército estaban involucrados en la quema de dos jóvenes chilenos y su posterior abandono», según el documento desclasificado, que también informó de que Pinochet se negó a creerlo e incluso a aceptar recibir tal informe. Públicamente, llegó a inculpar a Rodrigo Rojas y Carmen Gloria Quintana. El 10 de julio en Concepción dijo: «Es muy curioso que la parka que tenía el joven que murió quemado no estaba quemada por fuera, sino por dentro. No quiero pensar mal, pero me da la impresión de que llevaba, a lo mejor, algo oculto, se le reventó y les produjo la quemazón por dentro».[25]

Hasta 2015 el único condenado fue el teniente Pedro Fernández, pero a seiscientos días de cárcel por «negligencia», por no haber prestado ayuda a los jóvenes, que se habrían quemado por su propia responsabilidad... Sin embargo, en noviembre de 2014 uno de los soldados que participaron en aquellos hechos, Fernando Guzmán, quien entonces cumplía el servicio militar, rompió su silencio y con su declaración ante el magistrado Mario Carroza permitió la reapertura de la investigación. Señaló que dos semanas después de los hechos, les dieron instrucciones respecto a lo que tenían que declarar. «Nos indicaron que debíamos aprender unas declaraciones que ya estaban confeccionadas.» A cambio, el Ejército les recompensó económicamente y con permisos.[26] En marzo de 2019, Carroza dictó sentencia y condenó a tres exmilitares a diez años de prisión como autores del homicidio calificado de Rodrigo Rojas y del homicidio calificado en grado de frustrado de Carmen Gloria Quintana y a otros ocho a tres años de cárcel en su condición de cómplices.

Fuego enemigo en el Cajón del Maipo

Al calor de la lucha por la democracia, el Partido Comunista recuperó su fuerte influencia social y política y, si el

PDC encabezaba la posición moderada, el PC lideraba la oposición frontal al régimen. El Partido Comunista declaró 1986 «el año decisivo» para echar abajo la dictadura de Pinochet, como culminación del ciclo de Jornadas de Protesta Nacional abierto en mayo de 1983 y en el marco de su línea política de la Rebelión Popular de Masas.

Masacrado por la DINA en 1975 y 1976, en 1977 el PC creó el denominado Equipo de Dirección Interior, integrado por tres personas —entre ellos, Guillermo Teillier, su actual presidente—, que logró reorganizar la estructura clandestina y preparar las condiciones de seguridad para el retorno de dirigentes como Gladys Marín, quienes tuvieron que sortear, además, la Operación Cóndor.[27] El 3 de septiembre de 1980, en Moscú, a solo ocho días de la celebración del plebiscito que impondría la Constitución y prolongaba la dictadura al menos hasta 1990, Luis Corvalán planteó un giro en la política comunista, en un discurso transmitido a Chile por Radio Moscú: «Se cierran los caminos para la evolución gradual con que algunos han soñado. En estas circunstancias, no tenemos dudas de que el pueblo chileno sabrá encontrar el modo de sacudirse el yugo de la tiranía. Las masas irrumpirán de una u otra manera hasta echar abajo el fascismo. Pinochet no podrá mantenerse en el poder por el tiempo que pretende. El derecho del pueblo a la rebelión pasa a ser cada vez más indiscutible. (...) Es el fascismo el que crea una situación frente a la cual el pueblo no tendrá otro camino que recurrir a todos los medios a su alcance, a todas las formas de combate que lo ayuden, incluso a la violencia aguda, para defender su derecho al pan, a la libertad y a la vida».[28]

Como parte de la política de la Rebelión Popular de Masas del Partido Comunista, se formó el Frente Patriótico Manuel Rodríguez (FPMR), integrado principalmente por jóvenes militantes que recibieron preparación militar en Cuba y en los países socialistas de Europa oriental. Su irrupción pública se produjo en diciembre de 1983 y desde entonces protagonizaron algunas acciones de enfrentamiento directo con los aparatos del régimen.[29] Otras fuerzas de izquierda, como el MIR y su Estructura de Fuerza Central y las Milicias de la Resistencia Popular o el Movimiento Juvenil Lautaro, escindido del MAPU, también adoptaron una estrategia insurreccional, que contemplaba «todas las formas de lucha», en la confrontación con el régimen de Pinochet.[30]

Entre mayo y julio de 1986, en una compleja operación clandestina, el Partido Comunista desembarcó en las costas del norte del país cerca de ochenta toneladas de armas y explosivos, llevadas por un barco cubano hasta aguas internacionales, a más de doscientas millas del litoral.[31] El 6 de agosto de aquel año, la CNI descubrió en la playa de Carrizal Bajo, en la localidad de Huasco, a unos 750 kilómetros de Santiago, una parte de aquel enorme arsenal de armas y detuvo a algunos de los militantes comunistas y del FPMR involucrados. Durante esas semanas, el Frente Patriótico Manuel Rodríguez ya preparaba también su Operación Patria Nueva para ajusticiar al dictador.

Minutos después de las seis de la tarde del domingo 7 de septiembre de 1986, el general Pinochet, acompañado de su nieto Rodrigo García —hijo de su primogénita—, emprendió el retorno a Santiago desde la casa de El Melocotón, donde habían pasado el fin de semana. Había cumplido, una vez más su rutina, que incluía tiempo para la lectura, la televisión y una caminata de una hora exacta en ropa deportiva.[32] Lucía Hiriart y su madre, Lucía Rodríguez, decidieron quedarse unos días más en el Cajón del Maipo.

Faltaban solo veinte minutos para las siete, empezaba a anochecer cuando la caravana integrada por un vehículo de la CNI adelantado y otro retrasado, dos motocicletas de Carabineros que abrían paso y cinco automóviles en los que viajaban veintiuna personas, avanzaba por la carretera G-25, que desemboca en la localidad de Puente Alto, al sudeste del área metropolitana de Santiago. En ese momento llegaron a una pendiente de unos quinientos metros denominada cuesta Las Achupallas. Cuando las dos motocicletas pasaron, de manera repentina una camioneta que arrastraba una casa rodante viró y bloqueó el paso y los miembros del FPMR que estaban en su interior abrieron fuego contra la comitiva de Pinochet, al igual que los fusileros apostados en el montículo que dominaba la carretera en ese punto. Fueron seis minutos de fuego intenso con fusiles M16, metralletas, granadas de mano y cohetes Low. Entre los rodriguistas que disparaban estaba Víctor Díaz Caro, hijo del dirigente comunista detenido desaparecido en 1976.

Junto con Pinochet y su nieto, viajaban el edecán naval —el capitán de fragata Pedro Arrieta— y el chófer Óscar Carvajal, que conducía un Mercedes Benz 500 blindado, con vidrios oscuros, adquirido recientemente. Durante unos instantes de ruido atronador y fuego incesante, este automóvil quedó bloqueado, pero el jefe de seguridad, el capitán del Ejército Juan Mac Lean, ordenó que le abrieran paso para que saliera de la emboscada.[33] El oficial que permaneció más de sesenta años en activo, el general que desencadenó una guerra contra su pueblo, solo sufrió fuego real en su contra durante aquellos segundos en toda su vida.

En una rápida maniobra, el chófer logró dar la vuelta, mientras un cohete M72 Low impactó en la parte posterior del vehículo, pero no llegó a estallar porque el mecanismo no tuvo tiempo de armarse en el aire. Después de cambiar la dirección, tardaron unos cuarenta segundos en retroceder doscientos metros. En ese momento, miembros del FPMR estaban apostados en una camioneta atrás para cerrarles el paso, pero Carvajal logró pasar entre este vehículo y el cerro. Los vidrios blindados resistieron las ráfagas de disparos y una granada explotó sin consecuencias junto a la rueda posterior derecha.[34] Pinochet solo resultó con heridas leves en su mano izquierda.

Cinco escoltas cayeron muertos y doce resultaron heridos. Cuando vieron que los dos únicos Mercedes Benz —el del dictador y el que le acompañaba como alternativa ante cualquier contingencia— escaparon de la emboscada, los frentistas abandonaron el lugar y regresaron a Santiago sabiendo que Pinochet seguía vivo.[35] La decisión del tiranicidio fue adoptada por la dirección del Partido Comunista. Según ha explicado Guillermo Teillier, su encargado militar en aquel momento, fue una acción de respuesta contra el máximo responsable del asesinato y la desaparición de más de quinientos militantes comunistas y del encarcelamiento y tortura de miles de ellos. A su juicio, la internación de armas y la emboscada del Cajón del Maipo probaron que la dictadura era vulnerable y «ayudaron a dar una salida política».[36]

Era noche cerrada cuando el dictador ingresó en la casa de El Melocotón. «¡De la que nos salvamos!», le dijo a su nieto entonces.[37] Según un informe de la CIA fechado el 21 de noviembre de 1986 y desclasificado en noviembre de 2000, de inmediato hizo varias llamadas telefónicas, puesto que creía que el ataque había sido realizado por integrantes del Ejército. «Después de consultar con oficiales de alto rango, Pinochet desestimó esta posición y señaló que la CIA o el Partido Comunista estaban detrás del atentado».[38] Algunos días después, el exsubdirector de la agencia norteamericana Vernon Walters, viejo conocido, viajó a Santiago para tranquilizarle. «Me mostró los misiles y las cosas que habían sido disparadas contra su coche. Y preguntó si éramos nosotros los que lo habíamos hecho. Le di mi palabra de honor de oficial norteamericano de que no era así», relató Walters en marzo de 2001.[39]

Cuando faltaban pocos minutos para las ocho de la tarde, los medios de comunicación empezaron a informar sobre la emboscada sufrida por el dictador. El régimen incluso envió un equipo de Televisión Nacional a El Melocotón para que de inmediato Pinochet apareciera en pantalla y quedara claro que había sobrevivido.[40]

A las once de la noche, el ministro del Interior, Ricardo García, anunció la implantación del estado de sitio en todo el país, que perduraría hasta fines de año, y aludió a una situación de «guerra interna». En las horas siguientes, agentes de la CNI secuestraron y asesinaron a los militantes comunistas Abraham Musklabit (publicista) y Felipe Rivera (electricista) y a los militantes del MIR Gastón Vidaurrázaga (profesor) y José Carrasco (editor internacional de la revista *Análisis*). El abogado de la Vicaría de la Solidaridad Luis Toro logró salvarse gracias a la ayuda de sus vecinos.[41] Por su parte, la Policía de Investigaciones detuvo aquella noche al dirigente socialista Ricardo Lagos, al sacerdote y portavoz del MIR Rafael Maroto, al dirigente del MDP Germán Correa y a los militantes comunistas Guillermo Sherping y Andrea Palma, entre otros.[42]

Después de pasar la noche en El Melocotón, el lunes 8 de septiembre, a las once y veinte de la mañana, Pinochet llegó a La Moneda tras visitar a sus escoltas heridos en el

Hospital Militar y en el Hospital de Carabineros. El vice-comandante en jefe del Ejército, el mayor general Santiago Sinclair, proclamó la adhesión de la institución a Pinochet en términos cuasirreligiosos: «Mi general, la figura sagrada de nuestro comandante en jefe ha sido víctima de un atentado. El Ejército lo repudia, lo condena y no lo perdona». Por su parte, Pinochet no dudó en reconocer, por primera vez, su vulnerabilidad: «Jamás creí que iba a salir con vida».[43]

A lo largo de aquel día, el entonces ministro de la Secretaría General de Gobierno, Francisco Javier Cuadra, estuvo a solas con él en varios momentos en su despacho: «Lo que más dolía en su recuerdo fue cómo vio morir a su gente. Estaba muy emocionado, quebrado humanamente, muy afectado. (...) En términos de análisis, lo que sintió fue la vulnerabilidad, ya no era la persona segura de antes, entró en su vida una variable que no estaba».[44]

Aquel episodio reforzó aún más su mesianismo. En aquellos días preguntó a un subalterno: «¿Usted sabe por qué me salvé?». Y, sin aguardar respuesta, le mostró la medalla de oro de la Virgen del Perpetuo Socorro que llevaba en su pecho. Es más, en uno de los vidrios quebrados de su coche creyó ver la silueta de esta divinidad. «Ella me salvó. Me ha protegido siempre desde que era joven.»[45]

En su discurso al país el 11 de septiembre en el salón plenario del Edificio Diego Portales, que duró dos horas y cinco minutos,[46] señaló que tanto la internación de armas como el ataque que había sufrido «formaban parte importante de la estrategia marxista dirigida a dar comienzo a una revolución en Chile» y que «si estos dos hechos hubiesen alcanzado sus objetivos, el país se habría visto envuelto en una sangrienta escalada guerrillera». Volvió a criticar a la oposición moderada por su «colaboración con personas o grupos marxistas» y descalificó el Acuerdo Nacional y a la Asamblea de la Civilidad. En cuanto a las relaciones con Estados Unidos, señaló que seguían dentro de la tradicional «amistad» entre ambas naciones, pero añadió: «Lamentablemente, en el último tiempo, una errada percepción de algunos sectores norteamericanos sobre la realidad chilena y respecto a nuestro desarrollo institucional se ha traducido en algunas actitudes que rechazamos categóricamente».

El hallazgo de los arsenales de armas en Carrizal Bajo y el fracaso del tiranicidio cambiaron el escenario político nacional. A partir de entonces, la unidad de la oposición democrática quedó rota definitivamente y los sectores aglutinados en torno a la Alianza Democrática terminarían por aceptar a principios de 1988 las reglas de juego del régimen. Mientras tanto, en defensa de sus propios intereses, Washington apostó por una salida pactada que marginara al Partido Comunista, puesto que temía que se repitiera lo sucedido en Nicaragua: su apoyo hasta el final a la dictadura somocista reforzó a los sandinistas y la Revolución triunfó en julio de 1979. Creían que la permanencia de Pinochet en el poder más allá de 1989 reforzaría al Partido Comunista. Fue el general John Galvin, comandante en jefe del Comando Sur del Ejército de los Estados Unidos, quien viajó a Chile en agosto de 1986 —en los días en que la CNI descubrió el arsenal de armas comunista— y en mayo de 1987 para exponer estos mensajes a diferentes sectores del régimen.

El 13 de septiembre, en una entrevista concedida a *The New York Times*, Pinochet hizo unas declaraciones absolutamente destempladas contra Estados Unidos. Diez minutos después de recibir a la periodista Shirley Christian, se levantó, se dirigió hacia la puerta y señaló que su país no estaba en posición de aconsejarles sobre cómo tratar a los comunistas porque «ellos nunca han ganado una guerra»: «La Segunda Guerra Mundial fue ganada por los rusos, luego la guerra de Corea la ganaron los rusos, en Vietnam los rusos vencieron, en Nicaragua Rusia ganó. ¿Y en Irán quién ganó?». Dijo *goodbye* y se retiró.[47]

El 18 de noviembre, en una reunión del Consejo de Seguridad Nacional de Estados Unidos, se marcó el alejamiento definitivo entre la administración Reagan y el régimen.[48] Con sus críticas a Pinochet en nombre de la democracia, la Casa Blanca también pretendía legitimar su apoyo a la Contra nicaragüense y a las dictaduras militares de Guatemala y El Salvador en la lucha contra las guerrillas.

En los meses anteriores, Reagan y Pinochet habían mantenido un intercambio epistolar. El 20 de marzo, el embajador Barnes entregó al ministro de Relaciones Exteriores, Jaime del Valle, la misiva que, con fecha del día anterior, su presidente remitía al dictador, que fue filtrada parcialmente a la prensa chilena y de la que se hizo eco la prensa internacional.[49] En aquella carta, Reagan reconoció en el régimen a un aliado frente «al expansionismo soviético y cubano» y ensalzó el golpe de Estado del 11 de septiembre de 1973, que calificó de «hazaña» y «proeza histórica». «Respetamos esta proeza histórica y deseamos hacer todo lo que esté a nuestro alcance para asegurar que los dolorosos pasos tomados en 1973 conduzcan con seguridad al establecimiento de una democracia fuerte y efectiva, capaz de satisfacer las aspiraciones del pueblo de Chile y defender la independencia de la nación chilena.» Reagan negó que su país quisiera intervenir en los asuntos chilenos, pero remarcó: «Nuestros llamados públicos al diálogo, la reconciliación y el consenso no están dirigidos a tomar partido en asuntos internos delicados, sino más bien a alentar a todos los chilenos de buena voluntad a trabajar juntos para encontrar los medios más rápidos y efectivos para restaurar la democracia. Con esta finalidad, permaneceremos alerta a muestras concretas de progreso hacia esa meta, teniendo presente la importancia de tal progreso para profundizar la cooperación bilateral».

Pinochet le respondió con una carta de nueve páginas fechada el 17 de abril. Le agradeció, en primer lugar, sus palabras acerca del golpe de Estado, destacó la positiva relación económica entre ambos países y le explicó el «proceso de institucionalización» y las leyes que había en preparación con el horizonte del plebiscito previsto en la Constitución. No ahorró críticas a la oposición moderada y lamentó declaraciones de personas de la administración estadounidense que «en nada contribuyen al proceso en que mi Gobierno se encuentra soberanamente empeñado», sino que entorpecían «la normal evolución de la transición política».

Ante la reunión del 18 de noviembre de 1986, el consejero de Seguridad Nacional, John Poindexter, preparó un documento en el que expuso que la estrategia de Pinochet para permanecer en el poder radicaba en polarizar el país y lograr la división de las fuerzas democráticas para presentar el plebiscito sucesorio como una elección «entre él y los comunistas». Los documentos desclasificados evidencian una disparidad de criterios entre el Consejo de Seguridad Nacional y el Departamento de Estado acerca de cómo enfrentar «la creciente tensión entre nuestro interés nacional en una transición a la democracia ordenada y pacífica en Chile y el aparente deseo del Presidente Pinochet de mantenerse en el cargo indefinidamente». El Departamento de Estado apostaba por apoyar a la oposición moderada, mientras que el Consejo Nacional de Seguridad propugnaba presionar a Pinochet a través de un acercamiento a los miembros de la

Junta y los altos oficiales del Ejército. El director suplente de la CIA, Robert Gates, en tanto, destacó la fuerza del Partido Comunista y de su opción insurreccional.

En su intervención Reagan intercedió en cierto modo por Pinochet: «Salvó a su país... Si hubiera alguna forma en que pudiéramos aparecer como no oponiéndonos a él, indicar que respetamos lo que ha hecho, pero al mismo tiempo decir que queremos ayudar a Chile por el bien de Chile». Incluso sugirió un viaje a Santiago para dialogar con él, pero el secretario de Estado, George Shultz, le indicó: «De ninguna forma. Este hombre tiene las manos llenas de sangre...». «Ha hecho cosas monstruosas.»[50]

Además, en enero de 1987 se produjo la entrega de Armando Fernández Larios, a quien Pinochet calificó de «desertor»,[51] y Estados Unidos empezó a asumir la responsabilidad del dictador en el asesinato de Orlando Letelier y Ronni Moffitt. Un informe de nueve páginas firmado en enero de 1987 por el embajador Harry Barnes y enviado a Washington —con copia a los comandos Sur y Atlántico de las Fuerzas Armadas estadounidenses— advirtió que la derecha y las Fuerzas Armadas se oponían a que cambiara el régimen si no recibían «garantías satisfactorias de un conjunto de asuntos, como la impunidad ante las violaciones de los derechos humanos, la propiedad privada, el rol del Partido Comunista y el papel de los militares en el periodo de transición política».[52]

Juan Pablo II en Chile

El 27 de diciembre de 1986, Pinochet asistió a una misa de acción de gracias en su honor en la Basílica de Nuestra

Señora del Perpetuo Socorro, junto con su esposa, autoridades de gobierno y el cuerpo de generales y almirantes, que fue concelebrada por el vicario general castrense, monseñor José Joaquín Matte; el capellán de la Escuela Militar, Florencio Infante, y el párroco a cargo del templo, Armando Jara.[53] Con aquel rito religioso deseaba agradecer su medio siglo como oficial del Ejército y haber sobrevivido a la emboscada del 7 de septiembre.

Dos días después, fue agasajado en el Estadio Militar con una ceremonia en la que, además del alto mando de su institución, estuvieron presentes representantes de todas las unidades con sus respectivos estandartes. Por la tarde, ante cuatrocientos invitados, tuvo lugar otro homenaje en el patio de los Cañones de La Moneda, con la participación de los oficiales más importantes de las Fuerzas Armadas y Carabineros. El ministro de Defensa, Patricio Carvajal, le impuso la Condecoración al Valor de Primera Clase, supuestamente por su destacado papel en la acción para repeler el ataque sufrido el 7 de septiembre, a pesar de que, por primera vez, se limitó a cumplir las órdenes de sus subordinados, tanto del edecán Arrieta como del capitán Mac Lean, y huyó del lugar de combate.[54]

A lo largo de 1987, Pinochet recorrió el país haciendo campaña para el plebiscito con varios mensajes muy básicos que repitió hasta la saciedad. Por su parte, en aquel momento la oposición moderada centraba sus demandas en la celebración de «elecciones libres», en transformar el plebiscito sucesorio en una elección presidencial competitiva. Unas declaraciones de José Joaquín Brunner, entonces director de Flacso y uno de los intelectuales que dieron forma al «socialismo renovado», son muy ilustrativas: «Me parece que el régimen militar no es derrocable, porque es completamente imposible suponer que uno pueda construir desde la sociedad una fuerza político-militar equiparable a la que tiene el régimen, entre otras cosas porque este se apoya en las Fuerzas Armadas y en el uso de los aparatos del Estado». «Lo que está en juego hoy día es qué tipo de proceso electoral vamos a enfrentar. Hay que luchar por la libertad de expresión, por un cambio en el Estatuto de la Televisión, por la organización de los partidos políticos, por la conformación de una amplia alianza entre todos los que estén por enfrentar el acto electoral de 1989.»[55]

En las filas de la derecha, sus sectores mayoritarios, la UDI y la Unión Nacional, junto con el Frente Nacional del Trabajo, confluyeron en una nueva fuerza: Renovación Nacional. Mientras tanto, el Partido Comunista seguía invocando la unidad de toda la oposición y llamaba a la lucha contra la dictadura para conquistar la democracia. Aquel año, junto con sus aliados, promovió la creación de la Izquierda Unida.

El 25 de febrero de 1987, el régimen dio inicio al proceso de inscripción de la ciudadanía en los registros electorales de cara al próximo plebiscito. Pinochet fue el primero en anotarse, en la junta inscriptora instalada en el Parque Forestal.[56] Y el 11 de marzo suscribió la Ley Orgánica Constitucional sobre Partidos Políticos.

El 1 de abril, a las cuatro de la tarde, Juan Pablo II llegó al aeropuerto de Pudahuel, en el marco de una gira por el Cono Sur que incluyó una visita previa de dos días a Uruguay y otra posterior de seis a Argentina. El periodista Miguel Castellví, enviado especial del diario conservador español *Abc*, escribió que el discurso de bienvenida de Pinochet «nos recordaba algunos mensajes del general Franco», ya que insistió en la agresión extranjera y el asedio que dijo que Chile había sufrido y sufría «por la acción expansionista foránea de la más extrema ideología materialista y atea que ha conocido la humanidad».[57] Centenares de miles de personas saludaron al Papa en su recorrido hasta el centro de la ciudad. En sus primeras horas en suelo chileno, visitó la catedral y la Vicaría de la Solidaridad, donde se reunió con víctimas de la dictadura, y después el santuario del cerro San Cristóbal, desde donde dirigió un mensaje al país. Su programa de actividades fue organizado exclusivamente por el episcopado chileno.

El 2 de abril, a las ocho de la mañana, Juan Pablo II llegó hasta La Moneda para entrevistarse con Pinochet. Instantes después de saludarle, el dictador —vestido de civil— le invitó a asomarse con él al balcón para saludar a los miles de personas reunidas. Nada trascendió de la conversación que mantuvieron por espacio de cuarenta minutos, en la que estuvo presente el nuncio Angelo Sodano.

Después, se dirigió a la población La Bandera, en la comuna de San Ramón, donde le aguardaban centenares de miles de personas y escuchó los testimonios del obrero Mario Mejías, torturado recientemente por agentes de la dictadura y que después volvería a ser detenido y vería su hogar allanado; y de Luisa Riveros, dirigenta de las comunidades cristianas de base y habitante de la población Violeta Parra de Cerro Navia, quien le dijo con voz quebrada en algunos momentos: «Queremos una vida digna para todos, sin dictadura. No queremos ninguna violencia. Vamos a encontrar a los prisioneros, a los torturados. Pedimos que se haga justicia y que vuelvan los exiliados. Acompañamos a los familiares de los detenidos desaparecidos. Queremos que se nos escuche y se nos respete. Santo Padre, hay catorce presos políticos condenados a muerte. Usted es mensajero de la vida. Queremos pedirle —y todo Chile— que diga no a la pena de muerte».[58] Sus palabras fueron censuradas por TVN, pero no por el Canal 13, que transmitió el acto íntegro. Por primera vez en catorce años, aparecían en televisión mensajes críticos hacia la dictadura. Por la tarde, el Papa protagonizó una Eucaristía de la Familia en Valparaíso y por la noche el memorable encuentro con los jóvenes en el Estadio Nacional, del que señaló que había sido también un lugar de «dolor y sufrimiento».[59]

En la mañana del 3 de abril, visitó el Templo Votivo de Maipú, la sede central del Hogar de Cristo, donde saludó a Carmen Gloria Quintana, y la Casa Central de la Universidad Católica. Después, en la elipse del parque O'Higgins, ante centenares de miles de personas, se celebró la llamada Eucaristía de la Reconciliación y la beatificación de la religiosa Juana Fernández Solar, conocida como Teresa de los Andes. Fue un acto plagado de incidentes provocados por agentes del régimen con la intención de culpar a la izquierda, según transmitieron desde la jerarquía católica chilena a la comitiva pontificia, donde las fuerzas policiales lanzaron gases lacrimógenos que afectaron incluso al Papa.[60] Hubo seiscientos heridos.

Por la noche, en la nunciatura, Juan Pablo II recibió a los políticos de la oposición, incluido José Sanfuentes, uno de los portavoces del Partido Comunista. Entre el 4 y el 6 de abril recorrió Punta Arenas, Puerto Montt, Concepción, Temuco, Coquimbo y Antofagasta, donde Pinochet le despidió en la losa del aeropuerto de Cerro Moreno. En todos los actos masivos se escuchó el clamor democrático: «¡Pan, justicia, trabajo y libertad!», «¡Papa, hermano, llévate al tirano!»; atronaron los abucheos a las fuerzas de seguridad, se propagaron las denuncias de la miseria y la represión.

Un mes después, el periodista Marcel Niedergang, de *Le Monde*, solicitó a Pinochet su opinión acerca de los pobladores que habían hablado públicamente al Papa en La Bandera. «Hay en esas declaraciones y denuncias una visión pesimista, negativa y orientada a explotar las dificultades con propósitos políticos. Los actos en que se plantearon esos testimonios reflejaron, en general, un alto grado de politización, demostrando el intento de utilizar esa circunstancia especial para atacar al Gobierno». Este periodista también le dijo que el 31 de diciembre de 1986 había anunciado el fin del exilio y, sin embargo, aún prohibía el retorno a Hortensia Bussi, una mujer de setenta y dos años. «Ella está siendo explotada políticamente como exponente del régimen marxista. No podemos olvidar que ese Gobierno marxista creó mucha odiosidad y enemistad entre los chilenos. Inmersos en ese ambiente de odio y destrucción están aquellos opositores extremistas que son capaces de cualquier acción con tal de culpar y crear problemas al Gobierno».[61]

El 5 de junio, Pinochet participó en San Bernardo en el acto de conmemoración del centenario de la Escuela de Infantería, que también sirvió para rendirle tributo a él mismo como Primer Infante de la Patria. Ante una Plaza de Armas semillena por trabajadores del PEM y el POJH obligados a concurrir, el dictador ensalzó la importancia del arma que había elegido en los primeros días de 1937 —«la infantería es el núcleo vivo sin el cual no se concibe la esencia del Ejército en ninguna época»— y cautivo de la nostalgia confesó: «Con cuánto cariño recuerdo a esta vieja Escuela, centenaria fortaleza de blancos muros, fiel testigo de mis primeros pasos en el servicio de las armas». Entonces llamó a una «cruzada en defensa de la patria» para evitar que cayera «víctima del odio y la destrucción».[62]

La Matanza del Corpus Cristi

El 15 y 16 de junio, más de cincuenta agentes de la CNI, quince miembros de la Unidad Antiterrorista del Ejército y cincuenta efectivos de la policía civil de Investigaciones participaron en los secuestros, torturas y ejecuciones de doce militantes del FPMR, producto del seguimiento intensivo a los miembros de esta organización político-militar durante varios meses.

A primera hora de la mañana del 15 de junio, el general Hugo Salas, director de la CNI, acudió a La Moneda e informó al dictador del operativo que estaba a punto de iniciarse.[63] Al mediodía, agentes de la CNI acribillaron a Recaredo Valenzuela en la calle Alhué de Las Condes, a escasos metros de la casa de su madre. Por la tarde, Patricio Acosta fue asesinado de un disparo en la calle Varas Mena de San Miguel, y en las primeras horas de la madrugada allí mismo cayeron Juan Henríquez y Wilson Henríquez, este último después de ser detenido y golpeado. En aquel mismo momento, en el sector de la Villa Olímpica, en Ñuñoa, otros agentes acabaron con la vida de Julio Guerra, ejecutado con un tiro a una distancia muy corta.

Y otros siete luchadores contra la dictadura —Esther Cabrera, Elizabeth Escobar, Patricia Quiroz, Ricardo Rivera, Ricardo Silva, Manuel Valencia y José Joaquín Valenzuela, el «comandante Ernesto», jefe de los fusileros que actuaron el 7 de septiembre de 1986 en el Cajón del Maipo— fueron detenidos por la CNI aquella tarde, encerrados en el Cuartel Borgoño y acribillados en un inmueble abandonado de la calle Pedro Donoso, en la comuna de Conchalí, por orden directa del general Hugo Salas según declaró el mayor retirado Álvaro Corbalán.[64] Fueron obligados a ponerse de cuclillas y colocarse las manos en la nuca antes de que grupos de dos y tres agentes los acribillaran a quemarropa. El 18 de junio, la CNI difundió un largo comunicado de prensa en el que mintió al asegurar que hubo un enfrentamiento y que cuatro de sus funcionarios resultaron heridos.[65]

A principios de 2001, el coronel de Carabineros retirado y exagente de la CNI Iván Quiroz declaró en el sumario, que entonces instruía el magistrado Milton Juica: «He decidido hablar porque corresponde que sea el alto mando quien reconozca que se dio esa orden y que no había ninguna posibilidad de no cumplirla. Era una orden superior y no se podía discutir a menos de exponerse a situaciones gravísimas en relación a nuestra integridad física y de nuestro grupo familiar». «Corbalán me comenta que, como el asunto era de mucha envergadura, necesitaba tener el máximo de personal y, por lo tanto, requería refuerzos de otras instituciones y por ello es que llama al general Hugo Salas, para que este, a su vez, por intermedio del Presidente de la República, pida apoyo a la policía civil.»[66]

En enero de 2005, el magistrado Hugo Dolmestch condenó a cadena perpetua al general retirado Hugo Salas —por primera vez, un militar de alto grado recibía esta pena por su participación en violaciones de los derechos humanos—, a quince años y un día al mayor retirado Álvaro Corbalán —responsable operativo de la conocida como Matanza del Corpus Cristi, por las fechas en que se produjo, y Operación Albania para la CNI—, a diez años y un día al oficial de Carabineros Iván Quiroz e impuso condenas a otras once personas. En agosto de 2007, la Corte Suprema ratificó la cadena perpetua de Salas y elevó a veinte años la condena de Álvaro Corbalán.[67]

La Carretera Austral

A lo largo de 1987, la mirada del dictador no se desviaba ya del plebiscito y hasta abril de 1988 mantuvo la incógnita sobre si deseaba ser el candidato. «Puedo ser yo u otro, yo no tengo interés», aseguró el 8 de mayo en Viña del Mar.[68] El debate también estaba plenamente instalado en las alturas del régimen, puesto que, durante el primer semestre de 1987 Merino, Stange y Matthei expresaron públicamente su predilección para que el elegido fuera un civil de consenso que proyectara la «obra» del régimen. Sus planteamientos eran relevantes porque, según la vigésimo séptima disposición transitoria de la Constitución, la designación del candidato correspondería a los comandantes en jefe del Ejército, la Armada y la Fuerza Aérea y al general director de Carabineros, que debían resolver por unanimidad.

Jaime Guzmán se mostró de acuerdo y aportó el argumento de la «despersonalización», es decir, la necesidad de desligar la institucionalidad política, social y económica de la figura de Pinochet. Además, los cuatro coincidieron en que, si el candidato elegido era un uniformado, debería pasar a retiro y presentarse como civil para no comprometer a las Fuerzas Armadas en el resultado.[69]

En sus declaraciones públicas, Pinochet ignoró estas posiciones y se limitó a repetir, una y otra vez, como un martillo, la trascendencia del plebiscito y a descalificar a la oposición, singularmente al PC y al PDC. El 31 de julio, en Curicó, señaló que en esa futura votación la ciudadanía escogería entre «la proyección y consolidación de un Chile moderno y con instituciones claras y precisas, o volver a la época oscura de estatismo aplastante, distribuidor de pobreza, conculcador de la libertad e impulsor de la lucha de clases».[70]

En agosto, molesto con la presión de Estados Unidos hacia su gobierno, Pinochet no asistió a la inauguración de la ampliación del aeropuerto en Rapa Nui, a pesar de que Reagan envió al vicesecretario de Estado adjunto, Robert Gelbard. Durante su estancia, Gelbard, en privado, subrayó que lo idóneo era que el candidato en el plebiscito fuera una persona capaz de acercar a los sectores mayoritarios que sustentaban el régimen y a la oposición moderada.[71] En sus declaraciones a la prensa, abogó por elecciones competitivas o por un plebiscito con verdaderas garantías democráticas. Pinochet no le recibió, pero el general Matthei sí.[72]

El 19 de agosto, en la Plaza de Armas de Los Ángeles, el dictador hizo una insistente llamada a sus partidarios a inscribirse en los registros electorales[73] y lo mismo en Mulchén y Chillán en los días posteriores. Y el 21 de agosto, en Coihueco —a treinta kilómetros de Chillán—, anunció por primera vez que el plebiscito tendría lugar en el plazo aproximado de un año.[74]

En su mensaje del 11 de septiembre, en el salón plenario del Edificio Diego Portales, anunció el envío al Poder Legislativo —la Junta militar— del proyecto de ley orgánica constitucional relativo al Congreso Nacional, que entre otros aspectos establecía su sede en Valparaíso, ley que promulgó el 18 de diciembre de aquel año.[75]

A principios de 1988 se inició la inscripción legal del Partido por la Democracia (PPD), cuyo presidente era el socialista Ricardo Lagos, un pesado trámite burocrático que el PDC y el Partido Radical habían iniciado en 1987 y que el PPD fue capaz de resolver en solo dos meses.[76] El 2 de febrero, trece partidos —entre ellos el PDC, el PR, el PPD y las distintas fracciones socialistas— suscribieron el documento *Concertación de Partidos por el No* y convocaron a votar contra el candidato del régimen en el plebiscito. Asimismo, señalaron que si lo ganaban debía abrirse una negociación con las Fuerzas Armadas para «concordar los términos de una transición rápida y ordenada a la democracia» con esta propuesta de marco:[77] elecciones presidenciales y de un Congreso Nacional con facultades constituyentes; restauración de una democracia plena y fin del exilio.[78] En marzo de aquel año, ya se habían inscrito casi cinco millones de ciudadanos en los registros electorales. El tablero político también se movió en la derecha, puesto que el gremialismo abandonó Renovación Nacional y formó la UDI por el Sí.

El 2 de marzo, el dictador inauguró en la Plaza de Armas de Puerto Montt el punto cero de los 1.013 kilómetros de la Carretera Austral, después de doce años de obras y una inversión de trescientos millones de dólares. En una ceremonia con el gabinete de ministros en pleno, el delegado del Banco Interamericano de Desarrollo (BID), los embajadores de Ecuador y Colombia y los cónsules de España, Holanda y Alemania Federal, así como representantes de las Fuerzas Armadas y autoridades locales y regionales, cortó la cinta tricolor y después se subió al automóvil que, como parte de una comitiva de diez vehículos y durante tres días, le llevó hasta la localidad de Cochrane, en el otro extremo de la ruta.[79]

En 1976, Pinochet encargó al Cuerpo Militar del Trabajo y al Ministerio de Obras Públicas la construcción de esta extensa y sinuosa carretera. Hasta entonces solo existían caminos rústicos y cortos que permitían una comunicación muy primaria en esta región de más de 140.000 kilómetros cuadrados. Si se sumaban los caminos transversales, la Carretera Austral alcanzaba los 1.250 kilómetros, tenía 4.500 metros lineales de puentes, 220 metros de túneles, transbordos a través de tres fiordos con un total de 50 kilómetros y tres balseos por los anchos y torrentosos ríos Yelcho, Palena y Rosselot. En toda aquella obra se removieron millones de metros cúbicos de roca y tierra.[80]

El Cuerpo Militar del Trabajo recurrió a los obreros del PEM para los trabajos básicos y también a muchos jóvenes que cumplían el servicio militar. En condiciones casi de esclavitud, según denunció la prensa democrática, construyeron la que entonces se llamó Carretera Longitudinal Austral Presidente Pinochet.[81] Y lo hicieron con herramientas tan básicas como picotas, hachas, palas, azadones y motosierras, vigilados permanentemente por personal militar.

«La carretera Pinochet debiera llamarse mejor la carretera del faraón porque se hizo igual que las pirámides, solo que en vez de esclavos se usó el PEM», dijo José Ruiz di Giorgio, dirigente sindical de los trabajadores del petróleo en la época. Eleodoro Muñoz, natural de Bulnes, cumplía el servicio militar en 1984. Después de seis meses de instrucción básica en el Regimiento Coraceros de Osorno les enviaron a Puerto Montt. «A mí me mandaron a construir y ensanchar algunos tramos de la ruta que une Cochamó con Ralún», recordó en 2013. «Era invierno y hacía frío, pero no nos entregaron ropa especial. Al contrario, lo único que nos dieron, además de la pala y la picota, fueron unas botas de agua, un casco, un pantalón de mezclilla y una parka. Recuerdo que no hubo otra instrucción que ponerse a trabajar. En realidad, la pega nuestra era abrir caminos y específicamente yo estaba a cargo de la construcción de las cunetas, que evitan que el agua caiga a la ruta. (...) Así nos pasamos todo el invierno, trabajando incluso cuando llovía. Por las noches, dormíamos de a tres en varias literas de madera bruta, que estaban en un galpón que no tenía ninguna aislación. (...) En ese periodo no me tocó ver ningún accidente, pero sí me pegaron y a mis compañeros también (...) prácticamente eso fue pura esclavitud. Nunca más volví a la Carretera Austral.»[82]

La epopeya del No

El 2 de marzo de 1988, mientras Pinochet inauguraba en Puerto Montt su mayor obra pública, el gobierno renovó por noventa días los estados de emergencia y de peligro de perturbación de la paz interior. El dictador prosiguió su larga campaña, sobre la que planeaba siempre el afilado perfil de los corvos —de los cuchillos empleados en la Caravana de la Muerte o para asesinar a Parada, Nattino y Guerrero en marzo de 1985—, la amenaza de la represión. De hecho, el 31 de marzo, el coronel José Zara pronunció uno de los exabruptos más sonoros de aquellos años durante un discurso ante él en la Escuela de Paracaidistas y Fuerzas Especiales del Ejército: «Los "boinas negras" no permitiremos jamás que nuestros hermanos caídos en combate un 11 de septiembre de 1973 observen desde el más allá una actitud conciliadora o de traición, ya que nuestros corvos, brillantes y acerados, estarán prestos al llamado de nuestro líder para defender al querido pueblo chileno».[83]

La tarde del 15 de abril, el alcalde designado de la capital, Gustavo Alessandri, impuso a Pinochet la Orden de Santiago de Nueva Extremadura, en el transcurso de una ceremonia celebrada en el salón de honor del palacio consistorial, mientras centenares de personas reunidas en la Plaza de Armas le aclamaron cuando salió al balcón y cayó una lluvia de papel picado, estallaron fuegos artificiales y se encendieron carteles con las frases «Sí a Chile», «Gracias

Presidente». Alessandri no dudó en proclamarle candidato: «Sois el Presidente del futuro, el Presidente de los que creemos en el venturoso futuro de esta patria».[84]

Al día siguiente, en el Club Providencia, más de dos mil jóvenes le expresaron su apoyo incondicional, en un lugar presidido por retratos suyos y carteles que rezaban «Sí, queremos a Pinochet». Los asistentes corearon «¡Y no cayó...!» e irrumpieron con aplausos cuando al entonar el himno nacional llegaron a la estrofa que exaltaba a «los valientes soldados». Entre los asistentes se hallaban numerosos jóvenes que harían una fulgurante carrera política en las décadas siguientes, como los expresidentes de la Federación de Estudiantes de la Universidad Católica Andrés Chadwick, el actual ministro del Interior, el senador Juan Antonio Coloma y el exsenador Jaime Orpis, el exdiputado y exsenador Pablo Longueira, el candidato presidencial de la extrema derecha en 2017 José Antonio Kast o Marcela Cubillos, actual ministra de Educación. Sus consignas apelaron a la seña de identidad del régimen: «¡Mano dura, Pinochet!». En aquella oportunidad el dictador firmó numerosos ejemplares del libro *La revolución silenciosa*, escrito por el economista Joaquín Lavín, todo un canto a «la obra del gobierno militar».[85] El 22 de abril, en Viña del Mar, en un acto con más de cuatro mil mujeres, defendió ya abiertamente que él debía ser el candidato en el plebiscito.[86]

Tres días después, Ricardo Lagos y sus compañeros del PPD Carolina Tohá, Armando Jaramillo y Jorge Schaulsohn comparecieron en el programa de conversación política del Canal 13 *De cara al país*, conducido por los periodistas Raquel Correa y Roberto Pulido y la historiadora Lucía Santa Cruz, que se realizaba en vivo durante cuarenta y cinco minutos.[87] Con la ayuda de expertos en diferentes áreas como Manuela Gumucio (televisión), Carlos Omina-mi (economía), Andrés Domínguez (derechos humanos), Eugenio Tironi (opinión pública) y los periodistas Patricia Politzer, Jorge Andrés Richards y Carmen Imperatore, Lagos preparó a conciencia la primera aparición de su vida en televisión como dirigente político.

En la parte final del programa, Lagos procedió a responder a la pregunta de Raquel Correa sobre qué sucedería si la opción del No vencía en el plebiscito. «Es el inicio del fin de la dictadura.» Y acto seguido emprendió una dura y fundamentada acusación contra el dictador, a quien señaló con el dedo, tras sus recientes declaraciones en Viña del Mar: «El general Pinochet no ha sido claro con el país. Primero dijo... primero dijo usted, general Pinochet, que había acá metas y no plazos. Después, general Pinochet, tuvo plazos y planteó su Constitución del 80. Le voy a recordar, general Pinochet, que usted el día del plebiscito de 1980 dijo que "el Presidente Pinochet no sería candidato en 1989". La cámara está enfocando, espero. Y ahora le promete al país otros ocho años con tortura, con asesinatos, con violación de derechos humanos. Me parece inadmisible que un chileno tenga tanta ambición de poder. Pretender estar veinticinco años en el poder».

En aquel momento se produjo un breve diálogo entrecortado entre Raquel Correa y el presidente del PPD. La periodista intentó intervenir, pero Lagos se adelantó: «Raquel, usted me va a excusar ¡hablo por quince años de silencio!». «Hablo por quince años de silencio y me parece indispensable que el país sepa que tiene una encrucijada y una posibilidad de salir de esa encrucijada, civilizadamente, a través del triunfo del No.»[88] Aquella intervención en televisión fue el primer hito de la campaña del No, mientras el proceso de inscripción de los ciudadanos en los registros electorales, alentado por miles de voluntarios que recorrían el país casa por casa para combatir, sobre todo, el miedo de una parte significativa de la sociedad, avanzaba a un ritmo que les permitía concebir esperanzas de victoria. Por su parte, la dictadura autorizó que los soldados y escalafones inferiores de las Fuerzas Armadas tuvieran por primera vez la posibilidad de votar, puesto que creían que lo harían masivamente por el candidato designado. A principios de mayo el número de inscritos ya rozaba los cinco millones y medio.[89]

A mediados de ese mes, Pinochet recorrió varias ciudades y pueblos del Norte Chico, como Vallenar, Caldera y Copiapó, donde acusó a la oposición de querer reeditar el programa de la Unidad Popular y al PDC de aliarse con «los marxistas (...) tal como sucedió en 1970». También calificó a los opositores de «zánganos con piel de oveja», «son apenas cuatro gatos arañando».[90] El 6 de junio en Arica, ante más de diez mil personas, aseguró que un «eventual triunfo del No» implicaría una catástrofe económica.[91] A pesar de que su Constitución establecía un itinerario en el caso de victoria opositora, el dictador planteó el plebiscito como una encrucijada dramática para el futuro del país. Y desplegó su campaña como una ofensiva militar, con infinidad de recursos volcados en la victoria.

En junio, señaló a Televisión Española que le agradaba el apelativo de «general de los pobres» que algunos pretendían atribuirle: «He tratado de ser el hombre que ayude a los pobres, a los que tienen menos, a los que están sin recursos. Sé como soldado lo que es dormir en el suelo. Sé lo que es pasar frío como soldado porque muchas veces me tocó dormir abrigado con una frazada en el piso duro del desierto o en una montaña».[92] En aquellos días estaba leyendo el libro *Perestroika* del presidente de la Unión Soviética, Mijaíl Gorbachov, a pesar de que meses antes había declarado que era tan comunista como Lenin y Stalin: «Está engañando a todos, en todo el mundo».[93] A mediados de junio de 1988, el Partido Comunista llamó finalmente a participar y votar por el No en un plebiscito que aún no tenía fecha.

Entre el 11 y el 17 de julio, tuvo lugar una nueva edición del festival Chile crea, con el lema Encuentro Internacional del Arte, la Ciencia y la Cultura por la Democracia, en el que participaron casi doscientos invitados extranjeros, con una delegación de diecinueve personas llegadas de España integrada por Raimon, Quico Pi de la Serra, Josep Guinovart, Geraldine Chaplin, Manuel Vázquez Montalbán, Juan Genovés o el guitarrista chileno Eulogio Dávalos. En la inauguración, celebrada en el teatro Astor, intervinieron el pintor José Balmes y el escritor uruguayo Eduardo Galeano y los periodistas Sergio Campos y Luis Vera leyeron los saludos de Joan Manuel Serrat, Graham Greene, Claudia Cardinale, Rafael Alberti, Yevgueni Evtuchenko, Marcello Mastroianni, Oscar Niemeyer y Bernardo Bertolucci, entre otros. Decenas de miles de personas participaron en las casi tres mil actividades culturales que se desarrollaron en todo el país durante aquella semana.[94]

El 30 de agosto, los registros electorales se cerraron con 7.435.913 ciudadanos inscritos. Aquel mismo día, en el Ministerio de Defensa, se reunieron los tres comandantes en jefe de las Fuerzas Armadas y el general director de Carabineros y Pinochet logró vencer la resistencia de Merino, Matthei y Stange, quienes finalmente le designaron candidato para el plebiscito.[95] El régimen intentó crear cierto ambiente de misterio en torno a la decisión, incluso la noche anterior decenas de seguidores permanecieron en vigilia para rogar que él fuera el elegido, pero nadie contemplaba entonces otra opción.

Por la tarde, en el salón plenario del Edificio Diego Portales, ante unas dos mil personas, entre ellas los miembros de la Junta militar, los ministros y subsecretarios, generales y almirantes, los integrantes del Consejo de Estado, del Tribunal Constitucional y del Consejo Económico y Social y dirigentes políticos y sociales de las organizaciones afines al régimen, Pinochet exaltó la trascendencia del plebiscito a lo largo de un discurso de unos veinticinco minutos: «Este es un momento decisivo en el proceso institucional iniciado el 11 de septiembre de 1973 y en cuya evolución e íntegro cumplimiento está empeñado el juramento de las Fuerzas Armadas y de Orden».[96] Desde aquel momento, con todos los resortes de la dictadura a su favor, aspiraba ya a permanecer en el poder al menos hasta 1997. «Pinochet, candidato único para sucederse a sí mismo», tituló el diario italiano *La Repubblica*.[97]

A las siete de la tarde, durante una concentración de sus adherentes frente a La Moneda, anunció que el plebiscito tendría lugar el miércoles 5 de octubre. Por la noche, masivas protestas de la oposición sacaron a las calles a miles de personas y el metálico ruido de las cacerolas atronó desde Arica a Magallanes. La represión se saldó con tres muertos —Edison Palma, de 15 años; Sergio Albornoz, de 14 y Antonio Sandoval, de 31: los tres baleados—, mil ciento cincuenta personas detenidas y veinticinco heridos.[98]

El 31 de agosto, los líderes de los dieciséis partidos que integraban el Comando del No suscribieron un acuerdo de gobernabilidad para el futuro, que incluía la necesidad, después del triunfo que esperaban lograr, de «concordar con las Fuerzas Armadas y de Orden los términos de un cambio que conduzca al ejercicio pleno de la soberanía popular». Patricio Aylwin, presidente del PDC y portavoz del No, respondió a la nominación de Pinochet: «Es un desafío a la conciencia moral de los chilenos»; «Pinochet significa tiranía, arbitrariedad, impotencia, utilización de la ley como mero instrumento de poder, fanatismo, persecución ideológica, ocultamiento o menosprecio habitual de la verdad, estímulo al egoísmo, fe en la fuerza en vez de la razón, división de los chilenos en amigos y enemigos, absoluta incapacidad de dialogar y de concertar acuerdos y, en último término, desprecio a la dignidad de las personas».[99]

Aquella noche, Pinochet apareció en televisión, vestido con corbata roja y terno azul, detrás de un escritorio donde figuraba una fotografía de su esposa. Por primera vez sus palabras adquirieron un tono conciliador: «Una nueva democracia se nos presenta, juntos debemos hacerla eficiente (...). Hoy quiero especialmente invitar a esta tarea a quienes se sienten ajenos u opositores a esta obra, puesto que nuestra democracia tiene un lugar para todos».[100]

Después de decretar el fin del estado de emergencia a fines de agosto, tras casi quince años de vigencia, el 1 de septiembre el régimen levantó la prohibición de ingreso al país de los cuatrocientos treinta ciudadanos todavía afectados y puso fin así a tres lustros de exilio. Isabel Allende Bussi fue de las primeras en retornar; José Oyarce, Rolando Calderón, Eduardo Rojas, Volodia Teitelboim y Carlos Montes lo hicieron en los días siguientes. El 4 de septiembre, por primera vez la oposición pudo manifestarse en libertad. Centenares de miles de santiaguinos confluyeron en distintas columnas hasta la avenida Vicuña Mackenna y cuando un avión militar sobrevoló la gigantesca multitud, miles de voces clamaron «Augusto, Lucía, les quedan pocos días...».[101]

A las nueve y media de la noche volvió a aparecer Pinochet ante las cámaras de TVN, quien expresó su confianza en la victoria y remarcó que debía respetarse el triunfo de la opción que obtuviera la mayoría de los votos. «Basta con tener un voto más para ganar, dice la lógica democrática...» Sin embargo, auguró que eso no ocurriría porque «vamos a ganar como Dios manda». «Yo nunca he entrado a una parte si no estoy convencido que voy a salir bien.» «Estoy convencido que voy a ganar el plebiscito, en primer lugar, por lo que se ha realizado en estos quince años. Porque nadie puede decir que me he aprovechado de mi puesto; nadie puede decir que me he enriquecido con mi puesto. (...) Solo he entregado esfuerzo y trabajo. (...) Será el pueblo chileno el que juzgue.»[102]

A partir del 5 de septiembre, el Comando del No dispuso de quince minutos diarios en televisión para exponer sus mensajes en *La Franja del No*, magistralmente conducida por el periodista Patricio Bañados. Con el lema «Chile, la alegría ya viene» y el símbolo del arcoíris, proyectó un mensaje de esperanza y unidad que remarcó que la disyuntiva del plebiscito era dictadura o democracia. En cambio, *La Franja del Sí*, además de exaltar el modelo neoliberal, reflejaba la personalidad del candidato: transmitía odio, agresividad y mentiras e infundía miedo. Aunque ambos espacios disponían de quince minutos diarios en pantalla, la dictadura manejaba todos los canales de televisión y la mayor parte de los diarios y las radios.[103]

El anhelo mayoritario de recuperar las libertades y la fuerza moral del movimiento de derechos humanos fueron determinantes para la movilización ciudadana y el triunfo del No.[104] Aunque cercada, la resistencia democrática siempre estuvo viva, desde el mismo 11 de septiembre de 1973.

En aquellas semanas, la movilización fue incesante. La Izquierda Unida celebró el 10 de septiembre un acto de masas y el Comité de Independientes por el No organizó un multitudinario concierto el sábado 24 en el parque La Bandera, en el que los conjuntos Inti Illimani e Illapu cantaron a su regreso del exilio.

El 22 de septiembre, Pinochet presentó su programa de gobierno para el periodo 1989-1997: prometió la erradicación de la extrema pobreza, la creación de cien mil empleos productivos al año, la aparición de un millón de nuevos pequeños y medianos empresarios, la continuación de las privatizaciones y el estímulo del denominado «capitalismo popular»...[105] El despliegue de la propaganda del régimen fue abrumador. En los días siguientes, la mayor parte de los diarios insertaron una página con una fotografía del dictador vestido de civil y un breve mensaje: «Nuestro Chile está a punto de dar un paso decisivo. Y no se trata simplemente de que se quede o se vaya un hombre. Se trata del presente y del futuro de millones de hombres y mujeres. No deseo nada para mí. No me mueve la idea del poder. Después de todos estos años, lo que sobrevive en mí es la imperiosidad de entregarles a los chilenos la conclusión de mi obra. Una obra de la que hoy estamos atisbando los primeros resultados. Es hora de empezar a disfrutar de una vida mejor. Para ello, no podemos abandonar el camino a riesgo de perder todo lo que tenemos ganado». Con un mensaje «blanco» fabricado por especialistas en comunicación política, prometió: «Si continuamos por este camino, estamos construyendo un país ganador». «Voy a votar por el futuro. Ese es mi compromiso. Si yo gobierno, ustedes gobiernan.»[106]

El 24 de septiembre, miles de personas llegaron al aeropuerto para recibir a Hortensia Bussi. «Saludo con emoción al pueblo chileno. A él, al pueblo, debo mi retorno a la Patria. Sin la acción valiente de las organizaciones de derechos humanos, de los partidos democráticos, de las organizaciones sociales y de la Iglesia católica, mi presencia aquí no sería posible», leyó en una declaración, en la que también agradeció la hospitalidad del gobierno y del pueblo de México. «Quiero un Chile donde haya justicia y democracia y los derechos humanos sean plenamente respetados. Nuestro mensaje no es el miedo, sino la esperanza; no es el odio, sino la alegría; no es el pasado, sino el futuro que construiremos juntos.» No pudo contener la emoción al evocar a su hija Beatriz y a Salvador Allende.[107]

En la última semana de septiembre, el gobierno entregó una encuesta de Gallup que daba una victoria del Sí por cinco puntos.[108] El 1 de octubre en el estadio El Teniente de Rancagua, en el acto de cierre de su campaña, Pinochet proclamó que estaba en juego «la libertad de Chile» y expresó su confianza en que «millones de hombres y mujeres ratificarán con un triunfo abrumador que siga este Gobierno de sociedad libre». El acto se inició de una forma ciertamente curiosa: a las cuatro y diez de la tarde, vestido de militar, ingresó en el estadio en un carro tirado por caballos, mientras atronaba el himno de su campaña.[109]

Aquel mismo día culminó la Marcha de la Alegría, convocada por el Comando del No, a la que se sumaron todas las fuerzas democráticas. Setenta columnas humanas unieron cincuenta y ocho ciudades y llegaron a Santiago, donde formaron una concentración en la Carretera Panamericana Sur que reunió a más de un millón de personas, solo equiparable a las grandes movilizaciones de la Unidad Popular.[110]

Poco a poco fueron llegando unos ochocientos observadores internacionales para apoyar a las fuerzas democráticas y verificar el escrutinio. El expresidente del gobierno español Adolfo Suárez, el ex primer ministro socialista francés Pierre Mauroy, los socialistas españoles José María Benegas y Elena Flores y el dirigente del PCE Nicolás Sartorius fueron algunos de los observadores procedentes de Europa.[111] En cambio, la dictadura prohibió el ingreso del Premio Nobel de la Paz Adolfo Pérez Esquivel y de Joan Manuel Serrat. Serrat voló de Buenos Aires a Santiago, pero en Pudahuel la CNI le impidió la entrada. El periodista Arturo Navarro, del diario *La Época*, y el fotógrafo Luis Poirot le grabaron un mensaje que fue transmitido en la última concentración del No, el 1 de octubre: «Compañeras y compañeros, lamentablemente hoy no pude estar con ustedes, como era mi deseo. En las calles de España, en el trabajo, se habla de Chile, se siente a Chile, porque España conoce cuán difícil es el camino de la reconquista de las libertades».[112] En medio de una gran expectación mundial, llegaron también más de mil periodistas extranjeros.

Desde luego, la oposición tenía muy presente la posibilidad de que Pinochet intentara manipular los resultados o desconociera su derrota. Una semana antes de la votación, tres dirigentes del Comando del No, Enrique Correa, Manuel Antonio Garretón e Ignacio Walker, visitaron a Jaime Guzmán en su departamento y le expusieron estos temores con franqueza. Guzmán les dijo que creía que el resultado debía ser reconocido, pero admitió que no estaba en condiciones de asegurar que Pinochet fuera a respetarlo.[113]

A diferencia de la «Consulta Nacional» de 1978 y del plebiscito de 1980, aquella votación ofrecía mayores garantías. Por una parte, la Ley sobre Votaciones Populares y Escrutinios, aprobada el 19 de abril de 1988, aseguraba la fiscalización y la transparencia y, además, se había reconstituido el Tribunal Calificador de Elecciones, que, como era tradicional, debería certificar el resultado final.[114] No obstante, el Comando del No, que contó con apoderados y vocales en cada mesa del país, preparó tres sistemas de recuento paralelos al oficial: dos informáticos y uno con anotaciones en lápiz y papel. También el Partido Comunista organizó su propio escrutinio.

«Corrió solo y llegó segundo»

Por fin llegó el miércoles 5 de octubre de 1988. Justo a la medianoche, Radio Cooperativa inició su emisión especial con tres canciones llenas de simbolismo: «Pronto venceremos», «Libertad sin ira» y «Cambia, todo cambia». En una mañana luminosa y primaveral, desde muy temprano los ciudadanos llegaron a los recintos de votación, donde se formaron largas colas para depositar el sufragio.[115] El dictador y candidato votó a las once de la mañana en el Instituto Nacional, muy cerca de La Moneda.[116]

A las seis de la tarde empezó el recuento y muy pronto supo que había sido derrotado. El exministro Francisco Javier Cuadra, quien entonces era embajador ante la Santa Sede, ha relatado que recibió el resultado a esa hora en Roma. «Y quienes de verdad informaron al general Pinochet de cuál fue el resultado real fueron los oficiales de Ejército de la Secretaría General de la Presidencia, que fueron los primeros en decirle la verdad a él, entre las 7 y las 8 de la noche», explicó en octubre de 2018.[117]

Sin embargo, en las primeras horas del escrutinio el gobierno solo entregó algún dato parcial que le favorecía y se demoró hasta las dos de la madrugada para reconocer el triunfo del No. A las siete y media de la tarde, el subsecretario del Ministerio del Interior, Alberto Cardemil ofreció el primer cómputo, con el 0,36 % de los votos escrutados, correspondientes a solo 79 de las más de 22.000 mesas receptoras, y otorgó al Sí el 57,3 % de esos sufragios. A las nueve de la noche, Genaro Arriagada, secretario ejecutivo del Comando del No, aseguró que, con cerca de 200.000 votos escrutados, el No ganaba con el 58,7 %. Todavía a las diez y veinte horas el Ministerio del Interior difundía datos que señalaban la victoria del Sí (51,3 %). Todo empezó a cambiar cerca de la medianoche, cuando en un programa de Canal 13 en el que participaba junto con Patricio Aylwin, Sergio Onofre Jarpa reconoció la derrota. Mientras tanto, en Televisión Nacional, el canal estatal, proyectaban episodios sucesivos de dibujos animados como *El Coyote* y *El Correcaminos*.

Indignado después de escuchar a Jarpa, Pinochet decidió que antes de que se anunciara el resultado al país debían conocerlo los miembros de la Junta militar, que se encontraban en sus respectivos despachos del Ministerio de Defensa. A su llegada a La Moneda junto con el almirante Merino, cuando faltaban quince minutos para la una de la madrugada del 6 de octubre, el general Matthei admitió: «Tengo bastante claro que ganó el No». Así fue. El rechazo a Pinochet logró 3.967.579 votos (54,7 %), mientras que el dictador obtuvo 3.119.110 votos (43 %); hubo 94.594 votos nulos (1,3 %) y 70.660 en blanco (1 %).[118] El Sí solo ganó en la Región de La Araucanía y en la Región de Los Lagos. En la Región Metropolitana, el No logró el 57,7 %, con más de medio millón de votos de ventaja. El Sí se impuso en las comunas de mayores ingresos: Vitacura (65 %), Las Condes (72 %) y Providencia (58 %) y el No venció en las de composición popular como Pedro Aguirre Cerda (71 %), La Pintana (68 %), San Joaquín (68 %) y Cerro

Navia (67 %), así como en ciudades con alta concentración obrera (Calama, El Salvador, Rancagua, Lota y Coronel).[119]

En la reunión de la Junta militar, en la que estuvieron también algunos ministros, el titular de Interior —y jefe de la campaña del Sí—, Sergio Fernández, empezó su intervención señalando que el 43 % era una «muy buena votación» y un gran triunfo de Pinochet y del régimen, puesto que, aunque el No había ganado, a su juicio ninguno de los líderes opositores podía alcanzar tal apoyo.[120] En un clima muy tenso, el general Matthei preguntó en tono sarcástico por qué no pedía una botella de champaña para celebrar el resultado. Siguió una discusión acalorada y Pinochet se negó a cualquier contacto con la oposición y a anticipar los plazos previstos en la Constitución, que señalaban la celebración de las elecciones presidenciales y parlamentarias a fines de 1989. «Enseguida, expresó que estaba dispuesto a sacar las tropas a la calle y "barrer con los comunistas" si fuera necesario», relató Matthei en 2003. Antes de finalizar la reunión, pidió que firmaran el «acta» de resumen. «Cuando llegó a mis manos, vi que en virtud de ese documento le entregábamos todas nuestras atribuciones de comandantes en jefe al general Pinochet, quien podría actuar sin consultar a las respectivas instituciones.»[121] El dictador solicitó a los integrantes de la Junta Militar que firmaran un documento que le otorgaba poderes especiales para sacar a las Fuerzas Armadas a las calles. Estaba dispuesto a violentar su propia Constitución. Pero Merino, Stange y Matthei se opusieron y le indicaron que debía respetarla.[122]

No fue un arrebato de última hora al conocer el amargo sabor de la derrota. Según ha relatado el general Matthei, dos semanas antes del plebiscito los jefes de inteligencia de las Fuerzas Armadas y Carabineros se reunieron con el director de la CNI, el general Hugo Salas. «Al término de esa reunión, el jefe de inteligencia de la Fuerza Aérea me comunicó que le habían informado de un plan para el día del plebiscito en caso de que "algo salga mal". La apreciación de dicha eventualidad se haría entre las cinco y las seis de la tarde del 5 de octubre y se ejecutaría interrumpiendo el acto electoral y estableciendo una cadena nacional de radio y televisión», señaló Matthei, quien contrastó esta información con el almirante Merino. En el almuerzo que los miembros de la Junta compartieron con Pinochet el 27 de septiembre, este no tuvo reparos en confirmarles tal intención y que, llegado el caso, remarcó que no dudaría en atribuir la responsabilidad de los hechos al Partido Comunista. Estas pretensiones llegaron a oídos de los diplomáticos estadounidenses acreditados en Chile y el 3 de octubre el Departamento de Estado señaló públicamente que tenía antecedentes de que el gobierno chileno pretendía «cancelar el plebiscito o anular su resultado».[123] También otros gobiernos occidentales, como el alemán, presionaron a los embajadores de Pinochet para que se respetara el veredicto de las urnas.[124]

Los documentos desclasificados por Washington en noviembre de 2000 revelaron otros planes para evitar que Pinochet entregara el poder en marzo de 1990. Uno de los informes señaló que el jefe de operaciones de la CNI, Álvaro Corbalán, junto con «un grupo de amigos de la familia Pinochet», estudiaron la posibilidad de asesinar, a través de «armas de fuego o químicas», a Patricio Aylwin. Otra opción que valoraron fue la realización de varios atentados que atribuirían a grupos de izquierda para desestabilizar el país y abortar el cambio de mando.[125]

Finalmente, poco después de las dos de la madrugada del 6 de octubre, el subsecretario Cardemil leyó un comunicado en el salón plenario del Edificio Diego Portales, donde se instaló el centro de prensa, y el gobierno reconoció el triunfo del No.[126] Sus palabras, transmitidas al país por radio y televisión, originaron una explosión de alegría entre los demócratas. Minutos antes, Pinochet se había retirado de La Moneda.

El dictador no compareció ante el país, en un discurso transmitido por televisión, hasta la noche del 6 de octubre. Vestido con su guerrera de color blanco y de pie, afirmó: «Reconozco y acepto el veredicto mayoritario expresado en el día de ayer por la ciudadanía». «Respetaré y haré respetar ese resultado...» No obstante, enfatizó que en el plebiscito tan solo se había votado acerca de su permanencia en la presidencia de la República, no sobre la institucionalidad del régimen. «No cabe alterar el orden constitucional de la República y nadie puede sentirse con mandato del pueblo para torcer lo que ese mismo pueblo decidió.» Tampoco dejó ningún espacio a la duda sobre si seguiría al mando del país hasta el último día: el 11 de marzo de 1990. «En mi vida militar y en el ejercicio de la primera magistratura de la nación he sabido, por sobre todo, respetar la voluntad ciudadana y las instituciones fundamentales de la República. Hoy, en este momento supremo, renuevo mi compromiso de cumplir el mandato recibido sin vacilaciones ni egoísmos, con sentido patriótico y venciendo el sacrificio que ello significa. ¡Porque la soberanía reside esencialmente en la nación, respetaremos, una vez más, como en 1980, su expresión libre y responsable! ¡Mi honor de soldado está ahora —como entonces— al servicio de tal fin!»[127]

El 7 de octubre las fuerzas democráticas pudieron celebrar el triunfo en el parque O'Higgins. Cuatro días después, el diario *Fortín Mapocho*, dirigido por Alberto Gamboa, llevó un antetítulo y un título que han quedado grabados en la memoria nacional: «Los fanáticos del Sí y de Pinochet olvidan que el 5 de octubre...», «¡Corrió solo y llegó segundo!»[128]

El 25 de octubre, en el tradicional acto con motivo del aniversario de CEMA-Chile, Pinochet señaló, con su inconfundible forma de argumentar: «Hemos salido derrotados del plebiscito, no vencidos. Derrotados. Pero no olviden ustedes que en la historia del mundo hay un plebiscito en el cual juzgaban a Cristo y a Barrabás y el pueblo votó por Barrabás».[129]

NOTAS

1. Sigmund, Paul E., *The United States and Democracy in Chile*, Nueva York, The John Hopkins University Press, 1993, p. 154.
2. Declaraciones recogidas en: *La Segunda*, Santiago de Chile, 23 de julio de 1985, p. 3.
3. *El Mercurio*, Santiago de Chile, 19 de noviembre de 1985, Cuerpo A, pp. 1 y 12.
4. *El Mercurio*, Santiago de Chile, 29 de agosto de 1985, Cuerpo A, p. 1.
5. *El Mercurio*, Santiago de Chile, 10 de octubre de 1985, Cuerpo A, p. 1.
6. *La Tercera*, Santiago de Chile, 23 de noviembre de 1985, p. 4.
7. *Análisis*, Santiago de Chile, 10 de diciembre de 1985, pp. 4-9.
8. *Apsi*, Santiago de Chile, 24 de marzo de 1986, pp. 17-18.
9. Entrevista de Pamela Jiles a Roberto Viaux. *Análisis*, Santiago de Chile, 8 de abril de 1986, pp. 17-20.
10. Entrevista reproducida en: *Cambio 16*, Madrid, 14 de abril de 1986, pp. 100-101.
11. En 1981, la dictadura elevó al rango de embajada el consulado general instalado en Pretoria en 1976 y concedió el plácet al primer embajador de este país asentado en Chile, John Reimond Dutton, y en octubre de aquel año César Mendoza visitó Sudáfrica, como ya lo había hecho Merino en 1980. En agosto de 1984, Pinochet recibió al jefe de las Fuerzas Armadas sudafricanas, el general Constand Viljoen.
12. Open Secrets, «Los estrechos vínculos del régimen sudafricano del *apartheid* con la dictadura chilena», *Ciper*, Santiago de Chile, 11 de diciembre de 2017, en Ciperchile.cl, <https://ciperchile.cl/2017/12/11/los-estrechos-vinculos-del-regimen-sudafricano-del-apartheid-con-la-dictadura-chilena/>.
13. *Análisis*, Santiago de Chile, 29 de abril de 1986, pp. 7-8.

14. *Cauce*, Santiago de Chile, 28 de abril de 1986, pp. 11-12.
15. Manzano Latrach, Cristopher, «Asamblea de la Civilidad (1986-1988). Convergencia social y frustración política de un movimiento popular de oposición a la dictadura», en Carolina Jiménez Hernández et al., comp., *Construcción y recuperación de la memoria histórica. Reflexiones a 40 años del Golpe militar*, Santiago de Chile, Universidad de Chile, 2014, pp. 112-121.
16. Guzmán, Hugo, «Cómo vivió y encaró el PC el plebiscito de 1988», *El Siglo*, Santiago de Chile, 3 de octubre de 2018, en Elsiglo.cl, <http://www.elsiglo.cl/2018/10/03/como-vivio-y-encaro-el-pc-el-plebiscito-de-1988/>.
17. «Tres muertos en Chile en el primer día de la huelga general contra Pinochet», *El País*, Madrid, 3 de julio de 1986, en Elpaís.com, <https://elpais.com/diario/1986/07/03/internacional/520725610_850215.html>.
18. Verdugo, Patricia, *Rodrigo y Carmen Gloria: Quemados vivos*, Santiago de Chile, Aconcagua, 1987, p. 64.
19. Rodrigo nació en Valparaíso el 7 de marzo de 1967. Había retornado a Chile después de diez años de exilio en Estados Unidos, donde vivían su hermano, Pablo, y su madre, Verónica De Negri —militante comunista—, quien había estado presa en 1976 en Tres Álamos. De Negri, Claudio, «Rodrigo Rojas De Negri: Joven, fotógrafo, puro y transparente», en Ernesto Carmona, ed., *Morir es la noticia*, Santiago de Chile, Ernesto Carmona Editor, 1997, pp. 280-282.
20. *Apsi*, Santiago de Chile, 11 de agosto de 1986, pp. 7-8.
21. En sus escritos autobiográficos, que se conservan en la Biblioteca del Congreso de Estados Unidos, Harry Barnes relató que con su asistencia al funeral de Rodrigo Rojas se quebró su relación con el régimen y con el dictador. Ruiz, Carla, «Harry, el sucio: Las desconocidas memorias de un hombre clave en el plebiscito», *La Tercera*, Santiago de Chile, 30 de septiembre de 2018, en Latercera.com, <https://www.latercera.com/reportajes/noticia/harry-sucio-las-desconocidas-memorias-hombre-clave-plebiscito/335258/>.
22. Kornbluh (2004, edición en español), pp. 281-282.
23. *Análisis*, Santiago de Chile, 19 de agosto de 1986, p. 16.
24. Arellano, Alberto, «Caso Quemados: Pinochet participó del encubrimiento de la operación ejecutada por militares», *Ciper*, Santiago de Chile, 31 de julio de 2015, en Ciperchile.cl, <https://ciperchile.cl/2015/07/31/caso-quemados-pinochet-participo-del-encubrimiento-de-la-operacion-ejecutada-por-militares/>.
25. *La Nación*, Santiago de Chile, 11 de julio de 1986, p. 5. Lucía Hiriart no se quedó atrás y en agosto de aquel año en Cauquenes afirmó sobre

Carmen Gloria Quintana: «Hoy se calumnia a un oficial detenido por algo dicho por una niña que no sabemos si habrá dicho la verdad o qué habrá dicho, puesto que no está inconsciente ni tan grave como dicen». «Se le ha tenido respeto porque está enferma (...) pero también merece preocupación, respeto y consideración un oficial que solo estaba cumpliendo con su deber, pero que jamás ha hecho lo que le imputan. Quizás el único error que él cometió fue ser demasiado blando, demasiado accesible al pedido de los muchachos (...) que no quisieron que los tomaran detenidos». *Análisis*, Santiago de Chile, 26 de agosto de 1986, p. 17.

26. «Caso Quemados: La declaración del conscripto que rompió el pacto de silencio», *Cooperativa*, Santiago de Chile, 22 de julio de 2015, en Cooperativa.cl, <https://www.cooperativa.cl/noticias/pais/dd-hh/judicial/caso-quemados-la-declaracion-del-conscripto-que-rompio-el-pacto-de/2015-07-22/113110.html>

27. Marín, Gladys, *La vida es hoy*, Santiago de Chile, Editorial Don Bosco, 2002, pp. 166-170.

28. Corvalán, pp. 275-276.

29. Rojas Núñez, Luis, *De la rebelión popular a la sublevación imaginada. Antecedentes de la historia política y militar del Partido Comunista de Chile y del FPMR. 1973-1990*, Santiago de Chile, LOM Ediciones, 2017.

30. Goicovic Donoso, Igor, «Golpe de Estado, violencia política y refundación de la sociedad chilena», en Cristina Moyano Barahona, comp., *A 40 años del Golpe de Estado en Chile*, Santiago de Chile, Editorial USACh, 2013, pp. 113-143.

31. Rojas Núñez, Luis, *Carrizal. Las armas del PCCh, un recodo en el camino*, Santiago de Chile, LOM Ediciones, 2018, p. 7.

32. «Era una hora por reloj, cronometrada. Si recibía una llamada telefónica, paraba el cronómetro, atendía el teléfono, hablaba dos minutos y lo echaba a andar de nuevo hasta completar los sesenta minutos», escribió una de sus periodistas predilectas. Oyarzún (1995), p. 75.

33. Peña, Juan Cristóbal, *Los fusileros*, Santiago de Chile, Debate, 2007, pp. 124-126.

34. Verdugo, Patricia y Hertz, Carmen, *Operación Siglo XX*, Santiago de Chile, CESOC, 1996, pp. 162-163.

35. En los meses siguientes, nueve de los militantes del Frente que participaron en el atentado fueron detenidos y juzgados. En noviembre de 1989, el fiscal militar Fernando Torres Silva —un hombre de la absoluta confianza de Pinochet— cerró la investigación, que sumaba treinta y siete tomos y más de cuarenta mil páginas, y pidió la pena de muerte para todos ellos. El 29 de enero de 1990, seis se escaparon

de la cárcel pública a través de un túnel de decenas de metros que militantes comunistas y del FPMR cavaron con herramientas muy rudimentarias. Fernández, Marc y Rampal, Jean-Christophe, *Pinochet. Un dictateur modele*, París, Hachette, 2003, p. 147.

36. Peña, Juan Cristóbal, «Los años clandestinos de Teillier», *La Tercera*, Santiago de Chile, 31 de marzo de 2013, en Latercera.com, <https://www.latercera.com/noticia/los-anos-clandestinos-de-teillier/>.

37. García Pinochet, Rodrigo Andrés, *Destino*, Santiago de Chile, 2001, pp. 61-64. Años después publicó un libro sobre el caso Riggs, que interpretó como el asedio definitivo contra la imagen de su abuelo: *Caso Riggs. La persecución final a Pinochet*, Santiago de Chile, Maye, 2007.

38. *La Tercera*, Santiago de Chile, 17 de noviembre de 2000, p. 3.

39. *La Tercera*, Santiago de Chile, 11 de marzo de 2001, *Reportajes*, pp. 18-19.

40. Véanse estas imágenes de Televisión Nacional de Chile en: <https://www.youtube.com/watch?v=QA4E8KNA1ms>.

41. Salazar, Manuel, *Las letras del horror. Tomo II: La CNI*, Santiago de Chile, LOM Ediciones, 2016. pp. 232-236.

42. Lagos (2012), pp. 111-118.

43. *La Nación*, Santiago de Chile, 9 de septiembre de 1986, p. 5.

44. Sánchez, Marta, «Francisco Javier Cuadra, exministro: "Varias veces conversamos con Pinochet el tema de los detenidos desaparecidos"», *La Tercera*, Santiago de Chile, 14 de octubre de 1998, en Latercera.com, <https://www.latercera.com/politica/noticia/francisco-javier-cuadra-exministro-varias-veces-conversamos-pinochet-tema-los-detenidos-desaparecidos/360765/>

45. *La Tercera*, Santiago de Chile, 2 de septiembre de 2001, *Reportajes*, pp. 14-16.

46. *La Nación*, Santiago de Chile, 12 de septiembre de 1986, pp. 15-20.

47. Reproducida en: *La Tercera*, Santiago de Chile, 14 de septiembre de 1986, p. 4.

48. Kornbluh, Peter y Schlotterbeck, Marian, «Reagan y Pinochet: El momento en que Estados Unidos rompió con la dictadura», *Ciper*, Santiago de Chile, 23 de noviembre de 2010, en Ciperchile.cl, <https://ciperchile.cl/2010/11/23/reagan-y-pinochet-el-momento-en-que-estados-unidos-rompio-con-la-dictadura/>. Véase también: Morley, Morris y McGillion, Chris, *Reagan and Pinochet. The struggle over US policy toward Chile*, Nueva York, Cambridge University Press, 2015, pp. 189-192.

49. Por ejemplo, el diario español *El País*. Délano, Manuel, «Reagan explicó su dureza hacia Chile en una carta a Pinochet», 27 de marzo de 1986, en Elpais.com <https://elpais.com/diario/1986/03/27/inter

nacional/512262014_850215.html>. Hemos consultado esta carta (traducida al español), así como la respuesta de Pinochet en el Fondo José Toribio Merino del Centro de Investigación y Documentación de la Universidad Finis Terrae. Esta misiva daba continuidad al intercambio epistolar iniciado el 7 de noviembre de 1985 por el presidente estadounidense y proseguido, con su respuesta, por Pinochet el 17 de diciembre de aquel año.

50. Kornbluh, Peter y Schlotterbeck, Marian, «Reagan y Pinochet: El momento en que Estados Unidos rompió con la dictadura», *Ciper*, Santiago de Chile, 23 de noviembre de 2010, en *Ciperchile.cl*, <https://ciperchile.cl/2010/11/23/reagan-y-pinochet-el-momento-en-que-estados-unidos-rompio-con-la-dictadura/>.

51. *La Nación*, Santiago de Chile, 11 de febrero de 1987, p. 1.

52. Iglesias, Juan Pablo, «Los informes secretos de EE.UU. tras el atentado a Pinochet», *La Tercera*, Santiago de Chile, 7 de septiembre de 2016, en Latercera.com, <https://www.latercera.com/noticia/los-informes-secretos-de-eeuu-tras-el-atentado-a-pinochet/>.

53. *El Mercurio*, Santiago de Chile, 28 de diciembre de 1986, Cuerpo C, p. 3.

54. *La Tercera*, Santiago de Chile, 30 de diciembre de 1986, p. 5.

55. *Análisis*, Santiago de Chile, 13 de enero de 1987, pp. 31-33.

56. *La Nación*, Santiago de Chile, 26 de febrero de 1987, p. 4.

57. *Abc*, Madrid, 2 de abril de 1987, p. 64. Véase aquel discurso de Pinochet en: *La Tercera*, Santiago de Chile, 2 de abril de 1987, p. 5.

58. *Abc*, Madrid, 3 de abril de 1987, p. 56.

59. *Apsi*, Santiago de Chile, 6 de abril de 1987, pp. 4-16.

60. Vidal, Hernán, *Las capellanías castrenses durante la dictadura: hurgando en la ética militar chilena*, Santiago de Chile, Mosquito Comunicaciones, 2005, pp. 107-109.

61. Entrevista reproducida en: *La Nación*, Santiago de Chile, 8 de mayo de 1987, pp. 6-7.

62. *La Nación*, Santiago de Chile, 6 de junio de 1987, pp. 20-21.

63. Escalante, Jorge, «Frente a los asesinos», *La Nación*, Santiago de Chile, 18 de abril de 2004, pp. 10-11.

64. En abril de 2004, cuando el magistrado Hugo Dolmestch le cuestionó si le hizo ver al general Salas que la orden de «aniquilar» a estas siete personas constituía un delito, Álvaro Corbalán respondió: «En la Escuela Militar nos enseñan a obedecer las órdenes y a combatir, no a representarlas a los superiores». *La Nación*, Santiago de Chile, 20 de abril de 2004, p. 5.

65. Aguilera, Óscar, *Operación Albania... Sangre de Corpus Christi*, Santiago de Chile, 1996, p. 9.

66. «Exclusivo: ex CNI vinculan a Pinochet con Operación Albania», *El Mostrador*, Santiago de Chile, 24 de enero de 2001, en Elmostrador. cl, <www.elmostrador.cl>.

67. «La historia de la "Operación Albania" tras 25 años», *Cooperativa*, Santiago de Chile, 16 de junio de 2012, en Cooperativa.cl, <https://www.cooperativa.cl/noticias/pais/dd-hh/la-historia-de-la-operacion-albania-tras-25-anos/2012-06-15/204900.html>.

68. *La Nación*, Santiago de Chile, 9 de mayo de 1987, pp. 1 y 5.

69. Guzmán, Jaime, «Tres clarificaciones para la sucesión presidencial», *La Tercera*, Santiago de Chile, 28 de junio de 1987, p. 2.

70. *La Época*, Santiago de Chile, 1 de agosto de 1987, p. 1.

71. Délano, Manuel, «Pinochet no asiste a la inauguración de la pista de la isla de Pascua», *El País*, Madrid, 17 de agosto de 1987, en Elpais.com, <https://elpais.com/diario/1987/08/17/internacional/556149618_850215.html>.

72. *El Mercurio*, edición internacional, Santiago de Chile, 20 de agosto de 1987, pp. 1-2. En la documentación donada por el general Matthei al Centro de Investigación y Documentación de la Universidad Finis Terrae se conserva un documento, fechado el 19 de agosto de 1987, que resume esta reunión.

73. *El Mercurio*, Santiago de Chile, 20 de agosto de 1987, Cuerpo A, p. 1.

74. *La Época*, Santiago de Chile, 22 de agosto de 1987, p. 8.

75. *La Época*, Santiago de Chile, 12 de septiembre de 1987, p. 8.

76. Lagos, Ricardo, «Por treinta años más», *El País*, Madrid, 5 de octubre de 2018, p. 11.

77. Gazmuri, Jaime, «Chile '88: ¿Un tránsito de dirección única?», en Gazmuri, pp. 15-26.

78. Ortega Frei, Eugenio, *Historia de una alianza*, Santiago de Chile, CED-CESOC, 1992, p. 353.

79. En 1997, la Fundación Presidente Augusto Pinochet Ugarte publicó el libro *La carretera longitudinal austral. Su impacto y proyección*. En el prólogo, el todavía comandante en jefe del Ejército escribió: «La carretera longitudinal austral, en lo geopolítico, vertebró una zona desarticulada, fortaleció la frontera internacional e integró un hinterland que presenta recursos para el establecimiento de importantes concentraciones de población en una época en que los grandes espacios, consolidados geopolíticamente, son vitales».

80. *El Mercurio*, Santiago de Chile, 3 de marzo de 1988, Cuerpo A, pp. 1 y 8.

81. Faundes, Juan Jorge, «'Esclavismo' en la Carretera Pinochet», *Cauce*, Santiago de Chile, 13 de marzo de 1984, pp. 24-27.

82. *The Clinic*, Santiago de Chile, 5 de septiembre de 2013, p. 41.

83. *Apsi*, Santiago de Chile, 4 de abril de 1988, pp. 4-5.
84. *El Mercurio*, Santiago de Chile, 16 de abril de 1988, Cuerpo A, pp. 1 y 16.
85. *El Mercurio*, Santiago de Chile, 17 de abril de 1988, Cuerpo A, p. 15.
86. *El Mercurio*, Santiago de Chile, 23 de abril de 1988, Cuerpo A, p. 1 y 19.
87. Fermandois, Joaquín y Soto, Ángel, «El plebiscito de 1988. Candidato único y competencia», en Alejandro San Francisco y Ángel Soto, eds., *Camino a La Moneda. Las elecciones presidenciales en la historia de Chile. 1920-2000*, Santiago de Chile, Centro de Estudios Bicentenario e Instituto de Historia de la Universidad Católica, 2005, pp. 371-399.
88. Lagos (2014), pp. 615-622. Barría Reyes, Rodrigo, *Raquel Correa. Off the record*, Santiago de Chile, El Mercurio-Aguilar, 2011, pp. 128-130.
89. Guillier, Alejandro, «Pinochet: La amenaza del terror», *Hoy*, Santiago de Chile, 23 de mayo de 1988, pp. 6-8.
90. *El Mercurio*, Santiago de Chile, 18 de mayo de 1988, Cuerpo C, p. 2.
91. *El Mercurio*, Santiago de Chile, 7 de junio de 1988, Cuerpo C, p. 1.
92. Entrevista reproducida en: *El Mercurio*, Santiago de Chile, 5 de junio de 1988, Cuerpo A, pp. 1 y 12.
93. *La Nación*, Santiago de Chile, 21 de diciembre de 1987, p. 1.
94. Dávalos, Eulogio, *Una leyenda hecha guitarra. Memorias*, Santiago de Chile, Ediciones B, 2016, pp. 169-170.
95. Solo les acompañó el general de brigada aérea Enrique Montero Marx, quien actuó como secretario. El único de los presentes que dejó un relato publicado de aquella reunión fue el comandante en jefe de la Fuerza Aérea. Arancibia Clavel, Patricia y De la Maza Cave, Isabel, *Matthei. Mi testimonio*, Santiago de Chile, La Tercera-Mondadori, 2003, pp. 395-399.
96. *El Mercurio*, Santiago de Chile, 31 de agosto de 1988, Cuerpo A, p. 1, Cuerpo C, p. 6.
97. Mosciatti, Nibaldo, «La pompa y el pasado», *Apsi*, Santiago de Chile, 5 de septiembre de 1988, pp. 4-7. Las reacciones internacionales fueron de rechazo a la designación de Pinochet, incluso desde sectores tan conservadores como el partido español Alianza Popular, que señaló que su elección era «una oportunidad perdida en el proceso de democratización pacífica de Chile». También la Democracia Cristiana alemana lo lamentó. El gobierno de Reagan reiteró su preferencia por la convocatoria de elecciones. *El Mercurio*, Santiago de Chile, 1 de septiembre de 1988, Cuerpo C, p. 5.
98. *Apsi*, Santiago de Chile, 5 de septiembre de 1988, pp. 4-7 y 21-23.

99. Délano, Manuel, «Tres chilenos muertos a tiros y 1.150 detenidos por manifestarse contra Pinochet», *El País*, Madrid, 1 de septiembre de 1988, en Elpais.com, <https://elpais.com/diario/1988/09/01/internacional/589068006_850215.html>.

100. *El Mercurio*, Santiago de Chile, 1 de septiembre de 1988, Cuerpo A, pp. 1 y 11.

101. *Pluma y Pincel*, Santiago de Chile, 9 de septiembre de 1988, p. 8.

102. Entrevista resumida en: *El Mercurio*, Santiago de Chile, 5 de septiembre de 1988, Cuerpo A, pp. 1 y 12.

103. Por ejemplo, según el Centro de Estudios de la Realidad Contemporánea (CERC), el noticiario *Teletrece* del Canal 13 dedicaba el 80 % del espacio sobre el plebiscito al Sí. *Apsi*, Santiago de Chile, 12 de septiembre de 1988, pp. 4-7.

104. Stern, Steve J., *Luchando por mentes y corazones. Las batallas de la memoria en el Chile de Pinochet*, Santiago de Chile, Ediciones de la Universidad Diego Portales, 2013, p. 459.

105. *El Mercurio*, Santiago de Chile, 23 de septiembre de 1988, Cuerpo A, pp. 1 y 11.

106. *El Mercurio*, Santiago de Chile, 2 de octubre de 1988, Cuerpo D, p. 24.

107. *Pluma y Pincel*, Santiago de Chile, 30 de septiembre de 1988, p. 5.

108. *Apsi*, Santiago de Chile, 3 de octubre de 1988, p. 4.

109. *El Mercurio*, Santiago de Chile, 2 de octubre de 1988, Cuerpo C, p. 3.

110. Aylwin (1998), p. 361.

111. García Gutiérrez, Cristina Luz, «Exportando democracia: la implicación española en el plebiscito chileno de 1988», *Revista de Historia Social y de las Mentalidades*, vol. 19, n.º 1, Santiago de Chile, 2015, pp. 63-83.

112. *Apsi*, Santiago de Chile, 10 de octubre de 1988, pp. 57-59.

113. «La red que venció a la araña», *La Nación*, Santiago de Chile, 5 de octubre de 2003, en Lanacion.cl, <http://lanacion.cl/2003/10/04/la-red-que-vencio-a-la-arana-2/>.

114. Santibáñez, Abraham, *El plebiscito de Pinochet. Cazado en su propia trampa*, Santiago de Chile, Atena, 1988, pp. 155-156.

115. En el encabezado de la papeleta decía «Plebiscito-Presidente de la República», debajo «Augusto Pinochet Ugarte» y más abajo figuraban dos espacios, SI y NO, donde marcar la opción elegida.

116. *Análisis*, Santiago de Chile, 10 de octubre de 1988, pp. 12-15.

117. Rivas, Sebastián, «Francisco Javier Cuadra asegura que el régimen militar supo el resultado del plebiscito a las 7 de la tarde y que "Pinochet siempre iba a perder"», *La Tercera*, Santiago de Chile, 8 de octubre de 2018, en Latercera.com, <https://www.latercera.com/

politica/noticia/francisco-javier-cuadra-asegura-regimen-militar-su
po-resultado-del-plebiscito-las-7-la-tarde-pinochet-siempre-iba-per
der/346395/>.

118. Véase el resultado oficial del plebiscito de 1988 en el Tribunal Calificador de Elecciones de Chile, <http://www.tribunalcalificador.cl/
resultados-electorales/>.

119. *Apsi*, Santiago de Chile, 31 de octubre de 1988, p. 15.

120. El 8 de octubre, en un discurso por televisión, el ministro Sergio
Fernández ofreció una interpretación aún más enrevesada, puesto que
indicó que la votación lograda por el No había que dividirla entre
dieciséis partidos, mientras que el 43 % de Pinochet lo convertían en
la persona con mayor apoyo del país.

121. Arancibia Clavel y De la Maza Cave, pp. 401-409.

122. *Qué Pasa*, Santiago de Chile, 20 de octubre de 1988, pp. 6-8.

123. En el cuarto y último volumen de sus memorias, Pinochet calificó
las acusaciones de que quiso dar un autogolpe la noche del plebiscito como una invención de «charlatanes insignes» y responsabilizó en
gran medida al embajador Harry Barnes. Pinochet Ugarte, Augusto,
Camino recorrido. Memorias de un soldado, tomo 3, vol. II, Santiago
de Chile, Geniart, 1994, pp. 220-227. Antes de marcharse de Chile
y poner fin a su larga carrera diplomática, Barnes concedió una entrevista a Raquel Correa, quien le preguntó «de dónde sacó el rumor que
transmitió al Departamento de Estado respecto a que el plebiscito no
se iba a celebrar». «Fue más que un rumor. Los antecedentes llegaron
—a la Embajada y a nuestros funcionarios en Washington— una semana o diez días antes del plebiscito.» Precisó que eran antecedentes
«confiables» pero «reservados». *El Mercurio*, Santiago de Chile, 27 de
noviembre de 1988, Cuerpo D, pp. 6-7.

124. Mosciatti, Nibaldo, «La historia de un golpe frustrado», *Apsi*, Santiago de Chile, 24 de octubre de 1988, pp. 4-7.

125. *La Tercera*, Santiago de Chile, 14 de noviembre de 2000, p. 10.
Otros documentos desclasificados en 2018 arrojan más evidencias.
Délano, Manuel, «Documentos desclasificados en EE.UU.: los planes de Augusto Pinochet para abortar el plebiscito», *La Tercera*, Santiago de Chile, 6 de octubre de 2018, en Latercera.com, <https://
www.latercera.com/especial-digital/noticia/documentos-desclasifica
dos-ee-uu-los-planes-pinochet-abortar-plebiscito/344875/>.

126. *Apsi*, Santiago de Chile, 10 de octubre de 1988, pp. 35-36.

127. *El Mercurio*, Santiago de Chile, 7 de octubre de 1988, Cuerpo A,
pp. 1 y 8.

128. *Fortín Mapocho*, Santiago de Chile, 11 de octubre de 1988, p. 1.

129. Santibáñez, pp. 159-162.

13

Transición e impunidad

Chile fue el último país de Sudamérica que recuperó la democracia, tras Bolivia, Argentina, Brasil, Uruguay y Paraguay, y el único que heredó una Constitución impuesta por la dictadura, junto con los amarres autoritarios que a lo largo de 1989 Pinochet y su núcleo más próximo se ocuparon de dejar férreamente anudados. La dictadura finalizó cuando en Europa oriental se extinguían los regímenes comunistas y caía el Muro de Berlín. La Guerra Fría llegaba a su término. El 11 de marzo de 1990, Patricio Aylwin fue investido presidente de la República y se inició una transición marcada por la sombra del exdictador, quien, desde su pedestal de la jefatura del Ejército, se preocupó de preservar la impunidad. En el Chile de los años noventa, en pleno ciclo de crecimiento macroeconómico y de indiscutida hegemonía de la Concertación de Partidos por la Democracia (heredera del Comando del No), Pinochet llegó a convertirse en una figura aceptada por las nuevas élites políticas del país. El 11 de marzo de 1998, después de más sesenta años de carrera militar y casi un cuarto de siglo como comandante en jefe, se convirtió en senador vitalicio.

Una «retirada ordenada»

Desde fines de 1988, con quince meses por delante, el general Pinochet planificó lo que la prensa conservadora de la época caracterizó como la «retirada ordenada» de las Fuerzas Armadas desde las entrañas del Estado a los cuarteles. El 30 de diciembre, en una entrevista publicada por el diario francés *Le Monde*, evocó de manera críptica la figura del general romano Lucius Quinctius Cincinnatus, del siglo V antes de Cristo. Interesado en la historia de Roma —sus hijos se llaman Augusto y Marco Antonio—, lector de Julio César, explicó con detenimiento que Cincinnatus fue llamado de su retiro para salvar a Roma. Posteriormente, relató, «de nuevo fue sitiada Roma y de nuevo fueron a buscar a Cincinnatus. Pero esta segunda parte yo no la había contado. Solo la primera».[1]

A lo largo de 1989, mantuvo sus tradicionales discursos del 11 de marzo, el 1 de mayo, el 23 de agosto y el 11 de septiembre. El 31 de mayo anunció que el gobierno y la Concertación habían alcanzado un acuerdo, que fue apoyado también por Renovación Nacional, para reformar algunos aspectos de la Constitución, tras la última conversación mantenida aquel mismo día entre el ministro del Interior, Carlos Cáceres, y Patricio Aylwin.[2] El número de senadores que se elegirían en las elecciones parlamentarias de diciembre ascendió de 26 a 38 —a los que habría que añadir nueve designados—; se suprimió la proscripción de los partidos políticos de ideología marxista del artículo octavo y se aprobó que el mandato del presidente que asumiría el 11 de marzo de 1990 duraría solo cuatro años. Asimismo, se cambiaron la composición y las facultades del Consejo de Seguridad Nacional[3] y se suavizaron mínimamente los mecanismos de reforma de la Carta Fundamental. Asimismo, se modificó el artículo cinco de la Constitución para extender la protección de los derechos humanos contemplados por los tratados internacionales suscritos por Chile.[4]

Por primera vez, el dictador accedió a negociar con la oposición. «Tuvimos una reunión donde había amigos generales y civiles. Todos eran del Gobierno. Ahí se llegó a la conclusión, que yo apoyé, de que había que ceder un tanto. Había que ceder un poquito para actuar mejor. Si usted se da cuenta, todo lo que se aprobó no es ninguna cosa profunda. En ese momento el señor Aylwin lo aceptó tranquilamente», explicó en 1999 durante su detención en Londres.[5] La pretensión era suavizar la camisa de fuerza que aprisionaría la transición y legitimar la Constitución para evitar un movimiento mayoritario en favor de un proceso constituyente.[6]

El plebiscito tuvo lugar el 30 de julio de 1989 y las cincuenta y cuatro reformas constitucionales fueron aprobadas con el 91 % de los votos.[7] Además, durante los últimos meses de la dictadura, el régimen negoció con la Concertación la Ley Orgánica Constitucional de las Fuerzas Armadas que, al tener este rango, dificultaba en extremo su modificación futura por el Congreso Nacional. Esta norma estableció un mínimo de financiación para las Fuerzas Armadas, que sería el gasto militar de 1989 más la actualización anual según la inflación. Asimismo, el dictador designó a una buena parte de los ministros de la Corte Suprema antes de ceder el poder y, en materia económica, la Ley Orgánica Constitucional del Banco Central reforzó su autonomía.[8]

Y semanas antes del 11 de marzo de 1990 creó el Comité Asesor del comandante en jefe del Ejército, dirigido por el general Jorge Ballerino e integrado por militares como el general Ernesto Videla o el fiscal Fernando Torres Silva y civiles como Francisco Javier Cuadra, Sergio Rillón, Carlos Cáceres y Cristián Labbé. Con oficinas en las proximidades de La Moneda, se ocupó de preparar los documentos de análisis que orientarían a Pinochet tras la entrega del mando de la nación y funcionaría además como su núcleo negociador y su equipo de comunicaciones.[9]

En el ámbito privado, fueron también meses de cambios. El 8 de septiembre se inauguró la Biblioteca Presidente Augusto Pinochet Ugarte del Ejército, fruto de la donación de una parte de su colección privada, en torno a treinta mil volúmenes, que hiciera el año anterior.[10] El 17 de octubre firmó una nueva declaración de bienes ante notario. Declaró que poseía un jeep, una cuenta de ahorro por 6.210.000 pesos, la casa de El Melocotón (valorada en 23.670.347 pesos), joyas personales del matrimonio y la familia (18.000.000 pesos), ahorros por asignación en Ecuador (457.672 dólares), moneda extranjera (11.327 dólares), una biblioteca personal (10 millones de pesos), mobiliario y antigüedades (50 millones de pesos) y un departamento (19.892.000 pesos).[11] Aquel mismo año adquirió los terrenos del barrio de La Dehesa, en la comuna de Lo Barnechea, una de las zonas más exclusivas del país, donde construiría su nueva casa en la capital.[12]

A partir de su mensaje presidencial del 11 de septiembre, el dictador recurrió al lema castrense de «misión cumplida». Así lo expresó en su saludo al Ejército con motivo del 19 de septiembre: «¡Hemos cumplido cabalmente con el deber que nos impusimos el mismo 11 de septiembre de 1973 de reconstruir la institucionalidad política y económico-social acorde con el auténtico espíritu de nuestra raza! ¡La misión definida en ese memorable día se encuentra absolutamente cumplida!».[13]

Otro de los mensajes que dirigió a los futuros gobernantes era la impunidad. El 23 de agosto reclamó no solo que garantizaran la inamovilidad de los comandantes en jefe, sino también la plena vigencia del decreto ley de amnistía. «Exigimos ser respetados ahora y sobre todo en el futuro y quienes detenten el poder a partir del 11 de marzo próximo deberán usar todos los recursos necesarios para garantizar que podamos cumplir con nuestras funciones.» Y precisó que, si «la patria» volviera a estar «amenazada», las Fuerzas Armadas recurrirían a sus «legítimas atribuciones».[14] El 13 de octubre, en Coyhaique, insistió de nuevo: «Si alguno de mis hombres es tocado, se acaba el Estado de Derecho».[15] Y a Raquel Correa y Elizabeth Subercaseaux les explicó que podía haber pasado ya a retiro y convertirse en senador vitalicio, como preveía la Constitución para los expresidentes, «pero tengo gente en el Ejército, personas que pueden ser vejadas (...) mi gente no va a ser tocada».[16]

El 14 de diciembre de 1989 Patricio Aylwin, candidato de la Concertación que contó también con el apoyo del Partido Comunista y del movimiento de derechos humanos, venció en las elecciones presidenciales con el 53,8 % de los votos, frente al 28,7 % de Hernán Büchi, respaldado por la UDI, y el 15,4 % de Francisco Javier Errázuriz, apoyado por RN. Aquel día, Pinochet votó en el Instituto Superior de Comercio, en la calle Amunátegui, a apenas dos cuadras de La Moneda, adonde llegó caminando.[17] Gracias al sistema electoral binominal impuesto por la dictadura, fueron electos varios candidatos que habían ocupado cargos o tenido relevancia en los años anteriores: Jaime Guzmán, Sergio Onofre Jarpa, Sergio Diez, Bruno Siebert y Francisco Prat como senadores y María Angélica Cristi, Patricio Melero y Carlos Bombal como diputados.[18]

El 22 de diciembre, Aylwin se reunió por primera vez como presidente electo con Pinochet y le solicitó que en marzo abandonara también la jefatura del Ejército. «Así que me quiere echar, señor. Se equivoca ¿no ve que nadie lo va a defender mejor que yo?», le respondió, según relató Aylwin años más tarde.[19] Después de aquel encuentro, el líder de la Concertación reconoció ante la prensa que habían abordado su permanencia al frente del Ejército y señaló que la reunión había sido «un paso positivo para ir avanzando a un traspaso pacífico, ordenado y en buena armonía del gobierno de las actuales autoridades a las elegidas por el pueblo».[20]

Adiós a La Moneda

En febrero de 1990, Pinochet recorrió, entre otras ciudades, Iquique, Antofagasta, Concepción, Los Ángeles y Temuco, mientras sus partidarios se esforzaban por ensalzar su labor como la de «un auténtico estadista». «El próximo domingo, el Presidente Augusto Pinochet entregará el Mando Supremo de la Nación. Múltiples son los sentimientos personales de afecto hacia él que en esta hora se acrecientan en mi espíritu. Pero, más allá de ello, brota la gratitud hacia lo que el actual Presidente de la República ha significado para Chile. Es la gratitud hacia quien encabezó la liberación de nuestra patria en 1973. Gratitud hacia quien ha conducido la reconstrucción de una economía arruinada, modernizando el país hacia rumbos de progreso que hoy son motivo de elogio en el mundo entero. Gratitud, en fin, hacia quien ha impulsado una institucionalidad renovada, apta para cimentar una democracia eficiente y estable...», escribió Jaime Guzmán a principios de marzo de 1990.[21]

El modelo económico fue particularmente ensalzado. Ciertamente, después de la hecatombe de 1982-1983, a partir de 1984 las cifras macroeconómicas volvieron a crecer de manera significativa con la gestión del ministro de Hacienda, Hernán Büchi, y de una nueva generación de economistas neoliberales, que llevaron a cabo la segunda oleada de privatizaciones, que afectó a empresas de telecomunicaciones (Entel), electricidad (Endesa), siderurgia (Compañía de Aceros del Pacífico), petroquímica (Soquimich), teléfonos (Compañía de Teléfonos de Chile) y minería de carbón (Schwager), en un proceso sin transparencia y lleno de irregularidades. Un verdadero «saqueo» al Estado, en palabras de la periodista María Olivia Mönckeberg.[22] Solo se libraron la Empresa Nacional de Petróleos y la empresa pública de la gran minería del cobre (Codelco); las Fuerzas Armadas reciben el 10 % de las utilidades de Codelco, gracias a una de las ciento cincuenta leyes secretas aprobadas por la dictadura.[23] La tasa de desempleo pasó del 30,4 % al 6,3 % y tanto las exportaciones como las importaciones se triplicaron en los últimos años de la dictadura.[24]

En 2006, el economista Ricardo Ffrench-Davis señaló sobre el modelo económico de Pinochet: «Es un modelo fallido».[25] En sus trabajos ha remarcado que durante los diecisiete años del régimen el Producto Nacional Bruto creció una media del 2,9 % anual, con caídas del 15 % en 1975 y 1982 y alzas del 8 % en 1977 y 1979, y del 10 % en 1989, mientras que en democracia, entre 1990 y 2005, el crecimiento económico medio anual fue del 5,6 %.

Junto con las privatizaciones de las grandes empresas públicas y la profunda huella que dejaron las *siete modernizaciones*, Pinochet y su régimen legaron un país con una lacerante desigualdad. En 1989, el gasto social público per cápita era inferior a la mitad del de 1971 y los salarios promedio eran un 8 % menores que los de 1970. Y, si en 1969 el 20 % de las familias más ricas acaparaba el 44,5 % del consumo, en 1988 este porcentaje era del 54,6 %; en cambio, en 1969 el 40 % de las familias más pobres concentraba el 19,4 % del consumo; en 1988 apenas el 12,6 %.[26] La tasa promedio de desempleo entre 1973-1990 fue del 17,7 % y entre 1990-2005 del 8,4 %. El salario mínimo en 1980 era de 70.600 pesos; en 1989 de 58.000 y en 2005 de 126.100. La inflación media anual entre 1973-1990 fue del 116,6 %; entre 1981-1989 del 19,4 % y entre 1990-2005 del 7,6 %.[27]

Además, el gasto público en educación, salud, pensiones y vivienda por habitante fue mucho más elevado a partir de 1990.[28] En la dirección contraria, el gasto militar aumentó de manera muy considerable. Si entre 1964 y 1969 el gobierno de Frei destinó el 2,7 % del Producto Nacional Bruto, entre 1980 y 1984 suponía ya el 4,6 % del PNB, sin considerar los fondos destinados a la CNI y la asignación del 10 % de los beneficios de la gran minería del cobre a las Fuerzas Armadas. La parte más importante de este incremento se destinó a aumentar el personal de las Fuerzas Armadas y Carabineros, que pasó de noventa mil efectivos en 1973 a ciento veinte mil en 1986, y a mejorar sus salarios y pensiones.[29]

Pinochet entregó un país en el que cinco millones de sus casi trece millones de habitantes vivían en la pobreza absoluta: salarios de hambre, pensiones miserables, educación y sanidad misérrimas, sin derechos como trabajadores. En mayo de 1988, José Medina, 33 años, casado, padre de tres hijos, cesante, dirigente de la olla común André Jarlan de Cerro Navia, una de las quinientas que entonces existían en Santiago, explicó de manera descarnada: «El hambre se siente de muchas maneras. Se siente en el cuerpo, pero también en la rabia y la desesperación que te da. Los niños te piden un pedacito de pan que sea, lloran en la noche. Y uno piensa cómo va a apechugar al otro día, sin trabajo, con los "cabros" mayores que se van al colegio sin desayuno, habiendo vendido lo poco y nada que uno tenía, engañando el estómago con una taza de agua caliente, yendo a la feria a recoger los restos de verdura del suelo...».[30] El rostro opuesto eran los grandes grupos económicos que habían prosperado y hecho negocios bajo la égida de la dictadura.

A las diecinueve y cuarenta y ocho del sábado 10 de marzo de 1990, Pinochet abandonó La Moneda por última vez como jefe de Estado, con los honores de la guardia de turno, que vociferó un sonoro «¡Buenas tardes, mi general!». Instantes después, las puertas se cerraron y el dictador se dirigió hacia el oriente de la capital en su Mercedes Benz blindado.

Aquella noche se emitió su último mensaje al país por televisión, vestido de gala como militar y luciendo la banda presidencial y todas las insignias del mando de la nación. A pocas horas de la transmisión del poder en el Congreso Nacional, en Valparaíso, y con un pretendido tono institucional, quiso transmitir un saludo «a todos y cada uno de mis compatriotas». Pero, a pesar de que aquel discurso duró apenas siete minutos, tuvo tiempo de elevar la voz para advertir: «¡En horas difíciles para la patria estuve dispuesto, y lo estaré siempre, a enfrentar a los enemigos de la libertad y de la democracia! ¡Sin temores ni vacilaciones! ¡Teniendo como fundamento permanente el juramento de honor con que inicié mi carrera militar, que me obliga a entregar hasta mi último aliento por amor a la patria que me vio nacer y crecer!».[31]

Además de centenares de periodistas extranjeros, llegaron a Chile para ser testigos de la recuperación de la democracia mandatarios como el presidente del gobierno español, Felipe González; el primer ministro italiano, Giulio Andreotti; el presidente argentino, Carlos Menem; el brasileño, José Sarney; el uruguayo, Luis Lacalle, y el vicepresidente estadounidense, Dan Quayle, quien el 11 de marzo rindió una visita protocolaria a Pinochet en su residencia de la calle Presidente Errázuriz.[32]

Después de este encuentro, acompañado por sus ministros, este acudió a una misa en la Escuela Militar que fue transmitida por televisión y de allí, en un helicóptero Puma, partió junto con su esposa y varios colaboradores hacia la Escuela Naval, en Valparaíso. Allí se vistió con su uniforme de gala con guerrera azul, el collar de comandante en jefe, dos condecoraciones y la banda presidencial. Subió al Ford Galaxy de 1962 descapotable, que ya utilizaran Eduardo Frei y Salvador Allende, que recorrió la calle Condell, la plaza Victoria y la avenida Pedro Montt hasta el Congreso, escoltado por dieciocho lanceros que montaban caballos blancos. Fue pifiado y abucheado en su recorrido y recibido entre gritos de «¡asesino!», pero también aplaudido. «El nerviosismo del dictador fue evidente y no pudo disimular que la formación prusiana no encaja con los modales de la democracia», escribió el periodista español Santiago Palacios.[33]

En la testera del Congreso le esperaban José Antonio Viera-Gallo, presidente de la Cámara de Diputados, y Gabriel Valdés, presidente del Senado. «Fue un momento tenso, dramático. Yo sentía un nudo en el alma. Subió al estrado. Nos miramos por primera vez y me dio la mano enguantada. Estaba muy nervioso. Yo también lo estaba», recordó Valdés.[34]

Mientras tanto, Aylwin aguardaba en otra sala. A las trece y doce, Pinochet entregó su banda presidencial y Valdés colocó otra diferente —que Aylwin se hizo confeccionar para la ocasión— al nuevo presidente. Aylwin y Pinochet se estrecharon la mano y este le entregó la estrella de O'Higgins, otro de los símbolos del mando de la nación. Instantes después, Pinochet y Lucía Hiriart se retiraron y la ceremonia siguió con el juramento de los nuevos ministros. A las trece y cuarenta, el presidente Aylwin abandonó el Congreso Nacional hacia el palacio de Cerro Castillo, donde recibió el saludo de los cuatro comandantes en jefe: Pinochet, Matthei, Jorge Martínez Busch —nuevo jefe de la Armada— y Stange. Después de almorzar con sus ministros y otros invitados, partió a Santiago; ya en La Moneda, se asomó al balcón central junto a su esposa Leonor Oyarzún para saludar a los miles de congregados en la plaza de la Constitución.[35]

Pinochet almorzó aquel día con sus familiares y colaboradores en la Escuela de Caballería de Quillota, donde actuaron Los Huasos Quincheros, y al día siguiente se marchó de vacaciones.[36]

La instalación de la nueva administración no fue sencilla. Enrique Krauss, ministro del Interior, y Belisario Velasco, su subsecretario, pronto descubrieron que no les habían dejado ni un solo archivo. Y, según ha relatado recientemente este último, a fines de aquel año, con la ayuda de los servicios de inteligencia españoles, hallaron micrófonos ocultos en La Moneda: en la mismísima oficina de Aylwin, en la de Krauss, y en la suya. En 1991, recurrieron al Mossad israelí y en 1992 al servicio secreto alemán para desactivar otros dispositivos similares. Y todavía en 1993 los encontraron.[37]

En junio de 1990, la transición sufrió su primer aldabonazo. La declaración del doctor Alberto Neumann ante el juez Hernán Sánchez, de Pozo Almonte, y las revelaciones de un sargento del Ejército retirado cuya identidad se mantuvo en el anonimato permitieron encontrar la fosa común del antiguo campo de concentración de Pisagua. Neumann, militante comunista, fue testigo de los fusilamientos de septiembre y octubre de 1973, que ya denunció en su largo exilio.[38]

El 3 de junio, el juez Sánchez, el doctor Neumann, el arqueólogo Olaf Olmos, los abogados Héctor Salazar, de la Vicaría de la Solidaridad, y Carlos Vila, de la Comisión Chilena de Derechos Humanos de Iquique, y dos personas que realizaban los trabajos de excavación, hallaron la fosa común, que medía dos metros y diez centímetros de ancho, once metros de largo y dos de profundidad.[39]

Por las peculiares condiciones ambientales del lugar, la salinidad y la aridez de la arena, los cuerpos se habían conservado de una manera estremecedora y mantenían parte de sus ropas, las vendas sobre los ojos, las manos amarradas y los rostros aún mostraban desgarradoras expresiones de dolor. En los días posteriores los familiares conocieron la identidad de los diecinueve cuerpos encontrados: Juan Calderón, Marcelo Guzmán, Luis Alberto Lizardi, Julio Cabezas, José Córdova, Humberto Lizardi, Mario Morris, Juan Carlos Valencia, Germán Palominos, Nelson Márquez, Luis Toro, Alberto Yáñez, Orlando Cabello, Luis Manríquez, Hugo Martínez, Nicolás Chánez, Juan Mamani, Juan Rojas y Manuel Sanhueza.[40] En la inmensidad del desierto de Atacama, el más árido del planeta, empezaban a aparecer entonces, en junio de 1990, las huellas de la «gesta liberadora» del 11 de septiembre de 1973.

A tres meses del fin de la dictadura, la fosa de Pisagua obligó a la derecha por primera vez a admitir la crueldad del régimen de Pinochet.[41] Un clamor nacional exigió entonces al dictador que revelara la verdad sobre los detenidos desaparecidos. El 4 de junio, Pinochet se encontraba en Iquique, pero rechazó hacer declaraciones a la prensa.

Jamás dijo una palabra de verdad al respecto. Ni tampoco tuvo un mínimo gesto de humanidad. Un año después, cuando en el Patio 29 del Cementerio General de Santiago se encontraron los cuerpos de varios desaparecidos en una misma fosa, declaró a los medios de comunicación: «¿Creen que abrir las tumbas ayuda a la reconciliación nacional? Me dicen que han encontrado cadáveres, y qué les voy a contestar... Bueno, felicito a los que han encontrado cadáveres en un lugar de cadáveres (...). Cuando me dijeron: hay una tumba con dos cadáveres... ¡Qué economía tan grande!».[42]

El funeral del 16 de junio de 1990 fue la mayor manifestación de duelo en la historia de Iquique.[43] Las más de seis mil personas que desbordaron el templo y las calles adyacentes acompañaron después hasta el cementerio a los familiares, que portaban retratos de sus seres queridos, lienzos y velas, en un impresionante cortejo. En el camposanto, ya por la noche, la multitud gritaba: «¡El culpable es Pinochet!».[44] En el funeral estuvo presente Hortensia Bussi y lo presidió Enrique Krauss, ministro del Interior y uno de los dirigentes democratacristianos que a fines de 1973 —poco después de la mayor parte de los fusilamientos de Pisagua— salieron al exterior para defender el golpe de Estado, en unos viajes financiados por la CIA como apoyo a la dictadura de Pinochet.[45] En Iquique, Krauss declaró: «Hemos venido a sostener que los crímenes tienen responsables individuales y que la justicia tiene la obligación de señalarlos».[46] Pero la investigación dirigida por el juez Hernán Sánchez se vio interrumpida por una petición de incompetencia formulada por la Justicia militar, por lo que la causa pasó al Séptimo Juzgado Militar de Arica, que en 1992 la cerró con la aplicación del decreto ley de amnistía, una resolución ratificada por la Corte Suprema.[47]

El 4 de septiembre de 1990 tuvo lugar el funeral oficial de Salvador Allende, con honores de Estado, y el emotivo traslado de sus restos desde el Cementerio Santa Inés de Viña del Mar hasta el Cementerio General de Santiago, acompañado por decenas de miles de personas en las calles.

Solo tres días después se celebró en el Club Militar de Lo Curro el lanzamiento del primero de los cuatro volúmenes de las memorias de Pinochet, con una tirada de cuatro mil ejemplares que fueron distribuidos en librerías por la editorial Zig-Zag.[48] «Procuré estampar mis recuerdos con la más absoluta veracidad», señaló. «Si se deslizó alguna inexactitud, ha sido porque no logré recordar con precisión determinados sucesos, aunque muchos, que se han preocupado de mi persona, coinciden en señalar que tengo muy buena memoria. Condición que lamentablemente no distingue a todos mis compatriotas.»[49] Llegaron más de mil trescientos invitados para conocer una obra que, como escribió entonces Armando Uribe, apenas es una «cuenta administrativa de sus actos».[50] En los años sucesivos, publicó los tres volúmenes siguientes de su autobiografía y en 1991 el primero de los cuatro fue traducido al inglés (*A journey through life: memoirs of a soldier*), pero no llegó a escribir otros libros que deseaba: tres tomos más sobre la guerra del Pacífico, uno dedicado al conflicto con Argentina y la mediación papal y otro al «atentado a mi persona», según había confesado a la periodista Margarita Serrano.[51]

Además, en aquellos días el presidente ordenó al Ejército que devolviera la faraónica mansión construida en

Lo Curro a principios de la década anterior. Cuando el ministro de Defensa, Patricio Rojas, expresó el deseo de recuperarla, Pinochet rebatió: «Que vayan a sacarnos». Y en una carta le manifestó a Aylwin que aceptarían entregarla solo si era usada con el fin para el que se construyó o de lo contrario lo considerarían un agravio.[52] Aún no ha sido devuelta.

La tensión afloró también en el primer desfile militar. El público pifió al presidente y al gobierno y el jefe de la guarnición de Santiago, el general Carlos Parera —exmiembro del departamento exterior de la DINA—, no solicitó permiso a Aylwin para iniciar el desfile. No fue pasado a retiro, pero Pinochet tuvo que enviarlo como agregado militar a la embajada en Sudáfrica porque Aylwin desaprobó su ascenso.[53]

El 20 de septiembre, Aylwin citó a Pinochet en La Moneda y le expresó su malestar por lo sucedido en el desfile y por sus recientes declaraciones durante un almuerzo en el Club de la Unión, cuando calificó al Ejército alemán —antaño espejo del chileno— como un «Ejército de drogadictos, marihuaneros, homosexuales, melenudos y sindicalistas».[54] Términos que la prensa chilena no se atrevió a reproducir textualmente y que el periodista Rafael Otano describió como propios de un personaje de cómic.[55] Eso sí, en Bonn, el jefe del Estado Mayor del Ejército germano respondió: «El roble no se mueve cuando un cerdo se refriega en él».[56] Y el Ministerio de Asuntos Exteriores alemán citó al embajador chileno, Carlos Huneeus, para expresarle su malestar.

El 10 de octubre, después de una década sin salir de su país, Pinochet viajó en automóvil a Mendoza, acompañado por ocho escoltas, y desde allí hasta Buenos Aires.[57] En los años siguientes, además de asistir a las sucesivas reuniones de la Conferencia de Ejércitos Americanos, en mayo de 1991 viajó a Brasil, Portugal e Inglaterra, invitado por estos países para visitar instalaciones y fábricas militares que tenían contratos con el Ejército chileno. En marzo de 1992 regresó a Ecuador, en una conflictiva estadía tanto para el presidente ecuatoriano, Rodrigo Borja, como para el gobierno chileno. Allí sus viejos compañeros de armas le agasajaron en el Colegio Mejía, situado donde estuvo la Academia de Guerra en la que impartió clases entre 1956 y 1959.[58] En abril de 1993 viajó a China invitado por el jefe del Estado Mayor General del Ejército y a su regreso visitó Hong-Kong, Tailandia, Sudáfrica, Suiza y Brasil. En mayo y junio de 1994 recorrió Eslovaquia, Suiza, Holanda y el Reino Unido. En octubre de 1995 llegó a Malasia y el Reino Unido.[59] Y, según consta en su expediente del Archivo del Ejército, a fines de 1997 viajó al Reino Unido y China en comisión de servicio, atendiendo las invitaciones cursadas por la industria británica Royal Ordenance y el vicepresidente de la Comisión Militar Central de la República Popular China.

Ciertamente, en alguno de aquellos desplazamientos tuvo que soportar alguna situación desagradable, como la sucedida a principios de noviembre de 1995 cuando participaba en Bariloche en la XII Conferencia de Ejércitos Americanos. En aquellos días en esta ciudad argentina estaba detenido en su domicilio el criminal de guerra nazi Erich Priebke, cuya extradición había solicitado la justicia italiana para juzgarle por la matanza de trescientos treinta y cinco civiles en las Fosas Ardeatinas, en las afueras de Roma, en 1944.[60] En declaraciones a los medios acreditados, Pinochet aseguró que de ningún modo aceptaría ser enjuiciado en Chile por los crímenes de la dictadura. «Los derechos humanos son una bandera del comunismo, que es un monstruo de siete cabezas. Uno corta una cabeza y le quedan seis. Corta otra y le quedan cinco», bramó. Después, vestido de civil y con sus características gafas oscuras, salió a pasear por la céntrica calle Mitre, a fin de comprar algunos libros y el apreciado chocolate de la zona, hasta que de repente alguien le dijo en la calle: «Así que ahora los asesinos caminan libremente en nuestro país». Un grupo de personas se aproximó a él y le arrinconó frente a un escaparate mientras le gritaban «¡Asesino!», hasta que pudo refugiarse en su Mercedes Benz y huir.[61]

El último viaje de su vida, también con pasaporte diplomático, le llevaría a Londres en septiembre de 1998 y marcaría su ocaso.

El Informe Rettig o «la liturgia de la reconciliación»

El 25 de abril de 1990, el presidente Aylwin creó la Comisión Nacional de Verdad y Reconciliación, presidida por el exsenador radical Raúl Rettig e integrada por cuatro personalidades vinculadas a la Concertación y cuatro próximas a la derecha, entre ellos el abogado e historiador Gonzalo Vial, exministro de Educación de la dictadura, quien se ocupó de escribir la parte referida al contexto histórico.[62] La Comisión recibió el mandato de elaborar un informe acerca de las más graves violaciones de los derechos humanos cometidas en Chile entre el 11 de septiembre de 1973 y el 11 de marzo de 1990: detenidos desaparecidos, ejecutados y personas fallecidas a consecuencia de las torturas sufridas a manos de agentes del Estado y también de aquellas víctimas de la violencia de grupos opositores.

El 8 de febrero de 1991, Raúl Rettig entregó a Aylwin el *Informe de la Comisión Nacional de Verdad y Reconciliación,* compuesto por tres tomos y casi 1.400 páginas, que había sido aprobado de manera unánime por los miembros de la Comisión. Conocido como Informe Rettig, el documento recogió los nombres y la breve historia de 2.115 personas calificadas como «víctimas de violación a sus derechos humanos» —1.068 ejecutados políticos; 957 detenidos desaparecidos; 90 personas muertas por atentados— y de 164 personas víctimas de «la violencia política». Además, incluyó otros 641 casos respecto de los que la Comisión no pudo formarse una convicción definitiva y consideró necesario que se siguieran investigando.

El 4 de marzo, el presidente de la República, en un discurso transmitido por televisión, presentó el voluminoso estudio con el que el Estado de Chile asentaba una verdad tantas veces negada y desde entonces ya oficial. Y expuso unas conclusiones sobre el carácter y la naturaleza de los crímenes del régimen de Augusto Pinochet: «Entre el 11 de septiembre de 1973 y el 11 de marzo de 1990, existió una situación de violación grave, masiva y sistemática de los derechos humanos». Entre lágrimas, llamó al conjunto del país a aceptar y asumir su contenido. «Es la sociedad chilena la que está en deuda con las víctimas de las violaciones de los derechos humanos. Por eso es que las sugerencias sobre reparación moral y material que formula el informe son compartidas por todos los sectores. Por eso es que yo me atrevo, en mi calidad de Presidente de la República, a asumir la representación de la nación entera para, en su nombre, pedir perdón a los familiares de las víctimas. Por eso, también, pido solemnemente a las Fuerzas Armadas y de Orden, y a todos los que hayan tenido participación en los excesos cometidos, que hagan gestos de reconocimiento del dolor causado y colaboren para aminorarlo.»[63]

Anunció también las medidas de apoyo a los familiares, con la creación de la Corporación Nacional de Reparación y Reconciliación. Sin embargo, del Informe Rettig quedó excluida la tortura —«la principal arma de destrucción y sometimiento de la dictadura», según el Comité de Defensa de los Derechos del Pueblo (Codepu)—[64] y de los crímenes reconocidos no se derivaron responsabilidades penales, al contrario de lo sucedido en Argentina con el Informe de la Comisión Nacional de Desaparecidos.

Dos semanas después, el 21 de marzo, en la Sala de Audiencias de La Moneda, tuvo lugar una reunión del Consejo de Seguridad Nacional, el organismo previsto por la Constitución de 1980 para que las Fuerzas Armadas ejercieran su rol tutelar.[65] En aquella reunión, participaron los tres comandantes en jefe y el general director de Carabineros; el presidente Aylwin; el presidente del Senado, Gabriel Valdés; el presidente de la Corte Suprema, Luis Maldonado; el contralor general de la República, Osvaldo Iturriaga; Belisario Velasco, subsecretario de Interior; Enrique Silva Cimma, ministro de Relaciones Exteriores; Patricio Rojas, ministro de Defensa; Alejandro Foxley, ministro de Hacienda, y Carlos Ominami, ministro de Economía. Aylwin abrió la reunión explicando que la finalidad de la misma era conocer las opiniones acerca del Informe Rettig.

Aunque en 1990 el Ejército ya había entregado su posición a la Comisión Rettig en cuatro volúmenes,[66] Pinochet lanzó una verdadera andanada contra este documento, al que negó validez histórica y jurídica. «El Ejército de Chile, en aras del prestigio y la dignidad elemental de la institución, manifiesta su fundamentada discrepancia.» No dudó en volver a justificar el golpe de Estado —incluso citó las declaraciones a la prensa de octubre de 1973 de Patricio

Aylwin y la carta de Eduardo Frei a Mariano Rumor de noviembre de aquel año— y la obra de su régimen y afirmó que el Ejército no tenía que pedir perdón «por haber tomado parte en esta patriótica labor». Asimismo, descalificó a la Comisión y negó su imparcialidad, al tiempo que censuró su «utilización político partidista» y «la amplia cobertura internacional que se está procurando darle, cuyos alcances pueden comprometer aspectos básicos de la seguridad interna y de la defensa externa de la República». «El Ejército de Chile declara solemnemente que no aceptará ser situado ante la ciudadanía en el banquillo de los acusados por haber salvado la libertad y la soberanía de la Patria.»

Después de su extensa intervención, solo tomaron la palabra tres de los presentes. Brevemente, el presidente de la Corte Suprema, Luis Maldonado, señaló que aún no habían valorado el Informe Rettig, que dejaba constancia de la pasividad y la indiferencia del Poder Judicial ante las violaciones de los derechos humanos. De manera escueta, el general Matthei recordó que la Fuerza Aérea ya se había pronunciado el 8 de marzo. Solo el ministro Carlos Ominami —exmilitante del MIR y socialista entonces—, hijo de un oficial constitucionalista de la Fuerza Aérea, respondió a Pinochet: «Constato la gran dificultad que tenemos todavía para ponernos de acuerdo en una visión compartida, acerca de un periodo tan complejo y tan convulsionado como el que nuestro país vivió desde finales de los años 60 (...). En esta materia, como muchas veces se ha dicho, será finalmente la historia la que definitivamente resuelva.»[67] Ominami abogó también por que todas las partes hicieran esfuerzos para lograr una «reconciliación efectiva entre todos los chilenos».

En más de una oportunidad, Aylwin conversó personalmente con Pinochet acerca del contenido del informe, como señaló en 2001: «Recuerdo una vez que le dije: "Pero general, ¿cómo pudieron hacer tanta barbaridad?". "Estábamos en guerra, Presidente", me respondió. "Eso es cuento, general, si la guerra duró dos días. Si al segundo día ustedes tenían al país dominado", le insistí. Y él me dijo: "Pero si había diez mil hombres armados, con armas cubanas, nos iban a matar a todos". Y de ahí no lo saqué».[68] De manera paradójica, con su rechazo del Informe Rettig y de la culpa compartida que Aylwin ofreció en su discurso del 4 de marzo de 1991, las Fuerzas Armadas hicieron fracasar la «liturgia de la reconciliación», en palabras de Tomás Moulian: el intento simbólico del presidente y de su coalición de gobierno de poner el punto final al pasado traumático de la dictadura.[69]

La atmósfera creada por su difusión se vio turbada el 1 de abril cuando miembros del Frente Patriótico Manuel Rodríguez-Autónomo acabaron con la vida del senador Jaime Guzmán en el Campus Oriente de la Universidad Católica.

Hasta los acontecimientos de 1998, la transición estuvo amarrada a los enclaves autoritarios impuestos por la dictadura y la impunidad de los represores tan solo se vio interrumpida en dos casos emblemáticos: las condenas a los asesinos de José Manuel Parada, Santiago Nattino y Manuel Guerrero, y a Manuel Contreras y Pedro Espinoza por el caso Letelier. En aquellos primeros años, los intentos de algunos parlamentarios de la Concertación por anular el decreto ley de amnistía, tal y como habían prometido en la campaña de 1989, fracasaron. No obstante, tampoco prosperaron las pretensiones del gobierno de Aylwin por cerrar las investigaciones judiciales acerca de los crímenes de la dictadura ante las presiones de las Fuerzas Armadas.[70]

El escándalo de los «pinocheques»

En 1984, Augusto Pinochet Hiriart, a través de una tercera persona, adquirió una empresa metalúrgica que reparaba vehículos del Ejército y elaboraba adornos de metal para las sedes de CEMA-Chile. La rebautizó con el nombre de Proyectos Metalúrgicos Integrados de Producción y en 1987 esta firma se hizo con la propiedad de Valmoval, propiedad del Ejército, que se dedicaba a la reparación de fusiles y estaba en quiebra. En 1989, el Ejército recompró Valmoval y el pago se hizo desde la comandancia en jefe a través de tres cheques que sumaban 971 millones de pesos, unos tres millones de dólares.[71]

En septiembre de 1990, cincuenta y dos parlamentarios de la Concertación denunciaron el caso y se armó un gran escándalo. Se creó una comisión de investigación en la Cámara que presidió el diputado PPD Jorge Schaulsohn y ante ella comparecieron generales e incluso, en enero de 1991, el hijo del exdictador, quien posteriormente salió de Chile con identidad falsa para instalarse en España.[72]

El 19 de diciembre de 1990, ante la posibilidad de que se abriera una investigación judicial, Pinochet reunió de manera sorpresiva al cuerpo de generales y ordenó el acuartelamiento de las tropas hasta altas horas de la noche como medida de presión, aunque posteriormente el Ejército señaló que tan solo se había tratado de «un ejercicio de alistamiento y enlace». Ni esta institución ni el gobierno podían reconocer que era un acuartelamiento: si lo admitía el Ejército porque se había salido de los cauces de la Constitución; si lo explicitaba el Ejecutivo, porque mostraría ante el país y el mundo la autonomía de las Fuerzas Armadas.[73]

Al día siguiente, Aylwin citó a Pinochet en La Moneda para pedirle explicaciones. El general Ballerino y el ministro Enrique Correa acordaron rápidamente que la investigación parlamentaria en ningún caso afectaría al comandante en jefe y a las diez de la mañana el Ejército difundió una declaración que puso fin a aquel episodio: «Después de una reunión del alto mando de la institución, en la que se evaluaron las experiencias obtenidas, se dio por terminado el ejercicio de seguridad, alistamiento y enlace, iniciado en la tarde de ayer en todas las unidades del territorio, el cual alcanzó la plenitud de los objetivos perseguidos».[74]

El caso de los «pinocheques» tuvo una réplica aún más fuerte el 28 de mayo de 1993, cuando el diario gubernamental *La Nación* informó en su primera página de la reapertura del juicio por la quiebra de Valmoval a instancias del Consejo de Defensa del Estado: «Reabren caso cheques del hijo de Pinochet». Con el presidente Aylwin de viaje oficial en Europa tras leer su mensaje presidencial el 21 de mayo en el Congreso Nacional, ceremonia a la que Pinochet había asistido por primera vez, el comandante en jefe del Ejército ordenó que decenas de efectivos de las fuerzas especiales (los «boinas negras») se apostaran en el edificio del Ministerio de Defensa, frente a La Moneda, armados y con vestimenta de combate. De nuevo la noticia se instaló en los medios de comunicación nacionales e internacionales y los ciudadanos contemplaron movimientos militares insólitos, con traslado de tropas y acuartelamiento de unidades, sin que el Ejército ofreciera explicación alguna. El temor al golpismo acompañaba a la transición.

Según ha relatado el ministro de Defensa de la época, Patricio Rojas, la mañana del 28 de mayo el general Ballerino llegó hasta La Moneda para entrevistarse con Krauss, vicepresidente de la República en funciones, y «con tono amenazador» le exigió el cierre de aquella investigación judicial.

Públicamente, sin embargo, Ballerino tuvo que justificar el malestar del Ejército por los juicios a militares en materia de derechos humanos y otras razones, para evitar referirse a un problema del hijo del comandante en jefe.[75]

De nuevo, el gobierno se plegó a las pretensiones del exdictador y así el magistrado que entonces estaba a cargo de la investigación judicial de los «pinocheques», Alejandro Solís, ha escrito que incluso recibió la visita de Enrique Krauss, «quien, en un acto desusado, me intentó explicar las resonancias que en el mundo político tenía la prolongación de la investigación y las peticiones de los militares para que yo no continuara con su curso».[76]

Se entabló una negociación entre el Ejecutivo, representado por Krauss y Enrique Correa, ministro secretario general de Gobierno, y el Ejército, con el general Jorge Ballerino y Pinochet como interlocutores. Acordaron crear comisiones de trabajo para abordar los asuntos pendientes desde la óptica militar y el conflicto se dio pronto por superado, hasta que fue sobreseído judicialmente en 1995, después de que el presidente Eduardo Frei Ruiz-Tagle solicitara al Consejo de Defensa del Estado —un organismo autónomo del gobierno encargado de defender los intereses estatales— que no perseverara.

A su regreso de Europa, Aylwin se reunió en dos ocasiones con Pinochet. Se conserva un documento de Aylwin —archivado con el título de «Apuntes de S. E. para reunión con general A. Pinochet»— preparado para la reunión del 9 de junio de 1993, cuyas anotaciones manuscritas son muy ilustrativas. Comenzó diciendo: «Estoy muy herido por lo que usted ha hecho». Y le explicó que había ordenado un «acto de presión mediante manifestación pública de fuerza» en lugar de utilizar los conductos institucionales. Había causado un «grave daño al país y su imagen en el exterior». «Yo siempre he tenido puertas abiertas. Lo he tratado con respeto y consideración.» «Yo no merecía este trato de su parte, menos estando en el extranjero.» También le recordó que públicamente, dentro y fuera de Chile, había hecho un «reconocimiento a su papel». Y le habló de las conversaciones entre el general Ballerino y Krauss, que habían abordado tanto el asunto de los «cheques» como los juicios por las violaciones de los derechos humanos y el decreto ley de amnistía.[77]

En aquella reunión estuvo presente el ministro de Defensa, Patricio Rojas, quien ha recordado que Pinochet inicialmente le saludó con un informal: «¿Cómo le va, presidente?». Aylwin calificó el episodio conocido como el Boinazo ante la opinión pública como un acto de «presión indebida» e inaceptable.[78]

De dictador a patriarca

En el ecuador de los años noventa, la euforia neoliberal nublaba las élites políticas y económicas chilenas. Chile aparecía como el «jaguar» de América Latina, brillaba como un ejemplo para el resto de los países de la región por las reformas emprendidas por la dictadura y asumidas y consolidadas por la Concertación, cuya gestión económica mostraba unas cifras exitosas.

La desmovilización social tras el fin de la dictadura, la crisis de la izquierda revolucionaria, la atomización del mundo obrero, la penetración social de la cosmovisión neoliberal y un sistema político bipolar, con una indiscutida hegemonía de la coalición gubernamental —como lo había probado el aplastante triunfo de Eduardo Frei en la elección presidencial de 1993 con el 58 % de los votos—, habían convertido al país en un remanso de estabilidad. Pinochet seguía al mando del Ejército y progresivamente había logrado mutar hacia una figura aceptada por las élites de la Concertación, incluso merecedor de atenciones internacionales, como las invitaciones al extranjero o la bendición especial que en enero de 1993 Juan Pablo II le envió con motivo del quincuagésimo aniversario de su matrimonio.

El acto inaugural de esta operación «transformista» —según la terminología del sociólogo Tomás Moulian— fue el «almuerzo de homenaje» que el 10 de abril de 1990 los presidentes del Senado y de la Cámara de Diputados, Gabriel Valdés y José Antonio Viera-Gallo, brindaron a las Fuerzas Armadas y en el que el invitado estrella inevitablemente fue Pinochet, quien al término de la ocasión declaró a los periodistas que había sido una «reunión entre amigos». Incluso, el diputado democratacristiano Rodolfo Seguel, presidente de la Confederación de Trabajadores del Cobre que convocó la primera Jornada de Protesta Nacional en mayo de 1983, se apresuró a solicitarle un autógrafo y a tomarse fotografías con él. El general no pudo sino esbozar una irónica sonrisa.[79] En mayo de 1993, la diputada democratacristiana Mariana Aylwin —hija del presidente— declaraba: «Pienso que el gobierno de Pinochet va a pasar a la historia porque significó, por una parte, la ruptura del sistema democrático, pero también como un gobierno que dio impulso a un proceso de modernización».[80] En aquellos días, Pinochet había regresado de China plenamente feliz: un monje budista le había augurado cien años de vida.

El 2 de marzo de 1994, nueve días antes de ceder la banda presidencial a Frei, Patricio Aylwin compartió su último encuentro con los comandantes en jefe y les agradeció su colaboración a lo largo de aquellos años, singularmente al exdictador. «Pinochet ha conseguido ciertos logros políticos intangibles: ya no es señalado como la bestia negra por el discurso oficial, asiste tranquilamente al traspaso del mando presidencial desde su puesto, se le respetan sus ritmos (...) se le reconocen cualidades y la paternidad del sistema que hoy vivimos», escribió en aquellos días la periodista Sonia Zilci. Era visto ya como «un hombre de la transición». «Otro rasgo de su actuación en estos años es la convivencia que logró tener con la clase política. Es evidente que se ha reducido la antipatía que se le tenía. Se le celebran los chistes y ya no se le sintió como motivo de vergüenza en esta transmisión del mando, como sí ocurrió en forma más evidente la vez pasada.»[81] Instalado en su nueva mansión de La Dehesa, ni siquiera mereció críticas por la adquisición de tres Mercedes Benz blindados.

Culminaba en aquellos años, a juicio de Moulian, la operación política que «convirtió al Dictador en el Patriarca». «Extraña palabra, pero, ¿qué otra cosa es hoy día Pinochet, esa cosificación casi pétrea del poder, por encima de la ley y de las circunstancias? El Factótum, el que sigue manejando la política desde las sombras. Un poder naturalizado, rodeado de solemnidad por amigos y enemigos. Alguien que nació de la traición pero que ha sido enaltecido hasta la gracia», escribió en el ensayo emblemático de aquella década.[82]

En septiembre de 1995, una encuesta de la empresa Adimark lo situó como la segunda persona del país que más rechazo generaba, solo por detrás de Manuel Contreras, pero también como la tercera más importante, después del presidente Frei y del futbolista Iván Zamorano, entonces delantero centro del Real Madrid, y como la segunda que más poder ostentaba, solo tras el jefe de Estado.[83]

Ni siquiera la condena a Manuel Contreras y Pedro Espinoza afectó su posición. El 30 de mayo de 1995, la Cuarta Sala de la Corte Suprema confirmó las penas de siete años de prisión al general retirado Manuel Contreras y de seis años al brigadier Pedro Espinoza —entonces aún en activo— como coautores del delito de homicidio calificado de Orlando Letelier, después de cuatro meses de deliberaciones en medio de un notorio clima de tensión.[84] En aquellos días, Pinochet manifestó al ministro de Defensa, Edmundo Pérez, que no correspondía que Contreras fuera encarcelado y después exigió que se le recluyera en una prisión especial.[85]

El 4 de junio, declaró al Canal 13 que nunca pensó que el jefe de su principal cuerpo represivo iba a ser condenado en Chile: «Porque uno se imagina que va a haber una justicia muy espe... [sic], muy ajustada a derecho. Bueno, lo condenaron y qué le voy a decir yo ahora». Sobre la inocencia que el exjefe de la DINA proclamó, aseguró: «Yo le creo a Contreras. Yo siempre le creí a Contreras».[86]

El 19 de junio, Pedro Espinoza ingresó en la prisión especial de Punta Peuco, a treinta kilómetros de Santiago, hasta donde el 22 de julio llegó cerca de un millar de oficiales del Ejército vestidos de civil para realizar una manifestación en solidaridad con el brigadier, una acción intimidatoria que forzó al ministro de Defensa a regresar de un viaje por Estados Unidos, pero que no fue sancionada. Por su parte, Contreras hizo lo posible por incumplir la condena, incluso solicitó quedar en arresto domiciliario por «razones humanitarias», hasta que en la madrugada del 21 de octubre de 1995 fue trasladado a Punta Peuco. Pedro Espinoza salió en libertad en enero de 2000 y Manuel Contreras doce meses después, pero en los años posteriores ambos volvieron a prisión tras ser condenados en otras causas.[87]

En ningún momento se planteó enjuiciar a Pinochet por el crimen de Letelier. Regía el acuerdo tácito por el que quedaría al margen de las investigaciones de las violaciones de derechos humanos. También el escándalo de los «pinocheques» había mostrado la insubordinación del Ejército. «Se trataba de que el país tuviera un inicio de democracia. Y dentro de las condiciones que no se mencionaron en la negociación, estuvo la de no tocar a Pinochet. Es obvio: el que cede el poder lo hace sobre la base de que el que lo recibe no lo va a meter en la cárcel. Y nosotros lo aceptamos», admitió en agosto de 2000 el dirigente del PPD y exsenador Erich Schnake.[88]

A fines de noviembre de 1995, Pinochet celebró su octogésimo cumpleaños por todo lo alto. El 22 de noviembre recibió el homenaje de las Fuerzas Armadas y Carabineros y tres días después el saludo del cuerpo de generales del Ejército. En la ceremonia que le tributaron el día de su natalicio en la Escuela Militar estuvieron representadas las unidades e institutos del Ejército en los que sirvió: el Chacabuco, el Maipo, la Escuela de Infantería, el Carampangue, la Escuela Militar, el Rancagua, el Esmeralda y la Academia de Guerra y en todas las unidades del Ejército se formó en honor del comandante en jefe y los soldados brindaron por su cumpleaños.

Por la noche, en el centro de eventos Casa Piedra, ante mil ochocientos invitados —principalmente, empresarios, militares y políticos de la derecha—, que pagaron ciento cincuenta dólares, tuvo lugar una cena de gala con motivo de la creación de la Fundación Presidente Augusto Pinochet Ugarte. «A la fiesta, digna de un emperador, llegó con su uniforme blanco de gala, mientras su esposa, Lucía Hiriart, vistió de negro», escribió Manuel Délano. Se leyeron los mensajes de felicitación remitidos por Margaret Thatcher, el senador estadounidense Jesse Helms, Gerald Ford y Joao Figueiredo.[89]

Además, hubo actos de homenaje en veintiocho ciudades, desde Arica e Iquique hasta Puerto Natales y Punta Arenas[90] y también se lanzó el panegírico *Augusto Pinochet: Una visión del hombre*, escrito por María Eugenia Oyarzún, Arturo Román y Raúl Rojas.[91] Y un avión con esta pancarta sobrevoló Santiago: «Primeros 80 años. Felicidades, tata». No cesó de recibir tributos y reconocimientos hasta el 2 de diciembre.

La denuncia de España

En enero de 1996, Amnistía Internacional (AI) expuso su preocupación ante los intentos del gobierno de Eduardo Frei y la derecha de cerrar todas las investigaciones judiciales acerca de las violaciones de los derechos humanos cometidas durante la dictadura una vez que se habían dictado las condenas por el caso Letelier, como Estados Unidos demandaba desde 1976.[92] En noviembre de 1995, concretado el ingreso de Contreras y Espinoza en Punta Peuco, y como resultado de las negociaciones entre el gobierno y Renovación Nacional, el presidente Frei planteó una propuesta que evitaba los procesamientos, restringía las investigaciones judiciales a la localización de los restos de los detenidos desaparecidos, garantizaba el secreto total y permitía que se archivaran las causas antes de que se hallaran los cuerpos o que se determinaran las responsabilidades de los crímenes.

«Estas acciones están claramente influenciadas por las presiones militares para asegurar la total inmunidad procesal para los responsables de violaciones de derechos humanos», lamentó AI, que añadió que desde agosto de 1995 los tribunales chilenos habían archivado veinticuatro procesos judiciales sobre casos de derechos humanos.[93] La aplicación sistemática del decreto ley de amnistía, el peso de la Justicia militar y la inconsecuencia del gobierno señalaban que la impunidad tendía a perpetuarse en Chile.[94]

Otro hito de aquel tiempo apuntó en la misma dirección. El 30 de mayo de 1996, en la localidad madrileña de San Lorenzo de El Escorial —vecina del Valle de los Caídos—, tuvo lugar un seminario organizado por el embajador chileno en España, el socialista Álvaro Briones, con la ayuda del agregado militar, el coronel del Ejército Emilio Cheyre, y el patrocinio del prestigioso Instituto Universitario Ortega y Gasset. Nada de su contenido trascendió en aquel momento a la opinión pública ni a la prensa; tampoco se publicaron posteriormente las actas o las conclusiones. El programa anunció tan solo que se examinarían las transiciones a la democracia en Chile y España, en particular en lo referido al papel de las Fuerzas Armadas. Por la parte chilena, intervinieron el entonces ministro de Obras Públicas, Ricardo Lagos, el senador Jaime Gazmuri y el socialista Camilo Escalona, así como una persona tan cercana a Pinochet como Sergio Rillón, el exministro de la dictadura Hernán Felipe Errázuriz y varios oficiales del Ejército.[95] Fue el primer acercamiento entre el Ejército y el mundo socialista desde 1973. Seis años después, en 2002, el presidente Ricardo Lagos designaría al general Cheyre comandante en jefe.

En este contexto, el 3 de julio de 1996, el presidente de la Unión Progresista de Fiscales, Miguel Miravet, presentó ante el Juzgado Central de Instrucción de la Audiencia Nacional en Valencia una denuncia contra Augusto Pinochet y los exmiembros de la Junta militar, José Toribio Merino, Gustavo Leigh, César Mendoza, Fernando Matthei y Rodolfo Stange, por los delitos de genocidio y terrorismo de Estado y pidió que se decretaran órdenes internacionales de detención para que fueran extraditados y juzgados ante los tribunales de España, ya que no habían sido procesados en Chile por esos delitos.[96] A esta denuncia se unió la interpuesta por la Fundación Presidente Allende de Madrid, representada por Joan Garcés.[97] Ambas querellas hicieron especial hincapié en las víctimas españolas de Pinochet: los sacerdotes Joan Alsina, fusilado el 19 de septiembre de 1973, y Antonio Llidó; la militante socialista Michelle Peña, secuestrada en junio de 1975 cuando estaba embarazada de ocho meses; Antonio Elizondo, miembro del MAPU, detenido en mayo de 1976 junto con su esposa, Elizabeth Rekas; Carmelo Soria, y Enrique López, militante del MIR, apresado en octubre de 1977 en Valparaíso.

El 8 de julio, Manuel García-Castellón, titular del Juzgado de Instrucción número 6 de la Audiencia Nacional, inició la investigación y el 30 de julio el magistrado Miguel Moreiras declaró competente a la Audiencia Nacional. Mientras desde el primer momento el gobierno chileno censuró e intentó paralizar la acción de la justicia española, familiares de las víctimas, encabezados por Pepa Llidó —hermana de Antonio Llidó, representada por Joan Garcés—, y organizaciones como el Partido Comunista, la Agrupación de Familiares de Detenidos Desaparecidos, Codepu y la Agrupación de Familiares de Ejecutados Políticos se hicieron parte del proceso. Mientras tanto, el 9 de septiembre, «con profunda emoción en mi alma de soldado», Pinochet recibió el grado académico de doctor *honoris causa* de la Academia de Guerra del Ejército.[98]

En 1997, Sola Sierra, presidenta de la AFDD, subrayó la trascendencia de esta iniciativa considerada entonces, de manera unánime, como puramente simbólica: «Es un logro muy importante que en alguna parte del mundo se reconozca la responsabilidad de la Junta militar. Y aunque no podamos ver a Pinochet en la cárcel, va a recibir una sanción moral, algo que es importante ya que el Gobierno de Chile limpia su imagen cada día. El Gobierno negoció y admitió la impunidad de los crímenes para dar paso a esta democracia tutelada».[99]

Mientras tanto, la derecha y la Concertación descalificaron desde el primer día la acción de la justicia española. En 1997, el presidente de la Democracia Cristiana, Enrique Krauss, aseguró que este proceso originaba «una colisión de facultades jurisdiccionales que no tiene forma de solución». Y, aunque por una parte admitía que las violaciones de los derechos humanos cometidas durante la dictadura tienen «proyección internacional» porque fueron asesinados ciudadanos extranjeros, señaló que «la normativa positiva impide este tipo de enjuiciamientos por tratarse de situaciones que, de tener las características propias de un delito, tendrían que ser encaradas por los tribunales chilenos».

Con mayor contundencia se pronunciaron los presidentes de los principales partidos de la derecha: Alberto Espina, de Renovación Nacional, y Jovino Novoa, de la Unión Demócrata Independiente. Para Espina el proceso de la Audiencia Nacional era «inaceptable»: «Chile ha tenido una transición ejemplar porque se han ido conjugando medidas de reconciliación y de perdón con la aplicación de justicia. Los tribunales aplican una ley de amnistía de 1978 que el Gobierno no ha querido derogar y que tiene las virtudes y los defectos de todas las leyes de amnistía: deja a los culpables en la impunidad, pero permite superar etapas dolorosas». Más allá fue Jovino Novoa, jefe del partido más afín al exdictador, quien consideró el sumario de la Audiencia Nacional como «una pretensión imperialista».

Pepe Auth, vicepresidente del Partido por la Democracia, admitió, con gran sinceridad, las contradicciones de la Concertación. Tras señalar que era «un asunto escabroso», afirmó con ironía que «el "prestigio" de Pinochet en el mundo es conocido». «Es cierto lo que dice nuestro Gobierno —continuó—, pero también me parece completamente legítimo [el proceso abierto en la Audiencia Nacional] porque España tiene muertos propios. La lógica jurídica es impecable: la responsabilidad sobre los hechos generados por militares es de Pinochet. No nos cabe ninguna duda, y a quién le puede caber, de que él es responsable de todos los asesinatos y de todas las desapariciones». Pese a ello, Auth añadió: «Hicimos una transición que tiene sus limitaciones. A nosotros no se nos murió enfermo el dictador. La transición implicó que no hubiera proceso a Pinochet y no está en el menú de la democracia chilena un juicio jurídico a Pinochet».[100]

Por su parte, la secretaria general del Partido Comunista, Gladys Marín apoyó desde el primer día la iniciativa de la justicia española. «Es un llamado de alerta para decir que no se pueden cometer genocidios sin que haya alguien en el mundo que levante su voz de protesta. Y si el Gobierno chileno no quiere hacer nada para castigar aquellos crímenes, o al menos juzgar a sus responsables, es muy positivo que la Audiencia Nacional española sí lo haga.»[101]

Pronto, personas como Sola Sierra, Paz Rojas, Fabiola Letelier, Isabel Allende Bussi, Erick Zott, Pepa Llidó, Laura

González-Vera, Gladys Marín, Óscar Soto, Helmut Frenz... prestaron declaración en Madrid.

La primera querella

El 12 de enero de 1998, la secretaria general del Partido Comunista, Gladys Marín, asistida por los abogados Eduardo Contreras, Graciela Álvarez, José Cavieres, Ramón Vargas, Alberto Espinoza y Julia Urquieta, presentó la primera querella criminal contra Augusto Pinochet en Chile por los delitos de genocidio, secuestro, tortura, asociación ilícita e inhumación ilegal contra todos los militantes y simpatizantes del PC, en particular, y en general contra «todos los militantes y simpatizantes de las diversas organizaciones sociales y políticas cuyos miembros son detenidos desaparecidos y ejecutados a lo largo del país».[102]

La querella comunista evocó el golpe de Estado, la muerte del presidente Allende en La Moneda y la instalación de la Junta. «Estos militares sediciosos ordenaron encarcelar mediante bandos a las autoridades elegidas democráticamente, prohibieron las libertades públicas, clausuraron el Congreso Nacional, proscribieron los partidos políticos, prohibieron la libertad de expresión, asociación, intervinieron militarmente las universidades. Mediante la fuerza se autoconfirieron el Poder Ejecutivo, Constituyente y Legislativo, impusieron un estado de guerra...» «La acción criminal de Augusto Pinochet Ugarte se mantiene hasta hoy. En efecto, ninguno de los secuestrados ha recuperado su libertad y se ignora actualmente su paradero y cuál ha sido el resultado físico de la acción delictual cometida en su contra, presumiéndose que hayan sido asesinados.»[103] Juan Guzmán, el juez de la Corte de Apelaciones de Santiago a quien le correspondió por sorteo decidir sobre esta querella, decidió admitirla a trámite e iniciar la investigación.

Andrés Aylwin, diputado democratacristiano y uno de aquellos valientes abogados que lucharon por defender los derechos humanos durante la dictadura, se pronunció sobre la importancia de la denuncia presentada por Gladys Marín: «La aportación fundamental de la querella del PC viene del hecho de que se refiere no a una persona o a un grupo reducido, sino a cientos de personas. Cuando yo acudía a los tribunales en los años de la dictadura por casos de desaparecidos o asesinados, siempre se trataba de situaciones individuales, nunca podíamos hablar del conjunto porque los jueces no lo aceptaban. Además, me parece muy respetable que esta denuncia venga de los comunistas pues ellos, junto con el MIR y el Partido Socialista en los primeros años, vivieron una situación de genocidio; fueron eliminados y masacrados de forma sistemática por su ideología. En este aspecto es importante que el Poder Judicial se plantee formalmente que aquí, en Chile, se vivió un genocidio».[104]

Aquellas semanas estaban marcadas, además, por el obligado abandono de la jefatura del Ejército por parte de Augusto Pinochet y su conversión, por obra y magia de la Constitución de 1980, en senador vitalicio a partir del 11 de marzo, cuando tomarían posesión de sus escaños los parlamentarios electos en diciembre. El dictador que clausuró el Congreso Nacional durante diecisiete años llegaría al Senado con 82 años.

Senador vitalicio

Como siempre, Pinochet agotó el plazo para despejar la incógnita de qué día abandonaría la jefatura del Ejército. En las primeras semanas de 1998 sí se preocupó de dirigir su solicitud de pensión de retiro, desahucio y asignación familiar al Ejército. Según consta en su hoja de vida institucional, tras contabilizar sesenta y tres años, dos meses y nueve días de servicios efectivos, se le concedió una pensión mensual de retiro de 1.619.555 pesos y una indemnización de desahucio de 42.608.670 pesos, correspondiente a treinta mensualidades de su renta imponible de 1.420.289 pesos. Además, recibió una «asignación familiar» por su cónyuge.[105]

Ante la pretensión —finalmente abortada por el gobierno de Frei— de cinco democratacristianos de presentar una acusación constitucional en la Cámara de Diputados contra él como comandante en jefe y el «juicio histórico» protagonizado en una tumultuosa sesión de la Cámara por los parlamentarios de la Concertación, el 14 de enero Pinochet resolvió que no abandonaría el Ejército el 26 de enero, como había acordado con el ministro de Defensa, Edmundo Pérez, y anunciado ya Frei, sino el 10 de marzo.[106]

En aquellas semanas se constituyó el Frente Amplio por un Chile Democrático, integrado por la Central Unitaria de Trabajadores, la Federación de Estudiantes de la Universidad de Chile (FECh), las agrupaciones de derechos humanos, el Partido Comunista y las juventudes del PDC, el PPD, el PS y el Partido Radical, que organizó movilizaciones masivas entre el 8 y el 11 de marzo para protestar por su llegada al Senado. Imperturbable, Pinochet adquirió una oficina en las proximidades del Congreso Nacional y disfrutó de los últimos homenajes de su institución, que el

6 de marzo le nombró «comandante en jefe benemérito» del Ejército —un título sin precedentes— durante un acto en la Escuela Militar.[107]

El 9 de marzo, Pinochet se despidió del presidente Frei y previamente se reunió con el cuerpo de generales, que tenía cuarenta y cinco miembros entonces y al que pertenecía desde 1969. Firmó las actas del cambio de mando del Ejército, condecoró a su sucesor con la Cruz de la Victoria y le entregó el bastón de mando institucional.[108]

La mañana del 10 de marzo de 1998, Pinochet traspasó la jefatura del Ejército a Ricardo Izurieta en una ceremonia celebrada en el patio de honor de la Escuela Militar, en presencia de quinientos periodistas y tres mil invitados, ante los que desfilaron unos cinco mil soldados de distintas unidades del Ejército, que le recibieron al grito de «¡Bienvenido, mi general!» y desfilaron al paso de la oca y el compás de la *Marcha Radetzky*. El subsecretario de Guerra, el teniente coronel Mario Fernández, leyó los decretos en los que se concedió el retiro absoluto a Pinochet, el ascenso al grado de teniente general del mayor general Ricardo Izurieta y su nombramiento como comandante en jefe. A continuación, a los compases de parada de guardia, interpretada por la Gran Banda de la guarnición de Santiago, se efectuó el cambio de los gallardetes de mando. Pinochet le dio el bastón de mando a Frei y este a Izurieta, a quien Pinochet entregó la réplica de la espada de O'Higgins. Al finalizar el acto, el general Izurieta asumió el mando con estas palabras: «Teniente general Ricardo Izurieta Caffarena asume el mando en jefe del Ejército de Chile, siempre vencedor, jamás vencido».[109]

Conmovido al abandonar la institución en la que había ingresado en marzo de 1933, ofreció la imagen de un anciano casi decrépito. El público interrumpió sus palabras en varias ocasiones con aplausos, no así Frei.[110] Y aquel día, una vez más, reivindicó el golpe de Estado y «la obra del gobierno militar». «En el devenir de nuestra historia fue generándose un estado de conflicto público, cada vez más extendido, agudo e incontrolable. Conflicto que llegó a afectar a la subsistencia de la patria misma, como nación libre y Estado soberano. ¡Eran evidentes las posibilidades de autodestrucción de Chile! Las Fuerzas Armadas, destinadas a asegurar y defender la integridad de la patria, debieron en esas circunstancias extremas pronunciarse. El Ejército y sus instituciones hermanas asumieron la conducción del Estado y se abocaron a la restauración de la institucionalidad quebrantada y a la reconstrucción social, política y económica del país.»[111]

Tras pernoctar en la Escuela de Caballería de Quillota, al día siguiente Pinochet tomó posesión de su escaño en el Senado, en una sesión llena de incidentes dentro del Congreso Nacional y también en las calles de Santiago y Valparaíso, con quinientos detenidos y treinta heridos, entre ellos Sola Sierra y Gladys Marín. En el hemiciclo, los senadores de la Concertación le mostraron retratos de Salvador Allende, de Orlando Letelier, de José Tohá, del general Prats... El enviado especial de *El País*, Francesc Relea, escribió aquel día: «Las causas pendientes preocupan relativamente al exgeneral. Solo una le provoca especial malestar, según sus allegados, la que se lleva a cabo en España y que instruye el juez Manuel García-Castellón».[112]

El 13 de marzo, en Madrid, la acusación popular presentó un escrito en el que solicitó el inmediato procesamiento de Augusto Pinochet y de otros treinta y ocho altos cargos de la dictadura por los delitos de genocidio, terrorismo, torturas, detención ilegal y desapariciones. Ante la gravedad de las imputaciones también pidió a García-Castellón que decretara prisión provisional sin fianza y que dictara una orden internacional de búsqueda y captura a través de la Interpol.

En aquellos días de 1998, María Eugenia Oyarzún le preguntó su opinión por la causa abierta en la Audiencia Nacional española. «Ese proceso es absolutamente improcedente, además de injusto.» «No les doy mayor importancia. Creo que ellos obedecen al socialismo internacional. Hay chilenos que, movidos por aversiones e intereses mezquinos, están avivando la hoguera del odio en contra mía tanto en Chile como en el extranjero. No le reconozco validez alguna a ese proceso político de un extraño, solo acepto la jurisdicción de los tribunales chilenos, como lo ha dicho, por lo demás, el Gobierno del Presidente Eduardo Frei.»[113] Tampoco otorgó trascendencia a las querellas que empezaban a acumularse en su contra en Chile, entre ellas una de la Agrupación de Familiares de Detenidos Desaparecidos, otra del Colegio de Profesores por los ciento tres maestros asesinados y otra de la Confederación de Trabajadores Metalúrgicos por la ejecución de cien obreros de este sector.[114]

En el Senado le asignaron una estrecha oficina en el noveno piso del Congreso Nacional y se unió a la «bancada militar», integrada por Jorge Martínez Busch, Julio Canessa, Ramón Vega, excomandante en jefe de la Fuerza Aérea, y Fernando Cordero, exgeneral director de Carabineros. A partir de entonces, después de un decreto firmado en enero por el presidente Frei, el Ejército se ocupó de su seguridad y mantuvo los vehículos Mercedes Benz blindados, así como una ambulancia a su servicio.[115]

El 11 de marzo el senador vitalicio ya participó en la votación del nuevo presidente de la institución, Andrés Zaldívar.

El 17 de junio intervino en el debate sobre la modificación de la Ley 19253 acerca de la propiedad de las tierras en Rapa Nui. El 8 de julio se pronunció sobre la modificación del artículo 31 de la Ley sobre Registro Civil y el 4 de agosto sobre la modificación del régimen de filiación, para defender de manera intransigente el matrimonio tradicional. Y el 18 de agosto argumentó contra la derogación del «feriado legal» del 11 de septiembre, al insistir en que ese día se celebraba la «liberación» de Chile.[116] No obstante, finalmente apoyó su anulación tras el acuerdo que alcanzó con Andrés Zaldívar.

Y el 21 de septiembre de 1998 viajó a Londres, «el sitio ideal para vivir», según le expresó al periodista estadounidense Jon Lee Anderson.

Notas

1. *El Mercurio*, Santiago de Chile, 31 de diciembre de 1988, Cuerpo A, p. 10.

2. *El Mercurio*, Santiago de Chile, 1 de junio de 1989, Cuerpo A, pp. 1 y 12.

3. Los artículos 95 y 96 de la Constitución de 1980 establecen que el Consejo de Seguridad Nacional, presidido por el presidente de la República e integrado además por los presidentes del Senado y de la Corte Suprema, por el contralor general de la República y por los comandantes en jefe de las tres ramas de las Fuerzas Armadas y el general director de Carabineros, solo puede deliberar sobre asuntos que afecten a la seguridad nacional o a «las bases de la institucionalidad».

4. Huneeus (2000), p. 606.

5. Entrevista publicada posteriormente en: *La Tercera*, Santiago de Chile, 5 de marzo de 2000, *Reportajes*, pp. 1-7.

6. Moulian, Tomás, «El régimen militar: del autoritarismo a la transición a la democracia», en Vial (1998), pp. 251-260. En octubre de 1994, Ricardo Lagos se preguntó por qué «aceptamos» las reformas pactadas en 1989. «En mi opinión, por un error de cálculo, porque confiamos en que nuestros votos, más el apoyo de RN a las reformas, serían suficientes para lograrlas más adelante. Pensábamos que no cedíamos nuestra posición sustantiva, sino que hacíamos una concesión que nos permitiera seguir avanzando en el camino.» Pero en marzo de 1993 las reformas propuestas por la Concertación fueron rechazadas por la derecha. Hubo que esperar hasta 2005 para desmontar casi todos los «enclaves autoritarios». Lagos, Ricardo, «El plebiscito de 1988: una jornada inconclusa» en Matías Tagle, ed., *El plebiscito del 5 de octubre de 1988*, Corporación Justicia y Democracia, Santiago de Chile, 1995, pp. 46-54.

7. Para una visión crítica de las reformas negociadas en 1989 por la Concertación con el régimen de Pinochet (y en general de la transición),

véase: Portales, Felipe, *Chile: una democracia tutelada*, Sudamericana, Santiago de Chile, 2000, pp. 35-47.

8. Vial (2002), tomo II, pp. 589-590.

9. Tótoro Taulis, Dauno, *La cofradía blindada. Autonomía, negocios e insubordinación de las Fuerzas Armadas chilenas*, Santiago de Chile, Planeta, 2017, pp. 127-130.

10. Y el 3 de septiembre de 1992 donó a la Escuela Militar su colección de libros relacionados con Napoleón, casi un millar de títulos, *Cien Águilas*, Santiago de Chile, 1992, pp. 52-53.

11. Farfán y Vega, pp. 217-218.

12. Y en 1994 compró la parcela de Los Boldos, en Rocas de Santo Domingo, donde construyó su casa en el campo y hoy se guardan sus cenizas. Matus (2013), p. 210.

13. *Presidente Pinochet. Transición y consolidación democrática. 1984-1989*, Santiago de Chile, Centro de Estudios Sociopolíticos, 1989, p. 116. Véase también el balance de la dictadura y la exaltación de su condición de «estadista» por parte de uno de sus hombres más leales: Canessa Robert, Julio y Balart Páez, Francisco, *Pinochet y la restauración del consenso nacional*, Santiago de Chile, Geniart, 1998.

14. *La Época*, Santiago de Chile, 24 de agosto de 1989, p. 13.

15. *Diario 16*, Madrid, 14 de octubre de 1989, p. 20.

16. Correa y Subercaseaux, p. 141.

17. *La Época*, Santiago de Chile, 15 de diciembre de 1989, p. 10.

18. El sistema binominal —en vigor hasta 2015— establecía que se elegían dos diputados por cada distrito y dos senadores por cada circunscripción. Para que una coalición política lograra ambos cupos, debía al menos duplicar los votos del bloque que quedaba en segundo lugar. Por esta razón, Jaime Guzmán fue elegido en la circunscripción de Santiago Poniente a pesar de que obtuvo menos sufragios que Ricardo Lagos, quien quedó segundo tras Andrés Zaldívar.

19. Mendoza, Marcelo, *Todos confesos*, Santiago de Chile, Mandrágora, 2011, p. 102.

20. Documento de la transcripción de la conferencia de prensa de Patricio Aylwin del 22 de diciembre de 1989 consultado en el Repositorio Digital Archivo Patricio Aylwin Azócar, <http://www.archivopatri cioaylwin.cl/handle/123456789/7695>.

21. *La Tercera*, Santiago de Chile, 4 de marzo de 1990, p. 3.

22. Mönckeberg, María Olivia, *El saqueo de los grupos económicos al Estado chileno*, Santiago de Chile, Ediciones B, 2001.

23. Gárate Chateau, p. 313.

24. Cañas Kirby, Enrique, *Proceso político chileno. 1973-1990*, Santiago de Chile, Andrés Bello, 1997, pp. 249-251. Para una defensa de la

política económica de la dictadura cívico-militar, véase: Büchi, Hernán, *La transformación económica de Chile. El modelo del progreso*, Santiago de Chile, El Mercurio-Aguilar, 2008.

25. *Pinochet. Crímenes y mitos*, Documento del diario *La Nación*, Santiago de Chile, 2006, p. 9.

26. Ffrench-Davis, Ricardo, *Reformas económicas en Chile. 1973-2017*, Santiago de Chile, Taurus, 2018. pp. 229 y 241.

27. *Pinochet. Crímenes y mitos*, Documento del diario *La Nación*, Santiago de Chile, 2006, pp. 2-3.

28. Arriagada (1998), pp. 295-298.

29. Valenzuela (1993), p. 86.

30. *Análisis*, Santiago de Chile, 2 de mayo de 1988, p. 19.

31. *La Época*, Santiago de Chile, 11 de marzo de 1990, p. 31.

32. Cavallo, Ascanio, *Los hombres de la transición*, Santiago de Chile, Andrés Bello, 1992, p. 13. También fueron invitados por Aylwin el exembajador Harry Barnes y Edward Kennedy, así como Joyce Horman, viuda del periodista Charles Horman, asesinado en el Estadio Nacional en septiembre de 1973 y cuyo caso inspiró la película *Missing*, dirigida por Costa-Gavras.

33. *La Vanguardia*, Barcelona, 12 de marzo de 1990, p. 7.

34. Subercaseaux, Elizabeth, *Gabriel Valdés. Señales de Historia*, Santiago de Chile, Aguilar, 1998, p. 209. En la ceremonia del Congreso Nacional los únicos mandatarios extranjeros presentes fueron Menem, Lacalle y Sarney. Otros nueve jefes de Estado, entre ellos Felipe González, se sumaron a los actos ya por la tarde, como señal de rechazo a Pinochet. Ni siquiera Andreotti, uno de los «generales civiles» de la Guerra Fría en Europa, quiso verle.

35. *Caras*, Santiago de Chile, 14 de marzo de 1990, pp. 4-10.

36. Arancibia Clavel, Patricia, *Carlos F. Cáceres. La transición a la democracia. 1988-1990*, Santiago de Chile, Ediciones LYD, 2014, pp. 12-18.

37. Velasco, Belisario, *Esta historia es mi historia*, Santiago de Chile, Catalonia, 2018, pp. 243-244.

38. Su testimonio fue reproducido en muchos países. Véase por ejemplo: Silva, Raúl *et al.*, comps., *Evidence on the terror in Chile*, Londres, Merlin Press, 1974, pp. 75-77.

39. El 29 de octubre de 2006, se inauguró el Memorial de Pisagua. *Geografía de la Memoria*, Santiago de Chile, Ministerio del Interior, Programa de Derechos Humanos del Gobierno de Chile, 2010, pp. 18-23.

40. En la fosa común no se hallaron los cuerpos de todos los militantes de izquierda fusilados en Pisagua. En la investigación judicial que Juan Guzmán Tapia dirigió hasta 2002 figura la declaración de un exoficial —facilitada por Sergio Bitar, entonces senador del PPD— que ase-

guró que en 1979, meses después del hallazgo de los cadáveres de los quince campesinos en los hornos de Lonquén, presenció la remoción de ocho cuerpos en esta fosa de Pisagua. Al tercer día sacaron los que pertenecerían a Juan Jiménez, Nolberto Cañas, Juan Antonio Ruz, Michel Nash, Freddy Taberna, Rodolfo Fuenzalida, José Sampson y Henry Torres. En una zona próxima fueron triturados, rociados con petróleo y quemados durante toda la noche.

41. Una de las excepciones fue Jaime Guzmán, quien escribió: «En la guerra suceden inhumanidades que siempre exceden incluso las propias leyes de la guerra. Ello no las justifica. Pero sitúa su responsabilidad prioritaria en quienes provocan las situaciones bélicas». Guzmán, Jaime: «Pisagua: La culpabilidad principal»», *La Tercera*, Santiago de Chile, 17 de junio de 1990, p. 3. Y en una entrevista en aquellos días, el dirigente gremialista quiso volver a remarcar en quiénes recaía «la culpabilidad principal» de aquellos sucesos: «Los principales responsables de estos hechos dolorosos, como los de Pisagua, son quienes arrastraron a Chile durante la Unidad Popular a un cuadro de guerra civil. Por eso resulta especialmente inaceptable que estas personas pretendan erigirse en jueces condenatorios de las Fuerzas Armadas o de los sectores civiles que respaldamos al gobierno militar». *Cosas*, Santiago de Chile, 26 de junio de 1990, pp. 88-91.

42. Tótoro Taulis, Dauno, *La cofradía blindada. Chile civil y Chile militar. Trauma y conflicto*, Santiago de Chile, Planeta, 1998, p. 107.

43. Weitzel, Ruby, *Tumbas de cristal*, Santiago de Chile, CESOC, 1991, pp. 85-86.

44. Délano, Manuel, «Gritos de "queremos justicia" en el multitudinario entierro de las víctimas de Pisagua», *El País*, Madrid, 18 de junio de 1990, en Elpais.com, <https://elpais.com/diario/1990/06/18/internacional/645660018_850215.html>.

45. Kornbluh (2004, edición en español), p. 145.

46. Ministerio del Interior, *Nadie debe temer a la verdad: condición esencial para la reconciliación,* Santiago de Chile, 1990, p. 3.

47. Consultado en Memoriayjusticia.cl, <http://www.memoriayjusticia.cl>.

48. *La Época*, Santiago de Chile, 24 de agosto de 1990, p. 8.

49. *Las Últimas Noticias*, Santiago de Chile, 8 de septiembre de 1990, p. 32.

50. *Análisis*, Santiago de Chile, 19 de noviembre de 1990, p. 17.

51. *Mundo Diners Club,* Santiago de Chile, agosto de 1989, pp. 88-93.

52. Délano, Manuel, «Aylwin ordena la devolución de una faraónica mansión construida por Pinochet», *El País*, Madrid, 17 de septiembre de 1990, en Elpais.com, <https://elpais.com/diario/1990/09/17/internacional/653522419_850215.html>.

53. Tótoro Taulis (1998), p. 132.

54. *Diario 16*, Madrid, 21 de septiembre de 1990, p. 24.

55. Otano, Rafael, *Crónica de la transición*, Santiago de Chile, Planeta, 1995, p. 151.

56. Cavallo, Ascanio, *La historia oculta de la transición. Memoria de una época, 1990-1998*, Santiago de Chile, Grijalbo, 1998, p. 50.

57. *Diario 16*, Madrid, 12 de octubre de 1990, p. 21.

58. Moraga, Javiera, «La historia no oficial», *Qué Pasa*, Santiago de Chile, 29 de noviembre de 1997, pp. 16-22.

59. Pinochet Hiriart, Lucía, *Pionero del mañana. Biografía ilustrada de mi padre*, Zig-Zag, Santiago de Chile, 1996, p. 69.

60. Priebke fue extraditado a Italia en noviembre de 1995, juzgado y condenado a cadena perpetua en marzo de 1998, a la edad de ochenta y cinco años. Cumplió la pena en régimen de arresto domiciliario y falleció en Roma a los cien años.

61. *El Mundo*, Madrid, 9 de noviembre de 1995, p. 30.

62. Aninat, Francisca y Gazmuri, Cristián, *Adiós maestro. Jaime Castillo Velasco. Vida y confesiones de un hombre excepcional*, Santiago de Chile, Grijalbo, 2004, p. 153. Los otros miembros de la Comisión Nacional de Verdad y Reconciliación fueron Jaime Castillo Velasco, José Luis Cea, Mónica Jiménez, Ricardo Martín, Laura Novoa y José Zalaquett, con Jorge Correa como secretario. Véase: Serani Pradenas, Edmundo, «Los derechos humanos bajo el gobierno del presidente Patricio Aylwin Azócar», *Patricio Aylwin Azócar. Una vida republicana: convicción, política y doctrina*, Santiago de Chile, Biblioteca del Congreso Nacional de Chile, 2015, pp. 179-202. El Informe Rettig está disponible en la Fundación Acción Pro Derechos Humanos, en Derechoshumanos.net <http://www.derechoshumanos.net/lesahumanidad/informes/informe-rettig.htm>.

63. Aylwin, Patricio, *La transición chilena. Discursos escogidos. Marzo 1990-1992*, Santiago de Chile, Andrés Bello, 1992, pp. 126-136.

64. Codepu, *Sobre la impunidad en Chile*, Santiago de Chile, 1996, en Derechos.org, <http://www.derechos.org/nizkor/chile/codepu/informe.html>.

65. En 2017, la Corte Suprema ordenó que se dieran a conocer trece actas del Cosena, entre otras la de aquella reunión del 21 de marzo de 1991, gracias a la solicitud de la periodista Catalina Gaete.

66. Ejército de Chile, *Presentación del Ejército de Chile a la Comisión Nacional de Verdad y Reconciliación*, Santiago de Chile, 1990. El historiador español Fernando Camacho Padilla ha comparado las reacciones al Informe Rettig y al Informe de la Comisión Nacional sobre la Desaparición de Personas por parte de las Fuerzas Armadas de Chile y

de Argentina. En el caso de este último país, se limitaron a guardar silencio. Camacho Padilla, Fernando, «Memorias enfrentadas: las reacciones a los informes "Nunca Más" de Argentina y Chile», *Persona y Sociedad*, vol. XXII, n.º 2, Santiago de Chile, 2008, pp. 67-99. Véase también: Marchesi, Aldo, «Vencedores vencidos: las respuestas militares frente a los informes "Nunca Más" en el Cono Sur» en Eric Hershberg y Felipe Agüero, comps., *Memorias militares sobre la represión en el Cono Sur: visiones en disputa en dictadura y democracia*, Madrid, Siglo XXI, 2005, pp. 175-210.

67. «Actas del Cosena: el día que Pinochet enfrentó a Aylwin por el Informe Rettig», *T13*, Santiago de Chile, diciembre de 2017, en T13. cl, <http://www.t13.cl/noticia/politica/semanal/Actas-del-Cosena-el-dia-que-Pinochet-enfrento-a-Aylwin-por-el-informe-Rettig>.

68. Entrevista de Margarita Serrano a Patricio Aylwin. *La Tercera*, Santiago de Chile, 4 de marzo de 2001, *Reportajes*, pp. 4-6.

69. Moulian, Tomás, «La liturgia de la reconciliación», en Nelly Richard, ed., *Políticas y estéticas de la memoria*, Santiago de Chile, Cuarto Propio, 2000, pp. 21-25.

70. En agosto de 1993, el Ejecutivo envió al Congreso las llamadas Leyes Cumplido —por el ministro de Justicia, Francisco Cumplido— y la Concertación llegó a debatir con la derecha el denominado Acuerdo Marco, que pretendía recabar información sobre el paradero de los detenidos desaparecidos a cambio de evitar las condenas; sin embargo, el hallazgo de osamentas de varios ejecutados puso fin a aquella negociación.

71. Solís, Alejandro, *Plaza Montt-Varas sin número. Memorias*, Santiago de Chile, Ceibo Ediciones, 2015, pp. 94-95.

72. Con pasaporte falso y en una operación organizada por la Dirección de Inteligencia del Ejército. Véase el reportaje de Mónica González en: *Siete+7*, Santiago de Chile, 20 de mayo de 2004, pp. 4-7.

73. Otano, p. 158.

74. Gaspar, Gabriel, «Chile: la relación civil-militar durante una década de transición», en Paz Millet, comp., *Estabilidad, crisis y organización de la política. Lecciones de medio siglo de historia chilena*, Santiago de Chile, Flacso, 2001, pp. 231-263.

75. Rojas Saavedra, Patricio, *Tiempos difíciles. Mi testimonio*, Santiago de Chile, Aguilar, 2013, pp. 215-217.

76. Solís, p. 96.

77. Archivo digital de la presidencia de Patricio Aylwin Azócar. Universidad Alberto Hurtado, en Archivospublicos.cl, <http://www.archivospublicos.cl/uploads/r/archivo-institucional-universidad-alberto-hurtado/e/f/d/efd3486d683ec2b66a5904c84ce0392c93b26c834ebf62c8de4036afe2b306cd/79-12-3A.pdf>.

78. Rojas Saavedra, pp. 217-220.
79. Huneeus, Carlos, *El régimen de Pinochet*, Santiago de Chile, Taurus, 2016, p. 589. Se trata de la edición actualizada y ampliada de su imprescindible estudio.
80. *Diario 16*, Madrid, 8 de mayo de 1993, p. 22.
81. Zilci, Sonia, «General Pinochet. El que se queda», *Hoy*, Santiago de Chile, 14 de marzo de 1994, pp. 22-24.
82. Moulian (1997), p. 33.
83. *El País*, Madrid, 17 de septiembre de 1995, Suplemento *Domingo*, p. 10.
84. Weeks, Gregory, *The military and politics in postauthoritarian Chile*, Tuscaloosa (Alabama), The University of Alabama Press, 2003, pp. 101-105. El fallo expresó que la decisión de asesinar a Orlando Letelier fue adoptada entre junio y agosto de 1976 y, en su considerando decimocuarto, señaló que «la jefatura de la DINA, desempeñada en 1976 por el general Contreras, aceptaba la violencia terrorista para combatir a los opositores, que la DINA recurría a la violencia como sistema y filosofía y que existió en la DINA una voluntad de exterminio de determinadas categorías de personas: aquellas a quienes se atribuía un alto grado de peligrosidad política».
85. Arancibia Clavel (2006), pp. 483-498.
86. Entrevista reproducida en: *La Tercera*, Santiago de Chile, 5 de junio de 1995, p. 7.
87. Contreras falleció en agosto de 2015 en el Hospital Militar. En su funeral no recibió honores de su institución. Pero murió como general del Ejército chileno, no fue degradado.
88. *La Tercera*, Santiago de Chile, 6 de agosto de 2000, pp. 8-9.
89. Délano, Manuel, «El "dolor" tardío de Pinochet por sus víctimas», *El País*, Madrid, 27 de noviembre de 1995, en Elpais.com, <https://elpais.com/diario/1995/11/27/ultima/817426802_850215.html>.
90. Véase: *80 años. Homenajes al expresidente de la República y comandante en jefe del Ejército, capitán general Augusto Pinochet Ugarte, con motivo de su octogésimo cumpleaños*, Santiago de Chile, 1995.
91. El libro es una recopilación de un sinfín de testimonios de sus familiares y amigos, y de sus colaboradores en el Ejército y en el gobierno —con prólogo de Hermógenes Pérez de Arce— que pretende retratar a Pinochet como un gran estadista, marido, hijo y padre ejemplar, amigo leal y brillante oficial del Ejército.
92. Rojas, Paz *et al.*, *Tarda pero llega. Pinochet ante la justicia española*, Santiago de Chile, LOM Ediciones, 1998, p. 18.
93. Amnistía Internacional, *Chile. La transición en la encrucijada. Las violaciones de derechos humanos durante el Gobierno de Pinochet siguen siendo*

el problema esencial, marzo de 1996, en Amnesty.org, <https://www.amnesty.org/download/Documents/172000/amr220011996es.pdf>.

94. Así lo indicó también en agosto de 1996 el cierre de la causa judicial por el asesinato del ciudadano español Carmelo Soria —funcionario internacional de Naciones Unidas y por tanto titular de inmunidad diplomática— en julio de 1976, por la Brigada Mulchén de la DINA en la casa de Michael Townley.

95. Huneeus, Carlos, *La democracia semisoberana. Chile después de Pinochet*, Santiago de Chile, Taurus, 2015, pp. 269-270.

96. En su denuncia, la Unión Progresista de Fiscales señaló que «además de encarcelar sin acusación ni juicio previo a decenas de miles de ciudadanos, carentes de cualquier clase de garantía procesal de defensa, las personas denunciadas, para consumar la eliminación física de los discrepantes, procedieron de manera organizada, jerarquizada, sistemática, sirviéndose de las tropas bajo su mando, así como de los inmuebles, acuartelamientos, medios materiales, personales y técnicos de las Fuerzas Armadas y de Carabineros, y prescindiendo de cualquier procedimiento legal, incluso del ordenamiento vigente por ellos mismos impuesto, al allanamiento de los domicilios de miles de ciudadanos, secuestrándolos, sometiéndolos a sofisticados métodos de tortura para procurar su sufrimiento y forzarles a suministrar información; y finalmente, procedieron a quitarles la vida por diferentes procedimientos, de manera que resultase imposible para las víctimas defenderse. Posteriormente, se deshicieron de manera masiva y clandestina de los cadáveres». *Punto Final*, Santiago de Chile, segunda quincena de julio de 1996, p. 4.

97. Por su papel en la causa de la justicia española contra Pinochet y la Junta militar chilena, en 1999 Joan Garcés recibió el premio de la fundación sueca Right Livelihood Foundation, considerado el «Premio Nobel de los Derechos Humanos». Véase su discurso en la recepción del galardón en el Parlamento de Suecia el 9 de diciembre de 1999 en: Delgado, Iva, coord., *De Pinochet a Timor. Impunidad y derecho a la memoria*, Madrid, Sequitur, 2000, pp. 140-145.

98. Pinochet Ugarte, Augusto, *Discursos principales. 1995-1998*, Santiago de Chile, Geniart, 1999, pp. 93-94.

99. Entrevista a Sola Sierra del autor. *El Mundo*, Madrid, 21 de septiembre de 1997, p. 26.

100. Realicé las entrevistas a Enrique Krauss, Alberto Espina, Jovino Novoa y Pepe Auth en agosto de 1997, durante mi primera estancia en Santiago de Chile.

101. Entrevista del autor a Gladys Marín. *Mundo Obrero*, Madrid, noviembre de 1997, p. 35.

102. Véase el texto íntegro de aquella primera querella en: *Jamás olvido, jamás perdón. Escritos de Gladys Marín sobre derechos humanos*, Santiago de Chile, Fundación Gladys Marín, 2009, pp. 140-147.

103. Sobre la gestación de aquella primera querella, véase: Contreras Mella, Eduardo, *El desaforado. Crónica del juicio a Pinochet en Chile*, Santiago de Chile, El Periodista, 2003, pp. 26-30.

104. *El Mundo*, Madrid, 8 de febrero de 1998, p. 24.

105. Desde su fallecimiento, su viuda, Lucía Hiriart, recibe mensualmente una pensión que ya supera los tres millones de pesos, cantidad que multiplica por diez la pensión media en el país. *El Mostrador*. Santiago de Chile, 22 de noviembre de 2016, en Elmostrador.cl, <https://m.elmostrador.cl/noticias/pais/2016/11/22/lucia-hiriart-recibe-millonaria-pension/>.

106. *El Periódico de Cataluña*, Barcelona, 15 de enero de 1998, p. 14.

107. *El País*, Madrid, 8 de marzo de 1998, p. 7.

108. *El País*, Madrid, 10 de marzo de 1998, p. 4.

109. *Cien Águilas*, Santiago de Chile, 1998, pp. 20-21.

110. *El País*, Madrid, 11 de marzo de 1998, p. 2.

111. Pinochet Ugarte (1999), pp. 175-182. En la revista *Cien Águilas* de aquel año, un alumno de la Escuela Militar, el subalférez mayor Jaime Triviño, escribió sus impresiones de aquella jornada: «Pienso que presencié un hecho histórico, no por el solo hecho que encierra un cambio de mando, sino porque este marca un hito en la historia nacional, al término de la carrera de un gran hombre de armas que supo guiar en excelente forma los destinos de nuestra institución por el transcurso de 25 años, nuestro excomandante en jefe del Ejército, capitán general Augusto Pinochet Ugarte, oficial que encarna en su persona el verdadero sentimiento de amor patrio, vocación y entrega a la institución; sentimientos que nosotros, como alumnos de la Escuela Militar, ansiamos tener algún día tan arraigados como él. Por ello, en ese momento tan significativo, experimentamos la profunda admiración que despierta el ver a un hombre que se despide de la institución en la cual ha servido ininterrumpidamente por 65 años, entregando todo lo mejor de sí por hacerla cada día más grande y para que así continúe la tradición de ser un Ejército vencedor y jamás vencido». *Cien Águilas*, Santiago de Chile, 1998, p. 23.

112. *El País*, Madrid, 12 de marzo de 1998, p. 3.

113. Oyarzún (1999), pp. 262-264.

114. Peñaloza Palma, Carla, *El camino de la memoria. De la represión a la justicia en Chile, 1973-2013*, Santiago de Chile, Cuarto Propio, 2015, pp. 74-84.

115. *El País*, Madrid, 7 de marzo de 1998, p. 7.

116. Véase su «labor parlamentaria» en la página de la Biblioteca del Congreso Nacional de Chile. *Augusto Pinochet Ugarte*, en Laborparlamenta ria.cl, <http://laborparlamentaria.bcn.cl/wsgi/consulta/verLaborParla mentaria.py?idPersona=3349>. Por otra parte, véase el capítulo dedicado a Chile en: Bitar, Sergio y Lowenthal, Abraham F., eds., *Transiciones democráticas: Enseñanzas de líderes políticos*, Barcelona, Galaxia Gutenberg, 2016, pp. 83-149. Incluye un artículo de Genaro Arriagada y sendas entrevistas a Patricio Aylwin y Ricardo Lagos.

14

Entre Nuremberg y Waterloo

«Me da miedo hablarle. ¿Sabía? Me da miedo dirigirle la palabra. A mi padre le daría miedo si supiera que estoy a solas con usted. A mi madre también...», escribía a comienzos de 1998 el psiquiatra Marco Antonio de la Parra, en una excelente descripción de la imagen del exdictador en su país en el periodo previo a su detención en Londres.[1] En septiembre de aquel año, viajó con pasaporte diplomático al Reino Unido y fue recibido en el salón vip del aeropuerto de Heathrow. Se alojó en un hotel para millonarios, visitó las tiendas más caras y sus museos predilectos, tomó el té con Margaret Thatcher... Por primera vez en su vida, se dejó llevar por un exceso de confianza y la larga lucha sostenida por la izquierda y el movimiento de derechos humanos por fin ofreció su fruto. El siglo XX terminó con un caso judicial verdaderamente extraordinario, de proyección universal: su detención en Londres la noche del 16 de octubre de 1998 y la batalla jurídica sostenida por el juez Baltasar Garzón y las acusaciones populares para lograr su extradición a España como procesado por crímenes contra la humanidad, invocando los principios del Tribunal de Nuremberg. Solo la complicidad de los gobiernos de Eduardo Frei, Tony Blair y José María Aznar permitió su regreso.

Vacaciones en Londres

El 22 de septiembre de 1998, Augusto Pinochet aterrizó en Londres, sin su esposa y acompañado por una pequeña comitiva de seguridad y un médico, tras hacer escala en Frankfurt. Por el Decreto Supremo n.º 1505, de 2 de septiembre, el gobierno le entregó el pasaporte diplomático número D-9421/98 en su calidad de senador de la República y con la designación de «embajador en misión especial al Reino Unido». Este pasaporte, aparentemente, le otorgaba la condición de embajador plenipotenciario y le permitía no tener que explicar el motivo de su viaje, ya que se suponía que cumplía «una misión de Estado».[2] No requirió, por tanto, visado para ingresar en el territorio británico y entró por el salón del aeropuerto de Heathrow reservado a las personalidades tras la solicitud presentada el 16 de septiembre por la embajada chilena. Antes de la partida, el exdictador no se preocupó de comunicar al Ministerio de Relaciones Exteriores la fecha de su viaje y los otros datos necesarios para que dirigieran la correspondiente nota verbal al Foreign Office a fin de informar de su visita en condición de «diplomático».

El 23 de septiembre, en Santiago de Chile, Víctor Pey leyó una breve noticia que informaba de su presencia en Londres y avisó a Joan Garcés.[3] Dos días después, en un comunicado público Amnistía Internacional alertó de la estancia de Pinochet en Europa y recordó la impunidad vigente en Chile y la denuncia contra la Junta militar que se instruía en la Audiencia Nacional española desde 1996. En sus anteriores visitas al Reino Unido, AI ya había intentado lograr su detención.

Pinochet y sus acompañantes se instalaron en el hotel Intercontinental, un establecimiento de cinco estrellas ubicado en Park Lane, residencia habitual de los millonarios árabes y estadounidenses. A fines de septiembre, el periodista estadounidense Jon Lee Anderson se encontró con él para concluir el extenso perfil que apareció publicado el 12 de octubre en *The New Yorker*. «Pinochet estaba de buen humor, charlamos un rato y después se fue al museo de Madame Tussauds por enésima vez, al Museo Nacional del Ejército británico y luego a almorzar en Fortnum & Mason. Compró varios libros sobre Napoleón y cuando entró en Burberry's se puso radiante al ser reconocido por el jefe de personal y tratado con deferencia», escribió.[4] Otro día en una pequeña librería de Piccadilly, adquirió una biografía de Adolf Hitler.[5]

El 5 de octubre, seguramente para paliar el recuerdo amargo del décimo aniversario de su derrota en el plebiscito, tomó el té con Margaret Thatcher, acompañado por el acaudalado empresario suizo Peter Schaad, quien vivió en Chile entre 1976 y 1978.[6] Schaad invitó a Pinochet a pasar unos días en París y así poder visitar la tumba de Napoleón en los Inválidos. Sus representantes tramitaron el visado en el consulado francés, pero le fue denegado.[7]

En aquellos días se resintió de una dolencia en la columna y, tras consultar con un reconocido especialista, decidió operarse. La noche del 8 de octubre cenó en uno de los mejores restaurantes italianos, *Diverso*, en Piccadilly, junto con varios amigos y sus guardaespaldas y a la mañana siguiente fue operado en el London Bridge Hospital y después fue trasladado a la London Clinic para su proceso de recuperación, que se complicó por la infección de la herida y del aparato urinario.[8] Ya se encontraban junto a él su esposa y sus hijas Lucía y Verónica.

El sábado 10 de octubre, la Fundación Pinochet tuvo que desmentir algunos rumores sobre su fallecimiento y señaló que evolucionaba favorablemente y esperaba regresar a

Chile en el plazo de diez días. Pero aquel mismo día Andy McEntee, presidente de la sección británica de Amnistía Internacional, pudo confirmar su paradero exacto con la ayuda de la comunidad chilena. «Se presumía que se escondería detrás de un nombre falso, pero finalmente se identificó a "Ugarte" en la London Clinic.» En el transcurso de aquel fin de semana, McEntee se comunicó por teléfono con Joan Garcés.[9]

La documentación del Archivo General Histórico del Ministerio de Relaciones Exteriores relativa al caso Pinochet revela que desde el primer momento la embajada de Chile en España mantuvo una comunicación secreta y fluida con la Fiscalía de la Audiencia Nacional, desde donde les comunicaron cada paso en un proceso judicial especialmente complejo, así como las distintas opciones y escenarios posibles en cada situación.

De este modo, el 13 de octubre, informado de inmediato por funcionarios de la Fiscalía de la Audiencia Nacional, el embajador Sergio Pizarro comunicó al ministro de Relaciones Exteriores, el socialista José Miguel Insulza, a través de un documento marcado como «secreto», que Joan Garcés había solicitado al juez García-Castellón que librara una comisión rogatoria a las autoridades judiciales del Reino Unido para que se citara a declarar a Augusto Pinochet y que había presentado idéntica petición ante el juez Baltasar Garzón, quien investigaba su responsabilidad en la Operación Cóndor.[10]

No por casualidad, aquel mismo día un asesor del ministerio confidenció a la revista *Qué Pasa* la preocupación que reinaba en la cancillería por la situación del exdictador, principalmente porque reconocían que su pasaporte diplomático no le otorgaba inmunidad, sino que quedaba a expensas de que las autoridades británicas lo aceptaran. «Con posterioridad a la detención del general Pinochet, el mismo asesor del ministro reveló que la misión de Estado que se adjudicaba al senador vitalicio y que la cancillería usó como argumento ante los tribunales británicos jamás existió y que, incluso, su tramitación fue posterior a la detención», señala el reportaje.[11]

El 14 de octubre, a través de la Interpol, el juez Garzón cursó un oficio a Scotland Yard para que le confirmaran la presencia de Pinochet en territorio británico y le indicaran el lugar donde se hallaba. Su intención era enviar la comisión rogatoria de inmediato para interrogarle en el día y la hora que se señalara acerca de las actividades delictivas que estaba investigando en el marco de la Operación Cóndor y que podrían constituir los delitos de genocidio, torturas y terrorismo. Y solicitó que las autoridades competentes británicas le garantizasen su permanencia en suelo británico hasta que se produjera este trámite.[12]

El 15 de octubre, Amnistía Internacional solicitó al gobierno británico que aceptara la petición de Garzón y retuviera a Pinochet en su territorio hasta que pudiera ser interrogado. «La presencia de Pinochet en el Reino Unido otorga a las autoridades británicas una oportunidad única para cooperar en la lucha contra la impunidad de violaciones de los derechos humanos cometidas en Chile durante su mandato», señaló esta organización.[13] Aquel día *The Guardian* publicó un artículo del periodista Hugh O'Shaughnessy titulado «Un asesino entre nosotros», en el que reclamaba su detención.[14]

El 16 de octubre, Garzón, que instruía desde marzo de 1996 la querella presentada contra las juntas militares de Argentina, acogió la solicitud de ampliación de querella por la Operación Cóndor presentada por los abogados Enrique Santiago y Virginia Díaz, de Izquierda Unida, parte de la acusación popular, para incluir en ella como imputado a Pinochet. Alrededor de las dos de la tarde, y cuando se disponía a viajar a su tierra natal, Jaén, para pasar el fin de semana largo, el juez recibió una comunicación desde la oficina de la Interpol de Londres que respondió a un cable previo suyo en el que había preguntado sobre la posibilidad de retener a Pinochet hasta el lunes 19, a fin de librar una comisión rogatoria para tomarle declaración. La Interpol le dijo que solo podían «retener al señor Pinochet en Londres» con una orden de detención. «Comuníquenos su decisión.»

Solo, en su despacho, Garzón redactó a mano la orden internacional de detención por genocidio, torturas y terrorismo en el marco de la Operación Cóndor y a las tres y treinta y cinco pidió a un funcionario que la transcribiera en el ordenador. Cuando el documento estuvo listo, lo firmó y se envió por fax a la oficina de Interpol en Madrid; allí se tradujo y se remitió a Londres. Aquella tarde, el Ministerio del Interior británico (Home Office) preguntó al de Relaciones Exteriores (Foreign Office) si Pinochet se encontraba en Londres en «misión diplomática», según relató Ernesto Ekaizer.[15] La respuesta, negativa, selló la suerte de Pinochet.

Cerca de las nueve de la noche, ya en Jaén, Baltasar Garzón recibió la confirmación de que un juez británico, Nicholas Evans, del juzgado de Bow Street, en el área central de Londres, había firmado la orden de detención y cerca de la medianoche supo que ya se había producido. La noticia no dejó de sorprenderle, porque, como reconoció veinte años después, «creíamos que las posibilidades eran mínimas»,[16] a pesar de que sus razones eran sólidas: «Frente a los crímenes de genocidio, lesa humanidad y de guerra, las víctimas son universales y, por tanto, la persecución de estos crímenes también lo es. Ahí se encuentra la esencia de la jurisdicción universal».[17]

Aquel viernes 16 de octubre de 1998, a las once y media de la noche, en un Londres otoñal, frío y lluvioso, Pinochet convalecía en la habitación 801 de la London Clinic, en el barrio londinense de Maylebone, cuando el agente de Scotland Yard Andrew Hewitt le comunicó formalmente que estaba detenido en cumplimiento de la petición de arresto emitida por el juez español Baltasar Garzón con fines de extradición. «¡Yo he venido aquí en una misión secreta, tengo un pasaporte diplomático y derecho a inmunidad! ¡No me pueden arrestar! ¡Esto es humillante! ¡Es una vergüenza que en este país me hagan esto!», respondió indignado Pinochet.[18] Fuera de la habitación, en la entrada, quedaron dos policías de guardia y otros en diferentes puntos de la clínica. Desde aquel momento, Garzón tenía un plazo de cuarenta días para formalizar la solicitud de extradición.

El acuerdo tácito de la transición, la impunidad de Augusto Pinochet, había saltado por los aires. Empezaba la batalla judicial que cambió Chile y determinó el ocaso de su existencia. A partir de entonces, y hasta el fin de sus días, tuvo que someterse a los tribunales, primero de Europa y después de su propio país. En aquellos primeros días de calvario judicial, en la clínica solo tenía a su lado una vieja biografía de su admirado Napoleón. Tal vez, se detuvo especialmente en las páginas referidas a la batalla de Waterloo.

En manos del juez Garzón

En las primeras horas del 17 de octubre, el embajador Mario Artaza —diplomático de carrera, militante socialista, exonerado en diciembre de 1973 y exiliado en Estados Unidos durante la dictadura— llegó a la London Clinic. «Solicité garantías de que Pinochet estaba bien. Subí por unos corredores en penumbra y, acompañado por una enfermera, entré en la sala donde estaba el general. El médico me había dicho que estaba muy agitado por la sorpresiva acción de la policía. Cuando entré estaba dormitando, pero despertó, me presenté y le dije que había acudido hasta allí a petición de su médico y le expliqué brevemente de qué se trataba.» Las únicas palabras de Pinochet fueron: «Yo no entré a este país como un bandido. Yo he entrado con un pasaporte diplomático. He entrado muchas veces de esta manera».[19] El presidente Eduardo Frei se encontraba en Oporto, en la Cumbre Iberoamericana, y también recibió la noticia súbitamente aquella madrugada.

El 17 de octubre, a las diez y cuarto de la mañana hora londinense, Artaza envió al ministerio una copia de la orden de detención de Pinochet firmada por el magistrado Nicholas Evans con su traducción adjunta. Para «conocimiento inmediato» del ministro, anotó a mano el embajador.[20] Aquella misma tarde, la embajada de Chile en el Reino Unido envió al Foreign Office una nota oficial de protesta por la detención porque violaba la «inmunidad diplomática» del exdictador.[21] Al mismo tiempo, decenas de chilenos, entre ellos algunas víctimas de la dictadura, se concentraron ante la London Clinic para apoyar la medida judicial. Empezaba a nacer «el Piquete de Londres». «Trato de no llorar... Yo no conocí las persecuciones ni la tortura, pero he vivido toda mi vida con las marcas y pesadillas de mis padres», relató Nicole Valenzuela, una estudiante de 18 años.[22]

La noticia acaparó la atención de la prensa mundial, veinticinco años después del golpe de Estado, y abrió paso a un apasionante debate sobre la justicia y la impunidad, la soberanía de los Estados y la jurisdicción penal internacional.[23]

La catarata de reacciones nacionales e internacionales fue interminable. Henry Kissinger, Margaret Thatcher, Felipe González y Vernon Walters, entre otros, defendieron, con diferentes argumentos, al exdictador y se opusieron a la jurisdicción universal. El Partido Laborista británico, en el gobierno entonces, se dividió entre su alma izquierdista y el crudo realismo de las denominadas «razones de Estado». «Todos condenamos lo que hizo en su época; cuando yo era estudiante todos le condenamos. Pero en el Reino Unido hay una clara separación de poderes. Lo que ha ocurrido es el resultado de un proceso abierto por un magistrado español», señaló el primer ministro Tony Blair el 21 de octubre.[24] Por su parte, el ministro de Comercio, Peter Mandelson, no dudó en calificarle de «brutal dictador» en la BBC.[25] En las semanas siguientes, ciento veinte parlamentarios laboristas apoyaron públicamente su extradición a España; en cambio, el Partido Conservador criticó la detención. Lionel Jospin, el primer ministro francés, declaró: «Para un hombre como yo, que ha acogido y ayudado tanto a los demócratas chilenos en el exilio, que ha compartido sus sufrimientos, su indignación, sus aspiraciones de justicia, esta es una noticia feliz y justa».[26]

En Chile la noticia originó una profunda alegría entre la izquierda y el movimiento de derechos humanos y una indignación incontenible entre la derecha. «La detención de Augusto Pinochet y los interrogatorios, que confiamos se concretarán en los próximos días, es la actitud que hemos esperado de la justicia chilena durante 25 años», aseguró la Agrupación de Familiares de Detenidos Desaparecidos en un comunicado el 18 de octubre. «La actitud del Gobierno resulta, por decir lo menos, vergonzosamente avaladora con el principal responsable de los crímenes cometidos en el país. Otorgar a Pinochet el estatus de embajador plenipotenciario en cumplimiento de misión especial es una inmoralidad y una mentira oficial, que no se corresponde con un Gobierno serio, ético y responsable... Augusto Pinochet creó todos los mecanismos para asegurarse la impunidad; el Gobierno electo por el pueblo no puede seguir siendo el protector de los victimarios y debe asumir que en este país existen miles de víctimas para las cuales no ha habido justicia.» También el Partido Comunista, inmerso aquellos días en su XXI Congreso, celebró el arresto: «La detención del dictador Augusto Pinochet en Londres ha llenado de alegría al pueblo. Se trata del primer acto de justicia que le reconoce como autor de genocidio y crímenes de lesa humanidad en contra del pueblo chileno y ciudadanos de diversos países».[27]

En cambio, sus partidarios se concentraron ante las embajadas española y británica, protagonizando disturbios y algaradas y gritando: «¡Ingleses, piratas, devuélvanos al tata!». «Pinochet debería estar en un altar porque él salvó al país del comunismo», vociferó una enojada dama el 18 de octubre.[28] Cristián Labbé, entonces alcalde de Providencia, exmiembro de la DINA y exjefe de seguridad del dictador, ordenó que no se recogiera la basura de la embajada española. Los líderes políticos de la derecha calificaron la acción de Garzón como «colonialismo» y montaron en cólera.

El 20 de octubre, el magistrado Manuel García-Castellón se inhibió en su favor en el proceso que instruía contra la Junta militar chilena, ya que el delito de genocidio es único y este magistrado había iniciado la instrucción de la causa contra la dictadura argentina algunos meses antes.[29]

El elemento de unión entre ambos sumarios fue la participación de Pinochet en la Operación Cóndor, incluida en el de Garzón desde el 11 de mayo de 1998. Por su parte, el fiscal jefe de la Audiencia Nacional, Eduardo Fungairiño, y el fiscal general del Estado, Ernesto Cardenal, volvieron a objetar su actuación y a asegurar que España carecía de jurisdicción.

El 22 de octubre, *The Times* publicó en su primera página una carta remitida por la exprimera ministra Margaret Thatcher en defensa de Pinochet por el apoyo encubierto que su régimen prestó durante la guerra con Argentina entre abril y junio de 1982. Entonces, aunque en la esfera pública apoyó la causa argentina, estableció una alianza militar secreta con el Reino Unido, entre otras razones porque el conflicto del Beagle aún no se había solucionado y temía que una victoria argentina perjudicara los intereses chilenos. El apoyo más relevante a la potencia europea fue la entrega de informaciones sobre las comunicaciones radiales argentinas, captadas a través de un radar subterráneo situado en Punta Arenas, al enviado de la aviación de guerra británica en Santiago, Sidney Edwards. Esta operación ayudó a que conocieran con anticipación el movimiento de los aviones argentinos. Además, permitió que aviones británicos —camuflados como chilenos— pudieran utilizar la pista de aterrizaje de la isla San Félix. A cambio de esta ayuda, Chile pudo comprar armas y equipamiento militar a los británicos a bajo precio.[30]

«No tengo mejor causa que recordar que Chile, en aquel momento gobernado por el general Pinochet, fue un buen amigo para este país durante la guerra de las Malvinas», escribió la Dama de Hierro. «Debido a sus acciones, la guerra se acortó y se salvaron muchas vidas británicas. Cierto es que hubo abusos de los derechos humanos en Chile y actos de violencia en ambos lados del espectro político. Sin embargo, el pueblo chileno, a través de sucesivos gobiernos elegidos democráticamente, ha determinado cómo debería pasar la página de su pasado. Una parte esencial de ese proceso ha sido el acuerdo de la situación del general Pinochet y no corresponde a España, Gran Bretaña u otro país interferir en lo que se trata de un asunto interno de Chile. (...) Al general Pinochet le debe ser permitido regresar a su propio país sin más tardanza.»[31] El arzobispo de Canterbury, George Carey, secundó su opinión y arguyó «razones humanitarias».

También el 22 de octubre, el presidente Eduardo Frei se dirigió al país por televisión para señalar que Chile —y no Augusto Pinochet— atravesaba un momento difícil y expresar su comprensión por «la situación humanitaria del señor Pinochet y su familia», aunque recordó que en su gabinete había ministros que sufrieron torturas y el exilio durante la dictadura. «Así se construye la reconciliación nacional», afirmó.

En aquellos momentos iniciales, la estrategia del gobierno se sustentó en dos elementos: la defensa irrestricta de su inmunidad diplomática en el Reino Unido y la búsqueda de apoyos en España para la tesis que esgrimía el fiscal jefe de la Audiencia Nacional, Eduardo Fungairiño.[32] De inmediato, los diplomáticos chilenos se entrevistaron con las más altas esferas del Foreign Office, incluido el ministro Robin Cook, para exponer sus razones: Pinochet gozaba de inmunidad, la transición estaba en peligro, en Chile había causas judiciales contra el exdictador, el Reino Unido asumiría una grave responsabilidad si moría allí... Con la proverbial flema británica, desde el gobierno anglosajón se expresó que entendían toda aquella retahíla de argumentos, pero remarcaron que se trataba de un asunto estrictamente judicial y, también, que carecía de inmunidad, puesto que no estaba acreditado como diplomático. Asimismo, señalaron, una y otra vez, que el ministro del Interior, Jack Straw, a quien correspondería la resolución final, adoptaría su decisión solo después de que se hubiera agotado el procedimiento judicial y en ese momento sería cuando podría tomar en consideración las razones humanitarias u otras alternativas, como la expulsión del país.

El 24 de octubre, el subsecretario chileno de Relaciones Exteriores, Mario Fernández, acompañado del embajador Artaza, se reunió con Robin Cook y de inmediato remitió a Insulza un informe de la entrevista.[33]

Dos días después empezó en Londres el juicio de apelación contra la detención preventiva de Pinochet, el mismo día que Suiza también solicitó su extradición, tras la querella presentada por la viuda de Alexis Jaccard, ciudadano chileno-suizo y militante comunista detenido en Buenos Aires el 15 de mayo de 1977, en el marco de la Operación Cóndor, y desaparecido.

En la tarde del 28 de octubre, desde Londres, en un informe con la clasificación de «secreto exclusivo» dirigido al ministro Insulza, el subsecretario Fernández le dio cuenta de sus reuniones con Robin Cook; Basil Hume, cardenal primado de la Iglesia católica británica; Lord Douglas Hurd, destacado miembro del Partido Conservador; lord David Owen, exministro de Asuntos Exteriores; Menzies Campbell, portavoz de política exterior y defensa del Partido Liberal Demócrata en la Cámara de los Comunes; el obispo Frank Sargent, jefe de gabinete del obispo de Canterbury; el obispo anglicano Pat Harris y el laborista Tony Lloyd, segundo del Foreign Office, a quienes les expuso el rechazo de su gobierno a la «legislación extraterritorial». «En relación al arresto preventivo del senador Pinochet, he indicado que se trata de una detención arbitraria, puesto que el senador viajaba como embajador en misión especial y es un exjefe de Estado, por lo que goza del fuero parlamentario, inmunidad diplomática e inmunidad de Estado.» Fernández argumentó ya entonces que, debido a la acumulación de solicitudes de extradición, la única opción que creía viable para salvar a Pinochet era apelar a las razones humanitarias. También sintetizó tres argumentos que le expusieron sus interlocutores británicos para favorecer su retorno: los tribunales chilenos podían solicitar su extradición puesto que había procesos abiertos en su contra; sería positivo que hiciera una declaración manifestando su intención de retirarse de la vida pública y que dirigiera un mensaje a las víctimas de la dictadura.[34]

Aquel mismo día, la Alta Corte de Justicia de Londres reconoció que Pinochet tenía derecho a inmunidad como exjefe de Estado sobre los delitos y crímenes de los que le acusaba Garzón y acordó su libertad condicional, con vigilancia permanente. En nombre del juez instructor español, la fiscalía anunció que recurriría la sentencia ante la Cámara de los Lores, que tendría la última palabra.[35]

El 30 de octubre, Pinochet logró la libertad provisional, pero debió permanecer en el lujoso hospital Grovelands Priory del norte de Londres, donde se encontraba desde el día anterior, vigilado por la policía. Mientras tanto, en el otro frente judicial, los once magistrados de la Sala de lo Penal de la Audiencia Nacional declararon, por unanimidad, que España era competente para juzgar a Pinochet por genocidio, ya que en 1968 se sumó al Convenio internacional de 1948 que persigue este delito. Al no caber la posibilidad de recurso, si la decisión hubiese sido la contraria, Pinochet hubiera quedado definitivamente en libertad. «España tiene jurisdicción para conocer de los hechos, derivada del principio de persecución universal de determinados delitos —categoría de Derecho Internacional— acogida por nuestra legislación interna. Tiene también un interés legítimo en el ejercicio de esa jurisdicción, al ser más de cincuenta los españoles muertos o desaparecidos en Chile, víctimas de la represión denunciada en los autos», leemos en aquel histórico fallo.[36]

A través de su canciller, José Miguel Insulza, el gobierno chileno anunció el envío de una nota de protesta al Ejecutivo que presidía el conservador José María Aznar y reiteró que desconocía la jurisdicción española. No obstante, Insulza recomendó a los otros cuarenta imputados por Garzón (ex altos cargos de la dictadura cívico-militar) que permanecieran en el territorio nacional. Para Juan Antonio Coloma, dirigente de la UDI, la decisión de la Audiencia Nacional era «el atentado más grave en 188 años contra la soberanía de Chile».[37]

El 3 de noviembre, Baltasar Garzón solicitó a la ministra de Justicia, Margarita Mariscal de Gante, que pidiera al gobierno británico la extradición de Pinochet por los hechos que describía y que constituían «presuntamente los delitos de genocidio, terrorismo y torturas» en el marco de la Operación Cóndor. También rechazó en su auto el principio de inmunidad soberana que de manera provisional la justicia británica había concedido al exdictador porque esta institución no podía proteger a quien se le imputaba el delito de genocidio, de acuerdo con la Convención sobre Genocidio de 1948, que obligaba al Reino Unido.[38] Aquel mismo día, la abogada Carmen Hertz dimitió como responsable de la dirección jurídica del Ministerio de Relaciones Exteriores por discrepar de la posición adoptada.

El 6 de noviembre, el gobierno de Frei llamó a consultas a su embajador en Madrid, Sergio Pizarro, como demostración de malestar porque el Consejo de Ministros había tramitado —como era su obligación en virtud del ordenamiento jurídico español— la petición de extradición de Pinochet. El 11 de noviembre, el presidente Frei tuvo que rendir cuentas de las gestiones del gobierno, durante más de tres horas, ante el Consejo de Seguridad Nacional. Las actas de las reuniones del Cosena sobre el caso Pinochet aún son secretas. El 12 de noviembre, el mismo día que la comisión judicial de la Cámara de los Lores dio por finalizadas las audiencias públicas antes de dictar su veredicto, el gobierno de Francia también reclamó la extradición. Y el 19 de noviembre el Comité de Naciones Unidas contra la Tortura aseguró que, de no producirse, el Reino Unido debería juzgar a Pinochet, puesto que, de lo contrario, advirtió, este país conculcaría varios tratados internacionales.

El fallo de los lores

El 25 de noviembre de 1998, los cinco integrantes del comité judicial de la Cámara de los Lores leyeron su veredicto en la sala principal de esta aristocrática institución legislativa cuyos orígenes se remontan a 1706, en una ceremonia retransmitida en directo por las televisiones de España y Chile y también por la BBC y la CNN. En una votación apretada, con tres votos a favor y dos en contra, los lores revocaron la inmunidad concedida a Pinochet el 28 de octubre, ya que la legislación británica no amparaba los crímenes contra la humanidad de los que el juez Garzón le acusaba. «Cuando Hitler ordenó la *solución final*, su actuación podría ser considerada como un acto oficial derivado del ejercicio de sus funciones como jefe de Estado», afirmó lord Johan Steyn. Pinochet fue informado formalmente de la sentencia en el hospital por una intérprete oficial, que tuvo que leerle dos veces el dictamen que franqueaba el camino hacia su extradición a España. Entonces, el general se llevó las manos a la cara y rompió a llorar. Aquel día cumplía 83 años y ya habían preparado las maletas para regresar a Chile en uno de los dos aviones que la Fuerza Aérea había enviado.

En Londres, frente a la embajada, decenas de chilenos festejaban: «¡Senador vitalicio, te llegó la hora del juicio!»; «¡Aquí se queda el huevón. Que se vaya el avión!»; «¡Augusto, estás cagado de susto!».[39] Miles de personas en todo el planeta celebraron la noticia, considerada una victoria de la causa de los derechos humanos y de aquellos «grandes valores de la humanidad» a los que el presidente Salvador Allende apeló en la parte final de su discurso ante las Naciones Unidas en diciembre de 1972.

En Chile, el histórico fallo de los lores que negó la inmunidad a Pinochet, conocido a primera hora de la mañana, desató un torrente de emociones. Los miembros de la Agrupación de Familiares de Detenidos Desaparecidos y de la Agrupación de Familiares de Ejecutados Políticos y los militantes del Partido Comunista y de la izquierda improvisaron una manifestación que recorrió el centro de Santiago. «Al conocer la decisión de los lores sentimos una alegría inmensa y recordamos a cada uno de nuestros familiares, por los que hemos luchado tanto. Es una satisfacción para la humanidad porque el juicio a Pinochet simbolizará que los dictadores deben responder por sus crímenes», afirmó Sola

Sierra.[40] «Logramos la justicia que buscamos largamente por muchos años y en estos momentos nuestros familiares están con nosotros. Estamos contentas y lloramos de felicidad porque nos han escuchado», afirmó Viviana Díaz. En Madrid, Isabel Allende Bussi expresó su confianza en que Pinochet sería juzgado: «No es una cuestión de venganza; es solo una cuestión de principios, de que se haga justicia. Yo hubiera preferido que se le juzgara en Chile, pero ahí no es posible, existe una ley de amnistía dictada por la dictadura y unos jueces militares que lo impiden».[41]

La indignación de la derecha y del entorno del exdictador alcanzó su paroxismo, reflejado en el rostro desencajado de Marco Antonio Pinochet Hiriart, quien calificó de «bestias» a las víctimas de la dictadura ante las cámaras de la televisión autonómica catalana. Incluso, su hermano Augusto declaró: «Mi padre fue una de las personas más respetuosas que he conocido con los derechos humanos».[42] Los pinochetistas recurrieron a saludos y actitudes nazis, quemaron banderas británicas y españolas, recuperaron los símbolos de Patria y Libertad y esgrimieron una supuesta defensa de la soberanía nacional.[43]

Tampoco las organizaciones empresariales dudaron en mostrar su apoyo a Pinochet. Felipe Lamarca, presidente de la Sociedad de Fomento Fabril, aseveró: «Estamos ante una invasión de dos países que quieren imponernos sus normas jurídicas». Y la Confederación de la Producción y del Comercio aseguró en un comunicado que la decisión de los lores afecta a «nuestra dignidad como nación y lesiona nuestro proceso de transición».[44]

El Ejército, comandado por Ricardo Izurieta, se declaró «frustrado, indignado e inquieto». La noche del 25 de noviembre, en una nueva reunión del Cosena, el general Izurieta abogó por romper relaciones diplomáticas con España y el Reino Unido si fracasaban las gestiones del gobierno para lograr la liberación de Pinochet y al día siguiente reunió a dos mil oficiales en la Escuela Militar.[45]

El 1 de diciembre, Augusto Pinochet se trasladó a la casa de campo de Virginia Waters, una mansión de nueve dormitorios situada a setenta kilómetros al sudoeste de Londres que sus colaboradores le alquilaron, donde permaneció hasta el 2 de marzo de 2000 bajo una estricta vigilancia policial.

Insulza escribe a Kofi Annan

El 9 de diciembre, el ministro del Interior británico, Jack Straw, aceptó la petición de extradición cursada por el gobierno español a partir de la demanda de Baltasar Garzón, pero solo por los delitos de tortura y terrorismo ya que, según la legislación de su país, el delito de genocidio no puede ser perseguido bajo el concepto de extraterritorialidad. Straw se pronunció también sobre las «razones humanitarias» y en su resolución concluyó: «No parece que el senador Pinochet no esté en condiciones de afrontar un juicio (...) en relación con los delitos de los que está acusado». No obstante, dejó este asunto abierto hasta el final del proceso si la petición de extradición continuaba prosperando: «Tengo en mente también que este punto, entre otros, puede ser reexaminado a la luz de los acontecimientos, en la fase en que tenga que ejercitar mi discreción final, al final del proceso de extradición».[46]

La reacción más contundente frente a aquella resolución procedió del Ejército. En un comunicado oficial expresó que se hallaba «profundamente conmocionado» ante la última decisión de Straw, que calificó de «abusiva, humillante, incongruente con principios jurídicos fundamentales e inconsecuente con su calidad de exjefe de Estado, excomandante en jefe del Ejército y senador de la República» y de «atropello a la soberanía nacional». Incluso, en el quinto punto de aquella declaración, la institución reiteró su apoyo a Pinochet y «su compromiso con los valores y principios que sustentó el gobierno militar». «En ese periodo histórico la ciudadanía y las Fuerzas Armadas y de Orden establecieron una nueva institucionalidad, crearon las condiciones necesarias para un desarrollo sustentable y recuperaron la democracia para Chile, después de la peor crisis de su historia.»

El 10 de diciembre, el día en que se cumplían cincuenta años de la aprobación de la Declaración Universal de los Derechos Humanos, Baltasar Garzón dictó el procesamiento de Pinochet y reafirmó que los hechos que le atribuía constituían los delitos de genocidio, terrorismo y torturas. Confirmó la detención del exdictador y el embargo de sus cuentas en Suiza y Luxemburgo.[47] Pero en Londres la defensa solicitó a la Cámara de los Lores la anulación del fallo del 25 de noviembre porque uno de los jueces, lord Leonard Hoffmann, era miembro de Amnistía Internacional, organización que apoyaba con decisión la extradición de Pinochet y en la que trabajaba su esposa.

El 11 de diciembre, desde el Ministerio de Relaciones Exteriores chileno se envió una comunicación reservada a la embajada en Londres en la que, a solicitud del Ministerio de Justicia, se preguntaba que, si Chile solicitaba su extradición, en qué plazo y bajo qué «criterios» Straw decidiría cuál de las peticiones debía aceptar. Además, deseaba saber qué sucedería con las demás solicitudes si Chile también la demandaba y «el requerido» expresaba su acuerdo con esta y cuánto tiempo transcurriría «desde ese consentimiento hasta la entrega formal».[48] De manera secreta, el gobierno chileno exploraba esta opción para facilitar el retorno de Pinochet, que era la salida razonable si, como proclamaría a lo largo de 1999 el candidato presidencial Ricardo Lagos, preferían que fuera juzgado en Chile.

Aquel mismo día, en su única comparecencia ante la justicia británica, vestido de civil, sentado en una silla de ruedas y apoyado en un bastón, pero con su tono desafiante, el exdictador llegó al tribunal de Belmarsh y leyó un papelito en el que había escrito: «Con el debido respeto yo no reconozco la jurisdicción de ningún otro tribunal excepto el de mi país para juzgarme por todos los embustes que han dicho los señores de España».[49] Mientras tanto, en Santiago, el exministro Carlos Cáceres dio a conocer su *Carta a los chilenos*, un documento presentado en tono dramático como su testamento. «Soy absolutamente inocente de todos los crímenes y de los hechos que irracionalmente se me imputan. Sin embargo, temo que quienes lo hacen nunca estuvieron ni estarán dispuestos a darme la razón y aceptar la verdad (...). Nadie puede desconocer hoy que el 11 de septiembre abrió caminos de esperanza y de oportunidades para todos, que solo depende de los chilenos conservarlos.»

«Las Fuerzas Armadas y de Orden no destruyeron una democracia ejemplar, ni interrumpieron un proceso de desarrollo y de bienestar, ni era Chile en ese momento un modelo de libertad y de justicia. Todo se había destruido y los hombres de armas actuamos como reserva moral de un país que se desintegraba en manos de quienes lo querían someter a la órbita soviética». Después de la previsible perorata anticomunista y de defensa de la obra de su régimen, añadió: «He sido objeto de una maquinación político-judicial, artera y cobarde, que no tiene ningún valor moral. (...) Soy falsamente juzgado en numerosos países europeos, en una operación dirigida por quienes se dicen mis enemigos, sin que exista por lo mismo la más remota posibilidad de que quienes me prejuzgan y condenan lleguen a comprender nuestra historia y a entender el espíritu de lo que hicimos». «Nunca he deseado la muerte de nadie y siento un sincero dolor por todos los chilenos que en estos años han perdido la vida.»[50] Su *Carta a los chilenos* fue entregada al presidente Frei, al nuncio apostólico y al arzobispo de Santiago, el cardenal Francisco Javier Errázuriz.

El 17 de diciembre, un tribunal de cinco jueces lores decidió por unanimidad acoger la petición de la defensa y suspendió el fallo de los lores del 25 de noviembre.

Cinco días después, el ministro de Relaciones Exteriores, José Miguel Insulza, dirigió una carta de ocho páginas a Kofi Annan, secretario general de Naciones Unidas, para exponerle la preocupación de su gobierno por la detención de Pinochet, que suponía «un desconocimiento del Derecho Internacional en vigor y de los propósitos y principios de la Carta de las Naciones Unidas» y que podía sentar un «grave precedente» en las relaciones interestatales. Insulza expresó también que «la tendencia hacia la universalización de la justicia y los derechos humanos», que Chile apoyaba, no podía hacerse «en detrimento de la soberanía de los estados y su igualdad jurídica». Negó de manera tajante que en Chile hubiera denegación de justicia y citó las catorce querellas presentadas contra Pinochet en aquel momento y la condena de Manuel Contreras, al tiempo que recordó la importancia del Informe Rettig. Negó competencia al juez Garzón para juzgar a Pinochet y señaló que su acción causaba «serias perturbaciones» al proceso de transición democrática y reconciliación nacional, puesto que polarizaba a la sociedad y ahondaba las diferencias que persistían en el país. Además, le pidió que distribuyera su misiva entre todas las delegaciones nacionales que integraban la ONU.

Al día siguiente, envió a su homólogo británico, Robin Cook, una misiva de cinco páginas en la que solicitó su intervención para poner fin al proceso de extradición a partir de consideraciones de carácter «humanitario», controversia jurisdiccional y conveniencia de salvaguardar la relación bilateral: «No procede la extradición porque el senador Pinochet no es un prófugo de la justicia chilena, desea y debe regresar a Chile, donde su retención forzada está demorando la tramitación de catorce querellas criminales interpuestas en su contra, al impedir diligencias importantes para el esclarecimiento de la verdad y la aplicación de la justicia que solo pueden efectuarse en Chile». En aquellas líneas, Insulza, exmilitante del MAPU y militante socialista, exiliado durante la dictadura en Italia y México, se refirió también a las «consideraciones humanitarias»: «El senador Pinochet tiene 83 años de edad. Se está recuperando de una reciente y delicada intervención quirúrgica. Está aquejado de diabetes y tiene un marcapasos. Ha estado sometido a todos los rigores de su detención y del procedimiento judicial iniciado en su contra. Está alejado de su entorno natural y de gran parte de su familia. Existe real preocupación por su estado de salud y fundado temor de que se agrave con las tensiones a que se verá sometido en un eventual juicio de extradición». Insulza expuso a Cook el daño que, a su juicio, la detención del exdictador estaba causando a la transición chilena y, en aras también de salvaguardar las relaciones entre ambas naciones, solicitó su «amistosa intercesión» para que

Straw, «utilizando sus poderes discrecionales», permitiera su retorno a Chile.[51]

El 12 de enero de 1999, el abogado Roberto Garretón preparó por encargo de Human Rights Watch (organización no gubernamental para la defensa de los derechos humanos) un documento en el que afirmó que, debido a la vigencia del decreto ley de amnistía, no había «prácticamente ninguna probabilidad» de que Pinochet fuera juzgado y condenado por un tribunal chileno».[52]

El eje de la impunidad

La red de apoyo a Pinochet en el Reino Unido estuvo públicamente encabezada por Thatcher, quien le visitó el 26 de marzo de 1999, y junto con la que se tejió en Chile tuvo que recaudar el dinero necesario para abonar los carísimos servicios de los abogados británicos y el alquiler de la lujosa residencia de Virginia Waters. En julio de 1999, sus gastos en Londres alcanzaban los setenta mil dólares mensuales; de ellos cuarenta mil iban a sus abogados.[53] Además, a principios de aquel año, la Dama de Hierro se había preocupado de encontrar financiación para editar un panfleto, titulado *El verdadero general Pinochet*, enviado a cinco mil personas de referencia en el Reino Unido, que presentaba al exdictador como un héroe de la lucha contra el comunismo que no tuvo otra opción que asumir el poder el 11 de septiembre de 1973 y que convirtió a Chile en un ejemplo de prosperidad económica.[54] En sus memorias, Jack Straw relató que Thatcher escribió en dos ocasiones a Tony Blair.

En Chile, empresarios como Hernán Briones, Hernán Guiloff, Eugenio Heiremans, Ricardo Claro y los exministros Carlos Cáceres y Alfonso Márquez de la Plata estuvieron entre los principales recaudadores y esas aportaciones económicas llegaban a la Fundación Pinochet, que formalmente cubría sus gastos.[55]

Mientras tanto, además de atender a quienes llegaban desde Chile para visitarle —diputados y senadores de la derecha, empresarios, amigos, familiares...—, el exdictador trataba de hacer algo de gimnasia, leía la prensa chilena o atendía su correspondencia y conversaba por teléfono al menos una vez por semana con el general Izurieta. También aprovechaba tantas horas muertas para revisar sus películas favoritas junto con sus escoltas chilenos, principalmente *westerns* con John Wayne como su actor favorito en el género, y la saga de *La guerra de las galaxias*. «Los militares somos muy ordenados y planificados. He ido elaborando un programa de actividades con varios objetivos. Por un lado, me mantengo informado de los acontecimientos de Chile y de mi situación jurídica particular. Por otro, también estoy dedicado a trabajar en una serie de escritos personales. Igualmente realizo ejercicios físicos de recuperación y mantención y también debo dedicar un tiempo para recibir y conversar con las múltiples visitas que he tenido durante todos estos meses», declaró en julio de 1999 a *El Mercurio de Valparaíso*.[56] Sus partidarios le enviaron de todo a Virginia Waters: locos (apreciado marisco chileno), porotos burros del campo, dulce de membrillo, biblias y medallas religiosas; incluso arrollado huaso. En su visita de abril de 1999, el general Izurieta le llevó machas, locos, longanizas y dulces.[57]

El 24 de marzo, los siete lores designados para reevaluar su inmunidad acordaron, por seis votos a favor y uno en contra, que podía ser sometido al proceso legal de extradición. No obstante, limitaron los crímenes por los que la autorizaban a los «delitos de conspiración para torturar y tortura» cometidos a partir del 8 de diciembre de 1988, fecha en que el Reino Unido ratificó la Convención contra la Tortura de Naciones Unidas, aprobada el 10 de diciembre de 1984.[58] El 15 de abril Straw dio luz verde al proceso de extradición en estos mismos términos.

«Voy a luchar contra esta extradición con todas mis fuerzas. Soy inocente de los cargos de los que se me acusa y, en mi condición de soldado de Chile y expresidente, voy a luchar para defender mi honor e integridad y la de mi país», declaró Pinochet al diario conservador *The Sunday Telegraph*. «Estoy preparado para una larga batalla, aunque dure dos años. Este procedimiento es una impostura que ridiculiza al sistema judicial británico.»[59]

El 21 de mayo, en su último mensaje al Congreso Pleno, el presidente Frei expresó su confianza en lograr su retorno antes de la conclusión de su mandato el 11 de marzo de 2000.

En julio de 1999, en una de las escasas entrevistas que concedió a la prensa chilena en Londres, Pinochet se situó ya en la esfera de lo sobrenatural: «... soy un hombre de fe, creo que esto me lo manda Dios como una prueba, como le mandó a O'Higgins la prueba de su destierro, y si quiere me sacará de aquí o me dejará aquí». Añadió que uno de los sentimientos que más le afectaban era la impotencia de «sentirse objeto de un abuso de poder». «Se han valido de una relación de fuerza que en lo material nos es desfavorable para intervenir en asuntos que son propios de nuestra condición de Estado independiente y soberano.» Reconoció su «confusión» ante el horizonte en los próximos meses y le preguntaron si aceptaría ser liberado por «razones humanitarias». Le contrariaba como militar, señaló, pero agregó:

«A los 84 años es evidente que tengo problemas, mi marcapasos, mi diabetes y mi reciente operación a la columna son circunstancias que me afectan, pero por mi formación militar, muchas veces hago un esfuerzo por sobreponerme a esas dolencias y por poder cumplir con mis deberes. Sin embargo, (...) si esa es la única forma de resolver esta injusta situación por la que atravieso y en que se han conjugado tantas acusaciones infundadas en mi contra, no se puede descartar la vía humanitaria».[60]

Entre el 26 de agosto y el 12 de septiembre fue sometido a varios exámenes médicos para controlar su diabetes, arritmia cardiaca y artrosis. El 11 de septiembre recibió una nueva visita de parlamentarios de la UDI y RN, responsables de la Fundación Pinochet y dirigentes empresariales como Walter Riesco, presidente de la Confederación de la Producción y el Comercio, y Hernán Hochschild, presidente de la Sociedad Nacional de Minería.[61] Una de sus nietas, María José Martínez Pinochet, hizo pública una carta que le escribió aquel día: «Hoy es 11 de septiembre, una fecha que muchos quisieran olvidar... Yo no puedo. Es por culpa de este día, acaecido hace muchos años, que mi abuelo está preso. Tata, antes que nada, me gustaría que supieras que la decisión que tomaste en aquel entonces se ha transformado para mí en un ejemplo de heroísmo...».[62]

Dos semanas después, Juan Gabriel Valdés —colaborador de Orlando Letelier en 1976 en Washington—, quien había sustituido a Insulza al frente del Ministerio de Relaciones Exteriores, expresó los temores del gobierno y del presidente Frei a que Pinochet pudiera morir en Londres y las repercusiones que ello tendría en la sociedad chilena. Entonces acababa de entregar al gobierno británico los últimos informes sobre la salud del exdictador y señaló que tenía siete enfermedades detectadas; carecía de sensibilidad en los pies; se desmayaba, le llevaban permanentemente a exámenes neurológicos y sufría problemas de próstata. «La única salida es una actitud comprensiva de Londres respecto a la salud del general.»[63]

El 27 de septiembre empezó la vista judicial sobre la extradición de Pinochet a España en el tribunal penal de Bow Street. El 8 de octubre, su magistrado presidente, Ronald Bartle, decidió que podía ser juzgado en este país por treinta y cuatro delitos de torturas y otro de conspiración para torturar.[64] Entendió que había suficientes tratados internacionales que «representan la creciente tendencia de la comunidad internacional para combinar la ilegalización de delitos que son aborrecibles para la sociedad civilizada (...) sean cometidos por individuos, grupos terroristas (...) o por gobiernos no democráticos contra sus propios ciudadanos».[65] Además, aseguró que correspondería al tribunal español que le juzgara decidir si el efecto de las desapariciones llega a constituir una tortura mental, por lo que dejó abierta la posibilidad de que el exdictador respondiera por tales violaciones de los derechos humanos. «Siento la necesidad de subrayar que mi decisión en este caso está basada en la ley y solo en la ley», afirmó Bartle, quien remitió toda la documentación del caso a Straw para que este adoptara la decisión definitiva.[66]

Tras conocerse el fallo, el abogado defensor, Clive Nicholls, leyó en la sala una declaración de su cliente: «Como expresidente de Chile y senador declaro que no soy culpable de los delitos por los cuales soy acusado. España no ha producido ni un solo elemento de prueba que muestre que soy culpable. No solo eso; creo que España no ha llevado adelante una adecuada investigación sobre estos delitos y España ni siquiera tiene jurisdicción sobre estos delitos... España actúa en violación de la soberanía de Chile. (...) Está claro desde hace mucho tiempo que mi extradición está motivada políticamente».[67]

La decisión de Straw

El 5 de enero de 2000, por decisión del ministro del Interior británico, Pinochet se sometió durante siete horas a exámenes médicos con dos especialistas en geriatría, una neuropsicóloga y un neurólogo en el hospital Northwick Park de Harrow, en el norte de Londres.[68] De manera inesperada, el 11 de enero el titular del Home Office anunció que no estaba en condiciones de «soportar un juicio y no es de esperar ningún cambio en esa situación». Su ministerio informó aquella decisión al Servicio de Fiscalía de la Corona, que representaba al Reino de España, y al gobierno de Chile, y abrió un plazo de alegaciones de siete días. También informó a los otros tres países que habían solicitado su extradición —Francia, Bélgica y Suiza—, así como a Amnistía Internacional, Human Rights Watch y otras organizaciones de derechos humanos, que también podían presentar sus opiniones. No obstante, el mismo 11 de enero Straw ya anticipó que, a expensas de recibir las alegaciones, tras los exámenes médicos pensaba que «no tendría ningún sentido seguir adelante con el procedimiento de extradición actual y que, por lo tanto, debería decidir no extraditar al senador Pinochet».[69]

El 14 de enero, Garzón remitió a Straw un escrito en el que solicitó viajar a Londres, junto con los abogados de las acusaciones, para tomar declaración a Pinochet antes de que quedara en libertad. Asimismo, pidió conocer los exámenes médicos que se le habían practicado[70] y la realización de un segundo examen con la participación de especialistas españoles y ofreció la documentación del sumario para que la justicia británica abriera una causa penal contra él en el caso de que no fuera extraditado a España. En su escrito, Garzón recordó los casos de otras personas —Maurice Papon, Paul Touvier y Klaus Barbie—[71] que fueron juzgadas y condenadas por crímenes contra la humanidad a pesar de su precario estado de salud derivado de su avanzada edad.[72]

El 16 de enero, el socialista Ricardo Lagos derrotó por escaso margen al derechista Joaquín Lavín en la segunda vuelta de las elecciones presidenciales chilenas. Aquella noche, frente al palacio de La Moneda, durante la celebración de la victoria, miles de personas exigieron en un clamor impresionante: «¡Juicio a Pinochet! ¡Juicio a Pinochet!».

Finalmente, Londres, Madrid y Santiago se confabularon para salvar a Pinochet de la extradición a España. Straw negó un segundo examen médico. El gobierno español, por su parte, bloqueó las instrucciones de Garzón para recurrir la decisión de Straw de denegar la extradición. Así se comprometió Aznar con Frei.[73] Los diarios *The Guardian* y *The Daily Telegraph* revelaron que el acuerdo entre Santiago, Londres y Madrid se había empezado a gestar en junio de 1999, durante la cumbre de la Unión Europea y América Latina celebrada en Río de Janeiro.

Baltasar Garzón ha explicado cómo el gobierno español bloqueó todos sus intentos por impugnar jurídicamente la resolución final de Straw. Después de recibir el 15 de febrero los exámenes médicos que se le habían realizado a Pinochet, encargó la elaboración de seis informes independientes, uno por especialidad médica, y uno general de un médico forense que valorara también la práctica de los tribunales y los aspectos legales. «Todos ellos coincidieron en la capacidad física y psíquica del general Pinochet para soportar un juicio, con la única limitación de que deberían ser sesiones cortas. Quedaba claro que su deterioro psíquico y físico, establecido en los dictámenes británicos, había sido dirigido y aprovechado como excusa para posibilitar su vuelta a Chile.»[74] El 2 de marzo de 2000, envió un fax a la fiscalía británica con instrucciones para interponer un recurso contra la decisión de Straw.

Por su parte, Joan Garcés ha resaltado la actuación «impecable» del gobierno británico a lo largo de los doce meses siguientes a la detención. «Resistió todo tipo de presiones de distintos países, como las de los gobiernos de Chile y de España, para interferir en el procedimiento judicial.» Pero cuando el procedimiento judicial finalizó en octubre de 1999 y se concedió la extradición de Pinochet a España, las presiones sobre el gabinete de Tony Blair se incrementaron y finalmente «aceptaron que se fugara de la justicia». «No a través de una operación comando violenta, como habían pensado algunos, sino de una operación de batas blancas, instrumentalizando a unos médicos.» Destacó también que ninguno de los más de doce médicos españoles, belgas y franceses que analizaron entonces los exámenes médicos compartieron que Pinochet estuviera incapacitado mentalmente para comparecer en un juicio. «En la víspera de la fuga del 2 de marzo, el ministro británico de Interior envió una comunicación a las autoridades españolas ofreciéndoles la posibilidad de que se interpusiera un recurso ante los tribunales británicos contra la puesta en libertad. El juzgado español mandó presentar el recurso, pero el Gobierno español se negó a cursar la orden. La responsabilidad última de que se frustrara el mandamiento de la Audiencia Nacional de España ha sido del Gobierno español», señaló Garcés en abril de 2000.[75]

El 2 de marzo de 2000, después de quinientos tres días detenido en Londres acusado por la justicia española de crímenes contra la humanidad, Pinochet quedó en libertad y regresó a Chile en el Boeing 707 de la Fuerza Aérea que había aterrizado en la base de Brize Norton el 19 de enero.

A primera hora de la mañana, Straw anunció su decisión definitiva. En la carta de catorce folios que remitió a todas las partes involucradas señaló que, como no cabía esperar una mejora del estado de salud de Pinochet, no tenía sentido proseguir el procedimiento de extradición. Después de valorar el principio de la jurisdicción penal internacional, admitió: «Estoy también muy consciente de que la consecuencia práctica de rechazar la extradición del senador Pinochet a España es la de que no será, probablemente, juzgado en ninguna parte del mundo. Soy muy consciente del sentido del daño que sentirán aquellos que sufrieron las violaciones de los derechos humanos en Chile durante el pasado, así como del que sienten sus familiares. (...) Por último, empero, he llegado a la conclusión de que un juicio sobre los delitos de que se acusa al senador Pinochet, aunque deseable, simplemente ya no era posible».[76]

A las diez de la mañana, después de diecisiete meses bajo arresto domiciliario en Londres, Augusto Pinochet abandonó Virginia Waters en una furgoneta escoltada por cinco coches policiales y acompañado por su esposa. En el aeropuerto militar de Waddington, fue bajado en una silla de ruedas y subido a un montacargas que le depositó dentro del avión. Allí mismo, el abogado Michael Kaplan le entregó un regalo de Margaret Thatcher junto con una misiva que decía: «Espero que para el momento en que reciba esta carta esté seguro en el camino de regreso a Chile. Su detención en Gran Bretaña fue una gran injusticia que nunca debería haber ocurrido. Con su regreso a Chile, el intento de España de colonialismo judicial ha sido rechazado. Para celebrar esto, adjunto a esta carta un plato de plata de la Armada. Estos platos se produjeron por primera vez en Inglaterra para celebrar otra victoria sobre los españoles: la de nuestra propia armada contra la armada española en 1588. ¡Estoy segura de que apreciará y disfrutará del simbolismo! Permítame extenderle a usted y a su familia los mejores deseos para un futuro pacífico y seguro».[77]

A las doce y cincuenta, después de confirmar que no había recursos de revisión judicial contra la liberación, ni solicitudes de medidas cautelares para detener su partida, Straw —desde la Cámara de los Comunes, en Westminster—, dio la orden a Scotland Yard para que dejase partir al avión chileno.[78]

A la una y cuarto despegó de suelo británico. Se vieron obligados a realizar un recorrido muy largo para evitar sobrevolar territorios hostiles como el de España, puesto que aún estaba vigente la orden de detención dictada por Garzón. Hicieron una escala técnica de tres horas en la isla británica de Ascensión, en mitad del Atlántico, y al ingresar a territorio chileno, aviones de combate de la Fuerza Aérea escoltaron la nave.[79]

El 3 de marzo, el Ejército recibió a Pinochet como un héroe y con honores militares propios de un jefe de Estado en la base aérea de la FACh. A pesar de un larguísimo viaje de veinticuatro horas, el exdictador estaba radiante. Nada más ser depositado en silla de ruedas en suelo chileno, se levantó y caminó apoyándose en un bastón, acompañado por el general Izurieta, quien le recibió al pie de la escalerilla con un abrazo. Toda la cúpula del Ejército y los otros comandantes en jefe estaban allí alineados jerárquicamente, para disgusto del gobierno y del presidente electo, Ricardo Lagos, quienes habían rogado una recepción de perfil bajo. No faltaron tampoco los principales dirigentes de la derecha, a excepción de Joaquín Lavín. Ante más de doscientos periodistas y cuatrocientos invitados, que le aclamaron y vitorearon, una banda militar interpretó las notas de *Los viejos estandartes*. Y frente al Hospital Militar, donde le harían un chequeo médico, le esperaban cinco mil seguidores convocados por la Fundación Pinochet.[80]

En sus memorias, Jack Straw ha escrito que al ver por televisión aquellas escenas sintió que el exdictador «había engañado al sistema británico y había escapado del juicio que merecía». «Pinochet fue uno de los peores dictadores de la postguerra y es una fuente perdurable de frustración que no pude llevarlo al banquillo.»[81] En 2018, al cumplirse veinte años de su detención en Londres, admitió que, aunque sigue manteniendo que su decisión fue correcta según la información que tenía entonces, se «enfureció» al observar el gesto de soberbia de Pinochet a su regreso a Chile. «Se burló del criterio por el que tomé una decisión. Eso me sugirió que había tratado de engañar a los médicos.»[82]

«El precedente Pinochet»

El caso Pinochet fue una batalla jurídica extraordinaria. Fue un hito en la lucha contra la impunidad, destacó entonces —con optimismo— Amnistía Internacional, porque transformó «de forma profunda y permanente la aplicación del

Derecho Internacional para combatir la impunidad y los crímenes contra la humanidad. La detención de Augusto Pinochet y las decisiones de los tribunales españoles y británicos sobre este caso enviaron un mensaje claro a los dictadores y genocidas del mundo: ya no podrán escapar al largo brazo de la ley internacional de derechos humanos».[83]

Y como escribió el fiscal español Carlos Castresana, miembro de la Unión Progresista de Fiscales, tras el fallecimiento del dictador: «Pinochet, bien a su pesar, es ya un precedente histórico: no como libertador de Chile, según él hubiera apetecido, sino como criminal. Por generaciones, el precedente judicial *Pinochet Ugarte y otros* será invocado —lo está siendo ya— como instrumento de justicia universal frente a las violaciones más groseras de los derechos humanos, estableciendo que la responsabilidad penal, como la memoria y los derechos de las víctimas, atraviesa indemne los años, los indultos y las fronteras». «El 16 de octubre de 1998, los viejos principios de Nuremberg que dos años antes habíamos desempolvado y engrasado con más fe que destreza demostraron su plena vigencia...»[84]

Notas

1. De la Parra, Marco Antonio, *Carta abierta a Pinochet. Monólogo de la clase media con su padre*, Santiago de Chile, Planeta, 1998, p. 7.
2. *Qué Pasa*, Santiago de Chile, 17 de octubre de 1998, pp. 20-23. En este reportaje, Augusto Pinochet Hiriart confirmó que su padre solo había viajado a Europa por motivos de placer. Además, en referencia a la solicitud que Garzón emitió el 14 de octubre, este artículo señala: «Colaboradores del senador vitalicio menosprecian las gestiones de estos jueces y aseguran que es imposible que se concrete el interrogatorio y mucho menos una detención...».
3. Víctor Pey (Madrid, 1915) fue una persona extraordinaria. Combatió con el Ejército Popular republicano en la Guerra Civil española, llegó a Chile en septiembre de 1939 a bordo del *Winnipeg*, ideó la salida clandestina de Pablo Neruda a través de la cordillera andina en 1949, fue uno de los grandes amigos de Salvador Allende y desde 1972 el propietario del diario *Clarín*, el más vendido del país, cuya propiedad siguen reclamando hoy sus herederos en los tribunales internacionales. En sus memorias, la abogada Carmen Hertz destacó su papel determinante en el proceso judicial contra Pinochet en España. Falleció en Santiago de Chile en octubre de 2018, a la edad de 103 años.
4. Anderson, pp. 112-113.
5. Beckett, Andy, *Pinochet en Piccadilly. La historia secreta de Chile y el Reino Unido*, Barcelona, Tusquets, 2003, pp. 269-271.
6. *El País*, Madrid, 14 de febrero de 1999, p. 3.
7. *El País*, Madrid, 16 de octubre de 1999, p. 4.
8. Pérez, Mónica y Gerdtzen, Felipe, *Augusto Pinochet: 503 días atrapado en Londres*, Santiago de Chile, Editorial Los Andes, 2000, p. 10.
9. Jara, Alejandra, «Andy McEntee, el abogado clave en la detención de Pinochet: "Frei no tenía interés en desafiar al régimen"», *La Tercera*, Santiago de Chile, 17 de octubre de 2018, en Latercera.com, <https://www.latercera.com/la-tercera-pm/noticia/andy-mcentee-

el-abogado-clave-en-la-detencion-de-pinochet-frei-no-tenia-interes-en-desafiar-al-regimen/362205/>. Sobre los esfuerzos de Amnistía Internacional por someter a Pinochet a los tribunales británicos en los años anteriores a 1998, véase: Burbach, Roger, *El affair Pinochet. Terrorismo de Estado y justicia global*, Santiago de Chile, Mosquito Comunicaciones, 2006, pp. 151-152.

10. Archivo General Histórico del Ministerio de Relaciones Exteriores de Chile, vol. *Embajada de Chile en España. 1998. Télex. R. 551-914. N-3.*

11. *Qué Pasa*, Santiago de Chile, 11 de septiembre de 1999, pp. 19-26.

12. Garzón, Baltasar, *En el punto de mira*, Barcelona, Planeta, 2016, pp. 642 y 679-685. Aquel mismo día, desde la embajada chilena en Madrid se remitió al Ministerio de Relaciones Exteriores copia del oficio enviado por Garzón a la Interpol. Gracias a sus contactos con la Fiscalía, desde la embajada mandaron incluso copia del correo electrónico proveniente de la oficina de la Interpol en Londres. Archivo General Histórico del Ministerio de Relaciones Exteriores de Chile, vol. *Embajada de Chile en España. 1998. Télex. R. 551-914. N-3.*

13. *El País*, Madrid, 16 de octubre de 1998, p. 8.

14. O'Shaughnessy es autor de: *Pinochet. The politics of torture*, Londres, Latin American Bureau, 2000.

15. *El País*, Madrid, 16 de octubre de 1999, p. 4.

16. Entrevista de Francia Fernández a Baltasar Garzón. *Caras*, Santiago de Chile, 12 de octubre de 2018, pp. 80-83.

17. Garzón (2016), p. 642.

18. *La Nación*, Santiago de Chile, 12 de octubre de 2003, pp. 16-19.

19. *El País*, Madrid, 25 de octubre de 1998, p. 10.

20. Archivo General Histórico del Ministerio de Relaciones Exteriores de Chile, vol. *Embajada de Chile en el Reino Unido. 1998. Télex. R. 501-999. N-2.*

21. *El Mundo*, Madrid, 18 de octubre de 1998, p. 28.

22. *El País*, Madrid, 18 de octubre de 1998, p. 3.

23. Véanse: Serrano Maíllo, María Isabel, *Prensa, Derecho y poder político. El caso Pinochet en España*, Madrid, Dykinson, 2002. Sepúlveda P., Alejandra y Sapag M., Pablo, *¡Es la prensa, estúpido, es la prensa! Cuando Chile fue noticia... por la razón o la fuerza*, Santiago de Chile, Ediciones Copygraph, 2001. Por otra parte, desde el punto de vista del Derecho, el caso Pinochet dio lugar a varios estudios relevantes: Remiro Brotóns, Antonio, *El caso Pinochet. Los límites de la impunidad*, Biblioteca Nueva, Madrid, 1999. Woodhouse, Diana, *The Pinochet case. A legal and constitutional analysis*, Oxford, Hart Publishing, 2000. Davis, Madeleine, ed., *The Pinochet case: origins, progress*

and implications, Londres, Institut of Latin American Studies, 2003. Véase también: Pion-Berlin, David, «The Pinochet case and human rights progress in Chile: Was Europe a catalyst, cause or inconsequential?», *Journal of Latin American Studies*, n.º 36, Cambridge, 2004, pp. 479-505. Sugarman, David, *The arrest of Augusto Pinochet: ten years on*, en Opendemocracy.net, <https://www.opendemocracy.net/en/the-arrest-of-augusto-pinochet-ten-years-on/>. Y, por último, el capítulo dedicado al caso Pinochet en: Robertson, Geoffrey, *Crímenes contra la humanidad. La lucha por una justicia global*, Madrid, Siglo XXI, 2008, pp. 317-354.

24. *El País*, Madrid, 22 de octubre de 1998, p. 5.
25. *El País*, Madrid, 19 de octubre de 1998, p. 5.
26. *El País*, Madrid, 25 de octubre de 1998, p. 10.
27. *Mundo Obrero*, Madrid, noviembre de 1998, pp. 40-42.
28. *El Mundo*, Madrid, 19 de octubre de 1998, p. 23.
29. *El País*, Madrid, 21 de octubre de 1998, p. 3.
30. Del Pozo Artigas, pp. 410-411.
31. *El País*, Madrid, 23 de octubre de 1998, p. 2.
32. *El País*, Madrid, 23 de octubre de 1998, p. 3.
33. Archivo General Histórico del Ministerio de Relaciones Exteriores de Chile, vol. *Embajada de Chile en el Reino Unido. 1998. Télex. R. 001-326. N-3.*
34. Archivo General Histórico del Ministerio de Relaciones Exteriores de Chile, vol. *Embajada de Chile en el Reino Unido. 1998. Télex. R. 001-326. N-3.*
35. *El País*, Madrid, 29 de octubre de 1998, p. 2.
36. Véase el auto del Pleno de la Sala de lo Penal de la Audiencia Nacional sobre la competencia española para juzgar a Pinochet en: García Arán, Mercedes y López Garrido, Diego, *Crimen internacional y jurisdicción universal. El caso Pinochet*, Valencia, Tirant lo Blanch, 2000, pp. 317-328.
37. *El País*, Madrid, 31 de octubre de 1998, p. 4.
38. Según el auto del juez, Pinochet «desde su posición de mando, pero en una actividad ajena a la función pública como presidente de la Junta de Gobierno, creó y lideró en su país, en coordinación con otros responsables militares y civiles en Chile y en el exterior, de acuerdo con Argentina y otros estados del Cono Sur americano, una organización delictiva internacional cuya única finalidad era conspirar, desarrollar y ejecutar un plan criminal sistemático de detenciones ilegales, secuestros, torturas seguidas de la muerte de la persona (...) para alcanzar una serie de objetivos político-económicos que reafirmen las bases de la conspiración y consigan instaurar el terror de la

población». Véase el documento íntegro de la solicitud de extradición en: Torres, Maruja, pr., *El caso de España contra las dictaduras chilena y argentina*, Barcelona, Planeta, 1998, pp. 1-290.

39. *El País*, Madrid, 26 de noviembre de 1998, pp. 1 y 3.
40. Entrevista a Sola Sierra. Archivo del autor.
41. *El País*, Madrid, 26 de noviembre de 1998, p. 10.
42. *El Mundo*, Madrid, 26 de noviembre de 1998, p. 26.
43. El periodista Luis Alejandro Salinas recopiló estas citas: «Jamás nos rendiremos» (Sergio Onofre Jarpa, 25 de noviembre). «Me pongo en el caso de él y ante una situación de extradición yo me pego un tiro»; «Si esto se mantiene, comenzarán a caer víctimas de lado y lado» (general retirado Alejandro Medina Lois, 26 de noviembre). «No vamos a aceptar que se reescriba la historia de Chile con lápiz socialista» (Alberto Cardemil, 29 de noviembre de 1998). «No se ejecutó a personas, sino a bestias» (Augusto Pinochet Hiriart, 1 diciembre). «Rezo por Pinochet y también por Sola Sierra» (Raúl Troncoso, ministro del Interior, 5 de diciembre de 1998). Salinas, Luis A., *The London Clinic*, Santiago de Chile, LOM Ediciones, 1999, pp. 87-92.
44. *La Tercera*, Santiago de Chile, 26 de noviembre de 1998, p. 8.
45. *El País*, Madrid, 27 de noviembre de 1998, p. 2.
46. *El País*, Madrid, 10 de diciembre de 1998, p. 2.
47. *El País*, Madrid, 11 de diciembre de 1998, p. 2. Véase una síntesis de las 285 páginas del fallo de procesamiento de Pinochet por el juez Garzón en: Martín de Pozuelo, Eduardo y Tarín, Santiago, *España acusa*, Barcelona, Plaza&Janés, 1999, pp. 246-254.
48. Archivo General Histórico del Ministerio de Relaciones Exteriores de Chile, vol. *Embajada de Chile en el Reino Unido. 1998. Télex enviados.*
49. *El País*, Madrid, 12 de diciembre de 1998, p. 2.
50. Pinochet Ugarte, Augusto, *Carta a los chilenos*, Santiago de Chile, Ismael Espinosa, 1998.
51. Las cartas de José Miguel Insulza a Kofi Annan y Robin Cook se conservan en: Archivo General Histórico del Ministerio de Relaciones Exteriores de Chile, vol. *Embajada de Chile en el Reino Unido. 1998. Télex enviados.*
52. Entre 1976 y 1990, Roberto Garretón fue abogado de la Vicaría de la Solidaridad y entre 1990 y 1994 embajador de Chile ante los organismos de derechos humanos de la ONU y de la OEA. En su informe, Garretón dejó una puerta abierta a lo que efectivamente sucedió meses más tarde en Chile: «Desde el punto de vista del Derecho Internacional los casos de desaparición forzada de personas constituyen un desafío para la ley de amnistía. De conformidad con la Declaración

de las Naciones Unidas sobre la Protección de todas las Personas contra las Desapariciones Forzadas [una resolución del 18 de diciembre de 1992] las desapariciones son consideradas "un delito permanente mientras sus autores continúen ocultando la suerte o el paradero de la persona desaparecida y mientras no se hayan esclarecido los hechos". Ya que todos los casos de desapariciones en Chile responden a estas circunstancias, debiera declararse que el decreto de amnistía no es aplicable a los mismos. Sin embargo, la Corte Suprema no ha aceptado este argumento». Informe consultado en Derechoschile.com, <http://derechoschile.com>.

53. *Qué Pasa*, Santiago de Chile, 11 de septiembre de 1999, pp. 19-26.
54. *El Mundo*, Madrid, 18 de enero de 1999, p. 22.
55. *El País*, Madrid, 12 de febrero de 1999, p. 14.
56. Entrevista reproducida en: *El Mercurio*, Santiago de Chile, 18 de julio de 1999, Cuerpo C, p. 2.
57. *Qué Pasa*, Santiago de Chile, 11 de septiembre de 1999, pp. 19-26.
58. Véase un resumen de esta sentencia y de las opiniones de los lores en: Lagos Erazo, Jaime, *El caso Pinochet ante las Cortes británicas*, Santiago de Chile, Editorial Jurídica de Chile, 1999, pp. 201-224.
59. *El Mundo*, Madrid, 19 de abril de 1999, p. 28.
60. Entrevista reproducida en: *El Mercurio*, Santiago de Chile, 18 de julio de 1999, Cuerpo C, p. 2.
61. *El País*, Madrid, 12 de septiembre de 1999, p. 4.
62. *El Mercurio*, Santiago de Chile, 12 de septiembre de 1999, Cuerpo D, p. 15.
63. Entrevista de Ernesto Ekaizer a Juan Gabriel Valdés. *El País*, Madrid, 26 de septiembre de 1999, p. 2. Ekaizer es autor de una monumental investigación periodística sobre el caso Pinochet: *Yo Augusto*, Madrid, Aguilar, 2003. Por otra parte, varios partidarios del dictador publicaron libros sobre su detención en Londres y su posterior desafuero y enjuiciamiento en Chile. Véanse por ejemplo: Márquez de la Plata, Alfonso, *Una persecución vergonzosa*, Santiago de Chile, Editorial Andújar, 2001. Parodi, Patricio, *El secuestro del general*, Santiago de Chile, 1999.
64. Entre los treinta y cinco cargos que presentó la Fiscalía británica al juez en nombre de la justicia española estaban el asesinato de Wilson Fernando Valdebenito, el 15 de diciembre de 1988, tras las descargas eléctricas que le aplicaron; las torturas a Edmundo Meza, en julio de 1989, mediante colgamiento, golpes y la introducción de un tubo por el ano; o la muerte de Marcos Quezada el 24 de junio de aquel mismo año a consecuencia de las descargas eléctricas.
65. *El País*, Madrid, 9 de octubre de 1999, p. 1.

66. Véase su sentencia del 8 de octubre de 1999 en: García Arán y López Garrido, pp. 367-373.

67. *El País*, Madrid, 9 de octubre de 1999, p. 2.

68. *El País*, Madrid, 6 de enero de 2000, p. 4.

69. *El País*, Madrid, 12 de enero de 2000, p. 2.

70. Véase una síntesis de aquel informe médico en: *El Mundo*, Madrid, 16 de febrero de 2000, p. 33. *El País* publicó la opinión de ocho especialistas españoles que cuestionaron el informe médico en el que Straw se apoyó para resolver el fin del proceso de extradición y señalaron que su salud física y mental no presentaba un deterioro que le impidiera comparecer ante un tribunal. *El País*, Madrid, 9 de marzo de 2000, p 4.

71. Al respecto, Joan Garcés ha relatado: «Recuerdo el juicio en Francia —a comienzos de los años noventa— de Klaus Barbie, un responsable de crímenes de esta naturaleza cometidos en los años cuarenta del siglo XX. La sentencia pronunciada por el tribunal de primera instancia fue leve. Pocas horas después, una declaración del gobierno francés hizo saber que no toleraría banalizar esos crímenes mediante juicios superficiales y que apelaría contra la decisión. En otras palabras, el gobierno se puso al frente de la conciencia colectiva para exigir que los tribunales no miraran hacia otro lado cincuenta años después de que los crímenes contra la humanidad se hubieran cometido». Garcés, Joan E., «La dictadura en Chile, 1973-1990. Responsabilidades políticas y penales», *Tribuna Americana*, Madrid, primer semestre de 2006, pp. 69-77.

72. *El País*, Madrid, 15 de enero de 2000, p. 2.

73. *El País*, Madrid, 11 de febrero de 2000, p. 6.

74. Garzón (2016), pp. 738-743.

75. Entrevista de Miguel Alberola a Joan Garcés. Alberola, Miquel, «La desobediencia del Gobierno de Aznar permitió la fuga de Pinochet», *El País*, edición de la Comunidad Valenciana, Madrid, 23 de abril de 2000, en Elpais.com, <https://elpais.com/diario/2000/04/23/cvalenciana/956517485_850215.html>.

76. *El País*, Madrid, 3 de marzo de 2000, p. 2.

77. Carta consultada en el archivo digital de la Fundación Margaret Thatcher, en Margaretthatcher.org, <https://www.margaretthatcher.org/document/109296>.

78. *El País*, Madrid, 5 de marzo de 2000, p. 2.

79. García Pinochet (2001), pp. 113-114.

80. *El País*, Madrid, 4 de marzo de 2000, pp. 1-2.

81. Straw, Jack, *Last man standing. Memoirs of a political survivor*, Londres, Pan Books, 2013, pp. 264-266.

82. Entrevista de Fernanda Paul a Jack Straw. *El Mercurio*, Santiago de Chile, 14 de octubre de 2018, cuerpo D, p. 9. En enero de 2006, el *British Medical Journal* propuso agregar un nuevo término al vocabulario médico: *El síndrome de Pinochet*. Estos eran los criterios para diagnosticarlo: «1) Mala salud, que 2) se cita como motivo para retrasar o detener procesos de extradición o investigaciones judiciales por crímenes contra la humanidad iniciados contra 3) líderes nacionales depuestos o que ya han abandonado el cargo». Aquel artículo mencionaba varios casos en que Pinochet u otros exdictadores eran «hospitalizados con regularidad justo antes de decisiones judiciales importantes». Muñoz, Heraldo, *La sombra del dictador*, Barcelona, Paidós, 2009, p. 332.

83. Sección Española de Amnistía Internacional, *Informe anual de Política Exterior y Derechos Humanos 2001*, Madrid, 2001, p. 31.

84. Castresana Fernández, Carlos, «Pinochet Ugarte y otros», *El País*, Madrid, 18 de diciembre de 2006, pp. 13-14.

15

Un soldado sin honor

Desde su regreso de Londres, el 3 de marzo de 2000, y hasta el final de sus días, Augusto Pinochet tuvo que responder ante los tribunales de justicia chilenos por su responsabilidad en las violaciones de los derechos humanos durante su régimen y, a partir de 2004, también por el origen de su fortuna personal, descubierta en decenas de cuentas en bancos extranjeros y paraísos fiscales. Estas revelaciones marcaron el final de la adhesión de la derecha y de una parte no menor de la sociedad a su figura y destruyeron el mito de la austeridad militar que había cultivado a lo largo de su vida. Pinochet falleció el 10 de diciembre de 2006, a los 91 años, procesado y bajo arresto domiciliario por diferentes causas judiciales, pero en su funeral en la Escuela Militar recibió honores como excomandante en jefe del Ejército. «El dictador terminó como un cadáver político y una ruina moral», escribe en sus memorias la abogada Carmen Hertz.[1]

La reinterpretación de la amnistía

En 1985, Carmen Hertz presentó la primera querella contra el general Sergio Arellano por la desaparición de su esposo, Carlos Berger, en Calama el 19 de octubre de 1973, en el marco de la Caravana de la Muerte, pero en apenas quince días fue archivada y además debió enfrentar una denuncia de las Fuerzas Armadas por infamias. El 24 de mayo de 1999, su hijo, el director de cine Germán Berger, y ella interpusieron otra denuncia contra Augusto Pinochet, Pedro Espinoza, Armando Fernández, Sergio Arellano, Sergio Arredondo y Marcelo Moren por los delitos de genocidio, asociación ilícita, homicidio calificado e inhumación ilegal cometidos contra este periodista, militante comunista y director de la radio El Loa de Chuquicamata en septiembre de 1973.

El 12 de junio de aquel año, el juez Juan Guzmán, instructor de todas las querellas presentadas contra Pinochet, decretó el procesamiento del general Arellano y otros cuatro oficiales implicados en estos crímenes y el 20 de julio, en un fallo trascendental, la Sala Penal de la Corte Suprema determinó, según la nueva doctrina asumida entonces por los tribunales de justicia, que Guzmán se había ajustado a la ley al decretar esos procesamientos por el delito de secuestro calificado. El decreto ley de amnistía, sentenciaron, no podía extender su manto sobre los casos de los detenidos desaparecidos.

Carmen Hertz calificó de «histórico» aquel fallo de la Corte Suprema puesto que rechazó el amparo solicitado por Arellano y los demás oficiales y había señalado que «el secuestro es un delito permanente, es decir, se sigue ejecutando mientras el secuestrado no aparece, como hemos afirmado siempre los abogados de derechos humanos». La posibilidad de derrumbar la impunidad decretada en abril de 1978 se abría paso por fin en Chile. En cuanto a la responsabilidad del exdictador en la Caravana de la Muerte, recordó que Arellano encabezó este operativo en calidad de «oficial delegado» suyo, tal y como este ya había reconocido ante el juez Guzmán. «Pinochet tiene una responsabilidad política y penal en estos crímenes puesto que Arellano cumplía sus instrucciones y sus órdenes.»[2]

La llamada «reinterpretación» del decreto ley de amnistía causó tan hondo malestar en el seno de la «familia militar» que abocó al general Ricardo Izurieta a expresar la solidaridad de las Fuerzas Armadas «con quienes, arriesgando sus vidas, afrontaron la subversión directa y valerosamente. No es éticamente aceptable juzgarlos por hechos acaecidos en un contexto en que imperaba la lógica de guerra y el odio impuesto por los enemigos de Chile».[3]

«No tienen conciencia del daño que causaron, creen que aquellos asesinatos fueron necesarios, creen que formaron parte de la guerra por la civilización, por la paz cristiana, contra el marxismo, que era el mal. Recordemos que el almirante Merino llamaba a los marxistas *humanoides*, no hombres», señaló entonces Tomás Moulian, al referirse a la visión histórica de las Fuerzas Armadas.[4]

Precisamente cuando por fin la justicia se abría camino, el ministro de Defensa, Edmundo Pérez, impulsó en agosto de 1999 la denominada Mesa de Diálogo, que integraron representantes de las Fuerzas Armadas, cuatro abogados de derechos humanos, miembros de varias confesiones religiosas y personalidades como Jaime Castillo Velasco y que desarrolló su trabajo hasta enero de 2001. Sin embargo, la izquierda, las agrupaciones de familiares y las organizaciones de derechos humanos la rechazaron y denunciaron la estrategia del gobierno y de las Fuerzas Armadas. «En Chile se cometieron crímenes muy graves, de lesa humanidad, para exterminar a un sector de la sociedad. Estos temas no se pueden debatir ni negociar», afirmó Carmen Hertz. Esta abogada denunció que la iniciativa, «ideada por el Comité de Planificación Estratégica del Ejército», pretendía «enviar una señal hacia el exterior para reforzar la estrategia del Gobierno para traer a Pinochet de vuelta».[5]

Cuando Pinochet aterrizó en Santiago, le esperaban ya sesenta querellas criminales presentadas en su contra por familiares de las víctimas, partidos políticos como el Socialista o la Juventud Demócrata Cristiana, organizaciones de derechos humanos y asociaciones profesionales y estudiantiles como la Federación de Estudiantes de la Universidad de Chile.

En las semanas anteriores a su retorno, en la Escuela de Inteligencia del Ejército, situada en la localidad de Nos, en la zona sur de Santiago, se quemaron miles de documentos microfilmados: eran los archivos de la DINA y la CNI, que en 1990 pasaron a la Dirección de Inteligencia del Ejército. Durante una década, aquella documentación quedó bajo la custodia de su Departamento de Contrainteligencia, en un lugar especialmente climatizado, mientras el Ejército negaba su existencia ante las continuas solicitudes de la justicia o de la Policía de Investigaciones.[6]

La investigación judicial de los crímenes de la Caravana de la Muerte situó a Pinochet ante un escenario jamás imaginado en Chile. El mismo 2 de marzo, mientras se despedía para siempre de Londres, siete abogados solicitaron al juez Guzmán la retirada de su inmunidad como senador vitalicio, requisito previo para que pudiera ser procesado. El 6 de marzo, Guzmán pidió a la Corte de Apelaciones de Santiago su desafuero ya que las pruebas le señalaban como «autor inductor» de estos crímenes. Al día siguiente, el Consejo de Defensa del Estado se hizo parte de esta causa.

El 5 de junio de 2000, la Corte de Apelaciones de Santiago acordó despojarle de su inmunidad al considerar que existían «fundadas sospechas» de su participación criminal en el secuestro, tortura y desaparición de diecinueve personas en la Caravana de la Muerte.[7] ¿Qué había sucedido en Chile para que el otrora intocable Pinochet sufriera aquella derrota? En opinión de Carmen Hertz, su detención en Londres aceleró una línea doctrinaria que ya existía en los tribunales chilenos. Por un lado, la calificación de secuestro —un delito de ejecución permanente— de la desaparición forzada de personas, por lo que no cabía ni la prescripción ni la aplicación de la amnistía. Además, la Corte Suprema señaló que estos delitos no debían ser investigados por la justicia militar porque no podían considerarse cometidos en actos de servicio. «Estos cambios han supuesto que más de setenta oficiales estén sometidos hoy a proceso por crímenes cometidos durante la dictadura», explicó esta abogada entonces.[8]

Apenas ocho días después del desafuero de Pinochet, el presidente Ricardo Lagos anunció los términos del acuerdo alcanzado por la Mesa de Diálogo en un solemne acto celebrado en La Moneda. El documento aprobado por todos los miembros de esta instancia asumió los planteamientos expresados durante años por los golpistas y tergiversó la historia al intentar justificar la destrucción del sistema democrático el 11 de septiembre de 1973 por la supuesta «espiral de violencia» que habría sufrido el país desde los años sesenta. No hicieron sino recuperar la vieja tesis que el propio dictador ya expusiera en 1986 en una de sus «obras menores»: «Desde mediados de la década del 60, se vivió en Chile un crecimiento del marxismo, con todas sus secuelas, convirtiéndose, además, en un instrumento de agresión permanente y total del imperialismo soviético, ya que, gracias al régimen político constitucional, le era posible a sus agentes externos e internos infiltrarse en los centros vitales del cuerpo social e incrementar su poder desde adentro para desquiciarlo todo».[9]

En el acuerdo de la Mesa de Diálogo, las Fuerzas Armadas se comprometieron a reunir en un plazo de seis meses la máxima información posible sobre el paradero de los detenidos desaparecidos y entregarla al presidente Lagos, quien a su vez la haría llegar a los tribunales de justicia. A cambio, los militares que colaboraran tendrían garantizado su anonimato, es decir, la impunidad. Después un juez se dedicaría a buscar, exhumar e identificar los restos de aquellas personas y a esclarecer las causas de su muerte, sin establecer la responsabilidad penal. Mientras que todos los partidos de la Concertación apoyaron este acuerdo, las organizaciones de derechos humanos, la mayoría de los abogados comprometidos con esta causa y el Partido Comunista expresaron su más firme rechazo.

El 8 de agosto de 2000, la Corte Suprema confirmó, por catorce votos a favor y seis en contra, el desafuero de Augusto Pinochet. Si el resultado del fallo fue mucho más amplio de lo esperado, su contenido fue realmente contundente porque desestimó todos los argumentos de la defensa y ratificó la medida no solo por las diecinueve desapariciones, sino también por los cincuenta y tres asesinatos de la Caravana de la Muerte y por el delito de asociación ilícita.[10]

«Esta es una gran victoria en la lucha contra la impunidad», proclamó Viviana Díaz, presidenta de la AFDD.[11] Por su parte, la secretaria general del PC, Gladys Marín, subrayó que «desde el 11 de septiembre de 1973 hemos luchado por lograr la verdad sobre las violaciones de los derechos humanos y el castigo para sus autores e inductores. Este triunfo demuestra que la tenacidad y los principios éticos son necesarios para construir una sociedad democrática»,[12] No obstante, también advirtió entonces de la intención del gobierno, la derecha y las Fuerzas Armadas de librar a Pinochet del juicio con el mismo argumento esgrimido por Straw a principios de año.[13]

En cambio, los sectores afines al exdictador descalificaron el fallo de la Corte Suprema por considerarlo fundado en razones políticas. «Hay un permanente ataque a las instituciones de la Defensa Nacional y un indisimulado objetivo de la izquierda marxista de destruir política y moralmente la obra del Gobierno que encabezó Pinochet», declaró Jorge Martínez Busch, excomandante en jefe de la Armada y senador designado.[14]

El 4 de septiembre, Augusto Pinochet y Lucía Hiriart escoltaron a su nieta María José Martínez cuando leyó su primera declaración pública después del retorno de Londres. «Con toda humildad pido a Dios que les dé a mis compatriotas la sabiduría necesaria para superar los conflictos del ayer (...), procurando que la obra lograda con tanto esfuerzo y sacrificio de todos los chilenos no se ponga en riesgo, perdure y se consolide en el tiempo.»[15]

El 25 de septiembre, Juan Guzmán dispuso que se le practicaran los exámenes de salud mental preceptivos para toda persona acusada mayor de 70 años. La legislación penal chilena establece que un acusado, con independencia de su edad, solo puede eludir el juicio si padece locura o demencia senil.

El 2 de noviembre, la Sala Sexta de la Corte de Apelaciones de Santiago ordenó a Guzmán que ampliara los exámenes médicos para determinar qué enfermedades neurológicas podían afectar su percepción psicológica. Al día siguiente, *La Tercera* tituló «Paso decisivo para cerrar el caso

Pinochet» y recordó que tres semanas antes el presidente Ricardo Lagos había asegurado a un grupo de empresarios que este proceso judicial terminaría «bien y pronto».[16]

El 1 de diciembre, el juez Guzmán decretó el procesamiento de Augusto Pinochet como autor intelectual de los cincuenta y tres homicidios y las diecinueve desapariciones de la Caravana de la Muerte, sin esperar a que se sometiera a los exámenes psiquiátricos y neurológicos, ni a la pertinente toma de declaración indagatoria.[17] Las reacciones más furibundas procedieron de los militares y en especial del comandante en jefe de la Armada, el almirante Jorge Arancibia, quien afirmó que la situación judicial de Pinochet «está tensionando en estos momentos a nuestra sociedad a un punto que es bastante crítico, y eso es inquietante».[18] Horas después de conocer la decisión de Guzmán, las Fuerzas Armadas exigieron al gobierno que convocara con urgencia el Consejo de Seguridad Nacional y, aunque en un primer momento el presidente Lagos rechazó la petición al argumentar que sería «inconstitucional», finalmente cedió.

El 11 de diciembre, en un fallo unánime, la Quinta Sala de la Corte de Apelaciones de Santiago acogió el recurso de amparo presentado por la defensa porque entendió que el juez debía interrogar a Pinochet antes de procesarle, pero no entró a valorar el fondo de la resolución, es decir, su responsabilidad en aquellos crímenes.

El 5 de enero de 2001, los comandantes en jefe de las tres ramas de las Fuerzas Armadas y de Carabineros entregaron a Lagos el informe final de la Mesa de Diálogo. Los uniformados aportaron una «información» muy escueta sobre doscientos detenidos desaparecidos (apenas la fecha de detención y el lugar donde se hallarían sus restos mortales) y aseguraron que 151 de esas personas habrían sido arrojadas al mar. Llamó la atención que la mayoría de los desaparecidos citados en este documento fueran militantes socialistas o comunistas y sorprendió la casi ausencia de miembros del MIR (apenas seis), la otra fuerza política perseguida con especial saña por la dictadura, pero que ya no existía como partido organizado.

La información aportada ignoraba las terribles torturas que aquellas personas sufrieron, tampoco identificó a sus secuestradores, torturadores y asesinos e incluso obvió la existencia de la DINA. «Como si en ese lapso no hubiese ocurrido nada, como si los institutos armados ignorasen lo que pasó entre ambas fechas», señaló en una declaración pública la Agrupación de Familiares de Detenidos Desaparecidos. No obstante, por primera vez las Fuerzas Armadas reconocieron una mínima parte de las violaciones de los derechos humanos.[19]

Al entregar el informe al país el 7 de enero en un discurso televisado, Ricardo Lagos proclamó que correspondía a la justicia verificar la «información» y exaltó «la fortaleza y el coraje que nuestras instituciones armadas —particularmente el Ejército— han tenido en la etapa que estamos viviendo. Una fortaleza y un coraje que merecen mi reconocimiento y el del país. Que no borra lo ocurrido, pero cuyo reconocimiento muestra de una manera muy clara la sincera reprobación de tales crímenes, la absoluta disposición a que nunca vuelvan a repetirse en nuestra patria».[20]

Interrogado y procesado

A principios de enero de 2001, el juez Juan Guzmán denunció las coacciones que recibía de La Moneda en sendas entrevistas con la BBC y *Le Monde*. «Las presiones han procedido de algunos sectores, entre los cuales está el Gobierno (...). La presión consistió primero en intentar que los exámenes fuesen mentales y físicos.» «¿Eso es precisamente lo que querían los abogados del general Pinochet?», le preguntó el periodista de la BBC. «En efecto, y la ley nuestra no habla de exámenes físicos», respondió Guzmán. «Lo que dice es que a las personas mayores de 70 años se les deben tomar exámenes mentales. El segundo grupo de presiones tuvo que ver con que no designara peritos adjuntos en psicología, psiquiatría y neurología. Pero tampoco di lugar a esas presiones que, por lo demás, son un insulto para cualquier juez del mundo. En ese caso, lo que yo hice fue decretar que sí debía haber un perito adjunto designado por cada una de las partes, esto es, querellantes y querellados.» Pero no solo recibió presiones desde el gobierno de Ricardo Lagos. En sus memorias, Juan Guzmán relató que debió enfrentar en aquellos días continuas recriminaciones de este estilo: «¡Te debes retirar del caso Pinochet o vas a traicionar a tu clase social!», le espetó «un viejo amigo».[21]

En los primeros días de 2001, los abogados del exdictador maniobraron para lograr una salida política y Pinochet se negó a comparecer ante Guzmán y a realizarse los exámenes médicos. Los generales Ricardo Izurieta y Emilio Cheyre tuvieron que visitarle en su casa de Los Boldos, a ciento veinte kilómetros de Santiago, para trasladarle el mensaje de que, si se negaba a cumplir lo dispuesto por la justicia, el Ejército le retiraría su apoyo. «Ustedes vinieron a amargarme la tarde», les respondió.[22] Así, el 15 de enero fue sometido a exámenes psiquiátricos y neurológicos por parte de especialistas del Servicio Médico Legal y del departamento de Medicina Legal de la Universidad de Chile y por los peritos propuestos por la defensa y la acusación.

Ocho días después, por primera vez fue interrogado por un juez chileno. En Los Boldos, preguntado por Juan Guzmán sobre el motivo del viaje de la comitiva que encabezó el general Arellano, respondió que «su misión era acelerar los procesos para instar a su pronta terminación, los que había que condenar, sentenciarlos y, para aquellos que no tenían mérito, sobreseerlos». A continuación, el juez le mostró el oficio original n.º 2425/376, fechado en Antofagasta el 31 de octubre de 1973, firmado por el general Joaquín Lagos, comandante de la I División del Ejército, que señalaba que habrían sido cincuenta y tres las personas ejecutadas por orden suya. «Lo que aparece en el resumen como personas ejecutadas por orden del comandante en jefe del Ejército, cincuenta y tres, es absolutamente falso. Yo no soy ningún criminal», repuso Pinochet, quien atribuyó la responsabilidad de aquellos asesinatos a los comandantes de las respectivas guarniciones.[23]

Guzmán describió así aquel encuentro: «Todo el mundo decía que nos harían entrar por la puerta de servicio. Pero no: tuvimos el honor de atravesar el umbral delantero. En el interior reinaba una especie de respeto absoluto, como si estuviéramos en el hogar de un dios vivo. (...) Para todos aquellos hombres (su abogado, un oficial), mi acusado seguía siendo el Presidente de Chile. Después, la entrevista se desarrolló con normalidad: Pinochet fue extremadamente educado. En la lógica de la situación, él habría tenido que exagerar su fatiga, simular senilidad, pero es demasiado orgulloso. Al contrario, se empeñó en demostrarme que conservaba bien la cabeza. (...) Al terminar el interrogatorio, hice copiar el acta y se la di para que la firmara. Después tomamos un café y hablamos con su esposa. Es uno de los episodios más surrealistas de mi vida: estaba allí dispuesto a meterle en la cárcel y nos dedicamos a hablar de la lluvia y el buen tiempo».[24]

Dos días después, en la entrevista concedida a Televisión Nacional de Chile, el general retirado Joaquín Lagos acusó a Pinochet de ser el máximo responsable de los crímenes de la Caravana de la Muerte.

El 29 de enero, Juan Guzmán volvió a decretar el procesamiento del exdictador «en su calidad de autor de los delitos de secuestro y homicidio calificado» cometidos en perjuicio de las setenta y dos personas víctimas de la Caravana de la Muerte. También ordenó su arresto domiciliario y rechazó la petición de la defensa de sobreseimiento temporal por demencia. La agente judicial de la Corte de Apelaciones de Santiago Rayén Durán fue la encargada de informarle personalmente el 31 de enero, minutos antes de las cuatro de la tarde, del contenido del auto dictado por Guzmán en compañía de funcionarios de la Policía de Investigaciones y de la secretaria del Segundo Juzgado de Letras de San Antonio, que actuó como testigo.[25]

El 1 de febrero, Gustavo Collao, uno de sus abogados, presentó un recurso de apelación ante la secretaría de la Corte de Apelaciones, y el 9 de marzo la Primera Sala de Verano de este tribunal mantuvo el procesamiento, pero rebajó los cargos de «autor» a «encubridor». En las siguientes semanas el equipo jurídico del general, dirigido por Pablo Rodríguez —líder del movimiento fascista Patria y Libertad entre 1970 y 1973—, emprendió una exitosa cruzada para impedir el cumplimiento de las sucesivas órdenes de Guzmán de tomarle la fotografía de rigor y las huellas dactilares, un trámite para cualquier procesado, pero que en este caso adquiría un especial y evidente simbolismo.

El 9 de julio, la Sexta Sala de la Corte de Apelaciones de Santiago resolvió, por dos votos contra uno, admitir el recurso de la defensa y sobreseer de manera temporal a Pinochet en el caso Caravana de la Muerte mientras estuviera afectado por una demencia subcortical de origen vascular leve a moderada. «Pinochet no se encuentra en una condición de capacidad mental que le permita ejercer con eficacia los derechos que le otorgan las garantías judiciales de las que debe gozar en todas las etapas del procedimiento del debido proceso», arguyeron los dos jueces que votaron a favor del sobreseimiento. Entonces no llegó a ser fichado, sino que se tomaron sus huellas dactilares y fotografías disponibles en el Servicio de Registro Civil e Identificación y se incorporaron a su ficha por orden del juez Guzmán.[26] Parecía que se había librado definitivamente de la acción de la justicia.

«Augusto Pinochet queda ante la Historia como un procesado por crímenes horribles y sobreseído por loco», aseguró en aquel momento el abogado Eduardo Contreras. «El fallo es producto de las presiones del Ejército y de la debilidad y de la falta de voluntad política del Gobierno de Lagos, que ha terminado favoreciendo la impunidad del dictador. Hasta el viernes pasado se sabía, por numerosos signos, que el fallo de la Corte de Apelaciones rechazaría el sobreseimiento; pero fue entonces cuando la inteligencia militar puso en marcha un vasto operativo y aquella noche se hizo circular la noticia de que Pinochet había muerto, creando un clima artificialmente tenso.»

«El sábado Lagos y los jefes del Ejército almorzaron en casa del ministro de Defensa y al salir el Presidente afirmó, y quizás le traicionó el subconsciente: "Estamos en junta médica". En efecto, allí se habló solo del caso Pinochet y de la forma de salir del paso, ya que esta semana iba a ser fichado por fin. Entonces, presionaron a uno de los miembros de la Sala y lograron dar la vuelta a su voto para sumarlo al del otro magistrado decididamente pinochetista.» Eduardo Contreras señaló que el fallo de la Sexta Sala era «ilegal» porque Pinochet no padecía demencia, como había reconocido su propia familia. «Pero el magistrado Cornelio Villarroel ha repetido los argumentos del abogado Pablo Rodríguez, defensor del dictador, e incluso ha citado, como él, normas de un Código nuevo que ni siquiera está vigente, lo que es abiertamente inconstitucional.»[27]

Un año después, el 1 de julio de 2002, la Corte Suprema decretó su sobreseimiento definitivo en el caso Caravana de la Muerte por su estado de demencia senil «irrecuperable». Solo tres días después, renunció al cargo de senador vitalicio a través de una carta dirigida al presidente del Senado, Andrés Zaldívar, que le entregó el cardenal Francisco Javier Errázuriz.[28]

Sin embargo, apenas diez días más tarde, Pinochet viajó a Iquique y desarrolló un intenso programa de actividades, que incluyó la visita a varias amistades y el recorrido de algunas zonas turísticas. En aquella ciudad Lucía Hiriart volvió a exhibir su carácter lenguaraz y en declaraciones a *El Nortino* coronó toda la polémica en torno a la «demencia» que padecería su esposo al responder así a la pregunta de una periodista sobre si fue él quien decidió viajar: «Por supuesto, pues linda... ¿cómo no va a ser una decisión personal si él es dueño y señor de decidir? ¿Usted no creerá esa estupidez de que está loco o demente?».[29]

A finales de diciembre de 2002, participó en distintos ágapes para despedir el año en el balneario de Rocas de Santo Domingo, donde instó a quienes le ofrecieron un almuerzo a «recuperar el Gobierno». También hizo gala de su buena memoria cuando se le acercaron para cantar aquellas estrofas que añadió a la Canción Nacional que ensalzan a los «valientes soldados».[30] Semanas después, en el verano de 2003, visitó junto con su esposa la región del Maule y en concreto Chanco. Alojado en la casa familiar de su sobrina Ximena Pinochet, fue la última vez que viajó a la tierra de sus antepasados por vía paterna, donde, cuando tenía 9 años, pasó unas vacaciones estivales. En Chanco visitó la centenaria iglesia de San Ambrosio e incluso el conjunto habitacional construido durante su régimen y que fue bautizado con su nombre. «Cuando mueren los elefantes van a morir a su tierra», dijo entonces Ximena Pinochet. «Esta es la verdadera tierra de Augusto... Por eso vuelve a Chanco. Vuelve a morir.»[31]

La primavera de la memoria

Hasta 1998, cada año Pinochet y sus partidarios celebraban de manera arrogante y en ocasiones provocadora la «gesta del 11 de septiembre», un día que además fue festivo en Chile hasta aquel año. El sistema político bipolar —Concertación y derecha—, con la izquierda excluida del Parlamento por la ley electoral, el duopolio mediático construido en torno a los grupos de *El Mercurio* y Copesa —este último editor de *La Tercera* y otros medios—, y el poder de los grandes conglomerados económicos, instaló una visión de la historia que consagraba el «fracaso» estrepitoso del gobierno de Salvador Allende y la justificación del golpe de Estado. Sin embargo, tras la detención de Pinochet en Londres y su enjuiciamiento en Chile por el caso Caravana de la Muerte, la situación cambió.

En septiembre de 2003, la conmemoración de los treinta años de la muerte del presidente Allende tuvo una expresión muy novedosa: por primera vez, las televisiones chilenas proyectaron documentales e imágenes del periodo 1970-1973 que ofrecían una imagen positiva del gobierno de la Unidad Popular. Además, fruto del proceso de recuperación de la memoria histórica, se celebraron multitud de actividades, exposiciones, ciclos de conferencias, seminarios... muy plurales sobre aquel periodo y en general sobre la historia del último medio siglo y se publicaron decenas de libros. Un año después, *Machuca*, la hermosa historia filmada por Andrés Wood, se convirtió en la película chilena más vista de siempre. Poco a poco, cambió incluso el lenguaje oficial y los «excesos» del «gobierno militar» pasaron a denominarse los «crímenes de la dictadura».

Asimismo, en aquellos meses todos los partidos políticos y el propio gobierno plantearon sus propuestas en materia de derechos humanos. El 12 de agosto el presidente Lagos se dirigió al país por televisión para pronunciar su discurso titulado «No hay mañana sin ayer», en el que anunció la creación de la Comisión sobre Prisión Política y Tortura. «Se violaron los derechos humanos: se asesinó, se torturó, se detuvo, se hizo desaparecer a personas. Sus familiares, y todo Chile, tienen el derecho y la necesidad de saber la verdad acerca de qué ocurrió con esas personas». En la parte final de su discurso, propugnó avanzar hacia «un Chile con un mañana compartido para nuestros hijos. Un mañana construido, no sobre la base engañosa y frágil del olvido, sino sobre la base sólida de nuestra memoria histórica».[32]

Y el 11 de septiembre, Lagos presidió la ceremonia de reapertura de la puerta de La Moneda ubicada en el número 80 de la calle Morandé, por donde tradicionalmente ingresaban los presidentes al palacio y por donde la tarde del golpe de Estado fueron sacados, detenidos, quienes acompañaron a Salvador Allende hasta el último instante y después, en su mayor parte, fueron asesinados. Los arquitectos de Pinochet habían hecho desaparecer aquella puerta durante los trabajos de reconstrucción.[33]

Por su parte, el 13 de junio de 2003, el comandante en jefe del Ejército, el general Emilio Cheyre, pronunció en Calama su particular «Nunca más», sobredimensionado por los medios de comunicación: «La sociedad, a través de todas sus autoridades —no solo el Gobierno—, tiene la oportunidad de enfrentar el problema en su conjunto. Me refiero al nunca más de una clase política que fue incapaz de controlar la crisis que culminó en septiembre de 1973. Nunca más a los sectores que nos incitaron y avalaron oficialmente nuestro actuar en la crisis que provocaron. Nunca más excesos, crímenes, violencia y terrorismo. Nunca más un sector ausente y espectador pasivo. En fin, nunca más una sociedad chilena dividida».

El 3 de julio, ocho generales del Ejército retirados suscribieron una declaración pública en la que reconocieron que existió la Operación Retiro de Televisores, la exhumación irregular de los restos de los detenidos desaparecidos de las fosas comunes. Los tenientes generales Herman Brady, César Benavides, Carlos Forestier, Washington Carrasco, Santiago Sinclair, Sergio Covarrubias, Jorge Lucar y Jorge Zinke —algunos de ellos parte del círculo más próximo al dictador durante años— aseguraron: «Más allá del juicio objetivo de las circunstancias y apremios que se vivieron en el ámbito nacional e internacional en los años del gobierno militar, estimamos que cualesquiera sean las condiciones bajo las cuales se efectuaron las exhumaciones, estas constituyen acciones que no se condicen con el recto proceder que debe orientar la conducta de un militar y, por tanto, son acreedoras al reproche, además de las responsabilidades conforme la ley puedan establecer. Lamentamos, asimismo, el dolor que estos hechos han producido».[34] Asumieron la responsabilidad que Pinochet jamás aceptó como su comandante en jefe.

En cambio, el 26 de agosto, dos mil personas se congregaron en Casa Piedra para rendir un homenaje al abogado y escritor Hermógenes Pérez de Arce, en una cena «por el rescate de la verdad histórica de Chile» a la que asistió Lucía Hiriart. En el que fue el acto más importante del «pinochetismo» en varios años, Pérez de Arce criticó al gobierno, al Poder Judicial y a Cheyre por los procesos abiertos contra centenares de militares. Y dos semanas después, frente al tibio «Nunca más» expresado por este en Calama, proclamó: «Bueno, él está diciendo: "Nunca más a los que nos empujaron a esto". Es como decir: "Nos empujaron a hacer algo malo". Yo le digo: ¿Y si hay otro Gobierno igual al de Allende, si viola la Constitución, si propone instalar un régimen totalitario, no va a intervenir? Entonces, le digo: ¡Otra vez! ¡No "nunca más"! Tiene que hacerlo. En bien de la Patria».[35]

El 23 de agosto, cuando sus partidarios más leales le visitaron para evocar el trigésimo aniversario de su ascenso a la jefatura del Ejército, Pinochet les apremió para que intentaran asentar el discurso de que el 11 de septiembre de 1973 no hubo un golpe de Estado, sino un «pronunciamiento», y confesó que se sentía «dolido» con los programas y publicaciones que recordaban aquellos hechos. «Siente que a Allende se lo está dejando como salvador y a él como el hombre que destruyó la democracia. Se siente dolido porque se está demoliendo una verdad histórica, pero sabe que nunca van a terminar los ataques a su persona mientras él esté vivo. Sé que a veces quisiera manifestar su rabia, pero se contiene», explicó el general retirado Luis Cortés Villa.[36]

El 11 de septiembre, el general Cheyre visitó a Pinochet, quien aquel día recibió también a casi un centenar de colaboradores de la dictadura y adherentes y en una breve ceremonia entregó la banda presidencial que utilizó entre marzo de 1981 y 1990 a su Fundación.[37] Todos los presentes entonaron la estrofa que el régimen añadió al himno nacional y Pinochet lo hizo «erguido como un mástil» y con mayor fuerza que el resto de los presentes.[38] En el exterior, apenas treinta personas le vitoreaban. Por la noche, con la ausencia del exdictador, cerca de tres mil quinientas personas se reunieron en Casa Piedra para celebrar el trigésimo aniversario del golpe de Estado, con Sergio Onofre Jarpa como principal orador, quien denunció «una campaña organizada por los sectores marxistas para deformar los hechos históricos».[39]

En cambio, aquella tarde la izquierda se concentró frente al palacio de La Moneda, junto a la estatua de Salvador Allende inaugurada en junio de 2000. Cerca de veinte mil personas escucharon a Humberto Martones, exministro del gobierno de la Unidad Popular, Lorena Pizarro, presidenta de la AFDD, y Gladys Marín y las canciones del trovador cubano Silvio Rodríguez.

El año 2003 tuvo un epílogo desastroso para Pinochet. El 24 de noviembre, el Canal 22 de Miami transmitió la última entrevista de prensa que concedió, a punto de cumplir 88 años, y que fue gestionada por su hija Jacqueline. Cuando la periodista María Elvira Salazar le recordó unas palabras suyas de 1994 («¿a quién le vamos a pedir perdón?»), el general, supuestamente afectado por una demencia senil, exhibió su buena memoria y recuperó su viejo argumentario: «¿A quién le pido perdón? Muchos dicen que hay que pedir perdón. ¿De qué? ¿De que una vez trataron de asesinarme en el Cajón del Maipo, que me atacaron por todos lados, murieron cinco guardias? ¿Se han olvidado de eso? Se han olvidado las veces que me pusieron bombas (...). Se han olvidado de muchas cosas, pero hay que recordarlas también. ¿Perdón de que íbamos a transformarnos en otra Cuba? ¡No! Por eso, el perdón tienen que pedírmelo ellos a mí». «Ellos son...», intervino la periodista. «Ellos son del otro lado, vale decir marxistas, comunistas», aclaró Pinochet, por si hiciera falta, quien además se definió como «un ángel bueno».

«Usted sabe, general, que hay mucha gente que piensa que usted se enriqueció y he visto que sus hijos tienen una situación difícil de trabajo porque el apellido Pinochet no siempre es bien visto. ¿O me equivoco?», prosiguió la periodista del Canal 22 de Miami. «Tiene razón: yo no me enriquecí, yo administré. Cuando me fui del poder, se revisaron todas las cuentas. Parece que este juez Garzón ordenó que se revisaran todas las cuentas, no había una cuenta bancaria. Todo salió negativo, salvo que montaran una máquina para echarme la culpa a mí. Nunca han visto, todo ha sido sin problema, allí no se han encontrado con ninguna sorpresa.» «Yo recibo rentas y rentas de otras actividades que tienen mis hijos. Puedo arreglarme, pero nosotros pasamos problemas económicos».[40]

Aquellas declaraciones tuvieron pésimas consecuencias para el anciano general, ya que el juez Juan Guzmán solicitó y analizó el vídeo de la entrevista, en la que se mostró lúcido, capaz de emitir juicios y de recordar hechos del pasado.[41] Además, su vida cotidiana, con salidas a restaurantes o a comprar libros, era conocida. El 23 de diciembre, Guzmán pidió a la Corte de Apelaciones de Santiago que se le retirara el fuero como expresidente de la República para investigar su participación en los crímenes de la Operación Cóndor. El 29 de mayo de 2004, la Corte de Apelaciones lo aprobó, por catorce votos contra nueve, un fallo que sería ratificado, por nueve votos a favor y ocho en contra, por la Corte Suprema el 26 de agosto, en un momento muy complejo para Pinochet: sus cuentas bancarias en el Banco Riggs habían salido a la luz pública. Su anhelo postrero se frustraba: en febrero de 2001 había manifestado a James R. Whelan que deseaba ser recordado «como un hombre que pensó solo en su país. Que no dio escándalos de platas, de corrupción».[42] El último mito empezaba a derrumbarse.

Los secretos del Banco Riggs

Después de los atentados terroristas del 11 de septiembre de 2001 en Estados Unidos y cómo Osama Bin Laden se vanaglorió de que conocía perfectamente los fallos de los sistemas financieros occidentales, Washington intentó mejorar su legislación contra el blanqueo de dinero. El 15 de julio de 2004, el senador demócrata Carl Levin presentó los resultados del informe *Lavado de dinero y corrupción internacional: aplicación y efectividad de la Ley Patriota*, elaborado por la Subcomisión Permanente de Investigaciones del Senado de Estados Unidos, que eligió como caso de estudio al Banco Riggs, una de las instituciones financieras más importantes de Washington. Después de un año de trabajo y la revisión de miles de documentos, el resultado fue impactante ya que se descubrió que durante años esta institución había realizado actividades financieras opacas e irregulares con Teodoro Obiang, dictador de Guinea Ecuatorial desde el golpe de Estado del 3 de agosto de 1979, y con Augusto Pinochet, con quien mantuvo, entre 1994 y 2002, una relación privilegiada. En un perfil de cliente de 1998, el Banco Riggs describía al general como un «profesional retirado que logró un gran éxito durante su carrera y que ha acumulado riqueza durante toda su vida de un modo legítimo». Y calculaba su capital personal neto entre cincuenta y cien millones de dólares.[43]

Según el informe del Senado estadounidense, Pinochet abrió por primera vez una cuenta en el Banco Riggs en 1994 y sus ejecutivos le ayudaron a establecer dos empresas fantasmas en el paraíso fiscal de las Bahamas y posteriormente, en nombre de estas compañías, abrió otras cuentas en Estados Unidos y el Reino Unido. Tuvo varias cuentas en el Riggs, que encubrió con identidades falsas (Daniel López, John Long, José P. Ugarte...), y sus depósitos fluctuaron entre los cuatro y los ocho millones de dólares. También se aclaró entonces que cuando en 1998 el juez Baltasar Garzón ordenó que sus cuentas bancarias fueran congeladas, el Riggs, al margen de la legalidad, le ayudó a traspasar en secreto un millón y medio de dólares desde la capital británica a Estados Unidos.

El citado informe concluyó con la reflexión que anotó un inspector: «Toda la relación entre el Banco Riggs y un personaje así me resulta increíble. La manera secreta en que se condujo esa relación también es increíble. Incluso, si uno interpreta de manera poco estricta las normas que obligan a los bancos a conocer a sus clientes, no logra comprender por qué el Riggs se arriesgó tanto al hacer transacciones con él». «El hecho de que tuvo el control total sobre la economía chilena hace dudar todavía más sobre el origen de su dinero.»[44]

El impacto nacional e internacional de estas revelaciones causó una fractura irreversible en el sector social que le apoyaba incondicionalmente. Ni siquiera la detención en Londres había menguado su imagen ante el 25 % de la población chilena que, según las encuestas de opinión, aún señalaban que había sido el mejor gobernante del país en el siglo XX.[45] Muchos de quienes justificaban el golpe de Estado y las violaciones masivas y sistemáticas de los derechos humanos y que le exaltaban como el héroe de la lucha contra el comunismo, no admitieron que se demostrara que tenía una fortuna personal imposible de justificar con sus ingresos. A partir de entonces y hasta 2018, cuando empezó el *revival* del pinochetismo, muy pocos chilenos se atrevían a identificarse públicamente con él. El mito de la austeridad del dictador y su régimen tenía pies de barro: Pinochet había permitido que durante su régimen, con las privatizaciones y la penetración del mercado y el lucro en todas las esferas de la sociedad, los grandes empresarios amasaran fortunas formidables, pero él era incorruptible... Era un déspota, pero habría sido un déspota modernizador según la imagen construida durante la transición.

La derecha, que le había defendido a ultranza, se alejó mayoritariamente de su figura. Incluso el presidente del partido más pinochetista, la UDI, Hernán Larraín, también presidente del Senado, señaló que no «pondría las manos al fuego» por el octogenario general y que, en caso de existir irregularidades, debería someterse a la justicia. Por su parte, el diputado de RN Alberto Cardemil, portavoz del régimen en la noche del plebiscito de 1988, declaró compungido: «Mucha gente que nos jugamos a fondo por la defensa del gobierno militar, civiles y militares que trabajamos abnegadamente por una obra de bien común, dejando incluso intereses personales a un lado, tenemos hoy una sensación de incomodidad, de preocupación y dolor».[46] También en el mundo empresarial cambió la percepción de su figura, ya que además la generación de empresarios vinculados a la dictadura, que lo había defendido a ultranza cuando estuvo en Londres, había sido reemplazada en los primeros años del siglo XXI por personas que tendieron puentes muy estrechos con el gobierno de Ricardo Lagos, al que exaltaron por su eficiencia económica y su sujeción a los límites del modelo neoliberal.

Mientras tanto, las causas judiciales por las violaciones de los derechos humanos recuperaban su vigor y volvían a arrinconarle. El 25 de septiembre de 2004, el juez Guzmán le interrogó durante casi treinta minutos en su casa de La Dehesa acerca de la Operación Cóndor y su vinculación con la desaparición de personas en el marco de esta. No recordaba nada, aseguró. «Yo era Presidente y después estaban los servicios de inteligencia, eso era otra cosa, me imagino de mandos medios. Ni cóndor, ni nada de eso era problema mío.» No obstante, el magistrado insistió y le mencionó a veinticuatro ciudadanos chilenos, entre ellos Edgardo Enríquez, víctimas de la Operación Cóndor entre 1975 y 1981. «No conozco a ninguna de esas personas por las cuales se me pregunta.»[47]

En noviembre, la Sala Penal de la Corte Suprema adoptó una resolución esencial puesto que decretó, por unanimidad, que el decreto ley de amnistía no podía aplicarse a los casos de detenidos desaparecidos y ratificó las condenas de Manuel Contreras, Miguel Krassnoff, Marcelo Moren y otros agentes de la DINA por la desaparición del sastre Miguel Ángel Sandoval, militante del MIR, en enero de 1975.

El 28 de noviembre, el presidente Lagos entregó al país el *Informe de la Comisión Nacional sobre Prisión Política y*

Tortura, conocido como Informe Valech, por el obispo católico Sergio Valech, que la presidió. Recogió el testimonio de más de 35.000 personas y fueron reconocidas como víctimas 28.459; de ellas, 1.244 eran menores de 18 años cuando sucedieron los hechos y 176 menores de 13 años.[48] Además, la Comisión Valech identificó 1.132 recintos de tortura.[49] No obstante, durante medio siglo el más absoluto de los secretos oficiales protegerá a los responsables de estas atrocidades. El Ejército acató su contenido y conclusiones, al contrario de lo que sucediera con el Informe Rettig. Pinochet, por su parte, guardó silencio.

El 13 de diciembre, el juez Guzmán decretó su procesamiento y detención domiciliaria como autor de nueve secuestros y un homicidio en el marco de la Operación Cóndor y señaló que se hallaba «en condiciones mentales aptas para enfrentar un juicio criminal en Chile».

La situación se complicó aún más para el exdictador ante las noticias procedentes de Washington. A fines de noviembre de 2004, la Subcomisión Permanente de Investigaciones del Senado de Estados Unidos incluyó en su informe definitivo, de casi mil seiscientas páginas, un anexo documental que incluía el documento titulado *Comisiones de servicio en el extranjero*, elaborado por el Ministerio de Defensa de Chile y que en 2002 Pinochet había entregado a la ejecutiva del Banco Riggs Carol Thompson, después de que esta le solicitara una justificación de sus ingresos, ya que la legislación sobre lavado de dinero se había endurecido con la aprobación de la Ley Patriota.

Este documento reveló que entre 1974 y 1977, con motivo de sus viajes al extranjero, recibió al menos 6,8 millones de dólares de las arcas públicas: de cara a su desplazamiento a Brasil en marzo de 1974, ochocientos mil dólares;

con ocasión de su viaje a Paraguay en mayo de 1974, un millón y medio; para la asistencia al funeral de Franco en noviembre de 1975, un millón de dólares; ante su viaje a Argentina en 1976, medio millón de dólares; y con motivo de su viaje a Estados Unidos en 1977, tres millones de dólares. Ninguno de estos desplazamientos tuvo una duración superior a los cinco días.

En 2002, la Oficina de Contralor de Moneda de Estados Unidos consideró que la información para establecer la riqueza de Pinochet era «insuficiente» y así lo admitieron también los directivos del Banco Riggs.[50] Esta institución tuvo que pagar cerca de cuarenta y un millones de dólares en multas civiles y penales por no vigilar el blanqueo de dinero internacional.[51] Además, la Fundación Presidente Allende de España logró que donara en 2005 más de ocho millones de dólares, que fueron distribuidos entre más de veintidós mil víctimas de la dictadura cívico-militar.[52]

El 18 de diciembre de 2004, Pinochet fue ingresado en el Hospital Militar después de sufrir un accidente cerebro-vascular con pérdida de conciencia.[53] Dos días después, la Corte de Apelaciones de Santiago rechazó el recurso de amparo presentado por sus abogados y ratificó las medidas adoptadas por Guzmán y el 4 de enero de 2005 la Corte Suprema lo ratificó. Quedó bajo arresto domiciliario en su parcela de Los Boldos, después de que funcionarios judiciales le notificaran el procesamiento. En aquellos días, el corresponsal del diario *El País*, Manuel Délano, escribió: «A los 89 años, huérfano del apoyo político de la derecha para la que hizo el *trabajo sucio* en la dictadura, con un Ejército que busca dejar atrás su pasado, y varios jueces pisándole los talones, Pinochet ya no es hoy ni la sombra del que alguna vez dijera en el cénit de su poder que en Chile no se movía una hoja sin que él lo supiera. No hubo ayer voces influyentes que lo defendieran...».[54]

En 2004, los abogados Carmen Hertz y Alfonso Insunza fueron los primeros en presentar una denuncia en Chile contra Pinochet por el caso Riggs. La Corte Suprema nombró al magistrado de la Corte de Apelaciones de Santiago, Sergio Muñoz, para que investigara su fortuna. Muñoz solicitó a varias entidades nacionales la recopilación de información y tuvo que abrir varios cuadernos dentro de la causa: utilización de pasaportes falsos, compraventa de armamento, delitos tributarios, malversación de caudales públicos... El 10 de diciembre de aquel año, embargó y congeló dos mil quinientos millones de pesos en bienes y siete millones de dólares en depósitos pertenecientes a Pinochet. En abril de 2005 ordenó la detención y el procesamiento de su secretaria personal, Mónica Ananías, y de su albacea y administrador, Óscar Aitken, acusados en calidad de cómplices en la evasión tributaria que supuestamente Pinochet cometió entre 1998 y 2004 con un perjuicio fiscal de mil quinientos millones de pesos.

En junio de 2005, Muñoz entregó la primera estimación de la fortuna de Pinochet y su familia y la aproximó a veintisiete millones de dólares, casi el triple de lo calculado por Estados Unidos, de los que casi veinticuatro millones correspondían a depósitos de capital, intereses e inversiones en cuentas extranjeras.[55] Por su parte, el periodista Manuel Salazar ha escrito que llegó a tener hasta veintiocho cuentas y depósitos financieros en el Riggs y otras cien cuentas bancarias en entidades de Estados Unidos, las Bahamas, Islas Caimán, Gibraltar, España (en el Banco Atlántico), Suiza, el Reino Unido, Argentina y Chile.[56] Y, según señaló el Consejo de Defensa del Estado, otro de los orígenes de su fortuna fueron las comisiones que percibió por el armamento que el Ejército chileno compraba a empresas extranjeras. De hecho, una buena parte de sus viajes fuera de Chile entre 1990 y 1997 obedecieron a invitaciones de empresas de este rubro. Los rumores al respecto se remontan a los años ochenta, a la guerra Irán-Irak y los negocios del empresario Carlos Cardoen, y principios de los noventa, con el contrabando de armas a Croacia, en plena guerra de los Balcanes.[57]

El magistrado Sergio Muñoz retiró el fuero a Pinochet por los delitos de adulteración de la declaración de bienes, declaración de impuestos intencionadamente incompleta y falsificación de pasaportes, que utilizó para abrir las cuentas bancarias en el extranjero. El 10 de agosto de 2005, procesó a Lucía Hiriart, quien quedó detenida en el Hospital Militar, y a Marco Antonio Pinochet por complicidad.

Precisamente en aquellas semanas, en concreto el 13 de julio de 2005, el Senado aprobó las reformas constitucionales que derogaron casi todos los «enclaves autoritarios», parte esencial del legado institucional de la dictadura: fin de los senadores designados y vitalicios; anulación del principio que convertía a las Fuerzas Armadas en «garantes» de la institucionalidad; recuperación por el presidente de la República de la facultad de llamar a retiro a los comandantes en jefe de las Fuerzas Armadas; sensible reducción de las atribuciones del Consejo de Seguridad Nacional —que desde entonces ya solo puede ser convocado por el presidente de la República— y aumento de la capacidad de fiscalización de la Cámara de Diputados sobre el gobierno.[58]

En octubre de aquel año, el juez Sergio Muñoz fue apartado de la investigación por el gobierno al designarle miembro de la Corte Suprema y fue reemplazado por Carlos Cerda, uno de los pocos jueces que se atrevió a investigar los crímenes durante la dictadura: en 1986 indagó acerca de la actuación del denominado Comando Conjunto, integrado esencialmente por oficiales de la Fuerza Aérea. En aquel momento, el sumario ya acumulaba cien tomos y decenas de miles de páginas.

Entre el 8 y el 17 de noviembre de 2005, Carlos Cerda interrogó al dictador en cuatro ocasiones en sesiones de tres horas. Conocemos el contenido de la del 10 de noviembre. El magistrado le preguntó por sus cuentas en el extranjero, en bancos de Nueva York, Bahamas o Miami y por algunas de las propiedades que adquirió en Chile. «No me acuerdo», «no podría decirle yo»... fueron sus respuestas. Ni siquiera decía reconocer su firma en los documentos que se le mostraban. «Son tantos años que me llevan pegando que ya se me ha olvidado todo porque la memoria me está fallando; si a usted el otro día lo reconozco que estuvo aquí, pero no sé qué hablamos los dos. Es un papel muy doloroso, pero parece que yo no quisiera, magistrado, entregarle todo lo que pudiera, pero no tengo nada, no me acuerdo nada de nada, porque se me olvida.»[59]

Días después, Cerda procesó a Pinochet por la utilización y falsificación de pasaportes, la adulteración de instrumento público, la declaración maliciosa de bienes y delitos tributarios. El 23 de noviembre de 2005, dos días antes de cumplir 90 años, quedó con arresto domiciliario. La defensa, a cargo de Pablo Rodríguez, apeló la resolución y la Corte de Apelaciones resolvió desechar dos de los cuatro ilícitos.[60]

El 23 de enero de 2006, el juez procesó a la esposa e hijos de Pinochet como autores de declaraciones maliciosamente incompletas, omisión de rentas y pasaportes falsos. Lucía Pinochet protagonizó un episodio bochornoso cuando no se presentó ante la justicia y huyó a Estados Unidos, donde llegó a solicitar el estatuto de refugiada, aunque finalmente regresó a Chile. Pinochet, Lucía Hiriart y sus hijos fueron fichados en esta causa judicial.[61]

A lo largo de 2006, su defensa hizo todo lo posible por dilatar el procedimiento e incluso logró inhabilitar temporalmente al juez Cerda, aunque este consiguió concluir las investigaciones sobre la utilización de pasaportes y la evasión de capitales y estaba a punto de dictar condena cuando falleció. Varias ramificaciones de aquella causa judicial continúan en la actualidad y han llevado al cierre de CEMA-Chile y la devolución de su ingente patrimonio al Estado.

Una arista especialmente interesante de toda esta larga investigación judicial conduce a la biblioteca privada de Pinochet, cuyo origen los abogados querellantes solicitaron que se investigara. El dictador gustaba de mostrarla con orgullo a periodistas y visitantes. Contenía sobre todo libros de historia, geografía y geopolítica, materias en las que se preciaba de poseer conocimientos profundos... En septiembre de 1984, una redactora de *La Nación*, Viviana Agruña, le preguntó cómo la había formado: «Ello se remonta a los inicios de mi carrera militar. En esa época se nos exigía a todos los oficiales tener una serie de textos relacionados con nuestras labores: Código de Justicia Militar, Reglamento de disciplina, reglamentos sobre diversos periodos de instrucción, *El arte de mandar*, de André Gavet, entre otros. Además, era obligación tener obras de cultura general que se obtenían comprando un libro mensual cuyos autores o títulos quedaban al criterio del comandante del batallón. Con todos estos textos formábamos lo que entonces se llamaba Biblioteca del Oficial. El cumplimiento de estas exigencias se comprobaba en las visitas que, cada cierto tiempo, se efectuaban a los oficiales en sus habitaciones». Como los sueldos no eran muy elevados, acostumbraba a comprar en librerías de viejo, como las de la popular calle San Diego de Santiago, los textos que necesitaría para el semestre siguiente. «En esta forma nació mi biblioteca, la que me ha acompañado en mi carrera por diversos lugares, obligándome en los traslados a dejarla almacenada por largos periodos.» Recordó incluso que en Ecuador adquirió muchas obras de historia, geografía y política internacional y tuvo contacto con el Instituto de Cultura Hispánica franquista, que le proporcionó numerosos textos.[62]

En el ocaso de su vida, la mayor parte de su biblioteca estaba en su casa de Los Boldos y sumaba miles de volúmenes de una colección que, en su mejor momento, llegó a los cincuenta y cinco mil libros, marcados con su exlibris. Los peritos designados por el juez Cerda en enero de 2006, después de casi cuatrocientas horas de trabajo, determinaron su valor: dos millones ochocientos cuarenta mil dólares.[63] En su declaración de bienes de septiembre de 1973 declaró que el valor de su biblioteca era de setecientos cincuenta mil escudos, que correspondían a algo más de seis millones de pesos en 2006, es decir, unos doce mil dólares.

Entre las joyas bibliográficas que reunió destacan una primera edición de la *Histórica relación del Reyno de Chile* (1646) de Alonso de Ovalle, sendos ejemplares de *La Araucana* del siglo XVIII, una parte de la biblioteca privada del presidente José Manuel Balmaceda y una carta original de Bernardo O'Higgins. O un ejemplar de una biografía de Franco dedicada a él por Manuel Fraga. Tampoco podía faltar *Operación Siglo XX*, el libro que Patricia Verdugo y Carmen Hertz escribieron acerca de aquella emboscada en el Cajón del Maipo...

«No es cierto y, si fuese cierto, no me acuerdo»

Al cumplir 65 años en 2005, el juez Juan Guzmán se acogió a la jubilación y la Corte Suprema designó al juez Víctor Montiglio para investigar las principales causas de derechos humanos. El 14 de noviembre de aquel año, a once días de cumplir 90 años, Montiglio interrogó a Pinochet en su casa de La Dehesa durante casi tres horas. Le explicó que estaba tramitando varios procesos criminales por hechos ocurridos entre fines de septiembre de 1973 y fines de 1975, en los que se investigaba la existencia de detenciones ilegales, secuestros calificados y homicidios calificados y le exhortó a decir la verdad y a responder de manera clara y precisa a sus preguntas.

Con verdadera paciencia le formuló sus preguntas y se encontró con un discurso monocorde en las respuestas. Le cuestionó si la Junta de Gobierno prohibió y consideró asociaciones ilícitas penadas criminalmente al PC, PS y otras organizaciones marxistas. «Tiene que haber sido así, no me acuerdo de nada.» Le interrogó de manera muy concreta, con varias preguntas, acerca de la creación de la DINA, su relación con Manuel Contreras y la acción represiva de este organismo y las torturas sistemáticas a los detenidos en centros como Londres 38, José Domingo Cañas o Villa Grimaldi. «No me acuerdo de nada», fue la respuesta más usual.

Asimismo, le preguntó sobre si él, como comandante en jefe del Ejército, ejerció «el mando de la guerra antisubversiva» y si «le correspondía decidir en forma exclusiva si se procedía a la detención, privación de libertad, liberación o eliminación de los opositores, conforme a las propuestas efectuadas por el director de la DINA, pudiendo ser su destino, en caso que se haya dispuesto su eliminación, una fosa común o clandestina o eran arrojados al mar con ayuda del personal del Comando Aéreo del Ejército». «No me acuerdo de nada. Pero hay documentos firmados donde se prohibía eso, yo tenía otras actividades, no me podía dedicar a estas cosas. Yo tenía mil actividades, el país tenía mil problemas, este país estaba quebrado, tenía que buscar la forma de sacar el país hacia arriba. No podía preocuparme de esos detalles. La gente cuando se ve con problemas...»

Y le cuestionó por la denominada Operación Retiro de Televisores, puesta en marcha a fines de 1978, por una orden expresa suya, después el hallazgo de Lonquén. «Efectividad que frente a la posibilidad de que fueren encontrados los cadáveres sepultados en las fosas clandestinas, dispuso la exhumación de los restos y que posteriormente fueran arrojados en bolsas al mar», le preguntó Montiglio. «No tuve idea. No me acuerdo de nada de esas cosas, porque habría costado el puesto del que estaba a cargo y de los oficiales si se hubieran metido en cosas así. Yo di disposiciones exactas para evitar estos excesos...» También le interrogó acerca de si él, como presidente de la Junta y más tarde como presidente de la República, fue el «jefe directo de la DINA». La respuesta de Pinochet fue, ciertamente, «memorable»: «No me acuerdo, pero no es cierto. No es cierto y, si fuese cierto, no me acuerdo». A petición del juez, también se pronunció sobre si «lamenta las muertes que se produjeron durante su gobierno». «Lamento y sufro por estas pérdidas. Pero Dios hace las cosas, él me perdonará, si me excedí en alguna, que no creo.»[64]

Y la muerte venció a la justicia...

Así lo señaló Mario Benedetti cuando conoció el fallecimiento de Pinochet, al lamentar que no llegara a ser condenado por los tribunales.

Al final de sus días, Augusto Pinochet vivió entre su casa de La Dehesa y su parcela de Los Boldos, rodeado de su familia y un grupo de médicos y militares. Un numeroso aparato de seguridad, proporcionado por el Ejército, y un gran número de personal le seguían tratando como si fuera el presidente de la República. La derecha política, el alto mando del Ejército y el empresariado se habían alejado de él. Su alimentación estaba controlada de manera muy estricta y pasaba cada vez más tiempo en cama. Su mirada fría, que en el pasado atemorizó a sus colaboradores, dejó paso a unos ojos cansados, propios de un anciano de 91 años, como se apreció en la que fue su última aparición pública el 25 de noviembre de 2006.[65] Aquel día, su esposa leyó la que fue su última declaración en vida: «Asumo la responsabilidad política de todo lo obrado en la conducción de aquello que no tuvo otro norte que engrandecer a Chile y evitar su desintegración». «Hoy y cerca del final de mis días, quiero manifestar que no guardo rencor a nadie, que amo a mi patria por encima de todo.» «Todos los vejámenes, persecuciones e injusticias que me afectan a mí y a mi familia los ofrezco gustoso en aras de la armonía y la paz que debe reinar entre los chilenos.» Desde luego, sus últimos cumpleaños ya no fueron las celebraciones masivas que se organizaron hasta 1997. Y, además, en sus últimos años sus cinco hijos se enzarzaron en sucesivas disputas familiares.[66]

El domingo 10 de diciembre de 2006 amaneció con mejor estado de salud en la habitación del Hospital Militar donde estaba ingresado desde hacía varios días e incluso los médicos hablaron de darle el alta y trasladarle a Los Boldos para favorecer su recuperación. Recibió las visitas del diputado Iván Moreira y del general retirado Luis Cortes

Villa, director ejecutivo de su Fundación, y a las puertas del hospital había ya decenas de partidarios que vitorearon a Lucía Hiriart cuando llegó a la una de la tarde. Hacia la una y media, Pinochet sufrió una repentina descompensación que los médicos no pudieron revertir en la sala de cuidados intensivos. «Lucy...» fue la última palabra que atinó a pronunciar antes de expirar a las dos y cuarto de la tarde.[67]

Chile volvió a paralizarse, por última vez, por Pinochet. Desde que se conoció la noticia, se desencadenó un torrente de declaraciones y opiniones. Aproximadamente cuatro mil personas se concentraron ante el Hospital Militar para vitorearle y algunos de los reunidos agredieron a un repartidor de pizza porque confundieron la bandera roja de su empresa con una enseña comunista.[68]

Mientras tanto, en la plaza Italia más de cinco mil personas festejaban la muerte del exdictador al grito de «Ya cayó». *The Clinic* publicó los testimonios de varias personas que ese día acudieron al corazón de la capital chilena. «Desde que tengo 8 años que prendo la radio para saber si se murió Pinochet. Y ahora estoy feliz. Pinochet me cagó mi juventud. Me acuerdo cuando se llevaron presos a mis papás...», señaló el actor Rodrigo Muñoz. «Hoy disfruto de la alegría más grande, porque le abrieron las puertas del infierno a este desgraciado. Fui exonerada y aparezco en la Comisión Valech», afirmó Delia Rodríguez. «Esto es una fiesta a nivel mundial, porque muchos chilenos tuvimos que partir en un exilio gigantesco. Yo tuve que irme a Bélgica...», dijo Rubén Riveros. «Este es mi homenaje al Presidente Allende, en quien yo creía. Aquí honro su memoria. La justicia se truncó, la muerte de Pinochet se llevó miles de historias, pero aun así nunca hubiese podido pagar por todo el dolor que provocó», indicó Ester Montecinos.[69]

De inmediato, la presidenta Michelle Bachelet, que llevaba ocho meses en La Moneda, comunicó al comandante en jefe del Ejército, el general Óscar Izurieta, que no iba a decretar duelo nacional, que todos los rituales con motivo de su funeral quedaban en manos del Ejército y que la ministra de Defensa, Vivianne Blanlot, representaría al Ejecutivo en la misa que tendría lugar en la Escuela Militar el 12 de diciembre.[70]

Augusto Pinochet murió procesado por crímenes contra la humanidad y bajo detención domiciliaria por los casos Caravana de la Muerte, Operación Colombo y Villa Grimaldi y desaforado por el asesinato del químico de la DINA Eugenio Berríos y la desaparición del sacerdote valenciano Antonio Llidó. Además, en diciembre de 2006 el número de querellas criminales presentadas contra él en Chile se aproximaba ya a las trescientas.[71] En cuanto al caso Riggs, estaba procesado por declaración maliciosa de impuestos y uso de pasaportes falsos.

El 11 de diciembre, la vida transcurrió con normalidad en Chile mientras el cadáver del exdictador, vestido con su uniforme de gala, en un ataúd semidescubierto donde colocaron su banda presidencial y una réplica de la espada de O'Higgins, era velado en el vestíbulo central de la Escuela Militar, por donde desfilaron alrededor de cuarenta mil personas según Carabineros.[72] Algunos jóvenes se cuadraron ante él y extendieron el brazo, emulando el saludo fascista. Francisco Cuadrado Prats, nieto del general Carlos Prats y de Sofía Cuthbert, hizo toda la fila, esperó su turno y al estar frente al féretro escupió sobre el cristal que cubría su rostro.

El 12 de diciembre, cuatro mil personas asistieron al funeral en la Escuela Militar y la ministra de Defensa, Vivianne Blanlot (vestida de blanco), aguantó estoicamente los insultos. Ocho personas tomaron la palabra. «Es el padre de la modernización de Chile», aseguró el exministro Carlos Cáceres. «Sembró la llama de la libertad un día de septiembre de 1973», afirmó su primogénita, Lucía. «Era uno de los líderes más prominentes de su época a nivel mundial, un hombre que derrotó en plena Guerra Fría al modelo marxista que pretendía imponer su modelo totalitario no mediante el voto, sino más bien derechamente por el medio armado», aseguró el capitán de Ejército Augusto Pinochet Molina, vestido de uniforme, el único de sus nietos que siguió la carrera militar, quien fue muy aplaudido también cuando criticó a los jueces que le habían procesado en los últimos años de su vida.[73] Cerró las intervenciones el comandante en jefe, el general Óscar Izurieta, quien se refirió a los crímenes de la dictadura y fue pifiado por ello: «La situación de los derechos humanos constituye uno de los aspectos más controvertidos de su gestión».

Al terminar el funeral, el ataúd fue subido a un helicóptero y llevado a Concón, donde fue incinerado en el crematorio del cementerio Parque del Mar. Pinochet rechazó ser inhumado en el mausoleo familiar del Cementerio General, donde reposan sus padres y sus suegros, y pidió que sus cenizas se depositaran bajo una lápida de mármol en la capilla de su parcela de Los Boldos. Como escribió en aquellos días Mónica González, su prontuario le condenó a no tener una tumba donde le pusieran flores o se reunieran para recordarle, como sí sucede ante el Memorial que evoca a los detenidos desaparecidos y los ejecutados políticos o ante las tumbas de Salvador Allende, Víctor Jara, Orlando Letelier o Miguel Enríquez.[74]

El 13 de diciembre, el Ejército expulsó de sus filas a Augusto Pinochet Molina. «Un oficial, saltándose la línea de mando, sin autorización para hablar, irrumpió expresando opiniones políticas en contra de un poder del Estado y de sectores de la sociedad civil. Esto constituye una falta gravísima», expresó la presidenta Bachelet.[75]

Como hiciera Francisco Franco en 1975, el 24 de diciembre se dio a conocer su mensaje póstumo «a mis compatriotas», consagrado enteramente a justificar, ya por última vez pero con sus argumentos de siempre, el golpe de Estado del 11 de septiembre de 1973 y la actuación de su régimen.[76] En pocos lugares hubo actos en memoria de Pinochet. El 1 de enero de 2007, en la iglesia madrileña de San Fermín de los Navarros se celebró una misa en su memoria, en la que tomó la palabra uno de los «dinosaurios» del fascismo español, Blas Piñar, quien leyó un texto: «Ejemplo de valor y de patriotismo, amigo entrañable de España y católico practicante, Augusto Pinochet merecía que así se destacase de modo explícito, cuando las ofensas de que ha sido objeto han pretendido enlodar su figura...».[77]

En 2014, la biblioteca de la Academia de Guerra dejó de denominarse Biblioteca Presidente Augusto Pinochet Ugarte y se despojó de su nombre a la medalla que la Escuela Militar otorga anualmente al oficial graduado de esta institución con una mayor antigüedad familiar en el Ejército: la Medalla comandante en jefe del Ejército, capitán general Augusto Pinochet Ugarte pasó a denominarse Medalla comandante en jefe del Ejército. Asimismo, a diferencia de René Schneider y Carlos Prats, ninguna unidad del Ejército de Chile lleva su nombre.[78]

Días después de su fallecimiento, Juan Guzmán, el primer juez que le interrogó y procesó en Chile por los crímenes de sus subordinados, aseguró que fue «una persona que no cumplió con su deber». «No fue un militar consecuente con su juramento.»[79] Por esa razón, y a pesar de los esfuerzos de sus nuevos y más recientes panegiristas, Augusto Pinochet será recordado como un soldado sin honor.

Notas

1. Hertz, Carmen, *La historia fue otra. Memorias*, Santiago de Chile, Debate, 2017, p. 283.
2. Entrevista a Carmen Hertz del autor. *Cambio 16*, Madrid, 4 de octubre de 1999, p. 38.
3. *La Tercera*, Santiago de Chile, 10 de noviembre de 1999, p. 2.
4. «Memoria, pactos, consenso y democracia». Mesa redonda en la Universidad de Chile. Santiago de Chile, 17 de agosto de 1999. Apuntes del autor.
5. Entrevista a Carmen Hertz del autor. *Cambio 16*, Madrid, 4 de octubre de 1999, p. 38.
6. Bonnefoy, Pascale, «Cómo los archivos en microfilme de la dictadura de Pinochet se hicieron humo», *The New York Times*, Edición en español, Nueva York, 30 de octubre de 2017, en Nytimes.com <https://www.nytimes.com/es/2017/10/30/chile-archivos-pinochet-dictadura/>.
7. Entrevista a Eduardo Contreras del autor. *Tiempo*, Madrid, 26 de junio de 2000, p. 48.
8. Entrevista a Carmen Hertz del autor. *El Mundo*, Madrid, 11 de junio de 2000, p. 32.
9. Pinochet Ugarte (1986), p. 22.
10. Entrevista a Carmen Hertz del autor. *Diario 16*, Madrid, 10 de agosto de 2000, p. 19.
11. Entrevista a Viviana Díaz del autor. *La Razón*, Madrid, 11 de agosto de 2000, p. 16.
12. Entrevista a Gladys Marín del autor. *Diario 16*, Madrid, 11 de agosto de 2000, p. 22.
13. Entrevista a Gladys Marín del autor. *Noticias Obreras*, primera quincena de octubre de 2000, p. 37.
14. *Diario 16*, Madrid, 17 de mayo de 2000, p. 20.
15. *El País*, Madrid, 5 de septiembre de 2000, p. 8.
16. *La Tercera*, Santiago de Chile, 3 de noviembre de 2000, pp. 1 y 3.

17. Guzmán defendió que el exhorto que había remitido a Pinochet a Londres un año antes, y que este rehusó responder, equivalía a la toma de declaración indagatoria.

18. *El Mostrador*, Santiago de Chile, 1 de diciembre de 2000, en Elmos trador.cl, <http://www.elmostrador.cl>.

19. A finales de enero, Gladys Marín entregó a Hernán Álvarez, presidente de la Corte Suprema, una carta en la que expuso las falsedades que el informe de las Fuerzas Armadas arrojaba sobre al menos cincuenta y cinco de los doscientos detenidos desaparecidos mencionados. Carmen Hertz calificó de «fraude» la información entregada por los militares: «Es una vergüenza, un escándalo, eso no es un informe serio ni verosímil. Presentado así es una maniobra y una crueldad tremenda con los familiares». *Cosas*, Santiago de Chile, 12 de enero de 2001, pp. 66-70.

20. *La Tercera*, Santiago de Chile, 8 de enero de 2001, p. 3.

21. Guzmán Tapia, Juan, *En el borde del mundo. Memorias del juez que procesó a Pinochet*, Barcelona, Anagrama, 2005, p. 164.

22. *La Tercera*, Santiago de Chile, 11 de diciembre de 2006, p. 45.

23. *El Mostrador*, Santiago de Chile, 24 de enero de 2001, en Elmostra dor.cl, <http://www.elmostrador.cl>.

24. *El País Semanal*, Madrid, 19 de octubre de 2003, p. 80.

25. *El País*, Madrid, 1 de febrero de 2001, p. 3.

26. *El País*, Madrid, 10 de julio de 2001, p. 2.

27. Entrevista a Eduardo Contreras. Archivo del autor.

28. *El País*, Madrid, 5 de julio de 2002, p. 7.

29. *El País*, Madrid, 19 de julio de 2002, p. 8.

30. *La Tercera*, 4 de enero de 2003, p. 8.

31. Villagrán, Fernando y Mendoza, Marcelo, *La muerte de Pinochet. Crónica de un delirio*, Santiago de Chile, Planeta, 2003, pp. 280-284.

32. *La Nación*, Santiago de Chile, 13 de agosto de 2003, pp. 2-3.

33. *La Nación*, Santiago de Chile, 11 de septiembre de 2003, pp. 2-3.

34. Rodríguez Elizondo, José, *Historia de la relación civil-militar en Chile. Desde Eduardo Frei Montalva hasta Michelle Bachelet Jeria*, Santiago de Chile, Fondo de Cultura Económica, 2018, pp. 97 y 244-245.

35. *Ercilla*, Santiago de Chile, 15 de septiembre de 2003, pp. 10-15.

36. *El Mercurio*, Santiago de Chile, 17 de agosto de 2003, cuerpo D, pp. 10-11.

37. *La Nación*, Santiago de Chile, 12 de septiembre de 2003, p. 4.

38. *El Mundo*, Madrid, 12 de septiembre de 2003, p. 26.

39. *La Tercera*, Santiago de Chile, 12 de septiembre de 2003, p. 4.

40. Entrevista reproducida en: *El Siglo*, Santiago de Chile, 23 de enero de 2004, p. 6.

41. *El País*, Madrid, 24 de diciembre de 2003, p. 6.

42. *La Tercera*, Santiago de Chile, 14 de septiembre de 2003, p. 7.

43. Muñoz (2009), pp. 346-347.

44. *Ercilla*, Santiago de Chile, 2 de agosto de 2004, pp. 12-15.

45. Huneeus, Carlos, «La detención de Pinochet en Londres y la democracia semisoberana», *Ciper*, Santiago de Chile, 22 de octubre de 2018, en Ciperchile.cl, <https://ciperchile.cl/2018/10/22/la-detencion-de-pinochet-en-londres-y-la-democracia-semi-soberana/>.

46. Fuentes Saavedra, Claudio, *La transición de los militares*, Santiago de Chile, LOM Ediciones, 2006, p. 91.

47. *La Nación*, Santiago de Chile, 28 de septiembre de 2004, pp. 2-3.

48. Recientemente, se ha publicado una síntesis de su contenido, que incluye un capítulo introductorio escrito por Daniel Hopenhayn: *Así se torturó en Chile (1973-1990). Relatos del Informe Valech*, Santiago de Chile, La Copa Rota, 2018.

49. Lira, Elizabeth, «Algunas reflexiones sobre la ruta de la justicia y la memoria: Chile 1973-2013», en Buriano Castro *et al.*, pp. 141-164.

50. *El País*, Madrid, 8 de diciembre de 2004, p. 9.

51. Muñoz (2009), p. 347.

52. Véase Archivo Chile, en Archivochile.com <https://www.archivochile.com/Portada/8_ddhh/33_port_ddhh.pdf>.

53. *El País*, Madrid, 19 de diciembre de 2004, p. 5.

54. *El País*, Madrid, 6 de enero de 2005, p. 6.

55. Chaparro, Andrea y Narváez, Luis, «El secreto mejor guardado. El descubrimiento de la fortuna que Pinochet ocultó en el extranjero», *Pinochet. Crímenes y mitos*, Documento especial del diario *La Nación*, Santiago de Chile, 17 de diciembre de 2006, pp. 41-42.

56. Salazar, Manuel, «Familia Pinochet corrompió a las FFAA», *Punto Final*, Santiago de Chile, 15 de abril de 2016, pp. 10-11.

57. Al respecto, véase: Muñoz (2009), pp. 355-359.

58. Heiss, Claudia y Szmulewicz, Esteban, «La Constitución Política de 1980», en Carlos Huneeus y Octavio Avendaño, eds., *El sistema político de Chile*, Santiago de Chile, LOM Ediciones, 2018, pp. 57-83. Véase también: Fuentes S., Claudio, «La pausada despinochetización de las Fuerzas Armadas en Chile», en Felipe Agüero y Claudio Fuentes, eds., *Influencias y resistencias. Militares y poder en América Latina*, Santiago de Chile, Catalonia, 2009, pp. 301-329.

59. Véase el interrogatorio del juez Carlos Cerda a Pinochet el 10 de noviembre de 2005 en: Agnic, Ozren, *Pinochet S. A. La base de la fortuna*, Santiago de Chile, Ril Editores, 2006, pp. 177-181. Véase también: Castillo, Benedicto, *Pinochet. El gran comisionista*, Santiago de Chile, Mare Nostrum, 2007.

60. Chaparro, Andrea y Narváez, Luis, «El secreto mejor guardado. El descubrimiento de la fortuna que Pinochet ocultó en el extranjero», *Pinochet. Crímenes y mitos*, Documento especial del diario *La Nación*, Santiago de Chile, 17 de diciembre de 2006, pp. 41-42.

61. *La Tercera*, Santiago de Chile, 11 de diciembre de 2006, pp. 46-47.

62. *La Nación*, Santiago de Chile, 9 de septiembre de 1984, p. 5.

63. Peña, Juan Cristóbal, «Viaje al fondo de la biblioteca de Pinochet», *Ciper*, Santiago de Chile, 6 de diciembre de 2007, en Ciperchile.cl, <https://ciperchile.cl/2007/12/06/exclusivo-viaje-al-fondo-de-la-biblioteca-de-pinochet/>.

64. *La Nación*, Santiago de Chile, 23 de noviembre de 2005, pp. 18-19.

65. *La Tercera*, Santiago de Chile, 11 de diciembre de 2006. Suplemento especial sobre la muerte de Pinochet, p. 44.

66. *Qué Pasa*, Santiago de Chile, 8 de diciembre de 2006, p. 100.

67. *El Mercurio*, Santiago de Chile, 11 de diciembre de 2006, Cuerpo C. Especial sobre la muerte de Pinochet.

68. *El País*, Madrid, 11 de diciembre de 2006, p. 2.

69. *The Clinic*, Santiago de Chile, 14 de diciembre de 2006, p. 26. Número especial sobre la muerte de Pinochet. Véase también: Joignant, Alfredo, «El funeral de Pinochet. Memoria, historia e inmortalidad», en Cath Collins *et al.*, *Las políticas de la memoria en Chile: Desde Pinochet a Bachelet*, Santiago de Chile, Ediciones de la Universidad Diego Portales, 2013, pp. 193-226.

70. El año anterior, en marzo de 2005, el gobierno declaró duelo oficial por dos días ante el fallecimiento de Gladys Marín. Y había decretado duelo nacional durante tres días con motivo de la defunción de Juan Pablo II. Y duelo oficial por tres días tras las muertes de Roberto Matta, en 2002, y Jaime Castillo Velasco, en 2003.

71. *El Mercurio*, Santiago de Chile, 11 de diciembre de 2006, Cuerpo C, p. 16.

72. *El País*, Madrid, 13 de diciembre de 2006, p. 2.

73. *La Nación*, Santiago de Chile, 13 de diciembre de 2006, p. 3.

74. González, Mónica, «Apuntes sobre la muerte y la amante del dictador», *The Clinic*, Santiago de Chile, 14 de diciembre de 2006, pp. 8-9.

75. *El País*, Madrid, 14 de diciembre de 2006, p. 11.

76. *El Mercurio*, Santiago de Chile, 24 de diciembre de 2006, Cuerpo C, p. 4.

77. Este texto se incluye como prólogo de: Corbalán Castilla, Álvaro, *Anécdotas de mi General: las que viví... y las que me contaron*, Santiago de Chile, Asesorías Comunicacionales, 2009.

78. Rodríguez, Sergio y Tapia, Patricio, «El "mapa" de Augusto Pinochet», *La Tercera*, Santiago de Chile, 7 de diciembre de 2014, en Latercera.com, <https://www.latercera.com/noticia/el-mapa-de-augusto-pinochet/>.
79. *The Clinic*, Santiago de Chile, 14 de diciembre de 2006, p. 67.

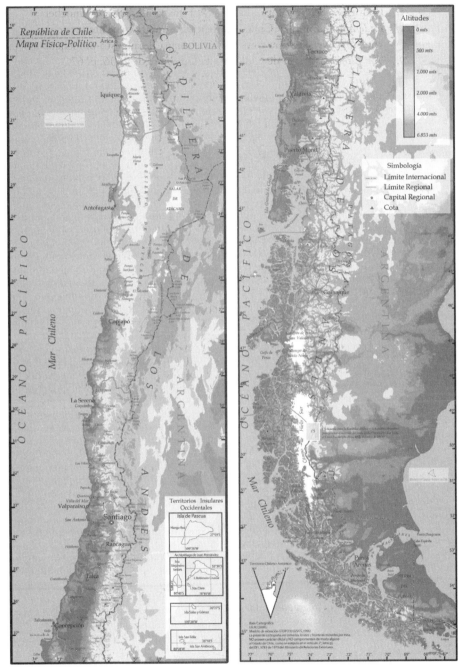

República de Chile
Mapa Físico-Político

Cronología esencial

- El 25 de noviembre de 1915, Augusto José Ramón Pinochet Ugarte nació en Valparaíso. Fue el primero de los seis hijos del matrimonio formado por Augusto Pinochet Vera y Avelina Ugarte Martínez. Hasta 1932 cursó sus estudios en colegios religiosos: el Seminario San Rafael de Valparaíso (1925), el Instituto de los Maristas en Quillota (1926-1927) y el Colegio de los Sagrados Corazones de Valparaíso (1928-1932). Fue un pésimo estudiante que debió repetir tres cursos durante la enseñanza media.

- En 1933, tras dos intentos fallidos y en su última oportunidad, fue admitido como cadete en la Escuela Militar. Allí concluyó sus estudios secundarios y en 1936 realizó el Curso Militar, en el que obtuvo la undécima antigüedad entre cincuenta y cinco alumnos. El 1 de enero de 1937 fue nombrado oficial del Ejército con el grado de alférez y quedó encuadrado en el arma de Infantería. En febrero, inició el curso de alféreces en la Escuela de Infantería, en San Bernardo, y en septiembre pasó al Regimiento de Infantería n.º 6 Chacabuco, en Concepción. En enero de 1938 fue ascendido a subteniente. En octubre, el candidato del Frente Popular, Pedro Aguirre Cerda, venció en las elecciones presidenciales.

- En enero de 1939 fue trasladado al Regimiento n.º 2 Maipo, en Valparaíso, con el que participó en las labores de auxilio a las víctimas del seísmo que devastó el sur del país. En agosto, tuvo lugar la sublevación fracasada del general Ariosto Herrera en Santiago. En septiembre, por iniciativa principalmente del cónsul Pablo Neruda, el *Winnipeg* llegó a Chile con más de dos mil refugiados republicanos españoles y empezó la Segunda Guerra Mundial. En aquellos años fue lector asiduo de una publicación editada desde la Alemania nazi: *Ejército-Marina-Aviación*.

- En marzo de 1940 regresó a la Escuela de Infantería. Por influencia del coronel Guillermo Barrios, formó parte de la masonería durante un año y medio, un pasaje de su biografía que mantuvo siempre oculto: entre abril de 1941 y octubre de 1942 perteneció a la Logia Victoria n.º 15 de San Bernardo. En enero de 1942 fue ascendido a teniente y enviado como instructor a la Escuela Militar. En enero de 1943 contrajo matrimonio con Lucía Hiriart; en diciembre de aquel año nació Lucía, su primogénita, y en septiembre de 1945, su hijo Augusto.

- En enero de 1946 fue destinado al Regimiento de Infantería n.º 5 Carampangue, en Iquique, y en marzo fue ascendido a capitán. El 4 de septiembre, Gabriel González Videla venció en las elecciones presidenciales con el apoyo de los partidos Radical, Comunista y Liberal. A mediados de 1947, en el marco de la Guerra Fría, González Videla traicionó el apoyo del PC y desencadenó la represión contra la principal fuerza de la izquierda. En octubre, Pinochet participó en la detención de decenas de militantes comunistas, que fueron confinados en Pisagua.

- En enero de 1948 fue enviado a esta caleta como jefe militar del campo de concentración, donde permaneció durante seis semanas. Según su testimonio, prohibió la visita del senador socialista Salvador Allende y de otros parlamentarios de izquierda a los prisioneros comunistas. En marzo empezó el Curso Regular de Estado Mayor en la Academia de Guerra, pero tuvo que abandonarlo porque le destinaron a la cuenca carbonífera del golfo de Arauco, sometida a control militar desde agosto de 1947 como parte de la cruzada anticomunista de González Videla, quien le felicitaría por su desempeño en la zona. En 1948 nació su hija María Verónica.

- En marzo de 1949 volvió a iniciar los estudios en la Academia de Guerra para adquirir la condición de oficial de Estado Mayor y optar a los grados del mando superior del Ejército. A fines de 1951, se graduó con el undécimo puesto entre diecisiete alumnos y obtuvo el premio al alumno que había logrado una mayor progresión en el estudio. En 1952, estuvo destinado por última vez en la Escuela Militar, donde dirigió la revista *Cien Águilas*, y fue designado también profesor en la Academia de Guerra.

- En abril de 1953 ascendió a mayor y fue enviado al Regimiento de Infantería n.º 4 Rancagua, en Arica. En 1954 y 1955 fue profesor en la Academia de Guerra y ayudante del subsecretario de Guerra durante la presidencia de Carlos Ibáñez del Campo. En 1955 inició los estudios de Derecho en la Universidad de Chile. En abril de 1956 viajó con su familia a Ecuador como miembro de la misión de seis oficiales del Ejército destinados como profesores a la Academia de Guerra de este país. En 1958 nació su hijo Marco Antonio y en 1959 su hija Jacqueline.

- En septiembre de 1959 se incorporó al cuartel general de la I División del Ejército, en Antofagasta. En enero de 1960 fue ascendido a teniente coronel y un año después fue designado comandante del Regimiento de Infantería n.º 7 Esmeralda, en esta misma ciudad, donde permaneció hasta fines de 1963. Entre enero de 1964 y enero de 1968 fue subdirector y jefe de estudios de la Academia de Guerra, sirviendo a las órdenes de los coroneles Juan Forch, Tulio Marambio y Alfredo Mahn. En enero de 1966 fue ascendido a coronel y en 1968, cuando se desempeñaba como jefe de Estado Mayor de la II División del Ejército, superó el Curso de Alto Mando en la Academia de Defensa Nacional.

- Desde 1950 escribió varios artículos y libros, principalmente sobre geografía, una de las materias que impartía como profesor militar. En 1968, el *Memorial del Ejército de Chile*, la principal revista institucional, publicó su trabajo *Geopolítica*, una obra intelectualmente muy pobre y en la que incurrió en un plagio flagrante de una conferencia dictada por el coronel Gregorio Rodríguez Tascón en 1949.

- En enero de 1969 fue ascendido a general de brigada y asumió el mando de la VI División del Ejército, con asiento en Iquique. Durante buena parte de aquel año también cumplió, de manera interina, las funciones de intendente, la máxima autoridad provincial. El 21 de octubre, el general Roberto Viaux —compañero suyo de promoción en la Escuela Militar— se acuarteló en el Regimiento Tacna de Santiago y, aunque fue neutralizada, aquella sublevación originó cambios en el alto mando del Ejército, con las designaciones del general René Schneider como nuevo comandante en jefe y del general Carlos Prats como jefe del Estado Mayor de la Defensa Nacional.

- El 4 de septiembre de 1970, Salvador Allende, candidato de la Unidad Popular, ganó las elecciones presidenciales por mayoría relativa. En Iquique, el general Pinochet cumplió sus funciones como jefe militar durante la votación con absoluta normalidad. En las semanas siguientes, fracasaron todas las maniobras de la derecha, el gobierno de Nixon y el sector más conservador del Partido Demócrata Cristiano para impedir que Allende fuera elegido presidente de la República por el Congreso Nacional y, como último intento por torcer la voluntad popular expresada democráticamente en las urnas, un grupo ultraderechista dirigido por Viaux, armado y financiado por la CIA, asesinó al general Schneider, quien había reafirmado el respeto a la doctrina constitucionalista. El 3 de noviembre, tras ser investido presidente, Allende confirmó al general Prats como su sucesor al frente del Ejército.

- En diciembre de 1970, Pinochet fue ascendido a general de división y en enero de 1971 Prats le designó jefe de la guarnición de Santiago. El 21 de mayo, le correspondió escoltar al presidente Allende desde La Moneda hasta el Congreso Nacional, donde pronunció su discurso de rendición de cuentas al país y expuso las características de la «vía chilena al socialismo». En junio, tras el asesinato de Edmundo Pérez Zujovic, y en diciembre, después de la Marcha de las Cacerolas Vacías, asumió como jefe de zona, tras la declaración del estado de emergencia. El 19 de septiembre, dirigió la parada militar anual y en noviembre le correspondió acompañar y rendir honores al comandante Fidel Castro durante su visita a Chile.

- A fines de 1971, el general Prats le designó para ocupar el segundo puesto en el escalafón: jefe del Estado Mayor General del Ejército. En 1972, el *Memorial del Ejército de Chile* publicó su trabajo sobre la guerra del Pacífico. El 2 de noviembre asumió como comandante en jefe interino tras la designación de Prats como ministro del Interior. Permaneció como tal hasta el 27 de marzo de 1973 y volvió a asumir dicha responsabilidad entre el 26 de abril y el 5 de junio con motivo del viaje de su superior a Norteamérica y Europa.

- El 29 de junio de 1973 se produjo la sublevación del Regimiento Blindado n.º 2 de Santiago, que fue sofocada por el grueso del Ejército, dirigido por Prats. Desde el Regimiento Buin, el general Pinochet encabezó una columna de vehículos militares que se dirigió a La Moneda y a lo largo de aquella mañana apareció como un oficial visiblemente leal a sus deberes profesionales. La prolongada campaña de asedio psicológico contra Prats obtuvo finalmente su resultado el 23 de agosto, cuando presentó su dimisión. A propuesta suya, el presidente Allende le designó nuevo comandante en jefe del Ejército. La conspiración golpista, gestada desde la Armada, avanzaba también en la Fuerza Aérea tras el nombramiento de Gustavo Leigh como su nuevo jefe y la tarde del 9 de septiembre Pinochet se sumó a la conjura.

- El 11 de septiembre de 1973, desde el Regimiento de Telecomunicaciones del Ejército, dirigió la sublevación contra el gobierno constitucional. En una institución marcada por una férrea disciplina y la verticalidad absoluta del mando, ninguna unidad se situó al lado de la democracia. El bombardeo de La Moneda, todo un acto de guerra, la inmolación del presidente de la República y la derrota militar de la *vía chilena al socialismo* otorgaron una enorme dimensión internacional al golpe de Estado.

- Aquella noche, Pinochet, el almirante José Toribio Merino, el general Leigh y César Mendoza, general director de Carabineros, se constituyeron como Junta de Gobierno, en un país sitiado militarmente, bajo toque de queda y sometido al «estado de guerra interna». En las semanas siguientes, mientras la Junta clausuró el Congreso Nacional, cesó a todos los alcaldes y regidores, prohibió los partidos de izquierda y la CUT, intervino las universidades, ejecutó a centenares de personas y encerró a decenas de miles en campos de concentración a lo largo de todo el país, los magistrados de la Corte Suprema de Justicia, el Partido Nacional, la dirección del Partido Demócrata Cristiano y las organizaciones empresariales expresaron su apoyo incondicional a la dictadura.

- Desde el 11 de octubre de 1973, con su primer discurso al país en el Edificio Diego Portales, Pinochet empezó a adquirir un estatus diferenciado dentro de la Junta militar. La llamada Caravana de la Muerte, el recorrido criminal de la comitiva encabezada por el general Sergio Arellano como su «oficial delegado», y la creación de la DINA sirvieron para desplegar una política de terror sujeta exclusivamente a su voluntad y al servicio de su consolidación en la cima del régimen. Con la progresiva marginación de los generales de su generación, que habían participado en la preparación del golpe de Estado, logró configurar un alto mando del Ejército sometido a su voluntad.

- En marzo de 1974 viajó a Brasil para asistir a la ceremonia de relevo en la cúspide de la dictadura militar. En mayo fue a Paraguay y se entrevistó con el presidente Juan Domingo Perón en la base aérea de Morón. El 26 de junio fue designado Jefe Supremo de la Nación y se arrogó en exclusiva el Poder Ejecutivo. Si en marzo de aquel año José Tohá, exministro del Interior y Defensa, fue asesinado en el Hospital Militar, el 30 de septiembre la DINA acabó con las vidas de Carlos Prats y su esposa, Sofía Cuthbert, con un atentado brutal en Buenos Aires. Así se deshizo de los dos principales testigos de su actuación entre 1971 y 1973. El 16 de diciembre culminó su proceso de «coronación» cuando fue oficialmente nombrado presidente de la República.

- El 8 de febrero de 1975 se reunió en la zona fronteriza de Visviri y Charaña con el dictador boliviano, el general Hugo Banzer, con quien abrió un proceso de negociaciones en torno a la demanda marítima del país altiplánico que se prolongó durante tres años. En abril, los pésimos resultados de las medidas del régimen le indujeron a ceder la conducción económica a los Chicago Boys, quienes pusieron en marcha su plan de shock, alentados por los profesores Milton Friedman y Arnold Harberger. En noviembre exigió la clausura del Comité de Cooperación para la Paz y el cardenal Raúl Silva Henríquez respondió con la creación de la Vicaría de la Solidaridad. Fue testigo privilegiado del funeral del dictador Francisco Franco y participó en la reunión fundacional de la Operación Cóndor, que tuvo lugar en Santiago. El 31 de diciembre, los miembros de la Junta suscribieron la primera Acta Constitucional, que instauró el Consejo de Estado, presidido por el expresidente Jorge Alessandri hasta 1980.

- Si en 1974 la DINA masacró la estructura clandestina del MIR y en 1975 secuestró e hizo desaparecer a la dirección interior del Partido Socialista, a lo largo de 1976, con la creación de la Brigada Lautaro y la Agrupación Delfín, intentó destruir el Partido Comunista. Por los informes diarios que le transmitía el director de la DINA, el coronel Manuel Contreras, Pinochet aprobó y estaba al corriente de la evolución de la denominada guerra antisubversiva e incluso visitó a los dirigentes comunistas detenidos antes de que fueran asesinados y sus cuerpos arrojados al océano. El 8 de junio de 1976 recibió al secretario de Estado, Henry Kissinger. El 21 de septiembre, la DINA asesinó en Washington a Orlando Letelier, el último ministro de Defensa de Salvador Allende, y su asistente, la ciudadana estadounidense Ronni Moffitt. En noviembre, el dictador argentino, Jorge Rafael Videla, visitó Chile.

- El 9 de julio de 1977, en un acto convocado por el Frente Juvenil de Unidad Nacional en el cerro Chacarillas de Santiago, planteó por primera vez unos plazos de duración de la dictadura y un plan de transición que llevaría al establecimiento de una «democracia autoritaria y protegida» cuando las Fuerzas Armadas regresaran a los cuarteles. En agosto, la DINA se transformó en la CNI y en septiembre, cuando asistió en Washington a la ceremonia de cesión del canal transoceánico a Panamá, concluyó el que sería su último viaje al exterior hasta octubre de 1990. Una nueva condena a su régimen en las Naciones Unidas le impulsó a convocar la «Consulta Nacional» del 4 de enero de 1978, a pesar de la oposición de Leigh y Merino.

- En abril de 1978, un civil, Sergio Fernández, asumió el Ministerio del Interior y con la colaboración de la ministra de Justicia, Mónica Madariaga, impulsó el decreto ley de amnistía, que aseguró la impunidad a los responsables de las violaciones de los derechos humanos, con la excepción del caso Letelier por las presiones de Estados Unidos. Aquella iniciativa desencadenó una larga huelga de hambre de la AFDD y las protestas internacionales. El 24 de julio, Pinochet expulsó a Leigh de la Junta después de la entrevista que concedió a *Il Corriere della Sera*, la última evidencia de un largo proceso de desencuentros, principalmente en torno a la duración y las metas de la dictadura.

- En diciembre de 1978, el hallazgo en unos hornos de cal abandonados en Lonquén de los restos de quince personas desaparecidas en 1973 tuvo un enorme impacto nacional e internacional e indujo al dictador a ordenar en secreto la exhumación de los cuerpos de los desaparecidos y su destrucción absoluta. En aquellos días, Chile estaba a las puertas de una guerra con Argentina por la soberanía de tres islas en el canal Beagle, que finalmente fue abortada por la mediación del Vaticano.

- En 1979 puso en marcha el Plan de las Siete Modernizaciones, que supuso la introducción del paradigma neoliberal en todos los ámbitos de la sociedad y la economía: la legislación laboral, las pensiones, la salud, la educación, la administración de justicia, la agricultura y la estructura administrativa del país. En diciembre publicó su libro *El día decisivo*, la culminación del esfuerzo por presentarse como el cerebro del golpe de Estado.

- En marzo de 1980, el dictador filipino Ferdinand Marcos suspendió su visita oficial cuando ya estaba de camino, en mitad del océano Pacífico. El 10 de agosto anunció la convocatoria de un plebiscito para el 11 de septiembre sobre la Constitución diseñada por el régimen. En el único acto permitido a la oposición, miles de personas llenaron el teatro Caupolicán para escuchar el discurso del expresidente Eduardo Frei. En una votación sin garantía alguna, la nueva Carta Fundamental fue aprobada y empezó a regir el 11 de marzo de 1981.

El 22 de enero de 1982, Frei falleció en la Clínica Santa María debido a la intervención de varios médicos vinculados a la dictadura y dos agentes de la CNI, según ha sentenciado este año el juez Alejandro Madrid. Un mes después, también fue asesinado el dirigente sindical Tucapel Jiménez.

- En 1982 y 1983, Chile sufrió la peor crisis económica en medio siglo, que tuvo consecuencias dramáticas para los sectores medios y populares. A partir de mayo de este año, Pinochet respondió con una represión implacable al largo ciclo de Protestas Nacionales que se prolongó hasta julio de 1986. Las fuerzas democráticas salieron de la clandestinidad y un enorme movimiento político y social exigió en las calles la recuperación de la democracia. En agosto de 1983, el dictador situó al frente del Ministerio del Interior al viejo líder de la derecha, Sergio Onofre Jarpa, quien se abrió al diálogo con la oposición moderada. Tanto este movimiento táctico como el Acuerdo Nacional para la Transición a la Plena Democracia, promovido en 1985 por el arzobispo de Santiago, Juan Francisco Fresno, se estrellaron ante la intransigencia de Pinochet. El descubrimiento, en agosto de 1986, del enorme arsenal de armas desembarcado por el PC en el norte y el fracaso del tiranicidio el 7 de septiembre de aquel año, cambiaron el escenario político.

- A partir de 1987, cuando Pinochet ya recorría el país preparando su candidatura para el plebiscito, que según la Constitución de 1980 tendría lugar a fines de 1988 o principios de 1989, la oposición moderada empezó a asumir el itinerario político trazado por el régimen. Desde los sucesos de 1986, el gobierno de Ronald Reagan, quien destacó en Chile a un hábil diplomático, Harry Barnes, presionó en favor de una salida pactada de la dictadura que aislara a las fuerzas revolucionarias. En febrero de 1988 se constituyó la Concertación de Partidos por el No y su campaña empezó a adquirir vuelo con la masividad del proceso de inscripción de la ciudadanía en los registros electorales.

- El 5 de octubre de 1988, Pinochet tardó varias horas en reconocer su derrota en el plebiscito y solo lo hizo cuando los comandantes en jefe de la Fuerza Aérea, Fernando Matthei, y de la Armada, José Toribio Merino, le denegaron las facultades especiales que reclamaba y le conminaron a respetar sus propias reglas. En el primer semestre de 1989, el régimen y la Concertación negociaron un conjunto de reformas que no afectaron al núcleo autoritario de la Constitución y que fueron aprobadas en plebiscito. El 14 de diciembre, el democratacristiano Patricio Aylwin venció en las elecciones presidenciales y el 11 de marzo de 1990 Pinochet le cedió el mando de la nación.

- Hasta el 10 de marzo de 1998, continuó como comandante en jefe del Ejército y desde esa posición impugnó el *Informe de la Comisión Nacional de Verdad y Reconciliación* y protegió su impunidad, tanto en lo referido a las investigaciones judiciales acerca de las violaciones de los derechos humanos cometidas por sus subordinados entre 1973 y 1990, como en escándalos como el de los «pinocheques», que le llevó a sacar tropas a las calles en diciembre de 1990 y mayo de 1993. En el clima político de los años noventa, su imagen se transfiguró en una especie de «patriarca de la transición» ante las élites. Pero todo empezó a cambiar cuando en julio de 1996 la Audiencia Nacional española acogió a trámite las denuncias contra la Junta militar presentadas por la Unión Progresista de Fiscales y la Fundación Presidente Allende, de Madrid. En enero de 1998, el PC presentó la primera querella criminal en Chile contra Pinochet, quien el 10 de marzo de aquel año pasó a retiro y al día siguiente tomó posesión como senador vitalicio.

- Pocos minutos antes de la medianoche del 16 de octubre de 1998, agentes de Scotland Yard le comunicaron en la habitación de la clínica londinense donde se recuperaba de una reciente operación que quedaba detenido y bajo vigilancia policial a solicitud del juez español Baltasar Garzón, quien le acusaba de genocidio, torturas y terrorismo en el marco de la Operación Cóndor. Aquel hito de la jurisdicción penal universal modificó el guion de la transición chilena y se convirtió en una batalla jurídica y política extraordinaria. El 8 de octubre de 1999, finalmente, la justicia británica ordenó su extradición a España y solo la confabulación de los gobiernos de Eduardo Frei, Tony Blair y José María Aznar le libró de un juicio en Madrid.

- Durante su detención en Londres las causas judiciales en su contra avanzaron de manera notable en Chile. El 23 de enero de 2001, el juez Juan Guzmán le interrogó y el 29 de enero le procesó por su responsabilidad en los crímenes de la Caravana de la Muerte. Pero el 9 de julio la Corte de Apelaciones admitió el recurso de sus abogados y le sobreseyó por razones de salud mental, una resolución ratificada un año después por la Corte Suprema. Días más tarde renunció a su escaño como senador vitalicio.

- El 29 de mayo de 2004, la Corte de Apelaciones aprobó su desafuero por la Operación Cóndor a petición del juez Guzmán, una decisión ratificada en agosto por la Corte Suprema. En aquellos días, se abrió un nuevo e inesperado frente judicial después de que el Senado de Estados Unidos difundiera un informe oficial que revelaba sus cuentas millonarias en el Banco Riggs. Fue un golpe demoledor para su imagen pública que le privó del apoyo público de la derecha social y política y del poder económico. La investigación judicial en Chile, dirigida por los jueces Sergio Muñoz primero y por Carlos Cerda después, afectó también a sus colaboradores más cercanos, a su esposa y a sus hijos.

- Augusto Pinochet falleció el 10 de diciembre de 2006 en el Hospital Militar de Santiago de Chile. Estaba procesado y bajo detención domiciliaria por diferentes causas de violaciones de los derechos humanos y por el caso Riggs. El gobierno de la presidenta Michelle Bachelet le negó un funeral con honores de jefe de Estado, pero sí autorizó que el Ejército le rindiera homenaje como excomandante en jefe. Su cuerpo fue incinerado y sus cenizas descansan bajo una lápida de mármol en la solitaria capilla de su parcela de Los Boldos.

Archivos consultados y bibliografía consultada

Archivos y bibliotecas

En Santiago de Chile

Archivo Nacional.
Archivo General de Gobierno
Archivo de la Escuela Militar
Archivo General Histórico...
Archivo de la Casa Museo...
Archivo de la Fundación...
Archivo de la Fundación Salvador Allende
Archivo de la Gran Logia de...
Archivo del cardenal Raúl Silva Henríquez... de Chile.
Archivo del Servicio Electoral
Centro de Documentación del Museo de la Memoria y los Derechos Humanos.
Centro de Investigación y Documentación de la Universidad Finis Terrae.
Fundación de Documentación y Archivo de la Vicaría de la Solidaridad.
Biblioteca Nacional de Chile
Biblioteca del Congreso Nacional de Chile.

Archivos consultados y bibliografía citada

Archivos y bibliotecas

En Santiago de Chile

Archivo Nacional.
Archivo General del Ejército.
Archivo de la Escuela Militar.
Archivo General Histórico del Ministerio de Relaciones Exteriores.
Archivo de la Casa Museo Eduardo Frei Montalva.
Archivo de la Fundación Jaime Guzmán.
Archivo de la Fundación Salvador Allende.
Archivo de la Gran Logia de Chile.
Archivo del cardenal Raúl Silva Henríquez. Inspectoría Salesiana de Chile.
Archivo del Servicio Electoral.
Centro de Documentación del Museo de la Memoria y los Derechos Humanos.
Centro de Investigación y Documentación de la Universidad Finis Terrae.
Fundación de Documentación y Archivo de la Vicaría de la Solidaridad.
Biblioteca Nacional de Chile.
Biblioteca del Congreso Nacional de Chile.

Biblioteca de la Escuela Militar.
Biblioteca Central del Ejército.

En otros países

ESPAÑA. Archivo de la Fundación Nacional Francisco Franco, Archivo General de la Administración, Archivo de la Fundación CIDOB, Archivo de la Asociación Cultural Antonio Llidó, Biblioteca Nacional de España, bibliotecas del Centro Superior de Investigaciones Científicas, Biblioteca Hispánica de la AECID, bibliotecas de la Universidad Complutense de Madrid y de la Universidad de Barcelona.
PARAGUAY. Museo de la Justicia, Centro de Documentación y Archivo para la Defensa de los Derechos Humanos.
URUGUAY. Biblioteca Nacional de Uruguay.

Archivos digitales

Archivo Histórico Gabriel Valdés www.ahgv.cl

Repositorio Digital Archivo Patricio Aylwin www.archivopatri cioaylwin.cl

Archivo de la Presidencia de Patricio Aylwin http://www.archi vospublicos.cl/index.php/presidente-patricio-aylwin-azocar-1989-1994

Archivo de la Fundación Margaret Thatcher www.margaretthat cher.org

Memoria Chilena www.memoriachilena.cl

Centro de Estudios Miguel Enríquez www.archivochile.com

Biblioteca Clodomiro Almeyda del Partido Socialista de Chile www.socialismo-chileno.org

Publicaciones periódicas y medios de comunicación

De Chile

PUBLICACIONES CIENTÍFICAS. *Historia; Revista de Historia Social y de las Mentalidades; Bicentenario. Revista de Historia de Chile y América; Revista de Estudios Históricos; Boletín de la Academia Chilena de la Historia; Estudios Político Militares;* y *Persona y Sociedad.*

PUBLICACIONES DEL EXILIO. *Araucaria de Chile* y *Chile-América.*

DIARIOS DE SANTIAGO DE CHILE. *La Tercera, El Mercurio, El Siglo, Clarín, La Segunda, Las Últimas Noticias, La Nación, La Patria, El Cronista, Puro Chile, La Época, Tribuna, La Prensa* y *Fortín Mapocho.*

DIARIOS DE OTRAS CIUDADES. *El Mercurio de Valparaíso, La Gaceta* (Arica), *El Mercurio de Antofagasta, El Tarapacá* (Iquique) y *El Correo de Valdivia.*

PUBLICACIONES NO DIARIAS. *El Mercurio. Edición internacional, Punto Final, Ercilla, Qué Pasa, Apsi, Análisis, Cauce, Hoy, La Revista Escolar, Paula, Cosas, Caras, Patria, Zig-Zag, The Clinic, Patria Nueva, PEC, Chile Hoy, Vea, Plan B, Siete+7, Rocinante, Mensaje, Mapocho, Solidaridad, Encuentro XXI, Pluma y Pincel, Realidad* y *Mundo Diners Club.*

CANALES DE TELEVISIÓN. *Televisión Nacional* y *Canal 13.*

MEDIOS DIGITALES. *Interferencia.cl, Elsiglo.cl, Eldesconcierto.cl, Elmostrador.cl, Elmercurio.cl, Latercera.com, Lanacion.cl, Ciperchile.cl, CNNChile.com, Cooperativa.cl, T13.cl, Elclarin.cl, Biobiochile.cl, 24horas.cl* y *Radio Universidad de Chile.*

PUBLICACIONES DEL EJÉRCITO. *Cien Águilas, Memorial del Ejército de Chile, Revista de Infantería* y *Boletín Oficial del Ejército.*

De otros países

ALEMANIA. *Ejército-Marina-Aviación.*

ARGENTINA. *La Opinión, Página 12, Clarín, Crisis* y *Gente.*

BÉLGICA. *Revista del Centro de Estudios de las relaciones entre la Unión Europea y América Latina* y *Revue Internationale de Politique Comparée.*

BOLIVIA. *Los Tiempos.*

BRASIL. *O Estado de São Paulo, Jornal do Brasil, Outros tempos* y *Visão.*

CUBA. *Bohemia.*

ESPAÑA. *El País, El País Semanal, El Mundo, La Vanguardia, Abc, Tiempo, Cambio 16, Resumen Mensual Iberoamericano, Nuevo Diario, Ínsula, El Periódico de Cataluña, Levante, El Imparcial, Televisión Española, Diario 16, Mundo Obrero, Noticias Obreras, Tribuna Americana* y *La Razón.*

ESTADOS UNIDOS. *The New York Times, The Washington Times, Newsweek* y *The Wall Street Journal.*

FIJI. *The Fiji Times.*

FRANCIA. *L'Express, Le Monde* y *Cahiers du monde hispanique et luso-brésilien.*

ITALIA. *La Repubblica, L'Europeo* e *Il Corriere della Sera.*

MÉXICO. *Revista de Relaciones Internacionales de la UNAM, Revista Mexicana de Sociología, Comunicación, Tráficos* y *Cuadernos Americanos.*

POLONIA. *Revista del CESLA.*

REINO UNIDO. *The Times, The Guardian, The Sunday Telegraph, Journal of Latin American Studies* y *British Medical Journal.*

VENEZUELA. *El Universal* y *El Nacional.*

MEDIOS DIGITALES. *Marca.com* y *Rebelion.org* (España) y *BBC. com* (Reino Unido).

Bibliografía

Obras de Augusto Pinochet

«Síntesis geográfica de Chile», *Revista de Infantería*, n.º 222, San Bernardo, septiembre-octubre de 1950.

«Síntesis geográfica de la República del Perú», *Revista de Infantería*, n.º 223, San Bernardo, noviembre-diciembre de 1950.

Síntesis geográfica de Chile, Argentina, Bolivia y Perú, Santiago de Chile, 1953.

Síntesis geográfica de Chile, Santiago de Chile, 1955.

«Introducción al estudio de la Geografía Militar», *Memorial del Ejército de Chile*, n.º 297, Santiago de Chile, julio-agosto de 1960.

«Sabotaje y contrasabotaje en la guerra», *Memorial del Ejército de Chile*, n.º 303, Santiago de Chile, julio-agosto de 1961.

«Significado militar de las relaciones espaciales», *Memorial del Ejército de Chile*, n.º 317, enero-febrero de 1964.

Geografía militar. Interpretación militar de los factores geográficos, Instituto Geográfico Militar, Santiago de Chile, 1967.

Geopolítica. Diferentes etapas para el estudio geopolítico de los estados. Memorial del Ejército de Chile, n.º 340-341, Santiago de Chile, 1968.

Guerra del Pacífico. Campaña de Tarapacá. Memorial del Ejército de Chile, n.º 365-366, Santiago de Chile, 1972.

Realidad y destino de Chile, Santiago de Chile, Empresa Editora Nacional Gabriela Mistral, 1973.

Un año de construcción. 11 de septiembre de 1973-11 de septiembre de 1974. El Jefe Supremo de la Nación general de Ejército Augusto Pinochet Ugarte informa al país. Santiago de Chile, 1974.

Visión futura de Chile, Santiago de Chile, División Nacional de Comunicación Social, 1979.

El día decisivo. 11 de septiembre de 1973, Santiago de Chile, Andrés Bello, 1979.

Patria y democracia, Santiago de Chile, Andrés Bello, 1983.

Política, politiquería, demagogia, Santiago de Chile, Renacimiento, 1983.

Repaso de la agresión comunista a Chile, Santiago de Chile, Imprenta de La Nación, 1986.

Camino recorrido. Memorias de un soldado, tomo I, Santiago de Chile, Instituto Geográfico Militar, 1990.

Camino recorrido. Memorias de un soldado, tomo 2, Santiago de Chile, Instituto Geográfico Militar, 1991.

Camino recorrido. Memorias de un soldado, tomo 3, vol. I, Santiago de Chile, Geniart, 1993.

Camino recorrido. Memorias de un soldado. tomo 3, vol. II, Santiago de Chile, Geniart, 1994.

Discursos principales. 1990-1994, Santiago de Chile, Geniart, 1995.

Carta a los chilenos, Santiago de Chile, Ismael Espinosa, 1998.

Discursos principales. 1995-1998, Santiago de Chile, Geniart, 1999.

Trabajos inéditos

Memorias del general Guillermo Barrios Tirado, consultadas gracias a la gentileza del profesor Cristián Garay.

Piuzzi Cabrera, José Miguel, *Los militares en la sociedad chilena. 1891-1970. Relaciones civiles-militares e integración social*, Tesis doctoral, Universidad Pontificia de Salamanca, Madrid, 1994.

Pozo Barceló, Andrés Alberto; Radich Radich, María Aurora y Rheinen Amenábar, Tania, *Lucía Hiriart. La capitán general. Una investigación periodística sobre la mujer más cercana a Augusto Pinochet Ugarte*, Tesis para optar al grado de licenciado en Comunicación Social, Escuela de Periodismo de la

Facultad de Comunicación y Letras de la Universidad Diego Portales, Santiago de Chile, 2008.

Obras generales

Artículos en obras colectivas o en publicaciones no periodísticas y textos breves

Agüero, Felipe, «La autonomía de las Fuerzas Armadas», en Jaime Gazmuri, ed., *Chile en el umbral de los 90*, Santiago de Chile, Planeta, 1988.

Aldunate, José, «Don Raúl y los Derechos Humanos», *Cardenal Raúl Silva, un hombre de Dios. Testimonios y recuerdos*, Santiago de Chile, Fundación OCAC, 1999.

Álvarez Vallejos, Rolando, «¿Represión o integración? La política sindical del régimen militar. 1973-1980», *Historia*, n.º 43, vol. II, Santiago de Chile, julio-diciembre de 2010.

Bawden, John R., «Observadores atentos: el análisis militar chileno de conflictos periféricos, 1965-1971», *Revista del Centro de Estudios de las relaciones entre la Unión Europea y América Latina*, n.º 5, Bruselas, 2010.

Bawden, John R., «Cutting off the dictator: The United States Arms Embargo of the Pinochet Regime, 1974-1988», *Journal of Latin American Studies*, vol. 45, parte 3, Cambridge, agosto de 2013.

Brodsky, Roberto, «La foto de Pinochet», en Benjamín Mayer Foulkes y Francisco Roberto Pérez, eds., *Tráficos*, México DF, Editorial 17, 2013.

Burns, Mila, *Dictatorship across borders: the Brazilian influence on the overthrow of Salvador Allende*, ponencia presentada en el Congreso de LASA (Latin American Studies Asociation) celebrado en 2014 en Chicago.

Bustamante, Eulogio, *Perfiles de honor (Biografía sucinta de cuatro adalides)*, Santiago de Chile, Editorial Manuel A. Araya Villegas, 1981.

Cáceres Quiero, Gonzalo, «El neoliberalismo en Chile: implantación y proyecto 1956-1983», *Mapocho*, n.º 36, Santiago de Chile, 1994.

Camacho Padilla, Fernando, «El golpe de Estado en Chile y la reacción en Suecia», *Cuadernos Americanos*, n.º 154, México DF, 2015.

Camacho Padilla, Fernando, «Memorias enfrentadas: las reacciones a los informes "Nunca Más" de Argentina y Chile», *Persona y Sociedad*, vol. XXII, n.º 2, Santiago de Chile, 2008.

Camus, Carlos, «La experiencia de la Iglesia chilena en la defensa de los derechos humanos», en Hugo Frühling, ed., *Represión política y defensa de los Derechos Humanos*, Santiago de Chile, CESOC-Programa de Derechos Humanos de la Academia de Humanismo Cristiano, 1986.

Cavalla Rojas, Antonio, «La estrategia militar norteamericana durante la Guerra Fría», *Estudios Político Militares*, n.º 5, Centro de Estudios Estratégicos de la Universidad ARCIS, Santiago de Chile, primer semestre de 2003.

Cuéllar Laureano, Rubén, «Geopolítica. Origen del concepto y su evolución», *Revista de Relaciones Internacionales de la UNAM*, n.º 113, México DF, mayo-agosto de 2012.

Datos biográficos de la Primera Dama de la Nación, Señora Lucía Hiriart de Pinochet, Santiago de Chile, 1980.

De Negri, Claudio, «Rodrigo Rojas De Negri: Joven, fotógrafo, puro y transparente», en Ernesto Carmona, ed., *Morir es la noticia*, Santiago de Chile, Ernesto Carmona Editor, 1997.

Departamento de Educación Extraescolar del Ministerio de Educación Pública de Chile, *Biografía de los miembros de la Junta de Gobierno*, Santiago de Chile, 1974.

Donoso Fritz, Karen, «El "apagón cultural" en Chile: políticas culturales y censura en la dictadura de Pinochet 1973-1983», *Outros Tempos*, vol. 10, n.º 16, São Luis (Estado de Maranao, Brasil), 2013.

Estado Mayor General del Ejército de Chile, *Datos biográficos del Capitán General Augusto José Ramón Pinochet Ugarte*, Santiago de Chile, s. f.

Fermandois, Joaquín y Soto, Ángel, «El plebiscito de 1988. Candidato único y competencia», en Alejandro San Francisco y Ángel Soto, eds., *Camino a La Moneda. Las elecciones presidenciales en la historia de Chile. 1920-2000*, Santiago de Chile, Centro de Estudios Bicentenario e Instituto de Historia de la Universidad Católica, 2005.

Fernández, Sergio, «Génesis de la Constitución de 1980», en Gonzalo Vial, ed., *Análisis crítico del régimen militar*, Santiago de Chile, Universidad Finis Terrae, 1998.

Fischer, Ferenc, «La expansión indirecta de la ciencia militar alemana en América del Sur: la cooperación militar entre Alemania y Chile y las misiones militares germanófilas chilenas en los países latinoamericanos (1885-1914)», en Bernd Schroter y Karin Schüller, eds., *Tordesillas y sus consecuencias. La política de las grandes potencias europeas respecto a América Latina (1494-1898)*, Madrid, Iberoamericana, 1995.

Fischer, Ferenc, «La expansión (1885-1918) del modelo militar alemán y su pervivencia (1919-1933) en América Latina», *Revista del CESLA*, n.º 11, Varsovia, 2008.

Fuentes S., Claudio, «La pausada despinochetización de las Fuerzas Armadas en Chile», en Felipe Agüero y Claudio Fuentes, eds., *Influencias y resistencias. Militares y poder en América Latina*, Santiago de Chile, Catalonia, 2009.

Gárate Chateau, Manuel, «El nacimiento de un monstruo. El golpe de Estado en Chile y la imagen de Augusto Pinochet a través de las caricaturas de la prensa escrita francesa (1973-1990)», *Cahiers du monde hispanique et luso-brésilien*, n.º 104, Toulouse, 2014.

Garay Vera, Cristián, «En un entorno difícil: la existencia de la Academia de Guerra entre 1947 y 1970», en Alejandro San Francisco, ed., *La Academia de Guerra del Ejército de Chile 1886-2006. Ciento veinte años de historia*, Santiago de Chile, Centro de Estudios Bicentenario, 2006.

Garcés, Joan E., «La dictadura en Chile, 1973-1990. Responsabilidades políticas y penales», *Tribuna Americana*, Madrid, primer semestre de 2006.

García Gutiérrez, Cristina Luz, «Exportando democracia: la implicación española en el plebiscito chileno de 1988», *Revista de Historia Social y de las Mentalidades*, vol. 19, n.º 1, Santiago de Chile, 2015.

Gaspar, Gabriel, «Chile: la relación civil-militar durante una década de transición», en Paz Millet, comp., *Estabilidad, crisis y organización de la política. Lecciones de medio siglo de historia chilena*, Santiago de Chile, Flacso, 2001.

Gazmuri, Jaime, «Chile '88: ¿Un tránsito de dirección única?», en Jaime Gazmuri, ed., *Chile en el umbral de los 90*, Santiago de Chile, Planeta, 1988.

Goicovic Donoso, Igor, «Golpe de Estado, violencia política y refundación de la sociedad chilena», en Cristina Moyano Barahona, comp., *A 40 años del Golpe de Estado en Chile*, Santiago de Chile, Editorial USACh, 2013.

Heiss, Claudia y Szmulewicz, Esteban, «La Constitución Política de 1980», en Carlos Huneeus y Octavio Avendaño, eds., *El sistema político de Chile*, Santiago de Chile, LOM Ediciones, 2018.

Hobsbawm, Eric, «El asesinato de Chile», en Leslie Bethell, ed., *¡Viva la Revolución! Eric Hobsbawm sobre América Latina*, Barcelona, Crítica, 2018.

Ihl, Olivier, «Objetividad de Estado. Sur la science de gouvernement des Chicago boys dans le Chili de Pinochet», *Revue Internationale de Politique Comparée*, vol. 19, n.º 3, Lovaina (Bélgica), 2012.

Joignant, Alfredo, «El funeral de Pinochet. Memoria, historia e inmortalidad», en Cath Collins *et al., Las políticas de la memoria en Chile: Desde Pinochet a Bachelet*, Santiago de Chile, Ediciones de la Universidad Diego Portales, 2013.

Klein, Naomi, «Orlando Letelier. El que lo advirtió», en Miguel Lawner y Hernán Soto, eds., *Orlando Letelier: el que lo advirtió. Los Chicago boys en Chile*, Santiago de Chile, LOM Ediciones, 2011.

Lagos, Ricardo, «El plebiscito de 1988: una jornada inconclusa» en Matías Tagle, ed., *El plebiscito del 5 de octubre de 1988*, Corporación Justicia y Democracia, Santiago de Chile, 1995.

Lira, Elizabeth, «Algunas reflexiones sobre la ruta de la justicia y la memoria: Chile 1973-2013», en Ana Buriano Castro *et al., Política y memoria. A cuarenta años de los golpes de Estado en Chile y Uruguay*, México DF, Flacso, 2015.

Lobos Martínez, Macarena, «El frustrado viaje a Filipinas: Viaje de todos los chilenos hacia un nuevo cuestionamiento de la realidad política y social de 1980», *Seminario Simon Collier 2009*, Santiago de Chile, Instituto de Historia de la Universidad Católica, 2010.

Manzano Latrach, Cristopher, «Asamblea de la Civilidad (1986-1988). Convergencia social y frustración política de un movimiento popular de oposición a la dictadura», en Carolina Jiménez Hernández *et al.*, comp., *Construcción y recuperación de la memoria histórica. Reflexiones a 40 años del Golpe militar*, Santiago de Chile, Universidad de Chile, 2014.

Marchesi, Aldo, «Vencedores vencidos: las respuestas militares frente a los informes "Nunca Más" en el Cono Sur», en Eric

Hershberg y Felipe Agüero, comps., *Memorias militares sobre la represión en el Cono Sur: visiones en disputa en dictadura y democracia*, Madrid, Siglo XXI, 2005.

Mattelart, Armand, «El "gremialismo" y la línea de masa de la burguesía chilena», en Enrique Gomariz, pr., *Chile bajo la Junta*, Madrid, Zero, 1976,

Molinero, Carme, «¿Memoria de la represión o memoria del franquismo?», en Santos Juliá, dir., *Memoria de la guerra y del franquismo*, Madrid, Fundación Pablo Iglesias-Taurus, 2006, pp. 219-246.

Moulian, Tomás, «El régimen militar: del autoritarismo a la Transición a la democracia», en Gonzalo Vial, ed., *Análisis crítico del régimen militar*, Universidad Finis Terrae, Santiago de Chile, 1998.

Moulian, Tomás, «La liturgia de la reconciliación», en Nelly Richard, ed., *Políticas y estéticas de la memoria*, Santiago de Chile, Cuarto Propio, 2000.

Muñoz, Heraldo, «Las relaciones exteriores del Gobierno militar chileno», *Revista Mexicana de Sociología*, México DF, abril-junio de 1982.

Nocera, Raffaele, «Ruptura con el Eje y alineamiento con Estados Unidos. Chile durante la II Guerra Mundial», *Historia*, n.º 38, vol. 2, Santiago de Chile, julio-diciembre de 2005.

North, Liisa, «Los militares en la política chilena», *Revista Mexicana de Sociología*, vol. XXXVII, n.º 2, México DF, abril-junio de 1975.

Peña, Juan Cristóbal, «Manuel Contreras, "el Mamo". Por un camino de sombras», en Leila Guerriero, ed., *Los malos*, Santiago de Chile, Ediciones de la Universidad Diego Portales, 2015.

Pérez Canales, Francisco y Villalobos González, Mauricio, «El movimiento obrero en la encrucijada: La huelga carbonífera de 1947 y el estado de sitio en Lota y Coronel (1947-

1949)», *Bicentenario. Revista de Historia de Chile y América*, n.º 2, vol. 14, Santiago de Chile, 2015.

Pion-Berlin, David, «The Pinochet case and human rights progress in Chile: Was Europe a catalyst, cause or inconsequential?», *Journal of Latin American Studies*, n.º 36, Cambridge, 2004.

Quiroga, Patricio, «Las jornadas de protesta nacional. Historia, estrategias y resultado (1983-1986)», *Encuentro XXI*, n.º 11, Santiago de Chile, otoño de 1998.

Rico, Álvaro, «Revisiones sobre la caracterización del golpe y la dictadura en Uruguay», en Ana Buriano Castro *et al., Política y memoria. A cuarenta años de los golpes de Estado en Chile y Uruguay*, México DF, Flacso, 2015.

Rolle, Claudio, «Los militares como agentes de la Revolución», en Ricardo Krebs y Cristián Gazmuri, eds., *La Revolución Francesa y Chile*, Santiago de Chile, Editorial Universitaria, 1990.

Serani Pradenas, Edmundo, «Los Derechos Humanos bajo el Gobierno del Presidente Patricio Aylwin Azócar», *Patricio Aylwin Azócar. Una vida republicana: convicción, política y doctrina*, Santiago de Chile, Biblioteca del Congreso Nacional de Chile, 2015.

Soto, Hernán, «El Gobierno de Allende y las Fuerzas Armadas», en Miguel Lawner *et al.*, eds., *Salvador Allende. Presencia en la ausencia*, Santiago de Chile, LOM Ediciones, 2008.

Sugarman, David, *The arrest of Augusto Pinochet: ten years on*, en Opendemocracy.net.

Toro, Agustín y Contreras, Manuel: «Panorama político-estratégico del Asia Sur-oriental», *Memorial del Ejército de Chile*, n.º 344, Santiago de Chile, julio-agosto de 1968.

Tosi, Claudia, «El rol de la Embajada de Italia en Santiago frente al golpe de Pinochet: entre la concesión del asilo diplomático y la amenaza de ruptura de las relaciones bilaterales», *Bicentenario*, n.º 2, vol. 5, Santiago de Chile, 2006.

Ulianova, Olga, «Algunas reflexiones sobre la Guerra Fría desde el fin del mundo», en Fernando Purcell y Alfredo Riquelme, eds., *Ampliando miradas. Chile y su historia en un tiempo global*, Santiago de Chile, Instituto de Historia de la Universidad Católica y Ril Editores, 2009.

Ulianova, Olga, «El despliegue de un antagonismo: El expresidente Frei Montalva y el dictador Pinochet en los archivos estadounidenses (1973-1982)», *Historia*, n.º 47, vol. II, Santiago de Chile, julio-diciembre de 2004.

Ulianova, Olga, «Las claves del periodo», en Olga Ulianova, coord., *Chile. Mirando hacia adentro. 1930-1960*, Madrid, Taurus y Fundación Mapfre, 2015.

Valdivia, Verónica, «Del "ibañismo" al "pinochetismo": las Fuerzas Armadas chilenas entre 1932 y 1973», en Francisco Zapata, comp., *Frágiles suturas. Chile a treinta años del gobierno de Salvador Allende*, Santiago de Chile, Fondo de Cultura Económica, 2006.

Valdivia, Verónica, «"¡Estamos en guerra, señores!". El régimen militar de Pinochet y el pueblo. 1973-1980», *Historia*, n.º 43, vol. I, Santiago de Chile, enero-junio de 2010.

Valdivia, Verónica, «La vida en el cuartel», en Rafael Sagredo y Cristián Gazmuri, eds., *Historia de la vida privada en Chile. El Chile contemporáneo. De 1925 a nuestros días*, Santiago de Chile, Taurus, 2007.

Valdivia, Verónica, «"Todos juntos seremos la historia: Venceremos". Unidad Popular y Fuerzas Armadas», en Julio Pinto Vallejos, coord., *Cuando hicimos historia. La experiencia de la Unidad Popular*, Santiago de Chile, LOM Ediciones, 2005.

Valenzuela, Arturo, «Los militares en el poder: la consolidación del poder unipersonal», en Paul W. Drake e Iván Jaksic, eds., *El difícil camino hacia la democracia en Chile. 1982-1990*, Santiago de Chile, Flacso, 1993.

Valladares Campos, Jorge, «Antepasados maulinos del Presidente de la República general don Augusto Pinochet Ugarte», *Revista de Estudios Históricos*, n.º 26, Santiago de Chile, 1981.

Venegas Valdebenito, Hernán, «Anticomunismo y control social en Chile. La experiencia de los trabajadores del carbón en Lota y Coronel a mediados del siglo XX», *Revista de Historia Social y de las Mentalidades*, vol. 16, n.º 2, Santiago de Chile, 2012.

Vergara, Pilar, «Las transformaciones del Estado chileno bajo el régimen militar», *Revista Mexicana de Sociología*, año XLIV, n.º 2. México DF, abril-junio de 1982.

Libros

80 años. Homenajes al expresidente de la República y comandante en jefe del Ejército, capitán general Augusto Pinochet Ugarte, con motivo de su octogésimo cumpleaños, Santiago de Chile, 1995.

Actas Constitucionales. Antecedentes y textos, Santiago de Chile, Editorial Jurídica de Chile, 1977.

Agnic, Ozren, *Pinochet S. A. La base de la fortuna*, Santiago de Chile, Ril Editores, 2006.

Aguilera, Óscar, *Operación Albania... Sangre de Corpus Christi*, Santiago de Chile, 1996.

Ahumada, Eugenio *et al.*, *Chile. La memoria prohibida*, vol. I, Santiago de Chile, Pehuén, 1989.

Al servicio de Chile. Comandantes en jefe del Ejército, 1813-2002, Santiago de Chile, Ejército de Chile, 2002.

Algunos fundamentos de la intervención militar en Chile. Septiembre de 1973, Santiago de Chile, Empresa Editora Nacional Gabriela Mistral, 1974.

Alma de soldado, Biblioteca del Oficial del Ejército de Chile, Santiago de Chile, Instituto Geográfico Militar, 1998.

Alto Comisionado de las Naciones Unidas para los Refugiados, *La situación de los refugiados en el mundo. Cincuenta años de acción humanitaria*, Barcelona, Icaria, 2000.

Amnistía Internacional, *Chile. La transición en la encrucijada. Las violaciones de derechos humanos durante el Gobierno de Pinochet siguen siendo el problema esencial*, marzo de 1996, en Amnesty.org.

Amorós, Mario, *Después de la lluvia. Chile, la memoria herida*, Santiago de Chile, Cuarto Propio, 2004.

Amorós, Mario, *Allende. La biografía*, Barcelona, Ediciones B, 2013.

Amorós, Mario, *Miguel Enríquez. Un nombre en las estrellas. Biografía de un revolucionario*, Santiago de Chile, Ediciones B, 2014.

Amorós, Mario, *Argentina contra Franco. El gran desafío a la impunidad de la dictadura*, Madrid, Akal, 2014.

Amorós, Mario, *Neruda. El príncipe de los poetas*, Santiago de Chile, Ediciones B, 2015.

Amorós, Mario, *Una huella imborrable. Antonio Llidó, el sacerdote detenido desaparecido*, Santiago de Chile, Pehuén, 2016.

Amorós, Mario, *Rapa Nui. Una herida en el océano*, Santiago de Chile, Ediciones B, 2018.

Anderson, Jon Lee, *El dictador, los demonios y otras crónicas*, Barcelona, Anagrama, 2009.

Angell, Alan, *Chile de Alessandri a Pinochet: En busca de la utopía*, Santiago de Chile, Andrés Bello, 1993.

Aninat, Francisca y Gazmuri, Cristián, *Adiós maestro. Jaime Castillo Velasco. Vida y confesiones de un hombre excepcional*, Santiago de Chile, Grijalbo, 2004.

Arancibia Clavel, Patricia, *Carlos F. Cáceres. La transición a la democracia. 1988-1990*, Santiago de Chile, Ediciones LYD, 2014.

Arancibia Clavel, Patricia, *Cita con la Historia*, Santiago de Chile, Editorial Biblioteca Americana, 2006.

Arancibia Clavel, Patricia, *Conversando con Roberto Kelly V. Recuerdos de una vida*, Santiago de Chile, Editorial Biblioteca Americana, 2005.

Arancibia Clavel, Patricia, ed., *El Ejército de los chilenos. 1540-1920*, Santiago de Chile, Editorial Biblioteca Americana, 2007.

Arancibia Clavel, Patricia y Balart Páez, Francisco, *Conversando con el general Julio Canessa Robert*, Santiago de Chile, Editorial Biblioteca Americana, 2006.

Arancibia Clavel, Patricia y Balart Páez, Francisco, *Sergio de Castro. El arquitecto del modelo económico chileno*, Santiago de Chile, Editorial Biblioteca Americana, 2007.

Arancibia Clavel, Patricia y Bulnes Serrano, Francisco, *La Escuadra en acción. 1978: el conflicto Chile-Argentina visto a través de sus protagonistas*, Santiago de Chile, Grijalbo, 2005.

Arancibia Clavel, Patricia y De la Maza Cave, Isabel, *Matthei. Mi testimonio*, Santiago de Chile, La Tercera-Mondadori, 2003.

Arancibia Clavel, Patricia *et al., Jarpa. Confesiones políticas*, Santiago de Chile, La Tercera-Mondadori, 2002.

Arancibia Clavel, Roberto, *La influencia del Ejército chileno en América Latina. 1900-1950*, Santiago de Chile, CESIM, 2002.

Arellano Iturriaga, Sergio, *Más allá del abismo. Un testimonio y una perspectiva*, Santiago de Chile, Editorial Proyección, 1985.

Arriagada, Genaro, *El pensamiento político de los militares*, Santiago de Chile, Aconcagua, 1986.

Arriagada, Genaro, *La política militar de Pinochet*, Santiago de Chile, Imprenta Salesianos, 1985.

Arriagada, Genaro, *Por la razón o la fuerza. Chile bajo Pinochet*, Santiago de Chile, Sudamericana, 1998.

Aylwin, Patricio, *El reencuentro de los demócratas. Del golpe al triunfo del No*, Santiago de Chile, Ediciones B, 1998.

Aylwin, Patricio, *La Transición chilena. Discursos escogidos. Marzo 1990-1992*, Santiago de Chile, Andrés Bello, 1992.

Azócar, Pablo, *Pinochet. Epitafio para un tirano*, Madrid, Popular, 1999.

Barnard, Andrew, *El Partido Comunista de Chile. 1922-1947*, Santiago de Chile, Ariadna Ediciones, 2017.

Barría Reyes, Rodrigo, *Raquel Correa. Off the record*, Santiago de Chile, El Mercurio-Aguilar, 2011.

Barros, Robert, *La Junta militar. Pinochet y la Constitución de 1980*, Santiago de Chile, Sudamericana, 2005.

Bawden, John R., *The Pinochet generation. The chilean military in the twentieth century*, Tuscaloosa (Alabama), The University of Alabama Press, 2016.

Beckett, Andy, *Pinochet en Piccadilly. La historia secreta de Chile y el Reino Unido*, Barcelona, Tusquets, 2003.

Bianchini, Maria Chiara, *Chile, memorias de La Moneda. La (re) construcción de un símbolo político*, Madrid, UAM e IEPALA, 2012.

Bitar, Sergio, *Chile 1970-1973. Asumir la historia para construir el futuro*, Santiago de Chile, Pehuén, 1996.

Bitar, Sergio y Lowenthal, Abraham F., eds., *Transiciones demo-cráticas: Enseñanzas de líderes políticos*, Barcelona, Galaxia, Gutenberg, 2016.

Boetsch G. H., Eduardo, *Recordando con Alessandri*, Santiago de Chile, Universidad Nacional Andrés Bello, s. f.

Brahm García, Enrique, *Preparados para la guerra. Pensamiento militar chileno bajo influencia alemana. 1885-1930*, Santiago de Chile, Ediciones Universidad Católica de Chile, 2002.

Brinkmann, Beatriz, *Itinerario de la impunidad. Chile, 1973-1999. Un desafío a la dignidad*, Santiago de Chile, CINTRAS, 1999.

Büchi, Hernán, *La transformación económica de Chile. El modelo del progreso*, Santiago de Chile, El Mercurio-Aguilar, 2008.

Burbach, Roger, *El affair Pinochet. Terrorismo de Estado y justicia global*, Santiago de Chile, Mosquito Comunicaciones, 2006.

Bustos Díaz, Carlos Ignacio, *Diplomacia chilena. Una perspectiva histórica*, Santiago de Chile, Ril Editores, 2018.

Calloni, Stella, *Los años del lobo. Operación Cóndor*, Buenos Aires, Continente. 1999.

Camacho Padilla, Fernando, *Suecia por Chile. Una historia visual del exilio y la solidaridad. 1970-1990*, Santiago de Chile, LOM Ediciones, 2009.

Campodónico, Miguel Ángel, *Antes del silencio. Bordaberry. Memorias de un presidente uruguayo*, Montevideo, Linardi y Risso, 2003.

Cancino Troncoso, Hugo, *Chile: Iglesia y dictadura. 1973-1989*, Odense (Dinamarca), Odense University Press, 1997.

Canessa Robert, Julio y Balart Páez, Francisco, *Pinochet y la restauración del consenso nacional*, Santiago de Chile, Geniart, 1998.

Cánovas, José, *Memorias de un magistrado*, Santiago de Chile, Emisión, 1989.

Cañas Kirby, Enrique, *Proceso político chileno. 1973-1990*, Santiago de Chile, Andrés Bello, 1997.

Carrasco Delgado, Sergio, *Alessandri. Su pensamiento constitucional. Reseña de su vida pública*, Santiago de Chile, Editorial Jurídica de Chile y Editorial Andrés Bello, 1987.

Carvajal, Patricio, *Téngase presente*, Santiago de Chile, Ediciones Arquén, 1993.

Casals Araya, Marcelo, *La creación de la amenaza roja. Del surgimiento del anticomunismo en Chile a la «campaña del terror» de 1964*, Santiago de Chile, LOM Ediciones, 2016.

Castillo, Benedicto, *Pinochet. El gran comisionista*, Santiago de Chile, Mare Nostrum, 2007.

Caucoto Pereira, Nelson y Salazar Ardiles, Héctor, *Un verde manto de impunidad*, Santiago de Chile, FASIC y Ediciones de la Universidad Academia de Humanismo Cristiano, 1994.

Cavalla Rojas, Antonio, *La geopolítica y el fascismo dependiente*, México DF, Casa de Chile en México, 1978.

Cavalla Rojas, Antonio, *Organización y estructura de las Fuerzas Armadas*, México DF, Casa de Chile en México, 1978.

Cavallo, Ascanio, *La historia oculta de la transición. Memoria de una época, 1990-1998*, Santiago de Chile, Grijalbo, 1998.

Cavallo, Ascanio, *Los hombres de la transición*, Santiago de Chile, Andrés Bello, 1992.

Cavallo, Ascanio, *Los Te Deum del Cardenal Silva Henríquez en el régimen militar*, Santiago de Chile, Ediciones Copygraph, 1988.

Cavallo, Ascanio *et al.*, *La historia oculta del régimen militar*, Santiago de Chile, Grijalbo, 1997.

Cavallo, Ascanio y Serrano, Margarita, *Golpe. 11 de septiembre de 1973*, Santiago de Chile, Aguilar, 2003.

Cerda, Mónica, ed., *Chile y Argentina: historia del gran conflicto*, Santiago de Chile, Ediciones de la Universidad San Sebastián, 2018.

Chesnay, Philippe, *Pinochet. La otra verdad*, Santiago de Chile, Maye, 2007.

¡Chile no está solo! Conferencia Internacional de Solidaridad con el Pueblo de Chile, Helsinki, 29-30 de septiembre de 1973.

Chile. Un informe de Amnistía Internacional, Londres, 1974.

Chile visto por Mensaje. 1971-1981, Santiago de Chile, Aconcagua, 1981.

CODEPU, *Más allá de las fronteras. Estudio sobre las personas ejecutadas o desaparecidas fuera de Chile (1973-1990)*, Santiago de Chile, 1996.

Colegio de los Sagrados Corazones de Valparaíso, Valparaíso, 1933.

Comando en Jefe del Cuartel General del Ejército, *Reglamento de Instrucción para la Infantería. Cuaderno I. Principios generales e instrucción hasta la Escuadra*, Santiago de Chile, Instituto Geográfico Militar, 1938.

Comisión Internacional Investigadora de los Crímenes de la Junta Militar en Chile, *Un año de régimen de terror en Chile*, Helsinki, 1974.

Constable, Pamela y Valenzuela, Arturo, *Una nación de enemigos. Chile bajo Pinochet*, Santiago de Chile, Ediciones de la Universidad Diego Portales, 2013.

Contreras Mella, Eduardo, *El desaforado. Crónica del juicio a Pinochet en Chile*, Santiago de Chile, El Periodista, 2003.

Corbalán Castilla, Álvaro, *Anécdotas de mi General: las que viví... y las que me contaron*, Santiago de Chile, Asesorías Comunicacionales, 2009.

Correa, Raquel, *Preguntas que hacen historia. 40 años entrevistando*, Santiago de Chile, Catalonia. 2010.

Correa, Raquel y Subercaseaux, Elizabeth, *Ego sum Pinochet*, Santiago de Chile, Zig-Zag, 1989.

Correa, Raquel *et al.*, *Los generales del régimen*, Santiago de Chile, Aconcagua, 1983.

Corvalán, Luis, *De lo vivido y lo peleado. Memorias*, Santiago de Chile, LOM Ediciones, 1997.

Corvalán, Luis Alberto, *Escribo sobre el dolor y la esperanza de mis hermanos*, Santiago de Chile, Talleres Amaranto, 1980.

Corvalán Márquez, Luis, *Los partidos políticos y el golpe del 11 de septiembre*, Santiago de Chile, CESOC, 2000.

Corvalán Márquez, Luis, *La secreta obscenidad de la historia de Chile contemporáneo. 1962-1976*, Santiago de Chile, Ceibo Ediciones, 2012.

Cruz, María Angélica, *Iglesia, represión y memoria. El caso chileno*, Madrid, Siglo XXI, 2004.

Dahse, Fernando, *Mapa de la extrema riqueza. Los grupos económicos y el proceso de concentración de capitales*, Santiago de Chile, Aconcagua, 1979.

Dávalos, Eulogio, *Una leyenda hecha guitarra. Memorias*, Santiago de Chile, Ediciones B, 2016.

Davis, Madeleine, ed., *The Pinochet case: origins, progress and implications*, Londres, Institut of Latin American Studies, 2003.

De la Parra, Marco Antonio, *Carta abierta a Pinochet. Monólogo de la clase media con su padre*, Santiago de Chile, Planeta, 1998.

De Masi, Piero, *Santiago. 1 de febrero de 1973 - 27 de enero de 1974*, Madrid, Cuadernos del Laberinto, 2017.

De Ramón, Armando, *Historia de Chile. Desde la invasión incaica hasta nuestros días (1500-2000)*, Santiago de Chile, Catalonia, 2004.

Del Pozo Artigas, José, *Diccionario histórico de la dictadura cívico-militar en Chile*, Santiago de Chile, LOM Ediciones, 2018.

Debray, Régis, *La crítica de las armas*, Madrid, Siglo XXI, 1975.

Délano, Luis Enrique, *Diario de Estocolmo, 1971-1974*, Santiago de Chile, LOM Ediciones, 2010.

Délano, Manuel y Traslaviña, Hugo, *La herencia de los Chicago boys*, Santiago de Chile, Las Ediciones del Ornitorrinco, 1989.

Delgado, Iva, coord., *De Pinochet a Timor. Impunidad y derecho a la memoria*, Madrid, Sequitur, 2000.

Denuncia y testimonio, Tercera sesión de la Comisión Internacional de Investigación de los Crímenes de la Junta militar en Chile, México DF, 18-21 de febrero de 1975.

Díaz Nieva, José, *Patria y Libertad. El nacionalismo frente a la Unidad Popular*, Santiago de Chile, Centro de Estudios Bicentenario, 2015.

Díaz S., Jorge y Devés V., Eduardo, *100 chilenos y Pinochet*, Santiago de Chile, Zig-Zag, 1989.

Dinges, John, *Operación Cóndor. Una década de terrorismo internacional en el Cono Sur*, Santiago de Chile, Ediciones B, 2004.

Dinges, John y Landau, Saul, *Asesinato en Washington*, Santiago de Chile, Planeta, 1990.

Documentos del Episcopado. Chile, 1974-1980, Santiago de Chile, Ediciones Mundo, 1982.

Dorfman, Ariel, *Más allá del miedo: el largo adiós a Pinochet*, Madrid, Siglo XXI, 2002.

Ejército de Chile, *Academia de Guerra. 1886-1986*, Santiago de Chile, 1986.

Ejército de Chile, *Historia de la Academia de Guerra. 1886-1996*, Santiago de Chile, Instituto Geográfico Militar, 1996.

Ejército de Chile, *Presentación del Ejército de Chile a la Comisión Nacional de Verdad y Reconciliación*, Santiago de Chile, 1990.

Ekaizer, Ernesto, *Yo Augusto*, Madrid, Aguilar, 2003.

«El Ladrillo». Bases de la política económica del gobierno militar chileno, Santiago de Chile, Centro de Estudios Públicos, 1992.

Ensalaco, Mark, *Chile bajo Pinochet. La recuperación de la verdad*, Madrid, Alianza Editorial, 2002.

Escalante, Jorge, *La misión era matar. El juicio a la caravana Pinochet-Arellano*, Santiago de Chile, LOM Ediciones, 2000.

Escalante, Jorge et al., *Los crímenes que estremecieron a Chile*, Santiago de Chile, Ceibo Ediciones, 2013.

Escuela Militar. 190 años de historia. 1817-2007, Santiago de Chile, Instituto Geográfico Militar, 2007.

Escuela Militar del Libertador General Bernardo O'Higgins, Santiago de Chile, DIBAM, 1985.

Fajardo, Marco, *Contra Bachelet y otros. Algunas historias sobre el golpe militar al interior de las Fuerzas Armadas y de Orden*, Santiago de Chile, Quimantú, 2006.

Farfán, Claudia y Vega, Fernando, *La familia. Historia privada de los Pinochet*, Santiago de Chile, Debate, 2009.

Farías, Víctor, *La izquierda chilena (1969-1973). Documentos para el estudio de su línea estratégica*, tomo 6, Santiago de Chile, Centro de Estudios Públicos, 2000.

Farías, Víctor, *Los nazis en Chile*, Hong Kong, Editorial Wide Chance, 2015.

Fermandois, Joaquín, *Chile y el mundo. 1970-1973. La política exterior del gobierno de la Unidad Popular y el sistema internacional*, Santiago de Chile, Universidad Católica de Chile, 1985.

Fermandois, Joaquín, *Mundo y fin de mundo. Chile en la política mundial. 1900-2004*, Santiago de Chile, Ediciones de la Universidad Católica, 2005.

Fernández, Marc y Rampal, Jean-Christophe, *Pinochet. Un dictateur modele*, París, Hachette, 2003.

Ffrench-Davis, Ricardo, *Reformas económicas en Chile. 1973-2017*, Santiago de Chile, Taurus, 2018.

Fischer, Ferenc, *El modelo militar prusiano y las Fuerzas Armadas de Chile. 1885-1945*, Pécs (Hungría), University Press, 1999.

Fonseca, Carlos, *Mañana cuando me maten. Las últimas ejecuciones del franquismo. 27 de septiembre de 1975*, Madrid, La Esfera de los Libros, 2015.

Fontaine Aldunate, Arturo, *Los economistas y el presidente Pinochet*, Santiago de Chile, Zig-Zag, 1988.

Fontana, Josep, *El Siglo de la Revolución. Una historia del mundo desde 1914*, Barcelona, Crítica, 2017.

Frei, Carmen, *Magnicidio. La historia del crimen de mi padre*, Aguilar, Santiago de Chile, 2017.

Frei Montalva, Eduardo, *El mandato de la Historia y las exigencias del porvenir*, Santiago de Chile, Editorial del Pacífico, 1975.

Fuentes Saavedra, Claudio, *La transición de los militares*, Santiago de Chile, LOM Ediciones, 2006.

Fuentes W., Manuel, *Memorias secretas de Patria y Libertad*, Santiago de Chile, Grijalbo, 1999.

Fuerzas Armadas y de Carabineros de Chile, *Septiembre de 1973. Los cien combates de una batalla*, Santiago de Chile, Empresa Editora Nacional Gabriela Mistral, 1974.

Fundación Presidente Augusto Pinochet Ugarte, *La carretera longitudinal austral. Su impacto y proyección*, Santiago de Chile, 1997.

Gallardo Silva, Mateo, *Íntima complacencia. Los juristas en Chile y el golpe militar de 1973. Antecedentes y testimonios*, Santiago de Chile, Frasis Editores y El Periodista, 2003.

Ganser, Daniele, *Los ejércitos secretos de la OTAN. La Operación Gladio y el terrorismo en Europa occidental*, Barcelona, El Viejo Topo, 2005.

Gárate Chateau, Manuel, *La revolución capitalista de Chile (1973-2003)*, Santiago de Chile, Ediciones de la Universidad Alberto Hurtado, 2016.

Garcés, Joan E., *Allende y la experiencia chilena. Las armas de la política*, Barcelona, Ariel, 1976.

Garcés, Joan E., *Orlando Letelier: Testimonio y vindicación*, Madrid, Siglo XXI, 1995.

Garcés, Joan E., *Soberanos e intervenidos. Estrategias globales, americanos y españoles*, Madrid, Siglo XXI, 1996.

Garcés, Mario y De la Maza, Gonzalo, *La explosión de las mayorías*, Santiago de Chile, Educación y Comunicaciones, 1985.

García, Prudencio, *El drama de la autonomía militar. Argentina bajo las juntas militares*, Madrid, Alianza Editorial, 1995.

García Arán, Mercedes y López Garrido, Diego, *Crimen internacional y jurisdicción universal. El caso Pinochet*, Valencia, Tirant lo Blanch, 2000.

García de Leigh, Gabriela, *Leigh. El general republicano*, Santiago de Chile, Ediciones GGL, 2017.

García Ferrada, Patricio, ed., *El tancazo de ese 29 de junio*, Santiago de Chile, Quimantú, 1973.

García Pinochet, Rodrigo Andrés, *Caso Riggs. La persecución final a Pinochet*, Santiago de Chile, Maye, 2007.

García Pinochet, Rodrigo Andrés, *Destino*, Santiago de Chile, 2001.

Garretón, Manuel Antonio, *El plebiscito de 1988 y la transición a la democracia*, Santiago de Chile, Flacso, 1988.

Garretón, Manuel Antonio *et al.*, *Por la razón sin la fuerza. Análisis y textos de los bandos de la dictadura militar*, Santiago de Chile, LOM Ediciones, 1998.

Garzón, Baltasar, *En el punto de mira*, Barcelona, Planeta, 2016.

Garzón Real, Baltasar, dir., *Operación Cóndor. 40 años después*, Buenos Aires, Centro Internacional para la Promoción de los Derechos Humanos, Categoría II Unesco, 2016.

Gazmuri, Cristián, *Eduardo Frei Montalva y su época*, Santiago de Chile, Aguilar, 2000, tomo II.

Gazmuri, Cristián, *La persistencia de la memoria. Reflexiones de un civil sobre la Dictadura*, Santiago de Chile, Centro de Investigaciones Diego Barros Arana y Ril Editores, 2000.

Geografía de la Memoria, Santiago de Chile, Ministerio del Interior, Programa de Derechos Humanos del Gobierno de Chile, 2010.

Gill, Lesley, *Escuela de las Américas. Entrenamiento militar, violencia política e impunidad en las Américas*, Santiago de Chile, LOM Ediciones, 2005.

González, Mónica, *La conjura. Los mil y un días del Golpe*, Santiago de Chile, Ediciones B, 2000.

González, Mónica y Harrington, Edwin, *Bomba en una calle de Palermo*, Santiago de Chile, Emisión, 1987.

González Calleja, Eduardo, *Guerras no ortodoxas. La "estrategia de la tensión" y las redes del terrorismo neofascista*, Madrid, Catarata, 2018.

González Camus, Ignacio, *El día en que murió Allende*, Santiago de Chile, CESOC, 1993.

González Camus, Ignacio, *Renán Fuentealba. En la génesis de la Concertación*, Santiago de Chile, Catalonia, 2007.

González Martín, Alberto, *La última influencia. Efectos de la ayuda militar norteamericana en el Ejército de Chile después de la Segunda Guerra Mundial*, Biblioteca del Oficial del Ejército de Chile, Santiago de Chile, 2006.

González Pino, Miguel y Fontaine Talavera, Arturo, eds., *Los mil días de Allende*, tomo I, Santiago de Chile, Centro de Estudios Públicos, 1997.

Goñi, José, comp., *Olof Palme: Suecia y América Latina: antología de documentos políticos*, Montevideo, LAIS / Punto Sur, 1987.

Grimaldos, Alfredo, *La sombra de Franco en la Transición*, Barcelona, Oberón, 2004.

Gutiérrez Tapia, Cristián, *La contrasubversión como política. La doctrina de guerra revolucionaria francesa y su impacto en las FFAA de Chile y Argentina*, Santiago de Chile, LOM Ediciones, 2018.

Guzmán Jasmen, Nancy, *El Fanta. Historia de una traición*, Santiago de Chile, Ceibo Ediciones, 2016.

Guzmán Tapia, Juan, *En el borde del mundo. Memorias del juez que procesó a Pinochet*, Barcelona, Anagrama, 2005.

Harmer, Tanya, *El Gobierno de Allende y la Guerra Fría interamericana*, Santiago de Chile, Ediciones de la Universidad Diego Portales, 2013.

Herrero A., Víctor, *Agustín Edwards Eastman. Una biografía desclasificada del dueño de El Mercurio*, Santiago de Chile, Debate, 2014.

Hertz, Carmen, *La historia fue otra. Memorias*, Santiago de Chile, Debate, 2017.

Hertz, Carmen *et al., Operación exterminio. La represión contra los comunistas chilenos (1973-1976)*, Santiago de Chile, LOM Ediciones, 2016.

Hiriart, Lucía, *La mujer chilena y su compromiso histórico*, Santiago de Chile, Editorial Renacimiento, 1985.

Historia del Ejército de Chile. Tomo IX. El Ejército después de la Segunda Guerra Mundial (1940-1952), Estado Mayor General del Ejército de Chile, Santiago de Chile, 1985.

Historias de Paula. Antología de reportajes y entrevistas, Santiago de Chile, Catalonia, 2013.

Hopenhayn, Daniel, *Así se torturó en Chile (1973-1990). Relatos del Informe Valech*, Santiago de Chile, La Copa Rota, 2018.

Huerta Díaz, Ismael, *Volvería a ser marino*, tomo I, Santiago de Chile, Andrés Bello, 1988.

Huidobro Justiniano, Sergio, *Decisión naval*, Valparaíso, Imprenta de la Armada, 1989.

Huneeus, Carlos, *Chile, un país dividido. La actualidad del pasado*, Santiago de Chile, Catalonia, 2003.

Huneeus, Carlos, *El régimen de Pinochet*, Santiago de Chile, Sudamericana, 2000.

Huneeus, Carlos, *El régimen de Pinochet*, Santiago de Chile, Taurus, 2016.

Huneeus, Carlos, *La democracia semisoberana. Chile después de Pinochet*, Santiago de Chile, Taurus, 2015.

Huneeus, Carlos, *La Guerra Fría chilena. Gabriel González Videla y la Ley Maldita*, Santiago de Chile, Debate, 2009.

Informe de la Comisión Nacional de Verdad y Reconciliación, Santiago de Chile, Imprenta de *La Nación*, 1991.

Informe de la Comisión Nacional sobre Prisión Política y Tortura, Santiago de Chile, Imprenta de *La Nación*, 2005.

Jamás olvido, jamás perdón. Escritos de Gladys Marín sobre derechos humanos, Santiago de Chile, Fundación Gladys Marín, 2009.

Jara, Joan, *Víctor. Un canto inconcluso*, Santiago de Chile, Fundación Víctor Jara, 1993.

Jara Hinojosa, Isabel, *De Franco a Pinochet. El proyecto cultural franquista en Chile, 1936-1980*, Santiago de Chile, Facultad de Artes de la Universidad de Chile, 2006.

Jouffé, André, *Primeras damas*, Santiago de Chile, Planeta, 1999.

Joxe, Alain, *Las Fuerzas Armadas en el sistema político chileno*, Santiago de Chile, Editorial Universitaria, 1970.

Kornbluh, Peter, *Los EE.UU. y el derrocamiento de Allende. Una historia desclasificada*, Santiago de Chile, Ediciones B, 2003.

Kornbluh, Peter, *Pinochet: los archivos secretos*, Barcelona, Crítica, 2004.

Kornbluh, Peter, *The Pinochet file. A declassified dossier on atrocity and accountability*, Nueva York, The New Press, 2004.

La acción del Ejército en la liberación de Chile (Historia inédita), Santiago de Chile, Empresa Editora Nacional Gabriela Mistral, 1974. Libro anónimo atribuido por James R. Whelan a Pinochet.

Labbé Galilea, Cristián, *Pinochet en persona. Recuerdos con historia*, Santiago de Chile, Nuevo Extremo, 2005.

Lagos, Ricardo, *Así lo vivimos. La vía chilena a la democracia*, Santiago de Chile, Taurus, 2012.

Lagos, Ricardo, *Mi vida. De la infancia a la lucha contra la dictadura*, Santiago de Chile, Debate, 2014.

Lagos Erazo, Jaime, *El caso Pinochet ante las Cortes británicas*, Santiago de Chile, Editorial Jurídica de Chile, 1999.

Lagos Schuffeneger, Humberto, *El general Pinochet y el mesianismo político*, Santiago de Chile, LOM Ediciones, 2001.

Lawner, Miguel, *La vida a pesar de todo*, Santiago de Chile, LOM Ediciones, 2003.

Lawner, Miguel y Soto, Hernán, eds., *Orlando Letelier: el que lo advirtió. Los Chicago boys en Chile*, Santiago de Chile, LOM Ediciones, 2011.

Longerich, Peter, *Heinrich Himmler. Biografía*, Barcelona, RBA, 2009.

Loveman, Brian y Lira, Elizabeth, *Las ardientes cenizas del olvido: Vía chilena de reconciliación política. 1932-1994*, Santiago de Chile, LOM Ediciones, 2000.

Lowden, Pamela, *Moral opposition to authoritarian rule in Chile, 1973-1990*, Londres, MacMillan Press, 1996, apéndice 1.

Magasich, Jorge, *Allende, la UP y el Golpe*, Santiago de Chile, Editorial Aún Creemos en los Sueños, 2013.

Manual del Cadete de la Escuela Militar de Chile, Santiago de Chile, Imprenta Balcells, 1926.

Marambio Espinosa, Luis Adriano, *Breve historia del Seminario de San Rafael de Valparaíso desde su fundación (1869) hasta 1940*, Valparaíso, Editorial La Unión, 1940.

Marín, Gladys, *La vida es hoy*, Santiago de Chile, Editorial Don Bosco, 2002.

Márquez de la Plata, Alfonso, *Una persecución vergonzosa*, Santiago de Chile, Editorial Andújar, 2001.

Marras, Sergio, *Confesiones*, Santiago de Chile, Las Ediciones del Ornitorrinco, 1988.

Marras, Sergio, *Palabra de soldado*, Santiago de Chile, Las Ediciones del Ornitorrinco, 1989.

Martín de Pozuelo, Eduardo y Tarín, Santiago, *España acusa*, Barcelona, Plaza&Janés, 1999.

Martínez Corbalá, Gonzalo, *Instantes de decisión. Chile, 1972-1973*, México DF, Grijalbo, 1998.

Martland, Samuel J., *Construir Valparaíso: Tecnología, municipalidad y Estado, 1820-1920*, Santiago de Chile, DIBAM y Centro de Investigaciones Diego Barros Arana, 2017.

Martner, Gonzalo, comp., *Salvador Allende. 1908-1973. Obras escogidas*, Santiago de Chile, Centro de Estudios Políticos Latinoamericanos Simón Bolívar y Fundación Presidente Allende (España), 1992.

Martorell, Francisco, *Operación Cóndor. El vuelo de la muerte*, Santiago de Chile, LOM Ediciones, 1999.

Matus, Alejandra, *Doña Lucía. La biografía no autorizada*, Santiago de Chile, Ediciones B, 2013.

Matus, Alejandra, *El libro negro de la justicia chilena*, Santiago de Chile, Planeta, 1999.

Mayorga Marcos, Patricia, *El cóndor negro. El atentado a Bernardo Leighton*, Santiago de Chile, El Mercurio-Aguilar, 2003.

McSherry, J. Patrice, *Los Estados depredadores: la Operación Cóndor y la guerra encubierta en América Latina*, Santiago de Chile, LOM Ediciones. 2009.

Medallas y condecoraciones entregadas a la Escuela Militar por S. E. el Presidente de la República Capitán General Augusto Pinochet Ugarte, Santiago de Chile, Instituto Geográfico Militar de Chile, s. f.

Mellafe Maturana, Rafael, *Al borde de la guerra. Chile-Argentina 1978*, Santiago de Chile, Legatum Editores, 2018.

Mendoza, Marcelo, *Todos confesos*, Santiago de Chile, Mandrágora, 2011.

Merino, José Toribio, *Bitácora de un almirante. Memorias*, Santiago de Chile, Andrés Bello, 1999.

Millas, Hernán, *La familia militar*, Santiago de Chile, Planeta, 1999.

Milos, Pedro, *Frente Popular en Chile. Su configuración: 1935-1938*, Santiago de Chile, LOM Ediciones, 2008.

Milos, Pedro, ed., *Chile 1972. Desde «El Arrayán» hasta el «paro de octubre»*, Santiago de Chile, Ediciones Universidad Alberto Hurtado, 2013.

Milos, Pedro, ed., *Chile 1973. Los meses previos al Golpe de Estado*, Santiago de Chile, Ediciones de la Universidad Alberto Hurtado, 2013.

Milton Friedman en Chile. Bases para un desarrollo económico, Santiago de Chile, Fundación de Estudios Económicos BHC, 1976.

Ministerio de Relaciones Exteriores, *Historia de las negociaciones chileno-bolivianas. 1975-1978*, Santiago de Chile, 1978.

Ministerio del Interior, *Nadie debe temer a la verdad: condición esencial para la reconciliación*, Santiago de Chile, 1990.

Mires, Fernando, *La rebelión permanente. Las revoluciones sociales en América Latina*, México DF, Siglo XXI, 1988.

Molina Johnson, Carlos, *Chile: Los militares y la política*, Santiago de Chile, edición especial y restringida para el personal del Ejército de Chile, Estado Mayor General del Ejército, 1989.

Moncada Durruti, Belén, *Jaime Guzmán. Una democracia contrarrevolucionaria*, Santiago de Chile, Ril Editores, 2006.

Mönckeberg, María Olivia, *El saqueo de los grupos económicos al Estado chileno*, Santiago de Chile, Ediciones B, 2001.

Mönckeberg, María Olivia *et al.*, *Crimen bajo estado de sitio*, Santiago de Chile, Emisión, 1990.

Moniz Bandeira, Luiz Alberto, *Fórmula para el caos. La caída de Salvador Allende (1970-1973)*, Santiago de Chile, Debate, 2008.

Montoya, Roberto y Pereyra, Daniel, *El caso Pinochet y la impunidad en América Latina*, Buenos Aires, Pandemia, 2000.

Moradiellos, Enrique, *Franco. Anatomía de un dictador*, Madrid, Turner, 2018.

Morley, Morris y McGillion, Chris, *Reagan and Pinochet. The struggle over US policy toward Chile*, Nueva York, Cambridge University Press, 2015.

Moulian, Tomás, *Chile Actual. Anatomía de un mito*, Santiago de Chile, LOM Ediciones, 1997.

Munizaga, Giselle, *El discurso público de Pinochet. Un análisis semiológico*, Santiago de Chile, CESOC-CENECA, 1988.

Muñoz, Heraldo, *La sombra del dictador*, Barcelona, Paidós, 2009.

Muñoz, Heraldo, *Las relaciones exteriores del Gobierno militar chileno*, Santiago de Chile, Las Ediciones del Ornitorrinco, 1986.

Muñoz, Heraldo, *Una amistad esquiva. Las relaciones de Estados Unidos y Chile*, Santiago de Chile, Pehuén, 1987.

Musia, Rosa, *Lucía Pinochet, una mujer valiente*, Santiago de Chile, Maye, 2008.

Observatorio de Justicia Transicional de la Universidad Diego Portales, *Principales hitos jurisprudenciales en causas de derechos humanos en Chile. 1990-2018*, Santiago de Chile, junio de 2018.

Olmeda, Fernando, *El Valle de los Caídos. Una memoria de España*, Madrid, Península, 2009.

Ortega Frei, Eugenio, *Historia de una alianza*, Santiago de Chile, CED-CESOC, 1992.

Ortiz Rojas, María Luisa y Sandoval Osorio, Marcela Paz, eds., *Operación Cóndor. Historias personales, memorias compartidas*, Santiago de Chile, Museo de la Memoria y los Derechos Humanos de Chile, 2015.

O'Shaughnessy, Hugh, *Pinochet. The politics of torture*, Londres, Latin American Bureau, 2000.

Otano, Rafael, *Crónica de la transición*, Santiago de Chile, Planeta, 1995.

Oyarzún, María Eugenia, *Augusto Pinochet: Diálogos con su historia*, Santiago de Chile, Sudamericana, 1999.

Oyarzún, María Eugenia et al., *Augusto Pinochet. Una visión del hombre*, Santiago de Chile, Bauhaus Editorial, 1995.

Pablo Neruda. Discursos y recuerdos del Premio Nobel de Literatura de 1971, Santiago de Chile, Fundación Pablo Neruda, 2011.

Pacheco, Máximo, *Lonquén*, Santiago de Chile, Aconcagua, 1983.

Parodi, Patricio, *El secuestro del general*, Santiago de Chile, 1999.

Parvex, Guillermo, *1978. El año que marchamos a la guerra*, Santiago de Chile, Ediciones B, 2018.

Peña, Juan Cristóbal, *La secreta vida literaria de Augusto Pinochet*, Santiago de Chile, Debolsillo, 2015.

Peña, Juan Cristóbal, *Los fusileros*, Santiago de Chile, Debate, 2007.

Peñaloza Palma, Carla, *El camino de la memoria. De la represión a la justicia en Chile, 1973-2013*, Santiago de Chile, Cuarto Propio, 2015.

Pérez, Mónica y Gerdtzen, Felipe, *Augusto Pinochet: 503 días atrapado en Londres*, Santiago de Chile, Editorial Los Andes, 2000.

Pérez Carrillo, David, *La fronda militar: El 11 de septiembre*, Departamento de Ciencia Política de la Universidad de Chile, Documentos de trabajo, n.º 82, Santiago de Chile, 2006.

Pérez de Arce, Hermógenes, *Historia de la Revolución Militar chilena. 1973-1990*, Santiago de Chile, El Roble, 2018.

Pinochet de la Barra, Óscar, *Los Pinochet en Chile*, Santiago de Chile, Editorial del Pacífico, 1979.

Pinochet de la Barra, Óscar, sel., *Eduardo Frei M. Obras Escogidas. 1931-1982*, Santiago de Chile, Centro de Estudios Políticos Latinoamericanos Simón Bolívar, 1993.

Pinochet Hiriart, Lucía, *Pionero del mañana. Biografía ilustrada de mi padre*, Zig-Zag, Santiago de Chile, 1996.

Piuzzi Cabrera, José Miguel, *Los militares en la sociedad chilena. 1891-1970. Relaciones civiles-militares e integración social*, Madrid, Universidad Pontificia de Salamanca, 1994.

Politzer, Patricia, *Miedo en Chile*, Santiago de Chile, CESOC, 1985.

Polloni R., Alberto, *Las Fuerzas Armadas de Chile en la vida nacional. Compendio cívico-militar*, Santiago de Chile, Andrés Bello, 1972.

Portales, Felipe, *Chile: una democracia tutelada*, Sudamericana, Santiago de Chile, 2000.

Power, Margaret, *La mujer de derecha. El poder femenino y la lucha contra Salvador Allende, 1964-1973*, Santiago de Chile, Centro de Investigaciones Diego Barros Arana, 2008.

Prats González, Carlos, *Memorias. Testimonio de un soldado*, Santiago de Chile, Pehuén, 2014.

Presidente Pinochet. Transición y consolidación democrática. 1984-1989, Santiago de Chile, Centro de Estudios Sociopolíticos, 1989.

Preston, Paul, *El holocausto español. Odio y exterminio en la guerra civil y después*, Madrid, Debate, 2011.

Preston, Paul, *Franco. «Caudillo de España»*, Madrid, Círculo de Lectores, 1994.

Preston, Paul, *Juan Carlos. El rey de un pueblo*, Madrid, Debate, 2012.

Puga, Álvaro, *El mosaico de la memoria*, Santiago de Chile, Editorial Maye, 2008.

Quiroga, Patricio y Maldonado, Carlos, *El prusianismo en las Fuerzas Armadas chilenas. Un estudio histórico. 1885-1945*, Santiago de Chile, Ediciones Documentas, 1988.

Ramírez Necochea, Hernán, «Las Fuerzas Armadas y la política en Chile (1810-1970)», en Hernán Ramírez Necochea,

Obras escogidas. Volumen II, Santiago de Chile, LOM Ediciones, 2007.

Ramos Albornoz, José Domingo, *Las cartas del coronel,* Santiago de Chile, Tierra Mía, 2001.

Rebolledo, Javier, *El despertar de los cuervos. Tejas Verdes, el origen del exterminio en Chile,* Santiago de Chile, Ceibo Ediciones, 2013.

Rebolledo, Javier, *La danza de los cuervos. El destino final de los detenidos desaparecidos,* Santiago de Chile, Ceibo Ediciones, 2012.

Reglamento de organización y funcionamiento de la Escuela Militar, Santiago de Chile, Imprenta del Ministerio de Guerra, 1931.

Reglamento de régimen interno de la Escuela de Infantería, Santiago de Chile, Instituto Geográfico Militar, 1937.

Reglamento orgánico de la Academia de Guerra, Santiago de Chile, Instituto Geográfico Militar, 1942.

Reimann, Elisabeth y Rivas Sánchez, Fernando, *Derechos Humanos: ficción y realidad,* Madrid, Akal, 1980.

Remiro Brotóns, Antonio, *El caso Pinochet. Los límites de la impunidad,* Biblioteca Nueva, Madrid, 1999.

República de Chile. 1974. Primer año de la Reconstrucción Nacional, Santiago de Chile, Empresa Editora Nacional Gabriela Mistral, 1974.

Retamal Ávila, Julio, *Aylwin: La palabra de un demócrata,* Santiago de Chile, Planeta, 1990.

Reyes, Humberto Julio, *La formación de un militar en el siglo XX,* Santiago de Chile, Editorial Biblioteca Americana, 2008.

Riquelme Segovia, Alfredo, *Rojo atardecer. El comunismo chileno entre dictadura y democracia,* Santiago de Chile, Centro de Investigaciones Diego Barros Arana, 2009.

Robertson, Geoffrey, *Crímenes contra la humanidad. La lucha por una justicia global,* Madrid, Siglo XXI, 2008.

Robin, Marie-Monique, *Escuadrones de la muerte. La escuela francesa*, Buenos Aires, Sudamericana, 2005.

Rodríguez, Mili, *Ya nunca me verás como me vieras. Doce testimonios del exilio*, Santiago de Chile, Las Ediciones del Ornitorrinco, 1990,

Rodríguez Elizondo, José, *Historia de la relación civil-militar en Chile. Desde Eduardo Frei Montalva hasta Michelle Bachelet Jeria*, Santiago de Chile, Fondo de Cultura Económica, 2018.

Roitman Rosenmann, Marcos, *Tiempos de oscuridad. Historia de los golpes de Estado en América Latina*, Madrid, Akal, 2013.

Rojas, Paz *et al.*, *Tarda pero llega. Pinochet ante la justicia española*, Santiago de Chile, LOM Ediciones, 1998.

Rojas Lizama, María Angélica y Fernández Pérez, José Ignacio, *El golpe al libro y a las bibliotecas de la Universidad de Chile*, Santiago de Chile, Ediciones Universidad Tecnológica Metropolitana, 2015.

Rojas Núñez, Luis, *Carrizal. Las armas del PCCh, un recodo en el camino*, Santiago de Chile, LOM Ediciones, 2018.

Rojas Núñez, Luis, *De la rebelión popular a la sublevación imaginada. Antecedentes de la historia política y militar del Partido Comunista de Chile y del FPMR. 1973-1990*, Santiago de Chile, LOM Ediciones, 2017.

Rojas Saavedra, Patricio, *Tiempos difíciles. Mi testimonio*, Santiago de Chile, Aguilar, 2013.

Rojas Sánchez, Gonzalo, *Chile escoge la libertad*, 2 tomos, Santiago de Chile, Zig-Zag, 2000.

Rouquié, Alain, *El Estado militar en América Latina*, Buenos Aires, Emecé, 1984.

Rubio Apiolaza, Pablo, *Los civiles de Pinochet. La derecha en el régimen militar chileno, 1983-1990*, Santiago de Chile, DIBAM y Centro de Investigaciones Diego Barros Arana, 2013.

Sáenz Rojas, Orlando, *Testigo privilegiado*, Santiago de Chile, Erasmo Ediciones, 2016.

Salazar, Gabriel, *Villa Grimaldi (Cuartel Terranova). Volumen I. Historia, testimonio, reflexión*, Santiago de Chile, LOM Ediciones, 2013.

Salazar, Manuel, *Contreras. Historia de un intocable*, Santiago de Chile, Grijalbo, 1995.

Salazar, Manuel, *Las letras del horror. Tomo I: La DINA*, Santiago de Chile, LOM Ediciones, 2011.

Salazar, Manuel, *Las letras del horror. Tomo II: La CNI*, Santiago de Chile, LOM Ediciones, 2016.

Salinas, Luis A., *The London Clinic*, Santiago de Chile, LOM Ediciones, 1999.

San Francisco, Alejandro, *La guerra civil de 1891. Chile. Un país, dos Ejércitos, miles de muertos*, tomo 2, Santiago de Chile, Centro de Estudios Bicentenario, 2008.

Sánchez, Gervasio, *La caravana de la muerte. Las víctimas de Pinochet*, Barcelona, Blume, 2001.

Sandoval Ambiado, Carlos y Figueroa Ortiz, Enrique, *Carbón: Cien años de historia (1848-1960)*, Santiago de Chile, CEDAL, 1987.

Santibáñez, Abraham, *El plebiscito de Pinochet. Cazado en su propia trampa*, Santiago de Chile, Atena, 1988.

Santillana, Pablo, *Chile. Análisis de un año de gobierno militar*, Buenos Aires, Prensa Latinoamericana, 1974.

Sater, William F. y Herwig, Holger H., *The grand illusion. The prussianization of the Chilean Army*, Lincoln (Nebraska, Estados Unidos), University of Nebraska Press, 1999.

Scherer García, Julio, *Pinochet. Vivir matando*, México DF, Aguilar, 2000.

Schiappacasse, Mauricio, *Augusto Pinochet. Un soldado de la paz*, Santiago de Chile, Maye, 2009.

Schiappacasse, Mauricio y Sánchez Urra, Francisco, *Augusto Pinochet. El reconstructor de Chile*, Santiago de Chile, Maye, 2010.

Schiappacasse, Mauricio *et al.*, *Allende y Pinochet. Las verdades olvidadas*, Santiago de Chile, Maye, 2012.

Schneider Arce, Víctor, *General Schneider. Un hombre de honor. Un crimen impune*, Santiago de Chile, Ocho Libros, 2010.

Sección Española de Amnistía Internacional, *Informe anual de Política Exterior y Derechos Humanos 2001,* Madrid, 2001.

Seoane, María y Muleiro, Vicente, *El dictador. La historia secreta y pública de Jorge Rafael Videla*, Buenos Aires, Sudamericana, 2001.

Sepúlveda P., Alejandra y Sapag M., Pablo, *¡Es la prensa, estúpido, es la prensa! Cuando Chile fue noticia... por la razón o la fuerza*, Santiago de Chile, Ediciones Copygraph, 2001.

Sepúlveda Ruiz, Lucía, *119 de nosotros*, Santiago de Chile, LOM Ediciones, 2005.

Serrano Maíllo, María Isabel, *Prensa, Derecho y poder político. El caso Pinochet en España*, Madrid, Dykinson, 2002.

Sigmund, Paul E., *The United States and Democracy in Chile*, Nueva York, The John Hopkins University Press, 1993.

Silva, Raúl *et al.*, comps., *Evidence on the terror in Chile*, Londres, Merlin Press, 1974.

Silva Bijit, Roberto, *Historia del Instituto Rafael Ariztía. Cien años de presencia marista en Quillota, 1914-2014*, Quillota, Editorial El Observador, 2014.

Silva Henríquez, Raúl, *Memorias*, Santiago de Chile, Ediciones Copygraph, 2009.

Sohr, Raúl, *Para entender a los militares*, Santiago de Chile, Melquiades, 1989.

Solís, Alejandro, *Plaza Montt-Varas sin número. Memorias*, Santiago de Chile, Ceibo Ediciones, 2015.

Soto, Ángel, comp., *Un legado de libertad. Milton Friedman en Chile*, Santiago de Chile, Instituto Democracia y Mercado, Fundación Jaime Guzmán y Fundación para el Progreso, 2012.

Soto, Ángel y Sánchez, Francisco, comps., *El «padre» de los Chicago boys. Arnold Harberger*, Santiago de Chile, Centro de Estudios Bicentenario, 2015.

Soto, Hernán y Villegas, Sergio, *Archivos secretos. Documentos desclasificados de la CIA*, Santiago de Chile, LOM Ediciones, 1999.

Souza, María Dolores y Silva, Germán, *Auge y ocaso de Augusto Pinochet*, Santiago de Chile, Las Ediciones del Ornitorrinco, 1988.

Spataro, Mario, *Pinochet. Las «incómodas» verdades*, Santiago de Chile, Maye, 2006.

Stern, Steve J., *Recordando el Chile de Pinochet. En vísperas de Londres 1998*, Santiago de Chile, Ediciones de la Universidad Diego Portales, 2009.

Stern, Steve J., *Luchando por mentes y corazones. Las batallas de la memoria en el Chile de Pinochet*, Santiago de Chile, Ediciones de la Universidad Diego Portales, 2013.

Straw, Jack, *Last man standing. Memoirs of a political survivor*, Londres, Pan Books, 2013.

Subercaseaux, Elizabeth, *Gabriel Valdés. Señales de Historia*, Santiago de Chile, Aguilar, 1998.

Tapia Valdés, Jorge A., *El terrorismo de Estado: la Doctrina de Seguridad Nacional en el Cono Sur*, México DF, Editorial Nueva Imagen, 1980.

Terrazas Guzmán, Mario, *¿Quién se acuerda de Sheila Cassidy? (Crónica de un conflicto religioso-político-diplomático)*, Santiago de Chile, Emeté, 1992.

Tironi, Eugenio, *Autoritarismo, modernización y marginalidad: el caso de Chile 1973-1989*, Santiago de Chile, Sur, 1990.

Tironi, Eugenio, *El régimen autoritario. Para una sociología de Pinochet*, Santiago de Chile, Dolmen Ediciones, 1998.

Tomic, Testimonios, Santiago de Chile, Emisión, 1988.

Toro, Carlos, *Memorias. La Guardia muere, pero no se rinde... mierda*, Santiago de Chile, Partido Comunista de Chile, 2007.

Torres, Maruja, pr., *El caso de España contra las dictaduras chilena y argentina*, Barcelona, Planeta, 1998.

Torres Dujisin, Isabel, *La crisis del sistema democrático: las elecciones presidenciales y los proyectos políticos excluyentes. Chile, 1958-1970*, Santiago de Chile, Editorial Universitaria, 2014.

Tótoro Taulis, Dauno, *La cofradía blindada. Autonomía, negocios e insubordinación de las Fuerzas Armadas chilenas*, Santiago de Chile, Planeta, 2017.

Tótoro Taulis, Dauno, *La cofradía blindada. Chile civil y Chile militar. Trauma y conflicto*, Santiago de Chile, Planeta, 1998.

Touraine, Alain, *Vida y muerte del Chile popular*, México DF, Siglo XXI, 1974.

Uribe, Armando, *El fantasma Pinochet*, Barcelona, Galaxia Gutenberg, 2005.

Uribe, Armando, *Memorias para Cecilia*, Santiago de Chile, Lumen, 2016.

Urrutia, Rosa y Lanza, Carlos, *Catástrofes en Chile. 1541-1992*, Santiago de Chile, La Noria, 1993.

Valdés, Juan Gabriel, *La Escuela de Chicago: Operación Chile*, Buenos Aires, Ediciones B, 1989.

Valdivia, Verónica, *El golpe después del golpe. Leigh vs. Pinochet. Chile, 1960-1980*, Santiago de Chile, LOM Ediciones, 2003.

Valdivia, Verónica, *La Milicia Republicana. Los civiles en armas. 1932-1936*, Santiago de Chile, Editorial América en Movimiento, 2016.

Valenzuela, Arturo, *El quiebre de la democracia en Chile*, Santiago de Chile, Flacso, 1989.

Valenzuela C., Emiliano, *La generación fusilada. Memorias del nacismo chileno (1932-1938)*, Santiago de Chile, Editorial Universitaria, 2017.

Varas, Augusto, *Los militares en el poder. Régimen y gobierno militar en Chile. 1973-1986*, Santiago de Chile, Pehuén, 1987.

Varas, Augusto *et al.*, *Chile. Democracia. Fuerzas Armadas*, Santiago de Chile, Flacso, 1980.

Varas, Florencia, *Conversaciones con Viaux*, Santiago de Chile, Impresiones Eire, 1972.

Varas, Florencia, *Gustavo Leigh. El general disidente*, Santiago de Chile, Aconcagua, 1979.

Varas, Florencia y Orrego, Claudio, *El caso Letelier*, Santiago de Chile, Aconcagua, 1980.

Varas, José Miguel, *Los tenaces*, Santiago de Chile, LOM Ediciones, 2010.

Velasco, Belisario, *Esta historia es mi historia*, Santiago de Chile, Catalonia, 2018.

Verdugo, Patricia, *Bucarest 187*, Barcelona, Sudamericana, 2001.

Verdugo, Patricia, *Interferencia secreta. 11 de septiembre de 1973*, Santiago de Chile, Sudamericana, 1998.

Verdugo, Patricia, *Los zarpazos del Puma*, Santiago de Chile, CESOC, 1989.

Verdugo, Patricia, *Pruebas a la vista. La caravana de la muerte*, Santiago de Chile, Sudamericana, 2000.

Verdugo, Patricia, *Rodrigo y Carmen Gloria: Quemados vivos*, Santiago de Chile, Aconcagua, 1987.

Verdugo, Patricia y Hertz, Carmen, *Operación Siglo XX*, Santiago de Chile, CESOC, 1996.

Verdugo, Patricia y Orrego, Claudio, *Detenidos desaparecidos: una herida abierta*, Santiago de Chile, Aconcagua, 1983.

Vergara, Pilar, *Auge y caída del neoliberalismo en Chile*, Santiago de Chile, Flacso, 1985.

Vial, Gonzalo, *Pinochet. La biografía*, 2 tomos, Santiago de Chile, El Mercurio-Aguilar, 2002.

Vicaría de la Solidaridad, *Simpósium Internacional: Experiencia y compromiso compartidos*, Santiago de Chile, Arzobispado de Santiago, 1979.

Vidal, Hernán, *Dar la vida por la vida. Agrupación Chilena de Familiares de Detenidos Desaparecidos*, Santiago de Chile, Mosquito Editores, 1996.

Vidal, Hernán, *Las capellanías castrenses durante la dictadura: hurgando en la ética militar chilena*, Santiago de Chile, Mosquito Comunicaciones, 2005.

Vidaurrázaga Manríquez, Ignacio, *Martes once. La primera resistencia*, Santiago de Chile, LOM Ediciones, 2013.

Villagrán, Fernando, *Disparen a la bandada. Una crónica secreta de la FACh*, Santiago de Chile, Planeta, 2002.

Villagrán, Fernando, *En el nombre del padre. Historia íntima de una búsqueda. Vida, clandestinidad y muerte de Víctor Díaz, líder obrero comunista*, Santiago de Chile, Catalonia, 2013.

Villagrán, Fernando y Mendoza, Marcelo, *La muerte de Pinochet. Crónica de un delirio*, Santiago de Chile, Planeta, 2003.

Villalobos, Sergio, *El Beagle. Historia de una controversia*, Santiago de Chile, Andrés Bello, 1979.

Vinyes, Ricard, dir., *Diccionario de la memoria colectiva*, Barcelona, Gedisa, 2018.

Vuskovic, Sergio, *Dawson*, Madrid, Ediciones Michay, 1984.

Weeks, Gregory, *The military and politics in postauthoritarian Chile*, Tuscaloosa (Alabama), The University of Alabama Press, 2003.

Weibel Barahona, Mauricio y Dorat Guerra, Carlos, *Asociación ilícita. Los archivos secretos de la dictadura*, Santiago de Chile, Ceibo Ediciones, 2012.

Weitzel, Ruby, *Tumbas de cristal*, Santiago de Chile, CESOC, 1991.

Westad, Odd Arne, *La Guerra Fría. Una historia mundial*, Barcelona, Galaxia Gutenberg, 2018.

Whelan, James R., *Desde las cenizas. Vida, muerte y transfiguración de la democracia en Chile. 1833-1988.* Santiago de Chile, Zig-Zag, 1995.

Willoughby-MacDonald, Federico, *La guerra. Historia íntima del poder en los últimos 55 años de política chilena. 1957-2012,* Santiago de Chile, Mare Nostrum, 2012.

Woodhouse, Diana, *The Pinochet case. A legal and constitutional analysis*, Oxford, Hart Publishing, 2000.

Índice de siglas

AD: Alianza Democrática.
AFDD: Agrupación de Familiares de Detenidos Desaparecidos.
AFEP: Agrupación de Familiares de Ejecutados Políticos.
AI: Amnistía Internacional.
CIA: Agencia Central de Inteligencia de Estados Unidos (traducción al español).
CNI: Central Nacional de Informaciones.
CNT: Comando Nacional de Trabajadores.
Codepu: Comité de Defensa de los Derechos del Pueblo.
Cosena: Consejo de Seguridad Nacional.
CTC: Confederación de Trabajadores del Cobre.
CUT: Central Única de Trabajadores.
DINA: Dirección de Inteligencia Nacional.
FACh: Fuerza Aérea de Chile.
FPMR: Frente Patriótico Manuel Rodríguez.
MAPU: Movimiento de Acción Popular Unitaria.
MDP: Movimiento Democrático Popular.
MIR: Movimiento de Izquierda Revolucionaria.
Odeplan: Oficina de Planificación Nacional.
PC: Partido Comunista.
PDC: Partido Demócrata Cristiano.
PDI: Policía de Investigaciones.

PEM: Programa de Empleo Mínimo.
PN: Partido Nacional.
POJH: Programa de Ocupación para Jefes de Hogar.
PPD: Partido por la Democracia.
PR: Partido Radical.
PS: Partido Socialista.
RN: Renovación Nacional.
SOFOFA: Sociedad de Fomento Fabril.
TVN: Televisión Nacional de Chile.
UC: Universidad Católica.
UDI: Unión Demócrata Independiente.

Agradecimientos

Quisiera dejar constancia de mi gratitud hacia numerosas personas por la ayuda que me han prestado durante el largo periodo de preparación de esta biografía. De Chile, no puedo sino mencionar al abogado Eduardo Contreras y su esposa, Rebeca Vergara; a los profesores Boris Hau, Marcos Robledo y Cristián Garay; a la historiadora Francisca Carreño; a los periodistas Juan Cristóbal Peña, Mauricio Weibel, Mónica González, Alejandra Matus, Pascale Bonnefoy y Jorge Escalante; al diplomático Abraham Quezada Vergara; también a Carla Hernández, Tania Rheinen, Óscar y Orlando Inostroza, Pedro Donoso y Dauno Tótoro. Y, por supuesto, a Manuel Alfonso Pérez y Juan Guillermo Prado (Biblioteca del Congreso Nacional), Cecilia I. Guzmán y Raimundo Silva (Archivo y Biblioteca Histórica de la Armada), José Manuel Sepúlveda (Biblioteca Nacional), José Ignacio Fernández (Archivo Nacional), María Elena Iduarte (Centro de Investigación y Documentación de la Universidad Finis Terrae), Maite Gallego (Casa Museo Eduardo Frei Montalva), Ivana Peric (Facultad de Derecho de la Universidad de Chile), Claudia Labbé y Marcela Ahumada (Fundación Salvador Allende) y Pedro Elgueta y Tomás Infestas (Seminario San Rafael de Valparaíso).

Igualmente, por diversos motivos, deseo mencionar la colaboración del historiador español Fernando Camacho

Padilla, de la licenciada Rosa Palau (coordinadora del Centro de Documentación y Archivo para la Defensa de los Derechos Humanos de Asunción) y los periodistas Mauricio Rodríguez, de Uruguay, y John Dinges, de Estados Unidos. Dejo constancia también de mi agradecimiento hacia las trabajadoras y trabajadores de los archivos y bibliotecas, de Chile y España, donde he investigado a lo largo de los últimos años.